Python und GUI-Toolkits

Michael Lauer

Python und GUI-Toolkits

Die Deutsche Bibliothek –
CIP-Einheitsaufnahme

Ein Titeldatensatz für diese Publikation
ist bei Der Deutschen Bibliothek erhältlich.

ISBN 3-8266-0844-5
1. Auflage 2002

Alle Rechte, auch die der Übersetzung, vorbehalten. Kein Teil des Werkes darf in irgendeiner Form (Druck, Fotokopie, Mikrofilm oder einem anderen Verfahren) ohne schriftliche Genehmigung des Verlages reproduziert oder unter Verwendung elektronischer Systeme verarbeitet, vervielfältigt oder verbreitet werden. Der Verlag übernimmt keine Gewähr für die Funktion einzelner Programme oder von Teilen derselben. Insbesondere übernimmt er keinerlei Haftung für eventuelle, aus dem Gebrauch resultierende Folgeschäden.

Die Wiedergabe von Gebrauchsnamen, Handelsnamen, Warenbezeichnungen usw. in diesem Werk berechtigt auch ohne besondere Kennzeichnung nicht zu der Annahme, dass solche Namen im Sinne der Warenzeichen- und Markenschutz-Gesetzgebung als frei zu betrachten wären und daher von jedermann benutzt werden dürften.

Copyright © 2002 by mitp-Verlag/ Bonn,
ein Geschäftsbereich der verlag moderne industrie Buch AG & Co. KG/ Landsberg

Lektorat: Volker Bombien
Satz: mediaService, Siegen
Druck: Media-Print, Paderborn

Inhaltsverzeichnis

	Einleitung	15
	Zielsetzung	16
	Zielgruppe	17
	Handhabung	17
	Über den Autor	17
	Aufbau	17
	Terminologie	18
	Typographie	19
	Danksagung	20
1	**Grundlagen**	21
1.1	Interaktive Anwendungen	21
1.2	Ereignisgesteuerte Programmierung	22
1.2.1	Benutzer	22
1.2.2	Kontrollelemente	23
1.2.3	Ereignisse	23
1.2.4	Callback-Funktionen	24
1.2.5	Hauptschleife	24
1.3	Testen	25
1.4	Objektorientierter Entwurf	26
1.4.1	Klassen	26
1.4.2	Objekte	27
1.4.3	Kapselung	27
1.4.4	Vererbung	27
1.4.5	Polymorphie	28
1.5	Entwurfsmuster	28
1.5.1	Model-View-Controller	29
1.6	Python	31
1.6.1	Überblick	31
1.6.2	Datentypen	33
1.6.3	Funktionen	36
1.6.4	Argumente	37
1.6.5	Speicherverwaltung	39

1.6.6	Funktionale Programmierung	40
1.6.7	Zeichenketten	41
1.6.8	Objektorientierte Programmierung	42
1.6.9	Module	46
1.6.10	Pakete	47
1.6.11	Fehlerbehandlung	47
1.6.12	Erweitern und Einbetten	48
1.6.13	Ausblick	52
2	**GUI-Toolkits**	**53**
2.1	Einordnung	53
2.1.1	Hardware	53
2.1.2	GUI-API	54
2.1.3	GUI-Toolkit	54
2.1.4	UI-Builder	54
2.1.5	Anwendung	55
2.2	Desktop-Umgebungen	55
2.3	Bestandteile	56
2.3.1	Ereignisverarbeitung	56
2.3.2	Cursor	56
2.3.3	Fenster	57
2.3.4	Kontrollelemente	59
2.3.5	Weitere Kontrollelemente	63
2.3.6	Eigene Kontrollelemente	64
2.3.7	Gruppierende und beschreibende Elemente	64
2.3.8	Geometriemanagement	65
2.3.9	Dialoge	67
2.3.10	Standarddialoge	69
2.3.11	Anwendungsrahmen	74
2.3.12	Drag & Drop	75
2.3.13	Internationalisierung	75
2.3.14	Lokalisierung	76
2.3.15	Timer- & Leerlaufprozesse	76
2.3.16	Drucken	77
2.4	Plattformunabhängigkeit	77
2.4.1	Realisierung	78
2.4.2	Look & Feel	79
2.5	Effizienz	82

2.6	Dokumentation	83
2.7	Lizenzierung	83
2.8	Zusammenfassung	83

3 Die Anwendung ... 85

3.1	Vorbemerkung	85
3.2	Anforderungen	86
3.2.1	Funktionale Anforderungen	86
3.2.2	Nichtfunktionale Anforderungen	87
3.3	Identifizierung der Klassen	88
3.3.1	Anwendungslogik	88
3.3.2	Präsentationslogik	88
3.4	Schnittstellen	89
3.4.1	Anwendungslogik	89
3.4.2	Präsentationslogik	91
3.5	Implementierung	91
3.6	Testen	107
3.7	Vorgehensweise	107
3.7.1	Schritt 1: Hallo Welt	107
3.7.2	Schritt 2: Layout	107
3.7.3	Schritt 3: Laden & Speichern	111
3.7.4	Schritt 4: Kontaktansicht	111
3.7.5	Schritt 5: Hinzufügen & Ändern	111
3.7.6	Schritt 6: Zwischenablage	111
3.7.7	Schritt 7: Suchen	112
3.7.8	Schritt 8: Drucken	112
3.7.9	Schritt 9: Feinschliff	112

4 Tk ... 113

4.1	Ursprung	113
4.2	Überblick	114
4.2.1	Struktur	114
4.2.2	Ereignisverarbeitung	115
4.2.3	Python-Bindung	118
4.2.4	Fensterklassen	120
4.2.5	Geometriemanagement	124
4.2.6	Anwendungsrahmen	124
4.2.7	Dialoge	124

4.2.8	Internationalisierung	126
4.2.9	Drucken	126
4.3	Die Kontaktverwaltung	126
4.3.1	Schritt 1 – Hallo Welt	126
4.3.2	Schritt 2 – Layout	131
4.3.3	Schritt 3 – Laden & Speichern	145
4.3.4	Schritt 4 – Kontaktansicht	147
4.3.5	Schritt 5 – Hinzufügen & Ändern	160
4.3.6	Schritt 6 – Zwischenablage	170
4.3.7	Schritt 7 – Suchen	171
4.3.8	Schritt 8 – Drucken	177
4.3.9	Schritt 9 – Feinschliff	181
4.4	Zusammenfassung & Ausblick	186
4.5	Referenzmaterial	187
4.5.1	Klassenhierarchie	187
4.5.2	Kommentiertes Klassenverzeichnis	188
5	**Qt**	**191**
5.1	Ursprung	191
5.2	Überblick	192
5.2.1	Struktur	192
5.2.2	Ereignisverarbeitung	193
5.2.3	Python-Bindung	196
5.2.4	Fensterklassen	200
5.2.5	Geometriemanagement	202
5.2.6	Anwendungsrahmen	203
5.2.7	Dialoge	205
5.2.8	Internationalisierung	207
5.2.9	Drucken	208
5.3	Die Kontaktverwaltung	208
5.3.1	Schritt 1 – Hallo Welt	208
5.3.2	Schritt 2 – Layout	215
5.3.3	Schritt 3 – Laden & Speichern	222
5.3.4	Schritt 4 – Kontaktansicht	225
5.3.5	Schritt 5 – Hinzufügen & Ändern	233
5.3.6	Schritt 6 – Zwischenablage	241
5.3.7	Schritt 7 – Suchen	245
5.3.8	Schritt 8 – Drucken	259

5.3.9	Schritt 9 – Feinschliff	263
5.4	Zusammenfassung & Ausblick	267
5.5	Referenzmaterial	268
5.5.1	Klassenhierarchie	268
5.5.2	Kommentiertes Klassenverzeichnis	276
6	**wxWindows**	**287**
6.1	Ursprung	287
6.2	Überblick	288
6.2.1	Plattformen	288
6.2.2	Struktur	289
6.2.3	Ereignisverarbeitung	289
6.2.4	Python-Bindung	291
6.2.5	Fensterklassen	294
6.2.6	Geometriemanagement	296
6.2.7	Anwendungsrahmen	297
6.2.8	Dialoge	298
6.2.9	Internationalisierung	300
6.2.10	Drucken	301
6.3	Die Kontaktverwaltung	302
6.3.1	Schritt 1 – Hallo Welt	302
6.3.2	Schritt 2 – Layout	308
6.3.3	Schritt 3 – Laden & Speichern	318
6.3.4	Schritt 4 – Kontaktansicht	322
6.3.5	Schritt 5 – Hinzufügen & Ändern	333
6.3.6	Schritt 6 – Zwischenablage	347
6.3.7	Schritt 7 – Suchen	349
6.3.8	Schritt 8 – Drucken	357
6.3.9	Schritt 9 – Feinschliff	362
6.4	Zusammenfassung & Ausblick	368
6.5	Referenzmaterial	368
6.5.1	Klassenhierarchie	368
6.5.2	Kommentiertes Klassenverzeichnis	373
7	**GTK+**	**385**
7.1	Ursprung	385
7.2	Überblick	387
7.2.1	Struktur	387

7.2.2	Ereignisverarbeitung	388
7.2.3	Python-Bindung	389
7.2.4	Fensterklassen	391
7.2.5	Geometriemanagement	396
7.2.6	Anwendungsrahmen	397
7.2.7	Dialoge	400
7.2.8	Internationalisierung	401
7.2.9	Drucken	402
7.3	Die Kontaktverwaltung	402
7.3.1	Schritt 1 – Hallo Welt	402
7.3.2	Schritt 2 – Layout	406
7.3.3	Schritt 3 – Laden & Speichern	419
7.3.4	Schritt 4 – Kontaktansicht	422
7.3.5	Schritt 5 – Hinzufügen & Ändern	432
7.3.6	Schritt 6 – Zwischenablage	444
7.3.7	Schritt 7 – Suchen	445
7.3.8	Schritt 8 – Drucken	461
7.3.9	Schritt 9 – Feinschliff	461
7.4	Zusammenfassung & Ausblick	466
7.5	Referenzmaterial	467
7.5.1	Klassenhierarchie	467
7.5.2	Kommentiertes Klassenverzeichnis	470
8	**Weitere GUI-Toolkits für Python**	**475**
8.1	Toolkits ohne »aktuelle Bindung«	475
8.1.1	FLTK	475
8.1.2	FOX	476
8.2	Toolkits für Windows	476
8.2.1	Pythonwin/MFC	476
8.2.2	DynWin	477
8.3	Toolkits für X-Window	477
8.4	Veraltete GUI-Toolkits	477
8.4.1	STDWIN	478
8.4.2	Wafe	478
8.4.3	Motif	478
8.4.4	WPY	479
8.4.5	Amulet	479
8.4.6	XForms	480

8.5	Toolkits mit besonderen Ansätzen	480
8.5.1	JPI/AWT	480
8.5.2	Jython/Swing	481
8.5.3	OpenGL	481
8.5.4	Framebuffer	481
8.5.5	PyGame	482
8.6	Meta-Toolkits	482
8.6.1	AnyGUI	482
8.6.2	PyCard	483
8.7	Zusammenfassung	484
9	**Vergleichen und Auswählen**	**485**
9.1	Funktionale Kriterien	485
9.1.1	Zielplattformen	485
9.1.2	Widget-Set	485
9.1.3	Bildverarbeitung	486
9.1.4	Ereignisverarbeitung	486
9.1.5	Asynchronität und Parallelität	486
9.1.6	Geometriemanagement	486
9.1.7	Anwendungsrahmen	486
9.1.8	Internationalisierung & Lokalisierung	487
9.1.9	Drucken	487
9.1.10	Standardisierte Elemente	487
9.1.11	Werkzeuge	487
9.1.12	Besonderheiten	487
9.2	Nichtfunktionale Kriterien	487
9.2.1	Look & Feel	487
9.2.2	Lizenzierung	488
9.2.3	Dokumentation	488
9.2.4	Benutzergemeinde & Support	488
9.2.5	Weiterentwicklung	488
9.3	Tk, Qt, wxWindows & GTK+	488
9.3.1	Allgemeine Kriterien	489
9.3.2	Ereignisverarbeitung	489
9.3.3	Asynchronität und Parallelität	490
9.3.4	Fensterklassen	490
9.3.5	Layout-Manager	491
9.3.6	Dialogklassen	491

9.3.7	Anwendungsrahmen	492
9.3.8	Werkzeuge	492
9.3.9	Look & Feel	492
9.3.10	Dokumentation	493
9.3.11	Lizenzierung	493
9.4	Zusammenfassung	493

10 Ergonomie **495**

10.1	Begriff & Historie	495
10.2	Hardware	496
10.3	Software	497
10.4	Regeln, Standards & Normen	497
10.4.1	Bildschirmarbeitsverordnung	498
10.4.2	DIN EN ISO 9241	500
10.4.3	Styleguides	501
10.5	Vorgehensweise	503
10.5.1	Analyse	503
10.5.2	Inhaltliche Konzeption	503
10.5.3	Visuelle Umsetzung	504
10.5.4	Test und Verfeinerung	504
10.6	Gestaltungsaspekte	504
10.6.1	Metapher	505
10.6.2	Kontrollelemente	505
10.6.3	Terminologie	506
10.6.4	Steuerung	507
10.6.5	Layout	507
10.6.6	Menüs	509
10.6.7	Schriftarten	510
10.6.8	Farben	511
10.6.9	Klänge	512
10.7	Evaluation	512
10.8	Zusammenfassung	513

A Anhang **515**

A.1	Literatur	515
A.2	Inhalt der beiliegenden CD	516
A.2.1	Verzeichnisstruktur	516
A.2.2	Quellpakete	517

A.2.3	Binärpakete	518
A.3	Installation	519
A.3.1	Windows	519
A.3.2	Linux	519
A.3.3	Unix	519
	Stichwortverzeichnis	**521**

Einleitung

Als Guido van Rossum im Februar 1991 die Version 0.9 von Python in die USE-NET-Gruppe alt.sources stellte, konnte keiner – er selbst wohl am wenigsten – ahnen, welchen Erfolg Python haben würde.

Ursprünglich wurde Python als objektorientierte Skriptsprache für kleine, konsolen- und datenstromorientierte Anwendungen konzipiert. Im Laufe der Zeit begeisterte Python immer mehr Nutzer vor allem durch die

- klare und einfache Syntax[1],
- mächtigen hoch abstrahierten Datenstrukturen,
- durchgängige Objektorientierung,
- vielfältige Standardbibliothek,
- Plattformunabhängigkeit,

und vor allem durch den effizienten Entwicklungszyklus, der durch eine interpretierte Sprache möglich ist. Im Zusammenhang mit der Verbreitung des Internet wurde Python schon sehr früh für einfache Client-/Server-Anwendungen benutzt. Heute verlassen sich viele große Einrichtungen[2] auf Python-Programme, die (mehr oder weniger) im Hintergrund ihre Aufgaben durchführen.

Auch für das Erstellen graphischer Benutzeroberflächen, insbesondere als Prototypen und Schnittstelle zu ansonsten kompliziert zu bedienenden Konsolenprogrammen schien Python geeignet. Tkinter – eine Python-Bindung an John Ousterhout's Tk-Bibliothek – wurde schon im Jahr 1994 in die Python-Distribution integriert und ist seitdem sozusagen der Standard für graphische Anwendungen unter Python.

Im Zuge der Linux-Bewegung sind in den letzten Jahren viele weitere und modernere Bibliotheken für graphische Anwendungen entstanden. Diese Bibliotheken werden im Allgemeinen *GUI-Toolkits* genannt. Der Begriff *GUI* steht hierbei für *Graphical User Interface*, also die graphische Benutzungsschnittstelle[3]. Der Begriff *Toolkit* steht für eine Sammlung von Programmroutinen, die den Programmierer

---

[1] Python-Programme werden oft – nicht ganz zu unrecht – als »ausführbarer Pseudocode« bezeichnet.
[2] Als Stichworte seien hier z.B. die Suchmaschine *Google*, die Internetgruppen *YahooGroups* oder die Web-Applikationsserver-Plattform *Zope* genannt.
[3] Hier sei Ivo Wessel erwähnt, der mich darauf aufmerksam gemacht hat, wie zweideutig der Begriff »Benutzerschnittstelle« eigentlich ist.

bei der Entwicklung von Anwendungen unterstützt und damit ein Set von Werkzeugen bilden.

Um von Python aus mit GUI-Bibliotheken arbeiten zu können, sind so genannte Python-Erweiterungsmodule nötig. Python-Erweiterungsmodule sind (meistens) in den Programmiersprachen C oder C++ geschrieben und stellen die Schnittstellen der entsprechenden Bibliotheken so zur Verfügung, dass mit ihnen genau wie direkt in Python entwickelten Objekten bzw. Funktionen gearbeitet werden kann. Ein Python-Erweiterungsmodul wird im folgenden *Python-Bindung* genannt.

Da aufgrund der Beliebtheit und der Eignung von Python viele GUI-Toolkits mit Python-Bindungen ausgestattet wurden, steht dem an der Programmierung interaktiver Anwendungen interessierten Entwickler eine Fülle von Bibliotheken zur Verfügung – zumindest theoretisch.

Praktisch gesehen wird die Benutzung dieser Bibliotheken durch mehrere Aspekte erschwert, z.B.

- mangelhafte oder gar nicht vorhandene Dokumentation,
- instabile Schnittstellen, die sich von Version zu Version verändern,
- fehlende oder fehlerhafte Beispielprogramme.

Diese Problematik führt in vielen Fällen dazu, dass letzten Endes doch wieder auf das GUI-Toolkit Tk zurückgegriffen wird – ein Umstand, der mit diesem Buch verändert werden soll.

Zielsetzung

Dieses Buch möchte dem geneigten Leser die Programmierung interaktiver graphischer Oberflächen mit der objektorientierten Skriptsprache Python und verschiedenen modernen GUI-Toolkits näher bringen. Neben einer Fokussierung auf die Entwicklung mit konkreten GUI-Toolkits werden die gemeinsamen Bestandteile graphischer Bibliotheken ausführlich erläutert. Es soll dem Leser damit ermöglicht werden, das Gelernte auf weitere GUI-Toolkits und andere Programmiersprachen anzuwenden.

Die im Laufe des Buchs durchgängige benutzte Beispielanwendung ist eine Kontaktverwaltung. Diese Anwendung ist in einen GUI-unabhängigen und einen GUI-abhängigen Teil aufgespalten – damit wird die grundlegende Trennung zwischen der Programmierung von Anwendungslogik, Interaktionslogik und Oberflächenelementen demonstriert. Der mit dem Benutzer interagierende Teil ist – um das in den Vertiefungskapiteln vermittelte Wissen zu konzentrieren – in einen von der Wahl des GUI-Toolkit unabhängigen und einen von der Wahl des GUI-Toolkit abhängigen Teil getrennt.

Zielgruppe

Dieses Buch richtet sich primär an Entwickler, die mit Python oder einer anderen Hochsprache vertraut sind. Kenntnisse in objektorientierter Programmierung sind darüber hinaus wünschenswert. Die wesentlichen Grundlagen, um dem präsentierten Quelltext folgen zu können, werden in Kapitel 1 erläutert.

Handhabung

Je nach Interesse und Vorwissen gibt es mehrere Wege, um mit diesem Buch zu arbeiten: Wer sich über die zur Auswahl stehenden GUI-Toolkits und deren unterschiedlichen Aufbau informieren möchte, wendet sich nach der Lektüre der Kapitel 1 und 2 am besten den Abschnitten »Überblick« und »Struktur« der jeweiligen Vertiefungskapitel zu.

Wer sich bereits für ein GUI-Toolkit entschieden hat, liest die Kapitel 1 bis 3 und danach das Vertiefungskapitel des jeweiligen Toolkits. Allen, die sich möglichst umfassend informieren möchten, sei eine lineare Lektüre aller Kapitel empfohlen, insbesondere da die Realisierung der Anwendung in den entsprechenden Kapiteln aufgrund der unterschiedlichen Fähigkeiten und Schwerpunkte der GUI-Toolkits durchaus heterogen verläuft.

Über den Autor

Michael Lauer ist Diplom-Informatiker und promoviert zurzeit am Institut für Informatik an der Johann Wolfgang Goethe-Universität in Frankfurt am Main. Sie erreichen ihn via E-Mail unter `mlauer@Vanille.de`.

Aufbau

Dieses Buch ist in die folgenden Kapitel gegliedert:

- Kapitel 1 – *Grundlagen* – geht auf die Grundlagen der ereignisgesteuerten Programmierung interaktiver Anwendungen ein und führt die wesentlichen Merkmale des objektorientierten Entwurfs als ein sich für GUI-Programmierung anbietendes Programmierparadigma an. Im letzten Abschnitt werden die wesentlichen Elemente von Python – insbesondere im Unterschied zu C, C++ und JAVA – kurz erläutert.
- In Kapitel 2 – *GUI-Toolkits* – wird der Begriff des GUI-Toolkits eingeordnet und abgegrenzt sowie mit Erläuterungen über den grundlegenden Aufbau und die Bestandteile eines jeden GUI-Toolkits ergänzt.

Kapitel 3 – *Eine Anwendung* – beschreibt die Elemente einer Anwendung, die in den folgenden Kapiteln mit graphischen Oberflächen auf der Basis verschiedener GUI-Toolkits ausgestattet wird. Hierbei wird insbesondere auf die Realisierung der Anwendungslogik, d.h. der GUI-unabhängigen Bestandteile eingegangen. Darüber hinaus wird die Implementierung der von der Wahl des GUI-Toolkits unabhängigen Programmteile motiviert und erläutert.

Kapitel 4 – *Tk* – erläutert das GUI-Toolkit Tk sowie die Python-Bindung Tkinter und entwickelt eine Benutzeroberfläche für die in Kapitel 3 begonnene Anwendung mit Tk.

Kapitel 5 – *Qt* – erläutert das GUI-Toolkit Qt sowie die Python-Bindung PyQt und entwickelt eine Benutzeroberfläche für die in Kapitel 3 begonnene Anwendung mit Qt.

Kapitel 6 – *wxWindows* – erläutert das GUI-Toolkit wxWindows sowie die Python-Bindung wxPython und entwickelt eine Benutzeroberfläche für die in Kapitel 3 begonnene Anwendung mit wxWindows.

Kapitel 7 – *GTK+* – erläutert das GUI-Toolkit GTK+ sowie die Python-Bindung pyGTK und entwickelt eine Benutzeroberfläche für die in Kapitel 3 begonnene Anwendung mit GTK+.

In Kapitel 8 – *Weitere GUI-Toolkits* – werden die GUI-Toolkits besprochen, die während der Entwicklungsphase dieses Buchs nicht für eine vollständige Implementierung der Anwendung in Frage kamen und daher nicht im Detail erläutert werden.

Kapitel 9 – *Vergleichen und Auswählen* – vergleicht die in den Kapiteln 4 bis 7 besprochenen GUI-Toolkits und gibt Entscheidungskriterien für die Auswahl eines GUI-Toolkits.

In Kapitel 10 – *Ergonomie* – werden die bei der Programmierung graphischer Anwendung oft vernachlässigten ergonomischen Aspekte diskutiert.

Terminologie

Wenn man ein Computer-Fachbuch schreibt, ist es immer schwer zu entscheiden, welche Begriffe man übersetzen soll und welche Begriffe man aus dem Englischen übernimmt. Insbesondere bei Fachbüchern für Entwickler ist es jedoch wenig sinnvoll, viel Energie auf besonders gefällige Übersetzungen zu verwenden. Wo die beschriebenen »Dinge« eine direkte Abbildung im Quelltext haben, d.h. zum Beispiel als Klassennamen in einer Bibliothek vorkommen, habe ich mich meistens dafür entschieden, diese Namen im englischen Original zu belassen. Um die deutsche Grammatik jedoch nicht öfter als nötig zu vergewaltigen, werden von Zeit zu Zeit auch *Schaltflächen*, *Bildlaufleisten* und *Fortschrittsanzeigen* anstelle von *Buttons*, *Scroll Bars* und *Progress Bars* verwendet.

Typographie

Dieses Buch benutzt folgende typographische Konventionen:

- Neue Begriffe werden bei der ersten Erwähnung *kursiv* gesetzt.
- Listings werden in `nichtproportionaler` Schrift gesetzt, in interaktiven Sitzungen wird der vom Benutzer eingegebene Text **`nichtproportional fett`** gesetzt.
- In vielen Listings werden dem Quelltext Zeilennummern vorangestellt, auf die innerhalb der Beschreibung Bezug genommen wird. Diese Zeilennummern gehören *nicht* zum eigentlichen Quelltext.
- In der Beschreibung von Listings wird für im Quelltext vorkommende Module, Funktionen, Methoden, Konstanten und Klassen `nichtproportionale` Schrift verwendet.
- Methodenaufrufe werden meistens mit einem leeren Klammernpaar (()) gekennzeichnet, auch wenn die Methode mehrere Parameter erwartet.
- Ist die Klasse, in der eine bestimmte Methode oder Konstante verwendet wird, nicht aus dem Kontext ersichtlich, wird die Methode qualifiziert angegeben, z.B. `Klasse.Methode()`.
- Die Auswahl von Menüpunkten wird in Kapitälchen gesetzt.
- Als literarische Anführungszeichen im Fließtext werden » bzw. « verwendet, für Begriffe, die eine Abbildung im Quelltext besitzen, werden die klassischen Anführungszeichen (") benutzt.

Zur Markierung besonderer Textabschnitte werden die folgenden Symbole verwendet:

Vorsicht
Mit diesem Symbol werden Stellen gekennzeichnet, wo besondere Vorsicht angebracht ist, um Fehlverhalten zu vermeiden.

Wichtig
Mit diesem Symbol werden Hintergrundinformationen gekennzeichnet.

Risiko
Mit diesem Symbol werden explosive Stellen gekennzeichnet.

Danksagung

Es gibt eine Reihe von Menschen, ohne die dieses Buch nicht in dieser Form zustande gekommen wäre:

Ganz vorne stehen natürlich meine Eltern – *Hans und Klothilde Lauer* – die mir alles Wesentliche mit auf den Weg gegeben haben.

Bei meiner Frau *Sabine* bedanke ich mich für die konstruktive stilistische und inhaltliche Kritik und möchte mich auf diesem Wege für die vielen Abende, die nur dem Buch gewidmet waren, entschuldigen.

Meine Kollegen am Institut für Informatik haben mich stets motiviert und ermutigt, insbesondere *Sascha Matthes* hat mit seinen kritischen Anmerkungen dafür Sorge getragen, dass das Buch mit jeder Version besser wurde – danke!

Kai Teuber und *Marco de Benedittis* haben mich trotz meines Mottos »Ein Kapitel schreib' ich heut' noch« netterweise von Zeit zu Zeit davon überzeugt, dass ein Abend der Erholung bei einem gemütlichen Getränk auch nicht schaden kann.

Meinem Lektor *Volker Bombien* danke ich für das Vertrauen, dass er in mich als einen »Einsteiger-Autor« gesetzt hat. Mit seinem souveränen Stil hat er mir bei meinem Konzept weitgehend freie Hand gelassen, so dass ich mich trotz des (von mir selbst zu verantwortenden) engen Zeitrahmens beim Schreiben meistens sehr wohl gefühlt habe.

Last but not least möchte ich *Prof. Dr. O. Drobnik* erwähnen, der im Rahmen seiner Vorlesung »Softwaretechnik« im Sommersemester 1999 Python als Implementierungssprache ausgewählt hat und für meinen Erstkontakt mit Python – und in einer beispiellosen kausalen Kette damit auch für dieses Buch – (zumindest *mit-*) verantwortlich ist.

Hic et nunc! Tauchen Sie ein in die faszinierende Welt der Programmierung interaktiver graphischer Benutzeroberflächen – viel Erfolg dabei!

Kapitel 1
Grundlagen

1.1 Interaktive Anwendungen

Die Programmierung interaktiver Anwendungen unterscheidet sich signifikant von der Programmierung linearer Anwendungen.

Nicht-interaktive Anwendungen nehmen vorformulierte Eingaben über einen Eingabekanal an, verarbeiten diese und geben die verarbeiteten Daten über einen Ausgabekanal aus. Der interne Ablauf des Programms (der Kontrollfluss) hängt dabei ausschließlich von den zu verarbeitenden Daten ab – nach dem Aufruf des Programms hat der Benutzer keine Möglichkeit, auf diesen Ablauf einzuwirken bzw. Zustandsänderungen zu veranlassen.

Bei interaktiven Anwendungen unterscheidet man zwei grundlegende Typen:

- *dialoggesteuerte* Anwendungen und
- *ereignisgesteuerte* Anwendungen.

In dialoggesteuerten Anwendungen wird vom Benutzer an durch das Programm festgelegten Stellen eine Eingabe gefordert. Nur an diesen Stellen hat der Benutzer die Möglichkeit, den weiteren Programmablauf zu beeinflussen. An anderen Stellen bleibt eine Eingabe des Benutzers entweder ohne Wirkung oder es ist dem Benutzer gar nicht möglich, weitere Eingaben zu machen.

Bei ereignisgesteuerten Anwendungen wird ständig auf Benutzereingaben gewartet und auf diese reagiert. Der Benutzer hat zu jedem Zeitpunkt die Möglichkeit, Eingaben zu machen, die den weiteren Programmablauf verändern oder eine Zustandsänderung veranlassen.

In komplexen Anwendungen ist es meistens nötig, ereignisgesteuerte und dialoggesteuerte Programmteile zu kombinieren. Signalisiert beispielsweise der Benutzer eines graphischen Malprogramms, dass er sein Bild abspeichern will, ohne zuvor einen Speicherplatz angegeben zu haben, wird ihn das Malprogramm mit einem Dialog dazu auffordern, diese Information nachzureichen.

Ereignisgesteuerte Anwendungen werden als besonders benutzerfreundlich angesehen, da der Benutzer bei diesen das Gefühl hat, die Anwendung zu kontrollieren – und nicht etwa umgekehrt.

Der unmittelbare Gewinn an Benutzerfreundlichkeit ist für den Programmierer jedoch mit einer wesentlich höheren Komplexität in der Erstellung und dem Testen der Programme verbunden. Dazu kommen völlig neue Anforderungen, wie beispielsweise das konsistente Design von Dialogen und der intuitive Aufbau von Kontrollelementen und Menüs.

1.2 Ereignisgesteuerte Programmierung

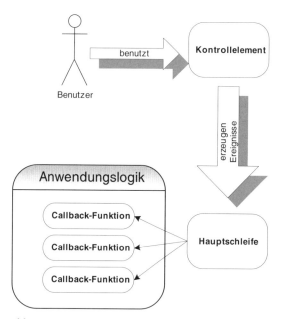

Abb. 1.1: Elemente der ereignisgesteuerten Programmierung

Abbildung 1.1 stellt das Zusammenspiel der wesentlichen »Elemente« bei der ereignisgesteuerten Programmierung dar:

- Der Benutzer
- Die Kontrollelemente
- Die Ereignisse
- Die Hauptschleife
- Die Callback-Funktionen

1.2.1 Benutzer

Der Benutzer ist das zentrale »Element« der ereignisgesteuerten Programmierung. Er soll einen möglichst intuitiven und klaren Zugang zur Steuerung des Programms haben. Daraus ergeben sich neben den rein *funktionalen* Anforderungen auch *nichtfunktionale* Anforderungen. Nichtfunktionale Anforderungen haben keine unmittelbare Repräsentation in den Programmfunktionen, sondern betreffen systemübergreifende und externe Anforderungen des Benutzers. Dazu gehören unter anderem:

- Design und Anordnung der Kontrollelemente
- Anzeige des Programmzustandes
- Unmittelbare Aktionsrückkopplung
- Weitere Laufzeiteigenschaften, z.B. benötigte Ressourcen

1.2.2 Kontrollelemente

Die Kontrollelemente bilden die Schnittstelle zwischen den Aktionen des Benutzers und den Programmfunktionen. In fensterorientierten Benutzungsoberflächen sind diese Kontrollelemente entweder selbst komplette Fenster oder Teile eines übergeordneten Fensters. Im anglo-amerikanischen Sprachraum werden fensterorientierte Kontrollelemente als *Widgets* bezeichnet. Widget ist ein Kunstwort, welches aus *Window* (Fenster) und *Gadget* (Gerät) zusammengesetzt ist.

Kontrollelemente lassen sich grob in drei Klassen aufteilen:

1. Kontrollelemente, die nur anzeigende Funktionalität haben, z.B. eine Beschriftung.
2. Kontrollelemente, die nur reagierende Funktionalität haben, z.B. ein Knopf.
3. Kontrollelemente, die sowohl anzeigende als auch reagierende Funktionalität haben, z.B. ein Eingabefeld.

1.2.3 Ereignisse

Ereignisse werden (meistens) durch den Benutzer veranlasst, der diese durch die Benutzung der korrespondierenden Kontrollelemente erzeugt. Die Kontrollelemente senden Nachrichten über die Ereignisse an die Hauptschleife, die diese wiederum den umgebenden Applikationen zusendet. Man unterscheidet zwischen atomaren[1] und zusammengesetzten Ereignissen. Zu den atomaren Ereignissen zählen beispielsweise:

- Drücken einer Taste
- Bewegen der Maus
- Klicken auf eine Maustaste

Darüber hinaus gibt es zusammengesetzte Ereignisse. Diese operieren auf einer höheren Abstraktionsebene. In den meisten Fenstersystemen werden sie parallel zu den dazugehörigen atomischen Ereignissen gesendet, in seltenen Fällen allerdings ersetzen sie die atomischen Ereignisse. Zu den zusammengesetzten Ereignissen zählen unter anderem:

- De-/Aktivierung eines Fensters
- Doppelklick auf eine Maustaste
- Nachrichten während einer Drag & Drop-Operation

---

1 unteilbaren

1.2.4 Callback-Funktionen

Callback-Funktionen[1] sind Programmteile, die von der Hauptschleife aufgerufen werden, sobald ein bestimmtes Ereignis aufgetreten ist. Zu diesem Zweck existiert eine Abbildung von Ereignissen auf Callback-Funktionen.

Soll eine Funktion aufgerufen werden, falls ein Ereignis eines bestimmten Typs eintritt, muss sie sich dazu beim System anmelden. Die Hauptschwierigkeit bei der Programmierung ereignisgesteuerter Anwendungen liegt im Entwurf der Anwendungslogik, da diese auf viele Callback-Funktionen verteilt sein kann. Die Aufrufreihenfolge der Callback-Funktionen ist abhängig von den Benutzeraktionen und damit hochgradig variabel.

Die Technik zum Aufruf von Callback-Funktionen ist abhängig von der verwendeten Programmiersprache und der verwendeten Bibliotheken. Bei systemnahen geschriebenen Windows-Programmen gibt es eine zentrale Callback-Funktion, die für jedes Ereignis aufgerufen wird und dann abhängig vom Ereignistyp weitere Funktionen ausführt – in C++ entwickelte Klassenbibliotheken verwenden dazu meist vom Programmierer zu überladende virtuelle Funktionen oder Nachrichtentabellen (*Message Maps*).

1.2.5 Hauptschleife

Die Verarbeitungsreihenfolge einer typischen graphischen Anwendung stellt sich wie folgt dar:

1. Aufruf und Initialisierung des Programms.
2. Aufbau der Benutzeroberfläche, d.h. Erzeugen der Widgets.
3. Registrierung der Callback-Funktionen.
4. Aufruf der Hauptschleife, die bis zur Terminierung des Programms ausgeführt wird.
5. Zerstören der Widgets und Freigeben der belegten Ressourcen.

Bei ereignisgesteuerten Programmen wird die Hauptschleife *Event Loop* oder *Event Dispatcher* genannt, da sie die eingehenden Ereignisse an die Callback-Funktionen weiterleitet bzw. verteilt. In Windows-Betriebssystemen heißt die Hauptschleife *Ereignisprozedur*.

---

[1] ... beziehungsweise ·Methoden in objektorientierten Programmiersprachen.

> **Wichtig**
>
> Tritt der Kontrollfluss in die Hauptschleife eines ereignisgesteuerten graphischen Programms ein, wird diese bis zum Verlassen der Anwendung ständig ausgeführt. Bei bestimmten Arten von Programmen ist dies jedoch hinderlich: Bei der Netzwerkprogrammierung eines IRC-Clients (eine im Internet populäre Gruppenkommunikationsanwendung) beispielsweise muss die Anwendung ständig »am Netz« auf Nachrichten der anderen Kommunikationsteilnehmer warten – der Kontrollfluss ist damit also in der Ereignisschleife der Netzwerkbibliothek quasi »gefangen«.
>
> Um dieses Problem zu lösen, gibt es zwei Ansätze: Man kann die Hauptschleife der Graphikbibliothek und die Hauptschleife der Netzwerkbibliothek zu einer neuen – gemeinsamen – Hauptschleife verbinden. Dies ist jedoch selten möglich und sehr schwierig, da sich die jeweiligen Hauptschleifen meistens in den systemnah geschriebenen Bibliotheken befinden. Besser ist es, man verwendet so genannte *leichtgewichtige Prozesse* (*Threads*). Threads sind Ausführungsfäden, die quasi-parallel im umgebenden Kontext[a] eines Prozesses ausgeführt werden. Damit lassen sich also die beiden Hauptschleifen gleichzeitig ausführen.
>
> a) Der Kontext eines Prozesses umfasst neben Zeigern auf Code- sowie Datensegmente innerhalb des für den Prozess zugänglichen Adressraums z.B. eine Liste aller offenen Ein-/Ausgabe-Zeiger, Name und Gruppe des Besitzers etc.

1.3 Testen

Das Testen von graphischen Programmen ist aufgrund der ereignisgesteuerten Natur wesentlich aufwendiger als das Testen von konsolenorientierten Programmen. Ein Grund dafür ist die Art des Synthetisierens von Benutzereingaben und dem Vergleich von tatsächlichen Programmausgaben mit erwarteten Programmausgaben.

Bei konsolenorientierten Programmen ist es einfach, Benutzereingaben zu synthetisieren, da sowohl der Eingabekanal als auch der Ausgabekanal nur Zeichen transportieren und die Umleitung dieser Kanäle in nahezu jedem Betriebssystem vorgesehen ist.

In graphischen Programmen ist es schwieriger, Benutzereingaben zu synthetisieren, da Größe und Position der Kontrollelemente variabel sind und sowohl Eingabe- wie Ausgabekanal eine weitaus größere Anzahl an Informationen transportieren können (z.B. Eingabe von Mausbewegungen oder Ausgabe von Bildern). Dennoch ist es auch bei dieser Art von Programmen möglich, Tests zu automatisieren. Eine einfache Modifikation der Hauptschleife kann es erlauben, sich die vom Benutzer generierten Ereignisse zu merken – z.B. indem man sie vor der Weiterverarbeitung in eine Datei schreibt. Diese Datei kann später wieder ausgelesen werden und die dort beschriebenen Ereignisse können dann der Hauptschleife wiederum zugeführt werden, so dass für diese kein Unterschied zwischen von dem Benutzer generierten und von der Testanwendung synthetisierten Ereignissen erkennbar ist.

Während dies eine einfache Möglichkeit zur automatisierten Wiederholung von Testfällen bietet, ist eine Korrektheitsprüfung der vom Programm generierten Reaktionen wesentlich komplexer. In Ansätzen kann dies bei dokumentenorientierten Programmen durch den Vergleich eines vorher gespeicherten mit einem durch den automatisierten Testfall generierten Dokuments erfolgen. Intensivere Tests oder gar die automatisierte Prüfung einiger nichtfunktionaler Anforderungen verlangen weitaus kompliziertere Methoden, die zum Teil noch Gegenstand der Forschung im Bereich »Künstliche Intelligenz« (KI) sind.

1.4 Objektorientierter Entwurf

Bei der Programmierung graphischer Anwendungen bietet sich die Benutzung des objektorientierten Entwurfs an, da sich die Einheiten Anwendung, Fenster und Kontrollelemente sehr gut als Objekte bzw. ganze Hierarchien von Objekten modellieren lassen. Bibliotheken für die Erstellung graphischer Anwendungen werden heutzutage meist objektorientiert entworfen, so dass sich die Objektorientierung nicht nur anbietet, sondern sogar obligatorisch ist.

Die Grundidee des objektorientierten Entwurfs ist die Abbildung von Einheiten aus der realen Welt (dem Problemraum) auf Einheiten in der Rechnerwelt (dem Lösungsraum).

Die Kernelemente des objektorientierten Entwurfs sind:

- Klassen
- Objekte
- Kapselung
- Vererbung
- Polymorphie

1.4.1 Klassen

Eine Klasse spezifiziert die Gemeinsamkeiten einer Reihe von Objekten. Durch die Beschreibung des Aufbaus, der Bearbeitungsmöglichkeiten und des möglichen Verhaltens von Objekten, fungiert eine Klasse sozusagen als Bauplan für alle Objekte dieser Klasse. Klassen werden zur Entwicklungszeit von Programmen formuliert und belegen keinen Speicherplatz zur Laufzeit des Programms. Eine Klassendefinition besteht im Allgemeinen aus der Definition der

- Attribute der Klasse
- Beziehungen zu anderen Klassen

- Operationen, die auf Objekten der Klasse möglich sind

Eine zu einer Klasse gehörende Operation wird in Übereinstimmung mit der etablierten Terminologie objektorientierter Programmiersprachen im folgenden *Methode* genannt.

Abb. 1.2: Definition einer Klasse Konto in UML

Abbildung 1.2 zeigt die Definition einer Klasse für ein Bankkonto in der Notation der *Unified Modelling Language* (UML) [ERLER00].

1.4.2 Objekte

Ein *Objekt* ist die Ausprägung einer Klasse. Die Anzahl der unterschiedlichen Ausprägungen einer Klasse ist zunächst unbeschränkt[1]. Objekte werden zur Laufzeit eines Programms erstellt. Sie belegen Speicherplatz, haben eine Identität, die sie von anderen Objekten der gleichen Klasse unterscheidet, und verhalten sich ansonsten gemäß ihrer Klassendefinition. Die Erzeugung eines Objekts nennt man *Instanziierung*, die Identität eines Objekts *Instanz*.

1.4.3 Kapselung

Ein Prinzip der objektorientierten Programmierung ist die *Kapselung* (auch *Information Hiding* genannt), d.h. die Trennung von *Schnittstelle*, die das *externe* Verhalten einer Klasse beschreibt, und *Implementierung*, die das interne Verhalten einer Klasse beschreibt. Wenn man auf die angebotene Funktionalität einer Klasse nur über deren wohldefinierte Schnittstelle zugreifen kann, ist es möglich, nachträglich die Implementierung zu verändern. Ohne das Prinzip der Kapselung könnte man beispielsweise interne Daten eines Objekts verändern und würde sich so auf eine bestimmte Version der Implementierung festlegen.

1.4.4 Vererbung

Vererbung ermöglicht es, Spezialisierungshierarchien von Objekten bzw. Klassen aufzubauen. Wenn eine Klasse B von einer Klasse A abgeleitet ist, *erbt* Klasse B alle Attribute und Operationen der Klasse A. Klasse A wird in diesem Fall Oberklasse,

---

[1] ... es sei denn, der Entwickler beschränkt dies, z.B. mit dem *Singleton*-Entwurfsmuster (siehe unten).

Klasse B Unterklasse genannt. Zur Spezialisierung von Unterklassen gibt es im Wesentlichen zwei Möglichkeiten:

- Veränderung des Verhaltens durch Überschreiben der Operationen
- Erweitern der Funktionalität durch Hinzufügen von Operationen und Attributen

Da die Vererbungsrelation eine »ist-ein«-Relation ist, ist es in den meisten objektorientierten Sprachen möglich, Operationen, die als Parameter ein Objekt einer bestimmte Klasse erwarten, auch ein Objekt der Oberklasse zu übergeben. Dies ist möglich, da jedes Objekt einer Unterklasse zumindest über alle Eigenschaften der Oberklasse verfügt.

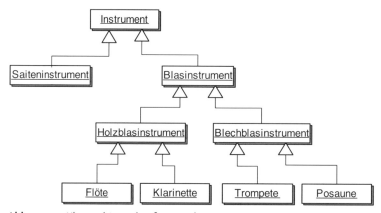

Abb. 1.3: Klassenhierarchie für Musikinstrumente in UML

Abbildung 1.3 zeigt einen Ausschnitt einer Klassenhierarchie für Musikinstrumente in UML.

1.4.5 Polymorphie

Polymorphie (Vielgestaltigkeit) erlaubt es, Operationen gleichen Namens für Objekte verschiedener Klassen mit möglicherweise verschiedener Wirkung zu definieren. Wird eine solche Operation eines Objekts angewendet, muss aus dem Kontext (der Definition der Klasse) bestimmt werden, welche Operation anzuwenden ist. In Zusammenhang mit dem Konzept der Vererbung erlaubt dies unter Umständen, komplizierte und fehlerträchtige Fallunterscheidungen zu vermeiden.

1.5 Entwurfsmuster

Die Verwendung von Entwurfsmustern ist oft der nächste logische Schritt bei der objektorientierten Entwicklung von (graphischen) Anwendungen. Entwurfsmuster führen die Technik des objektorientierten Entwurfs weiter, indem objektorientierte Lösungen wiederkehrender Problemstellungen identifiziert und standardisiert werden. Allgemein besteht ein Muster aus den folgenden vier Elementen

- Name
- Probleme
- Lösungen
- Konsequenzen

Ein eindeutiger Mustername dient dazu, das Muster möglichst präzise zu beschreiben. Durch die Benennung von Mustern wird außerdem ein Vokabular etabliert, das Benutzern von Entwurfsmustern zur besseren Kommunikation dient.

Im Problemabschnitt werden der Einsatzbereich und die Voraussetzungen für die Anwendung des Musters beschrieben. Hinzu können Beispiele fehlerhafter Entwürfe oder unflexibler Lösungsansätze kommen.

Im Lösungsabschnitt wird anhand der Beschreibung von Klassen und Objekten eine Schablone für mögliche Lösungen gegeben. Dabei werden insbesondere nur die Eigenschaften, Beziehungen und Zuständigkeiten der Objekte angegeben, so dass die Lösungen weitestgehend unabhängig von konkreten Programmiersprachen oder Implementierungen sind.

Der Konsequenzenabschnitt gibt Richtlinien, die zur Bewertung der Musteranwendung dienen können. Neben den Vor- und Nachteilen des Musters werden Lösungsalternativen angesprochen sowie mögliche Konsequenzen für den Anwendungsfall.

Einen großen Beitrag zur Entwicklung und Katalogisierung von Entwurfsmustern haben Gamma et. al in [GHJV96] geleistet. Sie unterscheiden zwischen

- *Erzeugungsmustern,*
- *Strukturmustern* und
- *Verhaltensmustern.*

Insbesondere die Strukturmuster bieten sich für die Verwendung in graphischen Anwendungen an. Exemplarisch sei hier das *Model-View-Controller*-Muster erläutert.

1.5.1 Model-View-Controller

Das Ziel des Model-View-Controller-Musters ist es, Zustand und Daten der Anwendung (Model) von dessen Repräsentation (View) und Modifikation durch den Benutzer (Controller) zu trennen. Vor der Verwendung des Model-View-Controller-Musters wurden diese drei Komponenten graphischer Anwendungen durcheinander gewürfelt, was zu schwer verständlichem und schlecht wartbarem Code führte. Das Model-View-Controller-Muster teilt eine (graphische) Anwendung in drei klar voneinander getrennte Teile auf:

Kapitel 1
Grundlagen

- *Model*
- *View*
- *Controller*

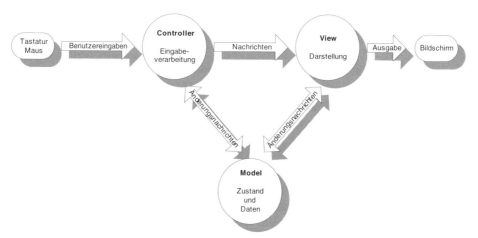

Abb. 1.4: Model-View-Controller Entwurfsmuster

Abbildung 1.4 illustriert das Zusammenspiel der MVC-Komponenten.

Model

Das Model (Modell) ist der Kern der Anwendung. Es enthält den Zustand der Anwendung und die Daten, die die Anwendung verarbeitet. Bei einer Veränderung des Zustandes oder der Daten muss die Repräsentation (*View* oder auch Ansicht genannt) dieser Daten ebenso verändert werden. Das Model-Objekt hat keinerlei Kenntnis von der Benutzerschnittstelle oder vom Benutzer durchführbaren Aktionen, die die enthaltenen Daten verändern können. Es sollte nur ein Model-Objekt pro Anwendung existieren.

View

Ein View (Ansicht) repräsentiert eine Sicht auf den Zustand und die Daten der Anwendung. Es können mehrere View-Objekte in einer Anwendung existieren, da es unterschiedliche Sichten auf Zustand bzw. Daten gibt (z.B. eine numerische Tabelle oder ein Balkendiagramm zur Visualisierung einer Jahresbilanz in einer kaufmännischen Anwendung).

Controller

Der Controller (Verwalter) bildet den Zugang für die Modifikation der Daten und des Zustands durch den Benutzer. Er hat Kenntnis über Aktionen, die den Zustand und die Daten verändern können. Solche Veränderungen werden in eine durch das Model verarbeitbare Form transformiert, die dieses wiederum den Sichten mitteilt.

Das Model-View-Controller-Muster wurde für die Programmierung graphischer Anwendungen in Smalltalk [KP88] entwickelt. Aus der strikten Trennung insbesondere von View und Controller ergibt sich jedoch das Problem, dass die Kommunikation zwischen diesen beiden Elementen sehr schnell aufwendig und unüberschaubar werden kann. Viele Klassenbibliotheken implementieren daher eine reduzierte Form dieses Musters, in dem View und Controller als eine Einheit angesehen werden.

1.6 Python

Eine Bemerkung vorab: Dies ist eine sehr kurz gefasste und keineswegs vollständige Einführung in Python. Sie dient vielmehr dazu, den erfahrenen Programmierer mit den grundsätzlichen Konzepten sowie der Syntax und Semantik von Python vertraut zu machen. Eine ausführlichere Vorstellung von Python ist [UZAK02] und [WWW:PYTHON] zu entnehmen.

1.6.1 Überblick

Python ist eine Skriptsprache. Skriptsprachen werden oft als eingeschränkt angesehen – entweder wegen ihrer simplen Datentypen, ihrer eingeschränkten Ablaufsteuerung oder etwa ihrer fehlenden Modularisierung wegen. Dies ist grundsätzlich nicht ganz falsch und hängt sicherlich zu einem großen Teil mit dem ebenfalls eingeschränkten Einsatzgebiet von Skripten zusammen.

Skriptsprachen sind hauptsächlich *interpretierte* Sprachen, d.h. im Gegensatz zu *kompilierten* Sprachen, die von einem Übersetzer in eine Maschinensprache oder Assembler umgewandelt werden, werden die Konstrukte von Skriptsprachen zur Laufzeit evaluiert und ausgewertet. Dies macht Skriptsprachen in der Ausführungseffizienz grundsätzlich um Größenordnungen langsamer als kompilierte Sprachen. Demgegenüber steht jedoch auch ein durch den Wegfall der Kompilierungsphase wesentlich beschleunigter Entwicklungszyklus.

Im Gegensatz zu einigen anderen interpretierten Sprachen macht Python »das Beste« aus dieser Eigenschaft und bietet einen *interaktiven Modus* an. Am interaktiven Python-Prompt (">>>") können beliebige Python-Befehle eingegeben und evaluiert werden. Die Verfügbarkeit eines solchen Modus ist gar nicht hoch genug einzuschätzen – das Ausprobieren der Syntax selten benutzter Konstrukte ist hier nur eine von sehr vielen Möglichkeiten.

Python ist *auch* eine Skriptsprache. Es ist sicherlich möglich und sinnvoll, alle Shell-Skripte, Batch-Dateien und simple Einwegprogramme durch Python-Skripte zu ersetzen. Python kann jedoch viel mehr als das.

Kapitel 1
Grundlagen

In erster Linie wurde Python mit dem Ziel entworfen, klar lesbar und strukturiert zu sein. In der Software-Industrie wird eine riesige Menge an Zeit verschwendet, um sich in fremde Programme einzuarbeiten – dies gilt insbesondere für Programme, deren Erstellung so lange zurückliegt, dass sie einem *selbst* fremd geworden sind.

Einer für die Lesbarkeit wesentlich verantwortlichen Faktoren ist die Abgrenzung und Einrückung von zusammengehörigen Anweisungsblöcken. Beginnen wir daher direkt mit der wohl am kontrovers diskutiertesten Eigenschaft von Python: Die Blockzugehörigkeit einer Anweisung wird durch ihre *Einrückungstiefe* definiert. Ein Beispiel:

```
1 # Python-Beispiel if.py
2 Antwort = "Ja"
3 if Antwort == "Ja":
4     print "Diese Antwort ist zufrieden stellend"
5     wert = 1
6 print "Hier geht's weiter..."
```

Listing 1.1:   Python-Beispiel: Einrückung und Selektion

Mit einem Doppelkreuz ("#") leitet man in Python ein Kommentar ein, welches bis zum Ende der Zeile geht (ähnlich wie "//" in JAVA oder C++)

Ähnlich wie in anderen Programmiersprachen kennt Python zu Ablaufsteuerung das Selektionskonstrukt `if`. Anders als in anderen Sprachen jedoch müssen keine Klammern um die boolesche Bedingung stehen – man könnte sie dennoch anführen, da die Klammerung eines Ausdrucks natürlich jederzeit erlaubt ist.

Am Ende der if-Anweisung steht ein Doppelpunkt (":") – dieser indiziert, dass als nächstes ein zusammengehöriger Anweisungsblock folgt. In diesem Fall ist dies eine `print`-Anweisung (die einen Text auf der Standardausgabe ausgibt) in der vierten Zeile und eine Wertzuweisung in der fünften Zeile. Beide Anweisungen sind mit einer beliebigen – aber innerhalb eines Blocks konstanten – Anzahl von Leerzeichen[1] eingerückt. Die Verwendung variabler Einrückungstiefe innerhalb eines Blocks führt zur Ausgabe eines Syntaxfehlers beim Starten[2] des Skripts.

---

[1] Es ist auch möglich ⌨Tab⌨ -Zeichen zu benutzen – diese zählen dann eine feste Anzahl von Leerzeichen. Da diese interne Anzahl jedoch nicht notwendigerweise mit der vom Texteditor angezeigten Anzahl übereinstimmt, kann dies zu enormen Verwirrungen führen. Noch schlimmer wird es, wenn ⌨Tab⌨ und ⌨Leertaste⌨ gemischt auftreten. Die Python-Distribution kommt mit einem Hilfskript namens `tabnanny.py`, mit dem man die korrekte Verwendung von Tabulator- und Leerzeichen überprüfen kann.

[2] Wie kann das sein? höre ich Sie fragen – Python ist doch interpretiert. Wie kann ein Syntaxfehler entdeckt werden, bevor die Ablaufkontrolle an die betreffenden Stelle kommt?. Nun, dies ist möglich, da Python keine *reine* interpretierte Sprache ist. Beim Aufruf eines Skripts wird dies intern in einen Zwischencode übersetzt, bevor dieser dann von der Python-Laufzeitumgebung ausgeführt wird.

Die sechste und letzte Zeile des Beispielprogramms ist nicht mehr eingerückt und gehört daher nicht zu dem in Zeile 3 begonnenen if-Block. Die Einrückung von Anweisungsblöcken kann beliebig tief verschachtelt werden, im Gegensatz zu Sprachen wie C++ oder JAVA müssen dabei jedoch keine geschweiften Klammern den Beginn und das Ende des Anweisungsblocks zieren. Dadurch gibt es keine Varianz (und auch keine Debatte) in der Positionierung dieser Klammern. Mit der Ausstattung der Einrückungstiefe mit Semantik entledigt man sich der in vielen Quelltexten durchaus auftretenden Problematik, dass die optische Struktur (d.h. die Einrückung) nicht mit der logischen Struktur (d.h. die den Ablauf des Kontrollfluss bestimmende Blockbildung) übereinstimmt. In Python ist dies unmöglich – durch die Forderung der Einrückung wird erreicht, dass die Formatierung von Quelltext größtenteils[1] gleich ist – was der konsistenten Lesbarkeit des eigenen und fremden Codes zu gute kommt.

Standardmäßig schreibt man in Python eine Anweisung pro Zeile ohne eine abschließende Kennung des Zeilenendes. Es ist möglich (aber unüblich), mehrere Anweisungen in eine Zeile zu schreiben – diese werden dann mit jeweils einem Semikolon (";") voneinander abgetrennt. Benutzt man dieses nicht, kann man auf Semikola verzichten, was die Lesbarkeit wiederum erhöht.

Auch und gerade aus diesem kleinen Beispiel sollte eines der Entwicklungsziele von Python schon deutlich werden: So simpel wie möglich, so kompliziert wie nötig und dabei unbedingt sehr lesbar.

1.6.2 Datentypen

Python verfügt selbstverständlich über alle aus anderen Programmiersprachen bekannten Datentypen, inklusive der so genannten *Containerdatentypen*. In vielen heutzutage benutzten Sprachen existieren Containerdatentypen nicht direkt im Sprachumfang, sondern sind in externen Bibliotheken (wie z.B. in der STL[2] für die Sprache C++) implementiert. Eine der wesentlichen Eigenschaften von Python ist die integrale Verfügbarkeit hoch abstrahierter Datentypen. In Python wurden so essenzielle Containerdatentypen wie Listen und assoziative Felder direkt in den Kern der Sprache eingebaut. Auch dies trägt zur exzellenten Lesbarkeit von Python bei.

Sequenzen und Iteratoren

Oft benutzt man Schleifen, um nacheinander auf alle Elemente eines Feldes oder einer Liste zuzugreifen. Im Gegensatz zu anderen Sprachen ist in Python eine for-Schleife nicht nur auf eine Reihe von Zahlen beschränkt. Vielmehr kann for in

---

[1] ... die einzige Variable ist die jeweilige Einrückungstiefe – hier hat sich eine Tiefe von jeweils vier Leerzeichen als Standard eingebürgert.
[2] Die Standardbibliothek in C++ ist die *Standard Template Library*.

Python über alle Elemente eines Containers iterieren. In diesem Zusammenhang bietet Python auch benutzerdefinierbare formalisierte Iteratoren an. In Python werden die Elemente eines Containers *Sequenz* genannt. Dazu ein Beispiel:

```
1 # Python-Beispiel liste.py
2 liste = [ 1, 3, 5, 7, 11, 13 ]
3 print liste
4 liste.append( 17 )
5 for x in liste:
6     print x
```

Listing 1.2: Python-Beispiel: Listen

In Zeile 2 wird eine Liste erzeugt und mit Elementen versehen. In Zeile 3 wird die Liste auf der Standardausgabe ausgegeben. Python hat standardisierte Ausgaberoutinen für alle eingebauten Datentypen, dies erleichtert die Verwendung beispielsweise von Debugging-Ausgaben erheblich.

Eine Liste ist ein Containerdatentyp unbeschränkter Länge – man kann beliebig viele Elemente hinzufügen und die Liste verändert ihre Größe dynamisch. Wie in Zeile 4 demonstriert, kann man ein Element mit append() zu einer Liste hinzufügen. Namensräume sind in Python hierarchisch organisiert und werden mit einem Dezimalpunkt voneinander getrennt. Die Methode append() ist im Namensraum der Liste definiert und muss daher qualifiziert (".") aufgerufen werden.

Mit der Anweisung in Zeile 5 wird durch alle Elemente der Liste iteriert. Die Variable x bekommt in jedem Iterationsschritt den *nächsten* Wert aus dem Container zugewiesen.

Trotz des eleganten Sequenzkonzepts kann es von Zeit zu Zeit nötig sein, über eine Reihe von Zahlen zu iterieren. Die Funktion xrange(a,b) kann dazu benutzt werden – sie gibt eine Liste von Ganzzahlen im halboffenen Intervall [a, b[zurück.

Spätestens in diesem Beispiel fällt das Fehlen von – im Vergleich zu anderen Sprachen gewohnten – Deklarationen auf. Python ist *dynamisch typisiert*. Der Typ einer Variable muss nicht im vorneherein deklariert werden – er ist variabel. Ebenso muss die Benutzung von Variablen nicht vereinbart werden. Sie tauchen dort auf, wo sie erstmalig benutzt werden. Dies ist eine weitere Eigenschaft, die das Programmieren mit Python erleichtert – denn man muss immer nur gerade so viele Informationen liefern, wie nötig, um aufzuschreiben, was das Programm leisten soll. Python kümmert sich dann »um den Rest«.

In Sprachen wie C++ oder JAVA verbringt man oft einen Großteil der Zeit, »gegen die Syntax zu kämpfen« – insbesondere wenn komplizierte Typendeklarationen und/oder -konvertierungen nötig sind. Wenn man eine Weile mit Python arbeitet, scheint es, dass man durch den Verzicht auf Deklarationen, Klammern, Semikola etc. wesentlich effizienter zum Kern der Sache – der Formulierung von Algorithmen – kommt.

Weitere Sequenztypen von Python sind *Tupel* und Zeichenketten. Ein Tupel ist – wie im mathematischen Sinne üblich – eine Sammlung mehrerer (mehr oder weniger) zusammengehöriger Werte. Das folgende Listing illustriert die Benutzung von Tupeln:

```
1 # Python-Beispiel tupel.py
2 t = ( 1, 2, 3 )
3 print t
4 u = 4,
5 z = t + u
6 a, b, c, d = z
```

Listing 1.3: Python-Beispiel: Tupel

In Zeile 2 wird ein Dreitupel erzeugt und zugewiesen. Um ein Tupel sicher zu identifizieren, bietet es sich an, dieses in Klammern zu fassen. Bei einelementigen Tupeln ergibt sich dadurch eine Mehrdeutigkeit, die durch das Hinzufügen eines abschließenden Kommas (",") beseitigt werden kann.

Wie in Zeile 5 demonstriert, können Tupel addiert werden. Das resultierende Tupel entsteht durch Konkatenation der einzelnen Tupel. Zeile 6 demonstriert einen hilfreichen Effekt bei der Arbeit mit Tupeln – das so genannte *Entpacken* von Tupeln. Stehen links vom Zuweisungszeichen mehrere Variablen, dann erfolgt die Zuweisung elementweise – dabei muss natürlich die Anzahl der Variablen der Anzahl der Tupel-Elemente entsprechen. Dies erlaubt beispielsweise das elegante Vertauschen zweier Variablen. Wo man in anderen Sprachen eine Hilfsvariable einführen muss, erledigt man dies in Python mit der Anweisung a, b = b, a.

Dictionary

Ein Dictionary ist eine sehr effiziente Datenstruktur. Es dient als Container für beliebig viele Schlüssel/Wert-Paare, auf die sehr schnell zugegriffen werden kann. Das folgende Beispiel demonstriert die Verwendung eines Dictionary:

```
1 # Python-Beispiel dictionary.py
2 d = { "Anton": "F-A 1023", "Michael": "F-M 1166" }
3 print d["Michael"]
4 d["Horst"] = "F-H 4711"
5 for x in d.keys():
6     print x, ":= ", d[x]
7 for x, y in d.items():
8     print x, ":= ", y
```

Listing 1.4: Python-Beispiel: Dictionary

In Zeile 2 wird ein Dictionary erzeugt und zugewiesen. Der lesende Zugriff auf bestehende und der schreibende Zugriff auf bestehende oder neue Schlüssel erfolgt durch den Indizierungsoperator []. Die im Namensraum des Dictionary definierten Methode keys() gibt eine Liste aller enthaltenen Schlüssel zurück, die Methode items() gibt eine Liste von Tupeln bestehend aus den Schlüssel/Wert-Paaren zurück.

1.6.3 Funktionen

Funktionen werden in Python mit dem Schlüsselwort def eingeleitet, gefolgt von dem Namen der Funktion, der Parameterliste und einem Doppelpunkt, der den Blockanfang kennzeichnet. Dazu im folgenden eine als Funktion geschriebene Variante von Beispiel 1:

```
 1 # Python-Beispiel funktion.py
 2 def funktion( antwort ):
 3     wert = 0
 4     if antwort == "Ja":
 5         print "Diese Antwort ist zufrieden stellend"
 6     wert = 1
 7     print "Hier geht's weiter..."
 8     return wert
 9
10 print funktion( "Ja" )
11 print funktion( "Nein" )
```

Listing 1.5:   Python-Beispiel: Funktionen

Im Funktionskopf ist auch hier wieder das Fehlen von Typinformationen zu bemerken – es wird lediglich der Name der Funktion und die Namen der Parameter angegeben. Auch Typen und Anzahl der Rückgabeparameter sind variabel. Dadurch ist es in Python sehr einfach möglich, *generische* Algorithmen zu schreiben – eine Eigenschaft, für die man in anderen Sprachen komplizierte Konstrukte wie z.B. *Templates* in C++ oder unsichere Präprozessormakros wie in C benötigt. Hierzu ein weiteres Beispiel:

```
1 # Python-Beispiel summe.py
2 def summe( argument1, argument2 ):
3     return argument1 + argument2
4
5 print summe( 10, 20 )              # ganze Zahlen
6 print summe( 5.1, 6.2 )            # Fließkommazahlen
7 print summe( (1, 2), (2, 3) )      # Tupel
8 print summe( "Hallo ", "Welt!" )   # Zeichenketten
```

Listing 1.6:   Python-Beispiel: Summe

Die in diesem Beispiel definierte Funktion summe() addiert die zwei als Argumente übergebenen Parameter und gibt das Ergebnis zurück. Wie in der Funktionsbenutzung in den Zeilen 5-8 zu sehen, arbeitet die Funktion unabhängig von den übergebenen Typen. Man hat nur darauf zu achten, dass die jeweilig verwendeten Operationen auch auf den Typen definiert sind. Für Zeichenketten hat der Operator "+" die *Konkatenation* (Zusammenfügen) als Funktion[1].

1.6.4 Argumente

Bei der Übergabe von Werten an Funktionen unterscheidet Python mehrere Arten von Argumenten:

- *Positionsargumente* – Diese werden, wie in anderen Programmiersprachen üblich, an eine Funktion, die eine bestimmte Anzahl von Argumenten erwartet, übergeben.
- *Optionale* Positionsargumente – Bei der Definition von Funktionen kann man für jedes Argument einen Standardwert übergeben, der verwendet wird, falls das Argument beim Aufruf nicht übergeben wurde.
- *Unspezifizierte* Positionsargumente – Nimmt man in der Definition einer Funktion ein Argument namens *args[2] auf, wird dies als Liste der innerhalb der Definition nicht spezifizierten, aber beim Aufruf der Funktion übergebenen Positionsargumente gefüllt.
- Schlüsselwortargumente – Beim Aufruf von Funktionen kann man eine beliebige Anzahl von Argumenten anhand ihres in der Definition vorkommenden Namens übergeben.
- Unspezifizierte Schlüsselwortargumente – Nimmt man in der Definition einer Funktion ein Argument namens **args[3] auf, wird dies als Dictionary (Menge von Schlüssel/Wert-Paaren) mit innerhalb der Definition nicht spezifizierten, aber beim Aufruf der Funktion übergebenen, Schlüsselwortargumenten gefüllt.

Folgende Beispiele im interaktiven Pythonmodus soll die verschiedenen Arten der Argumentübergabe verdeutlichen:

```
>>> def f( a, b, c=5, d="Hallo", *args, **kwargs ):
...     print a, b, c, d
...     print args
...     print kwargs
```

Hier wurde eine Funktion f definiert, die zwei Positionsargument, zwei optionale Positionsargumente (bzw. Schlüsselwortargumente) und beliebig viele weitere Positionsargumente sowie Schlüsselwortargumente akzeptiert.

---

[1] In Python ist das Überladen nahezu aller Operatoren möglich.
[2] ... man kann es auch anders nennen, relevant ist der Stern vor dem Argument.
[3] ... auch dies kann man anders nennen, relevant sind die zwei Sterne vor dem Argument.

```
>>> f( 1 )
Traceback (most recent call last):
  File "<interactive input>", line 1, in ?
TypeError: f() takes at least 2 arguments (1 given)
```

Ein Aufruf einer Funktion mit weniger als der Anzahl von Positionsargumenten ist unzulässig.

```
>>> f( 1, 2 )
1 2 5 Hallo
()
{}
```

Die Argumente 1 und 2 wurden als Positionsargumente aufgenommen – es gibt keine unspezifizierten Positionsargumente und keine unspezifizierten Schlüsselwortargumente.

```
>>> f( 1, 2, 6 )
1 2 6 Hallo
()
{}
```

Die Argumente 1 und 2 wurden als Positionsargumente aufgenommen, das Argument 6 wurde als Schlüsselwortargument aufgenommen – es gibt keine unspezifizierten Positionsargumente und keine unspezifizierten Schlüsselwortargumente.

```
>>> f( 1, 2, 6, d=10, 10, 20, 30 )
Traceback (SyntaxError: non-keyword arg after keyword arg
```

Die Übergabe eines Positionsarguments nach einem Schlüsselwortargument ist aufgrund der dadurch entstehenden Mehrdeutigkeiten unzulässig.

```
>>> f( 1, 2, 3, 4, 5, 6 )
1 2 3 4
(5, 6)
{}
```

Die Argumente 1 und 2 wurden als Positionsargumente aufgenommen, die Argumente 3 und 4 wurden als Schlüsselwortargument aufgenommen. Als unspezifizierte Positionsargumente wurden die Werte 5 und 6 übergeben – es gibt keine unspezifizierten Schlüsselwortargumente.

```
>>> f( 1, 2, 3, 4, 5, 6, 7, d=10, hallo="Welt" )
Traceback (most recent call last):
  File "<interactive input>", line 1, in ?
TypeError: f() got multiple values for keyword argument 'd'
```

Es ist unzulässig, ein Argument als Schlüsselwort anzugeben, nachdem es bereits als optionales Positionsargument benutzt wurde.

```
>>> f( 1, 2, 3, 4, 5, 6, 7, hallo="Welt" )
1 2 3 4
(5, 6, 7)
{'hallo': 'Welt'}
```

Die Argumente 1 und 2 wurden als Positionsargumente aufgenommen, die Argumente 3 und 4 wurden als Schlüsselwortargument aufgenommen. Als unspezifizierte Positionsargumente wurden die Werte 5 und 6 und 7 übergeben. Als unspezifiziertes Schlüsselwortargument wurde hallo mit dem Wert Welt übergeben.

1.6.5 Speicherverwaltung

Ein mit der Übergabe von Parametern an Funktionen verwandtes Thema ist das der Speicherverwaltung. In Python muss sich der Programmierer nicht darum kümmern, Speicher zu belegen und freizugeben. Python arbeitet mit dem Konzept der *Referenzzählung*: Für jedes Element, das Speicher belegt, wird gezählt, wie viele Referenzen bzw. Verweise auf dieses Objekt existieren.

An dieser Stelle muss das Zuweisungskonzept von Python erläutert werden, denn auch hier unterscheidet sich die Python-Semantik von anderen Sprachen. Die Zuweisung eines Objekts an eine Variable führt in Python *nicht* zum Kopieren dieses Objekts – statt dessen wird lediglich ein neuer Name (d.h. eine weitere Referenz) für das Objekt erzeugt.

Durch dieses Referenzzählungskonzept ist der Zeitpunkt des Ablebens eines Objekts genau definiert. Wenn die letzte Referenz auf ein Objekt verschwindet – der für dieses Objekt zuständige Referenzzähler also den Wert 0 erhält – wird das Objekt aus dem Speicher entfernt.

Die Referenzzählung in Kombination mit dem Zuweisungskonzept ist eine effiziente Möglichkeit, um Speicherlecks zu vermeiden. Probleme tauchen jedoch bei *zyklischen* Referenzen auf. Verweisen z.B. zwei Objekte gegenseitig aufeinander, haben beide Objekte noch einen Referenzzähler von 1, obwohl keine anderen Verweise auf eines der Objekte mehr existieren. Dadurch kann auf diese Objekte nicht mehr zugegriffen werden – sie können durch Python aber auch nicht entfernt werden.

Um das Problem zyklischer Referenzen zu lösen, gibt es seit Python 2.0 den Lösungsansatz der automatischen Freigabe zyklischer Referenzen durch *Garbage Collection*. Die aus Sprachen wie JAVA bekannte Garbage Collection ist eine Programmroutine, die ständig nach verwaisten Objekten Ausschau hält und diese bei der Erkennung sofort löscht. Auch diese Art der Speicherverwaltung hat ihre Probleme, namentlich hier das Fehlen eines klaren Zerstörungszeitpunkts (auch Finalisierung genannt), sowie der gesteigerte Ressourcenverbrauch (durch ständiges Traversieren von Referenzierungsgraphen).

Man kann die Garbage Collection daher auch deaktivieren – dies muss allerdings zur Erstellungszeit des Python-Interpreters geschehen. Dazu kann man unter UNIX-Systemen dem configure-Skript die Option --without-gc mitgeben.

1.6.6 Funktionale Programmierung

Eine Besonderheit von Python ist die Unterstützung vieler Programmierparadigmen, dazu gehören unter anderem die

- Prozedurale Programmierung,
- Funktionale Programmierung,
- Modulare Programmierung,
- Objektorientierte Programmierung.

Die Funktionale Programmierung wird im Wesentlichen durch die Verfügbarkeit der Konstrukte lambda, map, reduce und filter ermöglicht:

- lambda gestattet die Definition eines unbenannten Ausdrucks, der wie eine Funktion gerufen werden kann.
- map(Funktion,Sequenz) ruft eine Funktion für jedes Element der Sequenz auf und gibt die aus den Ergebniswerten bestehende Sequenz zurück.
- reduce(Funktion,Sequenz,init) ruft eine Funktion für jedes Element der Sequenz auf und übergibt dabei den Rückgabewert als zusätzliches Argument. Die Angabe eines initialen Werts ist optional – als Ergebnis wird der Rückgabewert des letzten Funktionsaufrufs geliefert.
- filter(Funktion,Sequenz) ruft eine Funktion für jedes Element der Sequenz auf und übergibt eine Liste mit den Argumenten, für die die Funktion einen positiven booleschen Wahrheitswert liefert.

Vor allem das lambda-Konstrukt ist auch für die nicht funktionale Programmierung von großem Nutzen. Man verwendet dies wie folgt:

```
>>> f = lambda x,y: x+y
>>> f( 1, 2 )
3
```

Hier wird eine unbenannte Funktion erzeugt, die zwei Argumente hat, und die Summe dieser Argumente »zurück gibt«. Im Gegensatz zu normalen Funktionen kann man in lambda-Konstrukten keine Anweisungen ausführen, sondern nur Ausdrücke bewerten – Funktionsaufrufe jedoch sind erlaubt.

lambda-Funktionen sind insbesondere in ereignisgesteuerten Programmen als Callback-Funktionen (vgl. Abschnitt 1.2.4) sehr beliebt, da man bei der Angabe einer Callback-Funktion normalerweise keine Möglichkeit hat, bestimmte Parameter für die Callback-Funktion zu spezifizieren. Durch die Zwischenschaltung einer lambda-Funktion ist dies wie folgt zu umgehen:

```
def callbackFunktion( argument ):
   print argument
registerCallback( lambda f: callbackFunktion(0) )
registerCallback( lambda f: callbackFunktion(1) )
```

1.6.7 Zeichenketten

Python verfügt über umfangreiche Funktionalität zur Manipulation von Zeichenketten. Zeichenketten können durch einfache oder doppelte Anführungszeichen spezifiziert werden. Die jeweils andere Art der Anführungszeichen kann dann ohne Sonderbehandlung in der Zeichenkette vorkommen. Eine weitere Form ist die in drei doppelten Anführungszeichen eingeschlossene mehrzeilige Zeichenkette. Folgendes Beispiel illustriert die Verwendung dieser und weiterer Formen:

```
1 # Python-Beispiel strings.py
2 print 'Einfache Anführungszeichen'
3 print "Dies sind keine 'einfachen' Anführungszeichen"
4 print """Dies ist eine mehrzeilige
5 Zeichenkette!"""
6 print r"c:\programme\eigene dateien\"
7 print u"Dies ist ein Unicode-String mit äöüß!"
```

Listing 1.7: Python-Beispiel: Zeichenketten

Stellt man den Buchstaben r vor eine Zeichenkette, verliert das Escapezeichen ("\") seine übliche Bedeutung und kann dadurch direkt in der Zeichenkette (z.B. zur Angabe von Dateinamen unter Windows) verwendet werden.

Seit der Version 2.0 kann Python mit Unicode-Alphabeten umgehen. Eine Unicode-Zeichenkette wird dabei mit dem vorangestelltem Buchstaben u spezifiziert.

Python kennt des weiteren die aus Sprachen wie C bekannten Ersetzungsregeln (auch *Format-Strings* genannt) für Zeichenketten. Als Besonderheit können diese nicht nur in wenigen speziellen Funktionen (wie z.B. printf() und scanf() in C), sondern überall dort, wo eine Zeichenkette auftaucht, verwendet werden. Dazu lässt man der Zeichenkette ein Prozentzeichen ("%") und ein Tupel mit den Ersetzungsparameter folgen. Hierzu ein Beispiel:

```
1 # Python-Beispiel formatierung.py
2 wert = 42
3 print "Die Anzahl ist %d" % wert
4 wert2 = 14.4
5 text = "Die Geschwindigkeit ist %f kb/sec" % wert2
6 print text
```

Listing 1.8: Python-Beispiel: Zeichenketten-Formatierung

Alle aus der C-Funktion `printf()` bekannten Formatierungskennungen und -optionen werden auch in Python unterstützt. Weitere Funktionen zur Manipulation von Zeichenketten sind ebenfalls verfügbar – dazu zählt zum Beispiel eine leistungsfähige Bibliothek für die Verarbeitung von regulären Ausdrücken.

1.6.8 Objektorientierte Programmierung

Klassen

Klassen werden in Python mit dem Schlüsselwort `class` eingeleitet, gefolgt von dem Namen der Klasse und einem Doppelpunkt, der den Blockanfang kennzeichnet. Innerhalb einer Klasse können statische Attribute, statische Methoden und normale Methoden definiert werden. Das nächste Beispiel zeigt die Definition einer einfachen Klasse:

```
 1 # Python-Beispiel klasseWert.py
 2 class Wert:
 3    def __init__( self, wert ):
 4       self.wert = wert
 5    def setze( self, wert ):
 6       self.wert = wert
 7    def setzeUndZeige( self, wert ):
 8       self.setze( wert )
 9       self.zeige()
10    def zeige( self ):
11       print self.wert
12
13 meinWert = Wert( 10 )
14 meinWert.zeige()
15 meinWert.setze( 20 )
16 meinWert.zeige()
```

Listing 1.9: Python-Beispiel: Einfache Klasse

Alle in der Klasse definierten Methoden haben `self`[1] als ersten Parameter, der zur Identifikation des Objekts dient. In Sprachen wie C++ oder JAVA ist dieser Parameter (dort `this` genannt) ebenfalls vorhanden, jedoch seltener sichtbar, da er der Objektinstanz implizit übergeben wird.

Will man innerhalb einer Objektmethode auf eine im gleichen Objekt definierte Methode oder ein im gleichen Objekt befindliches Attribut zugreifen, muss dies

---

[1] Eine Reminiszenz an die Sprache Smalltalk, die als eine der wesentlichen Inspirationsquellen von Python gilt. Der Name `self` ist übrigens keineswegs ein Schlüsselwort, sondern einfach Konvention. Wollen Sie ihren Programmen einen zweifelhaften »individuellen Touch« geben, nennen sie diesen Parameter einfach anders ☺.

über die Qualifizierung mit der Objektidentität `self` geschehen. Der Zugriff »von außen« geschieht dabei über die Qualifizierung mit der Variablen, die das Objekt hält – hier wird die jeweilige Objektidentität automatisch als Parameter `self` übergeben.

Der Konstruktor einer Klasse wird durch Funktion mit dem speziellen Namen `__init__()` definiert. Die Parameter, die der Konstruktor erwartet, müssen wie bei allen objektorientierten Sprachen, bei der Instanziierung des Objekts übergeben werden. Dies wird, wie in Zeile 13 zu sehen, durch Aufruf des Klassennamens erreicht – was wiederum als gutes Beispiel für die minimale und effiziente Syntax von Python zu sehen ist: Ein besonderes Schlüsselwort wie etwa `new` wurde bei der Konzeptionierung von Python als redundant angesehen.

Ein weiterer Unterschied zu Sprachen wie C++ oder JAVA ist die Deklaration (bzw. Belegung) von Attributen innerhalb der Methoden. Würde man ein Attribut außerhalb einer Methode belegen, wäre dies ein statisches Attribut.

Aufgrund der schon angesprochenen Referenzzählung in Python gibt es nur selten Verwendung für Destruktoren. Dennoch ist es natürlich möglich, einen solchen zu implementieren – dazu ist die spezielle Klassenmethode `__del__()` gedacht.

Kapselung

Klassen bilden einen eigenen Namensraum, über den qualifiziert zugegriffen werden kann. Sprachen wie C++ verfügen über ein feingranulares Konzept der Zugriffsmöglichkeit auf Attribute und Methoden. Python verfügt nicht über ein solches Konzept – es ist grundsätzlich möglich, auf alle in einer Klasse definierten Attribute und Methoden zuzugreifen.

Um dennoch eine rudimentäre Art von Zugriffsschutz zu etablieren, wurde per Konvention bestimmt, dass Methoden und Attribute, deren Namen mit einem Unterstrich ("_") beginnen, als *privat* angesehen werden. Schließlich zeugt der direkte Zugriff auf Attribute und nicht öffentlich dokumentierte Methoden meistens von einem schlechten Programmierstil oder verbesserungswürdigen Design. Es bliebe jedoch zu diskutieren, inwieweit eine Programmiersprache einen bestimmten Programmierstil durchsetzen kann oder überhaupt soll.

Vererbung & Polymorphie

Gibt man bei der Definition einer Klasse eine oder mehrere Namen anderer Klassen an, erbt die neue Klasse alle Methoden von ihrer Oberklasse. Aufgrund der dynamische Typisierung ist das Konzept einer reinen Schnittstelle nicht sehr nützlich – ein in JAVA verwendetes Schlüsselwort wie `interface` wäre in Python sinnlos. Wenn man in Python von einer Klasse erbt, dann nur um die von dieser Klasse bereitgestellte Funktionalität zu benutzen.

Die dynamische Typisierung ist ebenfalls der Grund, warum Python-Methoden »von Haus aus« polymorph sind: Die Auflösung von Namen zu Methoden bzw. Attributen geschieht hier stets zur Laufzeit und auf der Basis des aktuellen (dynamischen) Typs.

Weitere Unterschiede zu anderen Sprachen gibt es bei der Instanziierung abgeleiteter Klassen. Beispielsweise gibt es in Python keine impliziten Konstruktoraufrufe der Basisklassen. Getreu dem Motto »explizit ist besser als implizit« muss man daher selbst dafür Sorge tragen, dass die Konstruktoren der Basisklassen ausgeführt werden. Im folgenden ein Beispiel einer (sehr vereinfachten) Klassenhierarchie für ein allgemeines Konto und ein davon abgeleitetes Sparkonto:

```python
 1 # Python-Beispiel: konten.py
 2 class Konto:
 3 "Kapselung eines allgemeinen Kontos"
 4
 5     def __init__( self, besitzer ):
 6     "Konstruktor"
 7         self.saldo = 0
 8         self.besitzer = besitzer
 9
10     def einzahlen( self, wert ):
11     "Etwas auf das Konto einzahlen"
12         self.saldo += wert
13
14     def auszahlen( self, wert ):
15     "Etwas vom Konto abheben"
16         self.saldo -= wert
17
18     def kontostand( self ):
19     "Den Kontostand zurückgeben"
20         return self.saldo
21
22 class Sparkonto( Konto ):
23     def __init__( self, besitzer, zinssatz ):
24         Konto.__init__( self, besitzer )
25         self.zinssatz = zinssatz
26
27     def monatsabschluss( self ):
28         self.saldo = self.saldo * (1.0+zinssatz)
```

Listing 1.10: Python-Beispiel: Bankkonten

Die Klasse Sparkonto erweitert die Funktionalität ihrer Basisklasse um die Methode monatsabschluss() sowie das Attribut zinssatz.

Python unterstützt Mehrfachvererbung. Bei Namenskollisionen wird die Methode der zuletzt geerbten Klasse aufgerufen.

In den Zeilen 3, 6, 11, 15 und 19 des obigen Beispiels ist eine weitere Besonderheit von Python zu sehen: Dokumentationszeichenketten. Gibt man direkt nach dem Kopf einer Klassen- oder Funktionsdefinition eine Zeichenkette an, wird diese im speziellen Klassen- bzw. Funktionsattribut __doc__ gespeichert. Diese Zeichenkette ist jederzeit auslesbar und gehört zusammen mit einer Reihe weiterer Funktionen zum Bereich der Introspektion von Python. Die eingebauten Introspektionsfunktionen gestattet das Ermitteln und Manipulieren vieler Eigenschaften eines Python-Skripts zur Laufzeit. Die Programmiersprache JAVA verfügt über einen ähnlichen Mechanismus mit der separaten *Reflection*-Bibliothek.

Viele Bibliotheken der Python-Distribution benutzen Dokumentationsstrings. Leider ist eine Standardisierung des Formats jedoch noch nicht in Sicht, obwohl es schon intelligente Skript-Editoren gibt, die vorhandene Dokumentationsstrings als automatische Popup-Hilfe benutzen. Abbildung 1.5 zeigt ein Python-Skript in einem solchen Editor mit einem geöffneten so genannten *Call Tip*.

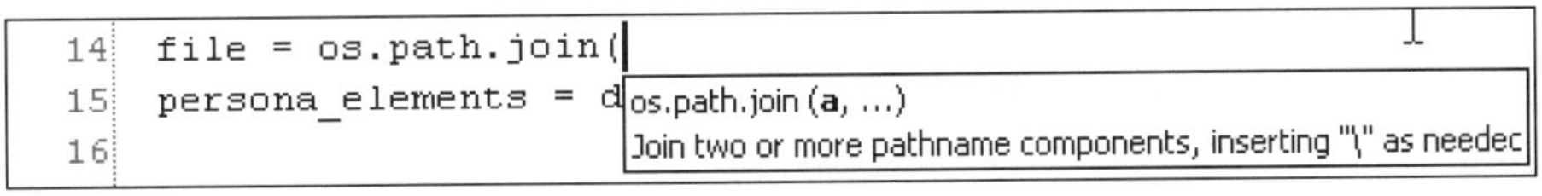

```
14   file = os.path.join(
15   persona_elements = d os.path.join (a, ...)
16                        Join two or more pathname components, inserting "\" as needed
```

Abb. 1.5:   Call Tip in einem intelligenten Python-Editor

Abstrakte Klassen

In vielen objektorientierten Sprachen gibt es die Möglichkeit zur Definition *abstrakter* Klassen. Abstrakte Klassen dienen z.B. zur besseren Strukturierung einer Klassenhierarchie, indem die gemeinsame Funktionalität zweier ähnlicher Klassen in eine separate Oberklasse ausgelagert wird, von der beide Klassen ableiten.

Da die separate Oberklasse nur die gemeinsame (und keineswegs vollständige) Funktionalität definiert, dürfen von dieser Klasse keine Objekte instanziiert werden. Während Python kein spezielles Schlüsselwort oder eine spezielle Syntax für die Definition abstrakter Klassen hat, ist es jedoch sehr einfach, sicherzustellen, dass von einer bestimmten Klasse kein Objekt erzeugt wird. Listing 1.11 zeigt eine mögliche Lösung.

```
1 # Python-Beispiel abstrakt.py
2 class Abstrakt:
3     def __init__( self ):
4         if self.__class__ == Abstrakt:
5             raise "Abstrakte Klasse nicht instanziierbar"
6
7 class Konkret( Abstrakt ):
```

```
8    def __init__( self ):
9        Abstrakt.__init__( self )
```

Listing 1.11: Python-Beispiel: Abstrakte Klasse

Durch Introspektion wird im Konstruktor der Typ der anzulegenden Klasse überprüft. Handelt es sich um den Typ "Abstrakt", wird ein Laufzeitfehler erzeugt. Handelt es sich um eine abgeleitete Klasse, kann die Konstruktion durchgeführt werden. Hierzu die passenden Aufrufe im interaktiven Modus:

```
>>> Abstrakt()
Traceback (most recent call last):
  File "<stdin>", line 1, in ?
  File "abstrakt.py", line 5, in __init__
    raise "Abstrakte Klasse nicht instanziierbar"
Abstrakte Klasse nicht instanziierbar
>>> Konkret()
<abstrakt.Konkret instance at 0x00874900>
```

1.6.9 Module

Sammlungen von Klassen oder Funktionen lassen sich in Python als Modul kapseln. Ein Modul entspricht im Wesentlichen einer Datei. Es müssen dabei keine besonderen Vorkehrungen getroffen werden, um ein Python-Skript als Modul benutzen zu können.

Um auf die in einem Modul definierten Klassen, Funktionen oder Variablen zugreifen zu können, müssen diese Namen in den aktuellen Namensraum eines Python-Programms importiert werden. Dazu gibt es mehrere Möglichkeiten – die wichtigsten sind Tabelle 1.1 zu entnehmen.

Anweisung	Bedeutung und Benutzung
import Modul	Alle im Modul definierten Namen werden durch den Namensraum Modul verfügbar und können qualifiziert aufgerufen werden, z.B. durch Modul.Funktion()
import Modul as Name	Wie oben, jedoch Aufruf nur durch den neuen Namen Name, z.B. Name.Funktion()
from Modul import Funktion	Der im Modul definierte Name Funktion wird im aktuellen Namensraum verfügbar und kann ohne Qualifizierung aufgerufen werden: Funktion()
from Modul import Funktion as Name	Wie oben, jedoch Aufruf nur über den neuen Namen der Funktion: Name()

Tabelle 1.1: Anweisungen zum Importieren von Namen aus Modulen

Anweisung	Bedeutung und Benutzung
from Modul import *	Alle im Modul definierten Name werden im aktuellen Namensraum verfügbar und können ohne Qualifizierung aufgerufen werden. Aufgrund potenzieller Namensüberlagerung (Stichwort: *Namespace Pollution*) ist diese Version nur mit besonderer Vorsicht zu verwenden.

Tabelle 1.1: Anweisungen zum Importieren von Namen aus Modulen (Forts.)

1.6.10 Pakete

Eine zusammenhängende Sammlung von Modulen wird in Python Paket genannt. Üblicherweise sind dies große Bibliotheken, wie z.B. GUI-Toolkits. Pakete bilden einen eigenen Namensraum und werden genau wie Module importiert. Als Erweiterung zu einem Modul gibt es für ein Paket die Möglichkeit einer paketweiten Initialisierung: Befindet sich im Paketverzeichnis ein Skript namens __init__.py ,wird beim Importieren des Pakets zunächst dieses Skript ausgeführt.

1.6.11 Fehlerbehandlung

Bei Fehlern, die zur Laufzeit auftreten, gibt der Python-Interpreter eine sehr ausführliche Fehlermeldung aus. Diese enthält neben der zum Fehler führenden Anweisung alle Positionen des Aufrufstapels mit der Angabe von Moduldatei, Funktionsname und Zeilennummer. Hier ein Beispiel:

```
Traceback (most recent call last):
  File "Schritt9.py", line 280, in ?
    applikation = tkKontaktAnwendung()
  File "Schritt9.py", line 239, in __init__
    self.mainWindow = tkHauptfenster( self )
  File "Schritt9.py", line 84, in __init__
    self.createMenuBar()
  File "Schritt9.py", line 120, in createMenuBar
    self.toolBar.add_separator()
  File "tkFenster.py", line 29, in add_separator
    print 4 / 0
ZeroDivisionError: integer division or modulo by zero
```

Die zuletzt angegebene Moduldatei ist die, in der die zum Fehler führende Anweisung enthalten ist. Fehler können jedoch auch abgefangen werden. Dazu lassen sich die Anweisungen try und except wie folgt benutzen:

```
1 # Python-Beispiel fehlerbehandlung.py
2 try:
3     import supermodul
4 except ImportError:
```

```
5       print "Supermodul nicht gefunden!"
6       print "Versuche das normale Modul..."
7       import modul as supermodul
8  supermodul.bla()
```

Listing 1.12: Python-Beispiel: Fehlerbehandlung

Die try-Anweisung öffnet einen Block, indem ein Fehler auftreten kann (hier ein ImportError, der entsteht, falls das zu importierende Modul nicht importiert werden kann). Mit der except-Anweisung kann man bestimmte Klassen von Fehlern abfangen und auf diese reagieren.

Auch die Fehlerbehandlung in Python ist objektorientiert aufgebaut. Es ist also ohne weiteres möglich, eigene Fehlerhierarchien zu den vordefinierten hinzuzufügen.

1.6.12 Erweitern und Einbetten

Eine der herausragenden Fähigkeiten von Python ist es, verschiedene Programme aneinander zu binden bzw. eine Zusammenarbeit von Programmen zu ermöglichen, die zunächst nicht unbedingt vorgesehen war.

Der wesentlichen Teil dieser Fähigkeit besteht aus einem bidirektionalen Kommunikationspfad zu systemnahen Sprachen wie C und C++. Dadurch wird die *Erweiterung* und *Einbettung* von Python-Programmen möglich: Wenn man Python-Code benutzt, um in systemnahen Sprachen geschriebene Funktionalität auszuführen, spricht man vom Erweitern von Python. Benutzt man Code in einer systemnahen Sprache, um in Python geschriebene Funktionalität auszuführen, spricht man vom Einbetten von Python.

Warum aber sollte es überhaupt lohnend sein, Python-Programme zu erweitern oder einzubetten? Für eine Erweiterung sprechen im Wesentlichen zwei Gründe:

1. Ein großer Teil – auch für Python-Programme interessante – Funktionalität ist bereits entwickelt worden und (nur) in Form einer systemnah geschriebenen Bibliothek verfügbar.
2. Reine Python-Programme sind um Größenordnungen langsamer als kompilierte Programme. Durch die Reimplementierung kritischer[1] Programmteile kann man einen großen Teil der Laufzeit-Effizienz »wieder gutmachen«.

Für eine Einbettung gibt es ebenfalls einen einleuchtenden Grund: Durch die mächtigen Konstrukte und die hoch abstrahierten integralen Datentypen lassen

---

[1] ... hiermit sind insbesondere die Programmteile gemeint, die für einen besonders hohen Anteil der gesamten Laufzeit des Programms verantwortlich sind. Um diese Programmteile zu ermitteln, sollte man einen so genannten *Profiler* nutzen. Ein Profiler erstellt eine Laufzeitstatistik aller in einem Programm verwendeten Funktionen und Methoden.

sich viele Probleme wesentlich schneller in Python formulieren und testen als in einer systemnahen Sprache. Handelt es sich hierbei auch noch um nicht zeitkritische Programmteile, liegt es nahe, den Python-Code in ein C- oder C++-Programm einzubetten.

Obwohl der »normale« Python-Programmierer wohl doch eher selten eigene Erweiterungen schreiben oder gar Einbettungen benutzt wird, ist es dennoch sinnvoll, etwas über die zugrunde liegenden Mechanismen zu lernen. Immerhin wird man kaum ein größeres Python-Programm schreiben können, ohne implizit Erweiterungen des Python-Kerns zu benutzen: Zum Beispiel die in den folgenden Kapiteln besprochenen GUI-Toolkits sind ausnahmslos systemnah geschriebene Erweiterungsbibliotheken.

Erweitern

Da es nicht möglich ist, direkt von Python aus C- oder C++-Funktionen bzw. Methoden aufzurufen, muss eine Schnittstelle benutzt werden, die es gestattet, Aufrufe von einer Sprache in die andere abzusetzen. Im Wesentlichen ist es dazu nötig, die Übergabeparameter in beide Richtungen zu konvertieren. Die Schnittstelle, die diese Konversionen leistet, ist das so genannte Python-Erweiterungsmodul (auch Python-Bindung genannt).

Autoren von Erweiterungsmodulen müssen nicht jedes Mal das Rad neu erfinden – Python kommt mit einer in C geschriebenen Bibliothek (das C API), die die Entwicklung von Erweiterungsmodulen grundsätzlich recht einfach macht.

Um einen groben Überblick zu bekommen, wie ein solches Erweiterungsmodul aussehen kann, folgt nun ein einfaches Beispiel: Wir wollen eine Funktion kapseln, die die Fakultät einer Zahl berechnet.

Die folgende C-Funktion zur Berechnung der *n*-ten Fakultät soll von Python aus benutzt werden können:

```
int fakul( int n )
{
    if ( n <= 1 ) return 1;
    else return n * fakul( n-1 );
}
```

Um die Funktion `fakul()` von Python aus aufrufen zu können, muss die Bindung folgendermaßen aussehen:

```
PyObject* wrap_fakul( PyObject* self, PyObject *args )
{
    int n;
    int result;
```

```
    if ( !PyArg_ParseTuple( args, "i:fakul", &n ) )
        return NULL;
    result = fakul( n );
    return Py_BuildValue( "i", result );
}
```

Mit der im Python C-API definierten Funktion `PyArg_ParseTupel()` werden Python-Datentypen in C-Datentypen konvertiert. Durch die Übergabe des Parameters "i" wird hier spezifiziert, dass nur ein Integerwert gültig ist. Nach dem Aufruf der gekapselten Methode muss das Ergebnis wieder in einen Python-Datentyp umgewandelt werden – dazu dient die Methode `Py_BuildValue()`.

Zu guter letzt muss noch die Modulinitialisierung durchgeführt werden: Jedes Erweiterungsmodul muss eine Funktion implementieren, die dem Python-Interpreter mitteilt, welche Namen durch das Modul definiert werden. Dazu muss eine statische Struktur in einem festgelegten Format ausgefüllt werden. In unserem Beispiel sähe dies wie folgt aus:

```
static PyMethodDef FakulMethoden[] =
{
    { "fakul", wrap_fakul, 1 },
    { NULL, NULL }
};

void initFakul()
{
    PyObject *module;
    module = Py_InitModule( "Fakul", FakulMethoden );
};
```

Im statischen Feld `FakulMethoden` wird die (einzige) Methode unseres Erweiterungsmoduls angegeben. Die Funktion `initFakul()` initialisiert das Modul durch den Aufruf der im Python C-API definierten Funktion `Py_InitModule()`.

Um das kompilierte Erweiterungsmodul zum Python-Interpreter hinzuzufügen, gibt es zwei Möglichkeiten:

1. Statische Bindung – das Erweiterungsmodul wird zusammen mit dem Python-Interpreter in eine ausführbare Datei gepackt. Dies erfordert eine Neukompilierung des gesamten Python-Interpreters, entbindet aber davon, eine zusätzliche Datei ausliefern zu müssen.
2. Dynamische Bindung – das Erweiterungsmodul wird separat in eine dynamische Linkbibliothek kompiliert. Der Python-Interpreter kann diese Module nach Bedarf (ausgelöst durch einen `import`-Befehl) nachladen. Diese Methode ist eleganter, jedoch funktioniert diese Strategie nicht immer.

Die Benutzung unseres Erweiterungsmoduls ist sehr einfach und gestaltet sich wie bei einem eingebauten oder mit Python mitgelieferten Modul:

```
>>> import Fakul
>>> Fakul.fakul( 4 )
>>> 24
```

In der Praxis ist die Programmierung umfangreicher Erweiterungsmodule eine sehr aufwendige Arbeit. Um die Anbindung größerer Bibliotheken zu erleichtern, gibt es eine Reihe automatischer bzw. halbautomatischer Werkzeuge. Einige davon, namentlich die Programme SWIG und SIP, werden in den Kapiteln 5 bzw. 6 vorgestellt.

Einbetten

Ebenso wie die Programmierung von Erweiterungsmodulen existiert eine in C geschriebene Bibliothek für das Einbetten von Python-Quelltext. Einige der wichtigsten Funktionen dieser Bibliothek sind:

- `Py_Initialize()` – initialisiert den Python-Interpreter und belegt Ressourcen.
- `PyImport_ImportModule(Modul)` – lädt ein Modul in den Namensraum des Python-Interpreters.
- `PyObject_GetAttrString(Modul,Attribut)` – erlaubt lesenden Zugriff auf ein in Modul definiertes Attribut.
- `PyObject_SetAttrString(Modul,Attribut)` – erlaubt schreibenden Zugriff auf ein in Modul definiertes Attribut.
- `PyRun_SimpleString(code)` – führt den als Zeichenkettenargument übergebenen Python-Code mit dem Python-Interpreter aus.
- `PyRun_SimpleFile(file)` – führt das Python-Skript file aus.
- `PySys_SetArgv(argc,argv)` – setzt die Kommandozeilenargumente für den eingebetteten Python-Quelltext.
- `Py_Finalize()` – bereitet die Beendigung des Python-Interpreter vor und gibt die belegten Ressourcen frei.
- `Py_Exit(code)` – beendet den Python-Interpreter mit einem Fehlercode.

Listing 1.13 zeigt abschließend ein einfaches Beispiel für die Einbettung von Python-Befehlen in einem C-Programm:

```
#include "Python.h"
main( int argc, char** argv )
{
    PyInitialize();
    PySys_SetArgv( argc, argv );
    PyRun_SimpleString( "print 'Hallo Python Welt!'" );
    PyRun_SimpleString( "print sys.argv\n" );
    PyFinalize();
```

```
    PyExit( 0 );
};
```

Listing 1.13: Einbetten von Python-Befehlen in einem C-Programm

1.6.13 Ausblick

Python wird kontinuierlich weiter entwickelt. Während diese Zeilen geschrieben werden, ist die Version 2.2 bereits verfügbar, die einige wesentliche Erweiterungen[1] enthält. Die wachsende Popularität von Python unter den Entwicklern greift langsam, aber stetig auch auf den »höheren Etagen« von Entwicklungsabteilungen um sich.

Die mit dem Lernen einer neuen Sprachen verbundenen üblichen *Anfangsinvestitionen* zahlen sich bei der Benutzung von Python auch im kommerziellen Bereich mittelfristig aus, da Python in Problembereichen wie Robustheit, Wartungsfreundlichkeit und Entwicklungseffizienz ganz vorne liegt.

Kurz gesagt: Python hat Zukunft!

---

[1] ... wie z.B. die Homogenisierung des Typ/Klassen-Konzepts: Python kann jetzt mit Fug und Recht als *durchgängig* objektorientierte Programmiersprache bezeichnet werden, in der auch die Basistypen Klassen sind, von denen abgeleitet werden kann.

Kapitel 2
GUI-Toolkits

2.1 Einordnung

Moderne Betriebssysteme bieten mehrere Abstraktionsebenen für die Entwicklung interaktiver graphischer Anwendungen. Abbildung 2.1 zeigt ein Schichtenmodell mit den folgenden Ebenen:

- Hardware
- GUI-API
- GUI-Toolkit
- UI-Builder
- Anwendung

Allen Ebenen ist gemein, dass jede Schicht Funktionalitäten für die direkt darüber liegende Schicht bereitstellt und dazu (nur) die Funktionalitäten der direkt darunter liegenden Schicht nutzt.

Im Aufbau noch höher angesiedelte Schichten wie automatische regelbasierte UI-Generatoren sind derzeit nur in akademischen Kreisen von Interesse und werden deshalb hier ausgespart.

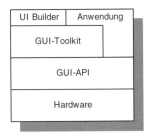

Abb. 2.1: Schichtenmodell für graphische Anwendungen

2.1.1 Hardware

Die Programmierung graphischer Anwendungen durch direkten Zugriff auf die (Graphik)-Hardware war früher gängige Praxis. Dem Vorteil der maximalen Laufzeiteffizienz standen jedoch viele Nachteile gegenüber, darunter z.B. die

- Mäßige Entwicklungseffizienz durch primitive Funktionen
- Schlechte Wartbarkeit durch die Festlegung auf Hardware-Funktionalitäten
- Schlechte Portierbarkeit auf Systeme mit anderer (Graphik)-Hardware

2.1.2 GUI-API

Mit dem Aufkommen Multitasking-fähiger Betriebssysteme wurden fensterorientierte Benutzeroberflächen entwickelt. Anwendungen war es danach nicht mehr möglich, immer den ganzen Bildschirm (sowie Maus, Tastatur und andere Peripheriegeräte) exklusiv zu nutzen. Statt eine graphische Linie direkt in den Bildschirmspeicher der Grafikkarte zu schreiben, musste diese Linie nun über eine Funktion des Betriebssystems gezeichnet werden. Diese Betriebssystemfunktion führt eine Koordinatentransformation durch, die den entsprechenden Graphikspeicherbereich anhand der gespeicherten Fenstertabelle lokalisiert.

Moderne Betriebssysteme bieten eine nahezu unüberschaubare Vielzahl[1] dieser Funktionen an – ein beträchtlicher Anteil davon entfällt auf die Realisierung der graphischen Benutzeroberfläche. Die Gesamtheit aller vom Betriebssystem für Anwendungsprogrammierer zur Verfügung gestellten Funktionalitäten nennt man *Application Programming Interface (API)*.

Im Vergleich zum direkten Zugriff auf die Hardware ist die Programmierung mittels API-Funktionen wesentlich weniger fehlerträchtig, besser wartbar und portierbar. Die Erstellung kompletter Anwendungen nur mit API-Aufrufen ist jedoch immer noch sehr aufwendig und zeitintensiv. Der Umfang der Bibliotheken ist sehr groß und steigt mit jeder neuen Betriebssystemversion. Hinzu kommt, dass der zu entwerfende Code sich um sehr viele Details kümmern muss, die aus der Sicht der Endbenutzer selbstverständlich sind. In vielen Anwendungen steckt darüber hinaus ein großer Teil an Code, der nur minimal variiert wird, dennoch aber jedes Mal neu geschrieben wird.

2.1.3 GUI-Toolkit

GUI-Toolkits bieten eine Möglichkeit, der Komplexität der APIs Herr zu werden. Durch die Kapselung umfangreichen Codes in einfach zu benutzende Funktionen ist die Programmierung mit GUI-Toolkits wesentlich effizienter. Oft sind sie so gut in das System integriert, dass der Programmieraufwand wesentlich verringert wird, die Flexibilität aber dennoch erhalten bleibt, da z.B. direkte API-Aufrufe weiterhin möglich sind.

2.1.4 UI-Builder

UI-Builder (User-Interface-Builder) gehen wiederum einen Schritt weiter als GUI-Toolkits. Sie vereinfachen die Entwicklung, indem sie es ermöglichen, das Erscheinungsbild der Anwendung graphisch zu modellieren.

---

[1] Das Win32-API z.B. enthält mittlerweile über tausend API-Funktionen.

UI-Builder sind selbst interaktive graphische Anwendungen, die aus den so konstruierten Widgets automatisch Programmcode, zum Teil mit wählbarer Zielsprache, erzeugen. Dieser Programmcode besteht dann aus Aufrufen des zum UI-Builder dazugehörigen GUI-Toolkits – damit sind UI-Builder natürlich auf nur ein GUI-Toolkit beschränkt.

Neuere Entwicklungen entkoppeln das graphische Design der Anwendung von der Generierung des Programmcodes. Die Daten des konstruierten Designs werden als strukturiertes textbasiertes, oft in XML formuliertes, Dokument gespeichert, das wahlweise während der Kompilierung oder auch erst zur Laufzeit der entwickelten Anwendung eingelesen wird.

Eine mit dem UI-Builder gelieferte Zusatzbibliothek kennt den Aufbau dieses Dokumentes und erzeugt die Widgets, sobald sie benötigt werden. Diese Technik lässt es zu, das Aussehen und (in Grenzen) das Verhalten der Anwendung losgelöst von der eigentlichen Programmlogik nachträglich zu verändern. In den folgenden Kapiteln werden einige UI-Builder ausführlich beschrieben.

2.1.5 Anwendung

Die eigentliche *Anwendung* nutzt hauptsächlich die Funktionalitäten des GUI-Toolkits, um ihre Oberflächenelemente zu erzeugen und in die Hauptschleife der Ereignisverarbeitung einzutreten. Von Zeit zu Zeit kann es jedoch nötig sein, statt auf das GUI-Toolkit direkt auf die GUI-API zuzugreifen. Die meisten GUI-Toolkits unterstützen dies, indem sie z.B. den Zugriff auf (interne) Fensterreferenzen ermöglichen, die dann direkt als Parameter an die Funktionen des GUI-API übergeben werden können. Diese Möglichkeit ist durch die direkte Verbindung der Schichten „Anwendung" und „GUI-API" in Abbildung 2.1 dargestellt ist.

2.2 Desktop-Umgebungen

Im Zusammenhang mit GUI-Toolkits ist, insbesondere im Linux-Bereich, oft von Bibliotheken für *Desktop-Umgebungen* (engl. *Desktop-Environment*) die Rede. Häufig werden die beiden Begriffe fälschlicherweise synonym verwendet. Bibliotheken für Desktop-Umgebungen bieten höher abstrahierte Funktionalitäten als GUI-Toolkits. Darunter fallen neben komplexeren und spezialisierten Widgets wie z.B. HTML-Widgets insbesondere anwendungsorientierte Funktionen, wie z.B.

- Anwendungen übergreifendes Konfigurationsmanagement
- Anwendungen übergreifendes Dokumentenmanagement
- Fernsteuerungsschnittstellen
- Kommunikation und Datenaustausch mit Anwendungen
- Anwendungen übergreifende Drag & Drop-Unterstützung

In vielen Fällen nutzen die Bibliotheken für Desktop-Umgebungen die Funktionalitäten der GUI-Toolkits. Die aus dem Linux-Bereich sehr bekannten Desktop-Umgebungen GNOME [www:GNOME] bzw. KDE [www:KDE] basieren beispielsweise auf den GUI-Toolkits GTK+ [www:GTK] bzw. QT [www:QT].

2.3 Bestandteile

Ein GUI-Toolkit unterstützt den Entwickler graphischer Anwendungen in den folgenden Bereichen:

- Ereignisverarbeitung
- Cursor
- Fenster- & Kontrollelemente
- Gruppierende und beschreibende Elemente
- Geometriemanager
- Dialogboxen & Standarddialoge
- Anwendungsrahmen
- Internationalisierung & Lokalisierung
- Timer- & Leerlaufprozesse
- Drucken

Das Maß an Unterstützung für einzelne Bereiche variiert, da verschiedene GUI-Toolkits natürlich verschiedene Schwerpunkte setzen. Dennoch gibt es eine Reihe von Bestandteilen, die sozusagen den kleinsten gemeinsamen Nenner aller GUI-Toolkits bilden.

2.3.1 Ereignisverarbeitung

Wie in Kapitel 1 erläutert, werden in ereignisgesteuerten Programmen Ereignisse mit Callback-Funktionen oder -Methoden verbunden. Das Herstellen (und natürlich auch Lösen) dieser Verbindungen sowie die Hauptschleife, in der Ereignisverarbeitung und das Rufen der Callbacks stattfindet, sind essenzieller Bestandteil jedes GUI-Toolkits.

2.3.2 Cursor

Graphische Benutzeroberflächen sehen in nahezu allen Fällen eine Maus[1] zur Steuerung eines beweglichen Cursors vor. Das Erscheinungsbild dieses Maus-Cursors ist variabel. In Multitasking-Betriebssystemen kann jede Anwendung einen Standardcursor definieren, der vom Betriebssystem eingestellt wird, falls der Benutzer den Mauscursor in ein Fenster der betreffenden Anwendung bewegt.

---

1 ... oder einen Trackball, ein Touchpad oder ein Graphiktablett

Dadurch verändert sich beispielsweise der standardmäßige Pfeil in ein Fadenkreuz, sobald sich der Cursor über dem Fenster eines Malprogramms befindet. Zudem ist es möglich, dass der Maus-Cursor abhängig vom momentanen Zustand der Anwendung verändert wird. Abhängig vom Oberflächensystem gibt es eine Reihe von standardisierten Cursor-Formen – einige davon sind in Abbildung 2.2 dargestellt.

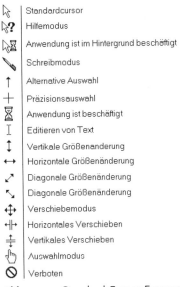

Abb. 2.2: Standard-Cursor-Formen

2.3.3 Fenster

Moderne Betriebssysteme kennen meist mehrere Fenstertypen. Man unterscheidet grob zwischen

- Hauptfenster (*Toplevel Window*)
- Kindfenster (*Child Window*)
- Popup-Fenster (*Popup Window*)
- Dialogfenster (*Dialog Window*)

Hauptfenster werden meistens zu Beginn einer Anwendung erstellt. Die Hauptfenster verschiedener Anwendungen können in der Regel frei verschoben werden und sich gegenseitig überlappen oder verdecken. Hauptfenster haben gewöhnlich mindestens eine Titelzeile, ein Menü und einen Fensterrahmen.

Kindfenster werden bei Bedarf von einer Anwendung erstellt. Sie lassen sich nur innerhalb des Bereichs ihres übergeordneten Fensters verschieben oder in der Größe verändern. Während Kindfenster sich gegenseitig verdecken oder überlappen können, kann ein Hauptfenster seine Kindfenster niemals verdecken. Es befindet sich also immer »hinter« den Kindfenstern. Kindfenster haben meistens eine Titelzeile und einen Fensterrahmen. Für jedes Fenster kann eine Anwendung separat bestimmen, ob der Benutzer die Größe und die Position des Fensters verändern kann.

Ein relativ neuer Sondertyp des Kindfensters ist das andockbare Fenster (*Dockable Window*). Ein Hauptfenster verfügt hierbei über einen bestimmten Bereich (das *Dock*), an dem frei schwebende Kindfenster andocken können. Angedockte Fenster haben keine eigenen Fensterrahmen und verhalten sich wie Teile des Hauptfensters. Die populärsten Beispiele andockbarer Fenster sind die in vielen Anwendungen anzutreffenden Werkzeugleisten.

Popup-Fenster bilden den Überbegriff von Fenstern, die im Normalfall nur kurz auf dem Bildschirm zu sehen sind, z.B. während der Auswahl eines Menüpunktes. Popup-Fenster haben nicht immer eine Titelleiste oder einen Fensterrahmen. Eine Untergruppe der Popup-Fenster sind die so genannten *Tool Tips* (auch *Ballonhilfe* genannt) – kleine, farbige Fenster mit meistens einzeiligen erläuternden Text.

Dialogfenster gehören zu der Familie der Popup-Fenster, definieren sich jedoch insbesondere durch eine Anzahl von Kontrollelementen, die in ihnen enthalten sind. Sie etablieren eine temporäre Kommunikation mit dem Benutzer, enthalten kein Menü und sehen aufgrund ihres statischen Layouts meistens keine Größenänderung vor.

Abb. 2.3: Anwendung mit verschiedenen Fenstertypen

Zur Unterscheidung der verschiedenen Fenstertypen verwenden graphische Oberflächen oft verschiedene Rahmen- oder Titelleistenstile. Das Management von Hauptfenstern ist auf verschiedenen Systemen unterschiedlich organisiert. Während bei Windows-Systemen das Zeichnen der Rahmen und Titelleisten direkt vom unterliegenden GUI-API erledigt wird, gibt es beim X-Window-System den so genannten *Window Manager*, der diese Funktionen übernimmt. Anwendungen können sich also beispielsweise nicht auf eine bestimmte Rahmenbreite oder Titelleistengröße verlassen – sie müssen dies vom GUI-API respektive vom Window Manager erfragen.

In vielen Anwendungen sind oft mehrere der oben erwähnten Fenstertypen enthalten. Abbildung 2.3 zeigt eine Anwendung, in der die Typen Hauptfenster, Kindfenster, Popup-Fenster und Dialogfenster sichtbar sind.

2.3.4 Kontrollelemente

Kontrollelemente gehören zur Klasse der Kindfenster, die die direkte Manipulation ihres »Inhalts« erlauben. Zu den Basiselementen eines GUI-Toolkits zählen folgende Kontrollemente:

- Leisten
    - Menüleiste (*Menubar*)
    - Werkzeugleiste (*Toolbar*)
    - Statuslciste (*Statusbar*)
- Schaltflächen
    - Druckknopf (*Pushbutton*)
    - Optionsfeld (*Radiobutton*)
    - Kontrollfeld (*Checkbox*)
    - Umschaltfläche (*Toggle Button*)
    - Drehfeld (*Spin Button*)
- Eingabefelder
    - Editierfeld (*Textbox*)
    - Listenfeld (*Listbox*)
    - Kombinationsfeld (*Combobox*)
- Laufleisten
    - Bildlaufleiste (*Scrollbar*)
    - Schieberegler (*Slider*)
    - Fortschrittsanzeiger (*Progressbar*)

Leisten

Mit einer Menüleiste kann man eine große Menge von Kommandos hierarchisch ordnen. Der Klick auf einen Eintrag in der Menüleiste öffnet ein Popup-Menü, aus dem man das jeweilige Kommando auswählt. Es gibt dabei die Möglichkeit, Popup-Menüs zu verschachteln.

Zur effizienteren Anwahl von Menüfunktionen bieten GUI-Toolkits die Verknüpfung von Menüeinträgen mit so genannten Beschleunigertasten (*Accelerator Keys*) an. Beschleunigertasten werden dabei häufig als Paar einer gehaltenen modifizierenden Taste (z.B. [Shift], [Alt], [Strg]) und einer zusätzlichen Taste definiert.

Des Weiteren ist nahezu immer eine Tastaturbasierte Navigation durch die Menüleiste vorgesehen, dazu werden so genannte *Abkürzungstasten* definiert. Durch die Auswahl einer Abkürzungstaste wird ein bestimmtes Popup-Menü geöffnet oder eine Menüaktion ausgelöst. Gewöhnlich werden die Buchstaben der Abkürzungstasten, wie in Abbildung 2.4 dargestellt, durch Unterstreichung gekennzeichnet.

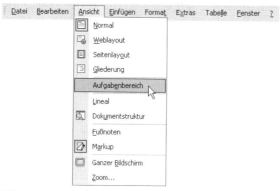

Abb. 2.4: Menüleiste mit geöffnetem Popup-Menü

Werkzeugleisten (siehe Abbildung 2.5) werden mit kleinen bebilderten Knöpfen (der Art *Toolbutton*, welches eine Platz sparende Variante des herkömmlichen *Pushbutton* ist) versehen, die mit den am meisten genutzten Funktionen verbunden sind. Moderne graphische Oberflächen erlauben es, Werkzeugleisten[1] von ihren »Stammplätzen« (dem Dock des umgebenden Hauptfensters) zu entfernen, neu anzuordnen oder sogar aus dem umgebenden Fenster herauszuziehen und an beliebigen Stellen auf der Oberfläche zu positionieren. Da das Herausziehen eines Kindfensters nicht möglich ist, wird in diesem Moment ein so genanntes *Reparenting*, d.h. ein Verändern des Eltern-Kind-Verhältnis durchgeführt. Außerhalb des Docks befindliche Werkzeugleisten sind daher immer eigenständige Hauptfenster.

---

[1] Mittlerweile funktioniert das sogar mit Menüleisten, obwohl nur wenige Benutzer von dieser Möglichkeit Gebrauch machen.

Abb. 2.5:   Werkzeugleiste mit Toolbuttons

Die Zuordnung der bebilderten Knöpfe zu den Funktionen, die sie auslösen, ist oft uneindeutig. Es gibt mehrere Methoden, dies zu verbessern:

1. *Tool Tips* – kleine Beschriftungen, die erscheinen, wenn der Mauscursor eine bestimmte Zeit regungslos über dem Knopf verweilt
2. Abbilden der Toolbuttons in den jeweiligen Menüeinträgen der Popup-Menüs
3. Standardisieren der Abbildungen

In neueren Anwendungen werden Werkzeugleisten nicht nur sehr inflationär sondern auch vielfältiger verwendet. Häufig sind neben den Toolbuttons auch andere Kontrollelemente, z.B. Kombinationsfelder oder Popup-Menüs, in Werkzeugleisten positioniert. Langfristig scheint sich eine Vereinheitlichung von Dialogfenster und Werkzeugleiste abzuzeichnen – Abbildung 2.6 stellt eine solche Werkzeugleiste dar.

Abb. 2.6:   Werkzeugleiste mit zusätzlichen Kontrollelementen

Statusleisten befinden sich meistens am unteren Rand des Hauptfensters einer Anwendung und informieren dort über den aktuellen Zustand der Anwendung. Ein Texteditor beispielsweise würde dort die aktuelle Zeilen- und Spaltenposition anzeigen, sowie ob sich der Editor im Ersetzungs- oder Überschreibmodus befindet. Abbildung 2.7 zeigt die Statusleiste eines weit verbreiteten Textverarbeitungsprogramms.

Abb. 2.7:   Statusleiste mit Text und Grafik

Statusleisten werden manchmal für kontextabhängige zusätzliche Anzeigen benutzt, z.B. während Popup-Menüs geöffnet sind (Anzeige eines Hilfetexts, der über das Kommando informiert) oder bei der Ausführung länger dauernder Aktionen (Anzeige des Fortschritts).

Schaltflächen

Man unterscheidet mehrere Typen von Schaltflächen. Das Klicken auf einen *Pushbutton* löst eine Aktion aus. *Radiobuttons*[1] bieten die Möglichkeit zwischen mehreren Optionen, die sich gegenseitig ausschließen, zu entscheiden. Ein *Checkbutton* (auch *Checkbox* genannt) kann entweder ausgewählt oder abgewählt sein. Ein *Toggle*

---

[1] ... benannt nach den Senderknöpfen alter Radios – obwohl es mit ausreichend Geduld auch hier möglich war, mehrere gleichzeitig einzudrücken.

Button erfüllt die gleiche Funktion, stellt dies aber auf andere Weise dar – durch die Visualisierung eines gedrückten bzw. nicht gedrückten Pushbutton. Das Klicken auf einen *Spin Button* verändert den (meist numerischen) Wert der zugeordneten Zelle.

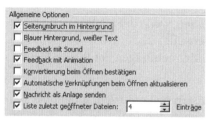

Abb. 2.8:   Checkbuttons und Spinbuttons

In Abbildung 2.8 sind mehrere Schalter des Typs Checkbutton und ein Spin Button zu sehen. Abbildung 2.9 zeigt drei sich gegenseitig ausschließende Radiobuttons sowie darunter drei Schaltflächen vom Typ Pushbutton.

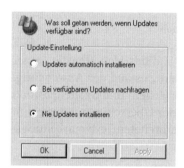

Abb. 2.9:   Radiobuttons und Pushbuttons

Eingabefelder

In einer *Textbox* kann ein ein- oder mehrzeiliger Text eingegeben werden. Mit einer *Listbox* kann aus einer vorgegebenen Menge von Optionen eine dieser Optionen auswählt werden. Eine *Combobox* erweitert eine Listbox um die Eingabemöglichkeit einer nicht in der Liste enthaltenen Option. Alle drei Varianten sind in Abbildung 2.10 abgebildet.

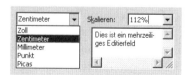

Abb. 2.10:   Listbox, Combobox und Editierfeld

Laufleisten

Bildlaufleisten werden z.B. dazu benutzt, die aktuelle Position in einem Dokument anzuzeigen (und zu verändern). Ist das darzustellende Dokument größer als der durch die Fenstergröße bestimmte darstellbare Bereich, passt sich die Form der Bildlaufleiste an, um die Größe des sichtbaren Anteils anzuzeigen. Bildlaufleisten gibt es in horizontaler und vertikaler Form.

Früher wurden Bildlaufleisten »zweckentfremdet«, um beliebige numerische Werte einzustellen. Heutzutage verwendet man dazu Slider (vgl. Abbildung 2.11), die es ebenso wie Bildlaufleisten in horizontaler und vertikaler Ausführung gibt.

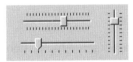

Abb. 2.11: Horizontale und vertikale Slider

Der Fortschrittsanzeiger ist ein reines horizontal oder vertikal ausgerichtetes Anzeigeelement. Meist wird er genutzt, um den aktuellen Zustand einer länger dauernden Aktion anzuzeigen. In einigen Fällen bietet sich dieses Element aber auch als eine Art »Füllstandsanzeiger« an, z.B. um die verbleibende Kapazität eines Datenträgers anzuzeigen. In der Vergangenheit wurden auch hierfür Bildlaufleisten zweckentfremdet.

Abb. 2.12: Horizontale Progressbar

Varianten von Fortschrittsanzeigern unterscheiden sich in der Art des dargestellten Balkens, z.B. diskret oder kontinuierlich und ob bzw. wo eine zusätzliche numerische Prozentangabe dargestellt wird. Abbildung 2.12 zeigt einen horizontalen Fortschrittsanzeiger mit zusätzlicher numerischer Anzeige.

2.3.5 Weitere Kontrollelemente

Einige GUI-Toolkits verfügen neben im vorherigen Abschnitt vorgestellten Basiselementen über weitere, zum Teil sehr hoch entwickelte und spezialisierte Elemente. Dazu zählen z.B.:

- Elemente zum Anzeigen hierarchischer oder strukturierter Daten
  - Baumansicht
  - Listansicht
  - Symbolansicht
- Elemente zum Anzeigen oder Manipulieren von strukturiertem Text
  - HTML-Ansicht

        - RTF-Ansicht
  - Zeichenflächen
      - Objektorientiert
      - Zweidimensional
      - Dreidimensional
- Tabellen
- Bildbetrachter
- Animationsbetrachter

Auf einige dieser spezialisierten Elemente wird in den folgenden Kapiteln eingegangen.

2.3.6 Eigene Kontrollelemente

Während die Mehrheit der Anwendungen mit den in den obigen Abschnitten beschriebenen Kontrollelementen auskommt, gibt es jedoch auch die Möglichkeit der Konstruktion anwendungsspezifischer Kontrollelemente. Beispielsweise wird für einen Klangeditor normalerweise eine Aussteuerungsanzeige entwickelt, wie sie in Abbildung 2.13 zu sehen ist.

Abb. 2.13: Aussteuerungsanzeige eines Klangeditors

2.3.7 Gruppierende und beschreibende Elemente

Um die Zusammengehörigkeit einer Menge von Kontrollelementen anzuzeigen oder deren Verwendung zu beschreiben, verwendet man gruppierende und beschreibende Elemente. Zur Gruppierung dienen Rahmen (*Frames*), zur Beschreibung Beschriftungen (*Labels*). Hierbei können zur optimalen Einbettung in das umgebende Layout verschiedene visuelle Stile eingesetzt werden. Die am häufigsten verwendeten sind:

- Erhoben (*raised*)
- Abgesenkt (*sunken*)
- Flach (*flat*)
- Ausgeprägt (*ridge*)
- Eingeprägt (*groove*)

Abb. 2.14: Rahmenstile beschreibender oder gruppierender Elemente

Eine weitere Art der Gruppierung bilden geteilte Fenster (*Splitter Windows*). Fenster dieses Typs werden durch eine Leiste – den *Splitter*[1] – in zwei Hälften geteilt. Der Splitter kann vertikal oder horizontal trennen. Splitter Windows werden in viele Anwendungen benutzt. Abbildung 2.15 zeigt das Layout eines E-Mail-Programms mit zweifach verschachtelten geteilten Fenstern. Der obere Bereich des horizontal geteilten Fensters enthält eine weitere – vertikale – Teilung.

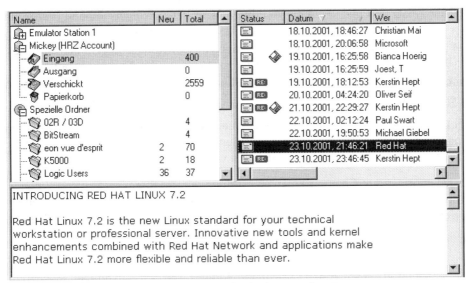

Abb. 2.15: Layout einer Anwendung mit verschachtelten geteilten Fenster

2.3.8 Geometriemanagement

Die Positionierung und das Festlegen der Größe von Oberflächenelementen wird *Geometriemanagement* (bzw. *Layoutmanagement*) genannt. Das Geometriemanagement gehört zu den komplexeren Problemen bei der Erstellung graphischer Oberflächen. Neben veränderlichen statischen Größenverhältnissen, z.B. durch vom Benutzer eingestellte Systemschriften, können sich Positionen und Größen der Oberflächenelemente wie vom Benutzer gewünscht verändern. Es ist offenbar, das eine absolute Positionierung von Fenstern dem nicht gerecht werden kann.

Viele GUI-Toolkits bieten daher auch hierbei Unterstützung: Neben den im vorherigen Abschnitt beschriebenen sichtbaren Elementen werden oft nicht sichtbare Elemente eingesetzt, die sich um die Anordnung und Größe der von ihnen verwalteten Elemente kümmern. Diese Elemente heißen Geometriemanager (auch Layoutmanager).

---

[1] In einigen GUI-Toolkits ist der Splitter nur ein frei positionierbares Kontrollelement, das nicht an einen bestimmten Fenstertyp gebunden ist.

Es gibt mehrere Klassen von Geometriemanager, die sich durch ihre grundlegende Arbeitsweise ergeben. Einige der wichtigsten Klassen sind

- *Einschränkungsbasierte* Geometriemanager
- *Tabellenorientierte* Geometriemanager
- *Pixelorientierte* Geometriemanager

Einschränkungsbasierte Geometriemanager parzellieren den zur Verfügung stehenden Platz und platzieren die von ihnen verwalteten Widgets anhand bestimmter – das Layout einschränkenden – Regeln. Eine einfache Regel wäre hier z.B. die Angabe einer Seite, an der das Widget »kleben« soll. Weitere Regeln betreffen das Verhalten, falls einem Widget mehr Platz zur Verfügung steht als es benötigt. Man kann hierbei angeben, ob, in welcher Richtung und in welchem Maß es gestreckt werden soll.

Eine einfache Variante von auf Layout-Einschränkungen basierenden Geometriemanager sind die richtungsorientierten Geometriemanager. Diese packen die von ihnen verwalteten Widgets horizontal oder vertikal nebeneinander.

Tabellenorientierte Geometriemanager ordnen die von ihnen verwalteten Widgets anhand einer logischen Tabelle an. Hierbei gibt es Varianten mit unterschiedlich großen Zellen oder Geometriemanager, die auch zellenübergreifende Widgets positionieren können.

Pixelorientierte Geometriemanager gestatten die absolute Positionierung und Größeneinstellung der von ihnen verwalteten Widgets. Dies kann in einigen Spezialfällen nötig sein – grundsätzlich sollte man von dieser Strategie jedoch aus verschiedenen Gründen abraten. Die schlechte Ausnutzung von vom Entwicklungssystem abweichender Bildschirmgrößen oder die Problematik mit unterschiedlichen Wortlängen in unterschiedlichen Sprachen seien hier nur zwei davon.

Spezielles Geometriemanagement wird in GUI-Toolkits, die über zum Anwendungsrahmen gehörende Hauptfensterklassen mit Andockbereichen verfügen, angewandt. Dies ist insbesondere für Hauptfenster mit einer automatischen Aufteilung in eine Menüleiste, mehrere an allen Seiten des Rahmenfensters andockbare Werkzeugleisten, den Arbeitsbereich und die Statusleiste nötig.

Eine weitere Art nicht sichtbarer Rahmenfenster mit integriertem Geometriemanagement ist das MDI-Rahmenfenster. MDI steht für *Multiple Document Interface* und beschreibt Anwendungen, die im Gegensatz zu Anwendungen mit *Single Document Interface* (SDI) gleichzeitig mehrere Dokumente (oder mehrere *Ansichten* nur eines Dokuments) geöffnet haben können. Das MDI-Rahmenfenster sorgt in diesem Fall für zusätzliche Anordnungsfunktionen der Kindfenster.

2.3.9 Dialoge

Dialoge – im Folgenden auch Dialogboxen genannt – werden zum Abfragen vieler zusammenhängender Einstellungen benutzt. Dazu werden in einem separaten Popup-Fenster eine Menge von Kontrollelementen angezeigt, mit denen diese Einstellungen vorgenommen werden können.

Grundsätzlich unterscheidet man *modale* und *nichtmodale* Dialogboxen. Modale Dialogboxen blockieren den Rest der Anwendung, solange sie geöffnet sind. Sie werden eingesetzt, wenn signifikante Daten fehlen oder der Benutzer über wesentliche Ereignisse informiert werden muss und diese bestätigen soll[1]. Nichtmodale Dialogboxen können geöffnet werden, ohne dass die umgebende Anwendung blockiert wird. Man setzt nichtmodale Dialogboxen oft als »Werkzeugkästen« ein. Ein nichtmodaler Dialog zum Suchen von Elementen in einem Dokument erscheint ebenfalls sinnvoll.

Eine einfache Version der modalen Dialogbox ist die *Nachrichtenbox* (Messagebox). Sie dient im Wesentlichen dazu, dem Benutzer eine Information zu überreichen, die quittiert werden muss, bevor die Anwendung weiter arbeiten kann.

Unterstützung für Nachrichtenboxen sowie einfache Abfragedialoge ist in vielen GUI-Toolkits enthalten. Die Abbildungen Abbildung 2.16 bis Abbildung 2.20 zeigen einige dieser Dialoge.

Abb. 2.16: Warnungsnachrichtenbox

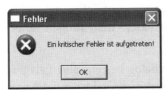

Abb. 2.17: Fehlernachrichtenbox

---

[1] Eine Variante der modalen Dialogbox ist die *systemmodale* Dialogbox. Eine geöffnete systemmodale Dialogbox blockiert alle im System laufenden Anwendungen. Es sollte schon einen guten Grund geben, eine solche Dialogbox zu öffnen – auf einem Laptop z.B. eine Batteriewarnung.

Kapitel 2
GUI-Toolkits

Abb. 2.18: Informationsnachrichtenbox

Abb. 2.19: Ja/Nein-Fragedialog

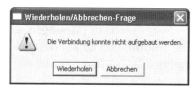

Abb. 2.20: Wiederholen/Abbrechen-Fragedialog

Zwei in jüngerer Zeit sehr beliebte aufwendigere Versionen der modalen Dialogbox sind die so genannten *Karteireiter*[1]- und *Assistentendialoge*.

Abbildung 2.21 zeigt einen typischen Karteireiterdialog, der aus drei Bereichen besteht: Unter der Titelleiste befindet sich eine Reihe von an Karteikarten oder Ordnersortierer erinnernde Laschen. Darunter befindet sich der Seitenbereich, in dem jeweils eine von mehreren Dialogseiten zu sehen ist. Am unteren Ende befinden sich die obligatorischen Quittungsschaltflächen. Die Schaltflächen und die Karteireiter sind permanent sichtbar, der Inhalt des Seitenbereiches ändert sich in Abhängigkeit der ausgewählten Lasche. Karteireiterdialoge werden benutzt, wenn viele zusammenhängende, aber in Kategorien unterteilbare, Einstellungen verändert werden können.

Der mit dem Karteireiterdialog verwandte Assistentendialog besteht ebenfalls aus einem Seitenbereich und einem Schaltflächenbereich, verzichtet jedoch auf die Karteireiterleiste. Im Gegensatz zu dem Karteireiterdialog, werden die in einem Assistentendialog dargestellten Seiten in einer vordefinierten Reihenfolge aufgerufen. Assistentendialoge werden benutzt, wenn eine komplexe Aktion in mehrere, aufeinander folgende, logische Schritte aufteilbar ist. In Anwendungen, die zwischen Anfängern und fortgeschrittenen Benutzern unterscheiden, gibt es oft die Möglichkeiten, zwischen der klassischen Steuerung über Menüaktionen (für Fortgeschrittene) und der Steuerung über Assistentendialoge (für Anfänger) zu wählen.

---

1 ... engl. *Tabbed Dialogs* – im Deutschen auch *Registerdialoge* genannt.

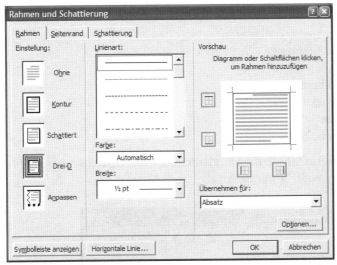

Abb. 2.21: Karteireiterdialog mit den Seiten Rahmen, Seitenrand, Schattierung

Im Zusammenhang mit Dialogen bieten viele GUI-Toolkits Unterstützung für so genannte *Validatoren*. Ein Validator wird mit einem Kontrollelement (meistens ein numerisches oder alphanumerisches Editierfeld) in einem Dialog verbunden und übt eine Restriktion auf die Art und das Format der akzeptierten Zeichenkette aus. Einfache Validatoren sorgen z.B. dafür, dass in einem Zahlenfeld keine Buchstaben eingegeben werden können, oder dass in einem Eingabefeld eines Datums keine ungültigen Tage eingegeben werden können.

Man unterscheidet im Allgemeinen zwischen *sofortigen* und *verzögerten* Validatoren. Sofortige Validatoren lassen die Eingabe eines ungültigen Zeichens überhaupt nicht zu – versucht ein Benutzer dies, erklingt ein Warnton oder ähnliches. Bei den verzögerten Validatoren unterscheidet man zwei Typen: Ein Typ-I-Validator lässt in einem Kontrollelement eine ungültige Eingabe zu, lässt den Benutzer aber erst dann ein anderes Kontrollelement auswählen, wenn er eine ungültige Eingabe mit einer gültigen Eingabe überschrieben hat. Ein Typ-II-Validator lässt in mehreren Kontrollelementen ungültige Eingaben zu, erlaubt das Schließen des Dialogs aber erst, wenn alle Kontrollelemente nur gültige Eingaben enthalten.

2.3.10 Standarddialoge

Zu den Errungenschaften neuerer Betriebssysteme zählen aufwendige standardisierte Dialoge. Musste beispielsweise jede dokumentenorientierte Anwendung in früheren Zeiten noch eigene Dialoge für Laden und Speichern entwickeln, so sind diese mittlerweile in den Standardbibliotheken integriert.

Zu den in vielen Betriebssystemen standardisierten Dialogen gehören Dialoge zum

- Selektieren einer oder mehrerer Dateien
- Selektieren eines Verzeichnissen
- Drucken
- Selektieren eines Zeichensatzes
- Konfigurieren der Druckerseite
- Aussuchen einer Farbe
- Suchen und Ersetzen in Texten

Im Folgenden werden exemplarisch die Standarddialoge des Betriebssystems *Microsoft Windows XP Professional*™ vorgestellt:

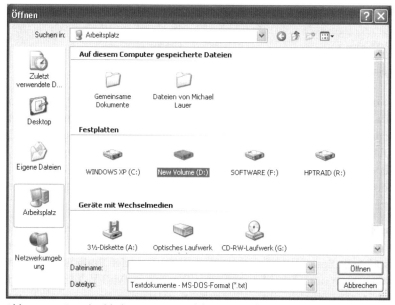

Abb. 2.22: Standarddialog zum Auswählen einer oder mehrerer Dateien

Abbildung 2.22 zeigt die dritte Generation des Standarddialogs zum Auswählen einer oder mehrerer Dateien zum Laden respektive Speichern. Das Kombinationsfeld im Bereich der Werkzeugleiste beinhaltet – wenn geöffnet – eine Baumstruktur zum übersichtlichen Auswählen eines Verzeichnisses. Die Schalter zur Rechten des Kombinationsfeldes dienen zur Navigation im Verzeichnisbaum und zur Wahl der Dateiansicht (z.B. Symbole, Liste, Details etc.). In der neusten Version des Dialogs hinzu gekommen ist die Schnellzugriffliste zur Linken, die direkten Zugriff auf die wichtigsten Verzeichnisse bietet.

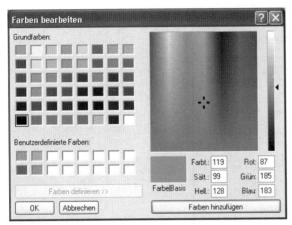

Abb. 2.23: Standarddialog zum Auswählen einer Farbe

Abbildung 2.23 zeigt den Standarddialog zum Auswählen einer Farbe. Neben dem direkten Zugriff auf die vordefinierten Standardfarben kann über das zweidimensionale Feld ein Farbton aus dem Spektrum ausgewählt werden. Die Helligkeit des gewählten Farbtons kann über den Schieberegler zur Rechten eingestellt werden. Alternativ zur graphischen Wahl kann durch die Eingabe von RGB oder FSH Größen eine benutzerdefinierte Farbe bestimmt werden. Die letzten 16 vom Benutzer definierten Farben werden von Aufruf zu Aufruf des Dialogs gespeichert.

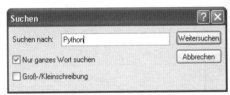

Abb. 2.24: Standarddialog zum Suchen eines Textes in einem Dokument

Die in den Abbildungen 2.24 und 2.25 dargestellten Standarddialoge für Suchen respektive Ersetzen von Texten sind für einfache Editoren aller Art gedacht. In komplexeren Editoren oder gar Textverarbeitungen wird man wohl, anstatt auf die Standarddialoge zurückzugreifen, eigene Dialoge entwickeln wollen.

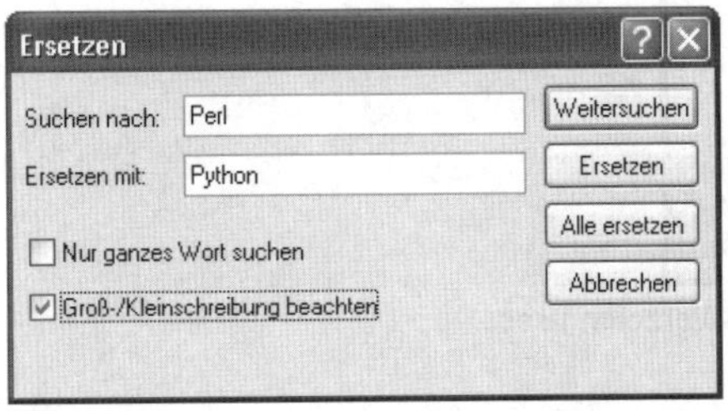

Abb. 2.25: Standarddialog zum Ersetzten von Text in einem Dokument

Kapitel 2
GUI-Toolkits

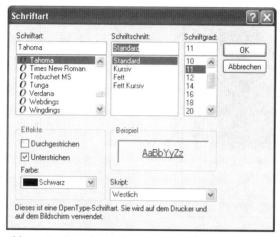

Abb. 2.26: Standarddialog zum Auswählen eines Zeichensatzes

Abbildung 2.26 zeigt den Standarddialog zum Auswählen eines Zeichensatzes durch die Spezifikation der Kenngrößen Schriftart, Schriftschnitt sowie Schriftgröße. Dazu gibt es noch die Möglichkeit, Effekte und Farbe zu spezifizieren. Die gewählte Schriftart ist in einem Vorschaufenster sichtbar. Obwohl dieser Standarddialog schon sehr leistungsfähig ist, wird er in der Praxis selten genutzt, stattdessen viele Anwendungen eigene Dialoge zum Einsatz bringen. Oft erscheinen Zeichensätze schon mit ihrem endgültigen Schriftbild in einem Kombinationsfeld in einer Werkzeugleiste.

Abb. 2.27: Standarddialog zum Auswählen eines Verzeichnisses

Ein Standarddialog zum Auswählen eines Verzeichnis – wie in Abbildung 2.27 dargestellt – wird nur sehr selten, z.B. in Installationsprogrammen, verwendet. In vielen Fällen benutzen Anwendungen den Standarddialog zum Selektieren einer Datei und zeigen dabei nur die Verzeichnisse an. Zu Recht: Die Wahl zweier verschiedener Dialoge für sehr ähnliche Funktionalitäten zeugt von schlechtem Oberflächendesign, da Benutzer dadurch möglicherweise verwirrt werden.

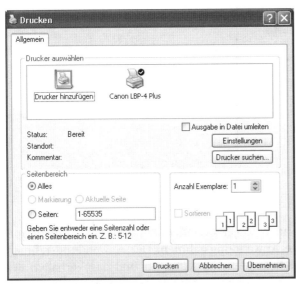

Abb. 2.28: Standarddialog zum Drucken

In Abbildung 2.28 ist der Standarddialog zum Drucken dargestellt. Mit der Auswahl des Zieldruckers, der Wahl des auszudruckenden Dokumentenbereichs und der Anzahl anzufertigender Kopien sind alle wesentlichen Parameter abgedeckt. Zusätzlich kann man direkt aus dem Dialog einen Netzwerkdrucker suchen oder besondere Druckerparameter ändern.

Zum Drucken gehört ebenso der Standarddialog zum einfachen Einrichten einer Druckerseite. Für viele Anwendungen sollten die hier verfügbaren Parameter Papiergröße, Papierquelle, Orientierung und Seitenränder ausreichen. Spezialisierte Anwendungen wie Textverarbeitungen oder Zeichenprogramme benutzen hierfür auch zum größten Teil Eigenentwicklungen bzw. Erweiterungen.

Die Verfügbarkeit komfortabler standardisierter Dialoge ist mittlerweile zu einem Qualitätsmerkmal für GUI-Toolkits respektive Betriebssystemen geworden. Die konsequente Verwendung dieser Funktionalität hat sowohl Vorteile für Entwickler als auch für Benutzer: Entwickler werden von der zeitraubenden Aufgabe befreit, Dialoge neu zu entwickeln und Benutzern wird die Anwendung der Dialoge durch den Wiedererkennungseffekt erleichtert.

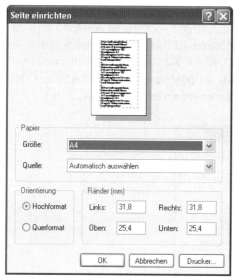

Abb. 2.29: Standarddialog zum Einrichten einer Druckerseite

2.3.11 Anwendungsrahmen

Neuere GUI-Toolkits, insbesondere objektorientiert aufgebaute, kommen mit Unterstützung für so genannte Anwendungsrahmen. Der Anwendungsrahmen enthält Routinen, die die grundlegenden Einstellungen und das Verhalten der Anwendung selbst steuern. Dazu gehören unter anderem folgende Funktionalitäten:

- Initialisierung und Finalisierung der Anwendung
- Integration der Hauptschleife
- Verarbeitung von Ereignissen, die für den Anwendungsrahmen bestimmt sind
- Vordefiniertes Geometriemanagement für standardisierte Anwendungsfenster
- Konfigurations- und Sitzungskontrolle
- Unterstützung für Drag & Drop
- Einstellung von Farbpaletten, Cursorformen und Zeichensätzen
- Unterstützung der Trennung von Dokumenten und Ansichten
- Einlesen und Verarbeitung von Kommandozeilenargumenten
- Unterstützung für zur Laufzeit konfigurierbares Look & Feel
- Verarbeitung von Lokalisationsinformationen (z.B. Sprache, Maßeinheiten oder Währungen)
- Unterstützung für Timer und Leerlaufprozesse
- Schnittstellen zu für graphische Anwendungen relevante Betriebssystemfunktionen, wie z.B. der Zugriff auf die systemweite Zwischenablage oder den Fenstermanager

Objektorientierte GUI-Toolkits realisieren den Anwendungsrahmen meist als eine Klasse, von der die eigene Anwendungsklasse abgeleitet werden muss.

2.3.12 Drag & Drop

Drag & Drop bezeichnet die üblicherweise mit einer Maus durchgeführte Aktion des »Ziehen« und »Fallenlassens«. Ein Objekt wird mit dieser Aktion ausgewählt und an einen anderen Ort verschoben. In Abhängigkeit von den zur gleichen Zeit gehaltenen Tasten wie `Alt`, `Shift` oder `Strg`, der Anfangs- und Endposition des gezogenen Objekts sowie des internen Zustands der Anwendung wird damit ein definierter Vorgang durchgeführt.

Man unterscheidet zwei Arten von Drag & Drop:

- Internes Drag & Drop
- Externes Drag & Drop

Mit internem Drag & Drop wird eine Aktion mit Objekten innerhalb nur einer Anwendung bezeichnet, d.h. die Anfangs- und Endposition des verschobenen Objekts befinden sich bei dieser Aktion entweder in demselben Fenster oder in Fenstern, die zur gleichen Anwendung gehören. Mit externem Drag & Drop wird eine Anwendungen übergreifende Aktion bezeichnet. Die Anfangs- bzw. Endposition des verschobenen Objekts befindet sich hierbei in Fenstern, die zu zwei verschiedenen Anwendungen gehören.

Internes Drag & Drop ist einfach zu implementieren und lässt sich mit jedem GUI-Toolkit realisieren. Einige GUI-Toolkits enthalten im Anwendungsrahmen spezielle Unterstützung dafür. Externes Drag & Drop ist schwieriger zu implementieren, da hier nicht nur die Interoperabilität verschiedener GUI-Toolkits, sondern auch die Unterstützung systemnaher Bibliotheken vonnöten ist. In älteren Betriebssystemen war aus diesem Grund nur Drag & Drop zwischen wenigen zum Grundsystem gehörenden Anwendungen möglich. In modernen Betriebssystemen gehört externes Drag & Drop zur Standardfunktionalität – entweder direkt in das Basissystem integriert (z.B. bei MacOS oder Windows) oder mit Hilfe darauf aufsetzender Desktop-Umgebungen (z.B. bei Linux mit KDE oder GNOME).

2.3.13 Internationalisierung

Internationalisierung (kurz I18N) beschreibt den Prozess, eine Anwendung für den internationalen Einsatz vorzubereiten. Dazu gehört vor allem die Unterstützung verschiedener Zeichensätze und anderer regionaler Besonderheiten, wie Währungen und Einheiten.

Zur Internationalisierung eines Texteditors gehört zum Beispiel die Fähigkeit des Editorfensters, mit Unicode umzugehen zu können, also Zeichen vieler Sprachen darstellen zu können.

2.3.14 Lokalisierung

Lokalisierung (kurz L12N) beschreibt den Prozess, eine Anwendung mit vom jeweiligen Einsatzort abhängigen lokalen Daten auszustatten.

Zur Lokalisierung einer Anwendung gehört beispielsweise die Übersetzung aller Menütexte, Dialogboxen, Fehlermeldungen etc. Komfortable GUI-Toolkits bieten weitgehende Unterstützung für Lokalisierung durch die Anwendung des Ressourcenkonzepts. Dabei werden alle in der Anwendung auftauchenden Texte (und andere Ressourcen) separat vom Programmcode[1] gespeichert. Zur Laufzeit werden dann, abhängig von den lokalen Einstellungen, die »passenden« Texte ausgewählt.

2.3.15 Timer- & Leerlaufprozesse

Wie in Kapitel 1 erläutert, verbringt eine ereignisgesteuerte Anwendung die meiste Zeit in der Hauptschleife, in der auf Ereignisse gewartet und reagiert wird. Will man parallel zur Ereignisverarbeitung weiteren Code ausführen, so gibt es im Wesentlichen zwei Möglichkeiten: Multithreading oder Timerprozesse[2].

Multithreading ist der elegantere Ansatz – in diesem Fall kann man die Ereignisverarbeitung einem eigenen Thread überlassen, während weitere Threads andere Aufgaben ausführen.

Befindet man sich auf einem System, dass keine Threads unterstützt, muss man anders vorgehen. Dazu enthalten viele GUI-Toolkits die Möglichkeit, einen Timerprozess zu starten. Man verbindet zunächst eine (Callback-)Funktion oder eine Methode mit dem Start eines Timers und startet den Timer dann. Ist der Timer abgelaufen, wird automatisch die betreffende Funktion oder Methode aufgerufen.

Man unterscheidet zwischen sich wiederholenden Timern und single- bzw. one-shot Timern. Letztere rufen die an sie gebundene Funktion nur einmal auf – danach müssen sie neu gestartet werden, während Erstere automatisch periodisch gestartet werden.

Zwei wesentliche Kriterien bei der Arbeit mit Timern ist die *Ablaufzeit* des Timers und die *Bearbeitungszeit* der Timerfunktion. Die Ablaufzeit bezeichnet die Größe des Zeitintervalls, nach dessen Ablauf die mit einem Timer assoziierte Funktion aufgerufen wird. Die Bearbeitungszeit ist die Zeit, die eine mit einem Timer assoziierte Funktion benötigt, bis sie die Kontrolle an die Hauptschleife zurückgibt.

Ist die Ablaufzeit bei sich wiederholenden Timern zu klein gewählt oder die Bearbeitungszeit größer als die Ablaufzeit, wird unter Umständen sofort nach Beendigung der Timerfunktion ein erneuter Aufruf dieser Funktion veranlasst. Dies kann

---

[1] ... entweder in einer separaten Verzeichnisstruktur (für alle Programme nutzbar) oder im Ressourcenzweig der Programmdatei (nur für ein Programm nutzbar).
[2] Hierbei ist kein Betriebssystemprozess – also ein Programm in Ausführung – gemeint.

dazu führen, dass die Hauptschleife nur noch wenig oder keine Bearbeitungszeit mehr erhält. Die Folge ist eine sehr zähflüssige oder gar nicht mehr reagierende Anwendung.

Eine mögliche Lösung dieses Problems ist der Leerlaufprozess. Ein GUI-Toolkit, welches dieses Konzept unterstützt, gestattet es, eine Leerlauffunktion zu definieren, die genau dann aufgerufen wird, wenn die Hauptschleife keine Ereignisse zu verarbeiten hat. Auch hier sollte man jedoch grundsätzlich auf eine kurze Bearbeitungszeit der Leerlauffunktion achten.

2.3.16 Drucken

Das Drucken auf Papier unterscheidet sich zum Teil erheblich vom »Drucken« (bzw. Anzeigen) auf einem Bildschirm. Beispielsweise hat ein Bildschirm keinen Seitenumbruch (sondern eine Bildlaufleiste) und die Papierauflösung (typischerweise 300 dpi bis 600 dpi) ist wesentlich höher als die Bildschirmauflösung (typischerweise 96 dpi).

In vielen GUI-Toolkits ist daher auch die Unterstützung zum Drucken von Graphiken und graphischem Text enthalten. Einige Toolkits bieten dabei die Abstraktion einer geräteunabhängigen Zeichenfläche, auf der mit verschiedenen Zeichenbefehlen Graphiken und Texte »gemalt« werden können.

Hat man eine solche Zeichenfläche zur Verfügung, kann trotz wesentlicher Unterschiede in den Geräten die Bildschirmausgabe und die Druckerausgabe mit den gleichen Befehlen und Routinen erledigt werden.

In einigen GUI-Toolkits sind darüber hinaus Klassen enthalten, die ein Abbild ihrer selbst (mit einigen notwendigen Änderungen) auf einen Drucker ausgeben können.

2.4 Plattformunabhängigkeit

Plattformunabhängigkeit ist eine der Königsdisziplinen im Bereich der Entwicklung von GUI-Toolkits, da sich der Hardware- und Software-technische Aufbau der verschiedenen Plattformen[1] insbesondere im graphischen Bereich doch erheblich unterscheidet.

Zu den für die Entwicklung graphischer Anwendungen »gängigsten« Plattformen gehören zur zeit:

- Microsoft Windows
- Linux und proprietäre UNIX-Varianten
- Apple MacOS

---

[1] Wir verstehen darunter die Gesamtheit von Prozessor- und Betriebssystemarchitektur.

2.4.1 Realisierung

Wie in Abschnitt 2.1 angesprochen, verfügen alle modernen Plattformen über Schichtenmodelle, die verschiedene Dienste bzw. Abstraktionsebenen bereitstellen. Will man die Funktionalität mehrerer Schichten von einer Plattform auf eine andere übertragen, besteht die Herausforderung also in der Portierung von mindestens einer Schicht, damit alle auf dieser Schicht aufsetzenden Ebenen möglichst ohne wesentliche Änderungen übernommen werden können.

Ein Beispiel: Abbildung 2.30 zeigt die Schichtenmodelle bei der Programmierung plattformunabhängiger GTK-Anwendungen für die Systeme X-Window bzw. Microsoft Windows. Im Vergleich zum vereinfachten Schichtenmodell aus Abbildung 2.1 fällt auf, dass die GTK-Entwickler eine weitere Schicht (das *GIMP Drawing Kit*) zwischen der GUI-API-Schicht (*GDI* bei Microsoft Windows und *Xlib* bei X-Window) eingeführt haben.

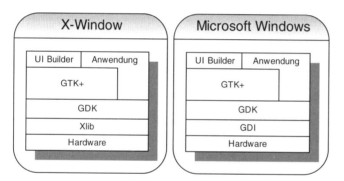

Abb. 2.30: GTK+ Toolkit auf X-Window bzw. MS Windows

Das GTK-Toolkit wurde also von vornherein zweischichtig für das X-Window-System entwickelt. Bei der Portierung auf Microsoft Windows musste daher im Wesentlichen nur die GUI-API-Abstraktionsschicht GDK portiert werden.

Komplizierter stellt sich die Plattformunabhängigkeit bei Bibliotheken für die in Abschnitt 2.2 erläuterten Desktop-Umgebungen dar. Aufbau und Verfügbarkeit der dort enthaltenen Funktionalität weichen von Plattform zu Plattform so sehr voneinander ab, dass Versuche, hierfür Abstraktionsschichten zu entwickeln, bisher erfolglos blieben.

2.4.2 Look & Feel

Beim Entwurf plattformunabhängiger GUI-Toolkits muss ein besonders wesentlicher Aspekt bedacht werden: Das so genannte *Look and Feel*. Damit wird das Aussehen und Verhalten der Fenster und Kontrollelemente bezeichnet. Hierbei gibt es drei Entwicklungsansätze:

- *Konsistentes* Look & Feel
- *Natives* Look & Feel
- *Variables* Look & Feel

Konsistentes Look & Feel bedeutet, dass Anwendungen, die ein bestimmtes GUI-Toolkit nutzen, auf jeder Plattform gleiches Aussehen und Verhalten besitzen. Prominentes Beispiel hierbei ist das im JAVA-Bereich anzutreffende GUI-Toolkit *Swing* (siehe Abbildungen 2.31 und 2.32).

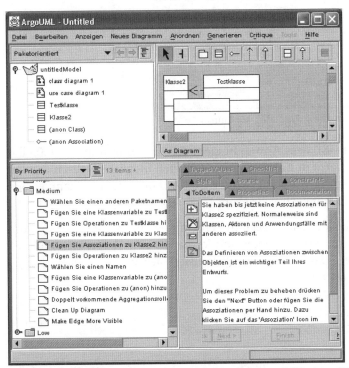

Abb. 2.31: Die JAVA-Anwendung ArgoUML auf Microsoft Windows XP™

Kapitel 2
GUI-Toolkits

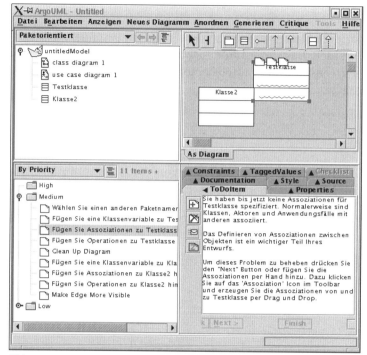

Abb. 2.32: Die JAVA-Anwendung ArgoUML auf Linux

Natives Look & Feel heißt, dass Anwendungen, die ein bestimmtes GUI-Toolkit nutzen, auf jeder Plattform in Aussehen und Verhalten möglichst vollständig den Anwendungen gleichen, die das »eingebaute« GUI-API nutzen. Ein bekanntes Beispiel hierbei ist das in Kapitel 4 beschriebene GUI-Toolkit Tk.

GUI-Toolkits, die variables Look & Feel implementieren, gestatten es Anwendungen auf jeder Plattform, das Aussehen und Verhalten einer beliebigen anderen Plattform anzunehmen. Das GUI-Toolkit Qt realisiert diesen Ansatz – siehe hierzu die Abbildungen 2.33 bis 2.35.

Plattformunabhängigkeit

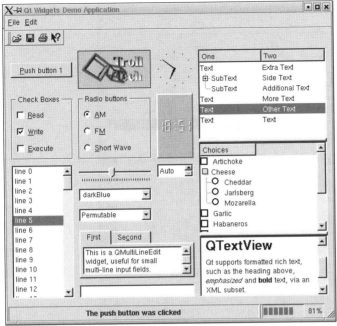

Abb. 2.33: Qt-Demoapplikation auf Linux mit Widgetstil »Windows«

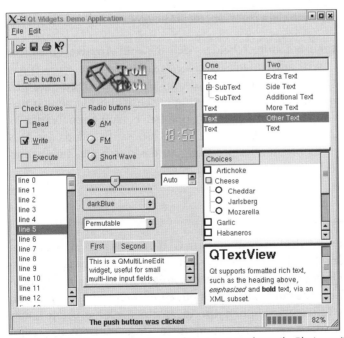

Abb. 2.34: Qt-Demoapplikation auf Linux mit Widgetstil »Platinum(MacOS)«

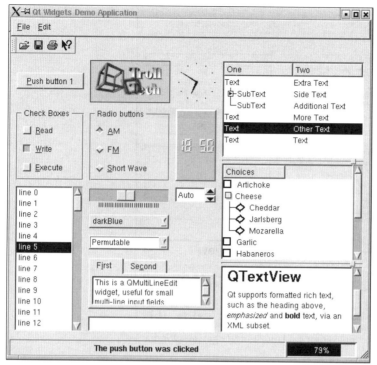

Abb. 2.35: Qt-Demoapplikation auf Linux mit Widgetstil »Motif (X-Window)«

Vom Entwicklungsaufwand her unterscheiden sich die drei Ansätze erheblich. Konsistentes Layout ist meist am einfachsten zu erreichen, da man einfach das Zeichnen aller Widgets selbst übernimmt. Bei nativem Look & Feel muss man sich eingehender mit den vom Betriebssystem zur Verfügung gestellten Elementen auseinandersetzen, um die eigene Funktionalität optimal einzubinden. Variables Look & Feel erfordert schließlich den höchsten Entwicklungsaufwand, da das Aussehen der Oberflächenelemente hundertprozentig an das durch die Zielplattformen vorgegebene Look & Feel angepasst werden muss.

2.5 Effizienz

Ein insbesondere bei der Entwicklung von und mit GUI-Toolkits stets zu beachtender Gesichtspunkt ist der der *Effizienz*. Hierbei unterscheidet man zwischen *Entwicklungseffizienz* und *Effizienz zur Laufzeit*. Bei der Programmierung in geschichteten Architekturen (siehe Abschnitt 2.1) gilt es oft, einen Kompromiss zwischen diesen beiden Arten der Effizienz zu finden. Im Allgemeinen gilt hierbei: Je höher die dem Programmierer angebotene Abstraktionsebene, desto effizienter gestaltet sich die Entwicklung von Programmen – da mit wenigen Anweisungen komplexe Ergebnisse erreicht werden. Daneben gilt leider auch: Je höher die verwendete Abstraktionsebene, desto weniger effizient sind Programme zur Laufzeit – da Aufrufe durch viele Verarbeitungsschichten hindurch müssen, bis der Anwender eine Auswirkung beobachten kann.

Aufwendiger entwickelte GUI-Toolkits versuchen, hier den Königsweg zu gehen, indem zum Programmierer hin eine leistungsfähige und hoch abstrahierte Schnittstelle geboten wird – die entsprechenden Routinen jedoch möglichst direkt auf die unterste vom Betriebssystem angebotene Schicht zugreifen. Bei plattformunabhängigen GUI-Toolkits gestaltet sich dies noch komplexer als bei plattformspezifischen GUI-Toolkits, da – wie im vorherigen Abschnitt erläutert – die Konzeption sauber getrennter (Zwischen-)Schichten die Portierung erleichtern.

2.6 Dokumentation

Ein wesentlicher Punkt bei der Auswahl eines GUI-Toolkits ist der Umfang und die Qualität der Dokumentation. Wie bei allen umfangreichen Funktions- oder Klassenbibliotheken hat dies Auswirkung auf die Einarbeitungszeit bei Anfängern und die Entwicklungseffizienz bei Fortgeschrittenen. Für Anfänger ist eine große Anzahl an Beispielprogrammen und themenspezifischen Einführungen wesentlich, Fortgeschrittene profitieren eher von ausführlichem Referenzmaterial.

2.7 Lizenzierung

Ein eher für private Anwender interessantes Kriterium ist das der Lizenzierung. Im Bereich der GUI-Toolkits gibt es eine große Auswahl an offenen Programmpaketen (*Open Source*). Unter Linux bzw. Unix-Systemen sind nahezu alle GUI-Toolkits Open Source und werden unter GPL [GPL] bzw. LGPL [LGPL] oder kompatiblen Lizenzen veröffentlicht. Unter Windows sieht dies etwas anders aus – dort müssen kommerzielle Entwickler teilweise sehr große Beträge für Entwicklungssysteme zahlen, während für nicht-kommerzielle Entwickler aber Demo- oder spezielle Versionen erhältlich sind.

2.8 Zusammenfassung

GUI-Toolkits erleichtern die Entwicklung von Programmen, die ihren Benutzern graphische Oberflächen präsentieren. Durch Abstraktion und Kapselung kleinerer Komponenten bieten sie leistungsfähige Schnittstellen, mit denen flexible Oberflächen realisiert werden können. Die zentralen Bestandteile von GUI-Toolkits sind Fenster aller Art – angefangen von der einfachen Schaltfläche bis hin zum komplexen Dialog oder hoch entwickelten Kontrollelement.

Für die Konzepte der Programmierung mit GUI-Toolkits spielt es keine Rolle, ob das GUI-Toolkit im Betriebssystem enthalten ist oder als zusätzliche Bibliothek installiert wird. Einige GUI-Toolkits der letzteren Variante ermöglichen es, zum Teil plattformunabhängig zu programmieren, wobei man sich dann jedoch über die Auswirkungen, insbesondere auf das Look & Feel der Anwendung, klar sein muss.

Gut programmierte GUI-Toolkits müssen nicht weniger effizient arbeiten als native Bibliotheken – die Entwicklungseffizienz wird jedoch in jedem Fall stark gesteigert. Bei der Auswahl eines GUI-Toolkits kommt es neben den rein funktionalen Aspekten auch auf andere Aspekte wie z.B. die Qualität der Dokumentation und Lizenzierung an. Auf weitere Entscheidungskriterien für den Vergleich von GUI-Toolkits wird in Kapitel 9 eingegangen.

Kapitel 3
Die Anwendung

In diesem Kapitel wird die Logik einer objektorientierter Anwendung erstellt, auf deren Basis in den folgenden Kapiteln Anwendungen mit graphischen Oberflächen erstellt werden.

3.1 Vorbemerkung

Die Wahl einer exemplarisch vorzustellenden Anwendung ist schwierig. Insbesondere bei einem Lehrbuch für Programmierer gilt es, Anwendungen einerseits einfach und nachvollziehbar zu gestalten, aber andererseits auch hinreichend komplex, um die Konzepte »echter« Anwendungen diskutieren zu können.

Gerade GUI-Toolkits verfügen mittlerweile über sehr beachtliche Ausmaße, und es ist schwer möglich, in einem Buch alle Aspekte der Programmierung graphischer Anwendungen gleichberechtigt unterzubringen. Bei einem Buch, welches mehrere dieser Toolkits beschreibt, stellt sich dieses Problem umso mehr.

Einige Lehrbücher entscheiden sich für eine »GUI-Toolkit-Tour«, bei der in vielen kleinen Programmen alle verfügbaren Widgets demonstriert werden. Die Komplexität und die Probleme, die bei echten Anwendungen auftreten, bleiben hierbei auf der Strecke. Andere stellen Anwendungen vor, die so kompliziert sind, dass aufgrund mangelnden Platzes viele Teilschritte ausgelassen und damit die wesentlichen Zusammenhänge und oft im Detail liegende Hürden verschleiert werden.

In diesem Buch habe ich mich daher für die Entwicklung einer Anwendung entschieden, die deutlich umfangreicher ist als eine Widget-Demonstration, andererseits aber auch überschaubar genug, um schrittweise vorgehen zu können. An einigen Stellen muss daher auf die Referenzdokumentation und eigene Experimente verwiesen werden.

In den nächsten Kapiteln wird die graphische Umsetzung einer Sammlung von Visitenkarten entwickelt – eine *Kontaktverwaltung*. Um schon im Vorfeld einen Eindruck der entwickelten Anwendung zu bekommen, zeigt Abbildung 3.1 eine mögliche Version der Benutzungsoberfläche.

Kapitel 3
Die Anwendung

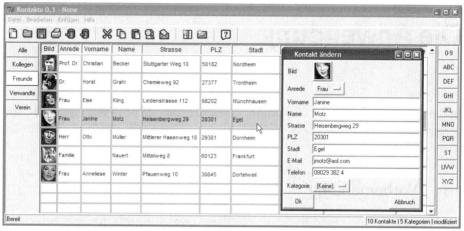

Abb. 3.1: Eine mögliche Version der Benutzungsschnittstelle der Kontaktverwaltung

3.2 Anforderungen

Eine der ersten Phasen bei der strukturierten Software-Entwicklung [SOM01] ist die Anforderungsanalyse. Man unterscheidet zwei Klassen von Anforderungen:

- Funktionale Anforderungen bestimmen, *was* die Anwendung leisten soll und *welche Aufgaben* mit ihr gelöst werden können sollen.
- Nichtfunktionale Anforderungen bestimmen, *wie* die Aufgaben gelöst werden, sowie *welche Randbedingungen* bei der Benutzung durch einen Anwender erfüllt werden sollen.

Im Folgenden werden nun die funktionalen und nichtfunktionalen Anforderungen an unsere Kontaktverwaltung konkretisiert.

3.2.1 Funktionale Anforderungen

- Es soll eine Anwendung zur Verwaltung von Kontakten, d.h. Personen mit Adressen, erstellt werden. Ein Kontakt besteht dabei aus folgenden Feldern:
    - Bild (z.B. ein Passfoto)
    - Anrede (Herr, Frau, Prof. Dr., Dr., Familie)
    - Vorname
    - Name
    - Straße (samt Hausnummer)
    - Postleitzahl
    - Stadt
    - E-Mail-Adresse
    - Telefonnummer (Vorwahl und Rufnummer)
    - Kategorie (Freunde, Verwandte, Arbeitskollegen etc.)

- Die Kontakte sollen graphisch präsentiert und in einer Datenbank (im Weiteren auch *Dokument* genannt) mit wählbarem Namen gespeichert werden. Die Anwendung soll mit Import- und Exportfunktionen ausgestattet sein sowie über eine Druckfunktion verfügen.
- Pro Datenbank soll möglich sein, eine beliebige Anzahl von Kontakten und Kategorien anzulegen.
- Um den Überblick und die Navigation in großen Datenbanken zu unterstützen, sollen folgende Maßnahmen vorgesehen werden:
    1. Darstellung nur der Kontakte, die zu einer bestimmten Kategorie gehören. Um auch alle Kontakte darzustellen zu können (auch solche, die nicht kategorisiert wurden), soll eine Pseudokategorie mit Namen »Alle« verwendet werden.
    2. Es soll möglich sein, mit einer Reihe von Navigationsschaltern, die ähnlich einer Mobiltelefontastatur aufgebaut sind (also ABC, DEF, GHI, etc.), mit mehrfachem Klicken (z.B. zweimal DEF, um auf den ersten Kontakt, der mit E beginnt, zu gehen) auf die Schaltflächen durch die Datenbank zu navigieren.
    3. Anhand der Angabe einer Menge von Suchkriterien sollen übereinstimmende Kontakte gefunden und präsentiert werden.
- Es ist eine Zwischenablage mit den dazugehörigen Operationen (AUSSCHNEIDEN, KOPIEREN, EINFÜGEN) zu implementieren.
- Bereits erstellte Kontakte sollen jederzeit modifizierbar sein.
- Um Fehlbedienungen vorzubeugen, müssen Warnmeldungen, z.B. vor dem Verlassen der Anwendung mit ungespeicherten Änderungen, eingebaut werden.
- Der Benutzer soll möglichst umfangreich über den Zustand der Anwendung, d.h. die Anzahl der enthaltenen Kontakte und Kategorien sowie der Modifikationsstatus, informiert werden.

3.2.2 Nichtfunktionale Anforderungen

Neben der Entwicklung der funktionalen Anforderungen sind folgende nichtfunktionale Anforderungen zu berücksichtigen:

- Funktionen, die die Auswahl einer Datei bzw. eines Dateinamens erfordern, sollen einen graphischen Dialog erzeugen.
- Während des Anlegens von Kontakten und Kategorien soll das Hauptfenster der Anwendung blockiert sein.
- Der Dialog zum Suchen von Kontakten soll parallel zur Anwendung bedienbar sein. Darüber hinaus soll eine rudimentäre Navigation bzw. automatische Auswahl der Suchergebnisse möglich sein.
- Die Implementierung der Anwendung soll in die folgenden zwei Teile aufgeteilt werden:

4. Teil 1 (Anwendungslogik) enthält die Dokumenten- und Datenverwaltung sowie die vom GUI-Toolkit *unabhängige* Anwendungslogik.
5. Teil 2 (Präsentationslogik) enthält die vom GUI-Toolkit *abhängige* Präsentationslogik sowie die Ausgestaltung der Benutzungsoberfläche.

3.3 Identifizierung der Klassen

Nach der Analyse der Anforderungen werden nun die zur Erfüllung der Anforderungen notwendigen Elemente identifiziert. Da die Anwendung objektorientiert aufgebaut werden soll, bezieht sich die Identifizierungsgranularität auf Klassen.

3.3.1 Anwendungslogik

Die Verwaltung der Daten eines Kontakts ist von der Benutzungsoberfläche völlig unabhängig und gehört zum Bereich *Kontaktmanagement*. Die hierzu notwendige Funktionalität wird von der Klasse Kontakt gekapselt.

Für die von der Wahl des GUI-Toolkits unabhängige Anwendungsfunktionalität wird die Klasse Anwendung verwendet.

Die Verwaltung einer Menge von Kontakten ist ebenfalls von der Benutzungsoberfläche unabhängig – die dazugehörige Funktionalität wird also im Bereich *Dokumentenmanagement* der Anwendungsklasse implementiert.

3.3.2 Präsentationslogik

Von der Wahl des GUI-Toolkits hängt die Implementierung der Dialoge, der Fenster und der die Ereignisverarbeitung betreffenden Anwendungsklasse ab. Folgende Klassen implementieren die vom GUI-Toolkit abhängigen Dialoge:

1. DateiDialog – kapselt die modalen Standarddialoge zum Öffnen, Schließen, Importieren und Exportieren.
2. SuchenDialog – kapselt den nicht-modalen Dialog zum Bestimmen einer Menge von Suchkriterien.
3. KontaktDialog – kapselt den modalen Dialog zum Hinzufügen oder Ändern eines Kontakts.

Die folgenden Klassen realisieren die vom GUI-Toolkit abhängigen Implementierungen der Fenster:

1. KontaktAnsicht – kapselt eine tabellarische Ansicht der Kontakte einer gewählten Kategorie.
2. KategorieLeiste – kapselt eine horizontale oder vertikale Leiste, mit der eine Kategorie ausgewählt werden kann.
3. NavigationsLeiste – kapselt eine vertikale Leiste mit einer Anzahl von Navigationsschaltern.

Die die Ereignisverarbeitung und einfache Benutzerinteraktion betreffenden GUI-Toolkit-abhängigen Methoden werden in von der Klasse Anwendung abgeleiteten Klassen implementiert.

3.4 Schnittstellen

Im obigen Abschnitt wurden die in den Anforderungen spezifizierte Funktionalität auf Klassen verteilt wurde. Dieser Prozess wird nun auf einer feineren Ebene weitergeführt, in dem die Schnittstellen der Klassen festgelegt werden.

3.4.1 Anwendungslogik

Ein Objekt der Klasse Kontakt enthält und verwaltet die Daten des Kontakts. Die Schnittstelle besteht aus den folgenden öffentlichen[1] Methoden:

- getNumValues() – gibt die Anzahl der Einträge zurück.
- getKeys() – gibt eine Liste der Eintragsschlüssel zurück.
- getValue(key) – gibt den Wert des Schlüssel key zurück.
- setValue(key,value) – setzt den Schlüssel key auf den Wert value.
- matchData(data) – gibt abhängig von der Übereinstimmung mit den Schlüssel/Wert-Paaren in data einen Wahrheitswert zurück.
- __init__(data) – konstruiert und initialisiert das Objekt.
- __cmp__(other) – vergleicht das Objekt anhand der Werte für die Schlüssel Vorname und Name mit einem anderen Objekt und gibt je nach Ergebnis einen Vergleichswert zurück.
- __repr__(other) – gibt eine Zeichenkettenrepräsentation, bestehend aus dem Vornamen und dem Nachnamen, zurück.

Die Schnittstelle der Klasse Anwendung besteht aus vier Gruppen von Methoden:

1. Lebenszyklus und Ereignisverarbeitung
2. Kontaktmanagement
3. Dokumentenmanagement
4. Benutzerinteraktion

Einige der in den folgenden Bereichen vorgestellten Methoden definieren lediglich die Schnittstelle für abgeleitete Klassen und sind daher als abstrakte[2] Methoden deklariert.

---

[1] In Python gibt es zwar keinen dezidierten Zugangsschutz für Attribute, man kann jedoch Methodennamen mit dem Präfix "__" verwenden – diese werden bei einem Modulimport nicht im Namensraum des importierenden Programms bekannt gemacht.
[2] ... genauer gesagt, *leere* Methoden – das Konzept der abstrakten Methode existiert in Python nicht.

Lebenszyklus und Ereignisverarbeitung

- `__init__()` – konstruiert das Objekt und initialisiert Daten.
- `initialize()` – initialisiert das Fenstersystem.
- `finalize()` – räumt mit dem Fenstersystem auf.
- `run()` – startet die Hauptschleife der Ereignisverarbeitung.
- `updateView(how,what)` – aktualisiert den Arbeitsbereich der Anwendung, d.h. der Bereich, der nicht zu Menüleisten, Werkzeugleisten oder Statusleisten gehört.
- `start()` – beginnt mit dem Lebenszyklus der Anwendung

Kontaktmanagement

- `findContactByName(data)` – sucht einen Kontakt anhand Vorname und Name.
- `findContactByData(data)` – sucht einen Kontakt anhand einer Menge von Schlüssel/Wert-Paaren.
- `addContact(data)` – fügt einen Kontakt bestehend aus den übergebenen Schlüssel/Wert-Paaren hinzu.
- `removeContactByName(data)` – löscht den Kontakt anhand Vorname und Name.
- `modifyContact(old,new)` – modifiziert einen Kontakt anhand von Schlüssel/Wert-Paaren.

Dokumentenmanagement

- `newDocument()` – erzeugt ein neues Dokument.
- `loadDocument(filename)` – lädt ein Dokument mit dem Namen `filename` in den Speicher und ermittelt die vorhandenen Kategorien.
- `importDocument(filename)` – lädt ein textbasiertes Dokument mit dem Namen `filename` und konvertiert es in das native Format.
- `exportDocument(filename)` – konvertiert und speichert das Dokument in ein textbasiertes Format mit dem Namen `filename`.
- `saveDocument(filename)` – speichert das Dokument unter dem Namen `filename` ab.
- `closeDocument()` – schließt das aktuelle Dokument. Falls ungespeicherte Änderungen existieren, wird beim Benutzer nachgefragt.

Benutzerinteraktion

- `ioStatus(code)` – zeigt den aktuellen Bearbeitungsstatus einer andauernden Ein/Ausgabeoperation an.
- `userInteraction(type,contents,question)` – zeigt abhängig von der Art (type) der Interaktion dem Benutzer eine *einfache* Nachricht (contents) und fordert (question) eine *einfache* Eingabe an.
- Die restlichen Methoden dieses Bereichs entsprechen direkt den vom Benutzer anwählbaren Menüeinträgen und werden in Abschnitt 3.7.2 erläutert.

3.4.2 Präsentationslogik

Dialoge

Die Schnittstellen der Dialogklassen sind weitgehend abhängig vom GUI-Toolkit – standardisiert wurden daher nur folgende Methoden:

- `DateiDialog.getOpenContactsFilename(filter)` – zeigt den DATEI|ÖFFNEN-Dialog und gibt den ausgewählten Dateinamen aus der Menge akzeptierter (`filter`) Dateien oder None zurück.
- `DateiDialog.getSaveContactsFilename(filter)` – zeigt den DATEI|SPEICHERN-Dialog und gibt den ausgewählten Dateinamen aus der Menge akzeptierter (`filter`) Dateien oder None zurück.
- `KontaktDialog.exec_loop(data,categories,type)` – zeigt den Dialog zum Hinzufügen bzw. Modifizieren eines Kontakts mit seinem Typ (`type`), einer Liste von Kategorien (`categories`) an und füllt – abhängig von den Benutzereingaben – die Schlüssel/Wert-Paare im Attribut `data` aus.

Die weiteren Methoden der Dialogklassen werden mit der Besprechung der jeweiligen GUI-Toolkits erläutert.

Fenster

Die Schnittstellen der Fensterklassen sind vollständig abhängig vom GUI-Toolkit und werden daher ebenfalls in den nächsten Kapiteln erläutert.

3.5 Implementierung

Im Folgenden wird die Implementierung der obigen Klassen vorgestellt. Wir beginnen mit der Klasse `Kontakt`, die sich in der Datei `Kontakt.py` befindet:

```
 1 class Kontakt:
 2     "Kapselt einen Kontakt"
 3
 4     def __init__( self, daten = {"Name":"Dummy-Contact"} ):
 5         "Konstruieren und initialisieren"
 6         self.daten = daten
 7
 8     def getNumValues( self ):
 9         "Summe aller Einträge zurückgeben"
10         return len( self.daten.keys() )
11
12     def getKeys( self ):
13         "Alle Schlüssel zurückgeben"
14         return self.daten.keys()
15
```

```
16    def getValue( self, key ):
17        "Ein Datum holen"
18        return self.daten.get( key, "" )
19
20    def setValue( self, key, value ):
21        "Ein Datum setzen"
22        self.daten[key] = value
23
24    def matchData( self, data ):
25        "Mit Teildaten vergleichen"
26        for key in data.keys():
27            if self.daten[key].find( data[key] ) == -1: return 0
28        return 1
29
30    def __cmp__( self, other ):
31        "Mit anderem Kontakt vergleichen"
32        return cmp(self.daten["Name"]+self.daten["Vorname"],
33            other.daten["Name"]+other.daten["Vorname"])
34
35    def __repr__( self ):
36        "Als Zeichenkette repräsentieren"
37        return self.getValue( "Vorname" )+" "+self.getValue( "Name" )
```

Listing 3.1: Kontakt.py - Implementierung der Klasse Kontakt

Die Klasse Kontakt ist im Wesentlichen nur ein dünne Schicht um ein Python Dictionary, in dem die zwei Schlüssel Vorname und Name mit spezieller Bedeutung ausgezeichnet sind (siehe z.B. die Implementierung der Methode __cmp__).

Zwei Kontakte gelten als *gleich*, wenn die Werte dieser Schlüssel übereinstimmen. Eine Entwurfsentscheidung für diese Anwendung ist also, in einer Kontaktdatenbank keine zwei unterschiedlichen Personen mit gleichem Namen zuzulassen. Diese Entscheidung vereinfacht die Implementierung einiger Funktionen und bringt im Rahmen dieser Beispielanwendung keine zu großen Einschränkungen mit sich.

In einigen Funktionen wird die Zeichenkettenrepräsentation eines Kontakts benutzt, daher wurde die spezielle Methode __repr__ überladen. Sie gibt jetzt eine durch ein Leerzeichen getrennte Konkatenation der Werte der Schlüssel Vorname und Name zurück.

Hervorzuheben ist noch die Methode matchData(), die von Funktionen zum Suchen von zu einer Reihe von Schlüssel/Wert-Paaren *passenden* Kontakten verwendet wird. Ein Kontakt gilt genau dann als passend, falls für jeden Schlüssel aus den Suchkriterien der Wert eines Kontaktes ein Teilstring des Wertes des Suchkriteriums ist.

Das nächste Listing zeigt die Implementierung der Klasse Anwendung, die sich im Modul Anwendung (also der Datei Anwendung.py) befindet. Aufgrund der Länge von über 300 Zeilen[1] teilen wir die Besprechung in die folgenden vier Methodengruppen auf:

1. Lebenszyklus und Ereignisverarbeitung
2. Kontaktmanagement
3. Dokumentenmanagement
4. Benutzerinteraktion

Lebenszyklus und Ereignisverarbeitung

```
 1 from pickle import Pickler, Unpickler
 2 from Kontakt import Kontakt
 3
 4 class Anwendung:
 5     "Kapselt die Anwendungsfunktionalität"
 6
 7     def __init__( self ):
 8         self.status = "Bereit"
 9         self.apptitle = "Kontakte"
10         self.appversion = "0.1"
11         self.doctitle = None
12         self.categories = []
14         self.contacts = []
13
15     def initialize( self ):
16         "Anwendung initialisieren"
17         pass
18
19     def finalize( self ):
20         "Aufräumarbeiten durchführen"
21         pass
22
23     def run( self ):
24         "Ereignisse verarbeiten"
25         pass
26
27     def updateView( self, how, what ):
28         "Arbeitsbereich aktualisieren"
29         pass
30
31     def start( self ):
```

---

[1] ... dies ist ein Indiz dafür, dass ein großer Teil dieser Anwendung unabhängig von der Benutzeroberfläche ist.

```
32        "Lebenszyklus der Anwendung"
33        self.initialize()
34        self.run()
35        self.finalize()
36
```

Listing 3.2: Anwendung.py (1/4) – Implementierung der Klasse Anwendung – Teil 1

Im Modul Anwendung werden nur zwei weitere Module benötigt:

- Das schon erläuterte Modul Kontakt stellt die Klasse Kontakt zur Verfügung.
- Das Python-Modul pickle stellt die Objekte Pickler sowie Unpickler zur Verfügung, mit der Objektpersistenz durch Serialisierung für viele eingebaute und benutzerdefinierte Klassen in Python erreicht werden kann.

Die Initialisierung der Anwendungsklasse erfolgt im Konstruktor __init__() mit einer Vorbelegung der wichtigsten Variablen:

- categories enthält eine Liste mit den textuellen Beschreibungen der im jeweiligen Dokument vorhandenen Kategorien.
- contacts enthält die Daten der aktuellen Kontaktdatenbank.

Der Lebenszyklus der Anwendung ist durch die drei Methoden initialize(), run() und finalize() definiert:

1. Innerhalb initialize() wird die Benutzeroberfläche der Anwendung initialisiert, d.h. es werden Fenster geöffnet und Bindungen von Ereignissen an Methoden durchgeführt.
2. Innerhalb run() wird die Ereignisverarbeitung mit dem Aufruf der Hauptschleife in Gang gesetzt.
3. Innerhalb finalize() werden Aufräumarbeiten der Benutzeroberfläche durchgeführt.

Da die Implementierung dieser drei Methoden abhängig vom GUI-Toolkit ist, sind sie als leere Methoden definiert – hiermit wird also nur eine Schnittstelle vereinbart.

Die Definition der Methode updateView() ist die zentrale Schnittstelle zwischen Kontaktmanagement und Benutzeroberfläche. Durch den Aufruf dieser Methode werden Änderungen in der Kontaktdatenbank (das *Model* in MVC) der Ansicht (den *View* in MVC) signalisiert.

Kontaktmanagement

```
37      ### Kontaktmanagement ###
38
39      def findContactByName( self, data ):
40          "Kontakt nach Vorname und Name suchen"
41          for i in xrange( 0, len( self.contacts ) ):
42              if self.contacts[i].getValue( "Vorname" )+" "+
43                  self.contacts[i].getValue( "Name" ) == data:
44                  return self.contacts[i]
45          return None
46
47      def findContactByData( self, data ):
48          "Kontakt(e) nach Menge mit Parametern suchen"
49          results = []
50          for contact in self.contacts:
51              if contact.matchData( data ): results.append( contact )
52          return results
53
54      def addContact( self, data ):
55          "Kontakt hinzufügen"
56          name = data["Vorname"] + " " + data["Name"]
57          if self.findContactByName( name ):
58              self.userInteraction( "Information", "Kontakt hinzufügen",
                    "Ein Kontakt mit dem Namen '%s' ist schon vorhanden." % name )
59              return
60          contact = Kontakt( data )
61          self.contacts.append( contact )
62          self.modified += 1
63          self.updateView( "addContact", contact )
64
65      def removeContactByName( self, data ):
66          "Kontakt löschen"
67          contact = self.findContactByName( data )
68          if contact:
69              self.modified += 1
70              self.updateView( "delContact", contact )
71              self.contacts.remove( contact )
72              self.updateView( "", None )
73
74      def modifyContact( self, old, new ):
75          "Kontakt modifizieren"
76          contact_old = Kontakt( old )
77          contact_new = Kontakt( new )
78          index = self.contacts.index( contact_old )
79          self.contacts[index] = contact_new
```

```
80        self.modified += 1
81        self.updateView( "updateContact", (contact_old, contact_new) )
82
```

Listing 3.3: Anwendung.py (2/4) – Implementierung des Kontaktmanagements

Die Methoden im Bereich Kontaktmanagement stellen die Schnittstelle zur Kontaktdatenbank dar. Um die Konsistenz der Daten in der Kontaktdatenbank und der durch die Benutzeroberfläche realisierte Ansicht dieser Daten zu gewährleisten, muss die Ansicht über jede Änderungen informiert werden.

Dies geschieht durch den Aufruf der Methode updateView(how,what), die eine Aktualisierungsnachricht als Zweitupel an die Ansicht sendet. Die erste Komponente (how) beinhaltet dabei die Art der Aktualisierung, die zweite (what) die zur Aktualisierung notwendigen Daten. Die vordefinierten Nachrichten sind in Tabelle 3.1 zu sehen.

Nachricht	Inhalt	Aufgabe der Ansicht
allContacts	Die gesamte Kontaktdatenbank	Aktualisieren aller Kontakte
allCategories	Alle Kategorien	Aktualisieren aller Kategorien
addContact	Ein Kontakt	Hinzufügen des Kontakts
updateContact	Alter und neuer Kontakt	Modifizieren eines Kontakts
delContact	Ein Kontakt	Löschen eines Kontakts
changeView	Art der neuen Ansicht	Änderung der Art der Ansicht

Tabelle 3.1: Nachrichten, die vom Dokumentenmanagement zur Ansicht geschickt werden

In einer größeren Anwendung würde man die Methoden zum Kontaktmanagement in eine separate Dokumentenklasse auslagern. Aufgrund einer besseren Trennung der Verantwortlichkeiten bräuchte man in diesem Fall aber dennoch Methoden in der Anwendungsklasse, die einerseits ihre jeweiligen Pendants in der Dokumentenklasse sowie andererseits die Aktualisierungsmethode der Benutzeroberfläche aufrufen. Zur besseren Übersicht wurde im Rahmen dieser Beispielanwendung darauf verzichtet.

Dokumentenmanagement

```
83      ### Dokumentenmanagement ###
84
85      def newDocument( self ):
86          "Neues Dokument erzeugen"
87          self.contacts = []
88          self.categories = ["(Keine)", "Alle"]
89          self.modified = 0
90          self.doctitle = "Unbenannt"
91          self.updateView( "changeView", "detail" )
92          self.updateView( "allCategories", self.categories )
93
94      def loadDocument( self, filename ):
95          "Dokument laden"
96          self.newDocument()
97          file = open( filename, "r" )
98          self.ioStatus( "Begin" )
99          u = pickle.Unpickler( file )
100         if u.load() != "KONTAKT-DATENBANK": raise IOError, "Unknown!"
101         number = u.load()
102         for count in xrange( 0, number ):
103             contact = u.load()
104             if contact.getValue( "Kategorie" ) not in self.categories:
105                 self.categories.append( contact.getValue( "Kategorie" ) )
106             self.contacts.append( contact )
107             self.ioStatus( float( count ) / float( number ) )
108         self.ioStatus( "End" )
109         self.doctitle = filename
110         self.contacts.sort()
111         self.updateView( "allContacts", self.contacts )
112         self.updateView( "allCategories", self.categories )
113
114     def importDocument( self, filename ):
115         "Dokument importieren"
116         if not self.doctitle: self.newDocument()
117         self.ioStatus( "Begin" )
118         file = open( filename, "r" )
119         separator = ";"
120         fields = ["Bild", "Name", "Vorname", "Strasse", "PLZ",
121                   "E-Mail", "Telefon", "Kategorie"]
122         for line in file.readlines():
123             row = line.split( separator )
124             dict = {}
125             for i in xrange( 0, len(fields) ):
126                 dict[fields[i]] = row[i]
127             contact = Kontakt( dict )
```

```
128            self.contacts.append( contact )
129            if contact.getValue( "Kategorie" ) not in self.categories:
130                self.categories.append( contact.getValue( "Kategorie" ) )
131        self.ioStatus( "End" )
132        self.doctitle = filename + ".kdb"
133        self.updateView( "allContacts", self.contacts )
134        self.updateView( "allCategories", self.categories )
135
136    def saveDocument( self, filename ):
137        "Dokument speichern"
138        file = open( filename, "w" )
139        self.ioStatus( "Begin" )
140        p = pickle.Pickler( file )
141        p.dump( "KONTAKT-DATENBANK" )
142        p.dump( len( self.contacts ) )
143        count = 1
144        for el in self.contacts:
145            p.dump( el )
146            self.ioStatus( float( count ) / float( en(self.contacts ) ) )
147            count += 1
148        self.ioStatus( "End" )
149        self.modified = 0
150
151    def exportDocument( self, filename ):
152        "Dokument exportieren"
153        self.ioStatus( "Begin" )
154        file = open( filename, "w" )
155        separator = ";"
156        fields = ["Bild", "Name", "Vorname", "Strasse", "PLZ",
157                  "E-Mail", "Telefon", "Kategorie"]
158        for contact in self.contacts:
159            for field in fields:
160                file.write( contact.getValue( field ) + separator )
161            file.write("\n")
162        self.ioStatus( "End" )
163
164    def closeDocument( self ):
165        "Dokument schließen"
166        if not self.doctitle: return 1
167        if self.modified:
168            result = self.userInteraction(
169                "YesNoCancel", "Dokument schliessen",
170                "Es existieren ungespeicherte Änderungen. "+\
171                "Wollen Sie das aktuelle Dokument vorher speichern?" )
172            if result == 1:
173                self.miFileSave()
174                self.newDocument()
```

```
175                self.doctitle = None
176                return 1
177            elif result == 0:
178                self.newDocument()
179                self.doctitle = None
180                return 1
181            else:
182                return 0
183        else:
184            self.newDocument()
185            self.doctitle = None
186            return 1
187
```

Listing 3.4: Anwendung.py (3/4) – Implementierung des Dokumentenmanagements

Die Methode newDocument() initialisiert folgende für das Dokumentenmanagement wesentliche Variablen:

- contacts enthält die Daten des Dokuments – die Kontaktdatenbank.
- categories enthält die im Dokument verwendeten Kategorien sowie die Pseudokategorie "Alle".
- modified enthält einen Indikator über die Anzahl der ungespeicherten Änderungen. Dies ist für alle Methoden wichtig, die das aktuelle Dokument zu schließen versuchen.
- doctitle enthält den Titel des Dokuments – in dieser Anwendung der Dateiname ohne vorangestellten Pfad – oder den Standardtitel eines neuen Dokuments "Unbenannt".

Die Methode loadDocument(filename) lädt ein Dokument aus der Datei filename in den Speicher – dazu wird das Unpickler-Objekt aus dem Modul Pickle benutzt. Unpickler.load() lädt die Beschreibung eines Objekts aus einer Datei und gibt ein neu konstruiertes Objekt zurück, das der Beschreibung entspricht.

Analog dazu wird innerhalb der Methode saveDocument(filename) ein Dokument in eine Datei filename geschrieben. Dazu wird das ebenfalls aus dem Modul Pickle stammende Pickler-Objekt genutzt. Pickler.dump(obj) erstellt aus dem Objekt obj eine Beschreibung, die in eine Datei geschrieben werden kann.

In ereignisgesteuerten Anwendungen ist es üblich, während einer möglicherweise etwas länger andauernden Operation dem Benutzer ständig den aktuellen Bearbeitungsstatus mitzuteilen. Die Methoden loadDocument() sowie saveDocument() unterstützen dies, indem sie die Methode ioStatus() rufen. ioStatus() erwartet entweder einen String-Parameter oder einen Float-Parameter. Ein String-Parameter kennzeichnet den Anfang ("Begin") oder das Ende ("End") einer länger währenden Operation, während ein `Float`-Parameter indiziert, wie weit die Operation fortgeschritten ist.

Um den Benutzer über den Bearbeitungsstatus einer Operation informieren zu können, müssen grundsätzlich zwei Voraussetzungen erfüllt sein:

1. Die Operation muss sich in Einzelschritte unterteilen lassen, die im günstigsten Fall alle die gleiche Bearbeitungszeit benötigen.
2. Die Anzahl der notwendigen Einzelschritte muss vor Beginn der Operation bekannt sein.

Die erste Voraussetzung ist dadurch gegeben, dass in `loadDocument()` bzw. `saveDocument()` schrittweise über alle Kontakte in der Datenbank bzw. der Datei iteriert wird[1].

Die zweite Voraussetzung ist beim Speichern selbstverständlich gegeben, da die Anzahl der Kontaktobjekte direkt im Dokument gespeichert sind. Damit auch beim Laden schon zu Beginn die Anzahl der Objekte bekannt ist, wird sie als zweites Feld in der Datei gespeichert.

Ein Problem bei Anwendungen, die mit Dateien arbeiten, ist die Möglichkeit, dass der Benutzer eine Datei zum Laden auswählt, die nicht zur Anwendung gehört. Eine solche Datei enthält unter Umständen Daten, die ein Fehlverhalten oder gar den Absturz der Anwendung produziert. Um dies zu vermeiden, gibt es im Wesentlichen zwei Möglichkeiten:

1. Namenskontrolle: Es werden nur Dateien geladen, die eine bestimmte Endung beinhalten. Dies ist eine einfache Lösung, die aber nur wenig Sicherheit bietet.
2. Inhaltskontrolle: Es werden nur Dateien geladen, deren Validität durch eine Kontrolle bestimmter oder aller Felder sichergestellt wird. Dies ist eine bessere Lösung, die aber unter Umständen das Laden und Speichern von Dateien enorm verlängert – wenn beispielsweise eine Prüfsumme über alle Felder der Datei gebildet wird.

In dieser Anwendung wird eine einfache Version der zweiten Lösung verwendet: Als erstes Feld in der Datei wird die Zeichenkette "KONTAKT-DATENBANK" gespeichert. Wird beim Laden dieser Datei diese Zeichenkette nicht gefunden, bricht die Anwendung den Vorgang mit einer Fehlermeldung ab.

Die Kontaktverwaltung arbeitet auch mit Kategorien – diese werden aber nicht extra gespeichert, da sie schon in den Daten der Kontakt-Objekte enthalten sind. Beim Laden einer Datei wird dieses Feld daher gesondert behandelt.

---

[1] Dies ist keineswegs selbstverständlich: `Pickler` und `Unpickler` haben die Fähigkeit, Objekte rekursiv zu serialisieren. Ein `Pickler.dump(self.contacts)` würde ebenfalls alle Kontakte – jedoch in einem einzigen Schritt – speichern.

Insgesamt ergibt sich für die gespeicherte Datei ein Layout, welches in Tabelle 3.2 abgebildet ist.

Feld	Inhalt
1	String: "KONTAKT-DATENBANK"
2	Integer: *Anzahl der folgenden Objekte*
3-N	Beschreibung der Kontakt-Objekte

Tabelle 3.2: Dateilayout einer Kontaktdatenbank

Die Methoden importDocument() und exportDocument() gestatten das Laden respektive Speichern einer Kontaktdatenbank in einem generischen Format, der so genannten CSV-Datei. CSV steht für *Comma Separated Values* und bezeichnet eine Klartextdarstellung, in der die einzelnen Werte durch ein festgelegtes Zeichen (Komma, Doppelpunkt, Semikolon oder ähnlich) voneinander getrennt werden. In der vorliegenden Version beinhaltet die Methode importDocument() keine Fehlerprüfung. Es ist also darauf zu achten, dass nur Dateien mit folgendem Format importiert werden: Jede Zeile besteht aus den folgenden sieben Feldern: Bild, Name, Vorname, Strasse, Postleitzahl, E-Mail-Adresse, Telefon und Kategorie. Jedes Feld wird dabei durch ein Semikolon (;) abgetrennt.

Die Methode closeDocument() wird nur von den Benutzerinteraktionsmethoden gerufen und wird daher im nächsten Abschnitt besprochen.

Ebenso wie die Methoden zum Kontaktmanagement würde man in einer größeren Anwendung die Methoden zum Dokumentenmanagement in eine separate Dokumentenklasse auslagern.

Benutzerinteraktion

```
188     ### Benutzerinteraktion ###
189
190     def ioStatus( self, code ):
191         "I/O-Bearbeitungsstatus anzeigen"
192         pass
193
194     def userInteraction( self, type, contents, question ):
195         "Benutzer benachrichtigen und/oder Nachfrage stellen"
196         pass
197
198     #--- Datei ---#
199
200     def miFileNew( self ):
201         if not self.closeDocument(): return
```

```
202        self.newDocument()
203
204    def miFileOpen( self ):
205        if not self.closeDocument(): return
206        filename = Dialoge.DateiDialog().getOpenContactsFilename()
207        if filename:
208            try:
209                self.loadDocument( filename )
210            except StandardError, param:
211                self.userInteraction( "Error", "Fehler während Lesen aus
                                                 einer Datei", repr(param) )
212
213    def miFileImport( self ):
214        if not self.closeDocument(): return
215        filename = Dialoge.DateiDialog().getOpenContactsFilename
              ( "Alle (*.*)" )
216        if filename:
217            try:
218                self.importDocument( filename )
219            except StandardError, param:
220                self.userInteraction ("Error", "Fehler während Import aus
                                                 einer Datei", repr(param) )
221
222    def miFileClose( self ):
223        self.closeDocument()
224
225    def miFileSave( self ):
226        if self.doctitle == "Unbenannt": self.miFileSaveAs()
227        else:
228            self.saveDocument( self.doctitle )
229
230    def miFileSaveAs( self ):
231        filename = Dialoge.DateiDialog().getSaveContactsFilename()
232        if filename:
233            if filename[-4:] != ".kdb": filename += ".kdb"
234            self.saveDocument( filename )
235
236    def miFileExport( self ):
237        filename = Dialoge.DateiDialog().getSaveContactsFilename
              ( "Alle (*.*)" )
238        if filename: self.exportDocument( filename )
239
240    def miFilePrint( self ):
241        if self.mainWindow: self.mainWindow.printDocument( self.contacts )
242
243    def miFileExit( self ):
```

```
244            if self.closeDocument():
245                self.quit()
246
247    #--- Bearbeiten ---#
248
249    def miEditCut( self ):
250        id = self.mainWindow.getSelected()
251        if id:
252            self.clipboard = self.findContactByName( id )
253            self.removeContactByName( id )
254
255    def miEditCopy( self ):
256        id = self.mainWindow.getSelected()
257        if id:
258            self.clipboard = self.findContactByName( id )
259
260    def miEditPaste( self ):
261        if self.clipboard:
262            self.addContact( self.clipboard.daten )
263
264    def miEditFind( self ):
265        pass
266
267    def miEditModify( self ):
268        id = self.mainWindow.getSelected()
269        if id:
270            old = self.findContactByName( id ).daten
271            new = {}
272            new.update( old )
273            kontaktDialog = Dialoge.KontaktDialog( new,
                                                    self.categories[1:], 0 )
274            result = kontaktDialog.exec_loop()
275            if result:
276                self.modifyContact( old, new )
277
278    #--- Ansicht ---#
279
280    def miViewDetail( self ):
281        pass
282
283    def miViewOverview( self ):
284        pass
285
286    #--- Einfügen ---#
287
288    def miInsertContact( self ):
```

Kapitel 3
Die Anwendung

```
289        data = {}
290        kontaktDialog = Dialoge.KontaktDialog( data,
                                                  self.categories[1:], 1 )
291        result = kontaktDialog.exec_loop()
292        if result:
293            self.addContact( data )
294
295    def miInsertCategory( self ):
296        category = self.userInteraction( "Input", "Kategorie hinzufügen",
           "Geben Sie einen Namen für die gewünschte Kategorie ein:" )
297        if category == "": return
398        if not category in self.categories:
399            self.categories.append( category )
300            self.updateView( "addCategory", category )
301
302    #--- Hilfe ---#
303
304    def miHelpAbout( self ):
305        self.userInteraction( "Information",
           "Über %s %s"%(self.apptitle, self.appversion),
306                   "Ein Kontaktverwaltungsprogramm von Michael Lauer." )
```

Listing 3.5: Anwendung.py (4/4) – Implementierung der Benutzerinteraktion

In Listing 3.5 ist die von der Wahl des GUI-Toolkits unabhängige Implementierung der Benutzerinteraktion implementiert. Die Methoden ioStatus() und userInteraction() legen hier nur Schnittstellen für abgeleitete Klassen fest und sind daher als leere Methoden implementiert. Zunächst zu den Menüinteraktionen des DATEI-Menüs:

In den Methoden miFileNew()[1], miFileOpen(), miFileImport(), miFileExport() und miFileExit() ist jeweils als erste Zeile das Folgende zu sehen:

```
if not self.closeDocument():
    return
```

Arbeitet der Benutzer mit einer geöffneten Kontaktdatenbank, bedeutet die Anwahl eines der Menüpunkte DATEI|NEU, DATEI|ÖFFNEN, DATEI|IMPORTIEREN, DATEI|SCHLIEßEN oder DATEI|BEENDEN, dass die aktuelle Kontaktdatenbank geschlossen werden muss, bevor die durch den Menüpunkt gewählte Aktion durchgeführt werden kann. Um den Benutzer vor dem Verlust ungespeicherter Änderungen zu bewahren, rufen diese Methoden explizit closeDocument() auf und erwarten einen Wahrheitswert, der indiziert, ob mit der Bearbeitung fortgefahren werden kann.

---

[1] Der Präfix mi steht für »menu item« und wurde gewählt, um eine Menüverarbeitungsaktion zu indizieren.

In `closeDocument()` wird zunächst überprüft, ob überhaupt eine Kontaktdatenbank geöffnet ist. Ist dies der Fall, wird überprüft, ob ungespeicherte Änderungen existieren. Existieren ungespeicherte Änderungen, wird eine Benutzernachfrage gestellt. Auf die Frage "Es existieren ungespeicherte Änderungen. Wollen Sie das aktuelle Dokument vorher speichern?" hat der Benutzer die Wahl aus den drei Antworten "Ja", "Nein", und "Abbrechen". Wird "Ja" geantwortet, wird die Datei gespeichert und die Methode `closeDocument()` gibt einen positiven Wahrheitswert zurück. Bei der Antwort "Nein" wird die Datei nicht gespeichert und ebenfalls ein positiver Wahrheitswert zurückgegeben. Antwortet der Benutzer mit »Abbrechen«, wird ein negativer Wahrheitswert zurückgegeben, der die rufenden Methoden veranlasst, die weitere Bearbeitung der ausgewählten Menüaktion abzubrechen.

In `miFileOpen()`, `miFileSaveAs()`, `miFileImport()` und `miFileExport()` wird der Dialog zum Auswählen eines Dateinamens geöffnet. Da die Implementierung dieses Dialogs vom GUI-Toolkit abhängig ist, wird der Dialog hier nur erzeugt und die jeweilige Startmethode gerufen. Die Dialoge zum Auswählen von Dateinamen sind modal, da erst dann sinnvoll mit der Anwendung weitergearbeitet werden kann, wenn der Dateinamen ausgewählt wurde.

Um auf mögliche Fehler beim Laden oder Speichern von Dateien reagieren zu können, sind die entsprechenden Aufrufe des Dokumentenmanagements in try...except Klauseln gepackt. Durch die Angabe der Ausnahmen-Basisklasse `StandardError` innerhalb von except werden nicht nur die innerhalb der `loadDocument()`-Methode geworfene Ausnahme `IOError`, sondern auch die unter Umständen vom Laufzeitsystem geworfenen anderen[1] Ausnahmen abgefangen.

Die restliche Implementierung der Menüaktionen des DATEI-Menüs ist bis auf die Methode `miFilePrint()` selbsterklärend. Das Drucken des aktuellen Dokuments ist vollständig abhängig von der Wahl des GUI-Toolkits und wird in `miFilePrint()` daher an das in der Variable `mainWindow` gespeicherte Hauptfensterobjekt delegiert.

Die Menüaktionen des BEARBEITEN-Menüs sind bis auf die Methode `miEditFind()` in der Klasse Anwendung implementiert. Dies liegt daran, dass der Dialog zum Suchen eines oder mehrerer Kontakte als nichtmodaler Dialog implementiert werden soll. Das bedeutet, dass der Dialog bei Auswählen von BEARBEITEN|SUCHEN erzeugt und neben der eigentlichen Anwendung dargestellt wird. Bei erneuter Auswahl dieses Menüpunkts soll keine Kopie des Dialogs erzeugt werden, sondern der bereits dargestellte Dialog aktiviert werden. Dieser Mechanismus hängt wesentlich von der Schnittstelle des GUI-Toolkits ab und wird daher in den abgeleiteten Klassen implementiert.

Die Menüaktionen BEARBEITEN|AUSSCHNEIDEN, BEARBEITEN|KOPIEREN und BEARBEITEN|EINFÜGEN realisieren das Konzept der *Zwischenablage*, die Speicher für

---

[1] ... zum Beispiel kann `Unpickler.load()` einen `KeyError` werfen, falls die Objektbeschreibung in der Datei ungültig ist.

genau einen Kontakt bietet. In den Methoden `miEditCut()` und `miEditCopy()` muss daher zunächst der aktuell selektierte Kontakt ermittelt werden. Dazu muss die Hauptfensterklasse die Methode `getSelected()` implementieren, die den Vornamen und den Namen des aktuell selektierten Kontakts zurückgibt. Aufgrund dieser Daten wird dann das jeweilige Kontaktobjekt ermittelt (`findContactByName()`), welches entweder kopiert oder ausgeschnitten wird. Ausschneiden bedeutet hierbei, dass nach dem Kopiervorgang das selektierte Element gelöscht (`removeContactByName()`) wird.

In der Methode `miEditModify()` wird der Kontakt-Dialog, dargestellt. Dazu werden zunächst die Daten des selektierten Kontakts ermittelt, da diese im BEARBEITEN|MODIFIZIEREN-Dialog dargestellt werden. Wurde der Dialog mit "OK" beendet (d.h. Rückkehr von `exec_loop()` mit Rückgabe eines positiven Wahrheitswerts), werden die Daten des selektierten Kontakts verändert (`modifyContact()`).

Die Menüaktionen des ANSICHT-Menüs sind vollständig GUI-Toolkit-abhängig und werden in den abgeleiteten Klassen implementiert.

Mit den Menüaktionen des EINFÜGEN-Menüs kann zur Kontaktdatenbank ein neuer Kontakt oder eine neue Kategorie hinzugefügt werden. Es ist zu beachten, dass eine neue Kategorie nicht notwendigerweise persistent bleibt. Da die Kategorien nur in den jeweiligen Kategoriefeldern der Kontakten abgespeichert werden, überdauern nur tatsächlich benutze Kategorien das Speichern, Schließen und Laden einer Kontaktdatenbank.

Die Methode `insertContact()` benutzt den Kontakt-Dialog um die Daten für einen neu hinzuzufügenden Kontakt zu ermitteln. Wird der Kontakt mit »OK« beendet, wird auf der Basis der im Dialog eingegebenen Daten der neue Kontakt hinzugefügt (`addContact()`).

Die Methode `insertCategory()` benutzt eine einfache Benutzerinteraktion, die in der Methode `userInteraction()` implementiert wird. Das Verhalten der Methode `userInteraction()` ist abhängig vom ersten Parameter `type`. In Tabelle 3.3 sind die gültigen Typen sowie das jeweilige Verhalten abgebildet.

Typ	Verhalten
"Error"	Darstellung einer Dialogbox mit der Fehlermeldung und dem Schalter »OK«
"Information"	Darstellung einer Dialogbox mit einer Information und dem Schalter »OK«
"YesNoCancel"	Darstellung einer Dialogbox mit einer Frage und den Schaltern »Ja«, »Nein«, »Abbrechen«
"Input"	Darstellung einer Dialogbox mit einer Aufforderung und einem einzeiligen Eingabefeld

Tabelle 3.3: Typen einfacher Benutzerinteraktion

Obwohl die Darstellung der einfachen Benutzerinteraktion abhängig vom gewählten GUI-Toolkit ist, kann man davon ausgehen, dass jedes GUI-Toolkit mindestens die obigen Typen anbietet.

Die Menüaktionen des HILFE-Menüs bestehen nur aus der Methode miHelpAbout(), die wiederum mittels einer einfachen Benutzerinteraktion Informationen über das Programm und seinen Autor liefert.

3.6 Testen

Um die Funktionalität der GUI-unabhängigen Klassen Anwendung und Kontakt zu testen, wurde vom Autor zunächst eine Konsolenanwendung erstellt. Mit der erfolgreichen Implementierung dieser Anwendung wurde die propagierte Trennung zwischen Anwendungsfunktionalität und Benutzeroberfläche verifiziert. Da dieses Buch sich nicht mit der Entwicklung textbasierter Oberflächen beschäftigt, ist der Quelltext dieser Konsolenanwendung für das Weitere nicht relevant und wird daher weder abgebildet noch besprochen.

3.7 Vorgehensweise

In den nächsten Kapiteln werden auf der Basis der bereits erstellten Klassen Anwendungen mit graphischer Benutzeroberfläche erstellt. Für jedes besprochene GUI-Toolkit wird dabei in den folgenden Schritten vorgegangen:

3.7.1 Schritt 1: Hallo Welt

Im ersten Schritt wird das obligatorische »Hallo Welt« erstellt und damit die Erzeugung von Fenstern und der Einstieg in die Ereignisverarbeitung mit dem jeweiligen GUI-Toolkit beschrieben.

3.7.2 Schritt 2: Layout

Im zweiten Schritt wird das Grundgerüst der Benutzungsschnittstelle für die Kontaktverwaltung erstellt. Dies beinhaltet die Umsetzung des geplanten Layouts mit den vom jeweiligen GUI-Toolkit zur Verfügung gestellten Klassen. Am Ende von Schritt 2 steht immer eine ausführbare Anwendung, die der endgültigen schon ziemlich »ähnlich« sieht, jedoch noch keine Funktionalität beinhaltet.

Layout des Anwendungsfensters

Das Anwendungsfenster ist das Hauptfenster der Anwendung. Wenn die Anwendung gestartet wird, baut sich das Hauptfenster auf und gestattet mit seinen Kontrollelementen die Interaktion des Benutzers mit der Anwendung.

Kapitel 3
Die Anwendung

Für das Layout des Anwendungsfensters ist eine moderne Vierteilung in Menuleiste, Werkzeugleiste, Arbeitsbereich (Kontaktansicht) und Statusleiste vorgesehen – siehe hierzu auch die folgende Abbildung.

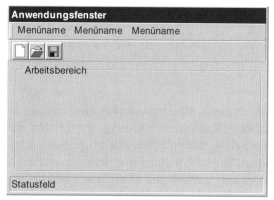

Abb. 3.2: Basis-Layout des Anwendungsfensters

Organisation der Menüleiste

Die Menüleiste besteht aus den fünf Einträgen Datei, Bearbeiten, Ansicht, Einfügen und Hilfe, die jeweils über Untereinträge verfügen. Die vollständige Menüstruktur ist in Abbildung 3.3 dargestellt.

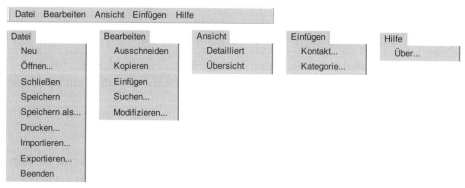

Abb. 3.3: Menüstruktur der Anwendung

Im Folgenden wird die Zuordnung von Menüeinträgen zu Anwendungsfunktionalität erläutert:

- Menü DATEI – enthält Funktionen, die den Umgang mit Dateien betreffen
    - *Neu* – Anlegen einer neuen, leeren Kontaktdatenbank
    - *Öffnen* – Öffnen einer neuen Kontaktdatenbank zur Bearbeitung
    - *Schließen* – Schließen der aktuell bearbeiteten Kontaktdatenbank

- *Speichern* – Speichern der aktuell bearbeiteten Kontaktdatenbank unter dem zuletzt gewählten Namen
- *Speichern als* – Speichern der aktuell bearbeiteten Kontaktdatenbank unter einem neuen Namen
- *Drucken* – Drucken der aktuell bearbeiteten Kontaktdatenbank
- *Importieren* – Laden und Konvertieren einer Kontaktdatenbank, die in einem textbasierten Format vorliegt
- *Exportieren* – Konvertieren und Speichern der aktuell bearbeiteten Kontaktdatenbank in ein textbasiertes Format
- Menü BEARBEITEN – enthält Funktionen, die einen ausgewählten Kontaktdatenbank-Eintrag betreffen
    - *Ausschneiden* – Erstellen einer Kopie des ausgewählten Eintrags in der Zwischenablage und Entfernen des ausgewählten Eintrags aus der Kontaktdatenbank
    - *Kopieren* – Erstellen einer Kopie des ausgewählten Eintrags in der Zwischenablage
    - *Einfügen* – Einfügen eines Eintrages, der sich in der Zwischenablage befindet, in die Kontaktdatenbank
    - *Suchen* – Suchen eines Eintrages mit wählbaren Kriterien
    - *Modifizieren* – Modifizieren des ausgewählten Eintrages
- Menü ANSICHT – enthält Funktionen, die die Ansicht der Kontaktdatenbank betreffen
    - *Detailliert* – Umschalten zu einer Ansicht, in der möglichst viele Daten eines Eintrages angezeigt werden
    - *Übersicht* – Umschalten zu einer Ansicht, in der möglichst viele Einträge angezeigt werden
- Menü EINFÜGEN – enthält Funktionen zur Erweiterung der Kontaktdatenbank
    - *Kontakt* – Einfügen eines neuen Kontakts
    - *Kategorie* – Einfügen einer neuen Kategorie
- Menü HILFE – enthält Funktionen, die Hilfe zur Anwendung bieten
    - *Über* – Anzeigen von Informationen über Copyright und Version der Anwendung

Organisation der Werkzeugleiste

Die Werkzeugleiste enthält Knöpfe, die den am häufigsten gebrauchten Menüoptionen entsprechen. Die über die Werkzeugleiste zugängliche Funktionalität ist damit immer eine Teilmenge der über die Menüeinträge zugänglichen Funktionalität.

Kapitel 3
Die Anwendung

Abb. 3.4: Werkzeugleiste der Anwendung

Für die Werkzeugleiste sind entsprechend Abbildung 3.4 Knöpfe für die folgenden Menüoperationen vorgesehen:

- Datei ▶ Neu
- Datei ▶ Öffnen
- Datei ▶ Speichern
- Bearbeiten ▶ Ausschneiden
- Bearbeiten ▶ Kopieren
- Bearbeiten ▶ Einfügen
- Bearbeiten ▶ Suchen
- Bearbeiten ▶ Modifizieren
- Ansicht ▶ Detailliert
- Ansicht ▶ Übersicht
- Einfügen ▶ Kontakt
- Einfügen ▶ Kategorie
- Hilfe ▶ Über

Organisation des Arbeitsbereichs

Der Arbeitsbereich nimmt den größten Anteil des Anwendungsfensters ein. Für die Kontaktverwaltung ist eine Dreiteilung in Kategorieleiste, Ansichtsbereich und Navigationsleiste vorgesehen. Eine Version des möglichen[1] Layouts kann der nachstehenden Abbildung entnommen werden.

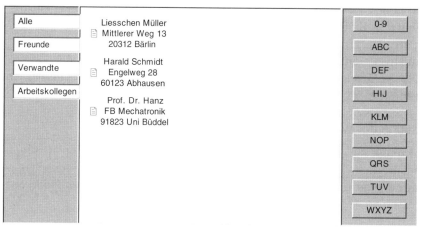

Abb. 3.5: Arbeitsbereich der Anwendung

---

[1] Abhängig vom GUI-Toolkit kann und wird dies unterschiedlich ausfallen.

In der ersten Spalte werden die vom Benutzer definierbaren Kategorien stehen, die die Menge der in der Datenbank vorhandenen Kontakte unterteilt. In der mittleren Spalte werden die in der aktuell ausgewählten Kategorie enthaltenen Einträge angezeigt. Mit den in der letzten Spalte vorhandenen Schaltflächen ist eine schnelle Navigation innerhalb der Einträge möglich.

Organisation der Statusleiste

Die Statuszeile wird aus vier Feldern bestehen, deren Layout in der folgenden Abbildung dargestellt ist:

| Bereit. | 4 Kategorien | 32 Kontakte | modifiziert |

Abb. 3.6: Statusleiste der Anwendung

Im ersten Feld wird der jeweilige Zustand der Anwendung textuell beschrieben. In den nächsten beiden Feldern wird die Anzahl der in der aktuell geladenen Kontaktdatenbank definierten Kategorien bzw. die Anzahl der enthaltenen Kontakte angezeigt. In der letzten Spalte wird angezeigt, ob es ungespeicherte Änderungen in der aktuellen Kontaktdatenbank gibt.

3.7.3 Schritt 3: Laden & Speichern

Im dritten Schritt werden die Dialoge zum Laden und Speichern sowie zum Importieren und Exportieren erstellt und mit den Menüaktionen verknüpft.

3.7.4 Schritt 4: Kontaktansicht

Im vierten Schritt wird die Kontaktansicht erstellt, die die Kontakte des aktuell geladenen Dokuments auf zwei verschiedene Ansichtsweisen darstellt.

3.7.5 Schritt 5: Hinzufügen & Ändern

Im fünften Schritt wird die Anwendung mit Funktionen zum Hinzufügen und Modifizieren von Kontakten ausgestattet. Konkret bedeutet dies hier, dass man mit Hilfe eines Dialogs neue Kontakte zur Datenbank hinzufügen kann und diese in der Kontaktansicht angezeigt werden.

3.7.6 Schritt 6: Zwischenablage

Im sechsten Schritt wird die Zwischenablage entwickelt. Dazu werden die Funktionen zum Ausschneiden, Kopieren und Einfügen implementiert.

3.7.7 Schritt 7: Suchen

Im siebten Schritt wird der Dialog zum Suchen und Finden einer Menge von Kontakten erstellt.

3.7.8 Schritt 8: Drucken

Im achten Schritt wird die Druckunterstützung implementiert.

3.7.9 Schritt 9: Feinschliff

Im neunten Schritt wird die Benutzeroberfläche »poliert«, z.B. mit einer Methode, mit der die Menüeinträge und Werkzeugleistenschaltflächen nur dann auswählbar sind, wenn die jeweilige Aktion auch durchführbar ist.

Kapitel 4
Tk

4.1 Ursprung

In den frühen 80er Jahren war John Ousterhout an der Universität Berkeley[1] im Bereich integrierte Schaltkreise tätig. Seine Studenten und er entwickelten mehrere interaktive Werkzeuge für das Design von ICs. Jedes dieser Werkzeuge verfügte über eine eigene Kommandosprache – mit jeweils eigenen integrierten Befehlen, die zu nichts anderem kompatibel waren. Da ihr primäres Interesse auf den Werkzeugen – nicht auf der integrierten Programmiersprache – lag, waren diese Sprachen nicht sehr ausgereift. Bei einer Neuentwicklung eines Werkzeuges musste daher auch jedes Mal eine neue Kommandosprache entwickelt werden.

Im Herbst 1987 hatte John Ousterhout die Idee einer standardisierten Kommandosprache zum Einbetten in Werkzeuge aller Art. Die Sprache sollte einen kleinen, einfachen und klaren Kern haben und durch die Werkzeuge erweiterbar sein. Darüber hinaus sollte der Sprachinterpreter in einer Bibliothek stecken, damit er relativ leicht in ein neues Werkzeug eingebettet werden konnte. Dieser geplante Einsatzbereich gab der Sprache, mit deren Entwicklung er 1988 begann, ihren Namen: *Tcl – Tool Command Language*.

Während sich die Benutzung von Tcl in den folgenden Werkzeugen gut anließ, widmete sich John Ousterhout seinem zweiten Interessengebiet – den in dieser Zeit gerade aufkommenden graphischen Benutzeroberflächen. Er hatte den Eindruck, dass man mit kleinen wieder benutzbaren graphischen Komponenten größere Komponenten und auch ganze graphische Benutzeroberflächen entwickeln könne. Um seine Vermutung auszuprobieren, machte er sich im Winter 1988 an die Erweiterung seiner Tool Command Language um Befehle, die graphische Komponenten erzeugen. Diese Erweiterung wurde Tk – Toolkit genannt.

In den frühen 1990er Jahren präsentierte John Ousterhout Tcl und Tk auf verschiedenen Konferenzen und erntete große Resonanz. Tcl und Tk wurden frei verfügbar, kontinuierlich weiterentwickelt und erfreuten sich stets wachsender Beliebtheit. Mittlerweile sind Tcl und Tk in der Version 8.3 erhältlich und auf vielen Plattformen verfügbar. John Ousterhout ist seit einiger Zeit mit seiner eigenen Firma Scriptics [WWW:SCRIPTICS] tätig, die sich um die Weiterentwicklung von Tcl/Tk kümmert.

---

[1] ... an der auch so wegweisende Dinge wie das Berkeley Socket API und weitere Toolkits (siehe Kapitel 7) entwickelt wurden.

Die Python-Gemeinde[1] erkannte sehr früh das Potenzial von Tk und entwickelte ein Modul, mit dem sich Tk aus Python heraus transparent nutzen ließ: Tkinter. Mit dem Erscheinen von Python 1.1 am 11. Oktober 1994 wurde Tkinter in den Hauptzweig von Python integriert und ist seitdem das Standard-Toolkit für die Programmierung graphischer Oberflächen in Python.

4.2 Überblick

4.2.1 Struktur

Weder Tcl noch Tk sind objektorientiert. Die auf Tcl/Tk aufsetzenden Python-Bindungen Tkinter implementieren jedoch eine objektorientierte Schnittstelle zu Tk. Im Unterschied zu vielen anderen GUI-Toolkits, die sehr enge Bindungen anstreben, unterscheidet sich die Tkinter-Programmierung in einigen wesentlichen Aspekten von der Tcl/Tk-Programmierung.

Wenn im folgenden von Tk die Rede ist, ist also in erster Linie Tkinter gemeint, da sich die Aussagen zu Tkinter nicht grundsätzlich auf Tk übertragen lassen.

Tk ist ein *reines* GUI-Toolkit, es enthält keinerlei Unterstützung für den Anwendungsrahmen oder Elemente, die nicht zur Programmierung graphischer Oberflächen da sind. Mit 35 Klassen, davon 17 Fensterklassen, ist Tk sehr überschaubar – was jedoch nicht zu Rückschlüssen auf die Leistungsfähigkeit veranlassen sollte.

In Tk gibt es zwar keine dezidierte Wurzelklasse, aber die sehr umfangreiche Klasse `Misc`, die die Schnittstelle zu den wesentlichen Funktionseinheiten von Tk bildet. Im Einzelnen sind dies

- die Ereignisverarbeitung,
- die Fensterkonfiguration,
- das Geometriemanagement,
- die Zwischenablage, sowie die Kommunikation mit
- dem Window Manager.

Offenbar ist eine große Menge von Basisfunktionalität schon in der Klasse `Misc` untergebracht. Dennoch existieren z.B. noch die Geometriemanagerklassen `Pack`, `Grid` und `Place`, die die gleichen Methoden mit derselben Funktionalität beinhalten. Diese Duplizierung ist historisch gewachsen. Idealerweise sollten Klassen wie `Pack`, `Grid` und `Place` in neu erstellten Programmen nicht mehr benutzt werden, da deren Funktionen mittlerweile von `Misc` realisiert werden.

Anders verhält es sich mit der Klasse `Wm`, die die Schnittstelle zum Window Manager des Betriebssystems bildet. `Wm` dient nur als interne Klasse – die beiden Hauptfens-

---

[1] ... um genau zu sein, ein Mann namens Steen Lumholt in einer Kooperation mit Guido van Rossum.

terklassen `Toplevel` und `Tk` sind von `Wm` abgeleitet und beinhalten daher dieselbe Funktionalität.

4.2.2 Ereignisverarbeitung

Tk verfügt über ein leistungsfähiges System zur Ereignisverarbeitung. Ereignisse werden in Tk durch bis zu drei Parametertypen in der Form `<Modifier-Type-Detail>` spezifiziert. Eine längere Form, die mehrere Parameter des Typs `Modifier` enthält, ist möglich. Die beiden kürzeren Formen `<Type-Detail>` sowie `<Type>` sind ebenso gültig. Die das Ereignis bestimmenden Parameter müssen durch ein Minuszeichen ("-") voneinander abgetrennt und in spitze Klammern ("<" bzw. ">") eingeschlossen werden.

Der obligatorische[1] Parameter ist `Type`. `Type` bestimmt den genauen Typ des Ereignisses. Es gibt eine grobe Unterteilung in Maus-, Tastatur- und Fensterereignisse. Tabelle 4.1 kategorisiert und beschreibt die wichtigsten Ereignistypen.

Kategorie	Ereignistyp	Beschreibung
Tastatur	KeyPress	Eine Taste wurde gedrückt
Tastatur	KeyRelease	Eine Taste wurde losgelassen
Maus	Motion	Die Maus wurde bewegt
Maus	ButtonPress	Eine Maustaste wurde gedrückt
Maus	ButtonRelease	Eine Maustaste wurde losgelassen
Maus	Button	Eine Maustaste wurde geklickt
Maus	MouseWheel	Am Mausrad wurde gedreht
Fenster/Tastatur	FocusIn	Das Fenster hat den Tastaturfokus bekommen
Fenster/Tastatur	FocusOut	Das Fenster hat den Tastaturfokus verloren
Fenster/Maus	Enter	Der Maus-Cursor ist in den Fensterbereich geschoben worden
Fenster/Maus	Leave	Der Maus-Cursor ist aus dem Fensterbereich heraus geschoben worden
Fenster	Colormap	Die Farbtabelle des Fensters wurde verändert
Fenster	Configure	Die Geometrie des Fensters wurde verändert
Fenster	Destroy	Das Fenster wurde zerstört
Fenster	Map	Das Fenster erscheint auf dem Bildschirm

Tabelle 4.1: Tk Ereignistypen

---

[1] ... es gibt eine Ausnahme. Wird ein allein stehender Detailparameter übergeben, geht Tk davon aus, dass als Typ `KeyPress` gemeint ist.

Kategorie	Ereignistyp	Beschreibung
Fenster	Unmap	Das Fenster ist zum Symbol verkleinert worden

Tabelle 4.1: Tk Ereignistypen

Mit dem Parameter Detail beschreibt man das Ereignis näher. Je nach Ereignistyp gibt es hier wieder verschiedene Möglichkeiten: Bei einem Tastaturereignis (KeyPress oder KeyRelease) kann man hier eine Tastenspezifikation angeben, z.B. <KeyPress-A> oder <KeyRelease-x>. Bei einem Mausereignis kann man als Detail die Nummer einer Maustaste angeben, z.B. <ButtonPress-1> oder <ButtonRelease-2>.

Der Parameter Modifier beschreibt eine Bedingung an das Ereignis. Als Bedingungen sind hier wiederum beliebig viele gedrückte Modifizierertasten (Alt, Strg oder Shift) oder auch Maustasten möglich. Mit <Button1-Shift-Motion> wird beispielsweise das Ereignis einer Mausbewegung bei gleichzeitig gehaltener Umschalttaste und erster Maustaste bestimmt.

Es ist offensichtlich, dass es für ein Ereignis mehrere Spezifikationsmöglichkeiten gibt. Jedoch sind nicht alle dieser Spezifikationen äquivalent – insbesondere, wenn mehrere gleiche Ereignisse bestimmt wurden, wird nur eines dieser Ereignisse ausgewählt. Tk legt eine Menge von Präferenzregeln fest, nach der aus mehreren Ereignissen das *detaillierteste* Ereignis ausgewählt wird. Dabei gilt:

1. Eine längere Spezifikation ist detaillierter als eine kürzere.
2. Eine längere Folge von Modifier-Parametern ist detaillierter als eine kürzere.
3. Eine Spezifikation mit Detail-Parameter ist detaillierter als eine ohne Detail.
4. Sind beide Spezifikationen gleich detailliert, wird die jüngste Bindung ausgewählt.

Bei gleichzeitiger Bindung von <ButtonPress-1> und <Shift-ButtonPress> würde aufgrund Regel 2 daher die mit <ButtonPress-1> assoziierte Bindung aufgerufen.

Es gibt in Tk mehrere Möglichkeiten, Callback-Methoden an Ereignisse zu binden:

1. Übergabe eines besonderen Schlüsselwortarguments (z.B. das Argument command bei einer Schaltfläche) während der Konstruktion eines Fensterobjekts: b=Tk.Button(parent,text="Hallo",command=self.onButtonClicked).
2. Aufruf der Methode bind().
3. Aufruf der Methode protocol().

Die Benutzung eines ausgezeichneten Schlüsselwortarguments ist nützlich, falls direkt bei der Konstruktion eines Fensterobjekts schon eine Callback-Methode angegeben werden soll. Hierbei kann der Typ des Ereignisses nicht angegeben werden und ist daher je nach Klasse vordefiniert. Nicht alle Konstruktoren verfügen über das Argument command. In manchen Klassen werden andere Argumente benutzt, in einigen wenigen ist diese Möglichkeit gar nicht vorgesehen.

Der Aufruf der Methode bind() ist die üblichste Form, um ein Ereignis mit einer Callback-Methode zu verbinden. Die Methode bind() ist in jedem Objekt, das am System der Ereignisverarbeitung teilnimmt, vorhanden[1] und erwartet die drei Parameter sequence, callback und add:

- sequence ist eine der schon erwähnten Ereignisspezifikationen,
- callback ist eine Referenz auf eine Objektmethode oder Funktion,
- add ist ein Wahrheitswert, der bestimmt, ob diese Bindung alle früheren Bindungen ersetzen soll (0) oder ob eine neue Bindung hinzugefügt (1) werden soll.

Durch den Aufruf der Methode unbind(sequence) werden alle Bindungen an das spezifizierte Ereignis gelöst. Es gibt noch eine Reihe weiterer Bindungs-Methoden, die in Tabelle 4.2 erläutert sind.

Methode	Beschreibung
bind_all(seq,cb,add)	Bindet ein Ereignis mit einer Callback-Methode auf Anwendungsebene, d.h. alle bisherigen Verbindungen für das gleiche Ereignis werden überschrieben.
unbind_all(seq)	Entfernt alle Bindungen auf Anwendungsebene.
bind_class(class,seq,cb,add)	Bindet ein Ereignis mit einer Callback-Methode für alle Widgets einer Klasse.
unbind_class(class,seq)	Entfernt eine Bindung von allen Widgets der spezifizierten Klasse.
bindtags()	Gibt ein Tupel aller Tag-Bindungen zurück.
bindtags(bindings)	Verändert manuell die Suchreihenfolge der Verbindungen.

Tabelle 4.2: Methoden zum Verbinden von Ereignissen mit Callbacks in Tk

Die dritte und letzte Möglichkeit zur Verbindung von Ereignissen mit Callbacks ist der Aufruf der Methode protocol(). Damit können allerdings nur den Window Manager betreffende Ereignisse gebunden werden, wie z.B.:

- WM_DELETE_WINDOW – wird gesendet, wenn der Benutzer ein Fenster über den Window Manager schließen will,
- WM_SAVE_YOURSELF – wird gesendet, wenn ein Fenster seinen Status sichern soll,
- WM_TAKE_FOCUS – wird gesendet, wenn ein Fenster den Mausfokus übernehmen soll.

---

[1] ... wie viele andere zentralen Methoden ist auch diese in der Basisklasse misc implementiert.

Diese Protokollnachrichten sind einer Spezifiktion im für das X-Window-System definierten *ICCCM* (*Inter-Client Communication Conventions Manual*) entnommen. Auf Windows-Betriebssystemen, in denen der Window Manager integraler Bestandteil des Betriebssystems ist, werden die ICCCM-Protokolle vom Tk emuliert.

4.2.3 Python-Bindung

Tkinter, die Python-Bindung für Tk, besteht aus zwei Teilen: das systemnahe – in C geschriebene – Erweiterungsmodul _tkinter (welches wiederum direkt auf die dynamischen Bibliotheken tcl und tk zurückgreift) sowie das in Python geschriebene Modul Tkinter. Während _tkinter im Wesentlichen die Kommunikation mit dem Tcl/Tk-Interpreter regelt, baut Tkinter darauf auf und bietet eine komfortable und objektorientierte Abstraktion der Tk-Elemente.

Durch die Verwendung von Mehrfachvererbung und teilweise Duplikation von Methoden ist der Aufbau der Klassenhierarchie leider trotz der überschaubaren Größe von Tk zum Teil sehr unübersichtlich.

Aufrufe

Alle Fensterklassen in Tk lassen sich über Optionen konfigurieren. In Python gibt es dazu zwei Möglichkeiten:

1. Konfiguration über die zentrale Methode config() mit Schlüsselwortargumenten, z.B. fenster.config(height=300, width = 400).
2. Konfiguration über die Verwendung des Objekts als Dictionary, z.B. fenster["height"]=300.

Objekte und Fensternamen

In Tcl/Tk wird ein Fenster durch seinen Pfadnamen (ähnlich wie in einem Dateisystem) identifiziert. Das Wurzel- oder Desktopfenster hat den Namen ".". Ein Rahmenfenster in diesem Fenster würde als ".meinRahmen" bezeichnet und eine Schaltfläche innerhalb dieses Rahmens mit ".meinRahmen.meineSchaltfläche".

Wenn man ein Tkinter-Objekt erzeugt, erstellt Tkinter ein dazu korrespondierendes Tk-Objekt und versieht dies mit einem in Tcl/Tk gültigen Namen. Dazu wird eine zufällige – aber eindeutige – Ziffernfolge mit einem Punkt als Präfix gewählt. Will man einem Objekt einen besonderen Namen vergeben, ist dies in Tkinter bei der Konstruktion mit der Übergabe des Schlüsselwortparameters name möglich. In diesem Fall hängt Tkinter den vom Benutzer vergebenen Namen mit einem vorangestellten Punkt an den zufällig ausgewählten. Da jedes Fenster in Tcl/Tk durch einen eindeutigen Pfadnamen identifiziert werden muss, ist es auf diese Weise unmöglich, dass zwei Fenster den gleichen Namen bekommen. Ebenso erklärt dies, warum es nicht möglich ist, den Tkinter-Namen eines Fensters nach der Konstruktion noch zu ändern: Ein Aufruf z.B. von fenster["name"]="Hallo" kann nicht ausgeführt werden und führt zu einem Laufzeitfehler. Der Parameter name wird zwar wie eine normale Konfigurationsoption übergeben, wird aber nicht in das Konfigurations-Dictionary eingetragen. Damit wird es definitiv ausgeschlossen, den Namen (und daher insbesondere die tcl-Identifikation) zu verändern und so die Programmlogik zu unterwandern.

Es kann bei der Programmierung mit Tkinter an einigen Stellen, z.B. in Fehlermeldungen, zu der Ausgabe von durch Punkte getrennte Zahlenkolonnen anstelle von Fensternamen oder Objekttypen kommen. In den meisten Fällen hat man dann versucht, eine Tkinter-Methode auf einem Tk-Objektnamen aufzurufen.

Automatische Variablen

Eine der Spezialitäten von Tk sind die *automatischen Variablen*. Viele Fensterklassen erlauben bei der Konstruktion die Assoziation mit einer automatischen Variablen. Die Veränderung einer mit einem Widget assoziierten automatischen Variablen (durch einen Befehl im Python-Programm) verändert auch den Text des jeweiligen Widget. Ebenso wird durch eine Veränderung des Texts im Widget (durch den Benutzer) auch die dazugehörige Variable verändert. Die Assoziation ist dabei keinesfalls auf nur ein Widget beschränkt – eine Variable kann mit beliebig vielen Widgets assoziiert sein.

Die automatischen Variablen sind spezielle typgebundene Objekte in Tk. Es gibt dabei folgenden Ausprägungen:

- StringVar – kapselt eine Zeichenkette,
- IntegerVar – kapselt eine Ganzzahl,
- DoubleVar – kapselt eine Fließkommazahl,
- BooleanVar – kapselt einen Wahrheitswert.

Je nach gewünschtem Kontext wählt man dabei einen dieser Typen aus. Die wesentlichen Methoden aller Variablenklassen sind:

1. get() – liest den aktuellen Wert der Variable aus und gibt ihn zurück.
2. set(value) – setzt den Wert der Variable (und des Widgets).

Besonders hilfreich sind die automatischen Variablen in Zusammenhang mit Widgets in Dialogboxen – dies wird in Abschnitt 4.3.5 demonstriert.

Konventionen

Neben der schon erwähnten Benutzung von Schlüsselwortargumenten gibt es folgende Konventionen in Tk:

1. Klassennamen beginnen mit einem Großbuchstaben, gefolgt von Kleinbuchstaben und einem weiteren Großbuchstaben, falls ein neues Wort angefangen wird, z.B. BitmapImage.
2. Methodennamen sind nur aus Kleinbuchstaben aufgebaut, Worte werden mit Unterstrichen getrennt, z.B. Tk.report_callback_exception().
3. Konstanten sind ausschließlich aus Großbuchstaben aufgebaut. Alle Konstanten sind global im Modul Tk definiert.

4.2.4 Fensterklassen

Die abstrakte Basisklasse aller Fensterklassen in Tk ist BaseWidget. Abgeleitet von der Universalklasse Misc fügt BaseWidget die Methoden

- _setup() – (intern) zur Verwaltung von Kindfenster und
- destroy() – zum Zerstören eines Fensters und der Kindfenster

hinzu. Neben der Klasse BaseWidget gibt es auch noch die Klasse Widget – diese erbt von allen Geometriemanagern und ist damit die Basisklasse aller Fenster, deren Layout automatisch verwaltet werden kann. Da, wie schon erwähnt, jedoch mittlerweile das Layoutmanagement von der Klasse Misc bereitgestellt wird, hat die Verwendung von Widget keinen Sinn mehr. In neu erstellten Programmen sollte man alle eigenen Fensterklassen daher entweder von der komfortablen Rahmenfensterklasse Frame oder direkt von BaseWidget ableiten.

Tabelle 4.3 zeigt alle verfügbaren Fensterklassen in Tk.

Klasse	Repräsentiert
Button	Eine Schaltfläche – wahlweise mit Bild
Canvas	Eine objektorientierte 2D-Zeichenfläche
Checkbutton	Eine Schaltfläche mit Status an/aus
Entry	Ein Eingabefeld
Frame	Ein Container-Widget mit Dekorationsrahmen
Label	Eine einzeilige oder mehrzeilige Beschriftung
Menu	Ein Popup-Menü
RadioButton	Eine Radio-Schaltfläche
Scale	Einen horizontalen oder vertikalen Slider
Scrollbar	Eine horizontale oder vertikale Bildlaufleiste
StudButton	Eine Schaltfläche mit Bild und Beschriftung
Text	Ein Fenster für die Darstellung von strukturiertem Text
Tributton	Eine dreieckige Schaltfläche
BaseWidget	Die Basisklasse aller Fensterklassen

Tabelle 4.3: Tk-Fensterklassen

> **Wichtig**
>
> Der Unterschied zwischen den beiden – in den obigen Ausführungen als Hauptfensterklassen erwähnten – Klassen Toplevel und Tk ist nicht auf den ersten Blick ersichtlich, obwohl sie an unterschiedlichen Stellen in der Vererbungshierarchie (vgl. Abschnitt 4.5.1) stehen. Streng genommen ist die Klasse Tk überhaupt keine Fensterklasse, da sie nicht von BaseWidget abgeleitet ist (aus diesem Grund wurde Tk auch nicht in Tabelle 4.3 aufgenommen). Dennoch öffnet sich ein Fenster, wenn man eine Instanz von Tk erzeugt. Dies liegt daran, dass im Konstruktor von Tk der für jeder Anwendung nötige tcl-Interpreter erzeugt und initialisiert wird – der wiederum implizit ein Hauptfenster öffnet.
>
> Man kann die Klasse Tk also als Hauptfensterklasse mit assoziiertem tcl-Interpreter bezeichnen. Was passiert nun, wenn ein anderes Fenster, z.B. ein Button-Objekt als erstes Fenster (mit Angabe von None als übergeordnetem Fenster) erzeugt wird? Da Tk nicht ohne tcl-Interpreter funktioniert, wird in diesem Fall automatisch ein Objekt der Klasse Tk erzeugt. Man erreicht in diesem Fall also das Erscheinen von zwei Fenstern – in einem Fenster befindet sich die Schaltfläche, das andere Fenster ist leer.
>
> Man sollte also nur das erste Hauptfenster einer Anwendung als Objekt der Klasse Tk erzeugen. Alle weiteren Hauptfenster sollten jedoch – um Ressourcen zu schonen, denn es wird nur genau *ein* tcl-Interpreter pro Anwendung benötigt – vom Typ Toplevel sein.

Alle Fensterobjekte verfügen über ein standardmäßiges Aussehen und Verhalten. Es gibt zwei Möglichkeiten, diese Parameter zu ändern:

1. Durch die Veränderung einer oder mehrerer der zahlreichen Konfigurationsoptionen.
2. Durch Verbindung von Ereignissen mit Callback-Methoden oder Funktionen. Diese sollten dann – der besseren Kapselung wegen – bevorzugt in einer von der Fensterklasse abgeleiteten Klasse implementiert werden.

Es gibt eine Reihe von Standardkonfigurationsoptionen, die in jeder Fensterklasse veränderbar sind. Diese, in BaseWidget definierten Optionen, sind in Tabelle 4.4 erläutert. Dazu noch folgende Informationen:

- Ein Fenster gilt in Tk als *aktiv*, wenn sich der Maus-Cursor darüber befindet.
- Ein Fenster wird mit der Fokusmarkierung ausgestattet, wenn es den Tastaturfokus hat.
- In Fenstern, die Text enthalten, kann dieser ausgerichtet, umgebrochen und positioniert werden.

- Viele Fenster können ein Füllmuster enthalten, mit dem der Hintergrund ausgefüllt wird.

Konfigurationsoption	Verändert
activebackground	Die Hintergrundfarbe des aktiven Fensters
activeborderwidth	Die Rahmenbreite des aktiven Fensters
activeforeground	Die Vordergrundfarbe des aktiven Fensters
activetile	Das Füllbild des aktiven Fensters
Anchor	Die Ausrichtung (als Himmelsrichtung) der Informationen im Fenster
background	Die Hintergrundfarbe des Fensters
Bitmap	Das im Fenster darzustellende `Bitmap`-Bild
borderwidth	Die Rahmenbreite des Fensters
cursor	Die Form des Maus-Cursors
dash	Der Linienstil des Fensters
dashoffset	Den Startpunkt des Linienstils (nur zusammen mit dash)
disabledforeground	Die Vordergrundfarbe des ausgeschalteten Fensters
disabledtile	Das Füllbild des ausgeschalteten Fensters
exportselection	Ob die Auswahl im Fenster mit der Betriebssystem-Zwischenablage zusammenarbeiten soll
font	Der Zeichensatz für Text im Fenster
Foreground	Die Vordergrundfarbe des Fensters
highlightbackground	Die Hintergrundfarbe der Fokusmarkierung
highlightcolor	Die Vordergrundfarbe der Fokusmarkierung
highlightthickness	Die Rahmenstärke der Fokusmarkierung
image	Das im Fenster darzustellende `PhotoImage`-Bild
insertbackground	Die Hintergrundfarbe für den Textcursor
insertborderwidth	Die Rahmenbreite des Textcursors
insertofftime	Die »Auszeit« des (blinkenden) Textcursors
insertontime	Die »Anzeit« des (blinkenden) Textcursors
insertwidth	Die Breite des Textcursors
jump	Ob während einer Reihe von Veränderungen des Werts des Kontrollelements (z.B. in einer Bildlaufleiste) jede einzelne Veränderung sofort gemeldet werden soll
justify	Die Ausrichtung von dargestelltem Text

Tabelle 4.4: Fenster-Konfigurationsoptionen in Tk

Konfigurationsoption	Verändert
offset	Den Startpunkt eines Füllmusters (nur zusammen mit `tile`)
orient	Die Orientierung eines Fensters, das sowohl horizontal als auch vertikal ausgerichtet sein kann (z.B. bei einer Bildlaufleiste)
padx	Den horizontalen Abstand zu anderen Fenstern
pady	Den vertikalen Abstand zu anderen Fenstern
relief	Den Rahmenstil
repeatdelay	Die Verzögerung zur automatischen Wiederholung (z.B. beim Druck auf einen Pfeil einer Bildlaufleiste)
repeatinterval	Die Wiederholungsfrequenz bei der automatischen Wiederholung (siehe repeatdelay)
selectbackground	Die Hintergrundfarbe des ausgewählten Fensters
selectborderwidth	Die Rahmenbreite des ausgewählten Fensters
selectforeground	Die Vordergrundfarbe des ausgewählten Fensters
setgrid	Ob das Fenster ein Geometrieraster (für den übergeordneten Geometriemanager) festlegt
takefocus	Ob das Fenster den Tastaturfokus erhalten darf
text	Den darzustellenden Text (oft in Zusammenhang mit `anchor` und `justify`)
textvariable	Die dem Text zugeordnete automatische Tk-Variable
throughcolor	Die in transparenten Regionen durchscheinende Farbe
throughtile	Das in transparenten Regionen durchscheinende Füllbild
underline	Die Position des Beschleunigerzeichens im Text (z.B. bei Popup-Menüs)
wraplength	Die Zeilenlänge – für den wortorientierten automatischen Umbruch von Text
xscrollcommand	Die Callback-Methode zur Kommunikation mit der horizontalen Bildlaufleiste
yscrollcommand	Die Callback-Methode zur Kommunikation mit der vertikalen Bildlaufleiste

Tabelle 4.4: Fenster-Konfigurationsoptionen in Tk (Forts.)

Die sehr große Anzahl von gemeinsamen Fensterkonfigurationsoptionen zeigt, wie flexibel mit Tk programmierte graphische Benutzeroberflächen sein können. Zu den oben angegebenen gemeinsamen Optionen kommen noch die in von `BaseWidget` abgeleiteten Klassen definierten jeweiligen spezifischen Optionen.

4.2.5 Geometriemanagement

In Tk werden die folgenden drei Arten von Geometriemanagement unterstützt:

1. Einschränkungsbasiertes Layout – mit Hilfe der Methode pack().
2. Tabellenbasiertes Layout – mit Hilfe der Methode grid().
3. Absolut positioniertes Layout – mit Hilfe der Methode place().

Die jeweiligen Verwaltungsmethoden werden in der Managementklasse Misc (bzw. früher durch die Klassen Pack, Grid und Place) implementiert. Die Klassen für die Anwendungsfenster Tk bzw. Toplevel sind zusätzlich von allen drei Geometriemanagern abgeleitet – daher[1] kann man auch die entsprechenden Verwaltungsmethoden einfach direkt auf den zu verwaltenden Objekten aufrufen.

Um komplexere Layouts zu erzeugen, kann man die Geometriemanager beliebig tief verschachteln. Dabei ist es auch erlaubt, z.B. ein tabellenbasiertes Layout in ein absolut positioniertes Layout einzubetten.

> **Vorsicht**
>
> Es ist zwar möglich, unterschiedliche Geometriemanager zu verschachteln, man sollte jedoch darauf achten, dass man auf *einer* Schachtelungsebene nur genau einen Geometriemanager benutzt. Übergibt man nach einem Aufruf von pack() beispielsweise das gleiche Widget noch an den Geometriemanager Grid, kommen sich die beiden »ins Gehege«. Die Folge ist ein kaum noch kalkulierbares Layout bzw. eine abstürzende Anwendung.

4.2.6 Anwendungsrahmen

Tk ist als reines GUI-Toolkit konzipiert, es gibt keinerlei Anwendungsrahmenfunktionalität. Will man beispielsweise ein modernes dreigeteiltes Hauptfenster mit Menüleiste, Werkzeugleisten und Statusleisten muss man diese Bestandteile extra entwerfen. In Abschnitt 4.3.2 wird dies ausführlich erläutert.

4.2.7 Dialoge

Tk hat keine weitreichende Unterstützung von Dialogen im Kernmodul. Es gibt jedoch einige (leider zum Teil veraltete) Klassen für einfache, standardisierte und benutzerdefinierte Dialoge. Die Unterstützung für diese Dialoge ist nicht im Modul Tkinter, sondern in zusätzlichen Modulen enthalten. Die Gesamtheit aller Dialogklassen von Tk ist in Tabelle 4.5 dargestellt.

---

[1] ... man sollte sogar – die Klassen Pack, Grid und Place könnten in zukünftigen Versionen von Tkinter verschwinden.

Klasse	Beschreibung
Dialog	Eine Basisklasse für einfache benutzerdefinierten Dialoge (veraltet)
SimpleDialog	Eine Basisklasse für flexible benutzerdefinierte modale Dialoge (veraltet)
_QueryDialog	Basisklasse einfacher Dialoge zur Eingabe eines Wertes oder eines Textes
_QueryInteger	Dialog zur Eingabe einer Ganzzahl
_QueryString	Dialog zum Auswählen eines Zeichensatzes
tkFileDialog	Dialog zur Auswahl einer Datei
tkColorChooser	Dialog zur Auswahl einer Farbe
tkMessageBox	Stellt eine Nachricht, ein Bild und bis zu drei Knöpfe dar

Tabelle 4.5: Dialogklassen in Tk

Zu den einfachen Dialogen zählen die modalen Dialoge _QueryInteger und _QueryString. Zusammen mit der Basisklasse _QueryDialog befinden sich diese Dialoge im Modul SimpleDialog.

Eine jüngere Erweiterung von Tk ist die Unterstützung von Standarddialogen. Im Einzelnen sind dies die Dialoge zum Auswählen eines Zeichensatzes, einer Farbe und einer Datei. Zusammen mit dem Standarddialog zum Anzeigen einer Nachrichtenbox sind diese Dialoge in den Modulen tkColorChooser, tkFileDialog und tkMessageBox implementiert. Das Aussehen und Verhalten dieser Standarddialoge wird durch das Betriebssystem bestimmt, da die entsprechenden Klassen nur dünne Kapselungen um die jeweiligen API[1]-Aufrufe sind.

Eigene Dialog könnten von der im Modul Dialog implementierten Klasse Dialog abgeleitet werden. Da diese aber mit einem veraltet wirkenden X-Window Look & Feel erscheinen, sollte man davon absehen. Es empfiehlt sich, eigene Dialogklassen direkt von Toplevel abzuleiten.

Will man mit Tk einen nichtmodalen Dialog öffnen, so ruft man nach der Erzeugung aller zum Dialog gehörenden Fensterobjekte die Methode mainloop() auf. Der Dialog tritt so in eine lokale Schleife zur Ereignisverarbeitung ein.

Um einen modalen Dialog zu erzeugen, kann man sich in Tk mit der folgenden Sequenz behelfen:

```
1  myDialog.focus_set()
2  myDialog.grab_set()
3  myDialog.wait_window()
```

---

[1] *Application Programmers Interface* – die Sammlung aller Schnittstellen für Anwendungsprogrammierer.

focus_set() übernimmt den Eingabefokus, grab_set() deaktiviert die Bedienung anderer[1] Fenster und wait_window() kehrt erst zurück, wenn das Fenster geschlossen (bzw. zerstört) wurde.

4.2.8 Internationalisierung

Seit Tk Version 8.1 gibt es Unterstützung für internationale Alphabete. Intern werden dazu die Zeichenketten in UTF-8-Kodierung abgespeichert. Von Python aus muss man dazu nur Unicode-Objekte in der gewünschten Codierung übergeben.

Leider gibt es darüber hinaus keine direkte Unterstützung für die Lokalisierung. Ist die Lokalisierung einer Anwendung unabdingbar, muss sie selbst entwickelt werden. Im Wesentlichen sind dazu folgende Schritte zu bearbeiten:

1. Identifikation aller zu übersetzenden Texte im Quellcode.
2. Umschließen aller gefundenen Text mit einer speziellen (globalen) Funktion sowie das Erstellen einer Katalogdatei, in der alle gefundenen Worte aufgelistet sind.
3. Übersetzung der Worte in weitere Sprachen und die Erstellung lokalisierter Katalogdateien.
4. Implementieren der globalen Funktion, die einen Text gemäß der durch die Katalogdateien vorgenommenen Abbildung in eine andere Sprache übersetzt.
5. Ermitteln der vom Benutzer gesetzten oder durch das Betriebssystem festgelegten Sprache und Identifikation der entsprechenden Katalogdatei.

4.2.9 Drucken

Es gibt keine dezidierte Unterstützung für Druckfunktionalität in Tk. Die einzige Möglichkeit zum Drucken ist die Verwendung der durch die Klasse Canvas gekapselten 2D-Zeichenfläche. Ein Objekt der Klasse Canvas hat die Fähigkeit, ein Abbild seiner Zeichenfläche als *Postscript*[2] auszugeben.

4.3 Die Kontaktverwaltung

4.3.1 Schritt 1 – Hallo Welt

Eine minimale Tk-Anwendung besteht aus einem Anwendungsfenster, das heißt, einem Objekt der Klasse Tk. In Listing 4.1 wird ein solches (leeres) Tk-Anwendungsfenster erzeugt:

---

[1] ... zur gleichen Anwendung gehörender – in modernen Multitasking-Betriebssystemen kann eine Anwendung nicht mehr andere Anwendungen blockieren. Unter z.B. Windows 3.x war dies noch ohne Probleme möglich.

[2] ... eine Seitenbeschreibungssprache, die natürlich einen Postscript-fähigen Drucker voraussetzt. Unter UNIX-Betriebssystemen sind diese der Standard und auf Windows-Plattformen eher unüblich.

```
 1 #!/usr/bin/python
 2
 3 import sys
 4 sys.path.append("..")
 5
 6 import Anwendung
 7 from Tkinter import *
 8
 9 class tkKontaktAnwendung( Anwendung.Anwendung ):
10     "Repräsentiert die Anwendungsklasse"
11
12     def __init__( self ):
13         "Konstruieren und Initialisieren"
14         Anwendung.Anwendung.__init__( self )
15         self.mainWindow = Tk( None )
16         self.mainWindow.config( height = 300, width = 300 )
17         self.mainWindow.title( "%s %s - %s" %
18             ( self.apptitle, self.appversion, self.doctitle ) )
19
20     def run( self ):
21         "Ereignisverarbeitung starten"
22         self.mainWindow.mainloop()
23
24 if __name__ == "__main__":
25     applikation = tkKontaktAnwendung()
26     applikation.start()
```

Listing 4.1: Schritt1a.py

Zeile 7: Die wesentlichen Schnittstellen von Tk befinden sich im Modul Tkinter, das in den Namensraum des aktuellen Programms importiert wird.

Zeile 9: Da es in Tk keine eigene Anwendungsklasse gibt, erbt die tkKontaktAnwendung nur von der im Modul Anwendung definierten Basisklasse Anwendung.

Zeile 15: Die Klasse Tk kapselt ein Anwendungsfenster in Tk. Wie alle Fensterklassen in Tk erwartet der Konstruktor eine Referenz auf das übergeordnete Fenster. Da hier ein Anwendungsfenster konstruiert wird, gibt es kein übergeordnetes Fenster – dies wird durch den Parameter None angegeben.

Zeile 16: Durch den Aufruf der Methode config() werden die Parameter Höhe und Breite des erzeugten Anwendungsfensters verändert. Sind in einem Anwendungsfenster Kindfenster vorhanden, richtet sich die Größe des Anwendungsfensters nach der Größe und Position der Kindfenster – dies ist eine Aufgabe des Geometriemanagers. Da hier keine Kindfenster und kein Geometriemanager vorhanden sind, wird die Größe manuell gesetzt.

Zeile 17: Die Methode `title()` setzt den Titel des Anwendungsfensters.

Zeile 22: Mit der Methode `mainloop()` tritt die Anwendung in die Tk-Hauptschleife ein, in der die Ereignisverarbeitung stattfindet. Die Methode `mainloop()` wird erst dann verlassen, falls innerhalb einer Callback-Methode `quit()` aufgerufen wird.

Abbildung 4.1 zeigt die durch obiges Programm erzeugte Anwendung. In der linken oberen Ecke sieht man das standardmäßig gesetzte Symbol (*Icon*) einer Tk-Anwendung. Außer dem Schließen des Fensters gibt es noch keine Möglichkeit zur Interaktion.

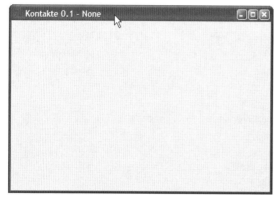

Abb. 4.1: Tk-Kontaktverwaltung Schritt 1a

Um ein klassisches *Hallo-Welt* Programm mit einer graphischen Oberfläche zu konstruieren, muss das Programm erweitert werden. Mit Listing 4.2 wird eine beschriftete Schaltfläche erzeugt, deren Text sich nach dem Anklicken ändert.

```python
1  #!/usr/bin/python
2
3  import sys
4  sys.path.append("..")
5
6  import Anwendung
7  from Tkinter import *
8
9  class tkHauptfenster( Tk ):
10     "Repräsentiert das Anwendungsfenster"
11
12     def __init__( self, parent ):
13         Tk.__init__( self )
14         self.app = parent
15         self.button = Button( self, text = "Hallo", command = self.onButton )
16         self.button.pack( expand = YES, fill = BOTH )
17
```

```
18    def onButton( self ):
19        self.button["command"] = self.app.quit
20        self.button["text"] = "Welt!"
21
22 class tkKontaktAnwendung( Anwendung.Anwendung ):
23    "Repräsentiert die Anwendungsklasse"
24
25    def __init__( self ):
26        "Konstruieren und Initialisieren"
27        Anwendung.Anwendung.__init__( self )
28        self.mainWindow = tkHauptfenster( self )
29        self.mainWindow.title( "%s %s - %s" %
30            ( self.apptitle, self.appversion, self.doctitle ) )
31        self.mainWindow.protocol( "WM_DELETE_WINDOW", self.quit )
32
33    def run( self ):
34        "Ereignisverarbeitung starten"
35        self.mainWindow.mainloop()
36
37    def quit( self ):
38        print "exiting..."
39        self.mainWindow.destroy()
40        self.mainWindow.quit()
41
42 if __name__ == "__main__":
43    applikation = tkKontaktAnwendung()
44    applikation.start()
```

Listing 4.2: Schritt1b.py

Zeilen 9-20: Wie in objektorientierten Programmen üblich, werden die Elemente der Anwendung in Klassen gekapselt. Die Klasse tkHauptfenster kapselt das Anwendungsfenster unserer Anwendung, indem dort alle zur Interaktion nötigen Elemente konstruiert und einige Ereignisse mit Callback-Methoden verbunden werden.

Zeile 9: Die Basisklasse des tkHauptfenster ist die schon bekannte Klasse Tk. Beim Ableiten von Tk-Klassen muss darauf geachtet werden, keine der speziellen Methoden zu überschreiben, die die Schnittstelle zum darunter liegenden tcl bilden. Ein Blick in die mit jeder Python-Distribution mitgelieferte Datei Tkinter.py schafft hier Klarheit.

Zeile 12: An einigen Stellen im Hauptfenster muss auf das Anwendungsobjekt zugegriffen werden. Eine Referenz auf dieses Objekt wird von nun an im Attribut app gespeichert.

Zeile 13: Da Python keine impliziten Konstruktoraufrufe ausführt, muss der Konstruktor der Oberklasse explizit gerufen werden.

Zeile 15: Die Schaltfläche wird erzeugt. Mit dem Schlüsselwortargument text wird die Beschriftung spezifiziert, mit dem Schlüsselwort command die Callback-Methode, die zu rufen ist, wenn die Schaltfläche geklickt wird.

Zeile 16: Zum Geometriemanagement wird der Packer benutzt. Da jede Fensterklasse von den Geometriemanagerklassen erbt, kann dies direkt mit der aus der Klasse Modul Misc ererbten Methode pack() geschehen. Als Optionen werden hier expand=YES sowie fill=BOTH verwendet – damit nimmt die Schaltfläche immer den kompletten zur Verfügung stehenden Platz ein.

Zeilen 18-20: In der Callback-Methode onButton() werden die zwei Konfigurationsparameter Beschriftung (text) und Callback-Methode (command) der Schaltfläche verändert.

Zeile 28: Als zentrales Anwendungsfenster wird jetzt ein Objekt Klasse tkHauptfenster verwendet. Da das Geometriemanagement von nun an durch den Layoutmanager Pack[1] verwaltet wird, wird die Fenstergröße nicht mehr manuell gesetzt.

Zeile 31: Wenn man eine Tk-Anwendung über den Window Manager schließt, wird normalerweise automatisch Tk.quit() aufgerufen, womit die Ereignisverarbeitung endet und die Hauptschleife die Kontrolle an den Aufrufer zurückgibt. In unserer Anwendung soll das Schließen über den Window Manager aber später äquivalent zum Aufruf des Menüpunktes DATEI|BEENDEN sein. Dies wird hier schon vorbereitet, indem das Window Manager-Ereignis WM_DELETE_WINDOW mit der in der Anwendungsklasse implementierten Methode quit() verbunden wird.

Zeilen 37-40: Um die Anwendung kontrolliert zu beenden, werden durch den Aufruf der Methode destroy() zunächst alle Fenster rekursiv geschlossen und mit quit() die Hauptschleife beendet.

Abbildung 4.1 zeigt die Anwendung in Schritt 1b. Nach einem Klick auf die Schaltfläche erscheint ein neuer Text – ein weiterer Klick beendet das Programm.

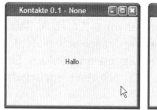 

Abb. 4.2: Tk-Kontaktverwaltung Schritt 1b

---

[1] ... bzw. die entsprechende Funktionalität in der Klasse Misc.

4.3.2 Schritt 2 – Layout

In diesem Schritt werden die Elemente des Anwendungsfensters erzeugt. Dazu gehören mit einer vertikalen Unterteilung die Menüleiste mit den Menüpunkten, die Werkzeugleiste mit den Werkzeugschaltflächen, der Arbeitsbereich und die Statusleiste. Der Arbeitsbereich wiederum unterteilt sich horizontal in die drei Elemente Kategorieleiste, Kontaktansicht und Navigationsleiste. Abbildung 4.3 zeigt das zu entwerfende Layout des Hauptfensters.

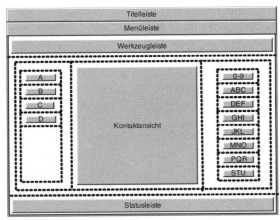

Abb. 4.3: Tk-Hauptfenster-Layout

Um dieses Layout umzusetzen, werden mehrere verschachtelte Geometriemanager des Typs Pack verwendet. Für die Menüleiste wird die in Tk vorhandene Funktionalität verwendet. Da Tk nicht über Klassen für Werkzeugleisten oder Statusleisten verfügt, müssen wir zunächst diese Hilfsklassen entwerfen.

Wie in modernen Anwendungen üblich, soll die Werkzeugleiste über eine Reihe von bebilderten Schaltflächen verfügen. Bewegt man den Maus-Cursor auf eine Schaltfläche, soll in der Statusleiste ein längerer Hilfetext zur Menüaktion erscheinen. Verweilt der Maus-Cursor auf der Schaltfläche, soll ein so genannter Tool Tip erscheinen. Die Statusleiste soll neben dem normalen Statustext ein Textfeld für die geplanten Indikatoren (Anzahl Kategorien, Anzahl Kontakte und Modifikationsstatus) enthalten.

Werkzeugleiste

Zunächst zur Realisierung der Werkzeugleiste. Die Werkzeugleiste soll über folgende öffentliche Schnittstellen verfügen:

- `ToolBar(parent,statusbar)` – konstruiert eine Werkzeugleiste als Kindfenster vom Widget parent. Optional kann eine Referenz auf die Statusleiste übergeben werden, die zur Anzeige der Hilfetexte dient.

- `add(text,icon,command,help)` – fügt eine bebilderte Schaltfläche zur Werkzeugleiste hinzu. Der Parameter `text` enthält den (kurzen) Menütext der Schaltfläche, `icon` den Dateiname des Bilds, `command` eine Referenz auf die Callback-Methode sowie `help` den längeren Hilfetext der Menüaktion.
- `add_separator()` – fügt ein Trennsymbol zur Schaltfläche hinzu.
- `set_statusbar(statusbar)` – setzt die Referenz auf die Statusleiste, auf der die längeren Hilfetexte angezeigt werden sollen. Dazu muss die Statusleiste die Methode `set()` implementieren.

Die Methoden `on_after()`, `on_enter()`, und `on_leave()` sind zur internen Verwendung. Listing 4.3 zeigt die Klasse `ToolBar` in der Datei `tkFenster.py`:

```
 1 from Tkinter import *
 2
 3 class ToolBar( Frame ):
 4     "Repräsentiert eine Werkzeugleiste"
 5
 6     def __init__( self, parent, statusbar = None ):
 7         "Konstruieren und Initialisieren"
 8         Frame.__init__( self, parent )
 9         self.config( relief=RIDGE, bd=1 )
10         self.statusBar = statusbar
11         self.afterID = 0
12         self.balloonhelp = None
13         self.tools= {}
14
15     def add( self, text, icon, command, help = None ):
16         "Ein Werkzeug hinzufügen"
17         img = PhotoImage( file=icon )
18         tool = Button( self, image=img, relief=FLAT, bd=2 )
19         tool.config( height=20, width=20 )
20         tool.pack( side=LEFT, padx=1, pady=2 )
21         tool.bind( "<Enter>", lambda ev,self=self,tt=text,ht=help:
                                  self.on_enter(ev,tt,ht) )
22         tool.bind( "<Leave>", self.on_leave )
23         self.tools[text] = tool, img
24
25     def add_separator( self ):
26         "Einen Separator hinzufügen"
27         separator = Frame( self, relief=GROOVE, bd=2, width=2 )
28         separator.pack( side=LEFT, fill=Y, padx=8, pady=2 )
29
30     def set_statusbar( self, statusbar ):
31         "Die Statusleiste setzen"
32         self.statusBar = statusbar
33
```

```
34      def on_after( self, text, x, y ):
35          self.balloonhelp = ToolTip( text, x, y )
36
37      def on_enter( self, event, tooltext, helptext ):
38          "Maus-Cursor auf Werkzeug"
39          event.widget["relief"] = RAISED
40          if self.statusBar:
41              self.statusBar.set( helptext )
42          self.afterID = self.after( 500, self.on_after, tooltext,
                                          event.x_root, event.y_root )
43
44      def on_leave( self, event ):
45          "Maus-Cursor verläßt Werkzeug"
46          event.widget["relief"] = FLAT
47          if self.statusBar:
48              self.statusBar.set()
49          if self.balloonhelp:
50              self.balloonhelp.destroy()
51              self.balloonhelp = None
52          if self.afterID: self.after_cancel( self.afterID )
```

Listing 4.3: Klasse ToolBar im Modul tkFenster

Zeile 3: Die Werkzeugleiste wird von der Klasse Frame abgeleitet. In dieser Klasse befindet sich die nötige Funktionalität, um eine Dekoration zu zeichnen und mehrere Kindfenster zu enthalten.

Zeile 9: Die Rahmenbreite wird auf 1 gesetzt, der Rahmenstil auf RIDGE, also ausgeprägt.

Zeilen 10-13: Die Attribute der Klasse werden initialisiert. Im Attribut statusbar wird eine Referenz auf die Statusleiste gespeichert, afterID enthält die ID eines *zeitlich verzögerten* Methodenaufrufes (mehr dazu später), balloonhelp enthält eine Referenz auf den angezeigten Tool Tip und tools speichert die auf der Leiste angezeigten Schaltflächen.

Zeile 17: Das zur Schaltfläche gehörende Bild wird als Objekt der Klasse PhotoImage erzeugt.

Zeilen 18-20: Die Schaltfläche wird als Kindfenster der Leiste erzeugt, konfiguriert und angezeigt. Um ein modernes Look & Feel[1] zu erzielen, werden die Schaltflächen mit dem Rahmenstil FLAT – also flach – erzeugt. Wenn sich der Maus-Cursor über eine Schaltfläche bewegt, soll eine visuelle Rückmeldung erscheinen.

---

[1] ... bzw. das, was professionelle GUI-Designer dafür halten...

Zeilen 21-22: Die Ereignisse <Enter> und <Leave>, d.h. das Betreten und Verlassen des Schaltflächenbereichs, werden mit den entsprechenden Callback-Methoden on_enter() bzw. on_leave() verbunden. Da eine mit bind() verbundene Callback-Methode nur ein Event-Objekt übergeben bekommt (und dies in unserem Fall nicht reicht), wird eine lambda-Funktion benutzt, um auch den Text sowie den Hilfetext an die Methode zu übergeben.

Zeilen 25-28: Als zur Werkzeugleiste hinzuzufügende Trennfläche wird ein leerer Frame im Rahmenstil GROOVE verwendet. Um zu beiden Seiten des Trennsymbols etwas Platz zu haben, wird die Konfigurationsoption padx=8 an den Layoutmanager übergeben.

Zeilen 30-32: Die zum Anzeigen des Hilfetexts notwendige Statusleiste soll auch nach der Konstruktion der ToolBar noch gesetzt werden können.

Zeilen 34-35: Die Methode on_after() ist für das Anzeigen eines Tool Tips (ein Objekt der noch vorzustellenden Klasse ToolTip) zuständig.

Zeilen 37-41: Die Callback-Methode on_enter() wird gerufen, wenn sich der Maus-Cursor in den Bereich der Schaltfläche eintritt. Das Setzen des Rahmenstils RAISED erzeugt die visuelle Rückmeldung durch eine Art »Anhebung« des Rahmens. Falls der Werkzeugleiste eine Statusleiste zugeordnet ist, wird dort der längere Hilfetext angezeigt.

Zeile 42: Ein zeitlich verzögerter Methodenaufruf wird abgesetzt – dazu existiert in Tk die Methode after(time, callback, params). Mit time gibt man die Zeit (in Millisekunden) an, nachdem die Methode callback mit den Parametern params aufgerufen werden soll. Als Parameter werden hier der kurze Hilfetext und die Koordinaten des Maus-Cursors übergeben.

> **Wichtig**
>
> Normalerweise sind in einer Callback-Methode eines Mausereignisses nur die zur linken oberen Ecke relativen Koordinaten (Attribute x und y des Event-Objekts) interessant. Die Realisierung eines Tool Tip-Hilfesystems ist ein gutes Beispiel dafür, wann es nötig sein kann, diese relativen Koordinaten in absolute Bildschirmkoordinaten (relativ zum jeweiligen Wurzel- bzw. Desktop-Fenster) umzurechnen – da das Tool Tip direkt neben dem Mauszeiger erscheinen soll. Beim Erzeugen eines Event-Objekts führt Tk diese Berechnung automatisch aus und speichert die Bildschirmkoordinaten in den Attributen x_root und y_root.

Zeilen 44-48: Analog zur Methode on_enter() wird on_leave() gerufen, wenn der Mauszeiger den Bereich der Schaltfläche verlässt. Als visuelle Rückkopplung wird der Rahmenstil der Schaltfläche wieder auf FLAT gesetzt. Falls mit der Werkzeugleiste eine Statusleiste assoziiert ist, wird der Text dieser Statusleiste wieder zurückgesetzt.

Zeilen 49-51: Ist ein Tool Tip angezeigt, wurde eine Referenz darauf im Attribut balloonhelp gespeichert. Beim Verlassen des Schaltflächenbereichs muss dieses Tool Tip natürlich wieder gelöscht werden. Der Aufruf von destroy() erledigt dies.

Zeile 52: Der verzögert ausgeführte Methodenaufruf dient dazu, dass nicht sofort, wenn der Benutzer mit dem Maus-Cursor über eine Schaltfläche fährt, ein Tool Tip erscheint. Ansonsten würde die Benutzeroberfläche sehr unruhig werden. Die Idee dabei ist folgende: Erst wenn der Benutzer eine halbe Sekunde (500 Millisekunden) über Schaltfläche verweilt, geht man davon aus, dass er gerne mehr über die Aktion der Schaltfläche wissen möchte. Entfernt sich der Maus-Cursor nun aus dem Bereich der Schaltfläche – obwohl die halbe Sekunde noch nicht verstrichen ist – muss die verzögerte Methode nicht mehr aufgerufen werden. Die Tk-Methode after_cancel() entfernt den Aufruf aus der internen Warteschlange.

Nun zur Implementierung der Klasse ToolTip:

```
54  class ToolTip( Toplevel ):
55      "Repräsentiert einen Tool Tip"
56
57      def __init__( self, text, x, y ):
58          "Konstruieren, initialisieren und anzeigen"
59          Toplevel.__init__( self )
60          self.overrideredirect( 1 )
61          self.geometry( "+%d+%d" % (x-15,y+15) )
62          label = Label( self, text=text, fg="#000000",
                         bg="#ffffaa",bd=2,relief=RAISED )
63          label.pack( fill=BOTH, expand=YES)
```

Listing 4.4: Klasse ToolTip im Modul tkFenster

Zeile 54: Das Tool Tip-Fenster muss über allen anderen Fenstern unserer Anwendung angezeigt werden, daher wird von einem Hauptfenster der Klasse Toplevel[1] abgeleitet.

Zeile 60: Mit der Tk-Methode overrideredirect() wird der Window Manager angewiesen, das Hauptfenster ohne Rahmen und Dekorationen zu erstellen.

Zeile 61: Durch den Aufruf der Methode geometry() wird die Größe und Position des Tool Tip Fensters gesetzt. Das hier zu übergebende Zeichenkettenformat ist Breite*Höhe+x+y, wobei die Angabe der ersten beiden Parameter optional ist.

Zeilen 62-63: Als einziges Kindfenster des Hauptfensters wird eine Beschriftung (Label) erzeugt. Durch die Angabe der Optionen wird die Beschriftung *schwarz* (fg="#000000") auf *gelb* (bg="#ffffaa") und mit einem erhöhten Rahmen (relief=RAISED) der Dicke 2 (bd=2) gezeichnet.

---

[1] Zur Erinnerung: Nur das erste Hauptfenster einer Anwendung muss ein Objekt der Klasse Tk sein, damit der tcl-Interpreter (vgl. Abschnitt 4.2.4) initialisiert wird.

Abbildung 4.4 zeigt die Werkzeugleiste mit einem gerade dargestellten Tool Tip.

Abb. 4.4: Darstellung eines Objekts der Klasse ToolBar mit Tool Tip

Statusleiste

Kommen wir zur Implementierung der Statusleiste. Die Schnittstelle der Statusleiste soll wie folgt sein:

- StatusBar(parent) – konstruiert die Statusleiste als Kindfenster vom durch parent spezifizierten Fenster.
- set(text) – setzt den Statustext. Wird kein Text angegeben, wird als Statustext "Bereit" verwendet.
- indicator(text) – setzt den Indikatortext.

```
65 class StatusBar( Frame ):
66     "Repräsentiert eine Statusleiste"
67
68     def __init__( self, parent ):
69         "Konstruieren und Initialisieren"
70         Frame.__init__( self, parent )
71         self.label = Label( self, bd=1, relief=SUNKEN, anchor=W )
72         self.label.pack( side=LEFT, fill=X, expand=YES, padx=2, pady=1 )
73         self.status = Label( self, bd=1, relief=SUNKEN, anchor=E )
74         self.status.pack( side=RIGHT, padx=2, pady=1 )
75
76     def set( self, text = "Bereit" ):
77         "Den Statustext setzen"
78         self.label["text"] = text
79         self.label.update_idletasks()
80
81     def indicator( self, text ):
82         "Den Indikatortext setzen"
83         self.status["text"] = text
84         self.status.update_idletasks()
```

Listing 4.5: Klasse StatusBar in Modul tkFenster

Zeile 65: Die Statusleiste wird wie die Werkzeugleiste von der Rahmenfensterklasse Frame abgeleitet.

Zeilen 68-74: Im Konstruktor werden zur Statuszeile zwei Kindfenster vom Typ Label hinzugefügt. Dabei werden die Konfigurationsparameter so gewählt, dass der Eindruck entsteht, die Texte in der Statusleiste seien in einem abgesenkten Bereich dargestellt. Wie in allen modernen Statusleisten soll der Status- bzw. Hilfetext ganz links (side=LEFT) und linksbündig (anchor=W) dargestellt werden, während der Indikatorbereich ganz rechts (side=RIGHT) und rechtsbündig (anchor=E) dargestellt wird. Der Indikatorbereich soll dabei nur so groß wie nötig sein, während der Statusbereich den restlichen (expand=YES) zur Verfügung stehenden Bereich belegt.

Zeilen 76-84: In den Methoden set() und indicator() wird ein neuer Status- bzw. Indikatortext gesetzt. Da Tk normalerweise Veränderungen an Label-Texten zwischenspeichert und erst dann durchführt, wenn die Anwendung im Ruhezustand (*idle*) ist, wird durch den Aufruf von update_idletasks() sicher gestellt, dass die Änderungen sofort durchgeführt werden.

Abbildung 4.5 zeigt die Statusleiste mit einem temporären Hilfetext und dem permanenten Indikatortext.

| Inhalt der Zwischenablage einfügen | 10 Kontakte | 5 Kategorien | modifiziert |

Abb. 4.5: Darstellung eines Objekts der Klasse StatusBar

Navigationsleisten

Die Navigationsleisten zur rechten und zur linken Seite der Kontaktansicht werden ebenfalls als eigenständige Klasse implementiert. Im Wesentlichen soll eine Klasse des Typs ButtonBox eine vertikale Reihe von exklusiv gedrückten Schaltern kapseln – d.h. es kann immer nur ein Schalter eingedrückt sein, ähnlich einem Tk-Radioschalter (Radiobutton).

Listing 4.6 zeigt die Realisierung der Klasse ButtonBox im Modul tkFenster:

```
 92  class ButtonBox( Frame ):
 93      "Repräsentiert eine vertikale Schaltflächenleiste"
 94
 95      def __init__( self, parent, auto = 1, callback = None ):
 96          "Konstruieren und initialisieren"
 97          Frame.__init__( self, parent )
 98          self.config( relief=SUNKEN, bd=2 )
 99          self.buttons = {}
100          self.last = None
101          self.auto = auto
102          self.callback = callback
103
104      def add( self, text ):
105          "Eine Schaltfläche hinzufügen"
106          button = Button( self, bd=2, text=text, command=lambda
                             self=self,t=text: self.on_press(t) )
107          button.pack( fill=X )
108          self.buttons[text] = button
109
```

```
110    def on_press( self, text ):
111        print text
112        if self.auto: self.press( text )
113        if self.callback: self.callback( text )
114
115    def press( self, text ):
116        "Eine Schaltfläche als gedrückt auszeichnen"
117        if self.last:
118            self.buttons[self.last]["bg"] = "SystemButtonFace"
119        self.buttons[text]["bg"] = "#fefefe"
120        self.last = text
```

Listing 4.6: Klasse ButtonBox im Modul tkFenster

Zeile 92: Die Klasse ButtonBox wird von der Rahmenfensterklasse Frame abgeleitet.

Zeilen 95-102: Der Konstruktor erwartet drei Parameter, die letzten beiden sind optional. Im ersten Argument wird wie immer eine Referenz auf das übergeordnete Fenster angegeben. Mit dem zweiten Argument wird festgelegt, ob das Sicherstellen der Exklusivität (d.h. nur ein Schalter kann eingedrückt sein) automatisch übernommen werden soll. Das dritte Argument enthält eine optionale Callback-Funktion oder -Methode, die aufgerufen wird, falls ein von der ButtonBox verwalteter Schalter gedrückt wird.

Zeilen 104-108: Mit der Methode add() kann ein Schalter zur ButtonBox hinzugefügt werden. Dazu muss lediglich die gewünschte Beschriftung angegeben werden. Innerhalb der Methode wird ein Objekt der Klasse Button erzeugt und dem Geometriemanager Pack übergeben. Da nur eine Callback-Methode auf den Druck jeder Schaltfläche reagieren soll, müssen wir zur Unterscheidung der Callback-Methode einen Parameter mitliefern. Dies kann in Tk nur über den Umweg einer zwischengeschalteten lambda-Funktion geschehen.

Zeilen 110-113: on_press() wird aufgerufen, wenn ein Schalter betätigt wurde. Falls die automatische Exklusivität (Attribut auto) aktiv ist, wird dieser Schalter durch den Aufruf der Methode press() eingedrückt. Wurde ein Callback gesetzt, wird dieser mit der Beschriftung des Schalters als Argument aufgerufen.

Zeilen 115-120: press() setzt den Status des einzudrückenden Schalters. Dies wird durch die Veränderung der Hintergrundfarbe visualisiert. Um die Exklusivität zu wahren, wird der zuletzt gedrückte Schalter nun als nicht mehr eingedrückt gekennzeichnet.

Hauptfenster

Nach diesem Exkurs in die Programmierung von Werkzeugleisten, Navigationsleisten und Statusleisten nun zur Realisierung des eigentlichen Anwendungsfensters in Schritt2.py:

```python
1  #!/usr/bin/python
2
3  import sys
4  sys.path.append("..")
5
6  import Anwendung
7  from Tkinter import *
8  import tkFenster
9
10 MENU = 0
11
12 class tkHauptfenster( Tk ):
13     "Repräsentiert das Anwendungsfenster"
14
15     iconPath = "../Images/"
16
17     fileMenu = [
18         ( BOTH, "Neue Datei erstellen", "New.gif",
19         "&Neu", "miFileNew" ),
20         ( BOTH, "Existierene Datei öffnen", "Open.gif",
21         "&Öffnen...", "miFileOpen" ),
22         ( MENU, "Existierende Datei schließen", "",
23         "Schließen", "miFileClose" ),
24         None,
25         ( BOTH, "Aktuelle Datei speichern", "Save.gif",
26         "&Speichern", "miFileSave" ),
27         ( MENU, "Aktuelle Datei unter einem anderen Namen speichern", "",
28         "Speichern &unter...", "miFileSaveAs" ),
29         None,
30         ( BOTH, "Aktuelle Datei ausdrucken", "Print.gif",
31         "&Drucken", "miFilePrint" ),
32         None,
33         ( BOTH, "Eine Datei importieren", "DataStore.gif",
34         "&Importieren...", "miFileImport" ),
35         ( BOTH, "Aktuelle Datei exportieren", "DataExtract.gif",
36         "&Exportieren...", "miFileExport" ),
37         None,
38         ( MENU, "Die Anwendung beenden", "",
39         "&Beenden", "miFileExit" )
40     ]
41
42     editMenu = [
43         ( BOTH, "Auswahl in die Zwischenablage ausschneiden", "Cut.gif",
44         "Ausschneiden", "miEditCut" ),
45         ( BOTH, "Auswahl in die Zwischenablage kopieren",
```

```
46          "Copy.gif", "Kopieren", "miEditCopy" ),
47        ( BOTH, "Inhalt der Zwischenablage einfügen",
48          "Paste.gif", "Einfügen", "miEditPaste" ),
49        None,
50        ( BOTH, "Nach einem Eintrag suchen", "DocumentMag.gif",
51          "Suchen...", "miEditFind" ),
52        None,
53        ( BOTH, "Ausgewählten Eintrag modifizieren", "EnvelopeOpen.gif",
54          "Modifizieren...", "miEditModify" )
55    ]
56
57    insertMenu = [
58        ( BOTH, "Eine neue Kategorie einfügen", "NewColumn.gif",
59          "K&ategorie...", "miInsertCategory" ),
60        ( BOTH, "Einen neuen Kontakt einfügen", "NewEnvelope.gif",
61          "&Kontakt...", "miInsertContact" )
62    ]
63
64    helpMenu = [
65        ( BOTH, "Zeigt Programminformationen an", "Help.gif",
66          u"Über...", "miHelpAbout" )
67    ]
68
69    allMenus = [ ( "&Datei", fileMenu ),
70               ( "&Bearbeiten", editMenu ),
71               ( "&Einfügen", insertMenu ),
72               ( "&Hilfe", helpMenu ) ]
73
74    def __init__( self, parent ):
75        "Konstruieren und Initialisieren"
76        Tk.__init__( self )
77        self.app = parent
78        self.buttons = {}
79        self.createToolBar( self )
80        self.createMenuBar()
81        self.createWorkspace( self )
82        self.createStatusBar(self )
83
84    def createToolBar( self, parent ):
85        "Die Werkzeugleiste erzeugen"
86        self.toolBar = tkFenster.ToolBar( parent )
87        self.toolBar.pack( side = TOP, fill = X )
88
89    def createMenuBar( self ):
90        "Die Menüleiste erzeugen"
```

```
 91        self.menuBar = Menu( self )
 92
 93        for label, menu in self.allMenus:
 94            popup = Menu( self.menuBar, tearoff=1 )
 95            for item in menu:
 96                if item:
 97                    both, help, icon, text, callbackname = item
 98                    callback = getattr( self.app, callbackname )
 99                    underline = text.find( "&" )
100                    text = text.replace( "&", "" )
101                    popup.add( "command", label=text,
102                               command=callback,
103                               underline=underline )
104                    if both==BOTH:
105                        self.toolBar.add( text,
106                                          self.iconPath+icon,
107                                          callback,
108                                          help )
109                else:
110                    popup.add_separator()
111            underline = label.find( "&" )
112            label = label.replace( "&", "" )
113            self.menuBar.add_cascade( label=label,
114                                     menu=popup,
115                                     underline=underline )
116            self.toolBar.add_separator()
117
118        self["menu"] = self.menuBar
119
120    def createWorkspace( self, parent ):
121        "Den Arbeitsbereich erzeugen"
122        self.workspace = Frame( parent, relief = FLAT )
123        self.workspace.pack( expand = YES, fill = BOTH )
124
125        self.categoryBar = tkFenster.ButtonBox( self.workspace )
126        self.categoryBar.pack( side = LEFT, fill = Y )
127        for text in ["Alle", "Kollegen","Freunde","Verwandte","Verein"]:
128            self.categoryBar.add( text )
129        self.categoryBar.press( "Freunde" )
130
131        self.KontaktAnsicht = Canvas( self.workspace,
                                          relief = GROOVE, bd = 1 )
132        self.KontaktAnsicht["bg"] = "#eeeeee"
133        self.KontaktAnsicht.pack( side = LEFT, fill = BOTH, expand = YES )
134
```

```
135         self.buttonBar = tkFenster.ButtonBox( self.workspace )
136         self.buttonBar.pack( side = RIGHT, fill = Y
)
137         for text in ["0-9","ABC","DEF","GHI","JKL","MNO","PQR","ST",
                         "UVW","XYZ"]:
138             self.buttonBar.add( text )
139
140     def createStatusBar( self, parent ):
141         "Die Statusleiste erzeugen"
142         self.statusBar = tkFenster.StatusBar( parent )
143         self.statusBar.set()
144         self.statusBar.indicator( "10 Kontakte | 5 Kategorien |
                                       modifiziert" )
145         self.statusBar.pack( side = BOTTOM, fill = X )
146         self.toolBar.set_statusbar( self.statusBar )
147
148 class tkKontaktAnwendung( Anwendung.Anwendung ):
149     "Repräsentiert die Anwendungsklasse"
150
151     def __init__( self ):
152         "Konstruieren und Initialisieren"
153         Anwendung.Anwendung.__init__( self )
154         self.mainWindow = tkHauptfenster( self )
155         self.mainWindow.config( height = 400, width = 600 )
156         self.mainWindow.title( "%s %s - %s" %
157             ( self.apptitle, self.appversion, self.doctitle ) )
158         self.mainWindow.protocol( "WM_DELETE_WINDOW", self.quit )
159
160     def run( self ):
161         "Ereignisverarbeitung starten"
162         self.mainWindow.mainloop()
163
164     def quit( self ):
165         "Ereignisverarbeitung beenden"
166         self.mainWindow.destroy()
167         self.mainWindow.quit()
168
169 if __name__ == "__main__":
170     applikation = tkKontaktAnwendung()
171     applikation.start()
```

Listing 4.7: Schritt2.py

Zeilen 15-67: Bei der Konstruktion einer Menge von Popup-Menüs und Menüeinträgen hat man es mit sehr vielen ähnlichen Instruktionen zu tun – besser ist es, man konzipiert eine Datenstruktur in der die Menüeinträge mit ihren jeweiligen Parametern enthalten sind:

Pro Popup-Menü wird hier eine Liste aus Fünftupel bzw. None verwendet, wobei der Pseudoeintrag None für eine einzufügende Trennlinie steht. Die Fünftupel bestehen aus den folgenden Einträgen:

- both – ein Wahrheitswert, der angibt, ob der Menüeintrag auch zur Werkzeugleiste hinzugefügt werden soll,
- longtext – der Hilfetext, der bei Überstreichen der jeweiligen Menüaktion auf der Werkzeugleiste in der Statusleiste angezeigt wird,
- icon – der Dateiname des Bildes für die Menüaktion auf der Werkzeugleiste,
- text – der eigentliche Menütext mit einem Kaufmannsund ("&") vor dem Zeichen, durch das die Beschleunigertaste indiziert werden soll.
- callback – der Name der mit der Auswahl des Menüs zu verbindenden Callback-Funktion.

Zeilen 69-72: Die Popup-Menüs für die Menüleiste sind in einer Liste bestehend aus Tupeln des Formats (Name, Menüdatenstruktur) gespeichert.

Zeilen 74-82: Im Konstruktor des Hauptfensters werden die jeweiligen Methoden für die Erstellung der einzelnen Bereiche aufgerufen.

Zeilen 84-87: Die Werkzeugleiste wird als Objekt der schon erläuterten Klasse ToolBar aus dem Modul tkFenster erzeugt und angezeigt.

Zeilen 89-118: Die Menüleiste wird als Objekt der Klasse Menu erzeugt. Im Folgenden wird in zwei verschachtelten Schleifen über die Popup-Menüs respektive die Einträge iteriert.

Zeilen 93-116: In der äußeren Schleife wird ein Popup-Menü als Objekt der Klasse Menu erzeugt. Der Wahrheitswert für tearoff gibt an, ob das Menü eine Abreißleiste[1] enthalten soll.

Zeilen 95-110: In der inneren Schleife wird für jeden Menüeintrag zunächst geprüft, ob es sich um einen »wirklichen« Eintrag oder eine Trennlinie handelt.

Zeilen 96-103: Um einen vollständigen Menüeintrag zum Popup-Menü hinzufügen zu können, wird zunächst das Fünftupel entpackt. Mit der Python-Funktion getattr(Objekt,Attribut) wird zu einem Objekt und einem als Zeichenkette angegebenen Attribut eine Referenz konstruiert – falls ein Attribut des angegebenen Namens existiert. Um die Position des Zeichens für die Beschleunigertaste zu ermitteln, wird auf dem Text des Menüeintrags die Methode find() ausgeführt und das spezielle Zeichen aus dem Menütext gelöscht.

---

[1] ... ein in der Windows-Welt eher ungewöhnliches, meiner Meinung nach aber ungemein praktisches Element.

Zeilen 101-103: Die in der Klasse Menu definierte Methode add() fügt einen neuen Eintrag zum Popup-Menü hinzu. Der Parameter underline bestimmt die Position des Beschleunigerzeichens.

Zeilen 104-108: Ist durch die Übergabe von BOTH[1] als Parameter both das Hinzufügen des Menüeintrags zur Werkzeugleiste gewünscht, wird dies durch den Aufruf der in der Klasse ToolBar implementierten Methode add() geleistet.

Zeilen 109-110: Ein Trennsymbol wird zu einem Popup-Menü durch Menu.add_separator() hinzugefügt.

Zeilen 111-116: Das so konstruierte Popup-Menü wird zur Menüleiste hinzugefügt. Ebenso wie bei den einzelnen Menüeinträgen wird auch hier die Position der Beschleunigertaste ermittelt und das Kaufmannsund aus dem Menütext entfernt.

Zeilen 116: Um die Popup-Menüs auf der Werkzeugleiste optisch zu gruppieren, wird nach jedem kompletten Menü ein Trennzeichen hinzugefügt.

Zeilen 120-138: In der Methode createWorkspace() wird der Arbeitsbereich des Anwendungsfensters konstruiert. Um das gewünschte horizontal dreiteilige Layout umzusetzen, wird der Arbeitsbereich dabei zunächst als eigenständiger Frame konstruiert, zu dem die Elemente Kategorieleiste, Kontaktansicht und Navigationsleiste hinzugefügt werden.

Zeilen 125-129: Die Kategorieleiste besteht aus einem Objekt der schon erläuterten Klasse ButtonBox, zu der provisorisch einige Kategorien hinzugefügt (Methode add) werden, um einen Eindruck der späteren Darstellung zu bekommen.

Zeilen 131-133: Die Kontaktansicht wird provisorisch als Objekt der Tk-Klasse Canvas (einer objektorientierten 2D-Zeichenfläche) erzeugt. In einem späteren Schritt wird hierfür eine eigene Klasse verwendet.

Zeilen 135-138: Die Navigationsleiste wird wie die Kategorieleiste als Objekt der Klasse ButtonBox erzeugt. Die späteren Navigationsschaltflächen "0-9, ABC, ..." werden hinzugefügt.

Zeilen 140-146: Die Statusleiste wird als Objekt der schon besprochenen Klasse StatusBar erzeugt und mit einem provisorischen Indikatortext versehen. In Zeile 146 wird die Statusleiste mit der Werkzeugleiste assoziiert, um das automatische Anzeigen der Hilfetexte zu ermöglichen.

Abbildung 4.6 zeigt die Kontaktverwaltung nach Schritt 2.

---

[1] Die Konstante MENU darf nicht festgelegt werden, da sonst eine in Tk vordefinierte Konstante überschrieben würde (die wir hier einfach mitbenutzen ☺)

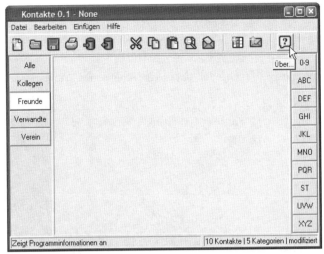

Abb. 4.6: Tk-Kontaktverwaltung Schritt 2

4.3.3 Schritt 3 – Laden & Speichern

Die von der Benutzeroberfläche unabhängige Kernfunktionalität zum Laden, Speichern, Importieren und Exportieren von Kontaktdatenbanken ist in der Anwendungsklasse im Bereich Dokumentenmanagement (siehe Kapitel 3) bereits enthalten – ebenso wie die vom GUI-Toolkit unabhängige Logik zum Aufruf des Dateidialoges. In diesem Schritt müssen also lediglich die Dialoge entworfen werden, die den entsprechenden aufrufenden Methoden den Dateinamen zurückgeben.

Zur Erinnerung: Es wird erwartet, dass im Modul tkDialoge eine Klasse DateiDialog implementiert ist, die die folgenden zwei Methoden enthält:

1. getOpenContactsFilename(Typ) soll den Dialog zum Laden (bzw. Importieren) einer Datei anzeigen und den für die Auswahl der Dateien akzeptierten Typ festlegen. Wird kein Typ übergeben, soll standardmäßig der Dateityp "Kontaktdatenbank (*.kdb)" benutzt werden.
2. getSaveContactsFilename(Typ) soll den Dialog zum Speichern (bzw. Exportieren) einer Datei anzeigen und den für die Auswahl der Dateien akzeptierten Typ festlegen. Wird kein Typ übergeben, soll auch hier standardmäßig der Dateityp "Kontaktdatenbank (*.kdb)" benutzt werden.

Als funktionale Randbedingung gilt bei letzterer Methode zusätzlich, dass ein schon existierender Dateiname nur dann übergeben werden soll, wenn der Benutzer eine dementsprechende Nachfrage explizit mit "OK" beantwortet hat.

Die Implementierung des Dateidialogs ist sehr kurz, da Tk über komfortable Klassen für die Kapselung der Standarddialoge zum Laden und Speichern verfügt. Folgendes Listing zeigt die Realisierung der Klasse DateiDialog im Modul tkDialoge:

Kapitel 4
Tk

```
 1  from Tkinter import *
 2  from tkFileDialog import *
 3
 4  class DateiDialog:
 5      "Repräsentiert einen Datei-öffnen oder Datei-speichern-als-Dialog"
 6
 7      def getOpenContactsFilename( self, types =
                                      ("Kontaktdatenbank","*.kdb") ):
 8          "Einen Dateinamen zum Lesen holen"
 9          result = askopenfilename( filetypes = [types] )
10          if result == "":
11              return None
12          else:
13              return result
14
15      def getSaveContactsFilename( self, types =
                                      ("Kontaktdatenbank","*.kdb") ):
16          "Einen Dateinamen zum Schreiben holen"
17          result = asksaveasfilename( filetypes=[types] )
18          if result == "":
19              return None
20          else:
21              return result
```

Listing 4.8: Klasse DateiDialog im Modul tkDialoge

Zeile 2: Die Kapselungen der Standarddialoge befinden sich nicht im Modul Tkinter, sondern im Modul tkFileDialog, welches hier in den aktuellen Namensraum importiert wird.

Zeilen 7-13: getOpenContactsFilename() ruft die im Modul tkFileDialog definierte Hilfsfunktion askopenfilename() mit den erlaubten Dateimustern auf.

Zeilen 10-13: Die in der Anwendungsklasse definierten Methoden erwarten die Rückgabe von None, falls kein Dateiname ausgewählt wurde oder der Dialog mit einem Druck auf die Schaltfläche "Abbruch" beendet wurde.

Zeilen 15-21: getSaveContactsFilename() ruft die im Modul tkFileDialog definierte Hilfsfunktion asksaveasfilename() mit den erlaubten Dateimustern auf. Der Standarddialog reagiert automatisch auf die Auswahl eines schon vorhandenen Dateinamens und zeigt in diesem Fall eine Nachrichtenbox an, in der der Benutzer das Überschreiben der vorhandenen Datei explizit bestätigen muss.

Zeilen 18-21: Die in der Anwendungsklasse definierten Methoden erwarten die Rückgabe von None, falls kein Dateiname ausgewählt wurde oder der Dialog mit einem Druck auf die Schaltfläche "Abbruch" beendet wurde.

Damit dieser Dialog von den in der Anwendungsklasse definierten Methoden miFileOpen(), miFileSave(), miFileImport() sowie miFileExport() benutzt werden kann, müssen zwei zusätzliche Zeilen in Schritt3.py gegenüber der Datei Schritt2.py am Anfang hinzugefügt werden:

```
import tkDialoge as Dialoge
Anwendung.Dialoge = Dialoge
```

Mit diesen Anweisungen wird das Modul der Anwendungsklasse bekannt gemacht. Abbildung 4.7 zeigt die Anwendung in Schritt 3 mit einem geöffneten DATEI|SPEICHERN ALS-Dialog und der beschriebenen Warnungsmeldung.

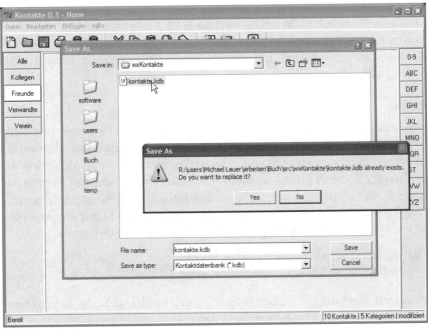

Abb. 4.7: Tk-Kontaktverwaltung Schritt 3

4.3.4 Schritt 4 – Kontaktansicht

Es ist nun möglich, Dateien mit Kontaktdatenbanken einzuladen und abzuspeichern, angezeigt wird jedoch noch nichts. Es gilt also, die im Arbeitsbereich der Anwendung angesiedelte Kontaktansicht zu implementieren.

Dazu wird zunächst ein Teil des in Schritt 2 erstellten provisorischen Arbeitsbereiches verändert. Im vorletzten Schritt wurde als Kontaktansicht ein Objekt der Klasse Canvas erzeugt. Die zur Anzeige der Kontakte notwendige Funktionalität wird nun innerhalb einer Klasse KontaktAnsicht im Modul tkFenster bereit gestellt. Gegenüber Schritt3.py entfallen daher die Zeilen 133 bis 134:

```
133 self.KontaktAnsicht = Canvas( self.workspace, relief = GROOVE, bd = 1 )
134 self.KontaktAnsicht["bg"] = "#eeeeee"
```

Sie werden durch die folgende Zeile ersetzt:

```
133 self.KontaktAnsicht = tkFenster.KontaktAnsicht( self)
```

Anforderungen

Die Kontaktansicht soll in einer wie eine Tabelle aufgebauten Ansicht die in der Datenbank enthaltenen Kontakte anzeigen. Für die Tk-Version der Kontaktverwaltung wird aus Komplexitätsgründen[1] nur die Detailansicht unterstützt. In dieser Ansicht entspricht eine Zeile der Tabelle einem Kontakt.

Da der Bildschirmbereich nicht unbegrenzt groß ist, muss eine Bildlaufleiste vorgesehen werden, mit der man durch die Tabelle navigieren kann. Um die Auswahl eines Kontakts zu unterstützen, soll eine Möglichkeit vorgesehen werden, eine Zeile als *ausgewählt* darzustellen.

Schnittstelle

In diesem Schritt muss lediglich eine öffentliche Methode implementiert werden: updateView(). Die Methode updateView() wird von der Anwendungsbasisklasse initiiert (und über die Hauptfensterklasse delegiert) aufgerufen, wenn sich etwas an der Datenbasis (z.B. durch Einladen einer Kontaktdatenbank) oder den Anzeigeparametern (z.B. durch Auswählen einer bestimmten Kategorie) ändert. Um den Aufruf der Methode updateView() zu ermöglichen, müssen in der Klasse tkKontaktAnwendung in Schritt4.py zunächst folgende Zeilen hinzugefügt werden:

```
174    def updateView( self, how, what ):
175        self.mainWindow.updateView( how, what )
```

Der Aufruf wird also lediglich an die Hauptfensterklasse delegiert, die diesen ebenfalls wie folgt an die Kontaktansicht weiterleitet:

```
149    def updateView( self, how, what ):
150        self.KontaktAnsicht.updateView( how, what )
```

Diese Delegationskette dient dazu, die Abhängigkeit zwischen den Klassen zu minimieren und so eine höhere Kapselung und Wiederverwendbarkeit zu erzielen. Später wird in der Hauptfenstermethode updateView() auch noch die Aktualisierung anderer Komponenten, wie z.B. der Kategorieleiste, durchgeführt.

---

[1] ... im Gegensatz zu anderen GUI-Toolkits enthält Tk keine Tabellenansicht – wir müssen sie selbst implementieren.

Entwurf

Tk verfügt nicht über ein Tabellen-Widget – es muss also eines erstellt werden. Die erste Frage, die hierbei gestellt werden muss, ist die der Art und Weise der Zellendarstellung. Es gibt im Wesentlichen vier Möglichkeiten:

1. Die Benutzung eines einzigen Widgets zur Anzeige aller Zellen.
2. Die Benutzung je eines Widgets zur Anzeige einer Spalte.
3. Die Benutzung je eines Widgets zur Anzeige einer Zeile.
4. Die Benutzung je eines Widgets zur Anzeige einer Zelle.

Die Auswahl von Möglichkeit 1 oder Möglichkeit 2 hätte den Vorteil größter Effizienz, da mit der Anzahl der verwalteten Widgets auch die Darstellung langsamer wird. Da im Regelfall aber mehr Kontakte zu verwalten sind, als auf eine Bildschirmseite passen, müsste dieses Widget dann jedoch Unterstützung für eine Bildlaufleiste haben. Die einzigen Tk-Klassen, auf die dies zutrifft, sind:

- Canvas (eine 2D-Zeichenfläche),
- Text (ein Widget für strukturierten Text) und
- Listbox (ein Widget für die Auswahl einer oder mehrerer Optionen).

Die Benutzung eines Canvas hätte den Nachteil, dass nicht nur die Darstellung einer einzigen Zelle, sondern auch die komplette Zeilen- und Spaltenverwaltung (unter der Benutzung von absoluten Bildschirmkoordinaten) sehr aufwendig programmiert werden müsste. Auch gäbe es hier eine durch die Größe des Canvas induzierte (maximal 32768 Punkte in jeder Richtung) Limitierung der darstellbaren Zeilen.

Ein Text-Widget eignet sich weniger gut zur Darstellung von Spaltenstrukturen – damit bliebe noch die Benutzung einer Listbox. Da eine Listbox in Tk keine Unterstützung für mehrere Spalten hat, böte sich hier gemäß Möglichkeit 2 eine Listbox pro Spalte an.

Die Auswahl von Möglichkeit 3 würde die Benutzung eines textbasierten Widgets vom Typ Label oder Entry implizieren, wobei eine Spaltenstruktur mit festen Breiten auf Textbasis zwar möglich (durch Einsatz von Tabulatoren) aber eher unintuitiv und unflexibel zu realisieren wäre.

Damit bleibt noch die Benutzung der letzten Möglichkeit – ein Widget pro Zelle[1]. Bei der Realisierung dieser Strategie muss die Möglichkeit zur Navigation durch den Tabelleninhalt selbst implementiert werden: Wir benutzen hierzu eine vertikale Bildlaufleiste, die durch die Einbettung in gemeinsames Rahmenfenster rechts neben der eigentlichen Tabelle positioniert werden kann.

---

1 Dies bietet die größte Flexibilität und ist meiner Meinung nach auch aus didaktischen Gründen die beste Wahl.

Implementierung

Aufgrund obiger Entwurfsentscheidung (ein Widget pro Zelle) muss zunächst eine so genannte *Zellendarstellerklasse* konstruiert werden. Eine erste Version dieser Klasse ist im folgenden Listing 4.9 dargestellt:

```
116 class TableCell( Label ):
117     "Repräsentiert eine Tabellenzelle"
118
119     HIGHLIGHT = "#ccccff"
120     SELECTED = "#bbccdd"
121     UNSELECTED = "#ffffff"
122
123     params = { "relief":RIDGE, "bd":2, "bg":"#ffffff",
124                "anchor":W, "font":("Helvetica",8),
125                "width":1}
126
127     def __init__( self, *args, **kwargs ):
128         apply( Label.__init__,((self,)+args), self.params )
129         self.bind( "<Enter>", self.on_enter )
130         self.bind( "<Leave>", self.on_leave )
131         self.bind( "<ButtonRelease-1>", self.on_clicked )
132         self.table = kwargs["command"]
133         self.entry = kwargs["entry"]
134         self.row = kwargs["row"]
135         self.col = kwargs["col"]
136
137     def on_enter( self, event ):
138         event.widget["bg"] = TableCell.HIGHLIGHT
139
140     def on_leave( self, event ):
141         if self.table.selected != self.row:
142             event.widget["bg"] = TableCell.UNSELECTED
143         else:
144             event.widget["bg"] = TableCell.SELECTED
145
146     def on_clicked( self, event ):
147         for col in xrange( 0, len( KontaktAnsicht.fields ) ):
148             self.entry[self.row][col]["bg"] = TableCell.SELECTED
149             if self.table.selected != -1:
150                 self.entry[self.table.selected][col]["bg"] =
                                TableCell.UNSELECTED
151         self.table.on_select( self.row )
```

Listing 4.9: Klasse TableCell im Modul tkFenster

Zeile 116: Da in der Tabelle eine Zelle nicht *inplace* (d.h. mit dem Textcursor direkt in der Zelle) editiert werden können soll, leiten wir die Zellendarstellerklasse von der Klasse Label ab[1].

Zeilen 119-121: Eine Zelle kann drei Zustände haben:

- *Unselektiert* – dies ist der Normalfall,
- *Selektiert* – die Zelle gehört zu einem ausgewählten Kontakt
- oder
- *Hervorgehoben* – der Maus-Cursor befindet sich über der Zelle.

Diese Zustände werden durch verschiedene Hintergrundfarben visualisiert, die hier als Klassenkonstanten HIGHLIGHT, SELECTED und UNSELECTED definiert werden. In Tk gibt es zwei Methoden, Farben zu spezifizieren:

1. Durch Angabe einer vordefinierten Farbkonstante, z.B. "blue".
2. Durch Angabe eines hexadezimal codierten RGB-Werts, z.B. "#aabbcc"[2].

Zeilen 123-125: Das Aussehen einer Zelle wird durch die Konfigurationsparameter Rahmenstil, Rahmengröße, Hintergrundfarbe, Anker, Zeichensatz und Breite definiert.

Zeile 127-135: Der Konstruktor des Zellenobjekts verarbeitet Positionsparameter (*args) und Schlüsselwortparameter (**kwargs). Die Positionsparameter werden an den Basisklassenkonstruktor weitergereicht, die Schlüsselwortargumente werden in den Attributen table, entry, row und col gespeichert:

- table ist eine Referenz auf das der Zelle übergeordnete Tabellenobjekt,
- entry ist eine Referenz auf das zweidimensionale Feld, in dem Referenzen auf alle Zellenobjekte gespeichert sind,
- row ist die Nummer der Zeile, in der sich die Zelle befindet und
- col ist die Nummer der Spalte, in der sich die Zelle befindet.

Zeilen 129-131: Um die Auswahl einer Zelle zu ermöglichen und zu visualisieren, werden die drei Ereignisse <Enter>, <Leave> und <ButtonRelease-1> mit Callback-Methoden verbunden.

Zeilen 137-138: on_enter() wird aufgerufen, wenn sich der Maus-Cursor in den Bereich der Zelle bewegt – dies wird durch die Veränderung der Konfigurationsoption bg (kurz für background, also die Hintergrundfarbe des Fensters) visualisiert.

Zeilen 140-144: on_leave() wird aufgerufen, falls der Maus-Cursor den Bereich der Zelle verlässt – auch dies wird durch die Veränderung der Hintergrundfarbe visualisiert. Die einzustellende Hintergrundfarbe hängt hier jedoch davon ab, ob die

---

[1] ... wer das Tabellen-Widget in dieser erweitern möchte, könnte die Zellendarstellerklasse z.B. von Entry ableiten.
[2] ... es gibt dies auch in Varianten mit anderer Bit-Anzahl, z.B. mit 8 Bit: "#abc"

Zelle zu einem ausgewählten Kontakt gehört. Ein ausgewählter Kontakt (Farbkonstante SELECTED) wird durch eine tiefblaue Hintergrundfarbe gekennzeichnet.

Zeilen 146-151: on_clicked() wird aufgerufen, falls der Benutzer über einer Zelle die linke Maustaste loslässt – was gleichbedeutend mit der Auswahl eines Kontakts ist. Um dies zu visualisieren, muss die Hintergrundfarbe aller Zellen in der gleichen Zeile verändert werden. Da pro Tabelle nur ein Kontakt ausgewählt werden darf, ist dafür zu sorgen, dass die zur vorherigen Auswahl gehörenden Zellen in den Normalzustand versetzt werden. Um das Tabellenobjekt von der Veränderung der Auswahl zu informieren, wird zum Schluss die Methode KontaktAnsicht.on_select() gerufen.

Wie obigen Erläuterungen zu entnehmen ist, wird das Zellenobjekt mit einer gewissen Eigenintelligenz ausgestattet, welches den größten Teil des Auswahlvorgangs eines Kontakts übernimmt.

Kommen wir nun zur Implementierung der Klasse KontaktAnsicht, die die Tabellenansicht repräsentiert. Auch diese Klasse ist im Modul qtFenster untergebracht.

```
153  class KontaktAnsicht( Frame ):
154      "Repräsentiert die Kontaktansicht"
155
156      fields = {0:"Bild",1:"Anrede",2:"Vorname",3:"Name",4:"Strasse",
157               5:"PLZ", 6:"Stadt",7:"Telefon",8:"E-Mail",9:"Kategorie"}
158      widths = [4, 6, 8, 8, 16, 8, 13, 12, 20, 8]
159
160      def __init__( self, parent, rows = 10, cols = len(fields), command
                      = None ):
161          "Konstruieren und Initialisieren"
162          Frame.__init__( self, parent, relief=SUNKEN, bd=2 )
163          self.windowSize = rows
164          self.cols = cols
165          self.command = command
166          self.table = Frame( self, relief=FLAT, bd=0 )
167          self.table.pack( side=LEFT, expand=YES, fill=BOTH )
168          self.yscrollbar = Scrollbar( self, jump=0, command =
                                          self.on_scroll )
169          self.yscrollbar.pack( side=RIGHT, fill=Y )
170          self.clearTable()
171          self.entry = {}
172          self.createTable( rows, cols )
173
174      def clearTable( self ):
175          "Die Tabelle löschen"
176          self.data = {}
177          self.selected = -1
178          self.rows = 0
```

```
179        self.firstVisible = 0
180        self.lastVisible = self.windowSize-1
181        self.yscrollbar.set( 0.0, 1.0 )
182
183    def updateScrollbar( self ):
184        "Die Bildlaufleiste aktualisieren"
185        top = float( self.firstVisible ) / float( self.rows )
186        bottom = float( self.lastVisible+1 ) / float( self.rows )
187        self.yscrollbar.set( top, bottom )
188
189    def createTable( self, rows, cols ):
190        "Die Zellen erzeugen und anzeigen"
191        for col in xrange( 0, len( self.fields ) ):
192            Label( self.table, relief=SUNKEN, bd=2,
                      width=self.widths[col],
                      font=("Helvetica",9),text=self.fields[col] ) 
                  .grid( row=0, col=col, sticky=W+E )
193
194        for row in xrange( 0, rows ):
195            self.entry[row] = {}
196            for col in xrange( 0, cols ):
197                self.entry[row][col] = TableCell( self.table, row=row,
                                                    col=col, entry=self.entry,
                                                    command=self )
198                self.entry[row][col].grid( row=row+1, col=col,
                                              sticky=N+W+S+E )
199
200    def updateScreen( self, firstVisible ):
201        "Alle Zellen aktualisieren"
202        self.firstVisible = firstVisible
203        self.lastVisible = firstVisible+self.windowSize-1
204        for row in xrange( 0, self.windowSize ):
205            for col in xrange( 0, self.cols ):
206                if col == 0:
207                    self.entry[row][col]["image"]
                          = self.data[row+firstVisible][col]
208                else:
209                    self.entry[row][col]["text"] =
                          self.data[row+firstVisible][col]
210        self.updateScrollbar()
211
212    def on_scroll( self, *args ):
213        "Auf Scrollbewegung reagieren"
214        if args[0] == "moveto":
215            self.updateScreen( int( float(args[1]) * self.rows ) )
216        elif args[0] == "scroll":
217            offset = int( args[1] )
```

```python
218            if args[2] == "pages":
219                offset *= self.windowSize
220            newFirstVisible = self.firstVisible + offset
221            if newFirstVisible < 0: newFirstVisible = 0
222            if newFirstVisible > self.rows - self.windowSize:
223                newFirstVisible = self.rows - self.windowSize
224            self.updateScreen( newFirstVisible )
225
226    def on_select( self, row ):
227        "Auf Selektion einer Zelle reagieren"
228        self.selected = row
229
230    def append_row( self, header = None ):
231        "Eine Zeile zur Ansicht hinzufügen"
232        self.data[self.rows] = {}
233        self.rows += 1
234        self.updateScrollbar()
235
236    def set_cell_value( self, row, col, text ):
237        "Den Wert einer Zelle setzen"
238        if col == 0:
239            image = PhotoImage( file=text )
240            self.data[row][col] = image
241            if row <= self.lastVisible:
242                self.entry[row-self.firstVisible][col]["image"] = image
243        else:
244            self.data[row][col] = text
245            if row <= self.lastVisible:
246                self.entry[row-self.firstVisible][col]["text"] = text
247
248    def add_contact( self, contact ):
249        "Einen Kontakt hinzufügen"
250        self.append_row()
251        for field in xrange( 0, len(self.fields) ):
252            self.set_cell_value( self.rows-1, field,
                                    contact.getValue( self.fields[field] ) )
253
254    ######## public API ########
255
256    def updateView( self, how, what ):
257        "Die Ansicht aktualisieren"
258        if how == "allContacts":
259            for contact in what:
260                self.add_contact( contact )
```

```
261         elif how == "addContact":
262             self.add_contact( what )
```

Listing 4.10: Klasse KontaktAnsicht im Modul tkFenster

Zeile 153: Die Klasse KontaktAnsicht ist von der Rahmenfensterklasse Frame abgeleitet. Die einzelnen Zellen der Tabellenansicht werden als Kindfenster erzeugt und verwaltet.

Zeilen 156-158: Im Klassenattribut fields sind die Spaltenbeschriftungen der Tabelle gespeichert, im Attribut widths die vorgesehenen Breiten aller Spalten[1].

Zeilen 160-171: Im Konstruktor werden die Objektattribute initialisiert und die Tabelle dargestellt. Um ein Layout mit zusätzlicher Bildlaufleiste zu ermöglichen, werden die Zellen der Klasse TableCell in einen separaten Frame gepackt. Dieser Frame und die Bildlaufleiste stellen die Elemente eines zweispaltigen Pack-Layouts dar. Das sich dadurch ergebende gesamte Layout ist in Abbildung 4.8 dargestellt.

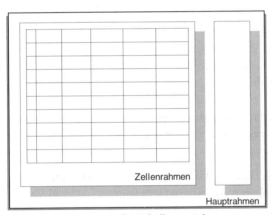

Abb. 4.8: Geometrie der Tabellenansicht

Zeilen 168-169: Die Bildlaufleiste wird als Objekt der Klasse Scrollbar instanziiert und durch den Aufruf der Methode pack() dem Geometriemanager übergeben und angezeigt. Mit der Übergabe des Schlüsselwortarguments command wird die Methode on_scroll() als Callback-Methode bekannt gemacht, die aufgerufen werden soll, sobald der Benutzer eine Aktion mit der Bildlaufleiste durchführt.

Zeilen 170-172: Die Initialisierung der weiteren Objektattribute sowie das Erzeugen der eigentlichen Zellenobjekte werden in den Methoden clearTable() respektive createTable() vorgenommen. Im Attribut entry – einer zweidimensionalen Dictio-

---

[1] Die Klasse KontaktAnsicht ist aus Platzgründen nicht auf die optimale Wiederverwendbarkeit optimiert – dies stellt eine gute Übungsaufgabe dar.

nary-Struktur – werden die Referenzen auf die Zellenobjekte gespeichert. Damit ist ein schneller[1] Zugriff auf eine einzelne Zelle gewährleistet.

Zeilen 173-181: `clearTable()` erledigt das Löschen bzw. Initialisieren der für den Inhalt der Tabelle wesentlichen Attribute:

- `data` ist wie `entry` eine zweidimensionale Dictionary-Struktur und speichert die Einträge in der Tabelle,
- `selected` hält die Nummer der aktuell ausgewählten Zeile,
- `rows` hält die Anzahl der in der Tabelle gespeicherten Zeilen,
- `firstVisible` ist die Nummer der ersten *sichtbaren* Zeile und
- `lastVisible` ist die Nummer der letzten *sichtbaren* Zeile.

Danach wird die Bildlaufleiste durch den Aufruf der in der Klasse `Scrollbar` implementierten Methode `set()` initialisiert.

Eine moderne Bildlaufleiste besteht aus einem Schieberegler mit variabler Größe. Mit der Position des Schiebereglers wird angezeigt, welcher Teil der Tabelle gerade im Fenster sichtbar ist. Die Größe des Schiebereglers richtet sich proportional an dem Verhältnis des sichtbaren Anteils zur Gesamttabelle.

Ein Beispiel: In einer Tabelle mit 100 Einträgen und einer Fenstergröße von 50 Einträgen hat der Schieberegler die Hälfte (50/100=½) seiner Maximalgröße. Sieht man die Einträge 1-50, befindet sich der Schieberegler am oberen Ende seines Laufbereichs, werden die Einträge 50-100 dargestellt, befindet sich der Schieberegler am unteren Ende seines Laufbereichs. Würde die Tabelle nun um weitere 100 Einträge erweitert, so hätte der Schieberegler nur noch ein Viertel (200/50=¼) seiner Maximalgröße.

Abbildung 4.9 verdeutlicht die Beziehung zwischen einer Bildlaufleiste, dem gesamten Dokument und dem sichtbaren Anteil des Dokuments.

Zeilen 183-187: In der Methode `updateScrollbar()` werden Größe und Position des Schiebereglers abhängig von den aktuellen Parametern gesetzt. Die jeweiligen Enden des Reglers ergeben sich dabei direkt aus den Quotienten von erster bzw. letzter sichtbarer Zeile und gesamter Anzahl der Zeilen.

Zeilen 189-198: `createTable()` erzeugt die für die Darstellung der Einträge verantwortlichen Zellendarstellerobjekte samt zugehöriger Spaltenbeschriftungen.

---

[1] Da die Datenstruktur Dictionary in Python als Hashtabelle fungiert, wird der Zugriff auf ein Element im Vergleich zu einer zweidimensionalen Liste erheblich beschleunigt.

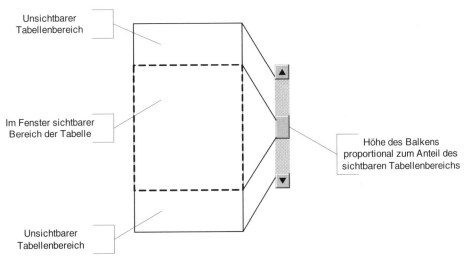

Abb. 4.9: Aufbau der Bildlaufleiste für die Tabellenansicht

Zeilen 191-192: Die Spaltenbeschriftungen werden als Objekte der Klasse Label erzeugt. Die Konfigurationsargumente sorgen hier für eine versunkene Darstellung mit einer Rahmenbreite von 2. Durch die Angabe von width wird eine feste Breite für eine Spalte gesetzt und die Angabe der Option font spezifiziert den für die Beschriftung zu verwendenden Zeichensatz im Format (Name, Größe). Direkt nach der Erzeugung wird das Widget dem Geometriemanager Grid übergeben und angezeigt. Der Parameter sticky=W+E dient hier dazu, dass die Beschriftung horizontal ausgedehnt werden kann, um den vollen zur Verfügung stehenden Platz (pro Spalte) zu belegen.

Zeilen 194-198: Um die eigentlichen Zellen darzustellen, werden *Spaltenanzahl*Zeilenanzahl* viele Objekte der Klasse TableCell erzeugt und dem Geometriemanager Grid übergeben. Wie schon bei der Erläuterung von TableCell angesprochen, werden jeder Zelle die Parameter Zeilenposition, Spaltenposition, Zellobjektspeicher und Callback-Objekt (self, also eine Referenz auf die KontaktAnsicht selbst) bekannt gegeben.

Zeilen 200-210: Die Methode updateScreen() dient dazu, durch die vollständige Erneuerung aller Einträge einen *Scroll-Effekt* zu erzielen. Dazu wird in Abhängigkeit des beim Aufruf übergebenen Parameters firstVisible (der die Nummer der ersten sichtbaren Zeile enthält) die Texte aller Zellen erneuert. Spalte 0 erfährt hier eine Sonderbehandlung, da in dieser Spalte kein Text, sondern ein Bild (Konfigurationsoption image) dargestellt werden soll. Der abschließende Aufruf von updateScrollbar() synchronisiert wieder die Bildlaufleiste mit der Position und Größe des sichtbaren Inhalts.

Zeilen 212-224: on_scroll() wird automatisch aufgerufen, falls der Benutzer eine Aktion mit der Bildlaufleiste durchführt. Hierfür gibt es drei Möglichkeiten:

1. Das Bewegen oder das Loslassen des Schiebereglers – dies dient dazu, den sichtbaren Bereich durch die Mausbewegung zu verschieben[1].
2. Das Klicken auf eine der Pfeiltasten oberhalb bzw. unterhalb der Schiebereglerbereichs – dies dient dazu, um den sichtbaren Bereich um eine *Einheit*[2] nach oben oder nach unten zu verschieben.
3. Das Klicken auf eine Position innerhalb des Schiebereglerbereichs, jedoch nicht direkt auf den Schieberegler – dies dient dazu, um eine *Seite*[3] des sichtbaren Bereichs zu verschieben.

Tk übergibt je nach Art der Aktion die folgenden Zwei- bzw. Dreitupel:

1. ("moveto", Position) – die Position innerhalb des sichtbaren Bereichs wird hier als Fließkommazahl aus dem Intervall [0.0, 1.0] angegeben.
2. ("scroll", Offset, "units") – die Anzahl der Einheiten wird hier als positive oder negative Ganzzahl übergeben. Im Normalfall hat der Offset immer als Betrag 1. Abweichungen können sich nur dann ergeben, wenn eine Maus mit Scrollrad (z.B. *Microsoft Intellimouse•*) verwendet wird. Dreht man das Mausrad, w_hrend sich der Maus-Cursor im jeweiligen Fenster befindet, wird auch hier eine scroll-Nachricht, jedoch mit variablem – da im Betriebssystem einstellbar – Offset erzeugt.
3. ("scroll", Offset, "pages") – die Anzahl der Seiten wird hier als positive oder negative Ganzzahl – im Regelfall +1 bzw. -1 – übergeben.

Zeilen 214-215: Bei einer moveto-Aktion ergibt sich die Nummer der neuen ersten sichtbaren Zeile direkt aus dem Positionswert multipliziert mit der Anzahl der Zeilen im Dokument.

Zeilen 216-220: Bei einer scroll-Aktion ergibt sich die Nummer der neuen ersten sichtbaren Zeile in Abhängigkeit vom dritten Parameter (Einheiten oder Seiten).

Zeilen 221-224: Bevor die Methode updateScreen() aufgerufen wird, um den neuen Tabellenausschnitt sichtbar zu machen, wird überprüft, ob sich nach der Berechnung um einen gültigen Ausschnitt handelt. Würde der Ausschnitt einen Bereich zu weit oben (kleiner als 0) oder zu weit unten (größer als die Anzahl der Zeilen überhaupt minus die Anzahl der dargestellten Zeilen) enthalten, wird dies korrigiert.

---

[1] Man kann sich vorstellen, dass diese unmittelbare Art der Navigation sehr ressourcenintensiv ist. Früher verschoben die Anwendungen den sichtbaren Bereich daher erst nach eine kurzen Zeit des Stillstands des Schiebereglers bzw. nach dem Loslassen desselben. Durch die heutzutage verfügbare Rechenleistung können Anwendungen aber in den meisten Fällen die Bewegungen des Mauszeigers direkt in die Verschiebung des sichtbaren Bereichs umsetzen.

[2] ... dies ist natürlich abhängig von der Anwendung. In unserer Anwendung entspricht eine Einheit einem Kontakt bzw. einer Zeile in der Tabelle.

[3] Auch hier wieder abhängig von der Anwendung – die Konvention lautet jedoch, dass nach der Verschiebung noch die letzte (bzw. erste) Zeile der zuletzt dargestellten Seite sichtbar ist.

Zeilen 226-228: Die Methode `on_select()` wird von einem Zellendarstellerobjekt gerufen, falls der Benutzer eine Zelle (und damit automatisch eine ganze Zeile) auswählt. Die Nummer der Zeile wird für die spätere Verwendung gespeichert.

Zeilen 230-235: `append_row()` erhöht die Anzahl der (gespeicherten – nicht jedoch angezeigten) Zeilen in der Tabelle um Eins. Ein nachfolgender Aufruf von `updateScrollbar()` bringt die Größe des Schiebereglers in der Bildlaufleiste mit der neuen Anzahl in Übereinstimmung.

Zeilen 236-246: Mit der Methode `set_cell_value()` wird der zu speichernde Text bzw. das Bild einer Zelle gesetzt. Ist die neu zu besetzende Zelle gerade im sichtbaren Bereich, muss zur Übereinstimmung auch der sichtbare Text verändert werden.

Zeilen 248-252: Die Methode `add_contact()` wird von der noch zu besprechenden Methode `updateView()` gerufen, um einen Kontakt zur Tabelle hinzuzufügen – was hier lediglich das Hinzufügen einer neuen Zeile (`append_row()`) sowie das Speichern (`set_cell_value()`) der entsprechenden Einträge entsprechend der aus dem Kontakt contact ausgelesenen Daten bedeutet.

Zeilen 256-262: Die Methode `updateView()` stellt zunächst die einzige von *außen* (d.h. vom Hauptfensterobjekt aus) gerufene Methode dar. In dieser Version der Kontaktverwaltung wird auf die zwei Nachrichten "allContacts" (Hinzufügen aller Kontakte) und "addContact" (Hinzufügen eines Kontakts) reagiert.

Dies ist ausreichend, um mit den in den vorherigen Schritten implementierten Methoden die Darstellung der Kontakte einer eingeladenen Kontaktdatenbank zu ermöglichen. Abbildung 4.10 zeigt die Kontaktverwaltung mit einer von mir erstellten Testdatenbank[1]. Man beachte die Visualisierung der gerade ausgewählten Zeile sowie der Zelle unter dem Maus-Cursor. Da in dieser Datenbank nur sieben Kontakte enthalten sind und diese alle angezeigt werden können, ist der Schieberegler der Bildlaufleiste komplett ausgefüllt. Abbildung 4.11 zeigt die Kontaktverwaltung mit einer größeren Datenbank. Auch hier spiegeln die Größe und die Position des Schiebereglers die Verhältnisse von dem im Fenster sichtbaren zum gesamten Bereich wieder.

---

[1] ... es handelt sich hierbei aus Datenschutzgründen natürlich nicht um existierende Kontakte.

Abb. 4.10: Tk-Kontaktverwaltung Schritt 4 (kleine Datenbank)

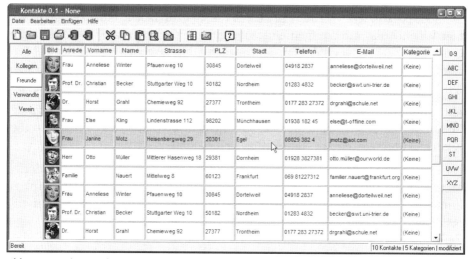

Abb. 4.11: Tk-Kontaktverwaltung Schritt 4 (große Datenbank)

4.3.5 Schritt 5 – Hinzufügen & Ändern

Neue Kontakte sollen mit einem graphischen Dialog zu einer bestehenden Kontaktdatenbank hinzugefügt werden können. Der gleiche Dialog soll auch für das Ändern eines bestehenden Kontakts verwendet werden. Die Implementierung der GUI-Toolkit unabhängigen Methode Anwendung.miInsertContact() erwartet, dass dieser Dialog ein Objekt der Klasse KontaktDialog ist und mit den drei Parametern data, categories und modify konstruiert wird:

1. data – eine Menge von Schlüssel/Wert-Paaren. Beim Aufruf des Menüeintrags EINFÜGEN|KONTAKT wird in diesem Parameter ein leeres Dictionary übergeben. Beim Aufruf des Menüeintrags BEARBEITEN|MODIFIZIEREN werden in diesem

Parameter die Daten des zu modifizierenden Eintrags an den Dialog übergeben, damit diese in den entsprechenden Feldern dargestellt werden können.
2. categories – eine Liste von Kategorien, die der Anwendung momentan bekannt sind.
3. modify – ein Wahrheitswert, der den Typ des Dialogs angibt. Eine 0 bedeutet, dass der Dialog über EINFÜGEN|KONTAKT aufgerufen wurde. Eine 1 bedeutet, dass der Dialog über BEARBEITEN|MODIFIZIEREN aufgerufen wurde.

Nach dem Aufruf des Konstruktors wird der Dialog durch exec_loop() gestartet. Daher muss in dieser Methode die Ereignisverarbeitung implementiert werden. Da außerdem der KontaktDialog ein modaler Dialog sein soll, muss der Aufruf blockieren, bis der Anwender eine der Schaltflächen "Ok" bzw. "Abbrechen" betätigt. Die Rückgabe von exec_loop() soll ein Wahrheitswert sein. Eine Rückgabe von 1 bedeutet dabei, dass der Dialog durch die Auswahl von "Ok" beendet wurde.

Abbildung 4.12 verdeutlicht das für diesen Dialog geplante zweispaltige Layout.

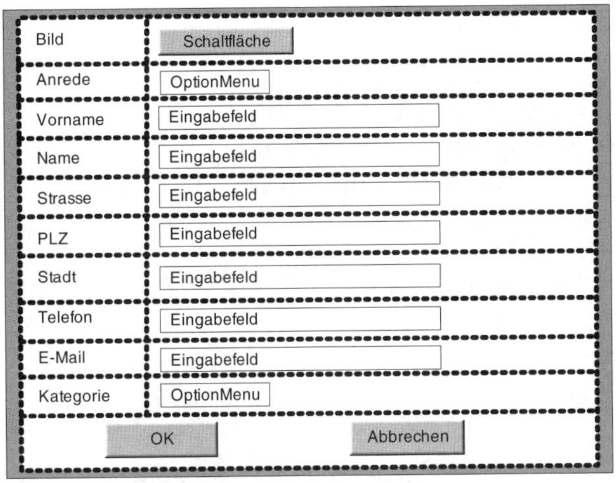

Abb. 4.12: Tk KontaktDialog Layout

Wie in der Layoutskizze zu sehen, sollen die Felder untereinander angeordnet werden. Die Beschriftungen und die Eingabefelder selbst sollen dabei jeweils linksbündig sein. Die Felder für Vorname, Name, Strasse, PLZ, Stadt, Telefon und E-Mail sind dabei jeweils einzeilige editierbare Textfelder, die Felder für Anrede und Kategorie sind Kombinationsfelder, da nur die Auswahl aus einer Menge von vorgegebenen Optionen gestattet ist. Das Bild-Feld besteht aus einer Schaltfläche, die bei Drücken einen Datei-Dialog öffnet, mit dem das entsprechende Bild ausgewählt wird.

Da, wie in Abschnitt 4.2.7 angesprochen, von Tk aus keine verbindliche Basisklasse für Dialoge bereitgestellt wird, entwickeln wir als Erstes eine eigene – wiederverwendbare – Dialogklasse. In dieser Klasse teilen wir die Oberfläche des Dialogs in zwei Teile auf: Der obere Bereich ist variabel und muss in abgeleiteten Klassen mit Widgets »bevölkert« werden. Der untere Bereich ist fest und enthält die zwei Schaltflächen "Ok" und "Abbrechen".

Diese Dialog-Basisklasse ist im Modul tkDialoge wie folgt realisiert:

```
23  class Dialog( Toplevel ):
24      "Repräsentiert die Basisklasse eines Dialogs"
25
26      def __init__( self ):
27          "Den Dialog konstruieren"
28          Toplevel.__init__( self, None, relief=FLAT, bd=1 )
29          self.vars = {}
30          self.clientArea = Frame( self, relief=RAISED, bd=2 )
31          self.clientArea.pack( side=TOP, expand=YES, fill=BOTH )
32          self.ruler = Frame( self, relief=GROOVE, bd=2, width=2 )
33          self.ruler.pack( fill=X )
34          self.buttonArea = Frame( self, relief=RAISED )
35          self.buttonArea.pack( side=TOP, fill=X )
36          Button( self.buttonArea, text="Ok", width=8, command=self.on_ok,
                    default="normal" ).pack( side=LEFT )
37          Button( self.buttonArea, text="Abbruch", width=8,
                    command=self.on_cancel ).pack( side=RIGHT )
38          self.protocol( "WM_DELETE_WINDOW", self.on_cancel )
39
40      def exec_loop( self ):
41          "Den Dialog modal anzeigen"
42          self.focus_set()
43          self.grab_set()
44          self.wait_window()
45          return self.result
46
47      def on_ok( self ):
48          "Auf Schließen mit OK reagieren"
49          self.result = 1
50          self.destroy()
51
52      def on_cancel( self ):
53          "Auf Schließen mit Abbruch reagieren"
54          self.result = 0
55          self.destroy()
```

Listing 4.11: Klasse Dialog im Modul tkDialoge

Zeile 23: Unsere Basisklasse für Dialoge wird direkt von der Hauptfensterklasse Toplevel abgeleitet.

Zeilen 26-38: Im Konstruktor wird das grundsätzliche Layout des Dialogs durch die Erzeugung der Rahmenfenster und Schaltflächen festgelegt.

Zeilen 30-35: Die drei Rahmenfenster vom Typ Frame spalten den Dialog in einen oberen, einen mittleren und einen unteren Bereich auf. Das im Attribut clientArea gespeicherte Rahmenfensterobjekt dient in abgeleiteten Klassen als Elternobjekt für alle Dialogelemente. Das im Attribut ruler gespeicherte Rahmenfenster ist nur kosmetischer Natur und dient zur Abgrenzung des Schaltflächenbereichs. Das Attribut buttonArea hält eine Referenz auf das Rahmenfenster, in dem die Schaltflächen "Ok" und "Abbrechen" erzeugt werden.

Zeilen 36-37: Die Schaltflächen werden erzeugt und dem Geometriemanager Pack übergeben. Als Callback-Methoden werden die in der Basisklasse definierten Methoden on_ok() sowie on_cancel() angegeben.

Zeile 38: Das Schließen des Dialogfensters über den Window Manager soll den gleichen Effekt haben wie die Auswahl von "Abbrechen" – daher wird hier das Protokoll WM_DELETE_WINDOW mit der Methode on_cancel() verbunden.

Zeilen 40-45: In der Methode exec_loop() wird das Hauptfenster als modaler Dialog angezeigt – während der Ausführung dieser Methode ist das Anwendungsfenster blockiert (vgl. Abschnitt 4.2.7). Wird das Rahmenfenster zerstört – der Dialog also geschlossen – gibt die Methode exec_loop() den im Attribut result festgelegten Rückgabewert zurück.

Zeilen 47-50: Die Callback-Methode on_ok() wird beim Druck auf die Schaltfläche "Ok" gerufen. Der Rückgabewert 1 indiziert das erfolgreiche Schließen des Dialogs, der dann im Anschluss durch den Aufruf von destroy() zerstört wird.

Zeilen 52-55: Die Callback-Methode on_cancel() wird beim Druck auf die Schaltfläche "Abbruch" gerufen. Der Rückgabewert 1 indiziert den Abbruch des Dialogs, der dann im Anschluss durch den Aufruf von destroy() zerstört wird.

Die Klasse Dialog soll zwar nur als Basisklasse dienen, kann jedoch auch zu Testzwecken direkt instanziiert werden. Abbildung 4.13 zeigt das durch die in einer interaktiven Sitzung eingegebenen Befehle

```
>>>import tkDialoge
>>>Dialoge = tkDialoge.Dialog()
```

erzeugte Fenster.

Abb. 4.13: Das Dialogfenster der Basisklasse Dialog

Nun zur Konstruktion des eigentlichen Dialogs, der als Klasse KontaktDialog realisiert wird:

```
57  class KontaktDialog( Dialog ):
58      "Repräsentiert einen Kontakt-hinzufügen oder
        Kontakt-modifizieren-Dialog"
59
60      fields = ["Bild", "Anrede", "Vorname", "Name", "Strasse", "PLZ",
61              "Stadt", "E-Mail", "Telefon", "Kategorie"]
62
63      def __init__( self, data, categories = ["(Keine)"], type = 0 ):
64          "Den Dialog konstruieren und Initialisieren"
65          Dialog.__init__( self )
66          categories.remove( "Alle" )
67          categories.insert( 0, "(Keine)" )
68          self.data = data
69          self.vars = {"Bild":StringVar()}
70          row = 0
71
72          for field in self.fields:
73              Label( self.clientArea, text=field, anchor=W, padx=4,
                      pady=3 ).grid( row=row, col=0, sticky=W+E )
74              self.vars[field] = StringVar()
75              if field == "Bild":
76                  self.imageButton = Button( self.clientArea,
                      text="Bild auswählen", command=self.on_image_button )
77                  self.imageButton.grid( row=row, col=1, sticky=W )
78              elif field == "Anrede":
79                  self.vars[field].set("(Ohne)")
80                  lb = OptionMenu( self.clientArea, self.vars[field], "Herr",
                              "Frau", "Prof. Dr.", "Dr.", "Familie",
                              "(Ohne)" )
81                  lb.grid( row=row, col=1, sticky=W )
82              elif field == "Kategorie":
83                  self.vars[field].set("(Keine)")
```

Die Kontaktverwaltung

```
 84              params = (self.clientArea, self.vars[field]) +
                     tuple(categories)
 85              lb = apply( OptionMenu, params )
 86              lb.grid( row=row, col=1, sticky=W )
 87          else:
 88              en = Entry( self.clientArea, width=35,
                     textvariable=self.vars[field] )
 89              en.grid( row=row, col=1, sticky=W )
 90          row += 1
 91
 92      if type != 0:
 93          self.title( "Neuen Kontakt hinzufügen" )
 94      else:
 95          if self.data.has_key( "Bild" ):
 96              self.image = PhotoImage( file=self.data["Bild"] )
 97              self.imageButton["image"] = self.image
 98          for key, value in self.data.items():
 99              self.vars[key].set( value )
100          self.title( "Kontakt ändern" )
101
102  def on_image_button( self ):
103      "Auf Betätigung des Bild-Schalters reagieren"
104      result = askopenfilename( filetypes = [("Bild", "*.gif")] )
105      if result != "":
106          self.vars["Bild"].set( result )
107          self.image = PhotoImage( file=result )
108          self.imageButton["image"] = self.image
109
110  def on_ok( self ):
111      "Auf Betätigung von OK reagieren"
112      for key, variable in self.vars.items():
113          self.data[key] = variable.get()
114      Dialog.on_ok( self )
```

Listing 4.12: Klasse KontaktDialog im Modul tkDialoge

Zeile 57: Der KontaktDialog wird direkt von unserer Basisklasse für Dialoge Dialog abgeleitet.

Zeilen 60-61: Im Klassenattribut fields werden die zu einem Kontakt gehörenden Eintragsnamen gespeichert.

Zeilen 63-102: Im Konstruktor werden alle Elemente des Dialogs erstellt, angezeigt und im Bedarfsfall (wenn der Dialog durch BEARBEITEN|MODIFIZIEREN aufgerufen wurde), mit initialen Werte versehen. Als Elternfenster jedes Kontrollelements wird hier immer das durch die Basisklasse definierte Attribut clientArea angegeben, welches das Rahmenfenster für die (variablen) Dialogelemente enthält.

Zeilen 67-72: Die Objektattribute werden initialisiert. Die Liste der Kategorien soll auf keinen Fall die Pseudokategorie "Alle" enthalten, aber auf jeden Fall die Pseudokategorie "Keine". Im Attribut data werden die zu einem Kontakt gehörenden Einträge gespeichert, im Attribut vars die zu den Kontrollelementen gehörenden automatischen Variablen. Mit dem nur während der Konstruktion verwendeten Attribut rows wird Buch über die aktuelle Spalte geführt.

Zeilen 72-90: Zum Erzeugen der Beschriftungen und Eingabefelder wird über die in fields gespeicherte Eintragsliste iteriert. Es wird dabei jeweils ein Objekt der Klasse Label und – in Abhängigkeit vom Typ des Eintrags – ein Objekt der Klasse Button, Entry oder OptionMenu erzeugt. Für jeden Eintrag wird eine automatische Variable vom Typ StringVar erzeugt und mit dem jeweiligen Eintrag assoziiert.

Zeilen 75-77: Da die Auswahl des Dateinamens für das Bild bequem über einen Dateiauswahl-Dialog ablaufen soll, wird hier kein Eingabefeld, sondern eine Schaltfläche konstruiert. Als Callback-Methode wird die weiter unten erläuterte Methode on_image_button() angegeben.

Zeilen 78-81: Für das Anrede-Feld soll die Auswahl zwischen mehreren vorgegebenen Werten ermöglicht werden – dies geschieht am zweckmäßigsten durch ein Objekt der Klasse OptionMenu[1]. Dem Konstruktor werden die möglichen Optionen hierbei direkt als Parameter angegeben. Um beim Öffnen des Dialogs eine Standardauswahl angezeigt zu bekommen, wird mit der von der Klasse StringVar angebotenen Methode set eine Option ausgewählt.

Zeilen 82-86: Auch das Kategorie-Feld wird als Objekt der Klasse OptionMenu erzeugt. Da die Menge der Optionen hier nicht im voraus bekannt ist, muss zum ordnungsgemäßen Aufruf des Konstruktors mit den Kategorien aus dem Attribut categories ein Umweg über die Pythonfunktion apply() (vgl. Abschnitt 1.6) gemacht werden.

Zeilen 87-89: Alle anderen Eingabefelder werden als Entry-Objekt erzeugt. Hierbei wird des besseren Layouts wegen eine feste Breite vorgegeben. Wie alle anderen Kontrollelemente, wird auch dieses dem Geometriemanager Grid mit der Option sticky=w (um eine linksbündige Ausrichtung zu erzielen) übergeben.

Zeilen 92-93: Wurde der Dialog durch EINFÜGEN|KONTAKT aufgerufen, wird als Titel der Text "Neuen Kontakt hinzufügen" gesetzt.

Zeilen 94-100: Wurde der Dialog durch BEARBEITEN|MODIFIZIEREN aufgerufen, müssen die schon im Kontakt vorhandenen Einträge von den jeweiligen Kontrollelementen angezeigt werden. Dies kann einfach durch die Benutzung der automatischen Variablen geschehen, da der Konstruktor des Dialogs die Einträge des Kontakts als Parameter data übergeben bekommt. Für den "Bild"-Eintrag muss eine

---

[1] Unter Windows würde man lieber eine Kombinationsschaltfläche (ComboBox) mit nativem Look & Feel benutzen – diese wird aber von Tk nicht angeboten.

Sonderbehandlung vorgenommen werden, da hier ein Objekt der Klasse PhotoImage erzeugt und angezeigt werden soll.

Zeilen 102-108: Die Methode on_image_button() wird aufgerufen, wenn der Benutzer auf die zum Eintragstext "Bild" gehörende Schaltfläche klickt. Hier wird der von Tk angebotene Standarddialog zum Auswählen einer Datei geöffnet. Aus Gründen der Einfachheit wird hier nur das Bildformat GIF unterstützt.

Zeilen 110-114: Die Callback-Methode on_ok() wird aufgerufen, wenn der Benutzer den Dialog durch Druck auf "Ok" schließen möchte. Diese schon in der Basisklasse implementierte Methode wird hier überladen, um das Sicherstellen der eingegebenen bzw. veränderten Einträge zu ermöglichen. Konkret werden die Werte aller automatischen Variablen ausgelesen und im Attribut data gespeichert. Zuletzt wird die Implementierung der Methode in der Basisklasse gerufen, um das Standardverhalten (die Zerstörung des Dialogs und die Rückgabe des Werts 1) auszuführen.

Die Callback-Methode on_cancel() muss nicht überladen werden – hier genügt uns das von der Basisklasse implementierte Standardverhalten.

Um den Dialog zum Hinzufügen eines Kontakts in die Anwendung einzubauen, müssen keine weiteren Schritte unternommen werden – die Aufrufe dazu sind bereits in den GUI-Toolkit-unabhängigen Basisklassen realisiert. Abbildung 4.14 zeigt die Kontaktverwaltung mit einem solchen Dialog.

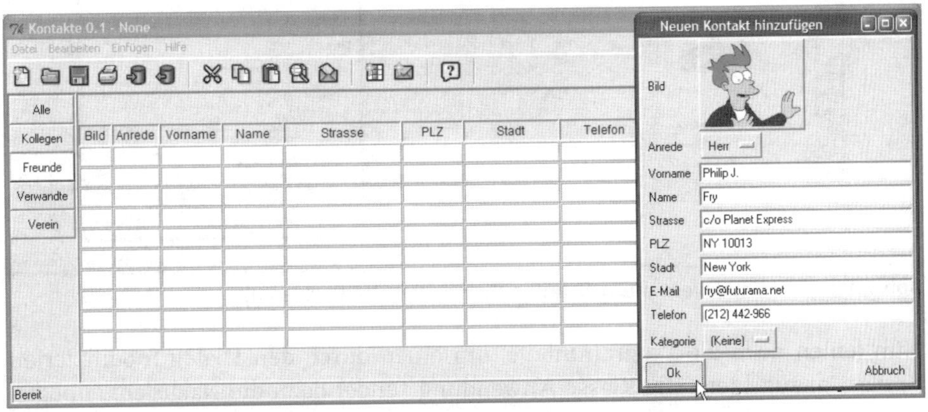

Abb. 4.14: Tk-Kontaktverwaltung Schritt 5 (Hinzufügen →Kontakt)

Zur Einbindung des Dialogs zum Modifizieren eines Kontakts erwartet die Basisklasse Anwendung in der Methode miEditModify(), dass die Hauptfensterklasse eine Methode getSelected() anbietet, die den momentan ausgewählten Kontakt durch Vorname und Name identifiziert. Diese wird zu Schritt5.py wie folgt hinzugefügt:

```
152    def getSelected( self ):
153        return self.KontaktAnsicht.getSelected()
```

Um »doppelte Buchführung« zu vermeiden, kennt nur die Kontaktansicht den zurzeit ausgewählten Kontakt – daher wird der Aufruf an die ebenfalls hinzuzufügende Methode getSelected() in der Klasse KontaktAnsicht delegiert:

```
264    def getSelected( self ):
265        "Den aktuell ausgewählten Kontakt (oder None) zurückgeben"
266        if self.selected == -1: return None
267        row = self.selected + self.firstVisible
268        return "%s %s" % (self.data[row][2], self.data[row][3])
```

Der Vorname und Name des ausgewählten Kontakts ergibt sich aus der zweiten und dritten Spalte des markierten Kontakts. Zur Ermittlung der richtigen Zeile muss natürlich der die erste Zeile des sichtbaren Bereichs kennzeichnende Offset firstVisible berücksichtigt werden.

Abbildung 4.15 zeigt die Kontaktverwaltung mit einem ausgewählten Kontakt, dessen Daten automatisch zur Modifikation in den Dialog übernommen wurden:

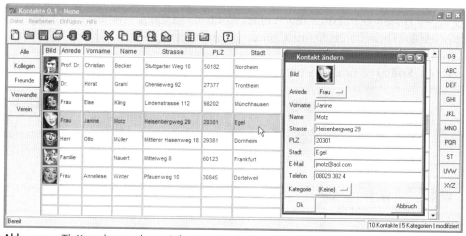

Abb. 4.15: Tk-Kontaktverwaltung Schritt 5 (Bearbeiten →Modifizieren)

Nun fehlen noch die Programmteile, um einen durch den Dialog modifizierten Kontakt anzuzeigen. Die Klasse Anwendung sendet dazu die Nachricht "updateContact" (über das Hauptfensterobjekt) an die Kontaktansicht. Auf diese Nachricht wird innerhalb KontaktAnsicht.updateView() wie folgt reagiert:

```
268    elif how == "updateContact":
269        self.update_contact( what )
```

Als Parameter bekommt updateContact() das Tupel (*alter Kontakt, neuer Kontakt*) übergeben. Da die Tabellenzeile, in der sich der zu modifizierende Kontakt befindet, noch im Attribut selected steht, kann der Kontakt wie folgt aktualisiert werden:

```
279    def update_contact( self, what ):
280        "Einen Kontakt aktualisieren"
281        old, new = what
282        for field in xrange( 0, len(self.fields) ):
283            self.set_cell_value( self.selected, field,
                                    new.getValue( self.fields[field] ) )
```

Da es nun möglich ist, neue Kontakte hinzuzufügen und bestehende Kontakte zu verändern, ist es an der Zeit, die Methode userInteraction() zu entwickeln. Die Basisklasse Anwendung ruft die Methode userInteraction() auf, wenn eine so genannte *einfache* Benutzeraktion (z.B. die Rückfrage beim Schließen der Anwendung) nötig ist. Listing 4.13 zeigt die Realisierung dieser Methode in Schritt5.py:

```
182    def userInteraction( self, type, contents, question ):
183        if type == "Information":
184            return tkMessageBox.showinfo( contents, question )
185        elif type == "Error":
186            return tkMessageBox.showerror( contents, question )
187        elif type == "YesNoCancel":
188            return ["no","yes","cancel"].index( tkMessageBox._show
                   ( contents, question, tkMessageBox.QUESTION,
                     tkMessageBox.YESNOCANCEL ) )
189        elif type == "Input":
190            return tkSimpleDialog.askstring( contents, question )
```

Listing 4.13: Methode userInteraction() in der Klasse KontaktAnsicht

Zeilen 183-188: Die Interaktionstypen "Information", "Error" und "YesNoCancel" werden mit Hilfe des in Tk vorhandenen Moduls tkSimpleDialog realisiert.

Zeilen 187-188: Da die Anwendungsklasse die Rückgabe der Nummer der Schaltfläche erwartet, wird hier die index[1]-Funktion zur Abbildung benutzt.

Zeilen 189-190: Der Interaktionstypus "Input" benutzt die im Tk-Modul tkSimpleDialog vorhandene Methode askstring(), um vom Benutzer einen einzeiligen Text zu erfragen.

Abbildung 4.16 zeigt exemplarisch die angesprochene Rückfrage nach der Auswahl der Menüaktion DATEI/BEENDEN, falls noch ungespeicherte Änderungen existieren.

---

[1] ... ein weiterer Beweis, zu welch eleganten Konstrukten Python fähig ist.

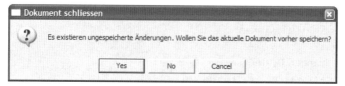

Abb. 4.16: Rückfrage beim Beenden der Anwendung

4.3.6 Schritt 6 – Zwischenablage

Die Erweiterungen in diesem Schritt realisieren eine Zwischenablage. Durch Auswahl der entsprechenden Menüaktionen soll es nun möglich sein, Elemente auszuwählen, auszuschneiden, zu kopieren und wieder einzufügen.

Auswählen

Die hier implementierte Zwischenablage gilt nur innerhalb einer Anwendung und ist daher ein Attribut der Anwendungsklasse Anwendung. Die innerhalb der Anwendungsklasse implementierte Methode miEditCut() sowie miEditCopy() erwarten wie die in Schritt 5 angesprochene Methode miEditModify() ebenfalls, dass die Hauptfensterklasse eine Methode namens getSelected() implementiert, die den Vornamen und den Namen des derzeit ausgewählten Kontakts (oder None) zurückliefert. In der Tk-Version der Kontaktverwaltung ist dies schon im letzten Schritt geschehen.

Kopieren und Ausschneiden

Bei Auswahl der Menüaktion BEARBEITEN/AUSSCHNEIDEN muss der ausgewählte Kontakt aus der Ansicht gelöscht werden. Dazu sendet die in der Anwendungsklasse definierte Methode removeContactByName() die Nachricht "delContact" über das Hauptfenster an die KontaktAnsicht. Mit folgenden Zeilen wird die Nachrichtenverarbeitung innerhalb der Methode updateView() dieser Klasse um die neue Nachricht erweitert:

```
270    elif how == "delContact":
271       self.del_contact( what )
```

Das Löschen eines Kontakts aus der Ansicht wird in del_Contact() durchgeführt. Da der Methode del_contact() der Name des zu löschenden Kontakts übergeben wird, könnte man z.B. in einer Methode namens findContact() je nach Ansichtsart die zu dem Namen gehörige Zelle respektive Zeile ermitteln. Es ist jedoch sinnvoll, anzunehmen, dass zwischen dem Zeitpunkt der Auswahl der BEARBEITEN-Menüaktion und dem Zeitpunkt der Verarbeitung durch die Methode del_contact() keine Veränderung der Auswahl stattfinden kann. Die Position des zuletzt ausgewählten Kontakts muss also immer noch in der Klasse KontaktAnsicht im Attribut selected zu finden sein:

```
285    def del_contact( self, what ):
286        for i in xrange( self.selected, len(self.data)-1 ):
287            self.data[i] = self.data[i+1]
288        del self.data[len(self.data)-1]
289        self.rows -= 1
290        self.updateScreen( self.firstVisible )
```

Durch Iteration über alle Zeilen ab `selected` (der zu löschenden Zeile) wird erreicht, dass alle folgenden Zeilen um eine Zeile aufrücken. Zur Synchronisation der Bildlaufleiste und der Tabellenansicht wird noch `updateScreen()` aufgerufen.

Einfügen

Das Einfügen eines Kontakts aus der Zwischenablage geschieht der Einfachheit halber stets am unteren Ende der Ansicht. Dazu wird die gleiche Methode wie beim Einfügen über die Menüaktion EINFÜGEN|KONTAKT verwendet, da dies keine weiteren Schritte erfordert.

4.3.7 Schritt 7 – Suchen

In diesem Schritt wird der Dialog zum Suchen einer Menge von Kontakten erstellt. Dieser nichtmodale Dialog soll grundsätzlich zweiteilig aufgebaut sein: Links soll die Eingabe der Suchkriterien durch beschriftete Eingabefelder (bzw. Kombinationsfelder) möglich sein – rechts sollen die gefundenen Kontakte in einer Liste angezeigt werden.

Zu jedem Suchkriterium kommt eine Auswahlschaltfläche hinzu, mit der die Berücksichtigung für die Suche bestimmt wird. Ob ein Kriterium relevant ist, soll dabei durch die Verfügbarkeit des Eingabefelds visualisiert werden. Die Schaltflächen "Ok" und "Abbrechen" sollen den Dialog veranlassen, die Ergebnismenge zu aktualisieren respektive den Dialog zu schließen.

Auch beim Dialog zum Suchen von Kontakten fungiert die im letzten Schritt erstellte Basisklasse für Dialoge als Ausgangspunkt. Abbildung 4.17 zeigt eine Skizze des geplanten Layouts, das im Wesentlichen durch ein vierspaltiges Grid realisiert wird. Die Ergebnisliste auf der rechten Seite muss im Gegensatz zu allen anderen Kontrollelementen jedoch die gesamte Spalte einnehmen.

Kapitel 4
Tk

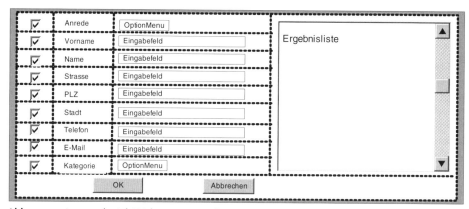

Abb. 4.17: Layout des Tk Dialogs zum Suchen

Der Kontakt zum Suchen ist im Modul `tkDialoge` wie folgt realisiert:

```
116  class SuchenDialog( Dialog ):
117      "Repräsentiert einen Kontakte-Suchen-Dialog"
118
119      fields = ["Anrede", "Vorname", "Name", "Strasse", "PLZ",
120                "Stadt", "E-Mail", "Telefon", "Kategorie"]
121
122      def __init__( self, categories, app ):
123          "Den Dialog konstruieren und Initialisieren"
124          Dialog.__init__( self )
125          categories.remove( "Alle" )
126          categories.insert( 0, "(Keine)" )
127          self.app = app
128          self.vars = {}
129          self.chks = {}
130          self.items = {}
131          row = 0
132
133          for field in self.fields:
134              self.vars[field] = StringVar()
135              self.chks[field] = IntVar()
136              cb = Checkbutton( self.clientArea, variable=self.chks[field],
                                   text=field, anchor=W, padx=4, pady=3 )
137              cb.grid( row=row, col=0, sticky=W+E )
138              if field == "Anrede":
139                  lb = OptionMenu( self.clientArea, self.vars[field], "Herr",
                                      "Frau", "Prof. Dr.", "Dr.", "Familie",
                                      "(Ohne)" )
140                  lb.configure( state=DISABLED, bg="SystemButtonFace" )
141                  lb.grid( row=row, col=1, sticky=W )
```

```
142              cb["command"] = lambda self=self,f=field:
                                    self.on_checkbox( f )
143              self.items[field] = lb
144          elif field == "Kategorie":
145              lb = apply( OptionMenu, (self.clientArea,self.vars[field])
                                +tuple(categories) )
146              lb.configure( state=DISABLED, bg="SystemButtonFace" )
147              lb.grid( row=row, col=1, sticky=W )
148              cb["command"] = lambda self=self,f=field:
                                    self.on_checkbox( f )
149              self.items[field] = lb
150          else:
151              en = Entry( self.clientArea, width=35,
                              textvariable=self.vars[field] )
152              en.configure( state=DISABLED, bg="SystemButtonFace" )
153              en.grid( row=row, col=1, sticky=W )
154              cb["command"] = lambda self=self,f=field:
                                    self.on_checkbox( f )
155              self.items[field] = en
156          row += 1
157
158      self.listbox = Listbox( self.clientArea, width=35 )
159      self.listbox.grid( row=0, col=2, rowspan=row, sticky=N+S, padx=2 )
160      self.listbox.bind( "<ButtonRelease-1>", self.on_listbox )
161
162      self.title( "Kontakte Suchen" )
163
164  def on_checkbox( self, field ):
165      "Auf Anklicken einer Checkbox reagieren"
166      if self.chks[field].get():
167          self.items[field].configure( state=NORMAL,
                                            bg="SystemButtonHighlight" )
168      else:
169          self.items[field].configure( state=DISABLED,
                                            bg="SystemButtonFace" )
170
171  def on_listbox( self, event ):
172      "Auf Auswahl eines Elements in der Listbox reagieren"
173      entry = self.listbox.get( self.listbox.curselection()[0] )
174      self.app.updateView( "selectContact", entry )
175
176  def on_ok( self ):
177      "Auf Betätigung von OK reagieren"
178      data = {}
179      for field in self.fields:
180          if self.chks[field].get():
```

```
181                data[field] = self.vars[field].get()
182        results = self.app.findContactByData( data )
183        self.listbox.delete( 0, END )
184        for result in results:
185            self.listbox.insert( END, unicode( result ) )
186
187    def on_cancel( self ):
188        "Auf Betätigung von Abbrechen reagieren"
189        self.iconify()
```

Listing 4.14: Klasse SuchenDialog im Modul tkDialoge

Zeile 116: Wie bereits erwähnt, wird auch die Klasse `SuchenDialog` von der von uns erstellten Basisklasse für Dialoge namens `Dialog` abgeleitet.

Zeilen 119-120: Die vom Benutzer aktivierbaren Suchkriterien werden in der Liste `fields` gespeichert. Vom Suchen über das Eintrag "Bild" sehen wir der Einfachheit[1] halber ab.

Zeilen 122-131: Im Konstruktor werden zunächst die Attribute initialisiert. Der Konstruktor erwartet neben der Liste der der Anwendung bekannten Kategorien auch eine Referenz auf das Anwendungsobjekt – der Grund dafür wird noch erläutert. Im Attribut `vars` werden die automatischen Variablen für die Eingabefelder gespeichert, im Attribut `chks` die automatischen Variablen für die Kontrollfelder und im Attribut `items` die Eingabefelder selbst.

Zeilen 133-156: Ähnlich wie bei der Konstruktion des `KontaktDialog` wird hier über die Felder iteriert und die Elemente des Dialogs zeilenweise konstruiert.

Zeilen 136-137: Um die Suchkriterien ein- und ausschalten zu können, erzeugen wir Objekte der Klasse `Checkbutton`. Da diese optional mit einer Beschriftung ausgestatte werden können, »sparen« wir uns dadurch ein separates `Label`. Mit dem Schlüsselwortargument `variable` wird dem Kontrollfeld seine automatische Variable zugeteilt.

Zeilen 138-149: Die Felder "Anrede" und "Kategorie" werden wieder durch Objekte vom Typ `OptionMenu` repräsentiert. Da diese Objekte standardmäßig nicht verfügbar sein sollen (sie werden erst durch die Betätigung des Kontrollelements eingeschaltet), verwenden wir die Schlüsselwortargumente `state` und `bg`, um den Status bzw. die Hintergrundfarbe[2] des Elements zu setzen. Dadurch wird die Visualisierung des Verfügbarkeitsstatus erzielt. Für die beim Anklicken des Kontrollelements zu rufende Callback-Methode müssen wir eine `lambda`-Funktion verwenden, da die

---

[1] ... auf das Thema *Vergleich von Bildern* einzugehen würde den Rahmen dieses Buches gewaltig sprengen.
[2] Die hier verwendete Farbe "SystemButtonFace" gehört zu den plattformabhängig definierten Standardfarben von Tk – dadurch erreichen wir ein möglichst natives Look & Feel auf jeder Plattform.

Callback-Methode die Information über den ein- bzw. auszuschaltende Suchkriterium benötigt.

Zeilen 158-160: Die Ergebnisliste wird als Widget vom Typ Listbox erzeugt und dem Geometriemanager Grid übergeben. Durch die Angabe von rowspan=row veranlassen wir, dass sich die Listbox über alle bis jetzt mit Widgets belegten Zeilen erstreckt. Da eine Tk-Listbox kein Schlüsselwortargument wie z.B. command anbietet, müssen wir die mit der Methode bind veranlassen, dass die Callback-Methode on_listbox() genau dann aufgerufen wird, wenn der Benutzer ein Element aus der Ergebnisliste auswählt.

Zeilen 164-169: on_checkbox() wird gerufen, falls der Benutzer ein Kontrollelement ein- oder ausschaltet. In Abhängigkeit des Status dieses Kontrollelements werden dann Verfügbarkeit (state) und Hintergrundfarbe (bg) des mit der Checkbox assoziierten Eingabefelds gesetzt.

Zeilen 171-174: on_listbox() wird gerufen, falls der Benutzer ein Element aus der Ergebnisliste auswählt. Durch Aufruf der in der Klasse Listbox implementierten Methode curselection() wird ermittelt, welcher Index ausgewählt ist. Mit der Methode Listbox.get() bekommt man dann zu diesem Index das jeweilige Element zurückgeliefert. Der folgende Aufruf von Anwendung.updateView() veranlasst das Schicken der Nachricht "selectContact" an die Kontaktansicht. Empfängt ein Objekt der Klasse KontaktAnsicht diese Nachricht, wird das betreffende Element in den sichtbaren Bereich der Tabelle gebracht.

Zeilen 176-185: Die Callback-Methode on_ok() wird gerufen, wenn der Benutzer auf die Schaltfläche "Ok" klickt. Ob ein Suchkriterium relevant ist, hängt vom Status des dazugehörigen Checkbutton ab, der aus der automatischen Variable mit get() ausgelesen werden kann. Aus allen relevanten Suchkriterien wird ein Dictionary zusammengestellt, das von der in der Anwendungsklasse implementierten Methode findContactByData() weiterverarbeitet wird. An dieser Stelle wird die im Konstruktor übergebene Referenz auf die Anwendungsklasse benötigt. Als Rückgabe wird eine Liste der zu den Suchkriterien passenden Kontakte geliefert. Die Namen dieser Kontakte werden nach dem Löschen der Ergebnisliste (Methode Listbox.delete()) zur Ergebnisliste hinzugefügt. Dazu existiert die Methode Listbox.insert(), die eine Zeichenkette an einer bestimmten Position (hier END, d.h. am Ende der Liste) hinzufügt.

Zeilen 187-189: Da im Gegensatz zu Dialog zum Hinzufügen oder Ändern von Kontakten dieser Dialog nichtmodal ist, sollte er nicht zerstört werden, wenn der Benutzer auf "Abbrechen" klickt. Stattdessen wird er durch den Aufruf von iconify() verborgen bzw. minimiert. Dies sichert eine Wiederbenutzung des Dialogs bei erneutem Aufruf von BEARBEITEN|SUCHEN.

Um die Visualisierung des aus der Ergebnisliste ausgewählten Kontakts zu erzielen, muss noch die Verarbeitung der Nachricht "selectContact" in der Klasse KontaktAnsicht programmiert werden. Zusammen mit der Aufnahme dieser Nachricht in die Verteilungsmethode updateView() durch

```
272        elif how == "selectContact":
273            self.select_contact( what )
```

kann die Methode select_contact() dann wie folgt realisiert werden:

```
294    def select_contact( self, what ):
295        i = 0
296        while (i < self.rows) and (what != "%s %s" %
                                    (self.data[i][2],self.data[i][3] ) ):
297            i += 1
298        self.updateScreen( i )
```

Da der darzustellende Kontakt durch Vorname und Name spezifiziert wurde, muss die entsprechende Tabellenzeile erst ermittelt werden. Nachdem dies geschehen ist, wird durch den Aufruf von KontaktAnsicht.updateScreen() das Anzeigen dieser Tabellenzeile als erste Zeile im Fenster veranlasst.

Nun noch zur Implementierung der Methode miEditFind(), die aufgrund ihrer starken GUI-Toolkit-Abhängigkeit als einzige Menüaktionsmethode nicht in der Basisklasse Anwendung, sondern in der davon abgeleiteten Klasse tkKontaktAnwendung realisiert ist. In Schritt7.py sieht dies wie folgt aus:

```
193    def miEditFind( self ):
194        if self.suchenDialog:
195        self.suchenDialog.deiconify()
196        self.suchenDialog.tkraise()
197    else:
198        self.suchenDialog = tkDialoge.SuchenDialog( self.categories,
                                                      self )
```

Zusammen mit dem Hinzufügen des Befehls self.suchenDialog=0 im Konstruktor ist es nun möglich, den Dialog zum Suchen von Kontakten darzustellen. Abbildung 4.18 zeigt die Kontaktverwaltung in Schritt 7 mit dem geöffneten Dialog. Es wurde hier nach allen Kontakten gesucht, die die Anrede "Frau" beinhalten. Aus der Ergebnisliste wurde ein Kontakt ausgewählt, der dann automatisch in der ersten Zeile der Tabelle dargestellt wurde.

Die Kontaktverwaltung

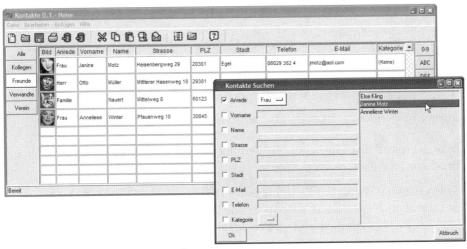

Abb. 4.18: Tk-Kontaktverwaltung Schritt 7

4.3.8 Schritt 8 – Drucken

Tk bietet keine direkte Unterstützung zum Drucken eines beliebigen Fensters. Man kann sich jedoch durch die Benutzung des Canvas-Widgets behelfen. Auf einem Canvas können mit einer Reihe von Zeichenbefehlen Graphik oder graphischer Text platziert werden. Das Objekt Canvas bietet darüber hinaus eine Methode an, mit der es eine Postscript-Beschreibung seiner Zeichenfläche zurückgibt. Diese Möglichkeit werden wir nutzen, um die Ausgabe der Kontaktdatenbank auf einem (zum Ausdruck von Postscript-Dateien fähigen) Drucker zu ermöglichen.

Zur Erinnerung: In der Anwendungsklasse Anwendung ist die, das Drucken veranlassende, Methode miFilePrint() wie folgt implementiert:

```
241    def miFilePrint( self ):
242        if self.mainWindow: self.mainWindow.printDocument( self.contacts )
```

Es wird erwartet, dass die Hauptfensterklasse tkHauptfenster eine Methode printDocument() anbietet, der die Liste der Kontakte übergeben wird. Diese Methode implementieren wir in Schritt8.py wie folgt:

```
157    def printDocument( self, contacts ):
158        result = self.app.userInteraction( "Input",
                                              "Kontaktdatenbank drucken",
159        "Geben Sie das Kommando zum Drucken der Datei ein oder
            'FILE:<Dateiname>' an. ")
160
161        if result[:5] == "FILE:":
162            filename = result[5:]
163        else:
164            filename = "___kdb_temp_datei.ps"
```

```
165         self.KontaktAnsicht.print_all( contacts, filename )
166
167         if result[:5] != "FILE:":
168             import os
169             returncode = os.spawnl( os.P_WAIT, result, filename )
170             os.remove( filename )
```

Listing 4.15: Methode printDocument in der Klasse tkHauptfenster

Zeile 158-159: Über eine einfache Benutzeraktion wird ein Dateiname oder ein Druckkommando abgefragt.

Zeilen 161-164: Wurde die Kennung eines Dateinamens ("FILE:") übergeben, wird im folgenden der sich daran anschließende Dateiname benutzt, ansonsten wird der Dateiname einer temporären Datei verwendet.

Zeile 165: Die eigentliche Methode zum Ausdrucken des Dokuments ist in der Klasse KontaktAnsicht implementiert.

Zeilen 167-170: Wurde die Kennung eines Druckkommandos (z.B. "lpr -P Druckername") übergeben, wird durch den Aufruf der im Modul os definierten Funktion spawnl() dieses Kommando, mit dem Namen der temporären Datei als Argument, ausgeführt. Anschließend wird die temporäre Datei gelöscht – dazu existiert, ebenfalls im Modul os, die Funktion remove().

Nun zur Implementierung der eigentlichen Druckmethode in der Klasse KontaktAnsicht:

```
300     def print_all( self, contacts, filename ):
301         "Die Tabelle ausdrucken"
302         import operator
303         DX = 10
304         DY = 15
305         padx = 5
306         pady = 5
307         x,y = padx, 1
308         preview = Toplevel( None )
309         preview.title( "Drucken: Kontrollausgabe" )
310         width = reduce( operator.add, self.widths ) * DX + padx
311         height = (self.rows+1) * (DY+pady)
312         canvas = Canvas( preview, width=width, height=height, bd=2,
                            relief=SUNKEN )
313         canvas.pack( ipadx=2, ipady=2, padx=2, pady=2 )
314         Button( preview, text="Ok", command=preview.destroy )
                    .pack( side=BOTTOM )
315
316         for i in xrange( 1, len(self.fields) ):
317             canvas.create_line( x-padx, 0, x-padx, width )
```

```
318              canvas.create_text( x, y, text=self.fields[i], anchor=NW )
319              x += self.widths[i] * DX
320          canvas.create_line( 0, 0, width, 0, width=2 )
321          x = padx
322          y += DY + pady
323          canvas.create_line( 0, y-pady, width, y-pady, width=2 )
324
325          for c in contacts:
326              for i in xrange( 1, len(self.fields) ):
327                  canvas.create_text( x, y, text=c.getValue
                                       ( self.fields[i] ), anchor=NW )
328                  x += self.widths[i]*DX
329              y += DY + pady
330              x = padx
331              canvas.create_line( 0, y-pady, width, y-pady )
332
333          canvas.postscript( file=filename,
334                             x=0,
335                             y=0,
336                             colormode="gray",
337                             width=width,
338                             height=height,
339                             pagewidth="21c",
340                             pageheight="29.7c",
341                             rotate=0 )
```

Listing 4.16: Methode print_all in der Klasse KontaktAnsicht

Zeile 300: Die Methode print_all() ist zwar als Methode der Klasse KontaktAnsicht implementiert, sie könnte aber auch innerhalb der Hauptfenstermethode residieren, da keine signifikanten Daten der Kontaktansicht benötigt werden.

Zeile 302: Für die weiter unten benutzte Python-Funktion reduce() wird das Modul operator importiert, das im wesentlichen alternative Namen für die Operatoren wie +, -, *, / etc. definiert. Dies ist nützlich, da diese Operatoren nur über das operator-Modul als Funktionen angegeben werden können.

Zeilen 303-307: Die Attribute DX und DY stehen für die Längen- bzw. Breitenmultiplikatoren eines einzelnen Eintrags – dabei wird von der Canvas-Standardschrift ausgegangen. Wenn man andere Schriftarten benutzen möchte, sollte man diese Werte nicht festlegen, sondern aus den Daten der Schriftart heraus ermitteln. Die Attribute padx und pady stehen für zusätzliche Abstände. In den Attributen x und y werden die aktuellen Zeichenkoordinaten gespeichert.

Zeilen 308-314: Für den eigentlichen Druckvorgang ist nur die Klasse Canvas nötig. Es wäre hierbei ausreichend, ein Objekt dieser Klasse zu erzeugen, darauf die

Methode `postscript()` auszuführen und das Objekt wieder zu zerstören. Um dem Benutzer eine Art Kontrollansicht zu präsentieren, öffnen wir hier jedoch ein Hauptfenster, in das die 2D-Zeichenfläche eingebettet wird. Dieses Hauptfenster versehen wir mit einer Schaltfläche, die es wieder schließt.

Zeile 310: Die Gesamtbreite einer Zeile wird durch die Addition der Eintragslängen (multipliziert mit der Breite für jeweils ein Zeichen plus einem globalen »Sicherheitsabstand«) ermittelt. Hierzu verwenden wir die effektive Python-Funktion `reduce()`[1].

Zeile 312: Das Objekt der Klasse `Canvas` wird mit der ermittelten Höhe und Breite kreiert.

Zeilen 316-323: Die Spaltenbeschriftungen werden innerhalb einer Schleife erzeugt. Ein Aufruf von der in der Klasse `Canvas` definierte Methode `create_line()` erzeugt eine Linie. Mit `Canvas.create_text()` wird ein Text auf die Zeichenfläche gemalt. Mit der Übergabe des Schlüsselwortarguments `anchor` wird die Art der übergebenen Koordinate näher spezifiziert. In diesem Fall bestimmt `anchor` die Ausrichtung des Texts. Durch die Übergabe von `width=2` wird die den Kopf der Tabelle abschließende Linie mit der doppelter Breite gezeichnet.

Zeilen 325-331: Die Einträge der Tabelle werden gezeichnet. Dazu wird in zwei verschachtelten Schleifen über die Kontakte (d.h. die Zeilen) und die Einträge (d.h. die Spalten) iteriert.

Zeile 333: Durch den Aufruf von `Canvas.postscript()` wird ein Abbild der Zeichenfläche als Postscript ausgegeben. Dazu werden folgende Optionen verwendet:

- `file` – gibt den Namen der Datei an, in die die Postscript-Beschreibung ausgegeben wird. Gibt man keine Datei an, wird die Postscript-Beschreibung als textueller Rückgabeparameter geliefert.
- `x, y, height` und `width` – geben die Koordinaten des Bereichs an, der ausgedruckt werden soll. Man kann damit auch Teilbereiche des Canvas spezifizieren.
- `colormode` – gibt den Farbmodus an. Statt mit Graustufen ("gray") kann auch farbig ausgedruckt werden.
- `pagewidth` und `pageheight` – geben die Papiergröße an. Der auszudruckende Bereich der Zeichenfläche wird auf diese Größe skaliert.
- `rotate` – gibt den Seitenmodus an. Eine 0 steht hier für den Seitenmodus "Portrait" (hochkant), eine 1 für "Landscape" (breit).

Abbildung 4.19 zeigt die Kontaktverwaltung in Schritt 8 mit dem während des Ausdrucks erscheinenden Kontrollfenster.

---

[1] Dies ist der Grund, warum `operator` importiert wird: `reduce()` benötigt als ersten Parameter eine Referenz auf eine Funktion – die Angabe von "+" wäre nicht zulässig.

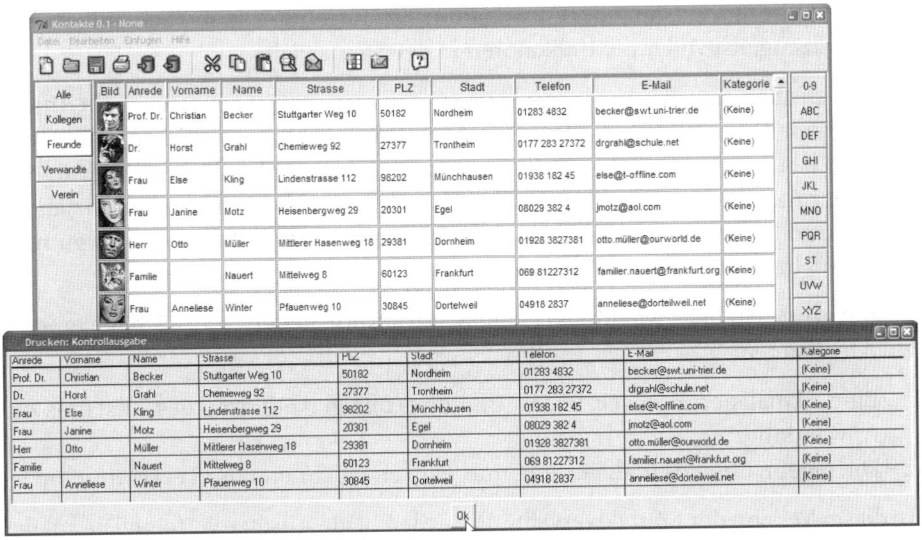

Abb. 4.19: Tk-Kontaktverwaltung Schritt 8

Die hier implementierte Druckfunktion ist natürlich nur sehr einfach und »schnörkellos«, demonstriert aber den grundsätzlichen Weg, um mit Tk Druckerausgaben zu erzeugen. Ein Aufruf der Canvas-Methode postscript() kann immer nur genau eine Postscript-Seite erzeugen. Um mehrere Seiten auf dem Drucker ausgeben zu können, müsste man die Zeichenfläche in Bereiche unterteilen und diese dann sukzessive mit postscript() ausgeben. Eine dementsprechende Erweiterung von print_all() stellt eine gute Übungsaufgabe dar.

Ebenso wäre es denkbar, statt einer Kontrollausgabe *nach* dem Ausdruck eine Druck*vorschau* zu implementieren. Dies würde insbesondere im Zusammenhang mit einer möglichen Parametrisierung des Ausdrucks von Nutzen sein.

4.3.9 Schritt 9 – Feinschliff

Mit der Komplettierung von Schritt 8 ist die Kernfunktionalität der Tk-Version dieser Anwendung implementiert. Es stehen noch einige kleinere Punkte an, darunter:

- Navigation über die Kategorieleiste
- Navigation über die Schaltflächen
- Aktualisierung der UI-Elemente

Die Implementierungen der Navigationsleisten sind im Modul tkFenster in Form der Klassen KategorieLeiste und NavigationsLeiste enthalten. Die Realisierung dieser Klassen führt keine neuen Techniken ein und wird hier daher nicht besprochen. Als letzter wichtiger Schritt soll aber noch die Aktualisierung der Oberflächenelemente erläutert werden. Als Oberflächenelemente gelten insbesondere die

Elemente, die den Zustand der Anwendung visualisieren, z.B. die Schaltflächen in der Werkzeugleiste oder die Indikatoren in der Statusleiste.

In nahezu allen Anwendungen sind je nach Zustand der Anwendung nicht immer alle Aktionen durchführbar. Damit der Benutzer nicht ausprobieren muss, was möglich ist und was nicht, visualisiert eine gute Benutzeroberfläche die Verfügbarkeit einer Aktion. Auch das GUI-Toolkit Tk unterstützt dies. In Tk können nahezu alle Kontrollelemente über die Konfiguration mit dem Schlüsselwortargument state ein- bzw. ausgeschaltet werden.

Es gibt grundsätzlich zwei Möglichkeiten, die besprochenen Oberflächenelemente zu aktualisieren:

1. Eine Aktualisierung nach Bedarf und direkt nach Änderung des Zustands der Anwendung.
2. Die regelmäßige Aktualisierung innerhalb einer Timer- oder Leerlaufmethode.

In dieser Version der Kontaktverwaltung werden beide Ansätze verfolgt: Die auf der Statusleiste befindlichen Indikatoren werden direkt nach der Änderung der Anzahl der Kontakte, der Anzahl der Kategorien oder des Modifikationsstatus verändert. Dies ist sinnvoll, da zentral lösbar: Bei jeder dieser Änderungen wird auch schon die Klasse KontaktAnsicht durch die Hauptfenstermethode updateView() informiert – dadurch müssen in dieser Methode nur noch die Indikatoren aktualisiert werden. In Schritt9.py geschieht dies folgendermaßen:

```
145         ic = "%d Kontakte | %d Kategorien" % ( len(self.app.contacts),
                                                   len (self.app.categories ) )
146         if self.app.modified: ic += " | modifiziert"
147         self.statusBar.indicator( ic )
```

Die Aktionsschaltflächen werden auf die zweite Art aktualisiert. In Tk werden beide Varianten – sowohl über Timer-Methoden als auch Leerlaufmethoden – unterstützt: Die Methode after, mit der ein zeitlich verzögerter Methodenaufruf abgesetzt werden kann, wurde bereits in Abschnitt 4.3.2 vorgestellt.

Des Weiteren bietet Tk die Methode after_idle(function) an. Damit kann man eine Callback-Methode oder -Funktion angeben, die (einmalig) nach dem Abarbeiten aller in der Hauptschleife zu verarbeitenden Ereignisse gerufen wird. Diese Methode wird also sozusagen immer dann gerufen, wenn die Anwendung »Zeit« zum Aktualisieren der betreffenden Elemente hat. Listing 4.17 illustriert, wie dies in Schritt9.py realisiert ist.

```
176     def set_action_status( self ):
177         "Aktionsstatus aktualisieren"
178         self.toolBar.set_enabled( "miFileNew", 1 )
179         self.toolBar.set_enabled( "miFileOpen", 1 )
180         self.toolBar.set_enabled( "miFileImport", 1 )
```

```
181         self.toolBar.set_enabled( "miHelpAbout", 1 )
182
183         if self.getSelected(): self.toolBar.set_enabled( "miEditModify", 1 )
184         else: self.toolBar.set_enabled( "miEditModify", 0 )
185
186         if self.app.doctitle:
187             if self.app.modified > 0:
188                 self.toolBar.set_enabled( "miFileSave", 1 )
189             else:
190                 self.toolBar.set_enabled( "miFileSave", 0 )
191             self.toolBar.set_enabled( "miFileExport", 1 )
192             if len( self.app.contacts ) > 0:
193                 self.toolBar.set_enabled( "miFilePrint", 1 )
194                 self.toolBar.set_enabled( "miEditCut", 1 )
195                 self.toolBar.set_enabled( "miEditCopy", 1 )
196                 self.toolBar.set_enabled( "miEditFind", 1 )
197                 if self.app.clipboard:
198                     self.toolBar.set_enabled( "miEditPaste", 1 )
199                 else:
200                     self.toolBar.set_enabled( "miEditPaste", 0 )
201             else:
202                 self.toolBar.set_enabled( "miFilePrint", 0 )
203                 self.toolBar.set_enabled( "miEditCut", 0 )
204                 self.toolBar.set_enabled( "miEditCopy", 0 )
205                 self.toolBar.set_enabled( "miEditPaste", 0 )
206                 self.toolBar.set_enabled( "miEditFind", 0 )
207             self.toolBar.set_enabled( "miInsertContact", 1 )
208             self.toolBar.set_enabled( "miInsertCategory", 1 )
209             self.toolBar.set_enabled( "miInsertContact", 1 )
210             self.toolBar.set_enabled( "miInsertCategory", 1 )
211
212             title = self.app.doctitle[self.app.doctitle.rfind("/")+1:]
213             self.title( "%s %s - %s" % ( self.app.apptitle,
                                            self.app.appversion, title ) )
214         else:
215             self.toolBar.set_enabled( "miEditCut", 0 )
216             self.toolBar.set_enabled( "miEditCopy", 0 )
217             self.toolBar.set_enabled( "miEditPaste", 0 )
218             self.toolBar.set_enabled( "miEditFind", 0 )
219             self.toolBar.set_enabled( "miFileSave", 0 )
220             self.toolBar.set_enabled( "miInsertContact", 0 )
221             self.toolBar.set_enabled( "miInsertCategory", 0 )
222             self.toolBar.set_enabled( "miFilePrint", 0 )
223             self.toolBar.set_enabled( "miFileExport", 0 )
```

```
224            self.toolBar.set_enabled( "miInsertContact", 0 )
225            self.toolBar.set_enabled( "miInsertCategory", 0 )
226            self.title( "%s %s - Keine Datei geladen" %
                        ( self.app.apptitle, self.app.appversion ) )
```

Listing 4.17: Methode set_action_status in der Klasse tkHauptfenster

Der jeweilige Status wird direkt aus den in der Anwendungsklasse untergebrachten Variablen ausgelesen und dann der Methode ToolBar.set_enabled() übergeben, die zur Klasse ToolBar hinzugefügt werden muss:

```
54  def set_enabled( self, tool, state ):
55      if state == 0:
56          self.tools[tool][0]["state"] = DISABLED
57      else:
58          self.tools[tool][0]["state"] = NORMAL
```

Die eigentliche Leerlaufmethode wird ebenfalls in der Hauptfensterklasse implementiert. In Schritt9.py mit den Zeilen:

```
228  def on_idle( self ):
229      self.set_action_status()
230      self.update()
231      self.after_idle( self.on_idle )
```

In Zeile 229 wird zunächst die obige Methode set_action_status() aufgerufen. Danach wird durch den Aufruf von Tk.update() sichergestellt, dass die Ereignisverarbeitung wieder »zum Zug« kommt. Würde man diesen Aufruf unterlassen, kann es passieren, dass die Anwendung sofort, oder erst nach einiger Zeit, einfriert.

In Zeile 231 wird after_idle() erneut aufgerufen, da der Aufruf der Leerlaufmethode nach after_idle() nur einmalig durchgeführt wird.

Es fehlt nun noch der erstmalige Aufruf von after_idle(), um mit dem regelmäßigen Aufruf der Leerlaufmethode zu beginnen. Dies geschieht im Konstruktor der Klasse tkKontaktAnwendung:

```
247        self.afterID = self.mainWindow.after_idle( self.mainWin-
                                                     dow.on_idle )
```

Abbildung 4.20 zeigt die Kontaktverwaltung in Schritt 9 – direkt nach dem Start der Anwendung. Man sieht deutlich, dass die meisten Aktionsschaltflächen als *nicht verfügbar* gekennzeichnet sind.

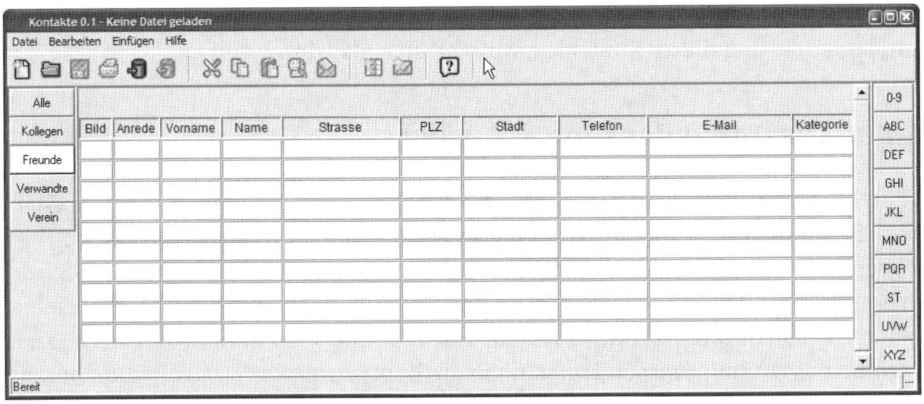

Die Kontaktverwaltung

Abb. 4.20: Tk-Kontaktverwaltung Schritt 9 (direkt nach dem Start)

Lädt man eine Kontaktdatenbank ein, sind weitere Menüaktion möglich – deshalb werden automatisch die entsprechenden Aktionsschaltflächen auf der Werkzeugleiste als *verfügbar* gekennzeichnet. In Abbildung 4.21 ist dies deutlich zu sehen – ebenso wie die automatisch erfolgte Aktualisierung der Indikatoren auf der Statusleiste und der angepassten Titelleiste.

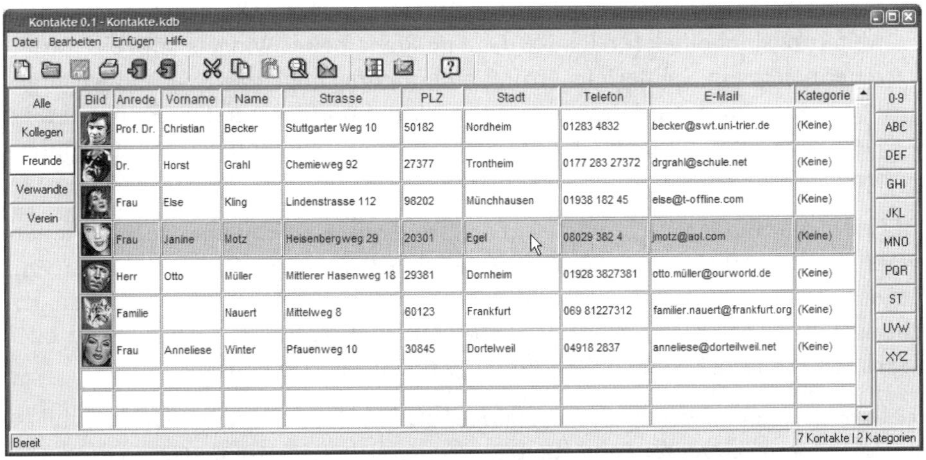

Abb. 4.21: Tk-Kontaktverwaltung Schritt 9 (nach Einladen einer Kontaktdatenbank)

Es sollte noch bemerkt werden, dass die Aktualisierung der UI-Elemente sich in Schritt 9 nur auf die ständig sichtbaren Elemente, d.h. die Aktionsschaltflächen auf der Werkzeugleiste bezieht. In einem weiteren Schritt müssten noch die dazugehörigen Menüeinträge als verfügbar bzw. nicht verfügbar gekennzeichnet werden. Tk bietet dazu z.B. das Schlüsselwortargument postcommand an. Gibt man damit bei der Erzeugung eines Popup-Menüs eine Callback-Methode an, wird diese genau dann aufgerufen, wenn Tk kurz davor ist, das entsprechende Menü auszuklappen und anzuzeigen. Eine solche Methode könnte sehr gut dazu genutzt werden, die Verfügbarkeit der einzelnen Menüeinträge just zu diesem Zeitpunkt zu aktualisieren. Die Implementierung dieser Strategie empfiehlt sich als Übungsaufgabe.

4.4 Zusammenfassung & Ausblick

Tk ist eines der ältesten GUI-Toolkits und das älteste von Python unterstützte GUI-Toolkit überhaupt. Sein im Computerbereich geradezu biblisches Alter ist ihm jedoch auch anzusehen. Die Widgets sehen im Vergleich zu heutigen GUI-Systemen relativ »altbacken« aus, ebenso fehlen moderne Ansätze wie das Dokumenten/Ansicht-Modell und Klassen für typische Anwendungsfenster. Dazu kommt, dass unter gewissen Umständen die Benutzung von Tk aus Python heraus mit gewissen Geschwindigkeitseinbußen versehen sein kann, die durch die interne Umsetzung auf Tcl zustande kommen[1].

Das weitaus größte Manko dürfte jedoch sein, dass sich Tk seit einiger Zeit offenbar nur noch im »Wartungsmodus« befindet. Eine Weiterentwicklung um in moderneren Toolkits anzutreffende Funktionalität ist demnach nicht in Sicht. Nicht zuletzt aus diesem Grund haben sich in den letzten Jahren einige sehr interessante Erweiterungen für Tcl/Tk angesammelt. Die bekanntesten sind:

- TIX[2] BLT[3] TkTable[4] [incr Widgets][5] PMW[6] *Tix* (Tk Interface eXtension) ist eine Erweiterungsbibliothek für Tcl/Tk, die eine Reihe neuer Widgets (z.B. ein Karteireiterdialog, ein Splitterfenster und eine mehrspaltige `Listbox`) und weitergehende Klassen für die Verarbeitung von Bildern mitbringt. Seit Python 2.2 ist eine Python-Bindung von Tix in der Standarddistribution von Python enthalten[7].

BLT ist eine umfangreich konfigurierbare professionelle Bibliothek für 2D-Plottergraphen aller Art. Zu den Funktionen zählen stufenlos vergrößerbare Kurven, gewichtete Kurven und direkt manipulierbare Kurven. Die jeweiligen Kurvengleichungen sind dabei aus vielen Programmen (z.B. Gnuplot, Matlab, Excel oder Maple) importierbar. Eine Python-Bindung für BLT ist verfügbar.

TkTable implementiert ein leistungsfähiges 2D-Tabellenwidget für Tcl/Tk. Es bietet unter anderem Unterstützung für Bilder, eingebettete Fenster, verschiedene Far-

---

[1] Um ehrlich zu sein, ist mir das persönlich jedoch noch nie aufgefallen. Im Gegenteil, trotz der recht ressourcenintensiven visuellen Routinen, wie sie z.B. in unserer `ToolBar`-Klasse zum Einsatz kommen, erscheint mir Tk wenigstens *optisch* schneller zu sein als viele andere GUI-Toolkits.
[2] http://tix.sourceforge.net
[3] http://www.tcltk.com/blt
[4] http://tktable.sourceforge.net
[5] http://incrtcl.sourceforge.net
[6] http://pmw.sourceforge.net
[7] ... zumindest unter Unix / Linux – auf Windows-Betriebssystemen ist dies (noch) nicht der Fall.

ben und Zeichensätze. Für TkTable existiert leider nur eine rudimentäre Python-Bindung.

[incr Widgets] ist eine Erweiterungsbibliothek für Tcl/Tk, die viele neue Widgets (z.B. ein HTML-Betrachter, einen Kalenderdialog und einen Druckerdialog) mitbringt. [incr Widgets] hängt mit der objektorientierten Tcl/Tk-Erweiterung *itcl* zusammen, die nach langer Zeit der Stagnation seit einigen Monaten wieder aktiv weiterentwickelt wird. Zurzeit existiert leider keine Python-Bindung.

PMW (Python MegaWidgets) ist eine in Python geschriebene Erweiterung für Tkinter. PMW erweitert Tkinter um Karteireiterdialoge, Ballonhilfe, Auswahldialoge, scrollbare Fenster und vieles weiteres mehr. Darüber hinaus ist in PMW eine Python-Bindung an BLT enthalten.

Unter dem Codenamen *Tkinter3000* entwickelt Fredrik Lundh[1] zurzeit eine runderneuerte Version von Tk, die viele Nachteile der ursprünglichen Bibliothek ausräumen soll und gleichzeitig aber größtenteils kompatibel bleiben soll. Eine frühe Version zeigt im Vergleich zu Tk in typischen Anwendungen ungefähr die zwei- bis zehnfache Geschwindigkeit. Tkinter3000 wird von Pythonware entwickelt und ist auf der gleichnamigen Internetseite verfügbar.

4.5 Referenzmaterial

4.5.1 Klassenhierarchie

```
CallWrapper
Event
Grid
Image
    +-----BitmapImage
    +-----PhotoImage
Misc
    +-----BaseWidget
    |       +-----Toplevel (Wm)
    |       +-----Widget (Pack, Place, Grid)
    |               +-----Button
    |               +-----Studbutton
    |               +-----Tributton
    |               +-----Canvas
    |               +-----Checkbutton
    |               +-----Entry
    |               +-----Frame
```

---

[1] Ein in der Python-Gemeinde auch als *eff-bot* bekannter Mensch, dem Python viel zu verdanken hat: http://www.eff-bot.org

```
         |            +-----Label
         |            +-----Listbox
         |            +-----Menu
         |            +-----Menubutton
         |            +-----OptionMenu
         |            +-----Message
         |            +-----Radiobutton
         |            +-----Scale
         |            +-----Scrollbar
         |            +-----Text
         +-----Tk(Wm)
Pack
Place
Variable
   +-----BooleanVar
   +-----DoubleVar
   +-----IntVar
   +-----StringVar
Wm
```

Listing 4.18: Tkinter Klassenhierarchie

4.5.2 Kommentiertes Klassenverzeichnis

Klasse	Repräsentiert
BaseWidget	Die Basisklasse aller Fensterklassen
BooleanVar	Eine boolesche Tk-Variable
BitmapImage	Ein Bitmap-Bild in den Formaten XBM und BMP
Button	Eine Schaltfläche – wahlweise mit Bild
CallWrapper	Eine Hilfsklasse für die tcl-Umsetzung
Canvas	Eine objektorientierte 2D-Zeichenfläche
Checkbutton	Eine Schaltfläche mit Status an/aus
DoubleVar	Eine Tk-Variable im Fließkommaformat
Entry	Ein Eingabefeld
Event	Ein Ereignis
Frame	Ein Container-Widget mit Dekorationsrahmen
Grid	Den tabellenorientierten Geometriemanager
Image	Die Basisklasse aller Bildverarbeitungsklassen
IntVar	Eine ganzzahlige Tk-Variable
Label	Eine einzeilige oder mehrzeilige Beschriftung

Tabelle 4.6: Kommentiertes Klassenverzeichnis für Tkinter

Klasse	Repräsentiert
Menu	Ein Popup-Menü
Menubutton	Die Schaltfläche eines Menüeintrags (*veraltet* seit Tk 8.0)
Message	Eine mehrzeilige Beschriftung (*veraltet*)
Misc	Die Schnittstelle für fensterübergreifende Tk-Funktionalität
OptionMenu	Ein Optionsmenü
Pack	Den auf Layout-Einschränkungen basierenden Geometriemanager
PhotoImage	Ein farbiges Bild in den Formaten GIF, PPM, PGM (XPM)
Place	Den auf absoluter Positionierung basierenden Geometriemanager
RadioButton	Eine Radio-Schaltfläche
Scale	Einen horizontalen oder vertikalen Slider
Scrollbar	Eine horizontale oder vertikale Bildlaufleiste
StringVar	Eine Tk-Variable im Zeichenkettenformat
StudButton	Eine Schaltfläche mit Bild und Beschriftung
Text	Ein Fenster für die Darstellung von strukturiertem Text
Tk	Ein (erstes) Anwendungsfenster (mit integriertem `tcl`-Interpreter)
Toplevel	Ein (weiteres) Anwendungsfenster
Tributton	Eine dreieckige Schaltfläche
Variable	Die Basisklasse aller Tk-Variablenklassen
Widget	Die Basisklasse aller Fensterklassen, deren Geometrie durch einen Geometriemanager verwaltet werden kann
Wm	Die Schnittstelle zur Funktionalität des Window Manager

Tabelle 4.6: Kommentiertes Klassenverzeichnis für Tkinter (Forts.)

Kapitel 5
Qt

5.1 Ursprung

Haavard Nord und Eirik Eng arbeiteten 1991 zusammen an der Entwicklung von Programmen mit verschiedenen plattformunabhängigen GUI-Toolkits. Sie waren von der Qualität dieser GUI-Toolkits nicht begeistert und waren sich sicher, sie könnten ein GUI-Toolkit besserer Qualität entwerfen. Haavard Nord schrieb einige Zeit später seine Diplomarbeit über das Thema GUI-Design, während Eirik Eng ein GUI-Toolkit in C++ für eine norwegische Firma schrieb.

Im Frühjahr 1993 wurde Haavard Nord von Eirik Eng angerufen, der ihn fragte, ob man nicht ihre Erfahrungen bündeln solle, um ein eigenes GUI-Toolkit zu schreiben. Es gab keine Kunden, keine finanzielle Unterstützung, aber jede Menge Enthusiasmus. Mit ihren Ersparnissen vergruben sich Haavard Nord und Eirik Eng ein Jahr lang in Arbeit – versorgt von ihren Ehefrauen. Ausgehend von den Erfahrungen mit der aufwendigen und umständlichen Programmierung von graphischen Oberflächen war ihr Ziel die Entwicklung eines einfach und angenehm zu benutzenden GUI-Toolkits, mit dem graphische Benutzungsoberflächen effizient erstellt werden können.

Einige Zeit später erschien Qt 1.0 – ein in C++ geschriebenes GUI-Toolkit mit damals noch sehr wenigen Features, aber einer soliden Code-Basis. 1994 gründeten Haavard Nord und Eirik Eng zum Zweck der Vermarktung und Weiterentwicklung von Qt eine eigene Firma – Trolltech. Neben den kostenpflichtigen professionellen Versionen für Entwickler, die auf Basis von Qt eigene Programme verkaufen, gibt es auch eine freie Qt-Version mit einer GPL[1]-kompatiblen Lizenz. Diese ist momentan allerdings nur für Linux und UNIX-Systeme erhältlich.

Zurzeit ist Qt in Version 3 aktuell und für Linux, UNIX, MacOS und Windows verfügbar. Einen wesentlichen Anteil an der großen Verbreitung von Qt hatte die GUI-Toolkit-Wahl des KDE-Entwicklers Matthias Kalle Dalheimer, der das im Linux-Bereich bekannte *K Desktop Environment* auf der Basis von Qt entwickelte.

Die Python-Bindungen für Qt (PyQt) sind im Wesentlichen dem Entwickler Phil Thompson zu verdanken und werden zusammen mit einer Gruppe freier Programmierer gewartet.

---

[1] GNU Public License – *die* Softwarelizenz im Bereich der Open Source Software

5.2 Überblick

Qt ist nicht nur ein GUI-Toolkit, sondern ein komplette Bibliothek für die plattformunabhängige Anwendungsprogrammierung. Neben den GUI-orientierten Klassen sind in Qt weitere Klassen mit Funktionalitäten aus den folgenden Bereichen enthalten:

- Zeichenketten
- Container
- Multithreading
- Bildbearbeitung
- Multimediadateien
- Dateioperationen
- Netzwerkoperationen
- Zeit und Datum
- XML
- Datenbankoperationen
- Internetzugriff

Die meisten dieser Klassen sind hauptsächlich für die komfortable Programmierung plattformunabhängiger Anwendungen in Sprachen wie C++ gedacht. Python-Programmierer profitieren weniger von den zusätzlichen Klassen, da Python selbst mit einer großen Standardbibliothek kommt, die diese Funktionalität beinhaltet.

5.2.1 Struktur

Qt ist eine umfangreiche Klassenbibliothek mit einem leistungsfähigen Objektmodell. Die am Objektmodell teilnehmenden Klassen sind über Eltern-Kind-Relationen in einer Baumstruktur[1] gespeichert, durch die zur Laufzeit navigiert werden kann. Eine[2] zentrale Basisklasse in Qt ist die abstrakte Klasse QObject. QObject implementiert den Mechanismus zur Interobjektkommunikation sowie die Introspektions- und Navigationsfunktionen. Die wichtigsten Methoden von QObject sind:

- __init__(parent,name) konstruiert ein Objekt mit einem Namen und einem Elternobjekt. Wird kein Elternobjekt angegeben, wird das Objekt als Wurzel einer neuen Baumstruktur angelegt.
- blockSignals(bool) erlaubt oder verbietet das Aussenden von Signalen (siehe unten)
- child(name) durchsucht die Baumstruktur nach einem benannten Objekt.
- children() gibt alle Kindobjekte zurück.
- className() gibt den Namen der Klasse zurück.

---

[1] Dieselbe Hierarchie wird auch von der Benutzeroberfläche zur Darstellung verschachtelter Widgets benutzt.
[2] Es gibt auch Qt-Klassen, die nicht von QObject abgeleitet sind.

- `connect()` verbindet ein Signal mit einem Slot (siehe unten).
- `disconnect()` löst eine Signal/Slot-Verbindung auf (siehe unten)
- `inherits(name)` gibt zurück, ob die jeweilige Klasse Oberklasse einer Klasse mit Namen name ist.
- `parent()` gibt das Elternobjekt zurück.
- `queryList(...)` durchsucht die Baumstruktur anhand einer Menge von Suchkriterien.
- `sender()` gibt den Sender eines Signals zurück (siehe unten).
- `setName()` setzt den Namen eines Objekts.
- `tr(text)` gibt die Übersetzung eines Texts zurück.

5.2.2 Ereignisverarbeitung

Eine der wesentlichen Bestandteile von Qt ist der flexible Interaktionsmechanismus von Objekten mit *Signalen* und *Slots*. Ein Signal ist hierbei eine parametrisierbare Nachricht, die von einem Objekt aus an den Slot eines anderen Objekts gesendet wird, falls ein bestimmtes Ereignis (nicht unbedingt die Benutzungsoberfläche betreffend) auftritt. Ein Signal kann eine beliebige Anzahl von Argumenten enthalten, die wiederum verschiedene Typen haben dürfen.

Der Signal/Slot-Mechanismus erlaubt eine flexible Interaktionen zwischen von QObject abgeleiteten Objekten, da die feste Bindung von durch die Benutzungsoberfläche generierten Ereignissen an Callback-Funktionen wegfällt: Ein Slot kann Nachrichten von mehreren Signalen unterschiedlicher Objekte empfangen und ein Signal kann mit mehreren Slots verbunden sein. Des Weiteren ist es auch möglich, ein Signal an ein weiteres Signal zu binden und so eine Signalkette einzurichten.

> **Vorsicht**
>
> Ein Signal darf mit beliebig vielen Slots verbunden sein, die Aufrufreihenfolge der Slots ist jedoch *nicht* festgelegt. Verbindet man ein Signal A mit einem Slot B und danach noch mit einem Slot C, darf man sich in der Bearbeitung der Signale nicht darauf verlassen, dass Slot B vor Slot C gerufen wird!

Für C++-Programmierer führt der Signal/Slot-Mechanismus in Qt die drei neuen Schlüsselwörter SIGNAL, SLOT und emit ein. In C++ geschriebene Qt-Programme können daher nicht direkt mit einem C++-Compiler verarbeitet werden. Qt wird mit dem Precompiler moc (*Meta Object Compiler*) geliefert, der C++-Quelltext vorverarbeitet.

In Python-Programmen ist dieser zusätzliche Schritt dank der Laufzeitumgebung der Python-Bindung an Qt nicht nötig. Dafür hat der Signal/Slot-Mechanismus hier zwei zusätzliche Komponenten: Abhängig vom Senderobjekt kann ein Signal entweder ein natives Qt-Signal oder ein Python-Signal sein. Abhängig vom Empfangsobjekt kann ein Slot entweder ein Qt-Slot oder eine Python-Methode sein.

Qt-Signale werden mit SIGNAL, Python-Signale werden mit PYSIGNAL spezifiziert. Qt-Slots werden mit SLOT spezifiziert, bei Python-Slots entfällt eine besondere Spezifikation – es wird einfach eine Referenz auf die dem Slot entsprechende Python-Methode verwendet. Durch diese Aufteilung ist es einerseits möglich, auch Python-Signale an Qt-Slots zu senden, sowie den Signal/Slot-Mechanismus auch für die Interobjektkommunikation reiner Python-Objekte[1] zu benutzen.

Zur Verbindung von Signalen und Slots wird in Python die (statische) Methode connect() verwendet, die in der Klasse QObject definiert ist. Tabelle 5.1 zeigt die möglichen Verbindungsarten von Signalen und Slots. A und B stehen hier für Instanzen von Objekten, qtSig steht für ein Qt-Signal, pySig steht für ein Python-Signal.

Signal	verbunden mit	Syntax der connect-Parameter
Qt	Qt-Slot eines anderen Objekts	A,SIGNAL(qtSig),B,SLOT(qtSlot)
Qt	Qt-Slot des eigenen Objekts	A,SIGNAL(qtSig),SLOT(qtSlot)
Qt	Python-Slot eines anderen Objekts	A,SIGNAL(qtSig),B.pySlot
Qt	Python-Slot des eigenen Objekts	A,SIGNAL(qtSig),self.pySlot
Qt	Qt-Signal eines anderen Objekts	A,SIGNAL(qtSig),B,SIGNAL(qtSig)
Qt	Qt-Signal des eigenen Objekts	A,SIGNAL(qtSig),self,SIGNAL(qtSig)
Python	Qt-Slot eines anderen Objekts	A,PYSIGNAL(pySig),B,SLOT(qtSlot)
Python	Qt-Slot des eigenen Objekts	A,PYSIGNAL(pySig),SLOT(qtSlot)
Python	Python-Slot eines anderen Objekts	A,PYSIGNAL(pySig),B.pySlot
Python	Python-Slot des eigenen Objekts	A,PYSIGNAL(pySig),self.pySlot
Python	Qt-Signal eines anderen Objekts	A,PYSIGNAL(pySig),B,SIGNAL(qtSig)

Tabelle 5.1: Verbindungsarten von Signalen und Slots

---

[1] ... die aber dennoch von QObject abgeleitet werden müssen.

Signal	verbunden mit	Syntax der connect-Parameter
Python	Qt-Signal des eigenen Objekts	A,PYSIGNAL(pySig),self,SIGNAL(qtSig)
Python	Python-Signal eines anderen Objekts	A,PYSIGNAL(pySig),B,PYSIGNAL(pySig)
Python	Python-Signal des eigenen Objekts	A,PYSIGNAL(pySignal),PYSIGNAL(pySig)

Tabelle 5.1: Verbindungsarten von Signalen und Slots (Forts.)

Wenn eine Python-Methode als Slot benutzt wird, zu der auch ein entsprechender Qt-Slot existiert, kann entweder ein Python-Signal oder ein Qt-Signal verwendet werden. In einem Programm, in dem die Veränderung eines Werts von Objekt A direkt an die Ausgabe eines Objekts B gekoppelt werden soll, haben folgende beiden Verbindungen die gleiche Wirkung:

```
connect(A, SIGNAL("valueChanged(int)"), B.display)
connect(A, SIGNAL("valueChanged(int)"), B, SLOT("display(int)"))
```

Der einzige Unterschied ist, dass die zweite Verbindung auf C++ Ebene geschieht und damit zur Laufzeit effizienter ist.

Um aus einer von QObject abgeleiteten Klasse ein Signal auszusenden, benutzt man die Methode emit(signal,arguments):

```
emit(PYSIGNAL("customSignal()"), ("Hallo", "Welt!"))
```

Die Methode emit() erwartet zwei Argumente: Das erste Argument ist das zu sendende Signal (entweder ein SIGNAL oder ein PYSIGNAL), das zweite Argument ist ein Tupel, in dem die Signal-Argumente gespeichert sind. Will man ein Signal ohne Argumente versenden, muss man als zweites Argument ein leeres Tupel angeben:

```
emit(SIGNAL("clicked()"), () )
```

Qt erlaubt das Verbinden eines Signals an einen Slot, der weniger Argumente verarbeitet, als das Signal sendet. Die zusätzlichen Argumente werden ohne Warnung eliminiert. Dies funktioniert auch mit Python-Slots, wobei Default-Argumente jedoch nicht zulässig sind.

Zum Lösen einer Signal/Slot-Bindung gibt es die Methode disconnect(). Es ist jedoch nicht nötig, vor der Zerstörung eines Empfängers alle Bindungen an Signale zu lösen, da dies automatisch geschieht.

5.2.3 Python-Bindung

SIP

PyQt [WWW:PYQT], die Python-Bindung an Qt, ist mit Hilfe des Werkzeuges SIP [WWW:SIP] entwickelt. SIP ist ein Bindungsgenerator für Python und C++. Mit SIP erzeugte Bindungen erlauben eine nahezu transparente Einbindung von C++-Klassenbibliotheken in Python-Programmen. Insbesondere in Verbindung mit Qt gestattet SIP

- die Verbindung von Qt-Signalen zu Funktionen oder Methoden, die in Python geschrieben sind,
- die Verbindung von Python-Signalen an Funktionen oder Methoden, die in C++ geschrieben sind,
- das Überladen virtueller C++-Klassenmethoden mit in Python geschriebenen Klassenmethoden,
- die Typüberprüfung zur Laufzeit,
- Aufruf von C++-Methoden oder Funktionen mit Default-Argumenten,
- Aufruf von mehrfach überladenen C++-Methoden oder Funktionen,
- Klassenmethoden mit Zugriffschutz (`protected`)
- die Benutzung abstrakter Klassen (pure `virtual`),
- die Benutzung nummerierter Typen (`enum`),
- die Benutzung globaler Klasseninstanzen und
- die Benutzung statischer Klassenmethoden.

Im Gegensatz zu anderen Python-Bindungen, die eine Zweiteilung in Low-Level-Modul (in der jeweiligen systemnahen Sprache geschrieben) und High-Level-Modul (in Python geschrieben) benötigen, kommen mit SIP entwickelte Bindungen nur mit einem Low-Level-Modul aus, bieten aber dennoch eine High-Level-Zugangsschnittstelle.

Die Benutzung von SIP führt insbesondere dazu, dass die Dokumentation der in C++ geschriebenen Klassenbibliothek direkt verwendet werden kann, da die meisten Aufrufe nahezu identisch lauten.

Konventionen

Trolltech hat Qt mit einigen Namenskonventionen entwickelt, die man in eigenen Programmen berücksichtigen sollte:

1. Alle Klassennamen in Qt beginnen mit dem Präfix Q, danach ein Großbuchstabe, weitere Kleinbuchstaben und jeder Wortanfang wieder mit einem Großbuchstaben, z.B. `QTranslatorMessage`.
2. Methodennamen beginnen mit einem Kleinbuchstaben, weitere Worte werden mit einem Großbuchstaben begonnen, z.B. `backgroundPixmapChange()`.

3. Konstanten sind im Namensraum der dazugehörigen Klasse definiert. Namen lauten wie Methodennamen, nur mit einem initialen Großbuchstaben, z.B. `QBoxLayout.TopToBottom`.
4. Signale und Slots haben in Qt keine Präfixe, wobei viele Programmierer jedoch gerne die Präfixe `slot` und `signal` verwenden, z.B. `slotButtonPressed()` oder `signalResizeEvent()`.

Weitere und zum Teil wesentlichere Punkte, die insbesondere bei der Verbindung von Python und Qt beachtet werden müssen, werden im Folgenden erläutert.

Strings

Die frühen Versionen von Qt wurden entwickelt, bevor die Standard Template Library (STL) der Sprache C++ standardisiert wurde. Da die Verarbeitung von Zeichenketten eine der wesentlichen Basisfunktionen in jeder Klassenbibliothek ist, entschied man sich bei Trolltech eine eigene optimierte String-Klasse zu entwerfen, die dann durchgängig in allen Aufrufen und als Attribute benutzt würde. Dies ist die Klasse `QString`. QString arbeitet seit Version 2.0 intern mit der Textcodierung Unicode. Python kann seit der Version 1.6 mit Unicode umgehen. In Programmen, die PyQt benutzen, hat man es also mit drei verschiedenen Arten von Zeichenkettenobjekten zu tun:

1. Python Stringobjekte (z.B. `"Dies ist ein normaler String"`)
2. Qt QString-Objekte (z.B. `QString("Dies ist ein QString")`)
3. Python Unicode-Stringobjekte (z.B. `u"Dies ist ein Unicode String"`)

Diese verschiedenen Stringklassen haben ähnliche Funktionalität, unterscheiden sich aber im Detail. Da man in PyQt-Programmen meistens mit allen drei Varianten umgehen muss, kann es zu Problemen kommen, insbesondere wenn die automatischen oder manuellen Konvertierungsmöglichkeiten benutzt werden.

Ein Python-String lässt sich durch einen Konstruktoraufruf in einen QString konvertieren:

```
qs = QString( u"Konvertiertes Unicode-Objekt" )
us = QString( "Konvertiertes Standard-String-Objekt" )
```

Um einen QString in einen Python-String umzuwandeln, verwendet man die `str()`-Methode von Python:

```
qs = QString( "Dies ist ein QString-Objekt" )
ps = str( qs )
```

Um einen QString in einen Python Unicode-String umzuwandeln, verwendet man die `unicode()`-Methode von Python, wobei man als zweiten Parameter die gewünschte Textcodierung angibt:

```
qs = QString( "Dies ist ein QString-Objekt" )
ps = unicode( qs, "latin-1" )
```

> **Vorsicht**
>
> Die automatischen Konvertierungsfunktionen von PyQt gestatten es, überall, wo Qt ein QString-Objekt erwartet, ein Python Stringobjekt oder ein Python Unicode-Stringobjekt zu übergeben. Vorsicht walten lassen muss man jedoch bei dem Vergleich von Zeichenketten, wie in der interaktiven Python-Sitzung in Listing 5.1 dargestellt.
>
> Es werden drei String-Objekte mit den gleichen Text definiert. Nachdem wir uns davon überzeugt haben, dass das Python Stringobjekt ps und das Python Unicode-Stringobjekt us unterschiedliche Objekte sind, werden sie verglichen. Während (wie erwartet) ein Vergleich des Python Stringobjekts mit dem Python Unicode-Stringobjekts erfolgreich verläuft, ist das Python Stringobjekt (ebenfalls erwartungsgemäß) ungleich dem QString-Objekt. Aufgrund der automatischen Konvertierungen zwischen Unicode-Strings und QString-Objekten verläuft jedoch ein Vergleich von us und qs positiv. Dies ist bedenklich (und meiner Meinung nach ein Bug in PyQt), da hiermit ein Fall aufgezeigt wird, in dem die Vergleichsoperation "==" eines ihrer zentralen Axiome – die Transitivität (aus A == B und B == C folgt A == C) – verletzt.

```
>>> from qt import *
>>> ps = "Hallo"
>>> us = u"Hallo"
>>> qs = QString("Hallo")
>>> ps is us
0
>>> ps == us
1
>>> ps == qs
0
>>> us == qs
1
```

Listing 5.1: Python Strings, Unicode und QString

Speichermanagement

Aus der Sicht des Prozessors sind Objekte Speicherbereiche, in denen ausführbarer Code (die Methoden) und Datenelemente (die Attribute) gespeichert werden[1]. Legt man in einem Programm ein neues Objekt auf dem Heap an, bekommt man einen Pointer auf diesen Speicherbereich zurück gegeben. Mit diesem Pointer können alle Teile der Anwendung auf das Objekt zugreifen. »Verliert« man diesen Pointer jedoch, bevor das Objekt gelöscht ist, kann man auf das Objekt nicht mehr zugreifen, obwohl es noch existiert und Speicherplatz belegt; Speicherplatz, der – wenn überhaupt – erst beim Beenden des Programms (dann aber vom Betriebssystem) wieder freigegeben wird. Ein solches Verhalten ist unerwünscht und, obwohl das Programm für den Anwender scheinbar korrekt läuft, ein Fehler. Python benutzt die Methode der Referenzzählung, dadurch kann es nur dann zu verwaisten Objekten kommen, wenn zirkuläre Referenzen erzeugt werden.

Schwieriger wird die Situation, wenn C++ und Python zusammenspielen, wie bei PyQt. Wenn man mit PyQt ein Qt-Objekt (zum Beispiel ein QObject) anlegt, dann werden eigentlich drei Objekte erzeugt:

1. Ein QObject C++-Objekt, welches die reine Funktionalität beinhaltet.
2. Ein (internes) Python-Objekt, welches als Zugriffspunkt auf dieses spezielle C++-Objekt dient.
3. Ein Python-Objekt als Instanz der korrespondierenden Python-Klasse.

Sowohl die Qt-Bibliothek als auch PyQt können somit neue C++-Objekte anlegen und durch Methodenaufrufe untereinander auch Referenzen auf diese Objekte austauschen. Ebenso können sowohl Python als auch Qt diese Objekte löschen. Wird ein PyQt-Objekt gelöscht, dann muss sicher gestellt werden, dass auch das korrespondierende C++-Objekt gelöscht wird. Bei bestimmten Aktionen in Qt werden jedoch ebenfalls die jeweiligen C++-Objekte gelöscht. Es könnte also zu Situationen kommen, in denen sowohl PyQt als auch Qt ein und dasselbe Objekt löschen wollen. Während das Versäumen des Löschens eines C++-Objekts »nur« Speicherlecks hervorruft, kann der Versuch der Löschung eines bereits gelöschten C++-Objekts einen Programmabsturz hervorrufen.

Um dies zu vermeiden, wird klar festgelegt, wer ein Objekt löschen darf und wer nicht. In PyQt existiert dazu das Eigentümer-Konzept: Nur der Eigentümer eines Objekts (entweder Qt oder PyQt) darf dies auch löschen – es ist jedoch möglich, dass das Eigentum von Zeit zu Zeit automatisch zwischen PyQt und Qt transferiert wird.

Dieser Transfer geschieht im Allgemeinen für den Python-Programmierer transparent, Komplikationen können jedoch dann auftreten, wenn von QObject abgeleitete Objekte Eigentümer von anderen Objekten (z.B. Kindfenster) sind. Treten in PyQt Anwendungen unerklärliche Abstürze auf, dann kann dies daran liegen, dass versucht wird, mit PyQt explizit Objekte zu löschen, deren Eigentümer zurzeit Qt ist. Die vorliegende Version von PyQt berücksichtigte dies leider nicht immer.

---

1   Dies ist natürlich vereinfacht dargestellt, da statische Attribute und die Methoden pro Klasse nur einmal existieren und von allen Objekten einer Klasse geteilt werden. Der Zugriff auf Methoden erfolgt durch – je nach Methodenspezifikation - mehr oder minder komplexe Funktionszeiger und Zeigerarithmetik.

Nicht von QObject abgeleitete PyQt-Objekte verhalten sich in dieser Hinsicht wie
»normale« Python Objekte: Um zu vermeiden, dass sie automatisch entfernt werden, muss man (mindestens) eine Referenz darauf speichern.

Aufrufen von Methoden

PyQt unterstützt (durch SIP) das Aufrufen von in C++ mehrfach überladenen
Methoden. Dazu wird eine Typüberprüfung zur Laufzeit gemacht. Schlüsselwortargumente werden in PyQt nicht verwendet.

In C++ existiert das Konzept der geschützten (protected) Methoden. Wird von
Python aus versucht, auf eine geschützte Methode eines nicht von PyQt erzeugten
C++-Objekts zuzugreifen, wird eine Python-Exception geworfen. Das Überladen
solcher Methoden ist zwar möglich, aber ohne Effekt – in Python überladene
Methoden geschützter C++-Methoden werden nicht gerufen.

Instanzenvariablen

Der Python-Zugriff auf C++-Instanzenvariablen wird unterstützt. Globale Variablen sowie statische C++-Klassenvariablen sind faktisch jedoch nur lesbar. Es ist zur
Laufzeit zwar möglich, etwas an die jeweilige Variable zuzuweisen, die korrespondierende C++-Variable wird jedoch nicht verändert[1].

Mehrfachvererbung

Es ist nicht möglich eine Python-Klasse zu definieren, die von mehr als einer Qt-
Klasse erbt.

Nummerationen

In Qt definierte nummerierte Konstanten (enum) sind anders als in C++ nicht im
globalen Namensraum verfügbar, sondern im Namensraum der jeweiligen PyQt-
Klasse definiert.

None und NULL

Wo in der Qt-Bibliothek in einem Methodenaufruf der C++-Wert NULL (0) übergeben werden darf, kann stattdessen der Python-Typ None verwendet werden. Entsprechend wird in von Qt zurückgegebenen Werten NULL in None konvertiert.

5.2.4 Fensterklassen

Die zentrale Basisklasse aller Fensterklassen in Qt ist QWidget. Die Hauptaufgaben
von QWidget sind die Ereignisverarbeitung von Maus-, Keyboard- und weiteren
Ereignissen sowie das Zeichnen auf einem Bildschirm. QWidget ist eine sehr
umfangreiche Klasse: In der Qt-Version 2.3.2 beinhaltet QWidget 233 Methoden,

---

[1] Dieses Verhalten soll in kommenden PyQt-Versionen geändert werden.

davon sind 35 Methoden Slots. Die meisten dieser Methoden beinhalten jedoch nur wenig eigene Funktionalität, sondern stellen im Wesentlichen Schnittstellen für abgeleitete Klassen dar.

QWidget ist eine der wenigen Klassen in Qt, die von mehr als einer Klasse abgeleitet wurde. Neben QObject erbt QWidget von QPaintDevice. QPaintDevice ist die Basisklasse aller Objekte, die die Abstraktion einer zweidimensionalen Zeichenfläche darstellen, auf die verschiedene Zeichenbefehle angewendet werden können. Zu dieser Menge gehören neben QWidget QPixmap, QPicture und QPrinter.

Die meisten Ableitungen von QWidget werden eher selten auf die von QPaintDevice angebotene Funktionalität zurückgreifen müssen. Will man jedoch das Aussehen eines Widgets komplett selbst bestimmen (z.B. bei benutzerdefinierten Kontrollelementen) oder Unterstützung zum Drucken implementieren (vgl. Abschnitte 5.2.9 und 5.3.8), ist es unerlässlich, die Methoden von QPaintDevice zu benutzen.

Das vollständige Eigenentwickeln eines Widget ist in Qt allerdings kaum nötig, denn Qt unterstützt sehr viele Kontrollelemente. Dazu gehören sowohl einfache Kontrollelemente wie eine Schaltfläche oder eine Bildlaufleiste als auch komplexere Kontrollelemente wie eine Tabellenansicht oder eine Icon-Ansicht. Eine Liste der wichtigsten Kontrollelemente ist in Tabelle 5.2 dargestellt.

Klasse	Beschreibung
QCheckBox	Eine Checkbox mit einem Label
QComboBox	Eine kombinierte Schaltfläche mit einer Popup-Liste
QLineEdit	Ein einzeiliger Texteditor
QPopupMenu	Ein Popup-Menü
QPushButton	Eine anklickbare Schaltfläche
QRadioButton	Eine Schaltfläche, die zu einer exklusiven Gruppe gehört
QScrollBar	Eine horizontale oder vertikale Laufleiste
QSlider	Ein horizontaler oder vertikaler Slider
QTextView	Ein Anzeige-Widget für strukturierten Text (RichText-Format)
QSpinBox	Ein kleines Widget zum Erhöhen bzw. Erniedrigen eines Wertes
QIconView	Ein Ansicht mit beweglichen beschrifteten Icons
QListBox	Eine Liste mit selektierbaren Einträgen
QMultiLineEdit	Ein mehrzeiliger Texteditor
QTabBar	Eine Leiste mit Karteireiterschaltflächen
QTable	Eine komplexe Tabellenansicht
QCanvas	Eine komplexe 2D Zeichenfläche
QGLWidget	Eine komplexe OpenGL-Zeichenfläche

Tabelle 5.2: Qt-Klassen für Kontrollelemente

Klasse	Beschreibung
QTextBrowser	Ein RichText-Format Browser mit eingebauter Navigation

Tabelle 5.2: Qt-Klassen für Kontrollelemente (Forts.)

Alle Fensterklassen, da sie von `QWidget` (und damit `QObject`) abgeleitet sind, unterstützen das Signal/Slot-System und definieren eine Menge von Signalen und eine Menge von Slots. Das Verhalten einer Qt-Fensterklasse kann auf zwei Arten beeinflusst werden:

1. Über die Verbindung von Signalen mit Slots.
2. Durch Ableiten von der Klasse und Überschreiben signifikanter Methoden.

Die Verbindung von Signalen mit Slots ist immer dann sinnvoll, wenn für die Reaktion auf bestimmte Ereignisse von der Klasse noch kein Standardverhalten implementiert ist. Gibt es schon Methoden, die bei bestimmten Ereignissen gerufen werden, sollte man lieber diese in einer abgeleiteten Klase überschreiben.

5.2.5 Geometriemanagement

Qt verfügt über zwei Arten von Geometriemanagement. Die einfache Art des Geometriemanagement erfolgt über drei Klassen, die jeweils eine Art der Anordnung aller ihrer Kindfenster leisten. Die Klassen für einfaches Geometriemanagement sind in Tabelle 5.3 dargestellt.

Klasse	Aufgabe
QHBox	Ordnet Kindfenster horizontal – von links nach rechts – an.
QVBox	Ordnet Kindfenster vertikal – von oben nach unten – an.
QGrid	Ordnet Kindfenster in einer Tabelle an.

Tabelle 5.3: Qt-Klassen für einfaches Geometriemanagement

Die zweite Art erlaubt ein komplexeres Geometriemanagement. Die zentrale Klasse der komplexen Layout-Klassen ist `QLayout` – Basisklasse aller Layout-Klassen. Mit von `QLayout` abgeleiteten Klassen lassen sich alle Aspekte des Geometriemanagements sehr genau bestimmen. Layout-Klassen lassen sich beliebig oft verschachteln. Ebenso ist es durch Vererbung möglich, eigene, spezialisierte Geometriemanager zu programmieren.

Im Gegensatz zu den einfachen Geometriemanagern müssen Kindfenster hier explizit zu einem Layout hinzugefügt werden. Dies erfolgt durch einen Aufruf der in `QLayout` definierten Methode `addWidget()`. Weitere wesentliche Methoden von `QLayout` sind

- `setMargin(border)` – setzt eine Rahmengröße für das Layout.

Überblick

- `setSpacing(space)` – setzt den Abstand einzelner Fenster im Layout.
- `minimumSize()` – gibt die minimale Geometrie des Layouts zurück.
- `maximumSize()` – gibt die maximale Geometrie des Layouts zurück.

Zur Vereinfachung eigener Layouts stellt Qt einige von QLayout abgeleitete Klassen zur Verfügung, die als Ansatz spezialisierter Layouts dienen können. Die Klassen für komplexes Geometriemanagement sind in Tabelle 5.4 dargestellt.

Klasse	Aufgabe / Eignung
QLayout	Basisklasse aller Layout-Klassen
QBoxLayout	Basisklasse für vertikales oder horizontales Layout
QGridLayout	Für tabellenartiges Layout
QHBoxLayout	Für horizontales Layout
QVBoxLayout	Für vertikales Layout

Tabelle 5.4: Qt-Klassen für komplexes Geometriemanagement

5.2.6 Anwendungsrahmen

Da Qt kein reines GUI-Toolkit sondern eher ein komplettes Rahmenwerk für Anwendungen ist, wurde großen Wert auf die Unterstützung des Anwendungsrahmens gelegt. Einige der dazu gehörigen Klassen sind in Tabelle 5.5 dargestellt.

Klasse	Beschreibung
QApplication	Zentrale Anwendungsklasse für Ereignisverarbeitung etc.
QMainWindow	Ein modernes dreigeteiltes Anwendungsfenster mit einer Menüleiste, mehreren Werkzeugleisten und einer Statusleiste
QMenuBar	Eine horizontale Menüleiste
QPopupMenu	Ein Popup-Menü
QSizeGrip	Ein quadratisches Widget zur Größenveränderung eines Hauptfensters
QStatusBar	Eine horizontale Statusleiste
QToolBar	Eine andockbare Werkzeugleiste
QWorkspace	Ein Arbeitsbereich für mehrere dekorierte Kindfenster, z.B. zur Realisierung des Multiple Document Interface (MDI)
QDragObject	Basisklasse für Drag & Drop-Operationen

Tabelle 5.5: Qt-Klassen für den Anwendungsrahmen

Die zentrale Klasse des Anwendungsrahmens ist `QApplication`. `QApplication` beinhaltet eine große Menge an Funktionalität, dazu gehört unter anderem:

- Initialisierung und Finalisierung der Anwendung
- Setzen anwendungsweiter Parameter wie z.B. der Farbpalette und des Zeichensatzes
- Interpretation der Kommandozeilenargumente
- Setzen des Look & Feel der Anwendung
- Setzen der Standard-Textcodierung
- Verwaltung des Maus-Cursors
- Sitzungskontrolle

Jede Qt-Anwendung muss – unabhängig von der Zahl der geöffneten Fenster – genau eine Instanz von QApplication erzeugen, da in dieser Klasse die Hauptschleife implementiert ist. Einige der wesentlichen Methoden von QApplication sind:

- __init__(args) – initialisiert die Anwendung und verarbeitet Kommandozeilenargumente.
- allWidgets() – gibt eine Liste aller zur Anwendung gehörenden Fenster zurück.
- closeAllWindows() – schließt alle zur Anwendung gehörenden Fenster.
- desktop() – gibt eine Referenz auf das Desktop-Fenster zurück.
- setMainWidget() – legt ein Fenster als Hauptfenster der Anwendung fest.
- exec_loop() – bietet den Einstiegspunkt in die Ereignisverarbeitung.
- exit(code) – steigt aus der Ereignisverarbeitung mit Rückgabewert code aus.
- setFont(font) – legt den Standardzeichensatz der Anwendung fest.

Qt unterstützt für den Anwendungsrahmen sowohl SDI-Anwendungen als auch MDI-Anwendungen. In SDI-Anwendungen ist meistens das (einzige) Dokumentenfenster das zentrale Fenster (QMainWindow) der Anwendung.

In MDI-Anwendungen kann es mehrere Ansichten eines Dokuments oder mehrere geöffnete Dokumente geben. Dafür stellt Qt die Klasse QWorkspace zur Verfügung. QWorkspace ist eine von QWidget abgeleitete Klasse, die Funktionen zur Verwaltung und zum Geometriemanagement mehrerer dekorierter[1] Fenster in einem Arbeitsbereich zur Verfügung stellt.

Qt verfügt des Weiteren über Klassen für Menüleisten, Werkzeugleisten und Statusleisten. In einer Qt-Menüleiste können Menüeinträge mit kleinen Symbolen und Beschleunigertasten versehen werden. Für die Symbole, die links neben dem Menüeintrag erscheinen, verwendet man sinnvollerweise dieselben Motive, die auch in der Werkzeugleiste den entsprechenden Menüeinträgen zugeordnet werden.

In Qt repräsentiert die Klasse QPopupMenu ein Popup-Menü und die Klasse QMenuBar eine Menüleiste. Um eine komplette Menüleiste zu erstellen, kann man also Popup-Menüs instanziieren, diese über die Methode insertItem() mit Einträgen versehen und dann zu einer Instanz der QMenuBar hinzufügen.

---

[1] Als Dekorationen gelten z.B. die Titelleiste und das Größenveränderungs-Widget.

Die Klasse `QToolBar` repräsentiert in Qt eine Werkzeugleiste, die mit Objekten vom Typ `QToolButton` versehen werden kann. Dazu erzeugt man zuerst die Werkzeugleiste und danach die Werkzeugschalter, die automatisch[1] in der Reihenfolge ihrer Instanziierung von links nach rechts zur Werkzeugleiste hinzugefügt werden.

Die Klasse `QStatusBar` repräsentiert in Qt eine Statusleiste, die mit temporären oder permanenten Nachrichten sowie einer Menge von Widgets versehen kann. Zunächst instanziiert man die Statusleiste, legt mit der Methode `message()` anzuzeigende Nachrichten fest und fügt Widgets mit der Methode `addWidget()` hinzu.

Statt die für größere Anwendungen sehr aufwendigen und zum Teil redundanten Methoden der obigen Verfahren zu benutzen, um eine Anzahl von bebilderten Menüfunktionen, mit Hilfe-Symbolen beschrifteten Werkzeugschalter etc. zu definieren und mit zusätzlichen Hilfetexten (z.B. auf der Statusleiste) zu verknüpfen, bietet Qt das Konzept einer *Aktion* an.

Eine Aktion kapselt ein Ereignis, das durch einen Eintrag in einer Menüleiste oder einen Schalter auf einer Werkzeugleiste ausgelöst werden kann. Je nach Art des Eintrags bzw. Schalters werden zwei Arten von Ereignissen unterstützt:

- Kommandoereignisse (z.B. DATEI|ÖFFNEN) veranlassen die Aktion, das Signal `activated()` zu senden.
- Optionsereignisse (z.B. SCHRIFTART|FETT) veranlassen die Aktion, das Signal `toggle()` zu senden.

Aktionen unterstützen neben Beschleunigertasten und kurzen Hilfetexten für die Statusleiste zusätzliche längere Hilfetexte für den What-Is-Modus. Dieser Modus wird gewöhnlich durch Aktivierung eines speziellen Menüpunktes (z.B. HILFE|HILFE ZU) ausgelöst und gibt Hilfe zu nachfolgend angeklickten Oberflächenelementen.

Eine Aktion wird in Qt durch die Klasse `QAction` repräsentiert. Mit der Methode `addTo(widget)` kann eine Aktion dabei zu beliebig vielen Menüleisten und Werkzeugleisten hinzugefügt werden.

5.2.7 Dialoge

Qt unterstützt drei Arten von Dialogen:

1. Einfache Dialoge
2. Standarddialoge
3. Benutzerdefinierte Dialoge

Die Dialogklassen von Qt sind in Tabelle 5.6 dargestellt.

---

[1] Qt stellt anhand des `parent`-Feldes fest, zu welcher Werkzeugleiste der Werkzeugschalter hinzugefügt werden soll.

Klasse	Beschreibung
QDialog	Die Basisklasse aller Dialoge
QColorDialog	Dialog zum Auswählen einer Farbe
QFileDialog	Dialog zum Auswählen einer Datei
QFontDialog	Dialog zum Auswählen eines Zeichensatzes
QInputDialog	Stellt eine Frage und läßt eine einzeilige Antwort zu
QMessageBox	Stellt eine Nachricht, ein Bild und bis zu drei Schaltflächen dar
QProgressDialog	Stellt eine Fortschrittsanzeige dar
QTabDialog	Die Containerklasse für Karteireiterdialoge
QWizard	Die Containerklasse für Assistentendialoge

Tabelle 5.6: Qt-Klassen für Dialoge

Zu den einfachen Dialogen zählen die Dialoge QMessageBox und QInputDialog, die einen Text darstellen und eine einfache Benutzeraktion (den Klick auf eine Schaltfläche respektive die Eingabe einer Antwort) erlauben. In Qt können diese Dialoge modal oder nichtmodal konstruiert werden. Dazu kommt noch der (im Allgemeinen nichtmodale) QProgressDialog, der als Hauptbestandteil eine QProgressBar darstellt und so den Status eines länger andauernden Vorgangs anzeigt.

Zu den Standarddialogen zählen die (modalen) Dialoge QColorDialog, QFileDialog und QFontDialog. Auf Plattformen, die eigene Standarddialoge anbieten, benutzt Qt die vom Betriebssystem angebotenen Dialoge. Andernfalls werden die eingebauten Standarddialoge verwendet. Ein Argument für die in Qt eingebauten Standarddialoge ist, dass sich diese beliebig erweitern und spezialisieren lassen. Zum Beispiel könnte man den QFileDialog beim Laden einer Datei relativ einfach mit einer Vorschaufunktion ausstatten.

Zu den Klassen für benutzerdefinierte modale oder nichtmodale Dialoge gehören QDialog und QTabDialog. QDialog umfasst die wesentlichen Aspekte der

- Erzeugung des Dialogs, der
- Ereignisverarbeitung während der Lebenszeit des Dialogs und der
- Rückgabe eines Wertes beim Schließen des Dialogs.

Modale Dialoge werden nach ihrer Konstruktion durch einen Aufruf der Methode exec_loop() angezeigt. Der Aufruf von exec_loop() kehrt erst dann zurück, wenn die Methode accept() oder reject() aufgerufen wird. Gewöhnlich verbindet man daher das Signal clicked() der Schaltflächen "OK" und "Abbrechen" mit den obigen Slots.

Nichtmodale Dialoge werden durch einen Aufruf von show() angezeigt und beginnen in einer lokalen Hauptschleife mit der Ereignisverarbeitung. Die Methode show() kehrt sofort zum Aufrufer zurück – es existieren von diesem Zeitpunkt an also zwei quasi parallel abgearbeitete Hauptschleifen.

Soll ein nichtmodaler Dialog temporär verborgen werden, benutzt man die hide()-Methode. Je umfangreicher ein Dialog aufgebaut ist, desto mehr Zeit benötigt Qt[1] mit seiner Erstellung. Da dies unter Umständen eine zu lange Wartezeit nach dem Aufruf z.B. einer Menüaktion bedeuten könnte, empfiehlt es sich, aufwendige Dialoge im Voraus zu erzeugen und erst bei Bedarf mit show() anzuzeigen.

QTabDialog ist die Containerklasse für die in letzter Zeit sehr beliebten Karteireiterdialoge. Ein Karteireiterdialog besteht aus mehreren Seiten, die automatisch bei Klick auf den Karteireiter angezeigt werden. Um in Qt einen Karteireiterdialog zu erzeugen, sind folgende Schritte nötig:

1. Instanziierung eines QTabDialog-Objekts.
2. Instanziierung eines QWidget-Objekts für jede Seite des Dialogs.
3. Hinzufügen von Kindfenstern für die jeweilige Seite.
4. Aufruf von QTabDialog.addTab(), um das QWidget-Objekt als neue Seite des Dialogs anzumelden.
5. Die Schaltflächen ("OK", "Abbrechen", ...) als Kindfenster des QTabDialog-Objekts erzeugen (sie sind auf jeder Seite sichtbar).
6. Verbindung der Signale mit Slots und Anzeigen des Dialogs mit exec_loop() oder show().

Ein Karteireiterdialog beinhaltet keine Reihenfolge der dargestellten Seiten, da zu jeder Zeit der Benutzer jede Seite des Dialogs abrufen kann. Ist dies nicht gewünscht, verwendet man besser einen Assistentendialog – in Qt existiert dazu die Containerklasse QWizard.

5.2.8 Internationalisierung

Mit Qt ist es möglich, internationalisierte und lokalisierte Anwendungen zu erstellen. Dazu sind folgende Schritte nötig:

1. Benutzung von QString, wo in Variablen mit sichtbaren Texten gearbeitet wird. Da QString intern mit der Textcodierung Unicode arbeitet, können nahezu alle Sprachen der Welt transparent bearbeitet werden.
2. Benutzung der QObject-Methode tr() für alle im Quelltext direkt eincodierten Texte. tr("text") ruft intern die in QApplication definierte Methode translate() auf, die je nach Verfügbarkeit lokalisierter Wortdateien und aktueller Systemeinstellung eine Übersetzung der Zeichenkette liefert.
3. Übersetzung aller Texte in möglichst viele Sprachen. Um dies zu erleichtern, arbeitet man zurzeit bei Trolltech an einem speziellen Programm für diesen Zweck, dem so genannten Qt Linguist.

---

[1] ... und alle anderen GUI-Toolkits.

5.2.9 Drucken

Das Drucken kann in Qt mit Hilfe der Klasse QPrinter geschehen. Ein QPrinter ist im Wesentlichen ein von der Klasse QPaintDevice abgeleitetes Zeichengerät mit einigen zusätzlichen Parametern. Die seitenbezogenen Parameter können durch einen in QPrinter enthaltenen Dialog eingestellt werden. Man ruft diesen Dialog durch die Methode setup() eines QPrinter-Objekts auf.

Unter Windows benutzt QPrinter die eingebauten Druckertreiber zum Ausdruck, unter Linux und anderen Unix-Betriebssystemen erzeugt QPrinter eine Postscript-Datei, die dann zur jeweiligen Druckerwarteschlange geschickt wird.

5.3 Die Kontaktverwaltung

5.3.1 Schritt 1 – Hallo Welt

Eine minimale Qt-Anwendung besteht aus zwei Komponenten: dem Anwendungsobjekt – einer Instanz der Klasse QApplication und einem zentralen Fenster – einer Instanz einer von QMainWindow abgeleiteten Klasse[1]. Das folgende Programm stellt eine solche minimale Qt-Anwendung, eingebettet in unser Anwendungsszenario, dar. Startet man das Programm, öffnet sich ein leeres Fenster und wartet, bis es geschlossen wird.

```
 1 #!/usr/bin/python
 2
 3 import sys
 4 sys.path.append("..")
 5
 6 import Anwendung
 7 from qt import *
 8
 9 class qtKontaktAnwendung( QApplication, Anwendung.Anwendung ):
10     "Repräsentiert die Anwendungsklasse"
11
12     def __init__( self, argv ):
13         "Konstruieren"
14         QApplication.__init__( self, argv )
15         Anwendung.Anwendung.__init__( self )
16
17     def initialize( self ):
18         "Initialisieren"
19         self.mainWindow = QMainWindow()
```

---

[1] ... oder einem anderen Fenster, welches der Anwendungsklasse als zentrales Fenster bekanntgemacht wird.

```
20      self.mainWindow.setCaption( "%s %s - %s" % ( self.apptitle,
                                     self.appversion, self.doctitle ) )
21      self.mainWindow.show()
22      QObject.connect( self, SIGNAL( 'lastWindowClosed()' ),
                                     self, SLOT( 'quit()' ) )
23
24   def run( self ):
25      "Ereignisverarbeitung starten"
26      self.exec_loop()
27
28 if __name__ == "__main__":
29   applikation = qtKontaktAnwendung( sys.argv )
30   applikation.start()
```

Listing 5.2: Schritt1a.py

Zeile 9: Da die Anwendungsklasse auch die grundlegende Anwendungslogik der Kontaktverwaltung beinhalten soll, wird hier Mehrfachvererbung verwendet.

> **Wichtig**
>
> Die Klassen von Qt selbst sind nicht für Mehrfachvererbung ausgelegt. Während Mehrfachvererbung wie hier mit beliebig vielen nicht aus Qt stammenden Klassen erlaubt und unterstützt wird, führt jedoch das Ableiten von mehreren Qt-Klassen zu Fehlfunktionen, die sich zur Laufzeit manifestieren können.

Zeile 14-15: Die Konstruktoren der Basisklassen werden aufgerufen. Im Gegensatz zu vielen anderen objektorientierten Programmiersprachen werden in Python die Konstruktoren der Basisklassen bei der Konstruktion eines abgeleiteten Objekts nicht automatisch aufgerufen.

Zeile 19: Die zentrale Fensterinstanz – ein Objekt der Klasse QMainWindow – wird in der Objektvariablen MainWindow gespeichert. Würde man das Hauptfenster nicht oder nur in einer lokalen Variable speichern, würde es am Ende der Methode zerstört. Da in diesem Fall das Hauptfenster nicht existiert, wenn in die Hauptschleife gesprungen wird, würde die Anwendung nicht dargestellt und das Python-Programm bis zum »gewaltsamen«[1] Entfernen aus dem Speicher in der Hauptschleife bleiben.

Zeile 20: Mit der in der Klasse QWidget definierten Methode setCaption() wird der Fenstertitel gesetzt.

---

[1] Durch kill unter Unix oder PROZESS|BEENDEN mit dem Taskmanager unter Windows.

Zeile 21: show() ist ebenfalls eine Methode der Basisklasse aller Qt-Fensterobjekte QWidget und zeigt ein Fenster sowie alle seine Kindfenster an. Analog dazu verbirgt hide() das Fenster sowie alle seine Kindfenster. Einige von QWidget abgeleitete Klassen überschreiben die in der Basisklasse definierten Methoden – entweder um interne Unterschiede zu kapseln oder um zusätzliche Funktionalität zu implementieren. Beispielsweise überschreibt QMenuBar die Methode hide(), um die aktuell selektierten Einträge zu deselektieren und ruft setUpLayout() des zugeordneten zentralen Fensters auf, um eine Reorganisation des Layouts nach dem Verbergen der Menüleiste auszulösen.

Zeile 22: Eine Qt-Anwendung kann mehrere Anwendungsfenster geöffnet haben. Die Anwendungsklasse führt jederzeit Buch über die Anzahl der aktuell geöffneten Anwendungsfenster. Wird das letzte Anwendungsfenster geschlossen, sendet die Anwendungsklasse das Signal lastWindowClosed(). Durch die Verbindung dieses Signals mit der Anwendungsklassenmethode quit() bekommt die in der Anwendungsklasse implementierte Hauptschleife exec_loop() durch einen Aufruf von QApplication.exit() die Information, dass sie die Kontrolle an die aufrufende Funktion zurückgeben soll. Ohne diese Anweisung würde die Kontrolle weiterhin in der Hauptschleife verbleiben, obwohl keine weiteren Ereignisse durch den Benutzer an die Anwendung geschickt werden können. Es gäbe also keinerlei Möglichkeit mehr, mit der Anwendung zu interagieren - sie würde jedoch noch laufen und damit Speicherplatz, Rechenzeit und unter Umständen weitere Ressourcen verbrauchen.

> **Wichtig**
>
> Dies ist ein gutes Beispiel dafür, wie der Signal/Slot-Mechanismus eine optimale Wiederverwendung unterstützt. Wäre in der Implementierung der Anwendungsklasse von Qt die Methode lastWindowClosed() mit der Methode quit() »kurzgeschlossen«, würde sich die Anwendung immer direkt beenden, falls das letzte Anwendungsfenster geschlossen wird. In bestimmten Situationen ist dieses Verhalten jedoch nicht erwünscht (z.B. wenn eine Anwendung noch über ungespeicherte Daten verfügt) und kann durch die Kontrolle dieses Mechanismus verändert werden.

Zeile 26: Die Ereignisverarbeitung wird durch den Aufruf der Hauptschleife exec_loop() gestartet. In Qt ist die Hauptschleife als Methode des Anwendungsobjekts QApplication implementiert. Der Aufruf der Hauptschleife kehrt erst dann zurück, wenn QApplication.exit() gerufen wird. Grundsätzlich findet außerhalb der Hauptschleife keine Ereignisverarbeitung statt und daher ist keine Benutzerinteraktion möglich. Eine Ausnahme sind jedoch modale Dialogboxen, wie z.B. eine QMessageBox, die ihrerseits intern die Hauptschleife aufrufen.

> **Vorsicht**
>
> Der Aufruf der Methode exec_loop() ist einer der seltenen Fälle in PyQt, in denen der Name der Python-Methode nicht mit dem Namen der C++-Methode übereinstimmt. Dies liegt daran, dass die korrespondierende C++-Methode exec() heißt, das aber ein reserviertes Schlüsselwort in Python ist.

Zeile 29: Das Qt-Anwendungsobjekt QApplication wird instanziiert. Der Konstruktor von QApplication nimmt eine Liste mit den beim Aufruf des Programms übergebenen Argumenten auf und konfiguriert das Anwendungsobjekt dementsprechend. Qt unterstützt drei Typen von Argumenten:

- Stil & Session-Argumente (z.B. -style=platinum, um die Anwendung im Look & Feel von MacOS darzustellen)
- Debugging-Argumente (z.B. –nograb, um die exklusive Belegung von Maus und Tastatur zu untersagen)
- Plattformabhängige Argumente (z.B. -display=hostname:0.0, um die Anwendung auf ein anderes XII-Display umzuleiten).

> **Wichtig**
>
> In jeder Qt-Anwendung darf es nur ein einziges Anwendungsobjekt geben. Auch beim Einbetten von PyQt-Anwendungen in C++ Anwendungen muss darauf geachtet werden, dass nur entweder der C++-Teil oder der Python-Teil das Anwendungsobjekt QApplication erzeugt und dem jeweiligen Partnerteil eine Referenz auf dieses Objekt zukommen lässt.

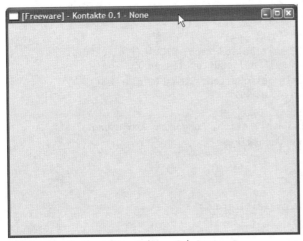

Abb. 5.1: Qt-Kontaktverwaltung Schritt1a

Abbildung 5.1 zeigt die Anwendung nach Ausführen von Schritt1a.py. Es wird ein leeres Fenster erzeugt, da die Klasse QMainWindow keine Kindfenster konstruiert. Die einzige mögliche Benutzerinteraktion ist das Schließen des Fensters über den Schließknopf des Window Managers.

Listing 5.3 zeigt eine erweiterte Version dieses Programms, in der eine Schaltfläche hinzugefügt wurde, die auf Klicken reagiert.

```
 1 #!/usr/bin/python
 2
 3 import sys
 4 sys.path.append("..")
 5
 6 import Anwendung
 7 from qt import *
 8
 9 class qtHauptfenster( QMainWindow ):
10     "Repräsentiert das Hauptfenster der Anwendung"
11
12     def __init__( self, application ):
13         "Konstruieren und initialisieren"
14         QMainWindow.__init__( self )
15         self.helloButton = QPushButton( self )
16         self.helloButton.setText( "Hallo" )
17         self.setCentralWidget( self.helloButton )
18         QObject.connect( self.helloButton, SIGNAL( "clicked()" ),
                            self.helloButtonClicked )
19         self.app = application
20
21     def helloButtonClicked( self ):
22         "Auf Schalterklick reagieren"
23         self.helloButton.setText( "Welt" )
24         QObject.disconnect( self.helloButton, SIGNAL( "clicked()" ),
                               self.helloButtonClicked )
25         QObject.connect( self.helloButton, SIGNAL( "clicked()" ),
                            self.app.quit )
26
27 class qtKontaktAnwendung( QApplication, Anwendung.Anwendung ):
28     "Repräsentiert die Anwendungsklasse"
29
30     def __init__( self, argv ):
31         "Konstruieren"
32         QApplication.__init__( self, argv )
33         Anwendung.Anwendung.__init__( self )
34
35     def initialize( self ):
36         "Initialisieren"
```

```
37        self.mainWindow = qtHauptfenster( self )
38        self.mainWindow.setCaption( "%s %s - %s" % ( self.apptitle,
                                     self.appversion, self.doctitle ) )
39        self.mainWindow.show()
40        QObject.connect( self, SIGNAL( 'lastWindowClosed()' ), self,
                           SLOT( 'quit()' ) )
41
42    def run( self ):
43        "Ereignisverarbeitung starten"
44        self.exec_loop()
45
46 if __name__ == "__main__":
47     applikation = qtKontaktAnwendung( sys.argv )
48     applikation.start()
```

Listing 5.3: Schritt1b.py

Zeile 9: Das Anwendungsfenster wird von der Qt-Klasse für Hauptfenster `QMainWindow` abgeleitet.

Zeile 12: Der Konstruktor der abgeleiteten Hauptfensterklasse erwartet als einzigen Parameter eine Referenz auf das Anwendungsobjekt.

Zeile 14: Der Konstruktor der Basisklasse wird aufgerufen.

Vorsicht: Vergisst man den Konstruktoraufruf der Basisklassen von Qt, meldet der Python-Interpreter folgenden Fehler im Erweiterungsmodul `libqtc`:

```
Traceback (most recent call last):
  File "Schritt2.py", line 44, in ?
    applikation.start()
  File "../Anwendung.py", line 33, in start
    self.initialize()
  File "test.py", line 33, in initialize
    self.mainWindow = qtHauptfenster()
  File "test.py", line 15, in __init__
    self.helloButton = QPushButton( self )
  File "/usr/lib/python2.1/site-packages/qt.py", line 414, in __init__
    libqtc.sipCallCtor(58,self,args)
AttributeError: sipThis
```

Das Attribut `sipThis` gehört zum PyQt-Erweiterungsmodul `libqtc` und wird beim Konstruktoraufruf eines Qt-Objekts dynamisch erstellt. Vergisst man diesen Aufruf, so fehlt das Attribut. Eine Fehlermeldung der Art »Konstruktor der Basisklasse wurde nicht aufgerufen« würde in diesem Fall eher weiterhelfen.

Zeilen 15-17: Eine Schaltfläche (QPushButton) wird erzeugt, beschriftet und der Hauptfensterklasse als zentrales Widget bekannt gemacht. Die Bekanntmachung als zentrales Widget hat Einfluss auf das Geometriemanagement. Standardmäßig existiert folgendes Geometriemanagement innerhalb eines Qt-Hauptfensters: Eine Menüleiste wird an den obersten Rand des Fensters gesetzt, alle Werkzeugleisten direkt darunter. Eine Statusleiste wird an den unteren Rand des Hauptfensters gesetzt. Der verbleibende Platz ist dann für das zentrale Widget vorgesehen, dessen Geometrie dementsprechend gesetzt wird. Unterlässt man den Aufruf dieser Funktion werden alle erzeugten Kindfenster überlappend an die Position (0, 0) gesetzt.

Zeile 18: Die Methode helloButtonClicked() wird an das Signal clicked() der Schaltfläche gebunden.

Zeile 19: Die im Konstruktoraufruf übergebene Referenz auf das Anwendungsobjekt wird für die spätere Verwendung in der Methode helloButtonClicked() als Objektvariable gespeichert.

Zeile 24-25: Die Bindung an das Signal clicked() wird aufgehoben und es wird eine Bindung an die quit()-Methode des Anwendungsobjekts (deswegen auch der zusätzliche Parameter im Konstruktor) vorgenommen.

Zeile 37: Statt der Basisklasse QMainWindow wie in Schritt1a.py wird hier nun die abgeleitete Klasse qtHauptfenster als Hauptfenster instanziiert.

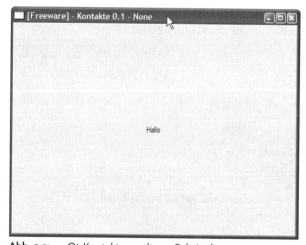

Abb. 5.2:   Qt-Kontaktverwaltung Schritt1b

Bei Ablauf dieses Programms (in Abbildung 5.2 dargestellt) erscheint im Hauptfenster eine mit dem Text "Hallo" beschriftete Schaltfläche. Drückt man diese Schaltfläche verändert sich der Text in "Welt". Drückt man die Schaltfläche erneut, beendet sich die Anwendung.

5.3.2 Schritt 2 – Layout

Innerhalb dieses Schrittes wird das Hauptfenster mit einer Menüleiste, einer Werkzeugleiste, dem Arbeitsbereich und einer Statusleiste ausgestattet.

```python
1  #!/usr/bin/python
2
3  import sys
4  sys.path.append("..")
5
6  from qt import *
7  import Anwendung
8
9  MENU = 1
10 BOTH = 0
11
12 class qtHauptfenster( QMainWindow ):
13
14     iconPath = "../Images/"
15
16     fileMenu = [
17         ( BOTH, "Neue Datei erstellen", "New.gif.png",
18         "Neu", Qt.CTRL+Qt.Key_N, "miFileNew" ),
19         ( BOTH, "Existierene Datei öffnen", "Open.gif.png",
20         "Öffnen...", Qt.CTRL+Qt.Key_O, "miFileOpen" ),
21         ( MENU, "Existierende Datei schließen", "",
22         "Schließen", 0, "miFileClose" ),
23         None,
24         ( BOTH, "Aktuelle Datei speichern", "Save.gif.png",
25         "Speichern", Qt.CTRL+Qt.Key_S, "miFileSave" ),
26         ( MENU, "Aktuelle Datei unter einem anderen Namen speichern", "",
27         "Speichern unter...", 0, "miFileSaveAs" ),
28         None,
29         ( BOTH, "Aktuelle Datei ausdrucken", "Print.gif.png",
30         "Drucken...", Qt.CTRL+Qt.Key_P, "miFilePrint" ),
31         None,
32         ( BOTH, "Eine Datei importieren", "DataStore.gif.png",
33         "Importieren", 0, "miFileImport" ),
34         ( BOTH, "Aktuelle Datei exportieren", "DataExtract.gif.png",
35         "Exportieren", 0, "miFileExport" ),
36         None,
37         ( MENU, "Die Anwendung beenden", "",
38         "Beenden", Qt.ALT+Qt.Key_F4, "miFileExit" ),
39     ]
40
41     editMenu = [
42         ( BOTH, "Auswahl in die Zwischenablage ausschneiden", "Cut.gif.png",
```

```
43        "Ausschneiden", Qt.CTRL+Qt.Key_X, "miEditCut" ),
44      ( BOTH, "Auswahl in die Zwischenablage kopieren",
45        "Copy.gif.png", "Kopieren", Qt.CTRL+Qt.Key_C, "miEditCopy" ),
46      ( BOTH, "Inhalt der Zwischenablage einfügen",
47        "Paste.gif.png", "Einfügen", Qt.CTRL+Qt.Key_V, "miEditPaste" ),
48      None,
49      ( BOTH, "Nach einem Eintrag suchen", "DocumentMag.gif.png",
50        "Suchen...", Qt.CTRL+Qt.Key_F, "miEditFind" ),
51      None,
52      ( BOTH, "Ausgewählten Eintrag modifizieren", "EnvelopeOpen.gif.png",
53        "Modifizieren...", Qt.ALT+Qt.Key_Return, "miEditModify" )
54      ]
55
56    viewMenu = [
57      ( BOTH, "Zur detaillierten Ansicht schalten", "Column.gif.png",
58        "Detailliert", 0, "miViewDetail" ),
59      ( BOTH, "Zur Übersichtsansicht schalten", "Row.gif.png",
60        u"Übersicht", 0, "miViewOverview" )
61      ]
62
63    insertMenu = [
64      ( BOTH, "Eine neue Kategorie einfügen", "NewColumn.gif.png",
65        "Kategorie...", 0, "miInsertCategory" ),
66      ( BOTH, "Einen neuen Kontakt einfügen", "NewEnvelope.gif.png",
67        "Kontakt...", 0, "miInsertContact" )
68      ]
69
70    helpMenu = [
71      ( BOTH, "Zeigt Programminformationen an", "Help.gif.png",
72        u"Über...", 0, "miHelpAbout" )
73      ]
74
75    allMenus = [ ( "&Datei", fileMenu ),
76               ( "&Bearbeiten", editMenu ),
77               ( "&Einfügen", insertMenu ),
78               ( "&Hilfe", helpMenu )
79               ]
80
81    def __init__( self, app ):
82      "Konstruieren und initialisieren"
83      QMainWindow.__init__( self, None, "MainWindow" )
84      self.app = app
85      self.createActions()
86      self.createStatusBar()
87      self.createWorkspace()
88
```

```python
 89    def createActions( self ):
 90        self.menuBar = QMenuBar( self )
 91        self.toolBar = QToolBar( self )
 92        self.actions = {}
 93        for menu in self.allMenus:
 94            popupMenu = QPopupMenu( self )
 95
 96            for entry in menu[1]:
 97                if entry:
 98                    both, helptxt, icon, menutxt, accel, cbName = entry
 99                    action = QAction( helptxt, QIconSet( QPixmap( self.
                                       iconPath+icon ) ), menutxt, accel,
                                       self )
100                    action.addTo( popupMenu )
101                    self.actions[cbName] = action
102
103                    cbMethod = getattr( self.app, cbName, None )
104                    if cbMethod:
105                        QObject.connect( action, SIGNAL( "activated()" ),
                                         cbMethod )
106                    else:
107                        print "Warning: trying to connect to non-existent
                         callback method: %s" % cbName"
108
109                    if both == BOTH: action.addTo( self.toolBar )
110                else:
111                    popupMenu.insertSeparator()
112
113            self.menuBar.insertItem( menu[0], popupMenu )
114            self.toolBar.addSeparator()
115
116    def createStatusBar( self ):
117        self.statusBar = QStatusBar( self )
118        self.statusBar.message( "Bereit." )
119        self.categoryLabel = QLabel( self.statusBar )
120        self.categoryLabel.setText( "4 Kategorien" )
121        self.contactsLabel = QLabel( self.statusBar )
122        self.contactsLabel.setText( "10 Kontakte" )
123        self.modifiedLabel = QLabel( self.statusBar )
124        self.modifiedLabel.setText( "modifiziert" )
125        self.statusBar.addWidget( self.categoryLabel, 0, 1 )
126        self.statusBar.addWidget( self.contactsLabel, 0, 1 )
127        self.statusBar.addWidget( self.modifiedLabel, 0, 1 )
128        self.statusBar.show()
129
130    def createWorkspace( self ):
131        self.workspace = QHBox( self )
```

```
132
133         self.leftBox = QVBox( self.workspace )
134         self.categoryBar = QTabBar( self.leftBox )
135         self.categoryBar.addTab( QTab( "Alle" ) )
136         self.categoryBar.addTab( QTab( "Freunde" ) )
137         self.categoryBar.addTab( QTab( "Verwandte" ) )
138         self.categoryBar.addTab( QTab( "Arbeitskollegen" ) )
139         self.contactsRow = QTable( self.leftBox )
140         self.contactsRow.setNumRows( 10 )
141         self.contactsRow.setNumCols( 10 )
142         for row in xrange( 0, 10 ):
143            for col in xrange( 0, 10 ):
144                self.contactsRow.setText( row, col, "(%i, %i)" %
                                            ( row + 1, col + 1 ) )
145
146         self.rightBox = QVBox( self.workspace )
147         self.rightBox.setFixedWidth( 50 )
148         self.navigationBox = QVBox( self.rightBox )
149         for t in ["0-9", "ABC", "DEF", "GHI", "JKL",
150              "MNO", "PQR", "STU", "VW", "XYZ"]:
151            button = QPushButton( self.navigationBox )
152            button.setText( t )
153            button.setFixedWidth( 35 )
154
155         self.workspace.show()
156         self.setCentralWidget( self.workspace )
157
158 class qtKontaktAnwendung( QApplication, Anwendung.Anwendung ):
159
160     def __init__( self, argv ):
161         QApplication.__init__( self, argv )
162         Anwendung.Anwendung.__init__( self )
163
164     def initialize( self ):
165         self.mainWindow = qtHauptfenster( self )
166         self.mainWindow.setCaption( "%s %s - %s" % ( self.apptitle,
                                        self.appversion, self.doctitle ) )
167         self.mainWindow.show()
168         self.mainWindow.resize( 640, 480 )
169         self.connect( self, SIGNAL( 'lastWindowClosed()' ),
                                        self, SLOT( 'quit()' ) )
170
171     def run( self ):
172         self.exec_loop()
173
174 if __name__ == "__main__":
175
```

```
176    import sys
177    applikation = qtKontaktAnwendung( sys.argv )
178    applikation.start()
```

Listing 5.4: Schritt2.py

Zeile 14: Einige der möglichen Menüaktionen werden mit Symbolen versehen, die auch auf den korrespondierenden Schaltflächen der Werkzeugleiste zu sehen sind. Hier wird der relative Pfad zu dem Verzeichnis, in dem sich die Symbole für diese Anwendung befinden, festgesetzt.

Zeilen 16-79: Die zu den Menüaktionen gehörende Datenstruktur wird gefüllt. Beim Erzeugen von Menüaktionen hat man es mit vielen gleichen Anweisungen zu tun. Um den Quelltext übersichtlicher und leichter wartbar zu machen, liegt es nahe, für die relevanten Parameter eine Datenstruktur festzulegen, mit deren Inhalt die Menüaktionen dann erzeugt werden. Für diese Anwendung wird pro Menü eine Liste definiert, in der die Elemente entweder aus einem Tupel oder None bestehen. Der Wert None steht für eine in das Menü einzutragenden Trennlinie. Ein Tupel steht für einen Menüeintrag. Jeder Menüeintrag besteht hier aus den folgenden sechs Elementen:

1. Verwendungszweck (MENU steht für eine Menüaktion, BOTH steht für eine Aktion, die sowohl im Menü als auch auf der Werkzeugleiste eingetragen werden soll).
2. Erläuterungstext (dieser Text wird bei Anwahl des Menüaktion in der Statuszeile bzw. als Tool Tip, wenn die Maus auf einer Werkzeugleistenschaltfläche verweilt, angezeigt).
3. Icon (Dateiname des Symbols, das im Menü respektive auf der Werkzeugleiste zu der Aktion erscheinen soll).
4. Text (der Text des Menüeintrags).
5. Beschleunigertaste (Spezifikation einer Tastenkombination, mit der sich die Aktion ebenfalls anwählen lässt).
6. Callback (Name der Methode, die aufgerufen werden soll, sobald die Aktion ausgewählt wird).

Obwohl das Menü ANSICHT in der Menüdatenstruktur als viewMenu enthalten ist, wird es noch nicht verarbeitet, da es in der Liste allMenus fehlt. Das Ansichtmenü besteht aus zwei sich gegenseitig ausschließenden Einträgen und erfordert deswegen eine Sonderbehandlung, die in Schritt 4 erläutert wird.

Zeilen 85-87: Die zur Anwendung gehörenden Kindfenster werden bei der Konstruktion des Hauptfensters erzeugt. Die Methode createActions() erzeugt die Menüleiste, die Werkzeugleiste und die Menüaktionen, die Methode createStatusBar() erzeugt die Statusleiste, während die Methode createWorkspace() die zum Arbeitsbereich der Anwendung gehörenden Fenster erzeugt.

Zeilen 90-91: Die Referenzen auf die Menüleiste (QMenuBar) und die Werkzeugleiste (QToolBar) werden zur späteren Verwendung gespeichert.

Zeile 92: Die nachfolgend erzeugten Aktionen werden als Schlüssel/Wert-Paare (Aktionsname, Aktionsobjekt) gespeichert. Speichert man die Aktionsobjekte nicht, werden sie nach Beendigung des Konstruktors wieder entfernt und erscheinen nicht.

Zeilen 93-94: In der äußeren Schleife wird jeweils ein neues Popup-Menü für die Menüleiste erzeugt und zur Menüleiste hinzugefügt. Zur optischen Trennung der verschiedenen Menüs auf der Werkzeugleiste wird nach der Bearbeitung eines Menüs ein Trennsymbol hinzugefügt.

Zeilen 97-101: In der inneren Schleife wird für jeden Menüeintrag eine Aktion (QAction) erzeugt, die zum entsprechenden Menü hinzugefügt wird. Als zweiten Parameter des QAction-Konstruktors kann man ein QIconSet übergeben. Ein QIconSet wird aus einer QPixmap (der portablen Kapselung einer Bilddatei) erzeugt und stellt Bilder für die verschiedenen Stadien einer Menüaktion (z.B. *verfügbar, ausgewählt* oder *nicht verfügbar*) her.

Zeilen 103-107: Die Menüaktion wird mit einer Callback-Methode verbunden, indem das bei Anwahl einer Aktion ausgesendete Signal activated() an den spezifizierten Slot gebunden wird. Aus praktischen Gründen wird die Callback-Methode in der Menü-Datenstruktur als Name gespeichert. Zur Laufzeit muss ein Slot aber eine gültiges Funktionsobjekt sein. Es muss also aus dem durch eine Zeichenkette übergebene Namen der Methode eine Referenz auf das dazugehörige Funktionsobjekt gemacht werden. Dies geschieht durch die eingebaute Python-Funktion getattr(Objekt,Attribut), die zu einem gegebenen Objekt einen Zeiger auf das Attribut zurückliefert.

Zeile 109: Bei kombinierten Menü- und Werkzeugaktionen (BOTH) wird die jeweilige Aktion zur Werkzeugleiste hinzugefügt.

Zeilen 117-118: Die Statusleiste (QStatusBar) wird erzeugt und durch den Aufruf von message() mit einer Bereitschaftsnachricht versehen.

Zeilen 119-127: Die im Pflichtenheft aufgeführten Statusindikatoren für

- die Anzahl der verwendeten Kategorien,
- die Anzahl eingetragener Kontakte und
- das Vorhandensein ungespeicherter Modifikationen

werden zur Statusleiste hinzugefügt. Die jeweiligen Indikatoren werden dazu als Textlabels (QLabel) erzeugt und mit addWidget(widget,stretch,permanent) der Statusleiste hinzugefügt. Der Parameter stretch bestimmt, ob das Widget horizontal gestreckt werden soll, um den verbleibenden Platz auszufüllen. Der Parameter permanent indiziert, ob das Widget permanent oder temporär in der Statusleiste existiert. Dieser Parameter beeinflusst das Geometriemanagement der Statusleiste: Temporäre Widgets werden von links nach rechts hinzugefügt, permanente Widgets von rechts nach links.

Zeilen 131-153: Die Fenster des Arbeitsbereichs werden erzeugt. Das Layout des Arbeitsbereiches (in Abbildung 5.3 dargestellt) wird durch eine Verschachtelung der einfachen Geometriemanagerklassen QHBox und QVBox erreicht:

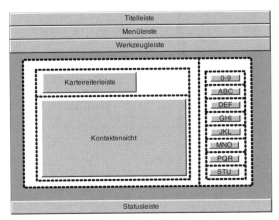

Abb. 5.3: Layout des Qt-Anwendungsfenster

Die äußerste Einteilung ist eine horizontale Box mit zwei Spalten, die eine innere Einteilung vornehmen. Die innere Einteilung in Spalte 1 ist eine vertikale Box mit zwei Zeilen für die Kategorieleiste (Zeile 1) und die Kontaktansicht (Zeile 2). Die innere Einteilung in Spalte 2 ist eine vertikale Box für die zeilenweise Anordnung der Navigationsschaltflächen.

Zeilen 134-138: Als Kategorieleiste fungiert ein Objekt der Klasse für Karteireiterleisten QTabBar. Zu dieser Leiste werden zunächst statisch einige Kategorien (als Karteireiter vom Typ QTab) hinzugefügt, um einen Eindruck des finalen Layouts zu gewinnen – die endgültigen Kategorien werden dann in den späteren Schritten dynamisch erzeugt. Objekte vom Typ QTabBar werden meistens Dialogen mit einer umfangreichen Menge an Kontrollelementen verwendet. In Qt existiert dazu die Dialogklasse QTabDialog, die im Wesentlichen eine eingebettete QTabBar mit einigen zusätzlichen Schaltflächen kapselt.

Zeilen 139-144: Für die Kontaktansicht in der Qt-Kontaktverwaltung wird ein Objekt der Klasse QTable verwendet. Die Klasse QTable kapselt eine effiziente und flexible Tabellenansicht. Testweise wird die Tabelle mit 10 Zeilen á 10 Spalten angelegt und die resultierenden 100 Felder mit etwas Text gefüllt.

Zeilen 146-153: Die Navigationsleiste wird als QVBox konstruiert, die die entsprechenden Schaltflächen untereinander anordnet. Die Schaltflächen der Navigationsleiste sollen eine feste Beschriftung und Größe haben, daher wird hier für jede Schaltfläche setText() sowie setFixedWidth() aufgerufen. Die QVBox richtet ihre Breite normalerweise automatisch anhand der Breite der enthaltenen Kindfenster aus. Hier soll jedoch etwas zusätzlicher Raum zur Rechten und zur Linken bereitstellt werden, daher in Zeile 147 der explizite Aufruf von setFixedWidth().

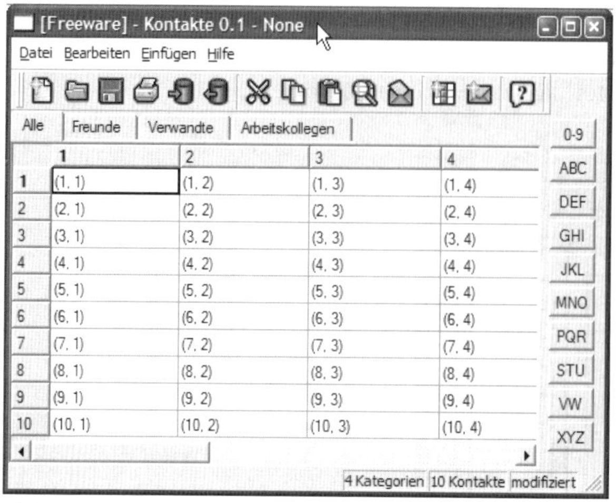

Abb. 5.4: Qt-Kontaktverwaltung Schritt 2

Zeile 156: Die äußerste QHBox des Arbeitsbereichs wird der Anwendung als zentrales Fenster bekannt gemacht.

Abbildung 5.4 zeigt die Anwendung nach Aufruf von Schritt2.py.

5.3.3 Schritt 3 – Laden & Speichern

Die von der Benutzeroberfläche unabhängige Kernfunktionalität zum Laden, Speichern, Importieren und Exportieren von Kontaktdatenbanken ist in der Anwendungsklasse im Bereich Dokumentenmanagement (siehe Kapitel 3) bereits enthalten – ebenso wie die vom GUI-Toolkit unabhängige Logik zum Aufruf des Dateidialoges. In diesem Schritt müssen also lediglich die Dialoge entworfen werden, die den entsprechenden aufrufenden Methoden den Dateinamen zurückgegeben.

Zur Erinnerung: Es wird erwartet, dass im Modul qtDialoge eine Klasse DateiDialog implementiert ist, die die folgenden zwei Methoden hat:

1. getOpenContactsFilename(Typ) soll den Dialog zum Laden (bzw. Importieren) einer Datei anzeigen und den für die Auswahl der Dateien akzeptierten Typ festlegen. Wird kein Typ übergeben, soll standardmäßig der Dateityp "Kontaktdatenbank (*.kdb)" benutzt werden.
2. getSaveContactsFilename(Typ) soll den Dialog zum Speichern (bzw. Exportieren) einer Datei anzeigen und den für die Auswahl der Dateien akzeptierten Typ festlegen. Wird kein Typ übergeben, soll auch hier standardmäßig der Dateityp "Kontaktdatenbank (*.kdb)" benutzt werden.

Als funktionale Randbedingung gilt bei letzterer Methode zusätzlich, dass ein schon existierender Dateiname nur dann übergeben werden soll, wenn der Benutzer eine dementsprechende Nachfrage explizit mit "Ok" beantwortet hat.

Die Implementierung des Dateidialogs ist sehr kurz, da in Qt bereits Klassen für Standarddialoge zum Laden und Speichern existieren. Folgendes Listing zeigt die Realisierung der Klasse Dateidialog:

```
1  class DateiDialog( QFileDialog ):
2      "Repräsentiert einen Datei-öffnen oder Datei-speichern-als-Dialog"
3
4      def getOpenContactsFilename( self, types = "Kontaktdatenbank (*.kdb)" ):
5          "Einen Dateinamen zum Lesen holen"
6          result = self.getOpenFileName( QString(), types )
7          if result.isNull(): return None
8          else: return unicode( result, "latin-1" )
9
10     def getSaveContactsFilename( self, types = "Kontaktdatenbank (*.kdb)" ):
11         "Einen Dateinamen zum Schreiben holen"
12         while 1:
13             result = self.getSaveFileName( QString(), types )
14             if result.isNull(): return None
15             filename = unicode( result, "latin-1" )
16             if not os.path.exists( filename ): return filename
17             if not QMessageBox.warning( None, "Datei speichern",
                                 "Die Datei '%s' existiert bereits.
                                 Überschreiben?" % filename, "Ja",
                                 "Nein" ):
18                 return filename
19             self.setSelection( filename )
```

Listing 5.5: Klasse DateiDialog im Modul qtDialoge

Zeile 1: Die Klasse DateiDialog wird von der Klasse QFileDialog abgeleitet, die den Standarddialog zum Auswählen von Dateinamen kapselt.

Zeilen 4-8: getOpenContactsFilename() ruft die Methode getOpenFileName(dir, type) auf. Als Standardverzeichnis (dir) wird ein leerer String angegeben. Damit wird veranlasst, das aktuelle Arbeitsverzeichnis der Anwendung (meistens das Verzeichnis, in dem die Anwendung gestartet wurde) zu verwenden. Als Dateityp (type) wird der im Aufruf übergebene bzw. der Standardtyp gesetzt.

Zeilen 7-8: Bei Abbruch des Dialogs (durch Druck auf die Schaltfläche "Abbrechen") wird von Qt ein leerer QString übergeben. Die aufrufende Funktion erwartet jedoch entweder einen String (der dann als gültige Auswahl benutzt wird) oder den Wert None.

Zeilen 12-19: Die Auswahl eines Dateinamens zum Speichern wird in eine Schleife gepackt, die erst dann beendet wird, wenn entweder ein Dateiname eingegeben wird, zu dem eine Datei noch nicht existiert, oder das Überschreiben einer vorhandenen Datei bestätigt wird.

Zeile 16: Existiert eine Datei zu einem gegebenen Dateinamen noch nicht, liefert os.path.exists() 0 zurück. Dann kann der Dateiname an den Aufrufer zurückgeben werden.

Zeile 17: Existiert eine solche Datei schon, wird eine Nachrichtenbox (QMessageBox) geöffnet und eine Warnung angezeigt. Falls der Anwender die Schaltfläche "Ja" drückt, bedeutet dies, dass die Datei überschrieben werden darf und somit der Dateiname zurückgegeben werden kann. Entscheidet sich der Anwender für "Nein", wird der letzte Dateiname als aktueller Dateiname selektiert (setSelection()) und die Schleife geht zur nächsten Iteration über.

Damit dieser Dialog von den in der Anwendungsklasse definierten Methoden miFileOpen(), miFileSave(), miFileImport() sowie miFileExport() benutzt werden kann, müssen zwei zusätzliche Zeilen in Schritt3.py gegenüber der Datei Schritt2.py am Anfang hinzugefügt werden:

```
import qtDialoge as Dialoge
Anwendung.Dialoge = Dialoge
```

Mit diesen Anweisungen wird das Modul der Anwendungsklasse bekannt gemacht. Abbildung 5.5 zeigt die Anwendung in Schritt 3 mit einem geöffneten DATEI|SPEICHERN ALS Dialog und der beschriebenen Warnungsmeldung.

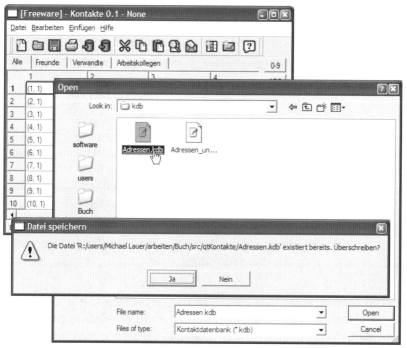

Abb. 5.5: Qt-Kontaktverwaltung Schritt3

5.3.4 Schritt 4 – Kontaktansicht

Ab Schritt 3 ist es möglich, Kontaktdatenbanken einzuladen und zu speichern – angezeigt werden die eingeladenen Kontakte jedoch noch nicht.

In diesem Schritt wird daher die Kontaktansicht erstellt. Dazu wird zunächst ein Teil des in Schritt 2 erstellten provisorischen Arbeitsbereiches verändert. Im vorletzten Schritt wurde als Kontaktansicht ein Objekt der Klasse QTable erzeugt. Für die endgültige Kontaktansicht reicht das Standardverhalten der QTable nicht – die zusätzliche Funktionalität wird in der von QTable abgeleiteten Klasse qtKontaktAnsicht implementiert. Diese Klasse wird vom Modul qtFenster bereitgestellt. Gegenüber Schritt3.py entfallen daher die Zeilen 141 bis 146:

```
141 self.contactsRow = QTable( self.leftBox )
142 self.contactsRow.setNumRows( 10 )
143 self.contactsRow.setNumCols( 10 )
144 for row in xrange( 0, 10 ):
145     for col in xrange( 0, 10 ):
146         self.contactsRow.setText( row, col, "(%i, %i)" % ( row + 1, col + 1 ) )
```

Sie werden durch die folgende Zeile ersetzt:

```
141 self.contactsRow = Fenster.KontaktAnsicht( self.leftBox, "", self, "detail" )
```

Damit die Hauptfensterklasse auf die neue Klasse KontaktAnsicht zugreifen kann, wird der Importbereich von Schritt3.py um die Zeile import qtFenster as Fenster erweitert.

Anforderungen & Schnittstelle

Wie in obigem Aufruf zu sehen, erwartet der Konstruktor der Klasse KontaktAnsicht vier Parameter:

- parent enthält eine Referenz auf das Elternobjekt,
- name enthält eines Referenz auf den den Namen des Objekts,
- mainWindow enthält eine Referenz auf das Hauptfensterobjekt
- viewMode beschreibt die anfänglich darzustellende Ansicht

Für die Qt-Anwendung sollen zwei Arten der Darstellung unterstützt werden:

- Überblick (viewMode = "overview") – in dieser Ansicht wird pro Zelle ein Kontakt mit Vorname, Name und Bild dargestellt.
- Detail (viewMode = "detail") – in dieser Ansicht entspricht eine Zeile einem Kontakt und alle Felder werden dargestellt.

Da auch nach der Konstruktion der Kontaktansicht der Ansichtsmodus noch verändert werden soll[1], muss eine Methode dafür bereitgestellt werden. Diese Methode muss ebenfalls berücksichtigen, dass nicht immer alle Kontakte zu sehen sein sollen – vielmehr sollen Kontakte in Abhängigkeit der gerade ausgewählten Kategorie dargestellt werden. Dafür wird die Methode changeView() bereitgestellt.

Zusätzlich zur Konstruktion und zur Initialisierung der Ansicht muss die Ansichtsklasse in diesem Schritt nur unterstützen, dass Kontakte hinzugefügt werden. Dazu wird die Methode insertContact() bereitgestellt.

Als letztes muss eine Methode bereitgestellt werden, die die Ansicht aktualisiert, sobald sich etwas an der Datenbasis ändert. Diese Methode stellt die (einzige) Schnittstelle zum Hauptfenster dar: updateContacts().

Implementierung

```
 1 class KontaktAnsicht( QTable ):
 2     "Kapselt eine Tabelle mit Kontakten"
 3
 4     def __init__( self, parent, name, mainWindow, viewMode ):
 5         QTable.__init__( self, 0, 0, parent, name )
 6         self.changeViewMode( viewMode )
 7         self.mainWindow = mainWindow
 8
 9     def changeViewMode( self, viewMode, category = "Alle" ):
10         "Ansichtmodus ändern und Ansicht neu aufbauen"
11         self.mCategory = category
12         self.clearContacts()
13         self.mViewMode = viewMode
14         self.mRow = 0
15         self.mCol = 0
16         self.items = []
17         self.setNumRows( 0 )
18         self.setNumCols( 0 )
19
20     def updateContacts( self, how, what ):
21         "Ansicht aktualisieren"
22         self.hide()
23         if how == "allContacts":
24             for contact in what:
25                 self.insertContact( contact )
26         elif how == "changeView":
27             self.changeViewMode( what, self.mCategory )
28             self.updateContacts( "allContacts",
                                    self.mainWindow.app.contacts )
```

---

1   ... man könnte das Fenster bei einem Ansichtenwechsel natürlich zerstören und neu erstellen, das würde durch das automatische Geometriemanagement aber zu unschönem Geflacker führen. Besser ist es daher, die Ansicht »in-place« zu ändern.

```python
29          self.adjustLayout()
30          self.show()
31
32      def insertContact( self, contact ):
33          "Kontakt zur Ansicht hinzufügen"
34          if self.mCategory != "Alle":
35              if self.mCategory != contact.getValue( "Kategorie" ):
36                  return
37
38          if self.mViewMode == "detail":
39              if self.numRows() == 0:
40                  self.setNumCols( 10 )
41                  for pos, el in [(0,"Bild"), (1,"Anrede"), (2,"Vorname"),
42                                  (3,"Name"), (4,"Strasse"), (5,"PLZ"),
43                                  (6,"Stadt"), (7,"Telefon"),
44                                  (8,"E-Mail"), (9,"Kategorie")]:
45                      self.horizontalHeader().setLabel( pos, el )
46
47              self.setNumRows( self.numRows()+1 )
48              for i in range( 0, self.numCols() ):
49                  label = str( self.horizontalHeader().label( i ) )
50                  if label == "Bild":
51                      pm = QPixmap( contact.getValue( label ) )
52                      item = QTableItem( self, QTableItem.Never, "", pm )
53                  else:
54                      item = QTableItem( self, QTableItem.Never,
55                                          contact.getValue( label ) )
55                  self.setItem( self.mRow, i, item )
56                  self.items.append( item )
57              self.mRow += 1
58
59          elif self.mViewMode == "overview":
60              if self.numRows() == 0:
61                  self.setNumCols( 5 )
62                  for i in range( 0, 5 ):
63                      self.horizontalHeader().setLabel( i, `i+1` )
64
65              if self.mCol == 0: self.setNumRows( self.numRows()+1 )
66              pm = QPixmap( contact.getValue( "Bild" ) )
67              item = QTableItem( self, QTableItem.Never,
                                      contact.getValue( "Vorname" )+"
                                      "+contact.getValue( "Name" ), pm )
68              self.items.append( item )
69              self.setItem( self.mRow, self.mCol, item )
70              self.mCol += 1
71              if self.mCol == 5:
```

```
72                self.mCol = 0
73                self.mRow += 1
74
75     def clearContacts( self ):
76        "Alle Kontakte aus Ansicht entfernen"
77        for i in xrange( 0, self.numRows() ):
78            for j in xrange( 0, self.numCols() ):
79                self.clearCell( i, j )
80
81     def adjustLayout( self ):
82        for i in range( 0, self.numRows() ): self.adjustRow( i )
83        for i in range( 0, self.numCols() ): self.adjustColumn( i )
```

Listing 5.6: Klasse KontaktAnsicht im Modul qtFenster

Zeilen 4-7: Im Konstruktoraufruf der Basisklasse `QTable` wird für die Anzahl Zeilen und Spalten zunächst jeweils 0 angegeben, da eine `KontaktAnsicht` nur zu Beginn der Anwendung neu erzeugt wird (spätere Veränderungen erfordern kein Zerstören und erneutes Erzeugen) und die Anzahl der Zeilen und Spalten später sowohl von der Datenbasis (wegen der Anzahl der Kontakte) als auch des gewählten Ansichtsmodus (Übersicht oder Detail) abhängen. Eine Referenz auf das Hauptfenster wird gespeichert, weil in einigen – seltenen – Fällen von der `KontaktAnsicht` aus aktiv auf Daten der Hauptfensterklasse zugegriffen wird[1].

Zeilen 9-18: `changeViewMode()` veranlasst das Löschen aller Zellen in der Tabelle und setzt die Anzahl der Zeilen und Spalten zurück. `setNumRows()` und `setNumCols()` sind in `QTable` implementiert. Alle Objektattribute werden zurückgesetzt:

- `mCategory` speichert die aktuell angezeigte Kategorie.
- `mViewMode` speichert den aktuell angezeigten Ansichtsmodus.
- `mRow` speichert die Zeile der als nächstes zu besetzende Zelle.
- `mCol` speichert die Spalte der als nächstes zu besetzenden Zelle.
- `items` enthält die Zelleneinträge.

Zeilen 20-30: Die Synchronisierung zwischen Datenbasis und Ansicht erfolgt über Nachrichten, die vom Hauptfensterobjekt zum Ansichtsobjekt gesendet werden. Für Schritt 4 werden nur zwei Nachrichten implementiert:

---

[1] Dies war zugegebenermaßen keine leichte Entwurfsentwurfsentscheidung, da die Kapselung der Klassen dadurch etwas unterminiert wird. Der Verzicht auf diesen Zugriff würde einige Interaktionen jedoch – für ein Beispielprogramm unnötig – verkomplizieren.

1. "allContacts" – wird gesendet, wenn eine neue Datei eingeladen wurde und viele Kontakte in einem Schritt zur Ansicht hinzugefügt werden sollen.
2. "changeView" – wird gesendet, wenn sich der Ansichtsmodus ändert. Da dies zunächst die Löschung aller Zellen bedeutet, müssen auch in diesem Fall viele Kontakte neu zur Ansicht hinzugefügt werden.

updateContacts() ist von Aufrufen zu hide() respektive show() umschlossen. Dies beschleunigt die Ausführung: Werden viele Einträge zur Tabelle hinzugefügt, verändert sich die Darstellung der Tabelle ständig – es wird also ständig aktualisiert, obwohl dies nicht nötig wäre. Es ist sinnvoller, erst alle Aktualisierungen an die Tabelle zu senden, um danach die Veränderungen in einem Schritt darzustellen[1].

Zeilen 24-25: Hier wird über alle vom Hauptfenster gelieferten Einträge iteriert. Das eigentliche Hinzufügen eines Kontaktes wird in der Methode insertContact() (siehe unten) geleistet.

Zeile 29: Durch Hinzufügen eines Eintrags kann unter Umständen eine Zelle zu klein werden. Damit sich die Zellgröße automatisch nach ihrem Inhalt richtet, wird hier adjustLayout() (siehe unten) aufgerufen.

Zeilen 32-73: Das Hinzufügen eines Eintrages zur Tabelle hängt vom aktuellen Ansichtsmodus ab, daher muss die weitere Bearbeitung zwischen den Modi "detail" und "overview" unterschieden.

Zeilen 34-36: Es wird überprüft, ob die Kategorie des hinzuzufügenden Eintrags der aktuell gewählten Kategorie (oder der Pseudokategorie "Alle") entspricht.

Zeilen 38-57: Im detaillierten Ansichtsmodus wird ein Kontakt durch eine gesamte Zeile, d.h. zehn Zellen, repräsentiert. Zunächst wird überprüft, ob überhaupt schon Zellen in der Tabelle vorhanden sind. Ist dies nicht der Fall, werden die Spalten beschriftet, da sie bei der Konstruktion einer neuen QTable nur durchnummeriert werden. Eine QTable verwaltet die Spalten- und Zeilenköpfe jeweils mit einer Instanz der Klasse QHeader. QTable.horizontalHeader() gibt das QHeader-Objekt für die Spaltenköpfe zurück. setLabel(Position,Text) ist in QHeader implementiert und setzt den Text des Spaltenkopfs an einer bestimmten Position.

Zeilen 47-57: Die Anzahl der Zeilen in der Tabelle wird um eins erhöht und die Zellen innerhalb der Zeile gesetzt. Dabei werden die Beschriftungen der Spaltenköpfe ausgewertet, um die entsprechenden Schlüssel für die Einträge des hinzuzufügenden Kontakts zu ermitteln. Eine Zelle wird durch die Klasse QTableItem repräsentiert – sie kann je nach Konstruktoraufruf einen Text und/oder ein Bild enthalten, wobei ein Bild in Qt durch eine QPixmap repräsentiert wird. Dies ist der Grund,

---

[1] In Qt gibt es dafür normalerweise die QWidget-Methode setUpdatesEnabled(), die jedoch nicht die Kindfenster beeinflusst. Im Gegensatz dazu verändern die QWidget-Methoden hide() und show() zwar kurzzeitig die Geometrie, arbeiten aber dafür auch automatisch auf allen Kindfenstern eines Fensters.

warum die Spaltenkopfbeschriftung "Bild" hier eine Sonderbehandlung erfährt. Mit QTable.setItem(Zeile,Spalte,Zellenobjekt) wird das Zellenobjekt an die durch Zeile und Spalte spezifizierte Zelle gesetzt.

Zeile 56: Eine Referenz auf das Zellenobjekt wird in der Liste items gespeichert.

> **Vorsicht**
>
> QTableItem ist *nicht* von QObject abgeleitet. Das Eigentum (siehe Abschnitt 5.2.3) verbleibt also beim Erzeuger des Objekts – daher muss die Referenz darauf gespeichert werden, da es sonst automatisch gelöscht wurde.

Zeilen 59-73: Das Hinzufügen eines Kontakts im Übersichtsmodus ist einfacher, da nur die Felder Bild, Vorname und Name ausgewertet werden.

Zeilen 60-63: Wenn noch keine Zellen in der Tabelle sind, werden die Geometrie der Tabelle und die Spaltenkopfbeschriftung verändert. Die Anzahl der Spalten wird für den Übersichtsmodus auf 5 gesetzt, die Spaltenkopfbeschriftung soll bei 1 anfangen und wird deswegen neu durchnummeriert.

Zeilen 75-79: Die in QTable definierte Methode clearCell(Zeile,Spalte) löscht den Inhalt einer Zelle. Mittels zwei verschachtelten Schleifen wird hier die gesamte Tabelle gelöscht.

Zeilen 81-83: Um die maximale Höhe aller Zeilen und die maximale Breite aller Spalte nach dem Inhalt auszurichten, werden für alle Zeilen und Spalten die in QTable definierten Methoden adjustRow() respektive adjustCol() aufgerufen.

Wie in Kapitel 3 vorgestellt, rufen die Methoden des Dokumentenmanagements bei einer Änderung der Datenbasis die in der Anwendungsklasse definierte Methode updateView() auf. Da diese Methode in der Klasse Anwendung leer definiert ist, muss sie in der Klasse qtAnwendung in Schritt4a.py überschrieben werden:

```
176 def updateView( self, how, what ):
177     if self.mainWindow:
178         self.mainWindow.updateView( how, what )
```

Es wird also lediglich die Hauptfenstermethode updateView() aufgerufen, die ihrerseits dafür verantwortlich ist, die Ansicht zu benachrichtigen. Daher muss noch folgende Methode zu Schritt4a.py hinzugefügt werden:

```
156 def updateView( self, how, what ):
157     "Arbeitsbereich aktualisieren"
158     self.contactsRow.updateContacts( how, what )
```

Abbildung 5.6 zeigt die Anwendung nach dem Laden einer Kontaktdatenbank. Die Kontakte werden in der standardmäßig eingestellten Detailansicht eingestellt.

Obwohl die Funktionalität zum Anzeigen der Übersichtsansicht schon implementiert ist, fehlen noch die entsprechenden Menüeinträge, die in Schritt 2 nicht bearbeitet wurden: ANSICHT|ÜBERSICHT sowie ANSICHT|DETAIL.

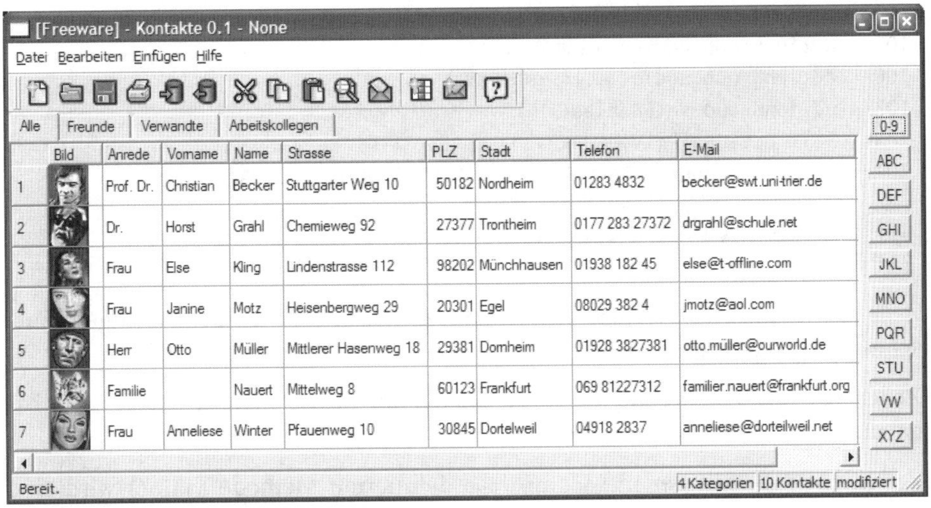

Abb. 5.6: Qt-Kontaktverwaltung Schritt 4a

Um diese Menüeinträge hinzuzufügen, muss das Menü viewMenu zur Liste allMenus hinzugefügt werden:

```
77    allMenus = [ ( "&Datei", fileMenu ),
78               ( "&Bearbeiten", editMenu ),
79               ( "&Einfügen", insertMenu ),
80               ( "&Ansicht", viewMenu ),
81               ( "&Hilfe", helpMenu ) ]
```

Es wäre natürlich möglich, das Menü ANSICHT genau wie die anderen Menüs zur Menüleiste bzw. zur Werkzeugleiste hinzuzufügen. Im Gegensatz zu den anderen Menüaktionen sind die Aktionen dieses Menüs Schalter, die durch Anklicken zwischen den beiden Zuständen {eingeschaltet, ausgeschaltet} wechseln. Die Logik dieses gegenseitigen Ausschlusses könnte dann in den Bearbeitungsmethoden miViewOverview() und miViewDetail() implementiert werden. Dazu müsste bei der Selektion einer Aktion die jeweils andere abgewählt werden.

Qt bietet für solche Menüaktionen jedoch eine eigene Klasse an: QActionGroup. Die Klasse QActionGroup kapselt eine Menge von Aktionen, die sich gegenseitig ausschließen können. Die Benutzung dieser Klasse erfolgt in den folgenden Zeilen, die in Schritt4b.py zur Methode createActions() hinzugefügt werden:

```
99  if menu[1] == qtHauptfenster.viewMenu:
100    actionGroup = QActionGroup( self, "", 1 )
```

```
101    for entry in menu[1]:
102        both, helptxt, icon, menutxt, accel, cbName = entry
103        action = QAction( helptxt, QIconSet( QPixmap( self.iconPath+icon ) ),
                            menutxt, accel, actionGroup, "", 1 )
104        self.actions[cbName] = action
105    actionGroup.addTo( popupMenu )
106    actionGroup.addTo( self.toolBar )
107    actionGroup.setEnabled( 1 )
108    self.actions["miViewDetail"].setOn( 1 )
109    QObject.connect( actionGroup, SIGNAL( "selected(QAction*)" ),
                        self.aViewSelected )
110    actionGroup.setEnabled( 1 )
111 else:
```

Zeile 100: Die Klasse QActionGroup wird als Aktionsgruppe mit gegenseitigem Ausschluß (durch den Wahrheitswert im dritten Parameter) instanziiert.

Zeilen 101-104: Die Erzeugung von Objekten der Klasse QAction erfolgt zunächst genau wie für »normale« Aktionen.

Zeilen 105-106: Mit der in QActionGroup definierten Methode addTo() wird eine Aktion zur Aktionsgruppe hinzugefügt.

Zeile 107: Im Gegensatz zu einer einzelnen Aktion werden die zu einer Aktionsgruppe gehörenden Aktionen gruppenweise eingeschaltet.

Zeile 108: Der zur Standardansicht "Detail" gehörende Menüeintrag wird mit QAction.setOn(1) eingeschaltet.

Zeile 109: Das von der Aktionsgruppe gesendete Signal selected(QAction*) wird mit der im Hauptfenster noch zu definierenden Methode aViewSelected() verknüpft.

> **Wichtig**
>
> Die Definition des Signals selected(QAction*) zeigt deutlich den C++-Ursprung von PyQt. In C++ werden Objektzeiger durch einen nachgestellten Stern spezifiziert. In Python ist diese Unterscheidung zwischen Objekten und Objektzeigern nicht sichtbar, da alle Namen Referenzen auf Objekte sind. Dennoch muss innerhalb einer Signaldefinition die C++-Syntax der Signatur verwendet werden.

Die Methode aViewSelected() sorgt in Schritt4b.py nun für die Signalisierung der Änderung an das Hauptfenster, da dieses für die Sendung von Nachrichten an die Kontaktansicht verantwortlich ist:

```
173 def aViewSelected( self, action ):
174    if unicode( action.menuText(), "latin-1" ) == "Detailliert":
```

```
175        self.updateView( "changeView", "detail" )
176    else:
177        self.updateView( "changeView", "overview" )
```

aViewSelected() ist ein Python-Slot, der das Signal selected() mit dem Parameter QAction empfängt. Da aViewSelected() sowohl bei Auswahl der Menüaktion ANSICHT|ÜBERSICHT als auch bei Auswahl von ANSICHT|DETAIL aufgerufen wird, muss herausgefunden werden, von welcher Aktion das Signal stammt. Dies kann durch Überprüfen des zur Aktion gehörenden Textes geschehen: QAction.menuText() gibt diesen Wert zurück.

Abbildung 5.7 zeigt eine Abbildung der Anwendung in Schritt 4b, in der eine Kontaktdatenbank eingeladen und die Ansichtsmethode "Übersicht" ausgewählt wurde.

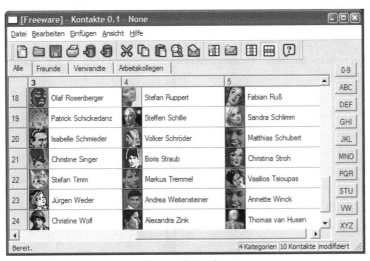

Abb. 5.7: Qt-Kontaktverwaltung Schritt 4b

5.3.5 Schritt 5 – Hinzufügen & Ändern

Neue Kontakte sollen mit einem graphischen Dialog zu einer bestehenden Kontaktdatenbank hinzugefügt werden können. Der gleiche Dialog soll auch für das Ändern eines bestehenden Kontakts verwendet werden. Die Implementierung der GUI-Toolkit unabhängigen Methode Anwendung.miInsertContact() geht davon aus, dass dieser Dialog ein Objekt der Klasse KontaktDialog ist und mit den drei Parametern data, categories und modify konstruiert wird:

1. data – eine Menge von Schlüssel/Wert-Paaren. Beim Aufruf des Menüeintrags EINFÜGEN|KONTAKT wird in diesem Parameter ein leeres Dictionary übergeben. Beim Aufruf des Menüeintrags BEARBEITEN|MODIFIZIEREN werden in diesem

Parameter die Daten des zu modifizierenden Eintrags an den Dialog übergeben, damit diese in den entsprechenden Feldern dargestellt werden können.
2. categories – eine Liste von Kategorien, die der Anwendung momentan bekannt sind.
3. modify – ein Wahrheitswert, der den Typ des Dialogs angibt. Eine 0 bedeutet, dass der Dialog über EINFÜGEN|KONTAKT aufgerufen wurde. Eine 1 bedeutet, dass der Dialog über BEARBEITEN|MODIFIZIEREN aufgerufen wurde.

Nach dem Aufruf des Konstruktors wird der Dialog durch exec_loop() gestartet. Daher muss in dieser Methode die Ereignisverarbeitung implementiert werden. Da außerdem der KontaktDialog ein modaler Dialog sein soll, muss der Aufruf blockieren, bis der Anwender eine der Schaltflächen {*"OK"*, *"Abbrechen"*} betätigt. Die Rückgabe von exec_loop() soll ein Wahrheitswert sein. Eine Rückgabe von 1 bedeutet dabei, dass der Dialog durch "OK" beendet wurde.

Abbildung 5.8 zeigt eine Skizze des Layouts, das für den Dialog zum Einsatz kommen soll.

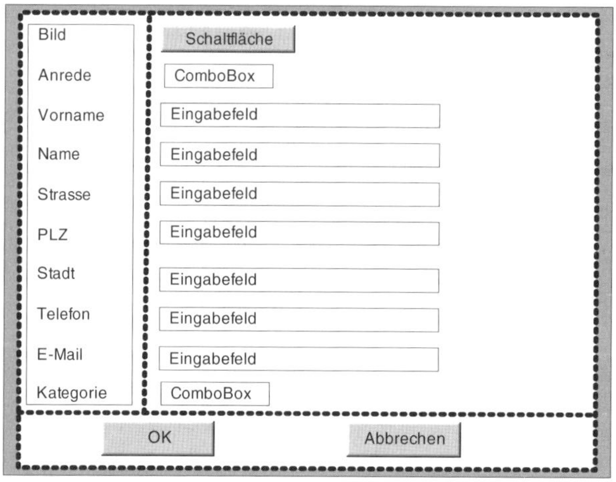

Abb. 5.8: Layout des Dialogs zum Ändern/Hinzufügen von Kontakten

Wie in der Layout-Skizze zu sehen, sollen die Felder untereinander angeordnet werden. Die Beschriftungen und die Eingabefelder selbst sollen dabei jeweils linksbündig sein. Die Felder für Vorname, Name, Strasse, PLZ, Stadt, Telefon und E-Mail sind dabei jeweils einzeilige editierbare Textfelder, die Felder für Anrede und Kategorie sind Kombinationsfelder, da nur die Auswahl aus einer Menge von vorgegebenen Optionen gestattet ist. Das Bild-Feld besteht aus einer Schaltfläche, die bei Drücken einen Datei-Dialog öffnet, mit dem das entsprechende Bild ausgewählt wird.

Die Klasse KontaktDialog ist im Modul qtDialoge wie folgt implementiert:

```python
1  class KontaktDialog( QDialog ):
2      "Repräsentiert den Dialog Kontakt -hinzufügen/-ändern"
3
4      def __init__( self, data, categories = ["(Keine)"], type = 0 ):
5          "Den Dialog konstruieren"
6          QDialog.__init__( self, None, None, 1, 0 )
7          categories.remove( "Alle" )
8          categories.insert( 0, "(Keine)" )
9          self.data = data
10         self.items = {}
11         self.row, self.col = 1, 0
12
13         if type == 0:
14             self.setCaption( "Neuen Kontakt hinzufügen" )
15         else:
16             self.setCaption( "Kontakt ändern" )
17
18         topLayout = QVBoxLayout( self, 5 )
19         self.gridLayout = QGridLayout( topLayout, 0, 2 )
21         ctrlLayout = QHBoxLayout( topLayout )
22
23         okButton = QPushButton('Ok', self)
24         okButton.setDefault( 1 )
25         okButton.setFixedWidth( 80 )
26         ctrlLayout.addWidget( okButton, QGridLayout.AlignCenter )
27         self.connect( okButton, SIGNAL('clicked()'), self,
                         SLOT('accept()') )
28
29         cancelButton = QPushButton('Abbrechen', self)
30         cancelButton.setFixedWidth( 80 )
31         ctrlLayout.addWidget(cancelButton, QGridLayout.AlignCenter)
32         self.connect( cancelButton, SIGNAL('clicked()'), self,
                         SLOT('reject()') )
33
34         pictureLabel = QLabel( "&Bild", self )
35         self.pictureButton = QPushButton( "&Bild hinzufügen",self )
36         pictureLabel.setBuddy( self.pictureButton )
37         QObject.connect( self.pictureButton, SIGNAL( "clicked()" ),
                            self.pictureButtonClicked )
38         if type != 0:
39             if self.data.has_key( "Bild" ):
                   self.pictureButton.setPixmap( QPixmap( self.data["Bild"] ) )
40         self.gridLayout.addWidget( pictureLabel, 0, 0 )
41         self.gridLayout.addWidget( self.pictureButton, 0, 1,
                                      QGridLayout.AlignLeft )
42
```

```python
43        self.addCmbField( "An&rede", 10, ["(Ohne)", "Herr", "Frau", "Prof.
                                 Dr.", "Dr.", "Familie"] )
44        self.addTxtField( "&Vorname", 20 )
45        self.addTxtField( "&Name", 20 )
46        self.addTxtField( "Str&asse", 30 )
47        self.addTxtField( "&PLZ", 5 )
48        self.addTxtField( "&Stadt", 15 )
49        self.addTxtField( "&Telefon", 15 )
50        self.addTxtField( "&E-Mail", 30 )
51        self.addCmbField( "&Kategorie", 20, categories )
52
53        QObject.connect( self.items["Vorname"],
                     SIGNAL( "textChanged(const QString &)" ),
                     self.nameChanged )
54        QObject.connect( self.items["Name"],
                     SIGNAL( "textChanged(const QString &)" ),
                     self.nameChanged )
55
56    def addTxtField( self, name, size ):
57        "Ein Label und ein Editierfeld hinzufügen"
58        label = QLabel( name, self )
59        self.gridLayout.addWidget( label, self.row, self.col )
60        self.col += 1
61        name = name.replace( "&", "" )
62
63        entry = QLineEdit( self, name )
64        if type != 0:
65            if self.data.has_key( name ):
66                entry.setText( self.data[name] )
67        entry.setMaxLength( size )
68        entry.setFixedWidth( size * 10 )
69        self.items[ name ] = entry
70        self.gridLayout.addWidget( entry, self.row, self.col,
                                QGridLayout.AlignLeft )
71
72        label.setBuddy( entry )
73        self.col = 0
74        self.row += 1
75
76    def addCmbField( self, name, size, values ):
77        "Eine Combobox hinzufügen"
78        label = QLabel( name, self )
79        self.gridLayout.addWidget( label, self.row, self.col )
80        self.col += 1
81        name = name.replace( "&", "" )
82
```

```python
83      combo = QComboBox( 0, self, name )
84      combo.setAutoCompletion( 1 )
85      count = -1
86      for item in values:
87          combo.insertItem( item )
88          if self.data.has_key( name ) and self.data[name] == item:
89              count = combo.count()
90      if type != 0 and count != -1: combo.setCurrentItem( count-1 )
91      self.items[ name ] = combo
92      self.gridLayout.addWidget( combo, self.row, self.col,
                                    QGridLayout.AlignLeft )
93
94      label.setBuddy( combo )
95      self.col = 0
96      self.row += 1
97
98  def nameChanged( self, text ):
99      "Auf Namensänderung reagieren"
100     caption = self.items["Vorname"].text()
101     caption.append( " " )
102     caption.append( self.items["Name"].text() )
103     caption.append( " hinzufügen ?" )
104     self.setCaption( caption )
105
106 def pictureButtonClicked( self ):
107     "Dateidialog für Bild anzeigen"
108     filename = QFileDialog().getOpenFileName( "", "Images (*.png
                                                 *.xpm *.jpg)", self )
109     if not filename.isNull():
110         self.data["Bild"] = unicode( filename, "latin-1" )
111         self.pictureButton.setPixmap( QPixmap( filename ) )
112
113 def accept( self ):
114     "Werte updaten und Dialog schließen"
115     for item in self.items.keys():
116         if item in ["Anrede" , "Kategorie"]:
117             self.data[item] = unicode( self.items[item].currentText(),
                                         "latin-1" )
118         else:
119             self.data[item] = unicode( self.items[item].text(),
                                         "latin-1" )
120     if not self.data.has_key( "Bild" ): self.data["Bild"] = ""
121     QDialog.accept( self )
```

Listing 5.7: Klasse KontaktDialog im Modul qtDialoge

Zeile 1: Der `KontaktDialog` ist von der Basisklasse für Dialog `QDialog` abgeleitet.

Zeile 6: Der Konstruktor der Basisklasse wird mit den Parametern für `parent`, `name` und `modal` aufgerufen. Durch die Übergabe von `None` als Elternobjekt wird der Dialog zu einem Hauptfenster gemacht. Die Übergabe von 1 als dritten Parameter erzeugt einen modalen Dialog.

Zeilen 11-12: Sollte die Pseudokategorie "Alle" in der Liste der Kategorien enthalten sein, wird sie gelöscht (die Angabe dieser Kategorie ist nicht erlaubt und sollte daher auch nicht zur Auswahl stehen). Sollte die Pseudokategorie "Keine" fehlen, wird sie hinzugefügt (es soll nicht erzwungen werden, eine Kategorie anzugeben).

Zeilen 13-15: Die Attribute werden initialisiert:

- `data` wird die Daten der Eingabefelder halten,
- `items` wird Referenzen auf die Kontrollelemente halten,
- `row` und `col` sind Hilfsvariablen, die die Position des nächsten hinzuzufügenden Kontrollelementes anzeigen.

Zeilen 17-20: Je nach angegebenen Typ wird die Titelleiste des Dialogs gesetzt.

Zeilen 22-27: Das Geometriemanagement des Dialogs wird zweispaltig und zweizeilig erzeugt. Hierzu werden die Klassen `QVBoxLayout`, `QHBoxLayout` und `QGridLayout` verwendet. Das Geometriemanagement funktioniert genau wie im Hauptfenster der Anwendung, nur dass hier statt der Containerklassen (z.B. `QVBox`) die flexibleren Layout-Klassen benutzt werden:

- `topLayout` kontrolliert die äußerste Geometrieebene. Als Parameter wird die (unsichtbare) Rahmenbreite übergeben.
- `gridLayout` kontrolliert die Geometrie der Eingabefelder und deren Beschriftungen.
- `ctrlLayout` kontrolliert das Layout der Schaltflächen "Ok" und "Abbrechen".

Zeilen 27-36: Die Schaltflächen werden erzeugt und mittels Aufruf von `QLayout.addWidget(Widget,Ausrichtung)` zum Layout hinzugefügt. Mit dem Parameter `Ausrichtung` kann man eine Kombination vieler Ausrichtungskonstanten angeben. Die hier benutzte Konstante `QGridLayout.AlignCenter` richtet die Schaltflächen sowohl horizontal als auch vertikal mittig aus.

Zeile 28: Mit der in der Klasse `QButton` definierten Methode `setDefault()` wird der Schalter "Ok" als Standardschalter gekennzeichnet. Wenn sich der Dialog öffnet, ist dieser Schalter bereits aktiv und kann mit einem Druck auf `Return` aktiviert werden.

Zeilen 31+36: Die Schaltflächen werden an die Methoden `accept()` bzw. `reject()` gekoppelt. Für `accept()` und `reject()` existieren Standardimplementierungen in `QDialog`, die den Dialog schließen und 0 respektive 1 zurückgeben.

Zeilen 38-45: Der Text "Bild" wird als Beschriftung (QLabel) erzeugt und zusammen mit einer Schaltfläche zum Layout hinzugefügt.

Zeile 40: Mit der in QLabel definierten Methode setBuddy() kann ein *Partner* des Beschriftungswidgets angegeben werden. Enthält die Beschriftung eine Beschleunigertaste (spezifiziert mit dem Kaufmannsund "&"), wird bei Eingabe dieser Taste der Fokus auf das Partnerelement gesetzt. Dies erleichtert die Navigation in Dialogen mit vielen Feldern.

Zeile 42-43: Wurde der Dialog durch BEARBEITEN|MODIFIZIEREN aufgerufen, wird – falls dem Eintrag ein Bild zugeordnet ist – die Schaltfläche zum Ändern des Bilds mit diesem Bild versehen.

Zeilen 47-55: Die Erzeugung der folgenden Beschriftungen, Kombinationsfelder und Eingabefelder läuft immer gleich und daher in zwei separaten Methoden ab.

Zeilen 57-58: Das Signal textChanged(const QString&) der Eingabefelder für Vorname und Name wird mit der Methode nameChanged() verbunden. Wird der Name oder der Vorname des bearbeiteten Kontakts verändert, spiegelt sich dies in der Titelleiste des Dialogs wider (siehe unten).

Zeilen 60-78: Die Methode addTxtField() fügt eine Beschriftung (QLabel) und ein Editierfeld (QLineEdit) zum Hauptfeld des Dialogs hinzu. Dabei wird Buch über die aktuelle Position (row und col) geführt. Um die Daten eines Editierfelds später wieder auslesen zu können, wird das Editierfeld unter dem Namen der Beschriftung im Dictionary items gespeichert. Hat der Name eine Beschleunigertaste, wird diese vorher entfernt. Mit setMaxLength() sowie setFixedWidth() bekommt ein Editierfeld eine feste Breite und eine maximale Anzahl einzugebender Zeichen.

Zeilen 68-70: Ist der Dialog ein Änderungsdialog, wird im jeweiligen Editierfeld ein Text dargestellt, wenn das jeweilige Feld in den vom Aufrufer übergebenen Daten vorhanden ist.

Zeilen 80-100: Die Methode addCmbField() fügt analog zur vorigen Methode eine Beschriftung und ein Kombinationsfeld (QComboBox) zum Dialog hinzu.

Zeilen 90-93: Die für das Kombinationsfeld gültigen Zeichenketten werden mittels QComboBox.insertItem() hinzugefügt. Dabei wird innerhalb der Schleife überprüft, ob in den vom Aufrufer übergebenen Daten ein gleichnamiges Feld mit dem entsprechenden Wert existiert. Existiert dieser Wert, wird sein Index gespeichert.

Zeile 94: Ist der Dialog ein Änderungsdialog, wird der vorher ermittelte Index mit QComboBox.setCurrentItem() als aktuelle Auswahl festgelegt.

Zeilen 102-108: Verändert der Benutzer den Text einer der Eingabefelder für den Vornamen oder Namen des Kontakts, wird die Methode nameChanged() aufgerufen. In Abhängigkeit vom Typ des Dialogs und der Daten in den Namensfeldern wird der Titel des Dialogs mit QWidget.setCaption() neu gesetzt.

Zeilen 110-115: Wird die Schaltfläche "Bild" betätigt, wird ein QFileDialog geöffnet, um die Auswahl eines Dateinamens für ein neues Bild zu ermöglichen. Das so ausgewählte Bild wird als neues Bild zur Schaltfläche hinzugefügt.

Zeilen 117-125: Die Methode accept() wird gerufen, falls der Benutzer den Dialog mit "Ok" beenden möchte. Die in QDialog enthaltene Standardimplementierung schließt den Dialog und veranlasst den Rückgabewert 1, sichert aber nicht die Übergabe der im Dialog eingegebenen oder veränderten Daten. Dies muss extra implementiert werden. Die jeweiligen Daten der Eingabefelder werden ausgelesen und in das vom Aufrufer übergebene Dictionary geschrieben.

Zeile 125: Damit der Dialog ordnungsgemäß geschlossen wird, wird hier die Standardimplementierung von accept() gerufen.

Falls Sie sich fragen, wo die Implementierung von exec_loop() geblieben ist: exec_loop() gehört zur Standardimplementierung von QDialog und muss daher nicht extra geschrieben werden. Die Abbildung 5.9 zeigt die Anwendung in Schritt 5 mit einem vom Benutzer teilweise ausgefüllten EINFÜGEN|KONTAKT-Dialog.

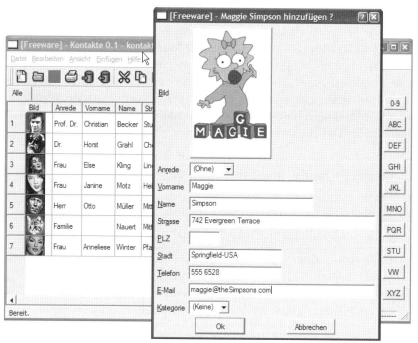

Abb. 5.9: Qt-Kontaktverwaltung Schritt 5

Wie man an der Implementierung dieses Schritts sehen kann, ist auch im an sich schon recht »luxuriösen« GUI-Toolkit Qt schon die Kreation einfacher Dialoge ein aufwendiger und zeitraubender Prozess. In Schritt 7 verwenden wir daher eine alternative (und wesentlich einfachere) Methode, indem wir mit einem UI-Builder arbeiten.

Mit der Erstellung der Einfüge- und Änderungsfunktionalität ist es ab jetzt möglich, dass ein Dokument als »verändert« gekennzeichnet wird. Damit z.B. beim Verlassen des Anwendung der Benutzer gefragt wird, ob er die Änderungen speichern will, ruft die Anwendungsklasse die Methode userInteraction() auf. Die Standardimplementierung dieser Methode ist leer, daher wird in der abgeleiteten Klasse qtAnwendung dies wie folgt implementiert:

```
200 def userInteraction( self, type, contents, question ):
201     if type == "YesNoCancel":
202         return QMessageBox.warning( None, contents, question, "Nein",
                                         "Jetzt speichern", "Abbrechen", 1 )
203     elif type =="Information":
204         return QMessageBox.information( None, contents, question, "OK" )
205     elif type == "Error":
206         return QMessageBox.critical( None, contents, question, "OK" )
207     elif type == "Input":
208         string, button = QInputDialog.getText( contents, question )
209         if button:
210             return unicode( string, "latin-1" )
211         else:
212             return ""
```

Zeilen 201-206: Je nach Typ (type) der einfachen Benutzerinteraktion wird eine bestimmte Form der QMessageBox erzeugt. Die jeweiligen Methoden warning(), information() und critical() sind statische Klassenmethoden von QMessageBox, daher muss kein Objekt dieser Klasse instanziiert werden.

Zeilen 207-212: Der Typ "Input" sagt aus, dass eine einfache Zeichenkette vom Benutzer angefordert werden soll. Dies geschieht hier durch den Aufruf der in QInputDialog implementierten statischen Klassenmethode getText().

5.3.6 Schritt 6 – Zwischenablage

Die Erweiterungen in diesem Schritt realisieren eine Zwischenablage. Durch Auswahl der entsprechenden Menüaktionen soll es nun möglich sein, Elemente auszuwählen, auszuschneiden, zu kopieren und wieder einzufügen.

Auswählen

Die hier implementierte Zwischenablage gilt nur innerhalb einer Anwendung und ist daher ein Attribut der Anwendungsklasse Anwendung. Die innerhalb der Anwendungsklasse implementierte Methode miEditCut() sowie miEditCopy() erwarten, dass die Hauptfensterklasse eine Methode namens getSelected() implementiert, die den Vornamen und den Namen des derzeit ausgewählten Kontakt (oder None) zurückliefert. Dies benötigt folgende Erweiterung für Schritt6.py:

```
180 def getSelected( self ):
181     return self.contactsRow.getSelected()
```

Um »doppelte Buchführung« zu vermeiden, weiß nur das die Kontaktansicht, welcher Kontakt ausgewählt ist. getSelected() delegiert den Aufruf daher an das Ansichtsobjekt, das diesen realisieren muss.

Das Auswählen eines Kontaktes geschieht durch einen Mausklick auf eine Zelle innerhalb der Kontaktansicht. Welchem Kontakt die jeweilige Zelle entspricht ist jedoch abhängig vom gewählten Ansichtsmodus. Im Überblickmodus gibt es eine Zelle pro Kontakt, im Detailmodus entspricht eine Zeile einem Kontakt. Es gilt nun, innerhalb der Kontaktansicht auf einen Mausklick zu reagieren und als Auswahl zu speichern. Ein Objekt der Klasse QTable sendet immer dann das Signal clicked(int,int,int,const QPoint&), wenn auf eine Zelle geklickt wird. Der erste Wert gibt dabei an, mit welcher Maustaste geklickt wurde. Die nächsten beiden Werte liefern Zeilen- und Spaltennummer. Der durch QPoint gelieferte Wert spezifiziert den genauen Pixel innerhalb der Zelle – dieser wird von uns nicht benötigt und daher ignoriert. Um auf den Mausklick zu reagieren, verbinden wir das Signal im Konstruktor von KontaktAnsicht mit der Methode clicked():

```
QObject.connect( self, SIGNAL( "clicked(int,int,int,const QPoint&)" ),
  self.clicked )
```

Da wir in unserer von QTable abgeleiteten Klasse den Selektionsmechanismus selbst übernehmen, geben wir dies ebenfalls im Konstruktor mit setSelectionMode(QTable.NoSelection) bekannt. Die aktuelle Auswahl wird im Attribut currSelection gespeichert, welches in qtFenster.py in Zeile 9 geschieht. Die auf den Mausklick reagierende Methode clicked() ist nun wie folgt implementiert:

```
15 def clicked( self, row, col, button, point ):
16     "Auf Mausklick auf Zelle <row,col> reagieren"
17     qsel = QTableSelection()
18     if self.mViewMode == "detail":
19         qsel.init( row, 0 )
20         qsel.expandTo( row, 10 )
21     else:
22         qsel.init( row, col )
23         qsel.expandTo( row, col )
24
25     if not self.currSelection == None:
26         self.removeSelection( self.currSelection )
27     self.currSelection = self.addSelection( qsel )
```

Zeile 17: Eine Auswahl in einer QTable wird von der Klasse QTableSelection gekapselt, die Methoden zum Auslesen und Setzen der Anfangs- und Endwerte (jeweils Zeile und Spalte) anbietet.

Zeilen 18-20: Im Detailansichtmodus wird die Selektion über die ganze Zeile gesetzt. Dies kann man erreichen, indem man mit init(row,col) zunächst die Anfangswerte setzt und dann mit expandTo(row,col) die Endwerte festlegt.

Zeilen 22-23: Im Übersichtsmodus besteht die Auswahl nur aus der angeklickten Zelle.

Zeilen 25-26: Falls in der Tabelle schon eine alte Auswahl besteht, wird diese mit QTable.removeSelection() gelöscht.

Zeile 27: Die aktuelle Auswahl wird mit QTable.addSelection() dargestellt.

Nun muss nur noch der Vorname und Name des ausgewählten Elementes innerhalb der Methode getSelected() ermittelt und zurückgegeben werden:

```
160  def getSelected( self ):
161      "Die ausgewählte Zelle ermitteln"
162      if self.currSelection == None: return None
163      selection = self.selection( self.currSelection )
164      if self.mViewMode == "overview":
165          result = unicode( self.text( selection.topRow(),
                              selection.leftCol() ), "latin-1" )
165      else:
166          result = unicode( self.text( selection.topRow(), 2 ),
                              "latin-1" )+" "+\
167              unicode( self.text( selection.topRow(), 3 ), "latin-1" )
168      if result == " " or result == "": return None
169      else: return result
```

Zeile 163: Die aktuelle Auswahl wird mit QTable.selection() ausgelesen.

Zeilen 164-165: Im Übersichtsmodus besteht der zurückzugebende Text aus dem kompletten Inhalt der ausgewählten Zelle, deren Position mit topRow() und leftCol() aus der Auswahl ermittelt wird.

Zeilen 166-167: Im Detailmodus besteht der zurückzugebende Text aus dem Wert in den Spalten 1 (Vorname) und 2 (Name).

Zeilen 168-169: Falls Name und Vorname leer sind, erwartet die aufrufende Methode die Übergabe von None.

Kopieren und Ausschneiden

Bei Auswahl der Menüaktion BEARBEITEN|AUSSCHNEIDEN muss der ausgewählte Kontakt aus der Ansicht gelöscht werden. Dazu sendet die in der Anwendungsklasse definierte Methode removeContactByName() die Nachricht "delContact" über das Hauptfenster an die KontaktAnsicht. Mit folgenden Zeilen wird die Nachrichtenverarbeitung in dieser Klasse um die neue Nachricht erweitert:

```
48    elif how == "delContact":
49        self.deleteContact( what )
```

Das Löschen eines Kontakts aus der Ansicht wird nun in deleteContact durchgeführt:

```
120 def deleteContact( self, contact ):
121     "Die Zelle eines Kontakts löschen"
122     position = self.findContact( contact )
123     if self.mViewMode == "overview":
124         self.clearCell( position[0], position[1] )
125     else:
126         for c in xrange( 0, self.numCols() ):
127             self.clearCell( position, c )
```

Zeile 122: Die Position des innerhalb der Kontaktansicht zu löschenden Kontakts wird in der Methode findContact() ermittelt, deren Implementierung folgt.

Zeilen 123-127: Je nach Ansichtsmodus gehört zu einem Kontakt entweder nur eine Zelle oder eine Reihe von Zellen (eine ganze Zeile), die mit Aufrufen von QTable.clearCell() entsprechend gelöscht werden.

```
107 def findContact( self, contact ):
108     "Zu einem Kontakt die entsprechende Zelle suchen"
109     if self.mViewMode == "overview":
110         for r in xrange( 0, self.numRows() ):
111             for c in xrange( 0, self.numCols() ):
112                 if unicode( self.text( r, c ), "latin-1" ) == str( contact ):
113                     return r,c
114     else:
115         for r in xrange( 0, self.numRows() ):
116             data = unicode( self.text( r, 2 ), "latin-1" ) + " " +
                           unicode( self.text( r, 3 ), "latin-1" )
117             if data == str(contact): return r
```

findContact() geht je nach Ansichtsmodus alle Zellen bzw. pro Zeile die Spalten 2 und 3 der Reihe nach durch. Stimmt der Text des Eintrags mit der Zeichenkettenrepräsentation des Kontakts überein, wird die jeweilige Position (Zeile und Spalte im Übersichtsmodus, nur die Zeile im Überblicksmodus) zurückgegeben.

Einfügen

Das Einfügen eines Kontakts aus der Zwischenablage geschieht der Einfachheit halber stets am unteren Ende der Ansicht. Dazu wird die gleiche Methode wie beim Einfügen über die Menüaktion EINFÜGEN|KONTAKT verwendet. Abbildung 5.10

zeigt die Anwendung in Schritt 6 mit einem ausgewählten Kontakt in der Detailansicht. Die invers dargestellte Zelle ist die Zelle, in der der Mausklick stattfand – der Rest der Zeile wurde durch obige Implementierung ausgewählt.

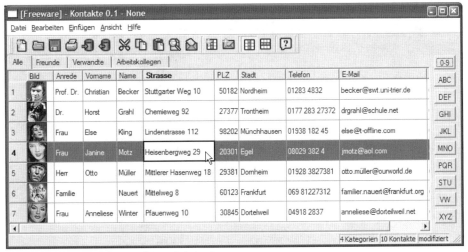

Abb. 5.10: Qt-Kontaktverwaltung Schritt 6

5.3.7 Schritt 7 – Suchen

In diesem Schritt entsteht der Dialog zum Suchen einer Menge von Kontakten und der Möglichkeit mit Hilfe des Dialogs in der Ergebnismenge zu navigieren.

In Schritt 4 ist deutlich geworden, dass schon einfache Dialoge aufwendig zu konstruieren sind. In diesem Schritt wird daher eine effiziente Alternative gewählt – die Konstruktion mit einem graphischen Werkzeug. Dazu gehören zwei Bestandteile:

1. Der graphische UI-Builder selbst. In Qt ist dies der Qt Designer, der eine Beschreibung des Dialogs in XML ausgibt.
2. Ein Programm, um die XML-Repräsentation in Python-Code zu konvertieren. PyQt enthält dazu das Kommandozeilenwerkzeug pyuic.

Mit dem UI-Builder werden Layout und Elemente des Dialogs wie in einem Zeichenprogramm graphisch erzeugt. Die Bedienung des Qt Designer ist einfach und intuitiv. Das Hauptfensterlayout ist zweigeteilt: Auf der linken Seite wird das jeweilige Fenster bearbeitet, auf der rechten Seite befindet sich ein Eigenschaftseditor, mit dem alle Eigenschaften des bearbeiteten Elementes verändert werden können. Die Bedienung ist dabei sowohl über Menüaktionen als auch über die Werkzeugleisten möglich.

Mit FILE|NEW legt man ein neues Projekt an. Wir entscheiden uns für ein Dialog-Projekt. Andere Möglichkeiten sind z.B. ein Assistentendialog (Wizard) oder ein beliebiges Fenster (Widget). Nach der Auswahl des Projekttyps ist ein leerer Dialog wie in Abbildung 5.11 zu sehen.

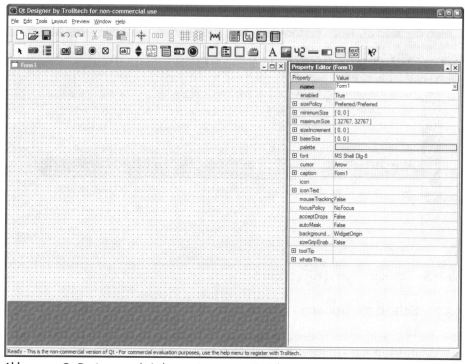

Abb. 5.11: Qt Designer nach Anlegen eines neuen Projekts

Durch das Eigenschaftsfenster lassen sich alle wesentlichen Attribute eines Elements verändern, z.B. der Name des Elements, der später als Klassenname verwendet wird. Für diesen Dialog wird hier "SuchenDialog" als Name eingegeben.

Als nächstes werden Kontrollelemente des Dialogs erzeugt. Dazu wählt man den einzufügenden Elementtyp aus und legt Größe und Position via Drag & Drop fest. Ähnlich wie beim Erzeugen der Elemente im Programmcode sollte an diesem Punkt natürlich das Aussehen des Dialogs schon feststehen. In diesem Fall soll der Dialog horizontal zweigeteilt sein.

Links soll die Eingabe der Suchkriterien durch beschriftete Eingabefelder (bzw. Kombinationsfelder) möglich sein – rechts sollen die gefundenen Kontakte in einer Liste angezeigt werden. Es soll möglich sein, mit einer CheckBox ein Suchkriterium ein- bzw. auszuschalten. Die Schaltflächen "Aktualisieren" und "Abbrechen" sollen den Dialog veranlassen, die Ergebnismenge zu aktualisieren sowie den Dialog zu schließen. Abbildung 5.12 zeigt den Dialog nach dem Einfügen aller Kontrollelemente.

Die Kontaktverwaltung

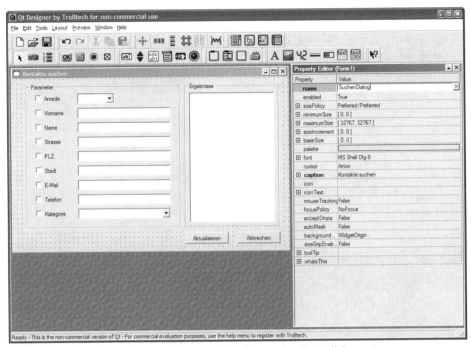

Abb. 5.12: Abbildung 5.12:Qt Designer nach Einfügen aller Kontrollelemente

Als nächster Schritt wird die Tab-Reihenfolge festgelegt. Die Tab-Reihenfolge ist die Reihenfolge der Kontrollelemente an, die bei wiederholter Eingabe von [Tab] den Focus bekommen.

Während die Fähigkeiten vieler UI-Builder an diesem Punkt erschöpft sind, geht der Qt Designer einen Schritt weiter. Wie oben erläutert, sollen die CheckBox-Elemente die Suchkriterien ein- bzw. ausschalten. Dazu ist es nötig, das von einer CheckBox gesendete Signal toggled(bool) mit dem Slot setEnabled(bool) eines Editierfeldes bzw. eines Kombinationsfeldes zu verbinden. Der Qt Designer unterstützt diesen Schritt, indem man die Verbindung von Signalen mit Slots graphisch via Drag & Drop festlegen kann. Abbildung 5.13 zeigt den Qt Designer während einer Verbindungs-Operation, mit der man Sender und Empfänger festlegt. Abbildung 5.14 zeigt die Dialogbox, mit der man das Signal und den Slot festlegt.

Kapitel 5
Qt

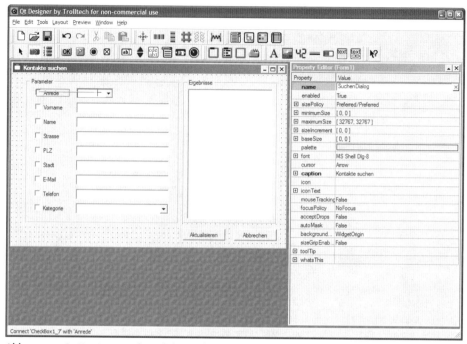

Abb. 5.13: Qt Designer während der Verbindungs-Operation

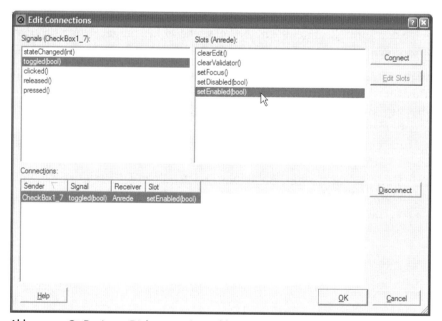

Abb. 5.14: Qt Designer-Dialog zum Auswählen von Signal und Slot

Die so erzeugten Verbindungen kann man durch Auswählen von PREVIEW|PREVIEW FORM direkt aus dem Qt Designer heraus testen. Dabei gibt es sogar die Möglichkeit der Vorschau in allen von Qt beherrschten Varianten des Look & Feel. Nachdem alle Verbindungen gesetzt sind und eine Vorschau des Dialogs zufrieden stellend verläuft, wird der Dialog unter dem Dateinamen SuchenDialog.py gespeichert. Das folgende Listing zeigt (auszugsweise) die XML-Beschreibung des gerade erzeugten Dialogs:

```xml
<!DOCTYPE UI><UI>
<class>uicSuchenDialog</class>
<widget>
    <class>QDialog</class>
    <property stdset="1">
        <name>name</name>
        <cstring>uicSuchenDialog</cstring>
    </property>
    <property>
        <name>geometry</name>
        <rect>
            <x>0</x>
            <y>0</y>
            <width>599</width>
            <height>356</height>
        </rect>
    </property>
    <property>
        <name>caption</name>
        <string>Kontakte suchen</string>
    </property>
    <property>
        <name>sizeGripEnabled</name>
        <bool>false</bool>
    </property>
    <widget>
        <class>QGroupBox</class>
        <property stdset="1">
            <name>name</name>
            <cstring>GroupBox1</cstring>
        </property>
        <property>
            <name>geometry</name>
            <rect>
                <x>30</x>
                <y>10</y>
                <width>331</width>
                <height>301</height>
```

```xml
                </rect>
            </property>
            <property>
                <name>title</name>
                <string>Parameter</string>
            </property>
            <widget>
                <class>QCheckBox</class>
                <property stdset="1">
                    <name>name</name>
                    <cstring>CheckBox1_7</cstring>
                </property>
                <property>
                    <name>geometry</name>
                    <rect>
                        <x>20</x>
                        <y>20</y>
                        <width>77</width>
                        <height>20</height>
                    </rect>
                </property>
                <property>
                    <name>text</name>
                    <string>An&amp;rede</string>
                </property>
            </widget>

[… weitere QCheckBox Klassen …]

            <widget>
                <class>QLineEdit</class>
                <property stdset="1">
                    <name>name</name>
                    <cstring>Vorname</cstring>
                </property>
                <property>
                    <name>enabled</name>
                    <bool>false</bool>
                </property>
                <property>
                    <name>geometry</name>
                    <rect>
                        <x>110</x>
                        <y>50</y>
                        <width>200</width>
```

```xml
                    <height>22</height>
                </rect>
            </property>
        </widget>
        <widget>
            <class>QComboBox</class>
            <property stdset="1">
                <name>name</name>
                <cstring>Kategorie</cstring>
            </property>
            <property>
                <name>enabled</name>
                <bool>false</bool>
            </property>
            <property>
                <name>geometry</name>
                <rect>
                    <x>110</x>
                    <y>260</y>
                    <width>200</width>
                    <height>22</height>
                </rect>
            </property>
        </widget>

[... weitere Widgets ...]

        <widget>
            <class>QGroupBox</class>
            <property stdset="1">
                <name>name</name>
                <cstring>GroupBox2</cstring>
            </property>
            <property>
                <name>geometry</name>
                <rect>
                    <x>370</x>
                    <y>10</y>
                    <width>201</width>
                    <height>300</height>
                </rect>
            </property>
            <property>
                <name>title</name>
                <string>Ergebnisse</string>
```

```xml
        </property>
        <widget>
            <class>QListBox</class>
            <property stdset="1">
                <name>name</name>
                <cstring>lbErgebnisse</cstring>
            </property>
            <property>
                <name>geometry</name>
                <rect>
                    <x>10</x>
                    <y>20</y>
                    <width>181</width>
                    <height>271</height>
                </rect>
            </property>
        </widget>
    </widget>

    <widget>
        <class>QPushButton</class>
        <property stdset="1">
            <name>name</name>
            <cstring>pbSchliessen</cstring>
        </property>
        <property>
            <name>geometry</name>
            <rect>
                <x>480</x>
                <y>320</y>
                <width>93</width>
                <height>26</height>
            </rect>
        </property>
        <property>
            <name>text</name>
            <string>Abbrechen</string>
        </property>
    </widget>
    <widget>
        <class>QPushButton</class>
        <property stdset="1">
            <name>name</name>
            <cstring>pbAktualisieren</cstring>
        </property>
```

```xml
        <property>
            <name>geometry</name>
            <rect>
                <x>370</x>
                <y>320</y>
                <width>93</width>
                <height>26</height>
            </rect>
        </property>
        <property>
            <name>text</name>
            <string>Aktualisieren</string>
        </property>
        <property>
            <name>default</name>
            <bool>true</bool>
        </property>
    </widget>
</widget>

<connections>
    <connection>
        <sender>CheckBox1_3</sender>
        <signal>toggled(bool)</signal>
        <receiver>PLZ</receiver>
        <slot>setEnabled(bool)</slot>
    </connection>

[... weitere Connections ...]

</connections>

<tabstops>
    <tabstop>CheckBox1_7</tabstop>
    <tabstop>CheckBox1</tabstop>
    <tabstop>CheckBox1_2</tabstop>
    <tabstop>CheckBox1_3</tabstop>
    <tabstop>CheckBox1_3</tabstop>
    <tabstop>CheckBox1_4</tabstop>
    <tabstop>CheckBox1_5</tabstop>
    <tabstop>CheckBox1_6</tabstop>
    <tabstop>CheckBox1_6</tabstop>
    <tabstop>Anrede</tabstop>
    <tabstop>Vorname</tabstop>
    <tabstop>Name</tabstop>
```

```
    <tabstop>Strasse</tabstop>
    <tabstop>PLZ</tabstop>
    <tabstop>Stadt</tabstop>
    <tabstop>E_Mail</tabstop>
    <tabstop>Telefon</tabstop>
    <tabstop>Kategorie</tabstop>
    <tabstop>lbErgebnisse</tabstop>
    <tabstop>pbAktualisieren</tabstop>
    <tabstop>pbSchliessen</tabstop>
</tabstops>
</UI>
```

Listing 5.8: XML-Beschreibung SuchenDialog.ui (Auszug)

Wie man in Listing 5.8 sehen kann, speichert der Qt Designer die Beschreibung des Dialogs in Klartext. Verschachtelte Widgets werden dabei auch verschachtelt dargestellt.

Die so erzeugte Beschreibung wird nun mit dem Werkzeug pyuic (Python User Interface Compiler) in Python-Quellcode umgewandelt:

```
pyuic -o uicSuchenDialog.py SuchenDialog.ui
```

Das folgende Listing zeigt auszugsweise, wie die XML-Beschreibung des Dialogs in Python-Befehle im Python-Modul uicSuchenDialog.py umgesetzt wurde:

```
# Form implementation generated from reading ui file 'SuchenDialog.ui'
#
# Created: Tue Jan 22 00:02:47 2002
#      by: The Python User Interface Compiler (pyuic)
#
# WARNING! All changes made in this file will be lost!
from qt import *
class uicSuchenDialog(QDialog):
def __init__(self,parent = None,name = None,modal = 0,fl = 0):
QDialog.__init__(self,parent,name,modal,fl)
if name == None:
  self.setName('uicSuchenDialog')
self.resize(599,356)
self.setProperty('caption',QVariant(self.tr('Kontakte suchen')))
self.setProperty('sizeGripEnabled',QVariant(0,0))
self.GroupBox1 = QGroupBox(self,'GroupBox1')
self.GroupBox1.setGeometry(QRect(30,10,331,301))
self.GroupBox1.setProperty('title',QVariant(self.tr('Parameter')))
self.CheckBox1_7 = QCheckBox(self.GroupBox1,'CheckBox1_7')
self.CheckBox1_7.setGeometry(QRect(20,20,77,20))
self.CheckBox1_7.setProperty('text',QVariant(self.tr('An&rede')))
```

```
[...]
self.Anrede = QComboBox(0,self.GroupBox1,'Anrede')
self.Anrede.setProperty('enabled',QVariant(0,0))
self.Anrede.setGeometry(QRect(110,20,80,22))
self.Vorname = QLineEdit(self.GroupBox1,'Vorname')
self.Vorname.setProperty('enabled',QVariant(0,0))
self.Vorname.setGeometry(QRect(110,50,200,22))
[...]
self.GroupBox2 = QGroupBox(self,'GroupBox2')
self.GroupBox2.setGeometry(QRect(370,10,201,300))
self.GroupBox2.setProperty('title',QVariant(self.tr('Ergebnisse')))
self.lbErgebnisse = QListBox(self.GroupBox2,'lbErgebnisse')
self.lbErgebnisse.setGeometry(QRect(10,20,181,271))
self.pbSchliessen = QPushButton(self,'pbSchliessen')
self.pbSchliessen.setGeometry(QRect(480,320,93,26))
self.pbSchliessen.setProperty('text',QVariant(self.tr('Abbrechen')))
self.pbAktualisieren = QPushButton(self,'pbAktualisieren')
self.pbAktualisieren.setGeometry(QRect(370,320,93,26))
self.pbAktualisieren.setProperty('text',QVariant(self.tr('Aktualisieren')))
self.pbAktualisieren.setProperty('default',QVariant(1,0))
self.connect(self.CheckBox1_3_2,SIGNAL('toggled(bool)'),self.PLZ,
        SLOT('setEnabled(bool)'))
[...]
self.setTabOrder(self.CheckBox1_7,self.CheckBox1)
[...]
```

Listing 5.9: Generiertes Python-Modul uicSuchenDialog.py (Auszug)

Wie man im obigen Listing sehen kann, wurde ein Großteil der Arbeit für Schritt 7 schon vom Qt Designer erledigt. Nun muss noch auf Betätigung des "Aktualisieren"-Button reagiert werden und die Navigation der Ergebnismenge implementiert werden. Um den Dialog weiter zu verfeinern, wird in qtDialoge.py folgende Klasse davon abgeleitet:

```
1  class SuchenDialog( uicSuchenDialog ):
2      "Repräsentiert den Kontakt-Suchen-Dialog"
3
4      def __init__( self, categories, app ):
5          "Den Dialog konstruieren"
6          uicSuchenDialog.__init__( self, None, "Kontakte suchen", 0 )
7
8          QObject.connect( self.pbAktualisieren, SIGNAL( "clicked()" ),
                            self.aktualisieren )
9          QObject.connect( self.pbSchliessen, SIGNAL( "clicked()" ),
                            self.accept )
10         QObject.connect( self.lbErgebnisse, SIGNAL( "highlighted(const
                            QString&)" ), self.lbErgebnisseSelected )
```

```
11
12          self.fields = { "Anrede":self.Anrede, "Vorname":self.Vorname,
                    "Name":self.Name, "Strasse":self.Strasse,
13                  "PLZ":self.PLZ, "Stadt":self.Stadt, "E-Mail":
                    self.E_Mail, "Telefon":self.Telefon,
14                  "Kategorie":self.Kategorie }
15
16          for item in ["(Ohne)", "Herr", "Frau", "Prof. Dr.", "Dr.", "Familie"]:
17              self.Anrede.insertItem( item )
18          for item in categories:
19              self.Kategorie.insertItem( item )
20          self.app = app
21
22      def aktualisieren( self ):
23          "Ergebnisliste zusammenstellen"
24          self.lbErgebnisse.clear()
25          data = {}
26          for field in self.fields.keys():
27              if self.fields[field].isEnabled() == 1:
28                  if field in ["Anrede", "Kategorie"]: data[field] =
                            unicode( self.fields[field].currentText(),
                            "latin-1" )
29                  else: data[field] = unicode( self.fields[field].text(),
                            "latin-1" )
30          results = self.app.findContactByData( data )
31          for result in results:
32              self.lbErgebnisse.insertItem( str(result) )
33          self.lbErgebnisse.sort()
34
35      def lbErgebnisseSelected( self, result ):
36          "Ergebnis in Hauptansicht anzeigen"
37          self.emit( PYSIGNAL( "resultSelected" ), ( unicode( result,
                    "latin-1" ), ) )
38
39      def accept( self ):
40          "Dialog schließen"
41          self.app.findDialog = None
42          QDialog.accept( self )
```

Listing 5.10: Klasse SuchenDialog im Modul qtDialoge

Zeilen 8-10: Drei Signale werden mit Slots innerhalb der Dialogklasse verbunden:

1. Ein Klick auf die Schaltfläche "Aktualisieren" ruft aktualisieren() auf.
2. Ein Klick auf die Schaltfläche "Schließen" ruft accept() auf.
3. Ein Klick auf einen Eintrag in der Listbox ruft lbErgebnisseSelected() auf.

Zeilen 12-19: Die Auswahlmöglichkeiten für die beiden Kombinationsfelder "Anrede" und "Kategorie" werden jeweils mit QComboBox.insertItem() bekanntgemacht.

Zeile 24: Alle Einträge der QListBox, die die Ergebnismenge aufnimmt, werden gelöscht.

Zeilen 25-29: Die Eingabefelder, die eingeschaltet (isEnabled() == 1) sind, werden ausgelesen und in das Dictionary der Suchkriterien aufgenommen. Eine Sonderbehandlung erfahren die Kombinationsfelder, deren aktueller Text nicht mit text() wie bei Editierfeldern, sondern mit currentText() ermittelt wird.

Zeilen 30-33: Die Suchkriterien werden an die Anwendungsklasse übergeben und die resultierende Menge mit QListBox.insertItem() in die Ergebnisliste geschrieben. Zu guter Letzt werden die Einträge sortiert.

Zeilen 35-37: Wird in der Ergebnisliste ein Eintrag ausgewählt, wird das Python-Signal resultSelected() gesendet[1].

Zeilen 39-42: Der Dialog wird geschlossen und im Anwendungsobjekt wird eine Variable gesetzt, die indiziert, dass dieser (nicht modale) Dialog nicht mehr sichtbar ist.

Um den Dialog nun erzeugen und anzeigen zu können, muss die noch fehlende Methode miEditFind() programmiert werden. Diese Methode ist aufgrund ihres hohen Spezialisierungsgrads nicht direkt in der Basisklasse Anwendung, sondern in der davon abgeleiteten qtAnwendung realisiert worden. Für Schritt7.py ergibt sich damit:

```
209 def miEditFind( self ):
210     if self.findDialog:
211         self.findDialog.setActiveWindow()
212         self.findDialog.raiseW()
213     else:
214         self.findDialog = Dialoge.SuchenDialog( self.categories[1:], self )
215         QObject.connect( self.findDialog, PYSIGNAL( "resultSelected" ),
                             self.mainWindow.resultSelected )
216         self.findDialog.show()
```

Zeilen 210-212: Ist der Dialog schon sichtbar, wird er durch Aufruf von QWidget.setActiveWindow() aktiviert und mit QWidget.raiseW() nach »vorne« geholt.

---

[1] Ein »normaler« Aufruf hätte es auch getan – die Benutzung eines Signals zeigt hier jedoch, wie der Signal/Slot-Mechanismus ein weiteres Mal hilft, die Kapselung (und damit die Wiederbenutzbarkeit) zu erhöhen.

Zeilen 214-216: Falls der Dialog noch nicht (oder nicht mehr) sichtbar ist, wird er erzeugt – das Signal `resultSelected()` an eine Hauptfenstermethode gebunden – und angezeigt.

Innerhalb der Hauptfenstermethode `resultSelected()` wird nun der Kontaktansicht mitgeteilt, einen bestimmten Kontakt anzuzeigen. In `Schritt7.py`:

```
183 def resultSelected( self, result ):
184     category = self.app.findContactByName( result ).getValue( "Kategorie" )
185     if category == "(Keine)": category == "Alle"
186     self.updateView( "selectCategory", category )
187     self.contactsRow.goTo( self.contactsRow.findContact( result ) )
```

Zeilen 184-186: Zunächst wird die Kategorie des gewählten Kontakts ermittelt und der Kontaktansicht gesendet, damit diese eventuell ihre Darstellung ändert. Ist keine Kategorie angegeben, soll die Pseudokategorie "Alle" dargestellt werden. Ohne dieses wäre der ausgewählte Kontakt möglicherweise nicht in der aktuell dargestellten Kategorie und damit unsichtbar.

Zeile 187: Die Kontaktansicht wird mit dem Aufruf von `goTo()` veranlasst, einen bestimmten Kontakt darzustellen. Dem Aufruf ist ein Aufruf von `findContact()` vorangestellt, da `goTo()` als Parameter eine Position und keinen Kontakt erwartet.

Um Schritt 7 abzuschließen, verbleibt noch die Implementierungen der Methode `goTo()` in der Klasse `KontaktAnsicht` (die in der Hauptfenstermethode noch zu verarbeitende Nachricht "selectedCategory" wird erst in Schritt 9 vorgestellt):

```
186 def goTo( self, which ):
187     "Zu Zelle <which> gehen"
188     if self.mViewMode == "overview":
189         self.setCurrentCell( which / 5, which % 5 )
190     else:
191         self.setCurrentCell( which, 3 )
```

Innerhalb der Methode `goTo()` wird in Abhängigkeit des gewählten Ansichtsmodus die spezifizierte Position mit `QTable.setCurrentCell()` angezeigt.

Abbildung 5.15 zeigt die Kontaktverwaltung in Schritt 7 mit dem geöffneten SuchenDialog und der Navigation via Ergebnisauswahl. Es wurde hierbei nach allen Kontakten gesucht, deren E-Mail-Adresse den Teil ".net" enthält.

Die Kontaktverwaltung

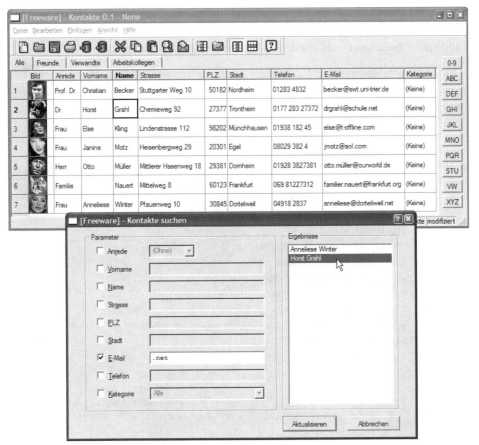

Abb. 5.15: Qt-Kontaktverwaltung Schritt 7

5.3.8 Schritt 8 – Drucken

Durch diesen Schritt wird die Qt-Kontaktverwaltung fähig, einen einfachen Ausdruck der Kontaktdatenbank auf dem Drucker zu erzeugen. Qt bietet zum Drucken die Abstraktion einer 2D-Fläche an, auf der mit verschiedenen Zeichenbefehlen graphische Elemente und Text erstellt werden kann.

Der Ausdruck einer Kontaktdatenbank soll tabellarisch – ähnlich der Detailansicht – aufgebaut sein. Für jeden Eintrag sollen die Daten Vorname, Name, Strasse, E-Mail und Telefon ausgedruckt werden. Die Spalten und Zeilen sollen dabei durch vertikale bzw. horizontale Linien voneinander getrennt werden. Am Fuß jeder Seite soll der Name der Kontaktdatenbank und die aktuelle Seitennummer gedruckt werden.

Durch die Auswahl der Menüaktion DATEI|DRUCKEN wird die Methode miFilePrint() aufgerufen, die das Drucken eines Dokuments an die Hauptfenstermethode printDocument() delegiert. Diese ist wie folgt implementiert:

```
189   def printDocument( self, contacts ):
190       "Das Dokument ausdrucken"
191       printer = QPrinter()
192       if not printer.setup( self ): return
193       t1 = Tempo.Tempo( self.statusBar, "message", "Drucke Dokument...",
                           "Bereit." )
194       painter = QPainter( printer )
195       painter.setFont( self.contactsRow.font() )
196       x, y = 0, 0
197       xm, ym = 10, 70
198       pagenumber = 1
199       fontmetrics = painter.fontMetrics()
200       ls = fontmetrics.lineSpacing()
201       paintmetrics = QPaintDeviceMetrics( printer )
202       w, h = paintmetrics.width(), paintmetrics.height()
203       fields = ["Vorname", "Name", "Strasse", "E-Mail", "Telefon" ]
204       bounds = {"Vorname":0, "Name":0, "Strasse":0, "E-Mail":0, "Telefon":0}
205       for contact in contacts:
206           for field in fields:
207               br = painter.boundingRect( 0, 0, w, h,QPainter.AlignLeft |
                                             QPainter.AlignTop,
                                             contact.getValue(field) )
208               if br.width() > bounds[field]: bounds[field] = br.width()+10
209       for contact in contacts:
210           if (ym+y) > (h-ym-ym-ym):
211               painter.drawText( xm, ym, w-xm, h-ym, QPainter.AlignRight |
                                    QPainter.AlignBottom,
212                                 "Kontaktdatenbank --- %s --- Seite %s" %
                                    ( self.app.doctitle, pagenumber ) )
213               pagenumber += 1
214               printer.newPage()
215               y = 0
216           if y == 0:
217               painter.drawRect( xm, ym, w-xm, ls )
218               x = xm
219               for field in fields:
220                   painter.drawLine( x, ym, x, h-ym )
221                   painter.drawText( x, ym, w, ls, QPainter.AlignLeft |
                                        QPainter.AlignTop | Qt.ExpandTabs |
                                        Qt.DontClip, field )
222                   x += bounds[field]
223               y += ls
224               x = 0
```

```
225            for field in fields:
226                if contact.getValue( field ) not in ["(Ohne)", "(Keine)"]:
227                    painter.drawText( x+xm, y+ym, w, ls, QPainter.AlignLeft |
                                         QPainter.AlignTop | Qt.ExpandTabs |
                                         Qt.DontClip, contact.getValue(field) )
228                    x += bounds[field]
229                painter.drawLine( xm, y+ym, w, y+ym )
230                y += ls
231
232            painter.drawText( xm, ym, w-xm, h-ym, QPainter.AlignRight |
                                 QPainter.AlignBottom,
233                              "Kontaktdatenbank --- %s --- Seite %s" %
                                 ( self.app.doctitle, pagenumber ) )
```

Listing 5.11: Methode printDocument im Modul qtAnwendung

Zeile 191: Die Klasse QPrinter repräsentiert in Qt die Abstraktion eines plattformunabhängigen Druckers.

Zeile 192: Durch den Aufruf von QPrinter.setup() erscheint der in Qt integrierte[1] Druckerdialog, mit dem die Seitenparameter und der auszudruckende Bereich des Dokumentes festgelegt werden können. Die Methode setup() gibt als Wahrheitswert zurück, ob der Dialog mit "Ok" oder "Abbrechen" geschlossen wurden.

Zeile 193: Die Hilfsklasse Tempo kapselt eine temporäre Aktion. Man kann bei der Konstruktion dieses Objekts ein Objekt, eine Methode und zwei Werte angeben. Im Konstruktor des Tempo-Objekts wird Objekt.Methode(ersterWert) aufgerufen, im Destruktor wird Objekt.Methode(zweiterWert) aufgerufen. In dieser Methode wird die Klasse Tempo zum Setzen einer Statusnachricht verwendet. Da der Destruktor der Klasse automatisch aufgerufen wird, wenn das Objekt zerstört wird (in diesem Fall, wenn die Methode printDocument() zurückkehrt), ist es nicht nötig, darauf zu achten, dass man die Statusnachricht zurücksetzt, wenn die Methode beendet ist. Die Hilfsklasse Tempo ist im Modul Tempo (Datei Tempo.py) implementiert. Es gibt viele Anwendungsmöglichkeiten dieser Klasse – dies ist nur eine davon.

Zeilen 194-195: Das Objekt QPainter kapselt die 2D-Zeichenfläche. Durch Angabe des Druckerobjekts wird der Ausgabekontext der Zeichenfläche spezifiziert. Mit QPainter.setFont() kann man einen Zeichensatz für alle nachfolgenden Zeichenbefehle, die Text zeichnen, angeben. QFont() kapselt einen Zeichensatz – für die Ausgabe der Kontakte benutzen wir den Zeichensatz, der auch für die Kontaktansicht benutzt wird. Dieser wird mit QWidget.font() ermittelt.

Zeilen 199-202: Um zu ermitteln, wie viel Text auf eine Seite geht, muss man die Größe des Zeichensatzes und die Seitengröße berücksichtigen. Die Größe des auf der 2D-Zeichenfläche aktuell gesetzten Zeichensatzes wird mit der Methode QPain-

---

[1] ... beziehungsweise den Standarddialog des Betriebssystems, falls ein solcher existiert.

ter.fontmetrics() ermittelt. Die Seitengröße der Zeichenfläche ist geräteabhängig und wird durch die Klasse `QPaintDeviceMetrics` gekapselt. Auf die Breite und Höhe der Zeichenfläche wird mit `width()` respektive `height()` zugegriffen.

Zeilen 205-208: Im Gegensatz zu einem Bildschirm ist das, was auf einer Druckerseite gezeichnet wird, nicht mehr löschbar. Will man beispielsweise eine Spalte so groß machen, dass das größte Element gerade hineinpasst, muss man vorneweg die Größe aller Elemente durchgehen und die des größten Elements speichern. Mit der Methode `QPainter.boundingRect()` kann man das umgebende Rechteck eines Textes ermitteln. Um noch etwas zusätzlichen Platz zu lassen, addieren wir noch 10 Pixel dazu.

Zeilen 209-232: Die äußere Schleife iteriert über alle Kontakte[1].

Zeilen 210-215: Ist die aktuelle y-Position größer als die Seitengröße (minus eines abgeschätzten nicht bedruckbaren Bereichs), muss die aktuelle Seite abgeschlossen und eine neue Seite angefangen werden. Dazu wird der Footer (Name der Kontaktdatenbank und aktuelle Seite) mit `QPainter.drawText()` auf die Zeichenfläche gedruckt. Mit `QPrinter.newPage()` wird die Beendigung der Seite dem Drucker bekannt gemacht.

Zeilen 216-223: Ist die aktuelle y-Position bei 0, muss die gerade angefangene Seite initialisiert werden. Dazu werden die Spalten als Linien mit `QPainter.drawLine()` sowie die Spaltenbeschriftungen gezeichnet.

Zeilen 225-228: Die innere Schleife iteriert über alle auszudruckenden Felder eines Kontakts.

Zeile 226: Hat ein Kontakt in einem Feld den Pseudowert "(Keine)" oder "(Ohne)" stehen, wird dies ignoriert.

Zeile 229: Die horizontale Begrenzungslinie eines Kontakts wird mit `QPainter.drawLine()` gezeichnet.

Abbildung 5.16 zeigt die Anwendung in Schritt 8 nach Auswahl der Menüaktion DATEI|DRUCKEN mit einem geöffneten Druckerdialog.

---

[1] Der Einfachheit halber wurde hier auf die Berücksichtigung des im Druckerdialog eingestellten zu druckenden Dokumentenbereichs verzichtet.

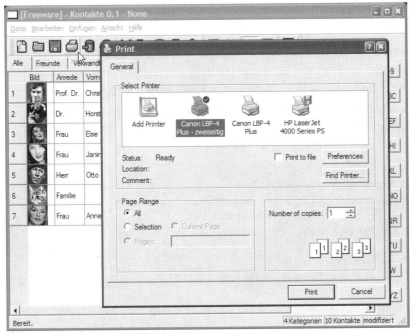

Abb. 5.16: Qt-Kontaktverwaltung Schritt 8

5.3.9 Schritt 9 – Feinschliff

Mit der Komplettierung von Schritt 8 ist die Kernfunktionalität der Anwendung implementiert. Es stehen noch einige kleinere Punkte an, darunter:

- Navigation über die Kategorieleiste
- Navigation über die Schaltflächen
- Aktualisierung der UI-Elemente

Die Implementierungen der Navigationsleisten sind im Modul qtFenster als Klassen KategorieLeiste und NavigationsLeiste enthalten. Die Realisierung ist im Wesentlichen nur Fleißarbeit, enthält keine Überraschungen und führt keine neuen Techniken ein – und wird hier daher nicht besprochen. Als letzter Schritt soll aber noch die Aktualisierung der Oberflächenelemente erläutert werden. Als Oberflächenelemente gelten insbesondere die Elemente, die den Zustand der Anwendung visualisieren, z.B. die Schaltflächen in der Werkzeugleiste oder die Indikatoren in der Statusleiste.

In nahezu allen Anwendungen sind je nach Zustand der Anwendung nicht immer alle Aktionen durchführbar. Damit der Benutzer nicht ausprobieren muss, was möglich ist und was nicht, visualisiert eine gute Benutzeroberfläche die Verfügbarkeit einer Aktion. In Qt existiert dazu die Methode QAction.setEnabled().

Es gibt zwei Möglichkeiten, die besprochenen Oberflächenelemente zu aktualisieren:

1. Eine Aktualisierung nach Bedarf und direkt nach Änderung des Zustands der Anwendung.
2. Die regelmäßige Aktualisierung innerhalb einer Timer- oder Leerlaufmethode.

In der Qt-Kontaktverwaltung wurden beide Ansätze verfolgt: Die Aktionsschaltflächen werden auf die zweite Art aktualisiert. Zur Anwendungsklasse in `Schritt9.py` werden folgende zwei Methoden hinzugefügt:

```
332 def initIdleTimer( self ):
333     self.idleTimer = QTimer( self )
334     QObject.connect( self.idleTimer, SIGNAL( "timeout()" ),
                        self.timeoutIdleTimer )
335     self.idleTimer.start( 250, 0 )
336
337 def timeoutIdleTimer( self ):
338     self.mainWindow.setActionStatus()
```

Der Aufruf von `initIdleTimer()` wird zur Initialisierungsmethode hinzugefügt.

Zeilen 333-334: Ein QTimer-Objekt repräsentiert einen einmaligen oder wiederholt auftretenden Timer. Ist der Timer abgelaufen, sendet er das Signal `timeout()`, welches an die Methode `timeoutIdleTimer()` gebunden wird.

Zeile 335: Der Timer wird als wiederholt auftretender Timer mit einer Ablaufzeit von 250ms gestartet.

Zeile 337: Im Slot `timeoutIdleTimer()` wird die folgende Hauptfenstermethode `setActionStatus()` aufgerufen:

```
121     def setActionStatus( self ):
122         "Aktionsstatus aktualisieren"
123         self.actions["miFileNew"].setEnabled( 1 )
124         self.actions["miFileOpen"].setEnabled( 1 )
125         self.actions["miFileImport"].setEnabled( 1 )
126         self.actions["miFileExit"].setEnabled( 1 )
127         self.actions["miHelpAbout"].setEnabled( 1 )
128
129         if self.getSelected(): self.actions["miEditModify"].setEnabled( 1 )
130         else: self.actions["miEditModify"].setEnabled( 0 )
131
132         if self.app.doctitle:
133             self.actions["miFileClose"].setEnabled( 1 )
134             if self.app.modified > 0:
135                 self.actions["miFileSave"].setEnabled( 1 )
136             else:
```

```python
137             self.actions["miFileSave"].setEnabled( 0 )
138         self.actions["miFileExport"].setEnabled( 1 )
139         if len( self.app.contacts ) > 0:
140             self.actions["miFilePrint"].setEnabled( 1 )
141             self.actions["miFileSaveAs"].setEnabled( 1 )
142             self.actions["miEditCut"].setEnabled( 1 )
143             self.actions["miEditCopy"].setEnabled( 1 )
144             self.actions["miEditFind"].setEnabled( 1 )
145             if self.app.clipboard:
146                 self.actions["miEditPaste"].setEnabled( 1 )
147             else:
148                 self.actions["miEditPaste"].setEnabled( 0 )
149         else:
150             self.actions["miFilePrint"].setEnabled( 0 )
151             self.actions["miFileSaveAs"].setEnabled( 0 )
152             self.actions["miEditCut"].setEnabled( 0 )
153             self.actions["miEditCopy"].setEnabled( 0 )
154             self.actions["miEditPaste"].setEnabled( 0 )
155             self.actions["miEditFind"].setEnabled( 0 )
156         self.actions["miInsertContact"].setEnabled( 1 )
157         self.actions["miInsertCategory"].setEnabled( 1 )
158         self.actions["miFileClose"].setEnabled( 1 )
159         self.actions["miViewOverview"].setEnabled( 1 )
160         self.actions["miViewDetail"].setEnabled( 1 )
161         self.actions["miInsertContact"].setEnabled( 1 )
162         self.actions["miInsertCategory"].setEnabled( 1 )
163
164         title = self.app.doctitle[self.app.doctitle.rfind("/")+1:]
165         self.setCaption( "%s %s - %s" % ( self.app.apptitle,
                             self.app.appversion, title ) )
166     else:
167         self.actions["miEditCut"].setEnabled( 0 )
168         self.actions["miEditCopy"].setEnabled( 0 )
169         self.actions["miEditPaste"].setEnabled( 0 )
170         self.actions["miEditFind"].setEnabled( 0 )
171         self.actions["miFileSave"].setEnabled( 0 )
172         self.actions["miInsertContact"].setEnabled( 0 )
173         self.actions["miInsertCategory"].setEnabled( 0 )
174         self.actions["miFileClose"].setEnabled( 0 )
175         self.actions["miFilePrint"].setEnabled( 0 )
176         self.actions["miFileSaveAs"].setEnabled( 0 )
177         self.actions["miFileExport"].setEnabled( 0 )
178         self.actions["miViewOverview"].setEnabled( 0 )
179         self.actions["miViewDetail"].setEnabled( 0 )
180         self.actions["miInsertContact"].setEnabled( 0 )
```

```
181            self.actions["miInsertCategory"].setEnabled( 0 )
182            self.setCaption( "%s %s - Keine Datei geladen" %
                               ( self.app.apptitle, self.app.appversion ) )
```

Listing 5.12: Methode setActionStatus() in Schritt9.py

Wie im obigen Listing zu sehen ist, werden die jeweiligen Aktionen abhängig vom Inhalt gewisser Variablen bzw. Rückgabewerte von Methoden verfügbar oder nicht verfügbar gemacht. Als Nebeneffekt wird die Titelleiste des Anwendungsfensters mit aktualisiert.

Für die Indikatoren auf der Statusleiste wurde der erste Ansatz verfolgt, da immer, wenn ein Kontakt hinzugefügt, gelöscht oder verändert wird, dem Hauptfenster eine Aktualisierungsnachricht geschickt wird, die in updateView() verarbeitet wird. Es ist nun nur noch nötig, die Aktualisierung der Indikatoren zu dieser Methode hinzuzufügen. Damit ergibt sich updateView() wie folgt:

```
216    def updateView( self, how, what ):
217        "Arbeitsbereich aktualisieren"
218        t1 = Tempo.Tempo( self.statusBar, "message", "Aktualisiere
                             Ansicht...", "Bereit." )
219        self.app.setOverrideCursor( Qt.waitCursor )
220        self.contactsRow.updateContacts( how, what )
221        self.categoryBar.updateCategories( how, what )
222        if self.app.modified: self.modifiedLabel.setText( "modifiziert" )
223        else: self.modifiedLabel.setText( "---------" )
224        self.categoryLabel.setText( "%d Kategorien" % (
                                       len( self.app.categories ) -2 ) )
225        self.contactsLabel.setText( "%d Kontakte" %
                                       len( self.app.contacts ) )
226        self.app.restoreOverrideCursor()
```

Listing 5.13: Methode updateView() in Schritt 9

Um die Statuszeile bei einer länger dauernden Aktualisierung (z.B. nach Laden einer neuen Kontaktdatenbank) mit einer Nachricht zu versehen, wurde hier wieder Gebrauch von der Klasse Tempo gemacht. Bei einer guten Anwendung gehört es außerdem dazu, dass der Maus-Cursor seine Form verändert, wenn die Anwendung zurzeit keine Benutzerereignisse verarbeiten kann. In Qt wird dies durch die in QApplication implementierte Methode setOverrideCursor() erzielt. Durch restoreOverrideCursor() wird die vorherige Form wiederhergestellt.

Abbildung 5.17 zeigt die endgültige Version der Qt-Kontaktverwaltung – man beachte die grau dargestellten (und damit nicht verfügbaren) Schaltflächen für die Menüaktionen DATEI|SPEICHERN und BEARBEITEN|EINFÜGEN sowie die Indikatoren in der Statusleiste.

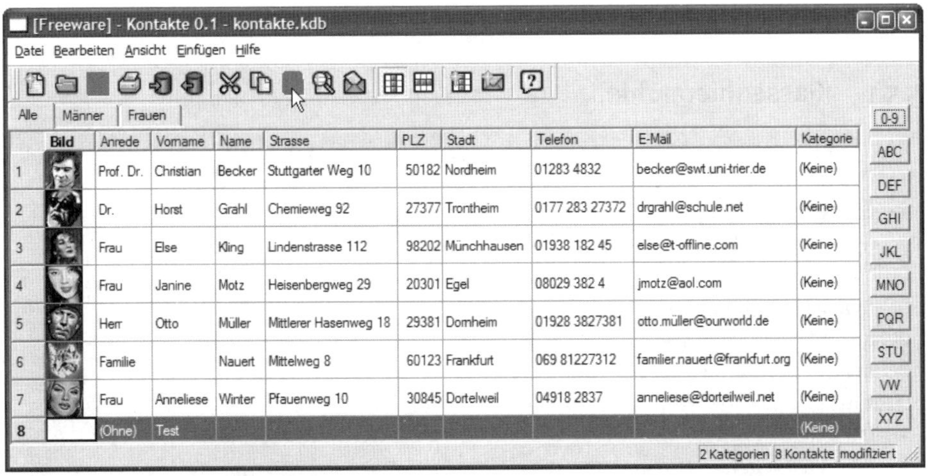

Abb. 5.17: Qt-Kontaktverwaltung Schritt 9

5.4 Zusammenfassung & Ausblick

Qt ist ein sehr umfangreiches, leistungsfähiges und sehr effizient zu programmierendes GUI-Toolkit. Die Qt-Dokumentation ist vorbildlich und dank der Python-Bindungen PyQt auch für Python-Programmierer voll zu nutzen.

Qt scheint eine spannende Zukunft – sowohl für private als auch für kommerzielle Projekte – zu haben. In jüngster Zeit haben sich einige große Firmen zu Qt bekannt: Beispielsweise hat sich Borland (vormals Inprise) für Qt als GUI-Toolkit seiner Entwicklungsumgebung Kylix[1] entschieden. Der bekannte WWW-Browser Opera wurde ebenfalls auf der Basis von Qt entwickelt.

Qt wird permanent weiterentwickelt – mit der Verfügbarkeit der Version 3 ist zu den von Qt unterstützten Plattformen Apple's Mac OS X hinzugekommen.

Seit einigen Monaten existiert darüber hinaus ein weitere Ausprägung von Qt: Das Qt/Embedded Toolkit. Diese Version von Qt ist für eingebettete Systeme wie Set-Top-Boxen, Handhelds, Mobiltelefone oder ähnliche Produkte konzipiert. Auch PyQt wurde Anfang dieses Jahres auf Qt/Embedded portiert.

---

[1] ... das Pendant zu Delphi unter Windows-Systemen.

5.5 Referenzmaterial

5.5.1 Klassenhierarchie

```
QAsyncIO
+--QDataSink
+--QDataSource
   +--QIODeviceSource
QBitVal
QCanvasPixmapArray
QChar
QCharRef
QCollection
+--QGCache
|  +--QAsciiCache
|  +--QCache
|  +--QIntCache
+--QGDict
|  +--QAsciiDict
|  +--QDict
|  +--QIntDict
|  +--QPtrDict
+--QGList
|  +--QList
|  |  +--QStrList
|  |     +--QStrIList
|  +--QQueue
|  +--QStack
+--QGVector
   +--QVector
QColor
QColorGroup
QConnection
QCursor
QDataStream
QDate
QDateTime
QDir
QDomImplementation
QDomNamedNodeMap
QDomNode
+--QDomAttr
+--QDomCharacterData
|  +--QDomComment
|  +--QDomText
```

```
|     +--QDomCDATASection
+--QDomDocument
+--QDomDocumentFragment
+--QDomDocumentType
+--QDomElement
+--QDomEntity
+--QDomEntityReference
+--QDomNotation
+--QDomProcessingInstruction
QDomNodeList
QDropSite
QFileInfo
QFilePreview
QFocusData
QFont
QFontDatabase
QFontInfo
QFontMetrics
QGArray
+--QArray
   +--QByteArray
   |  +--QBitArray
   |  +--QCString
   +--QPointArray
QGCacheIterator
+--QAsciiCacheIterator
+--QCacheIterator
+--QIntCacheIterator
QGDictIterator
+--QAsciiDictIterator
+--QDictIterator
+--QIntDictIterator
+--QPtrDictIterator
QGL
+--QGLContext
+--QGLFormat
+--QGLWidget
QGListIterator
+--QListIterator
   +--QStrListIterator
QGuardedPtr
QHostAddress
QIconDragItem
QIconSet
QImage
```

```
QImageConsumer
QImageDecoder
QImageFormat
QImageFormatType
QImageIO
QIODevice
+--QBuffer
+--QFile
+--QSocket
+--QSocketDevice
QJpUnicodeConv
QLayoutItem
+--QLayout
+--QSpacerItem
+--QWidgetItem
QLayoutIterator
QListBoxItem
+--QListBoxPixmap
+--QListBoxText
QListViewItemIterator
QLNode
QMap
QMapConstIterator
QMapIterator
QMenuData
+--QMenuBar
+--QPopupMenu
QMetaObject
QMetaProperty
QMimeSource
+--QDragObject
+--QDropEvent
QMimeSourceFactory
QMovie
QNPlugin
QNPStream
QPaintDevice
+--QPicture
+--QPixmap
|   +--QBitmap
|   +--QCanvasPixmap
+--QPrinter
+--QWidget
QPaintDeviceMetrics
QPalette
```

```
QPixmapCache
QPoint
QRangeControl
+--QDial
+--QScrollBar
+--QSlider
+--QSpinBox
QRect
QRegExp
QRegion
QShared
+--QGLayoutIterator
QSimpleRichText
QSize
QSizePolicy
QString
+--QConstString
Qt
+--QBrush
+--QCanvasItem
|   +--QCanvasPolygonalItem
|   |   +--QCanvasEllipse
|   |   +--QCanvasLine
|   |   +--QCanvasPolygon
|   |   +--QCanvasRectangle
|   +--QCanvasSprite
|   +--QCanvasText
+--QCustomMenuItem
+--QEvent
|   +--QChildEvent
|   +--QCloseEvent
|   +--QCustomEvent
|   +--QDragLeaveEvent
|   +--QDropEvent
|   |   +--QDragMoveEvent
|   |       +--QDragEnterEvent
|   +--QFocusEvent
|   +--QHideEvent
|   +--QKeyEvent
|   +--QMouseEvent
|   +--QMoveEvent
|   +--QPaintEvent
|   +--QResizeEvent
|   +--QShowEvent
|   +--QTimerEvent
```

```
|   +--QWheelEvent
+--QIconViewItem
+--QListViewItem
|   +--QCheckListItem
+--QMutex
+--QObject
|   +--QAccel
|   +--QAction
|   |   +--QActionGroup
|   +--QApplication
|   |   +--QXtApplication
|   +--QCanvas
|   +--QClipboard
|   +--QCopChannel
|   +--QDataPump
|   +--QDns
|   +--QDragObject
|   |   +--QIconDrag
|   |   +--QImageDrag
|   |   +--QStoredDrag
|   |   |   +--QColorDrag
|   |   |   +--QUriDrag
|   |   +--QTextDrag
|   +--QFileIconProvider
|   +--QLayout
|   |   +--QBoxLayout
|   |   |   +--QHBoxLayout
|   |   |   +--QVBoxLayout
|   |   +--QGridLayout
|   +--QNPInstance
|   +--QNetworkOperation
|   +--QNetworkProtocol
|   |   +--QFtp
|   |   +--QLocalFs
|   +--QServerSocket
|   +--QSessionManager
|   +--QSignal
|   +--QSignalMapper
|   +--QSocket
|   +--QSocketNotifier
|   +--QSound
|   +--QStyle
|   |   +--QCommonStyle
|   |       +--QMotifStyle
|   |       |   +--QCDEStyle
```

```
|  |    | +--QInterlaceStyle
|  |    | +--QMotifPlusStyle
|  |    | +--QSGIStyle
|  |    +--QWindowsStyle
|  |        +--QPlatinumStyle
| +--QStyleSheet
| +--QTimer
| +--QToolTipGroup
| +--QTranslator
| +--QUrlOperator
| +--QValidator
| | +--QDoubleValidator
| | +--QIntValidator
| +--QWSServer
| +--QWidget
|    +--QButton
|    | +--QCheckBox
|    | +--QPushButton
|    | +--QRadioButton
|    | +--QToolButton
|    +--QComboBox
|    +--QDial
|    +--QDialog
|    | +--QColorDialog
|    | +--QFileDialog
|    | +--QFontDialog
|    | +--QInputDialog
|    | +--QMessageBox
|    | +--QTabDialog
|    | +--QWizard
|    +--QFrame
|    | +--QGrid
|    | +--QGroupBox
|    | | +--QButtonGroup
|    | | | +--QHButtonGroup
|    | | | +--QVButtonGroup
|    | | +--QHGroupBox
|    | | +--QVGroupBox
|    | +--QHBox
|    | | +--QVBox
|    | +--QLCDNumber
|    | +--QLabel
|    | +--QMenuBar
|    | +--QPopupMenu
|    | +--QProgressBar
```

```
|   |   +--QScrollView
|   |   |   +--QCanvasView
|   |   |   +--QIconView
|   |   |   +--QListBox
|   |   |   +--QListView
|   |   |   +--QTable
|   |   |   +--QTextView
|   |   |   |   +--QTextBrowser
|   |   +--QSpinBox
|   |   +--QSplitter
|   |   +--QTableView
|   |   |   +--QMultiLineEdit
|   |   +--QWidgetStack
|   +--QGLWidget
|   +--QHeader
|   +--QLineEdit
|   +--QMainWindow
|   +--QNPWidget
|   +--QScrollBar
|   +--QSemiModal
|   |   +--QProgressDialog
|   +--QSizeGrip
|   +--QSlider
|   +--QStatusBar
|   +--QTabBar
|   +--QTabWidget
|   +--QToolBar
|   +--QWorkspace
|   +--QXtWidget
+--QPainter
+--QPen
+--QPixmap
+--QSemaphore
+--QStyleSheetItem
+--QTableItem
+--QThread
+--QToolTip
+--QWaitCondition
+--QWhatsThis
QTab
QTableSelection
QTextCodec
+--QEucJpCodec
+--QEucKrCodec
+--QGbkCodec
```

```
+--QJisCodec
+--QSjisCodec
+--QTsciiCodec
QTextDecoder
QTextEncoder
QTextStream
+--QTextIStream
+--QTextOStream
QTime
QTranslatorMessage
QUrl
+--QUrlOperator
QUrlInfo
QValueList
QValueListConstIterator
QValueListIterator
QVariant
QWMatrix
QWSDecoration
QWSWindow
QXmlAttributes
QXmlContentHandler
+--QXmlDefaultHandler
QXmlDeclHandler
+--QXmlDefaultHandler
QXmlDTDHandler
+--QXmlDefaultHandler
QXmlEntityResolver
+--QXmlDefaultHandler
QXmlErrorHandler
+--QXmlDefaultHandler
QXmlInputSource
QXmlLexicalHandler
+--QXmlDefaultHandler
QXmlLocator
QXmlNamespaceSupport
QXmlParseException
QXmlReader
+--QXmlSimpleReader
```

Listing 5.14: Qt-Klassenhierarchie

5.5.2 Kommentiertes Klassenverzeichnis

Klasse	Repräsentiert
QAccel	Eine Tabelle von Beschleunigertasten
QAction	Eine Menüaktion für Menüleisten und Werkzeugleisten
QActionGroup	Eine Gruppe von Menüaktionen
QApplication	Die zentrale Anwendungsklasse
QArray	Ein Feld von Werten gleichen Typs
QAsciiCache	Eine Sammlung von Texte
QAsciiCacheIterator	Einen Iterator für die Klasse QAsciiCache
QAsciiDict	Ein assoziatives Feld von Textelementen
QAsciiDictIterator	Einen Iterator für die Klasse QAsciiDict
QAsyncIO	Asynchrone Ein-/Ausgabeverarbeitung
QBitArray	Ein Bitfeld
QBitmap	Ein einfarbiges Bild
QBitVal	Eine Hilfsklasse für QBitArray
QBoxLayout	Einen Layoutmanager für Zeilen bzw. Spalten
QBrush	Ein Füllmuster für QPainter
QBuffer	Ein Ein-/Ausgabeobjekt für QByteArray
QButton	Die Basisklasse für Schaltflächen
QButtonGroup	Eine Gruppe von Schaltflächen
QByteArray	Ein Bytefeld
QCache	Eine Sammlung von QString-Objekten
QCacheIterator	Einen Iterator für die Klasse QCache
QCanvas	Eine objektorientierte 2D-Zeichenfläche
QCanvasEllipse	Eine Ellipsenobjekt auf einem QCanvas
QCanvasItem	Die Basisklasse für Zeichenobjekte auf einem QCanvas
QCanvasLine	Eine Linie auf einem QCanvas
QCanvasPixmap	Ein Bild auf einem QCanvas
QCanvasPixmapArray	Ein Feld bestehend aus Objekten vom Typ QCanvasPixmap mit zusätzlichen Informationen für Animation
QCanvasPolygon	Ein Polygon auf einem QCanvas mit einem Referenzpunkt
QCanvasPolygonalItem	Ein Objekt, das sich innerhalb eines durch ein Polygon definierten Bereichs zeichnen kann

Referenzmaterial

Klasse	Repräsentiert
QCanvasRectangle	Ein Rechteck mit einem verschiebbaren Punkt
QCanvasSprite	Ein animiertes Zeichenobjekt auf einem QCanvas
QCanvasText	Ein Textobjekt auf einem QCanvas
QCanvasView	Eine Ansicht eines QCanvas
QCDEStyle	Das CDE Look & Feel
QChar	Ein Zeichen in Unicode codiert
QCharRef	Eine Hilfklasse für QString
QCheckBox	Eine Schaltfläche mit Status {An/Aus}
QCheckListItem	Eine Liste aus Objekten vom Typ QCheckBox
QChildEvent	Ereignisparameter für ein Kindfenster
QClipboard	Den Zugriff auf die systemweite Zwischenablage
QCloseEvent	Ein Schließen-Ereignis
QCollection	Die Basisklasse aller Kollektionen in Qt
QColor	Eine RGB-Farbe
QColorDialog	Den Standarddialog zum Auswählen einer Farbe
QColorDrag	Ein Drag & Drop Objekt für Farben
QColorGroup	Eine Gruppe von Farben
QComboBox	Ein Kombinationsfeld
QCommonStyle	Einen Stil (Look & Feel)
QConstString	Einen konstanter QString
QCopChannel	Einen Interprozeßkommunikationskanal
QCString	Einen C-String
QCursor	Einen Cursor mit beliebiger Form
QCustomEvent	Die Hilfsklasse für benutzerdefinierte Ereignisse
QCustomMenuItem	Die Basisklasse für eigene Menüeinträge
QDataPump	Die Verarbeitung von Daten zwischen einem Produzenten und einem Konsumenten
QDataSink	Eine asynchronen Datenkonsument
QDataSource	Einen asynchronen Datenproduzent
QDataStream	Einen binären Datenstrom zu einem QIODevice
QDate	Datumsfunktionen
QDateTime	Datums- und Zeitfunktionen
QDial	Ein abgerundetes Potentiometer
QDialog	Die Basisklasse aller Dialogfenster
QDict	Eine Schablonenklasse für assoziative Felder

Klasse	Repräsentiert
QDictIterator	Einen Iterator für QDict
QDir	Traversierung von Verzeichnisstrukturen
QDns	Eine asynchrone DNS-Anfrage im Internet Domain Name Service
QDomAttr	Ein Attribut eines QDomElement
QDomCDATASection	Eine XML CDATA Sektion
QDomCharacterData	Eine generische Zeichenkette im XML DOM
QDomComment	Ein XML-Kommentar
QDomDocument	Ein XML-Dokument
QDomDocumentFragment	Einen Teilbaum eines XML-Dokuments
QDomDocumentType	Eine XML DTD
QDomElement	Ein Element in einem XML-Baum
QDomEntity	Eine XML Entität
QDomEntityReference	Eine Referenz auf eine XML Entität
QDomImplementation	Die Schnittstelle zu den Fähigkeiten der XML DOM-Implementierung
QDomNamedNodeMap	Eine Sammlung von benannten Knoten
QDomNode	Die Basisklasse aller XML-Knoten
QDomNodeList	Eine Liste von XML-Knoten
QDomNotation	Eine XML-Notation
QDomProcessingInstruction	Ein XML-Verarbeitungsbefehl
QDomText	Text in einem XML-Dokument
QDoubleValidator	Eine Wertüberprüfung einer Fließkommazahl
QDragEnterEvent	Das Fenstereintrittssignal während einer Drag & Drop-Operation
QDragLeaveEvent	Das Fensteraustrittssignal während einer Drag & Drop-Operation
QDragMoveEvent	Das Bewegunssignal während einer Drag & Drop-Operation
QDragObject	Einen MIME-Typ in einer Drag & Drop-Operation
QDropEvent	Das Beendigungssignal einer Drag & Drop-Operation
QDropSite	Eine Hilfsklasse für eine Drag & Drop-Operation
QEucJpCodec	Die Schnittstelle zur Konversion von Zeichen zwischen europäischen und japanischen Alphabeten.
QEucKrCodec	Die Schnittstelle zur Konversion von Zeichen zwischen europäischen und russischen Alphabeten.

Klasse	Repräsentiert
QEvent	Die Basisklasse aller Ereignisse
QFile	Eine Ein-/Ausgabegerät für Dateien
QFileDialog	Den Standarddialog zum Auswählen einer Datei
QFileIconProvider	Eine Klasse für Dokumententyp-Bilder
QFileInfo	Plattformunabhängige Dateiinformationen
QFilePreview	Eine abstrakte Vorschau einer Datei
QFocusData	Eine Liste aller Fenster, die den Tastaturfokus annehmen
QFocusEvent	Das Fokus-Ereignis
QFont	Einen Zeichensatz
QFontDatabase	Eine Zeichensatz-Datenbank
QFontDialog	Den Standarddialog zum Auswählen eines Zeichensatzes
QFontInfo	Informationen über einen Zeichensatz
QFontMetrics	Die Zeichensatz-Metriken
QFrame	Die Basisklasse aller Rahmenfenster
QFtp	Einen Internet FTP-Klienten
QGArray	Eine (interne) Hilfsklasse für QArray
QGbkCodec	Die Konversion aus und nach der chinesischen GBK-Codierung
QGCache	Eine (interne) Hilfsklasse für QCache
QGCacheIterator	Eine (interne) Hilfsklasse für QCacheIterator und QIntCacheIterator
QGDict	Eine (interne) Hilfsklasse für QDict
QGDictIterator	Eine (interne) Hilfsklasse für QDictIterator QIntDictIterator
QGL	Den Namensraum für Bezeichner im OpenGL Modul
QGLayoutIterator	Die Basisklasse interner Layout-Iteratoren
QGLContext	Einen Zeichenbereich (*Render Context*) für OpenGL
QGLFormat	Informationen über die OpenGL Anzeige
QGList	Interne Hilfsklasse für QList
QGListIterator	Interne Hilfsklasse für QListIterator
QGLWidget	Ein Fenster mit einem eingebetteten OpenGL Zeichenbereich
QGrid	Einen tabellenorientierten Geometriemanager

Klasse	Repräsentiert
QGridLayout	Einen parametrisierbaren tabellenorientierten Geometriemanager
QGroupBox	Ein gruppierendes Rahmenfenster mit Titel
QGuardedPtr	Eine (interne) Schablonenklasse für Referenzen auf QObject
QGVector	Eine (interne) Hilfsklasse für die Qt Sammlungsklassen
QHBox	Einen horizontaler Geometriemanager
QHBoxLayout	Einen parametrisierbaren horizontalen Geometriemanager
QHButtonGroup	Eine horizontale Gruppe von Schaltflächen
QHeader	Eine Spalten- oder Zeilenbeschriftung in einer QTable
QHGroupBox	Ein horizontales gruppierendes Rahmenfenster
QHideEvent	Das Fenster-wird-verborgen Ereignis
QHostAddress	Eine Internet Protokoll Adresse
QIconDrag	Ein Drag & Drop Objekt innerhalb QIconView
QIconDragItem	Die interne Datenstruktur eines QIconDrag
QIconSet	Eine Familie von Symbolen
QIconView	Ein Fenster, das beschriftbare Symbole enthält
QIconViewItem	Ein Objekt in einem QIconView
QImage	Die Daten eines Bildes (hardwareunabhängig)
QImageConsumer	Eine (interne) Hilfsklasse für QImageDecoder
QImageDecoder	Einen generischer Bildverarbeiter
QImageDrag	Ein Bildobjekt in einer Drag & Drop-Operation
QImageFormat	Einen Bildverarbeiter
QImageFormatType	Eine Fabrikklasse für QImageFormat
QImageIO	Informationen beim Laden und Speichern von Bildern
QInputDialog	Einen einfachen (Text-)Eingabedialog
QIntCache	Eine Sammlung ganzzahliger Werte
QIntCacheIterator	Einen Interator für QIntCache
QIntDict	Ein assoziatives Feld für ganzzahlige Werte
QIntDictIterator	Einen Iterator für QIntDict
QInterlaceStyle	Einen Stil für Anzeigen im Interlace-Modus
QIntValidator	Range checking von Integer
QIODevice	Die Basisklasse für Ein-/Ausgabegeräte

Klasse	Repräsentiert
`QIODeviceSource`	Eine von `QDataSource` abgeleitete Datenquelle für `QIODevice`
`QJisCodec`	Eine Konversion nach und von JIS-Zeichensätzen
`QJpUnicodeConv`	Eine (interne) Hilfsklasse für `QJisCodec`, `QSjisCodec` und `QEucJpCodec`
`QKeyEvent`	Ein Tastaturereignis
`QLabel`	Eine Beschriftung
`QLayout`	Die Basisklasse aller Geometriemanager
`QLayoutItem`	Das zu platzierende Element in einem Geometriemanager
`QLayoutIterator`	Ein Iterator für Sammlungen aus `QLayoutItem`
`QLCDNumber`	Eine LCD-Anzeige
`QLineEdit`	Ein einzeiliges Editierfeld
`QList`	Eine Schablonenklasse für doppelt verkettete Listen
`QListBox`	Ein listenbasiertes Anzeigefenster
`QListBoxItem`	Die Basisklasse aller Elemente, die in einer `QListBox` vorkommen können
`QListBoxPixmap`	Ein `QListBox` Bildelement mit optionalem Text
`QListBoxText`	Ein `QListBox` Text-Element
`QListIterator`	Ein Iterator für `QList`
`QListView`	Ein Baum-/Listenanzeigefenster
`QListViewItem`	Ein Element in `QListView`
`QListViewItemIterator`	Ein Iterator für `QListViewItem`
`QLNode`	Eine (interne) Hilfsklasse für `QList`
`QLocalFs`	Eine Implementierung von `QNetworkProtocol` auf einem lokalen Dateisystem
`QMainWindow`	Ein Anwendungsfenster mit Menüleiste, Werkzeugleisten und einer Statusleiste
`QMap`	Eine Schablonenklasse für assoziative Felder
`QMapConstIterator`	Einen Iterator für konstante Elemente in einer QMap
`QMapIterator`	Einen Iterator for Elemente in einer QMap
`QMenuBar`	Eine horizontale Menüleiste
`QMenuData`	Die Basisklasse für Menüeinträge
`QMessageBox`	Einen Nachrichtendialog mit Bildern und bis zu drei Schaltflächen
`QMetaObject`	Metainformation über Qt-Objekte

Klasse	Repräsentiert
QMetaProperty	Metainformationen
QMimeSource	Eine Quelle aus formatiertem Text
QMimeSourceFactory	Eine Fabbrikklasse für formatierten Text
QMotifPlusStyle	Einen verbesserten Motif Stil (Look & Feel)
QMotifStyle	Den Motif Stil (Look & Feel)
QMouseEvent	Ein Mausereignis
QMoveEvent	Ein Verschiebe-Ereignis
QMovie	Ein Anzeigefenster für Animationen oder Bilder
QMultiLineEdit	Ein einfaches Texteditorfenster
QMutex	Eine Synchronisationsklasse für konkurrierende Threads
QNetworkOperation	Eine Klasse für Operationen auf Netzwerkprotokollen
QNetworkProtocol	Die Basisklasse für Netzwerkprotokolle
QObject	Die zentrale Basisklasse aller Qt Objekte
QPaintDevice	Ein abstraktes Zeichengerät
QPaintDeviceMetrics	Informationen über ein Zeichengerät
QPainter	Eine Zeichenfläche
QPaintEvent	Ein Ereignis auf einer Zeichenfläche
QPalette	Eine Farbpalette
QPen	Einen Stift auf einem Qpainter
QPicture	Ein Makro für mehrere Zeichenoperationen auf Qpainter
QPixmap	Eine (unsichtbare) Zeichenfläche im Speicher
QPixmapCache	Den anwendungsweiten Zwischenspeicher für Bilder
QPlatinumStyle	Den MacOS Stil (Look & Feel)
QPNGImagePacker	Komprimierte Bilder im PNG-Format
QPoint	Einen Punkt auf einer Zeichenfläche
QPointArray	Ein Feld bestehent aus QPoint-Objekten
QPopupMenu	Ein Popup-Menü
QPrinter	Eine Zeichenfläche auf einem Drucker
QProgressBar	Einen Fortschrittsanzeiger
QProgressDialog	Einen Dialog mit eingebettetem Fortschrittsanzeiger
QPtrDict	Eine Schablonenklasse für assoziative Felder aus unbenannten C-Zeigern

Klasse	Repräsentiert
QPtrDictIterator	Ein Iterator für `QptrDict`
QPushButton	Eine anklickbare Schaltfläche
QQueue	Die Datenstruktur *Schlange*
QRadioButton	Eine Radiobutton-Schaltfläche
QRangeControl	Ein Kontrollelement für einen begrenzten ganzzahligen Wert
QRect	Koordinaten eines 2D-Rechtecks
QRegExp	Einen regulären Ausdruck
QRegion	Eine Begrenzungsregion für `QPainter`
QResizeEvent	Eine Größenveränderungsereignis
QScrollBar	Eine Bildlaufleiste
QScrollView	Ein Fenster mit verschiebbarem Inhalt sowie automatischen Bildlaufleisten
QSemaphore	Eine Semaphore zur Threadsynchronisation
QSemiModal	Die Basisklasse aller semimodalen Dialoge
QServerSocket	Einen Internet TCP Server
QSessionManager	Eine Schnittstelle zum Sitzungsmanager
QSGIStyle	Den SGI Stil (Look & Feel)
QShared	Eine interne Hilfsklasse
QShowEvent	Ein Anzeigen-Ereignis
QSignal	Ein Signal ohne Parameter
QSignalMapper	Eine Abbildung von Signalen zu Sendern
QSimpleRichText	Ein Anzeigefenster für strukturierten Text im *Rich Text Format*
QSize	Eine zweidimensionale Größe
QSizeGrip	Das Größenveränderungswidget in einem Hauptfenster
QSizePolicy	Ein Geometrieattribut bei der Größenveränderung in einer Layoutklasse
QSjisCodec	Die Konversion von und nach SJIS Zeichensätzen
QSlider	Einen Schieberegler
QSocket	Eine gepufferte Internet TCP Verbindung
QSocketDevice	Eine plattformunabhängige Schnittstelle zum Berkeley Socket API (Internet)
QSocketNotifier	Einen Callback für Socket-Operationen
QSortedList	Eine sortierte `QList`
QSound	Zugriff auf Audiofunktionen

Klasse	Repräsentiert
QSpacerItem	Ein Platz verbrauchendes QLayoutItem ohne eigenen Inhalt
QSpinBox	Ein Kontrollelement zum Ändern eines Wertes über Hoch/Runter-Schaltflächen
QSplitter	Ein geteiltes Fenster mit vom Benutzer verschiebbarer Teilung
QStack	Die Datenstruktur *Stack*
QStatusBar	Eine Statusleiste
QStoredDrag	Ein Drag & Drop Objekt mit MIME-codiertem Inhalt
QStrIList	Eine doppelt verkettete Liste für C-Zeiger auf Zeichenketten mit Vergleichsfunktionen ohne Berücksichtigung von Groß-/Kleinschreibung
QString	Eine Unicode-Zeichenkette
QStringList	Eine Liste von QString Elementen
QStrList	Eine doppelt verkettete Liste für C-Zeiger auf Zeichenketten
QStrListIterator	Ein Iterator für QStrList und QStrIList
QStyle	Die Basisklasse für Stile (Look & Feel)
QStyleSheet	Eine Sammlung von Textstilen für RTF
QStyleSheetItem	Einen Textstil für RTF
Qt	Namensraum für globale Konstanten (Achtung: Nicht in Python – dort sind Konstanten im Namensraum der jeweiligen Klasse definiert!)
QTab	Eine Karteireiter
QTabBar	Eine Karteireiterleiste
QTabDialog	Ein Karteireiterdialog
QTable	Ein flexibles Tabellenfenster
QTableItem	Ein Element in einer Tabelle
QTableSelection	Ein ausgewählter Bereich in einer QTable
QTableView	Die abstrakte Basisklasse für QTable
QTabWidget	Ein Fenster mit Karteireiterleiste
QTextBrowser	Ein RTF-Browser mit einfacher Navigation
QTextCodec	Konvertierungen zwischen Textformaten
QTextDecoder	Einen Textdecoder mit zustandsbasiertem Automatenmodell
QTextDrag	Ein Drag & Drop Objekt für Zeichenketten

Klasse	Repräsentiert
QTextEncoder	Einen Textencoder mit zustandsbasiertem Automatenmodell
QTextIStream	Eine Hilfsklasse für Eingabeströme
QTextOStream	Eine Hilfsklasse für Ausgabeströme
QTextStream	Ein Zeichenkettenstrom von/zu einem QIODevice
QTextView	Ein seitenbasiertes RTF-Anzeigefenster
QThread	Einen leichtgewichtigen Prozess (Thread)
QTime	Zugriff auf Uhrzeit-Funktionen
QTimer	Einen Timer für asynchrone Methodenaufrufe
QTimerEvent	Ein Timer-Ereignis
QToolBar	Eine Werkzeugleiste
QToolButton	Eine Schaltfläche auf einer Werkzeugleiste
QToolTip	Eine Ballonhilfe (Tool Tip)
QToolTipGroup	Eine Gruppe von Ballonhilfen
QTranslator	Zugriff auf Lokalisierungsfunktionen
QTranslatorMessage	Eine übersetzte Nachricht
QTsciiCodec	Die Konversion von/nach TSCII
QUriDrag	Eine Menge von URIs als Drag & Drop Objekt
QUrl	Einen Parser für Internet URLs
QUrlOperator	Operationen für URL
QValidator	Einen Eingabevalidator
QValueList	Eine doppelt verkettete Liste mit Werten
QValueListConstIterator	Ein Iterator für konstante Elemente in einer QValueList
QValueListIterator	Einen Iterator für Elemente in einer QValueList
QValueStack	Einen Stack für Werte
QVariant	Einen Wert variablen Typs
QVBox	Einen vertikalen Layoutmanager
QVBoxLayout	Einen parametrisierbaren vertikalen Layoutmanager
QVButtonGroup	Organisiert Schaltflächen in einem vertikalen Bereich
QVector	Eine Schablonenklasse für Vektoren
QVGroupBox	Ein vertikales gruppierendes Rahmenfenster
QWaitCondition	Eine Bedingungsvariable zur Synchronisation mehrerer Threads
QWhatsThis	Ein Hilfetext im *Whats-This*-Modus

Klasse	Repräsentiert
QWheelEvent	Ein Mausrad-Ereignis
QWidget	Die Basisklasse aller Fensterelemente
QWidgetItem	Ein Fensterelement, das als QLayoutItem Platz benötigt
QWidgetStack	Ein Stapel von Fensterelementen – nur das *oberste* ist sichtbar
QWindowsStyle	Der Windows-Stil (Look & Feel)
QWizard	Einen Assistentendialog
QWMatrix	Transformationen in einem zweidimensionalen Koordinatensystem
QWorkspace	Ein Rahmenfenster für einen Arbeitsbereich mit mehreren Kindfenstern (MDI)
QWSDecoration	Die Fensterdekoration in Qt/Embedded
QWSServer	Einen Server (inklusive Window Manager) für den Framebuffer (nur Qt/Embedded)
QWSWindow	Ein Hauptfenster ohne dezidierten Framebuffer-Server (nur Qt/Embedded)
QXmlAttributes	XML-Attribute
QXmlContentHandler	Eine Schnittstelle für semantische XML Daten
QXmlDeclHandler	Eine Schnittstelle für deklarative XML Daten
QXmlDefaultHandler	Die Basisklasse für XML-Handler
QXmlDTDHandler	Eine Schnittstelle für DTD XML-Daten
QXmlEntityResolver	Die Auflösung externer Entitäten in XML
QXmlErrorHandler	Eine Schnittstelle für Fehler in XML Daten
QXmlInputSource	Eine XML-Datenquelle
QXmlLexicalHandler	Eine Schnittstelle für lexikalische XML Daten
QXmlLocator	Informationen über die aktuelle XML Verarbeitungsposition eines XML Parsers
QXmlNamespaceSupport	Eine Hilfsklasse für XML Parser mit Unterstützung von Namensräumen
QXmlParseException	Eine Fehlerklasse für QXmlErrorHandler
QXmlReader	Die Basisklasse für XML Parser
QXmlSimpleReader	Einen einfachen XML Parser

Kapitel 6
wxWindows

6.1 Ursprung

1992 entwickelte Julian Smart am Artificial Intelligence Applications Institute der Universität Edinburgh das CASE-Tool Hardy, welches auf Windows-PCs als auch auf XII-basierten UNIX-Workstations laufen sollte. Um die Entwicklungszeit zu verkürzen, sollte das CASE-Tool auf einer GUI-unabhängigen Bibliothek aufsetzen. Bereits existierende, plattformübergreifende Werkzeuge waren zu dieser Zeit jedoch wesentlich zu teuer, um auf dieser Basis ein internes experimentelles Projekt zu entwickeln. Daher wurde entschieden, ein eigenes GUI-Toolkit zu entwickeln: wxWindows. Das *w* steht hierbei für Windows, das *x* für das X-Window System.

Die erste Version von wxWindows basierte auf der X-Window Bibliothek *XView* bzw. unter Windows auf den *Microsoft Foundation Classes* 1.0 (MFC). Kurz nach dem Fertigstellen dieser Version zeichnete sich ab, dass XView nicht mehr weiterentwickelt würde. Die nächste Version von wxWindows wurde daher auf der Basis des (damals noch) kommerziellen Toolkits *Motif* geschrieben. Um sich in zukünftigen Versionen von der starken Bindung an die Microsoft-Klassenbibliothek zu lösen, wurde beschlossen, die Windows-Version von wxWindows direkt auf dem Windows API aufsetzen zu lassen.

Nach der Veröffentlichung von wxWindows im Jahre 1993 entstand eine kleine enthusiastische Benutzergemeinde, die fortan wxWindows gemeinsam weiterentwickelte. 1995 veröffentlichte Markus Holzem eine Portierung von wxWindows, die, anstatt auf dem kostenpflichtigen Motif, auf dem nativen X-Window Toolkit Xt aufsetzte, welches die Benutzergemeinde »auf einen Schlag« wesentlich vergrößerte.

Im Laufe der Jahre 1996 bis 1997 wurde aufgrund wachsender Popularität und stetig komplexer werdender Erweiterungen entschieden, ein komplettes Redesign von wxWindows vorzunehmen: wxWindows 2. Ungefähr zur gleichen Zeit wurde auf Linux-Systemen die GUI-Bibliothek GTK+ sehr populär. Statt der auf Xt basierenden Version von wxWindows wurde für wxWindows 2 eine GTK+-Portierung realisiert.

In den Jahren 1998 und 1999 begann die Arbeit an weiteren Portierungen, unter anderem für Apple Macintosh und IBM OS/2. Die Python-Bindungen für wxWindows (wxPython) sind zum größten Teil dem Entwickler Robin Dunn zu verdanken.

6.2 Überblick

wxWindows ist mehr als nur ein GUI-Toolkit – die zusätzliche Funktionalität kommt in erster Linie aus dem Bereich des Anwendungsrahmen, es sind aber auch Klassen für

- Trennung von Dokument und Ansicht (MVC-Paradigma)
- Netzwerkprogrammierung (Sockets),
- Datenbanken (ODBC),
- performante 3D-Grafik (durch die Einbindung von OpenGL)
- Bildbearbeitung (GIF, JPEG, PCX, BMP, XPM, PNG, PNM), sowie
- Containerklassen und
- Datenstrukturen (z.B. Zeichenketten, Tupel und Listen)

enthalten. Viele dieser zusätzlichen Klassen sind für den Python-Programmierer nicht sehr interessant, da Python die jeweilige Funktionalität schon plattformübergreifend implementiert hat.

6.2.1 Plattformen

wxWindows unterstützt eine beachtliche Anzahl an Plattformen, wobei nicht nur zwischen Hardware und Betriebssystemen unterschieden wird. Unter Linux und Unix beispielsweise existieren Versionen von wxWindows, die auf verschiedenen GUI-Bibliotheken aufsetzen.

wxWindows 2.x unterstützt zurzeit folgende Plattformen:

- Linux/Unix mit GUI-Bibliothek Motif - *wxMotif*
- Linux/Unix mit GUI-Bibliothek GTK 1.x - *wxGTK* (Vollständig)
- Windows 3.1/NT/9x/2000/XP - *wxMSW* (Vollständig)
- Apple MacOS 8.x/9.x - *wxMac* (Vollständig)
- Apple Mac OS 10 (Unvollständig: Dies ist eine neue Portierung, die noch in der Entwicklungsphase ist)
- IBM OS/2 (Unvollständig: Dies ist eine neue Portierung, die noch in der Entwicklungsphase ist)

Weitere Systeme sind ebenfalls in Bearbeitung, hervorzuheben sind hier *wxUniversal* (eine minimale wxWindows-Version, die mit einer eigenen GUI-Bibliothek kommt), *wxMicroWindows* (für MicroWindows – eine Bibliothek hauptsächlich für eingebettete Systeme) sowie *wxMGL* (für MGL, eine effiziente Bibliothek, die hauptsächlich für die Programmierung von Spielen gedacht ist).

6.2.2 Struktur

wxWindows ist eine objektorientierte Klassenbibliothek mit einer ausgefeilten Hierarchie – nahezu überall, wo zwei verschiedene Klassen mit einem Teil gleicher oder ähnlicher Funktionalität entwickelt wurden, abstrahierte man diese gemeinsame Funktionalität in einer separaten Oberklasse.

In wxWindows gibt es ein dezidiertes Wurzelobjekt, von dem (fast) alle wxWindows-Klassen abgeleitet sind: wxObject. wxObject ist der zentrale Punkt der dynamischen Objekterzeugung, in der Objekte von Klassen erzeugt werden können, die nur durch ihren – in Zeichenkettenform vorliegenden – Namen bekannt sind[1].

Des Weiteren enthält wxObject Funktionen zur Navigation innerhalb der Klassenhierarchie. Einige der wesentlichen Methoden von wxObject sind:

- Dump() – gibt eine Repräsentation des Objekts auf einem Ausgabestrom aus.
- GetClassInfo() – gibt Informationen über die dem Objekt zugrunde liegende Klasse aus.
- IsKindOf() – ermittelt, ob die übergebene Klasse eine Subklasse des Objekts ist.
- SetRefData() – ermöglicht Daten zu speichern, die über eine Referenzzählung verwaltet werden.
- GetRefData() – liest obige Daten aus.

6.2.3 Ereignisverarbeitung

wxWindows verfügt über ein leistungsfähiges System zur Verbindung von Ereignissen mit Callback-Methoden oder -Funktionen. Dieses System ist nicht nur für die mit der Benutzungsschnittstelle interagierenden Klassen, sondern auch für andere Klassen benutzbar. Die zentrale Klasse der Ereignisverarbeitung ist wxEvtHandler. Alle am System der Ereignisverarbeitung in wxWindows teilnehmenden Objekte müssen von dieser Klasse abgeleitet sein.

Die Verbindung von Ereignissen mit Callback-Methoden wird im Wesentlichen durch die beiden Methoden

- wxEvtHandler.Connect() und
- wxEvtHandler.Disconnect()

realisiert. Will man ein Ereignis mit einer Callback-Methode verbinden, benutzt man die Methode Connect(id,lastId,type,function,data) mit den folgenden Parametern:

- id – ist die numerische ID des Objekts, welches das Ereignis sendet.

---

[1] ... eine für Compilersprachen erfreuliche Eigenschaft, die man in Python »einfach so« mitgeliefert bekommt.

- `lastId` – ist die End-ID, falls eine Reihe von Objekten als Sender gelten sollten (soll nur ein Objekt als Sender registriert werden, so ist als `lastId` der Wert -1 zu übergeben).
- `type` – bestimmt den Typ des Ereignis, auf dessen Aussendung registriert werden soll.
- `function` – enthält eine Referenz auf die Callback-Funktion oder –Methode.
- `data` – enthält vom Benutzer definierte Daten, die mit der Verbindung assoziiert werden sollen.

Jede Callback-Methode muss als Parameter eine Referenz auf das jeweilige Ereignis erwarten. wxWindows definiert für nahezu jedes denkbare Ereignis eine spezialisierte Klasse mit speziellen Methoden, mit denen sich dann weiterhin die ereignisspezifischen Parameter ermitteln lassen.

Eine noch zu erwähnende Besonderheit der wxWindows Ereignisverarbeitung ist die Berücksichtigung der Objekthierarchie bei bestimmten Ereignissen: Bei den so genannten Kommandoereignissen (`wxCommandEvent`) wird rekursiv aufsteigend[1] allen Elternobjekten eines Fensters die Gelegenheit gegeben, auf das Ereignis zu reagieren. Mit diesem Mechanismus wird die Kapselung und Wiederverwendung von eigenen Kontrollelementen oder komplexeren Klassen unterstützt.

Zusätzlich zu der Objekthierarchie werden aber auch einfache Folgen von Ereignisverarbeitern unterstützt: Man hat in einer Callback-Methode die Möglichkeit, die Behandlung eines Ereignisses an die nächste Instanz der Ereignisverarbeitung weiterzugeben. Dies kann mit der in `wxEvent` implementierten Methode `Skip()` geschehen. Ruft man `Skip()` nicht auf, nimmt die Ereignisverarbeitung das Ereignis als verarbeitet an und ruft keinen weitere Callback-Methode auf.

Einige Klassen definieren schon innerhalb ihrer Konstruktoren Verknüpfungen von einigen Standardereignissen mit Callback-Methoden. In `wxFrame` beispielsweise wird automatisch `wxFrame.OnClose()` gerufen, falls das Fenster ein CLOSE-Ereignis empfängt. Statt eine zusätzliche Callback-Methode mit `EVT_CLOSE()` an das CLOSE-Ereignis zu binden, sollte in abgeleiteten Klassen besser `OnClose()` aufgerufen werden.

---

[1] ... entspricht im Wesentlichen dem Entwurfsmuster *Kommandokette* (*Chain of Command*).

> **Wichtig**
>
> Das in C++ entwickelte wxWindows verfügt eigentlich über zwei Strategien für die Ereignisverarbeitung – die *statische Ereignisverarbeitung* und die *dynamische Ereignisverarbeitung*.
>
> Die statische Ereignisverarbeitung benutzt eine feste Ereignistabelle, um die Verbindung von Ereignissen mit Callback-Funktionen zu realisieren. Diese Ereignistabelle wird in C++ mit Makros (z.B. EVT_BUTTON) realisiert. Die Einträge in der Ereignistabelle können nur zur Kompilierzeit festgelegt werden – daher ist es nicht möglich, diese nachträglich (zur Laufzeit) zu verändern.
>
> Alternativ kann die dynamische Ereignisverarbeitung benutzt werden. Die dynamische Ereignisverarbeitung gestattet das Verbinden von Ereignissen mit Callback-Funktionen oder -Methoden zur Laufzeit. Im Gegensatz zur statischen Methode ist es möglich, diese jederzeit zu löschen oder zu verändern. Die dynamische Ereignisverarbeitung arbeitet mit der Klasse wxEvtHandler und ist wesentlich flexibler, aber etwas weniger effizient[a].
>
> In der interpretierten Sprache Python gibt es den Unterschied zwischen statischer und dynamischer Ereignisverarbeitung nicht. Die in C++ benutzten Makros wie z.B. EVT_BUTTON sind in Python als Aufrufe von wxEvtHandler.connect() implementiert. In C++ sollte man vorsichtig sein, wenn man beide Arten der Ereignisverarbeitung benutzt, da die jeweiligen Methoden unterschiedlich implementiert sind und ihre Verknüpfungen in separaten Tabellen ablegen. In Python ist dies, wie erwähnt, nicht der Fall – man kann daher unbesorgt Aufrufe der EVT_-Funktionen mit Connect() und Disconnect()-Aufrufen mischen.
>
> a) Für C++-Programmierer ist dies ein wichtigeres Kriterium als für Python-Programmierer. Der Performance-Nachteil der dynamischen Ereignisverarbeitung besteht hier aus der zusätzlichen Prozessorzeit für ein Lookup in einer Hashtabelle und einen zusätzlichen Funktionsaufruf. In GUI-Programmen, die die meiste Zeit in der Hauptschleife auf Ereignisse vom Benutzer warten, ist dies gerade in systemnahen Sprachen geschriebenen Programmen eigentlich irrelevant.

6.2.4 Python-Bindung

SWIG

wxPython, die Python-Bindung an wxWindows, wurde zu einem großen Teil mit dem Bindungsgenerator *SWIG* (*Simplified Wrapper and Interface Generator*) [WWW:SWIG] erstellt. SWIG ist ein mächtiges Werkzeug, um C- und C++-Schnittstellen für Skriptsprachen nutzbar zu machen. SWIG baut auf einem Parser auf, der den Quellcode liest und (zusätzliche) Quelldateien produziert, die zusammen mit den originalen Dateien in ein Python-Erweiterungsmodul kompiliert werden können. SWIG ist gut dokumentiert und wird häufig eingesetzt.

Sollen ANSI C-Schnittstellen nutzbar gemacht werden, ist SWIG hervorragend geeignet. In C++-Projekten stößt SWIG jedoch an Grenzen: Beispielsweise werden das Überladen von Funktionen und Methoden oder etwa C++ Templates nicht unterstützt. Des Weiteren muss aufgrund der hohen Komplexität eines vollständig automatisch arbeitenden C++-Parsers der Code vor der erfolgreichen Verarbeitung oft noch »von Hand« verändert werden.

Ein großes Problem betrifft die *Rückgabe des originalen Typs* (*Original Object Return*, abgekürzt OOR): Wird von Python aus eine C++-Methode gerufen, die einen Zeiger auf ein Objekt zurückgibt, ist der in Python zurückgegebene Typ nicht der Typ des korrespondierenden Python-Objekts, sondern ein Zeigertyp auf ein (internes) Stellvertreterobjekt. Um mit dem zurückgegebenen "Objekt" in Python weiterarbeiten zu können, muss dessen Typ konvertiert werden.

In wxPython wurde dazu die Methode `wxPyTypeCast()` entwickelt. Ähnlich wie die Benutzung von *Typecasting* in C++ bringt dies jedoch eine große Anzahl potenzieller Probleme mit sich, da dem Python-Interpreter quasi ein anderes Objekt »vorgegaukelt« wird.[1]

Da wxWindows ein objektorientiertes GUI-Toolkit ist, ist die Möglichkeit des pythonseitigen Überladens virtueller C++-Methoden für die effiziente Entwicklung wesentlich. Da dies allerdings von SWIG nicht unterstützt wird, geht wxPython hier einen eigenen Weg. Zu einigen wichtigen Klassen, in denen von Python aus Methoden der (abstrakten) C++-Basisklasse überladen werden sollen, existieren spezielle Python-Varianten. Diese führen ein "py" im Namen. Zum Beispiel heißt die Python-Basisklasse der Geometriemanager `wxPySizer`, während die originale wxWindows Klasse den Namen `wxSizer` trägt. Leider ist dies in der wxWindows-Dokumentation nicht vermerkt (was ziemlich wichtig wäre, da es keine separate wxPython-Referenz gibt).

Ein kleineres Problem betrifft die verschiedenen Konstruktoren: wxWindows bietet für die Konstruktion eines Objekts oft mehrere Konstruktoren an, die sich in der Anzahl und dem Typ ihrer Parameter unterscheiden. In wxPython sind oft nur wenige oder nur ein Konstruktor vorhanden. In ersterem Fall funktioniert die (durch SWIG automatische geleistete) Auswahl des »richtigen« Konstruktors nicht immer, insbesondere wenn Default-Argumente verwendet werden. Beschwert sich SWIG also mit einem Laufzeitfehler beim Erzeugen eines Objekts, kann die Benutzung von Schlüsselwortparametern dieses Problem unter Umständen beseitigen.

---

[1] In der zurzeit noch in der Entwicklung befindlichen Serie von wxPython (2.3.x) wurde mit der Auflösung dieser Problematik begonnen. Bis dies hundertprozentig funktioniert, wird aber wohl noch einiges an Entwicklungsarbeit zu leisten sein.

Konventionen

In wxPython (und wxWindows) gibt es einige Konventionen bei der Namensgebung, die man in eigenen Programmen berücksichtigen sollte:

1. Alle wxWindows-Klassen beginnen mit dem klein geschriebenen Präfix wx, z.B. wxWindow.
2. Methodenaufrufe beginnen mit einem Großbuchstaben, gefolgt von Kleinbuchstaben bis zum nächsten Wortanfang, z.B. SetZoomControl().
3. Konstanten sind im Modul wxPython.wx definiert und beginnen mit dem Präfix wx. Danach kommen nur noch Großbuchstaben und alle folgenden Worte mit Unterstrichen getrennt, z.B. wxDEFAULT_FRAME_STYLE.
4. Die Hilfsfunktionen für die Ereignisbehandlung sind in Großbuchstaben mit Worttrennung durch Unterstriche geschrieben und beginnen mit dem Präfix EVT_, z.B. EVT_GRID_SELECT_CELL().
5. Callback-Methoden bei der Ereignisverarbeitung beginnen mit dem Präfix On, z.B. OnUpdateUI().

Fehlerbehandlung

Die Binärdistribution von wxPython gibt es in zwei Varianten: Eine Normalversion und eine Hybridversion. Die Hybridversion enthält zusätzlichen Code für die Fehlersuche und ist an vielen Stellen mit assert()-Aufrufen versehen. Die Normalversion enthält keinen Debugging-Code, dafür aber einige Code-Optimierungen. Während der Entwicklung sollte man daher die Hybridversion verwenden.

Ein Beispiel: Wenn man eine Tabellenansicht erstellt, erzeugt man ein Objekt der Klasse wxGrid und legt mit CreateGrid() unter anderem die initiale Anzahl von Zeilen und Spalten fest. Später kann man mit AppendCols() sowie AppendRows() weitere Spalten bzw. Zeilen hinzufügen. Vergisst man nun beispielsweise den initialen Aufruf von CreateGrid(), bevor man Spalten oder Zeilen hinzufügt, hält das Programm an und die in Abbildung 6.1 abgebildete Meldung erscheint.

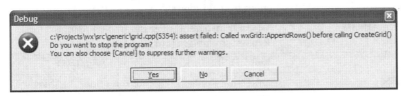

Abb. 6.1: Warnungsmeldung der Hybridversion von wxPython

Man kann nun auswählen, ob die Bearbeitung des Programms abgebrochen[1] oder fortgeführt werden soll. Zusätzlich ist es möglich, alle zukünftigen Warnungen unterbinden zu lassen.

6.2.5 Fensterklassen

wxWindow ist die Basisklasse aller Fensterklassen in wxWindows. Ein wxWindow nimmt eine bestimmte Fläche auf dem Bildschirm ein, hat ein bestimmtes Aussehen und verarbeitet Maus-, Keyboard und weitere Ereignisse. wxWindow ist mit 113 Methoden (in Version 2.3.2) eine sehr umfangreiche Klasse. Viele Methoden definieren jedoch lediglich Schnittstellen für abgeleitete Klassen. wxFrame ist von wxWindow abgeleitet und als Rahmenfenster, welches weitere Fenster aufnehmen kann, konzipiert.

Um das Aussehen und Standardverhalten vieler Fenster zu verändern, erlaubt wxWindows bei der Konstruktion eines Fensters die Übergabe einer Menge von Fensterstilen. Die Klasse wxWindow definiert die grundlegende Menge an Fensterstilen, viele von wxWindow abgeleitete Klassen fügen dieser Menge eigene Stile hinzu, wobei nicht alle Stile auf allen Plattformen verfügbar sind. Auf Plattformen, die einen gewünschten Stil nicht kennen, wird dieser ignoriert.

Tabelle 6.1 erläutert einige der wichtigsten Fensterstile, die in den Klassen wxWindow respektive wxFrame definiert werden.

Fensterstil-Konstante	Beschreibung
wxSIMPLE_BORDER	Hat einen dünnen Rahmen (dieser Stil wurde in älteren Versionen wxBORDER genannt)
wxDOUBLE_BORDER	Hat einen doppelten Rahmen (nur Windows)
wxSUNKEN_BORDER	Hat einen eingeprägten Rahmen
wxRAISED_BORDER	Hat einen ausgeprägten Rahmen (nur GTK)
wxSTATIC_BORDER	Hat einen Rahmen für ein statisches Kontrollelement (nur Windows)
wxTRANSPARENT_WINDOW	Ist ein transparentes Fenster und empfängt keine Repaint-Ereignisse (nur Windows)
wxNO_3D	Kein 3D-Stil für Kindfenster (nur Windows)
wxTAB_TRAVERSAL	Durch die Kontrollelemente kann mit Tab navigiert werden
wxWANTS_CHARS	Fenster empfängt alle Zeichen-Ereignisse (auch für Tab und Enter in Dialogfenstern)

Tabelle 6.1: Fensterstile in wxWindows (Auszug)

---

[1] ... ein kleiner Schönheitsfehler: Beim Auswählen von "Yes" stürzt wxPython ab und reißt den Python-Interpreter mit. Ein etwas »eleganterer Abgang« wäre hier besser.

Fensterstil-Konstante	Beschreibung
wxNO_FULL_REPAINT_ON_RESIZE	Keine vollständigen Repaint-Ereignisse, wenn die Größe des Fensters verändert wird (nur Windows)
wxCLIP_CHILDREN	Hintergrund wird nur neu gezeichnet, falls nicht durch Kindfenster überlagert (eliminiert Flackern) (nur Windows)
wxDEFAULT_FRAME_STYLE	Standardstil für Rahmenfenster, entspricht der Verknüpfung folgender Stile: wxMINIMIZE_BOX wxMAXIMIZE_BOX wxRESIZE_BOX wxSYSTEM_MENU wxCAPTION
wxICONIZE	Rahmenfenster ist zum Symbol verkleinert (nur Windows)
wxCAPTION	Hat eine Titelleiste
wxMINIMIZE_BOX	Hat eine Verkleinerungsschaltfläche
wxMAXIMIZE	Wird maximiert dargestellt (nur Windows)
wxMAXIMIZE_BOX	Hat eine Maximierungsschaltfläche
wxSTAY_ON_TOP	Bleibt im Vordergrund (nur Windows)
wxSYSTEM_MENU	Hat ein spezielles Fenstermenu
wxRESIZE_BORDER	Hat einen Rahmen zur Größenveränderung
wxFRAME_TOOL_WINDOW	Ist ein Werkzeugfenster mit dünnem Rahmen (erscheint unter Windows nicht auf der Taskleiste)
wxFRAME_NO_TASKBAR	Erscheint nicht auf der Taskleiste (nur Windows)
wxFRAME_EX_CONTEXTHELP	Hat eine Schaltfläche für den *What-Is-Modus* (nur Windows)

Tabelle 6.1: Fensterstile in wxWindows (Auszug) (Forts.)

In dem meisten Fällen wird man durch Binden von Ereignissen an Callbacks das Aussehen und Verhalten der vorgefertigten Fensterklassen verändern wollen. Ist jedoch die komplette Eigenentwicklung eines Widgets von Nöten (z.B. um ein neues Kontrollelement zu erzeugen), ist die Klasse wxPaintDC von Nutzen. wxPaintDC ist die Abstraktion der zu einem Fenster gehörenden zweidimensionalen Zeichenfläche. Auf dieser können dann mit verschiedenen Zeichenbefehlen graphische Elemente erzeugt werden.

wxPaintDC ist Teil einer Klassenhierarchie, deren Basisklasse wxDC ist. wxDC kapselt ein generisches zweidimensionales Ausgabegerät. Außer wxPaintDC sind von wxDC noch weitere interessante Klassen abgeleitet, wie z.B. wxPrinterDC, welches eine Zeichenfläche auf einem Drucker repräsentiert. Eine vollständige Liste der abgeleiteten Klassen ist dem Referenzabschnitt zu entnehmen.

wxWindows verfügt über eine große Anzahl an von `wxWindow` abgeleiteten Kontrollelementen. Tabelle 6.2 enthält eine Liste der bekanntesten einfachen und komplexen Kontrollelemente.

Klasse	Beschreibung
wxStaticText	Eine Beschriftung
wxButton	Repräsentiert eine beschriftete Schaltfläche
wxToggleButton	Eine Schaltfläche, die ihren Zustand (*gedrückt* bzw. *nicht gedrückt*) bei Anklicken wechselt
wxRadioButton	Eine Schaltfläche in einer exklusiven Gruppe
wxCheckBox	Eine Schaltfläche, die an- oder abgewählt ist
wxComboBox	Ein Kombinationsfeld mit editierbaren Einträgen
wxTextCtrl	Ein ein- oder mehrzeiliges Editierfeld
wxScrollBar	Eine Bildlaufleiste
wxSpinButton	Ein Auf/Ab-Element
wxSlider	Ein Fader
wxTreeCtrl	Eine Baumansicht
wxListCtrl	Eine Listenansicht
wxGrid	Eine Tabellenansicht

Tabelle 6.2: wxWindows-Klassen für Kontrollelemente

Alle von `wxWindow` abgeleiteten Klassen sind damit auch von `wxEventHandler` abgeleitet und nehmen am System der Ereignisverarbeitung teil. Viele Klassen definieren zusätzlich zu den einfachen Standardereignissen zum Teil komplexere zusammengesetzte Ereignisse.

6.2.6 Geometriemanagement

wxWindows benutzt die so genannten *Sizer*[1] zum Geometriemanagement. Ein Sizer ist eine von `wxSizer` abgeleitete Klasse, die das Layout der in ein Rahmenfenster (`wxFrame`) eingebetteten Fenster kontrolliert. Dazu gehört folgende Funktionalität:

- Berechnung ausreichender Größen für die Fenster
- Positionierung der Fenster anhand von vordefinierten Regeln
- Dynamische Größenveränderung und Repositionierung, falls sich die Größe des Rahmenfensters ändert

---

[1] Es gibt noch eine andere Art des Geometriemanagement, das mit Layout-Einschränkungen (Constraints) arbeitet. Die Klassen dieses Systems sind zwar noch in wxWindows enthalten, aber als überholt (deprecated) gekennzeichnet. Man sollte sie daher nicht mehr verwenden.

Die in wxWindows verfügbaren Sizer-Klassen sind in Tabelle 6.3 abgebildet.

Klasse	Beschreibung
wxSizer	Abstrakte Basisklasse für Layoutklassen
wxPySizer	Python-spezifische Basisklasse (sollte anstatt wxSizer für eigene Geometriemanager verwendet werden)
wxBoxSizer	Ordnet Fenster in einer vertikalen oder horizontalen Reihe an
wxStaticBoxSizer	Wie wxBoxSizer, jedoch mit einer zusätzlichen wxStaticBox als Umrandung
wxGridSizer	Ordnet Fenster in einer Tabelle an, deren Zellen gleichmäßig hoch und breit sind
wxFlexGridSizer	Ordnet Fenster in einer Tabelle mit variabler Spalten- bzw. Zeilengröße an
wxNotebookSizer	Ordnet die Elemente eines wxNotebook an

Tabelle 6.3: wxWindows-Klassen für Geometriemanagement

Die grundlegende Idee der Sizer ist die folgende: Alle Elemente teilen ihre minimale Größe und die Möglichkeit einer eventuellen Streckung dem zugeordneten Sizer mit, falls sich die Größe des übergeordneten Fenster verschoben hat. wxSizer sind beliebig verschachtelbar, um komplexe Layouts zu erreichen.

> **Wichtig**
>
> Im Gegensatz zu anderen GUI-Toolkits sind wxSizer *keine* Fensterelemente, die die Geometrie ihrer Kindfenster kontrollieren. Diese Teilung der sonst üblicherweise zusammenhängenden *ist-enthalten-in* und *kontrolliert-die-Geometrie-von* Relation macht die Konstruktion von Layouts im Vergleich zu anderen GUI-Toolkits etwas komplizierter.

6.2.7 Anwendungsrahmen

wxWindows verfügt über eine Reihe von Klassen zur Unterstützung von Anwendungsrahmen. Zentrale Basis ist die Anwendungsklasse wxApp, die Methoden anbietet für die:

- Verarbeitung von Anwendungseigenschaften
- Hauptschleife und Ereignisverarbeitung
- Initialisierung und Finalisierung
- Standardverarbeitung von Ereignissen

Einige der wesentlichen Methoden von wxApp sind die Folgenden:

- OnInit() – ist die Schnittstelle, um Initialisierungen durchzuführen.

- `OnExit()` – ist die Schnittstelle, um Finalisierungen durchzuführen.
- `MainLoop()` – startet die Ereignisverarbeitung und geht in die Hauptschleife.
- `ExitMainLoop()` – signalisiert die Beendung der Ereignisverarbeitung an die Hauptschleife.
- `SetTopWindow()` – macht der Anwendung das zentrale Anwendungsfenster bekannt.
- `GetTopWindow()` – liefert das zentrale Anwendungsfenster zurück.
- `OnAssert()` – wird gerufen, falls eine Debugging-Ausnahme auftritt.

Tabelle 6.4 fasst die zum Anwendungsrahmen gehörenden Klassen zusammen:

Klasse	Beschreibung
wxApp	Anwendungsklasse für Ereignisverarbeitung etc.
wxFrame	Kapselt ein Rahmenfenster
wxDocument	Repräsentiert ein Dokument (MVC)
wxView	Repräsentiert eine Ansicht (MVC)
wxMDIParentFrame	Kapselt ein spezielles Rahmenfenster für die Verwaltung von MDI-Kindfenstern
wxMenu	Kapselt ein Popup-Menü
wxMenuItem	Kapselt einen Eintrag eines Popup-Menüs
wxMenuBar	Kapselt eine Menüleiste mit Popup-Menüs
wxStatusBar	Kapselt eine Statusleiste
wxToolBar	Kapselt eine Werkzeugleiste

Tabelle 6.4: wxWindows-Klassen für den Anwendungsrahmen

Aus den Klassen für den Anwendungsrahmen ist besonders die Klasse wxFrame hervorzuheben – diese enthält die wesentlichen Methoden, um als modernes Anwendungsfenster mit einer Menüleiste, mehreren Werkzeugleisten und einer Statusleiste umzugehen.

6.2.8 Dialoge

wxWindows unterstützt drei Arten von Dialogen:

- Einfache Dialoge
- Standardisierte Dialoge
- Benutzerdefinierte Dialoge

Die Dialogklassen von wxWindows sind in Tabelle 6.5 dargestellt.

Überblick

Klasse	Beschreibung
wxDialog	Die Basisklasse aller Dialoge
wxColourDialog	Dialog zum Auswählen einer Farbe
wxFileDialog	Dialog zum Auswählen eines Dateinamens
wxDirDialog	Dialog zum Auswählen eines Verzeichnisses
wxFontDialog	Dialog zum Auswählen eines Zeichensatzes
wxFindReplaceDialog	Dialog zum Suchen/Ersetzen in Texten
wxMultipleChoiceDialog	Dialog zum Auswählen einer oder mehrerer Optionen
wxSingleChoiceDialog	Dialog zum Auswählen einer Option
wxProgressDialog	Stellt eine Fortschrittsanzeige da
wxTextEntryDialog	Stellt eine Frage und lässt eine einzeilige Antwort zu
wxMessageDialog	Stellt eine Nachricht, ein Bild und bis zu drei Schaltflächen dar
wxPageSetupDialog	Dialog zum Einrichten einer Druckerseite
wxPrintDialog	Dialog zum Einrichten eines Ausdrucks
wxWizard	Die Containerklasse für Assistentendialoge

Tabelle 6.5: wxWindows-Klassen für Dialoge

Zu den einfachen Dialogen zählen die (modal oder nichtmodal konstruierbaren) Dialoge wxMessageBox, wxSingleChoiceDialog, wxMultipleChoice sowie der wxTextEntryDialog. Alle diese Dialoge stellen einen Text dar und erlauben eine einfache Benutzeraktion, wie z.B. die Eingabe eines Textes (wxTextEntryDialog), die Auswahl aus einer Option (wxChoiceDialog) oder auch nur den Klick auf eine Schaltfläche (wxMessageDialog). Dazu kommt noch der (im Allgemeinen nichtmodale) Dialog wxProgressDialog, der als Hauptbestandteil ein Fortschrittsanzeiger-Objekt der Klasse wxGauge darstellt und so den Status eines länger andauernden Vorgangs anzeigen kann.

Die umfangreiche Menge von Standarddialogen ist eine der Stärken von wxWindows. Im Einzelnen sind dies die (modalen) Dialoge wxColorDialog, wxFileDialog, wxFontDialog, wxPageSetupDialog, wxDirDialog, wxFindReplaceDialog sowie wxPrintDialog. Auf Plattformen, die eigene Standarddialoge anbieten, benutzt wxWindows die vom Betriebssystem angebotenen Dialoge. Auf anderen Plattformen werden die eingebauten Standarddialoge verwendet.

Zu den Klassen für benutzerdefinierte modale oder nichtmodale Dialoge gehören wxDialog und wxWizard. wxDialog umfasst die wesentlichen Aspekte der

- Erzeugung des Dialogs
- Ereignisverarbeitung während der Lebenszeit des Dialogs
- Rückgabe eines Wertes beim Schließen des Dialogs

Modale Dialoge werden nach ihrer Konstruktion durch einen Aufruf von `ShowModal()` angezeigt. Der Aufruf von `ShowModal()` kehrt erst dann zurück, wenn die Methode `ExitModal()` mit einem zu übergebenden Rückgabeparameter aufgerufen wird. Dies geschieht üblicherweise in den Callback-Methoden, die an die `EVT_BUTTON()`-Ereignisse der Schaltflächen "Ok" und "Abbrechen" gebunden werden.

Nichtmodale Dialoge werden durch einen Aufruf von `Show()` angezeigt und beginnen in einer lokalen Hauptschleife mit der Ereignisverarbeitung. Die Methode `Show()` kehrt sofort zum Aufrufer zurück – es existieren von diesem Zeitpunkt an also zwei quasi parallele Hauptschleifen, solange bis der Dialog entweder durch den Aufruf von `Hide()` verborgen oder durch den Aufruf von `Destroy()` zerstört wird.

Da die Erzeugung jedes Oberflächenelements eine gewisse Zeit benötigt, kann es bei aufwendigen nichtmodalen Dialogen sinnvoll sein, die Dialoge im Voraus (z.B. direkt nach dem Start der Anwendung) zu erzeugen und erst bei Bedarf mit `Show()` anzuzeigen. Dies kann die Wartezeit des Benutzers bei der Aktivierung bestimmter Funktionen verringern.

Im Zusammenhang mit Dialogen ist noch die Klasse `wxNotebook` zu erwähnen – dies ist die Containerklasse für die in letzter Zeit sehr beliebten Karteireiterdialoge. Ein Karteireiterdialog besteht aus mehreren Seiten, die automatisch bei Klick auf den Karteireiter angezeigt werden. Um in wxWindows einen Karteireiterdialog zu erzeugen, sind folgende Schritte nötig:

1. Instanziierung eines `wxNotebook`-Objekts.
2. Instanziierung eines `wxNoteBookPage`-Objekts für jede Seite des Dialogs.
3. Hinzufügen von Kindfenstern für die jeweilige Seite.
4. Aufruf von `wxNotebook.AddPage()`, um das `wxNotebookPage`-Objekt als neue Seite des Dialogs anzumelden.
5. Die Schaltflächen "Ok", "Abbrechen" und weitere als Kindfenster des `wxNotebook`-Objekts erzeugen (sie sind auf jeder Seite sichtbar).
6. Verbindung der Ereignisse mit Callback-Methoden und Anzeigen des Dialogs mit `ShowModal()` für modale Dialoge oder `Show()` für nichtmodale Dialoge.

Ein Karteireiterdialog beinhaltet keine implizite Reihenfolge der dargestellten Seiten, da der Benutzer zu jeder Zeit jede Seite aufrufen kann. Ist dies nicht gewünscht, verwendet man besser einen Assistentendialog. In wxWindows existiert dazu die Containerklasse `wxWizard`.

6.2.9 Internationalisierung

wxWindows unterstützt einen Aspekt der Internationalisierung durch das Anbieten von Klassen und Funktionen, die die Übersetzung von Texten leisten. Dabei folgt wxWindows der Strategie, die mit dem GNU `gettext` [WWW:GETTEXT]-Paket vorgestellt wurde. Um eine Anwendung in verschiedenen Sprachen anzubieten, müssen mindestens folgende Schritte bearbeitet werden:

1. Einschließen aller direkt im Quelltext vorkommenden Texte in die Funktion wxGetTranslation() – diese globale Funktion gibt die Übersetzung eines Texts in Abhängigkeit der anwendungsweit gesetzten Spracheinstellung.
2. Extraktion aller zu übersetzenden Texte aus dem Programm – daraus entsteht eine Lokalisierungsdatei (.po) für die ursprünglich im Quelltext verwendete Sprache.
3. Übersetzung der Lokalisationsdatei in andere Sprachen und damit Erzeugung neuer Lokalisationsdateien.
4. Setzen der lokalen Einstellung im Konstruktor des Anwendungsobjekts – dies kann mit Unterstützung der Klasse wxLocale geschehen.

Neben der Problematik unterschiedlicher Texte ist auch an unterschiedliche Zeichensätze und Alphabete zu denken. wxWindows unterstützt auch diesen Aspekt: Die zentrale Klasse wxEncodingConverter konvertiert Zeichenketten zwischen verschiedenen Alphabeten (auch Unicode). Um zu den in wxWindows vorhandenen Konvertierungsmöglichkeiten weitere benutzerdefinierte hinzuzufügen, gibt es die Klassen wxMBConv und wxCSConv. wxMBConv ist die abstrakte Basisklasse aller Klassen, die zwischen Unicode und anderen Alphabeten mit mehreren Bytes pro Zeichen konvertieren. Ein Objekt der von wxMBConv abgeleiteten Klasse wxCSConv ist in jeder Anwendung genau einmal vorhanden (wxConvLocal) und repräsentiert das aktuelle benutzerdefinierte Alphabet.

6.2.10 Drucken

wxWindows verfügt über ein komfortables Rahmenwerk, das den Entwickler von Anwendungen, die Dokumenten auf einen Drucker ausgeben, unterstützt. Das Rahmenwerk ist dabei in das Dokumenten/Ansicht-Modell (vgl. die Erläuterungen zu MVC in Kapitel 1) eingebettet.

Das Rahmenwerk bietet eine Reihe von Basisklassen an, die spezielle Schnittstellen definieren, die in abgeleiteten Klassen implementiert werden müssen. Da die wesentliche Funktionalität in den Basisklassen implementiert ist, kann sich die jeweilige Anwendung darauf beschränken, die Informationen auf den zur Verfügung stehenden Gerätekontext[1] (vgl. Abschnitt 6.2.5) abzubilden.

Eine Besonderheit dieses Systems ist, dass von der Anwendung aus ohne größere Vorkehrungen treffen zu müssen, auch eine Druckvorschau mit variabler Vergrößerung und Schaltflächen zum Vor- und Zurückblättern erzeugt werden können. Des Weiteren implementiert wxWindows die obligatorischen Dialoge zum Einrich-

---

[1] ... ein Drucker, ein Fax, ein Bildeschirm, etc.

ten der Druckerseite und der Auswahl des Ausgabegeräts sowie des zu druckenden Bereichs.

Um in wxWindows etwas auszudrucken, wird zunächst eine von wxPrintout abgeleitete Klasse erzeugt. Die Klasse wxPrintout ist die Basisklasse, die einen Ausdruck kapselt. Um einen benutzerdefinierten Ausdruck zu erzeugen, muss die in dieser Klasse festgelegte Schnittstelle implementiert werden. Die wesentlichen Methoden sind folgende:

- OnPreparePrinting() – wird vor dem Ausdrucken gerufen, um der Anwendung Gelegenheit zu geben, bestimmte Parameter (z.B. Anzahl der Seiten, Seitengröße, etc.) zu setzen.
- OnBeginPrinting() – wird am Anfang des Ausdrucks gerufen.
- OnBeginDocument() – wird gerufen, wenn mit dem Ausdruck des Dokuments begonnen wird.
- HasPage() – wird gerufen, um festzustellen, ob eine bestimmte Seite zum Dokument gehört.
- GetPageInfo() – wird gerufen, um Informationen über die Seiten des Dokuments zu bekommen.
- OnPrintPage() – wird gerufen, um eine Seite auszudrucken. In dieser Methode muss mit den zur Verfügung stehenden Zeichenbefehlen der Inhalt einer Seite auf den eingestellten Gerätekontext gezeichnet werden.
- OnEndDocument() – wird gerufen, nachdem das Dokument vollständig ausgedruckt ist.
- OnEndPrinting() – wird gerufen, falls der Ausdruck beendet ist.

Als nächstes muss ein Objekt der Klasse wxPrintData erzeugt werden und dessen Attribute gesetzt werden. wxPrintData kapselt eine Menge von Seiten übergreifende Daten des Ausdrucks, wie z.B. das gewünschte Papierformat. Der letzte Schritt besteht dann noch aus der Implementierung der Menüaktionen für die Seiteneinrichtung, die Druckvorschau und das Aufrufen des Druckvorgangs.

6.3 Die Kontaktverwaltung

6.3.1 Schritt 1 – Hallo Welt

Eine minimale wxWindows-Anwendung besteht aus einem Anwendungsobjekt (wxApp) und einem Rahmenfenster (wxFrame):

```
1 #!/usr/bin/python
2
3 import sys
4 sys.path.append("..")
5
6 import Anwendung
```

Die Kontaktverwaltung

```
 7 from wxPython.wx import *
 8
 9 class wxKontaktAnwendung( wxApp, Anwendung.Anwendung ):
10     "Repräsentiert die Anwendungsklasse"
11
12     def __init__( self ):
13         "Konstruieren"
14         Anwendung.Anwendung.__init__( self )
15         wxApp.__init__( self, 0 )
16
17     def OnInit( self ):
18         "Initialisieren"
19         self.mainWindow = wxFrame( None, -1, "%s %s - %s" %
20             ( self.apptitle, self.appversion, self.doctitle ) )
21         self.mainWindow.Show(1)
22         self.SetTopWindow( self.mainWindow )
23         return 1
24
25     def run( self ):
26         "Ereignisverarbeitung starten"
27         self.MainLoop()
28
29 if __name__ == "__main__":
30     applikation = wxKontaktAnwendung()
31     applikation.start()
```

Listing 6.1:   Schritt1a.py

Zeile 7: Die Kernfunktionen des Pakets wxPython sind im Modul wx definiert.

Zeile 9: Die Anwendungsklasse wird von der Klasse wxApp abgeleitet.

Zeilen 14-15: Die Konstruktoren der Oberklassen müssen explizit aufgerufen werden, da Python dies nicht automatisch erledigt. Dem Konstruktor von wxApp wird als einziger Parameter eine 0 übergeben. Mit diesem optionalen Parameter wird bestimmt, wo die Python-Fehlermeldung bei einem Laufzeitfehler erscheinen soll. Übergibt man hier eine 1, öffnet sich bei einem Laufzeitfehler ein Fenster, in dem die Fehlermeldung erscheint. Übergibt man eine 0, werden Fehlermeldungen (wie im Normalfall) auf der Standardausgabe ausgegeben. Unter Windows ist dieser Parameter standardmäßig auf 1 gesetzt, unter Unix standardmäßig auf 0.

Zeile 17: Die Initialisierung einer wxWindows-Anwendung geschieht in der zu implementierenden Methode OnInit(). OnInit() wird innerhalb des Konstruktors von wxApp gerufen.

> **Vorsicht**
>
> Die Anwendungsklasse von wxWindows `wxApp` enthält keine Standardimplementierung von `OnInit()`. Wird die Methode `OnInit()` nicht überladen, meldet Python den Laufzeitfehler `AttributeError: wxKontaktAnwendung has no attribute 'OnInit'`.
>
> Soll die Initialisierung des Hauptfensters von Kommandozeilenargumenten abhängig gemacht werden, sollte man innerhalb `OnInit()` die Methode `OnInitCmdLine()` rufen, der man eine Referenz auf ein so genanntes *Parserobjekt* übergibt. Das Parserobjekt muss von der leistungsfähigen Parserklasse `wxCmdLineParser` abgeleitet sein, mit der man sehr einfach die Verarbeitung von Optionen (z.B. "-init"), Schaltern (z.B: "--prefix='Hallo'") und Argumenten (z.B. "xyz.txt") realisieren kann.

Zeilen 19-20: Das Hauptfensterobjekt wird als Instanz der Klasse `wxFrame` konstruiert. Der Konstruktor eines `wxFrame` erlaubt die Übergabe folgender Parameter:

- `parent` – ist eine Referenz auf das übergeordnete wxWindows Fensterobjekt.
- `id` – ist die numerische Identifikationszahl des neuen Fensters.
- `title` – enthält die Zeichenkette, die in der Titelleiste des Fensters angezeigt wird.
- `pos` – bestimmt die gewünschte Erscheinungsposition des Fensters (relativ zur linken oberen Ecke des Desktops anzugeben).
- `size` – bestimmt die gewünschte Größe des Fensters (ein Objekt der Klasse `wxSize`),
- `style` – spezifiziert den gewünschten Fensterstil.
- `name` – enthält eine Zeichenkette, die als (interner) Name für das Objekt dient (nicht zu verwechseln mit `title`).

Durch die Angabe von `None` als übergeordnetes Fensterobjekt wird das Fenster als Hauptfenster konstruiert. Die Übergabe von -1 als ID veranlasst wxWindows, automatisch eine ID zuzuweisen. Als Titel wird hier die Konkatenation von Anwendungsname, Anwendungsversion sowie Dokumentenname verwendet. Fehlt die Angabe einer gewünschten Größe und Position, überlässt wxWindows die Positionierung und Größe dem Window Manager – ist diese Funktion auf der aktuellen Plattform nicht verfügbar, werden Standardwerte eingesetzt.

Zeile 21: Die in der Klasse wxWindow definierte Methode `Show()` zeigt ein Fenster an. Fehlt dieser Aufruf, würde das Fenster nicht erscheinen und die Anwendung sich nicht bedienen (und schon gar nicht beenden) lassen.

Zeile 22: Das Hauptfenster wird mit `wxApp.SetTopWindow()` als zentrales Anwendungsfenster bekannt gemacht.

Zeile 23: `OnInit()` erwartet einen Wahrheitswert als Rückgabe, der den Erfolg der Initialisierung kennzeichnet. Gibt man ein negatives Ergebnis (0) zurück, beendet sich die Anwendung. Dies ist eine praktische Vorkehrung, da während der Konstruktion des Hauptfensters unter Umständen bestimmte Voraussetzungen für die Durchführung (z.B. Anzahl und Größe verfügbarer Ressourcen) nicht gegeben sind.

Zeile 27: Die Ereignisverarbeitung einer wxWindows-Anwendung wird durch den Aufruf der in `wxApp` implementierten Hauptschleife `MainLoop()` gestartet.

Abbildung 6.2 zeigt die Anwendung nach Aufruf von `Schritt1a.py`. Wie man sieht, öffnet sich ein leeres Hauptfensters, welches nur über die Funktionalität des Betriebssystems geschlossen werden kann. Um etwas mehr Interaktivität zu erreichen, wird im nächsten Schritt ein benutzerdefiniertes Hauptfenster erstellt.

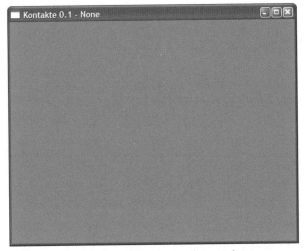

Abb. 6.2: wxWindows Kontaktverwaltung Schritt 1a

```
 1 #!/usr/bin/python
 2
 3 import sys
 4 sys.path.append("..")
 5
 6 import Anwendung
 7 from wxPython.wx import *
 8
 9 class wxHauptfenster( wxFrame ):
10     "Repräsentiert das Hauptfenster"
11
12     ID_BUTTON = 100
13
14     def __init__( self, parent, ID, title ):
```

```
15        "Konstruieren und initialisieren"
16        self.app = parent
17        wxFrame.__init__( self, None, ID, title, wxDefaultPosition,
18                    wxSize( 400, 150 ) )
19        self.button = wxButton( self, self.ID_BUTTON, "Hallo" )
20        EVT_BUTTON( self, self.ID_BUTTON, self.OnButton )
21
22     def OnButton( self, event ):
23        self.button.SetLabel( "Welt!")
24        self.Disconnect( self.ID_BUTTON, -1, wxEVT_COMMAND_BUTTON_CLICKED )
25        self.Connect( self.ID_BUTTON, -1, wxEVT_COMMAND_BUTTON_CLICKED,
                    self.OnButton2 )
26
27     def OnButton2( self, event ):
28        self.app.ExitMainLoop()
29
30  class wxKontaktAnwendung( wxApp, Anwendung.Anwendung ):
31     "Repräsentiert die Anwendung"
32
33     def __init__( self ):
34        "Konstruieren"
35        Anwendung.Anwendung.__init__( self )
36        wxApp.__init__( self, 0 )
37
38     def OnInit( self ):
39        "Initialisieren"
40        self.mainWindow = wxHauptfenster( self, -1, "%s %s - %s" %
41            ( self.apptitle, self.appversion, self.doctitle ) )
42        self.mainWindow.Show(1)
43        self.SetTopWindow( self.mainWindow )
44        return 1
45
46     def run( self ):
47        "Ereignisverarbeitung starten"
48        self.MainLoop()
49
50  if __name__ == "__main__":
51     applikation = wxKontaktAnwendung()
52     applikation.start()
```

Listing 6.2: Schritt1b.py

Zeile 9: Das Hauptfenster wird jetzt als eigene, von wxFrame abgeleitete, Klasse implementiert.

Zeile 12: Die IDs werden als statische Klassenkonstanten definiert. In diesem Schritt wird nur eine ID benutzt.

Zeile 16: Eine Referenz auf die Anwendungsklasse wird gespeichert, weil später auf bestimmte Methoden dieser Klasse zugegriffen werden muss.

Zeilen 17-18: Dem Konstruktor der Basisklasse wxFrame wird eine Fenstergröße übergeben. Die in wxPython.wx definierte Konstante wxDefaultPosition indiziert, dass die Fensterposition vom Window Manager bestimmt wird.

Zeile 19: Eine Schaltfläche wird erzeugt. Der Konstruktor von wxButton bekommt als ersten Parameter eine Referenz auf das übergeordnete Fenster, als zweiten Parameter eine Identifikationsnummer und als dritten Parameter den Text für die Schaltfläche.

Zeile 20: Hier wird ein Ereignis mit der Callback-Methode OnButton() verbunden. Dazu wird die Kurzschreibweise EVT_BUTTON() verwendet, die einem Aufruf von Connect(wxEVT_COMMAND_BUTTON_CLICKED,...) entspricht.

Zeile 22: Die Callback-Funktion OnButton() erwartet eine Referenz auf ein von wxEvent abgeleitetes Objekt, mit dem Informationen zum Ereignis ermittelt werden können. In diesem Schritt werden die Informationen zum Ereignis jedoch noch nicht verwendet.

> **Vorsicht**
>
> Im Gegensatz zu anderen Systemen *besteht* das wxWindows-System der Ereignisverarbeitung auf die Übergabe des event-Parameters, auch wenn dieser nicht benötigt wird. Lässt man diesen Parameter in der Callback-Methode weg, erhält man den Laufzeitfehler TypeError: OnButton() takes exactly 1 argument (2 given)

Zeile 23: Mit der in der Klasse wxButton implementierten Methode SetLabel() wird der Text der Schaltfläche (neu) gesetzt.

Zeilen 24-25: Um bei einem weiteren Klick das Schließen des Fensters zu veranlassen, wird die Verbindung des Ereignisses wxEVT_COMMAND_BUTTON_CLICKED mit der Methode OnButton durch Aufruf von Disconnect() gelöst. Connect() verbindet die neue Methode OnButton2() mit diesem Ereignis. Zur Demonstration wird hier die längere Schreibweise von Connect() benutzt – ein Aufruf von EVT_BUTTON(self, self.ID_BUTTON,self.OnButton2) hätte exakt den gleichen Effekt.

Zeile 28: In der Callback-Methode OnButton2() wird die in wxApp implementierte Methode ExitMainLoop() gerufen. ExitMainLoop() veranlasst das Beenden der Ereignisverarbeitung, so dass der Aufruf von wxApp.MainLoop() nachfolgend zurückkehrt.

Zeile 40: In OnInit() wird nun statt der generischen Klasse wxFrame die spezialisierte und von wxFrame abgeleitete Klasse wxHauptfenster instanziiert.

Abbildung 6.3 zeigt die Anwendung nach Aufruf von `Schritt1b.py`. Es öffnet sich ein Anwendungsfenster mit einer mit "Hallo" beschrifteten Schaltfläche. Beim ersten Klick auf die Schaltfläche verändert sich die Beschriftung zu "Welt!", beim zweiten Klick beendet sich das Programm. In diesem Schritt wurde also ein würdiges *Hallo-Welt*-Programm geschaffen.

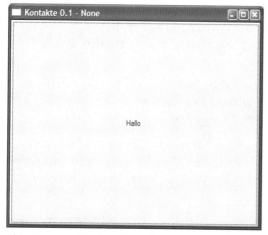

Abb. 6.3: wxWindows Kontaktverwaltung Schritt 1b

6.3.2 Schritt 2 – Layout

In diesem Schritt wird das Hauptfenster mit einer Menüleiste, einer Werkzeugleiste und einer Statuszeile ausgestattet. Darüber hinaus wird der mittig angeordnete Arbeitsbereich des Hauptfensters mit den Kindfenstern für die Navigation und die Ansicht der Kontakte erstellt. Abbildung 6.4 zeigt das für die wxWindows-Version der Kontaktverwaltung vorgesehene Gesamtlayout des Hauptfensters.

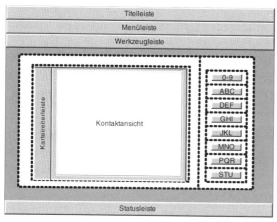

Abb. 6.4: wxWindows Layout des Hauptfensters

Der Arbeitsbereich des Hauptfensters besteht in dieser Version aus einem wxNotebook, in das die tabellenartige Kontaktansicht (ein Objekt der Klasse wxGrid) eingebettet wird. Zur Navigation werden zwei verschachtelte Sizer des Typs wxBoxSizer benutzt. Das im Folgenden dargestellte Listing von Schritt2.py unterscheidet sich von Schritt1b.py im Wesentlichen nur durch zwei zusätzliche Methoden, die das Aussehen der Anwendung festlegen.

```
 1 #!/usr/bin/python
 2
 3 import sys
 4 sys.path.append("..")
 5
 6 import Anwendung
 7 from wxPython.wx import *
 8 from wxPython.grid import *
 9
10 MENU = 1
11 BOTH = 0
12
13 class wxHauptfenster( wxFrame ):
14    "Repräsentiert das Hauptfenster"
15
16    iconPath = "../Images/"
17
18    fileMenu = [
19        ( BOTH, "Neue Datei erstellen", "New.gif.png",
20        "&Neu", 1011, "miFileNew" ),
21        ( BOTH, "Existierene Datei öffnen", "Open.gif.png",
22        "&Öffnen...", 1012, "miFileOpen" ),
23        ( MENU, "Existierende Datei schließen", "",
24        "Schließen", 1013, "miFileClose" ),
25        None,
26        ( BOTH, "Aktuelle Datei speichern", "Save.gif.png",
27        "&Speichern", 1014, "miFileSave" ),
28        ( MENU, "Aktuelle Datei unter einem anderen Namen speichern", "",
29        "Speichern &unter...", 1015, "miFileSaveAs" ),
30        None,
31        ( BOTH, "Aktuelle Datei ausdrucken", "Print.gif.png"
32        "&Drucken...", 1016, "miFilePrint" ),
33        None,
34        ( BOTH, "Eine Datei importieren", "DataStore.gif.png",
35        "&Importieren...", 1017, "miFileImport" ),
36        ( BOTH, "Aktuelle Datei exportieren", "DataExtract.gif.png",
37        "&Exportieren...", 1018, "miFileExport" ),
38        None,
39        ( MENU, "Die Anwendung beenden", "",
```

```
40        "&Beenden", 1019, "miFileExit" )
41      ]
42
43    editMenu = [
44      ( BOTH, "Auswahl in die Zwischenablage ausschneiden", "Cut.gif.png",
45        "Ausschneiden", 1021, "miEditCut" ),
46      ( BOTH, "Auswahl in die Zwischenablage kopieren",
47        "Copy.gif.png", "Kopieren", 1022, "miEditCopy" ),
48      ( BOTH, "Inhalt der Zwischenablage einfügen",
49        "Paste.gif.png", "Einfügen", 1023, "miEditPaste" ),
50      None,
51      ( BOTH, "Nach einem Eintrag suchen", "DocumentMag.gif.png",
52        "Suchen...", 1024, "miEditFind" ),
53      None,
54      ( BOTH, "Ausgewählten Eintrag modifizieren", "EnvelopeOpen.gif.png",
55        "Modifizieren...", 1025, "miEditModify" )
56      ]
57
58    viewMenu = [
59      ( BOTH, "Zur detaillierten Ansicht schalten", "Column.gif.png",
60        "Detailliert", 1031, "miViewDetail" ),
61      ( BOTH, "Zur Übersichtsansicht schalten", "Row.gif.png",
62        u"Übersicht", 1032, "miViewOverview" )
63      ]
64
65    insertMenu = [
66      ( BOTH, "Eine neue Kategorie einfügen", "NewColumn.gif.png",
67        "Kategorie...", 1041, "miInsertCategory" ),
68      ( BOTH, "Einen neuen Kontakt einfügen", "NewEnvelope.gif.png",
69        "Kontakt...", 1042, "miInsertContact" )
70      ]
71
72    helpMenu = [
73      ( BOTH, "Zeigt Programminformationen an", "Help.gif.png",
74        u"Über...", 1051, "miHelpAbout" )
75      ]
76
77    allMenus = [ ( "&Datei", fileMenu ),
78                 ( "&Bearbeiten", editMenu ),
79                 ( "&Ansicht", viewMenu ),
80                 ( "&Einfügen", insertMenu ),
81                 ( "&Hilfe", helpMenu ) ]
82
83    def __init__( self, parent, ID, title ):
84      "Konstruieren und initialisieren"
```

```
 85        self.app = parent
 86        wxFrame.__init__( self, None, ID, title, wxDefaultPosition,
 87                    wxSize( 550, 350 ) )
 88
 89        self.createMainframe()
 90        self.createWorkspace()
 91
 92    def createMainframe( self ):
 93        "Aktionsrahmen aufbauen"
 94        self.menuBar = wxMenuBar( wxMB_DOCKABLE )
 95        self.toolBar = wxToolBar( self,
 96                           -1,
 97                           wxDefaultPosition,
 98                           wxDefaultSize,
 99                           xTB_HORIZONTAL|wxNO_BORDER|wxTB_FLAT )
100        self.toolBar.SetToolBitmapSize( wxSize( 20, 20 ) )
101        self.statusBar = wxStatusBar( self, -1 )
102        self.statusBar.SetFieldsCount( 4 )
103        self.statusBar.SetStatusText( "10 Kontakte", 1 )
104        self.statusBar.SetStatusText( "3 Kategorien", 2 )
105        self.statusBar.SetStatusText( "modifiziert", 3 )
106        self.statusBar.SetStatusText( "Bereit.", 0 )
107
108        for text, menu in self.allMenus:
109            popupMenu = wxMenu()
110            for entry in menu:
111                if entry:
112                    both, helptxt, icon, menutxt, id, cbName = entry
113                    item = wxMenuItem( popupMenu, id, menutxt, helptxt, 0 )
114                    if both == BOTH:
115                        print self.iconPath+icon
116                        bitmap = wxBitmap( self.iconPath+icon, wxBITMAP_TYPE_PNG )
117                        self.toolBar.AddTool( id, bitmap, shortHelpString=
118                                          menutxt, longHelpString=helptxt )
                    popupMenu.AppendItem( item )
119
120                    cbMethod = getattr( self.app, cbName, None )
121                    if cbMethod:
122                        EVT_MENU( self, id, lambda ev,m=cbMethod:m() )
123                    else:
124                        print "!!! Callback %s existiert nicht!" % cbName
125                else: popupMenu.AppendSeparator()
126
127            self.menuBar.Append( popupMenu, text )
128            self.toolBar.AddSeparator()
```

Kapitel 6
wxWindows

```python
129
130       self.SetMenuBar( self.menuBar )
131       self.toolBar.Realize()
132       self.SetToolBar( self.toolBar )
133       self.SetStatusBar( self.statusBar )
134       self.statusBar.SetStatusWidths( [-1, 70, 70, 70] )
135
136    def createWorkspace( self ):
137      "Arbeitsbereich aufbauen"
138      self.topsizer = wxBoxSizer( wxHORIZONTAL )
139
140      ### Kontaktansicht
141      self.KontaktAnsicht = wxGrid( self, 3000, style = wxNO_BORDER )
142      self.KontaktAnsicht.CreateGrid( 50, 10 )
143      for x in xrange( 0, 50 ):
144        for y in xrange( 0, 10 ):
145          self.KontaktAnsicht.SetCellValue( x, y, "(%s, %s)" % (x,y) )
146
147      ### Kategorieleiste
148      self.categoryBar = wxNotebook( self, 2000,
149                              size = wxSize( 500, 300 ),
150                              style = wxNB_LEFT|wxNO_BORDER )
151      self.categoryBar.AddPage( self.KontaktAnsicht, "Alle" )
152      self.categoryBar.AddPage( self.KontaktAnsicht, "Freunde" )
153      self.categoryBar.AddPage( self.KontaktAnsicht, "Verwandte" )
154      self.categoryBar.AddPage( self.KontaktAnsicht, "Kollegen" )
155      self.categoryBar.AddPage( self.KontaktAnsicht, "Sportverein" )
156
157      ### Navigationsleiste
158      self.rightsizer = wxBoxSizer( wxVERTICAL )
159      for text in ["0-9","ABC","DEF","GHI","JKL","MNO","PQR","ST",
160                   "UVW","XYZ"]:
160        button = wxButton( self, -1, text, size = wxSize( 40, 35 ) )
161        self.rightsizer.Add( button, 1, wxALIGN_CENTER_HORIZONTAL )
162
163      ### Geometriemanagement
164      self.topsizer.Add( self.categoryBar, 1, wxEXPAND )
165      self.topsizer.Add( self.rightsizer, 0 )
166      self.SetAutoLayout( 1 )
167      self.SetSizer( self.topsizer )
168      self.topsizer.Fit( self )
169      self.topsizer.SetSizeHints( self )
170
171      self.categoryBar.SetSelection( 1 )
172      self.categoryBar.SetSelection( 0 )
```

```
173
174 class wxKontaktAnwendung( wxApp, Anwendung.Anwendung ):
175     "Repräsentiert die Anwendung"
176
177     def __init__( self ):
178         "Konstruieren"
179         Anwendung.Anwendung.__init__( self )
180         wxApp.__init__( self, 0 )
181
182     def OnInit( self ):
183         "Initialisieren"
184         wxInitAllImageHandlers()
185         self.mainWindow = wxHauptfenster( self, -1, "%s %s - %s" %
186             ( self.apptitle, self.appversion, self.doctitle ) )
187         self.mainWindow.Show(1)
188         self.SetTopWindow( self.mainWindow )
189         return 1
190
191     def run( self ):
192         "Ereignisverarbeitung starten"
193         self.MainLoop()
194
195 if __name__ == "__main__":
196     applikation = wxKontaktAnwendung()
197     applikation.start()
198
```

Listing 6.3: Schritt2.py

Zeile 8: Das Paket wxPython ist modularisiert, die zur Tabellenansicht wxGrid gehörenden Klassen kommen aus dem Modul grid.

Zeile 16: Die auf der Werkzeugleiste befindlichen Schalter werden mit Bildern versehen. Der relative Pfad zum Verzeichnis, in dem sich diese Bilder befinden, wird hier festgelegt.

Zeilen 18-76: Zur Erzeugung von Anwendungsmenüs sind viele ähnliche Anweisungen nötig. Um den Quelltext übersichtlicher und leichter wartbar zu machen, bietet es sich an, die relevanten Einträge in eine Datenstruktur zu legen und zur Erzeugung der Menüs in einer Schleife über diese Datenstruktur zu iterieren. Für diese Anwendung wird pro Menü eine Liste definiert, in der die Elemente entweder aus einem Tupel oder None bestehen. Der Wert None steht für einen in das Menü einzutragende Trennlinie und ein Tupel steht für einen Menüeintrag. Jeder Menüeintrag besteht hier aus den folgenden sechs Elementen:

1. Verwendungszweck (MENU steht für eine Menüaktion, BOTH steht für eine Aktion, die sowohl im Menü als auch auf der Werkzeugleiste eingetragen werden soll).
2. Erläuterungstext (Dieser Text wird bei Anwahl der Menüaktion in der Statuszeile bzw. als Tool Tip, wenn die Maus eine kurze Zeit auf einer der Schaltflächen auf der Werkzeugleiste verweilt, angezeigt).
3. Icon (der Dateiname des Symbols, das im Menü respektive auf der Werkzeugleiste zu der Aktion erscheinen soll).
4. Text (der Text des Menüeintrags).
5. ID (die numerische Identifikation der Menüaktion).
6. Callback (Name der Methode, die aufgerufen werden soll, sobald die Aktion ausgewählt wird).

Zeilen 89-90: Die Elemente des Hauptfensters werden innerhalb der Methoden createMainframe() sowie createWorkspace() erstellt. In createMainframe() werden die Bestandteile des Rahmens, also Menüleiste, Werkzeugleiste und Statusleiste erzeugt, in createWorkspace() wird der Arbeitsbereich mit den Bereichen Kategorieleiste, Kontaktansicht und Navigationsleiste konstruiert.

Zeile 94: Die Menüleiste wxMenuBar wird erzeugt und gespeichert. Der Fensterstil wxMB_DOCKABLE gib an, dass die Menüleiste als andockbare Leiste konstruiert werden soll (dies gilt zurzeit jedoch nur unter wxGTK und wird auf anderen Plattformen ignoriert).

Zeile 95: Die Werkzeugleiste wxToolBar wird konstruiert. Die als Fensterstil übergebenen Konstanten geben an, dass eine rahmenlose (wxNO_BORDER), horizontale (wxTB_HORIZONTAL) Werkzeugleiste mit flachen (wxTB_FLAT) Schaltflächen konstruiert werden soll. Der Stil wxTB_FLAT wird zurzeit nur von Windows-Betriebssystemen benutzt – andere Plattformen ignorieren diesen Stil.

Zeile 100: Die in dieser Anwendung verwendeten Icons liegen in der Größe 20*20 Pixel vor. Standardmäßig ist in wxWindows als Bildgröße 16*16 vorgesehen – der Aufruf der in wxToolBar implementierten Methode SetToolBitmapSize() ändert dies.

Zeile 101: Die Statusleiste wird als Objekt der Klasse wxStatusBar konstruiert.

Zeilen 102-106: Mit der in wxStatusBar implementierten Methode SetFieldsCount() wird die Anzahl der auf der Statusleiste dargestellten Felder angegeben. Wie in Kapitel 3 erläutert, soll diese Anwendung über einen variablen Nachrichtenteil und drei permanente Indikatoren verfügen. Für diese vier Felder wird hier zunächst ein Standardtext festgelegt.

Zeilen 108-128: In der äußeren Schleife wird für jeden Menüeintrag ein Popup-Menü (wxMenu) erzeugt und zur Menüleiste sowie zur Werkzeugleiste hinzugefügt. Am Ende jedes Popup-Menüs wird zur besseren Übersicht auf der Werkzeugleiste ein Trennsymbol hinzugefügt.

Zeilen 111-113: Ist der zum Popup-Menü hinzuzufügende Eintrag nicht None, wird das Sechstupel entpackt und der entsprechende Menüeintrag als Objekt der Klasse wxMenuItem erzeugt. Der fünfte Parameter des Tupels gibt an, ob es möglich sein soll, den Eintrag abwechselnd an- bzw. abzuwählen. Wir werden später (in Schritt 4) auf diesen Parameter zurückkommen.

Zeilen 114-117: Soll der abzuarbeitende Eintrag zusätzlich (BOTH) auch über die Werkzeugleiste auswählbar sein, wird mittels der in wxToolBar implementierten Methode AddTool() eine neue Schaltfläche auf der Werkzeugleiste erzeugt. Da es sich um eine bebilderte Schaltfläche handelt, wird zuvor ein Objekt der Klasse wxBitmap erzeugt. Der Konstruktor von wxBitmap benötigt einen Pfad zum einzulesenden Bild und die Angabe des Typs (dieser wird leider nicht automatisch abgeleitet). Ein mit einer wxToolBar versehener wxFrame kann auf der wxStatusBar einen Hilfetext anzeigen, der dargestellt wird, wenn sich der Maus-Cursor über einer Schaltfläche in der Werkzeugleiste befindet.

> **Vorsicht**
>
> Die vorliegende und ansonsten recht stabile Windows-Version von wxWindows zeigte hier zum Teil sehr wenig fehlertolerantes Verhalten: Vergisst man beispielsweise das Erzeugen der Statusleiste und bewegt den Mauscursor dann über einen der Werkzeugschaltflächen, dann erscheint zunächst ein Fehlerfenster, danach stürzt wxPython ab und reißt den Python-Interpreter mit sich.

Zeile 118: Der Menüeintrag wird zum aktuellen Popup-Menü hinzugefügt.

Zeilen 120-124: Die in Python eingebaute Funktion getattr() wird benutzt, um vom Namen der Callback-Methode zu einer Referenz auf die in der Anwendungsklasse implementierten Methode zu kommen. Mit EVT_MENU() wird die Auswahl eines Menüeintrags an einen Callback gebunden. Da die in der Anwendungsklasse implementierten Methoden keinen Parameter aufnehmen, in wxWindows jeder Callback aber mindestens den Parameter event verarbeiten muss, wird hier eine lambda-Funktion erstellt, die diesen Parameter aufnimmt, aber ignoriert.[1]

Zeilen 127-128: Das aktuelle Popup-Menü wird schließlich zur Menüleiste hinzugefügt. Als Indikator für den Abschluss einer Aktionsgruppe wird zur Werkzeugleiste ein Trennsymbol hinzugefügt.

Zeile 130: Mit wxFrame.SetMenuBar() wird dem Rahmenfenster die erzeugte Menüleiste bekannt gemacht.

---

[1] Es wäre natürlich auch möglich gewesen, die in der Anwendungsklasse implementierten Callbacks mit optionalen Parametern auszustatten – da dies aber nicht für alle GUI-Toolkits notwendig ist, wurde während des Entwurfs davon abgesehen.

Zeile 131: Nach dem Hinzufügen von Schaltflächen zu einer Werkzeugleiste muss `Realize()` aufgerufen werden. Diese Methode reorganisiert die Werkzeugleiste und stellt sicher, dass alle Schaltflächen dargestellt werden.

Zeile 133: Mit `wxFrame.SetStatusBar()` wird dem Rahmenfenster die erzeugte Statusleiste bekannt gemacht.

Zeile 134: Die Statusleiste verfügt über rudimentäres Geometriemanagement. Mit `SetStatusWidths()` kann man die gewünschten Größen der jeweiligen Felder bestimmen. Die positiven Werte stehen für eine absolute Angabe in Bildpunkten, der Wert -1 steht hier für die Benutzung des restlichen zur Verfügung stehenden Platzes.

Zeilen 136-173: Das Layout und eine provisorische Version der Ansichtsfenster werden erstellt.

Zeile 138: Das Geometriemanagement der äußeren Ebene wird durch einen horizontalen (`wxHORIZONTAL`) `wxBoxSizer` geleistet.

Zeilen 140-145: Als vorläufige Kontaktansicht kommt eine Tabellenansicht der Klasse `wxGrid` zum Einsatz. Als Fensterstil wird hier Rahmenlos (`wxNO_BORDER`) festgelegt, da sich die Kontaktansicht innerhalb einer Karteireiterfläche (`wxNotebook`) befindet.

Zeilen 142-145: Um einen Eindruck des Aussehens einer Tabellenansicht zu bekommen, legen wir mit `CreateGrid()` eine Tabelle von 50*10 Zellen an und füllen diese durch wiederholten Aufruf von `SetCellValue()`. `SetCellValue()` erwartet die drei Parameter Spalte, Zeile und zu setzender Text.

Zeilen 147-155: Als Kategorieleiste wird ein Objekt der Klasse `wxNotebook` verwendet. Ein `wxNotebook` besteht nicht nur aus den Karteireiter-Auswahlfeldern, sondern beinhaltet auch die Seitenfläche. Der Fensterstil `wxNB_LEFT` veranlasst, dass die Karteireiter an der linken Kante dargestellt werden (wxWindows unterstützt Karteireiter an allen vier Kanten). Der Aufruf der Methode `wxNotebook.AddPage()` fügt eine neue Seite (ein `wxWindow`) hinzu. Als erster Parameter wird dabei eine Referenz auf die Seite übergeben, als zweiter Parameter der Name für die Auswahlschaltfläche.

Wichtig

Da bei einem Wechsel der Kategorie nicht ein neues Fenster aufgebaut werden soll, sondern nur der Inhalt des Fensters geändert werden soll, wird hier immer die gleiche Seite (das `wxGrid`) übergeben. Eine Alternative wäre gewesen, jede Kategorie als eigene Instanz eines `wxGrid` zu entwerfen. Ein Wechseln der Kategorie wäre dann sehr schnell und automatisch durch das `wxNotebook` machbar - allerdings auf die Kosten einer *n*-fachen Aktualisierung aller Objekte von `wxGrid`, falls sich Einträge in der Kontaktdatenbank ändern. Die Implementierung dieser alternativen Strategie ist eine gute Übungsaufgabe.

Zeilen 158-161: Da das Geometriemanagement des wxNotebook intern gehandhabt wird, muss nur noch die Geometrie der Navigationsleiste sichergestellt werden. Dies geschieht durch die Erzeugung eines vertikalen (wxVERTICAL) wxBoxSizer. Die vorläufige Inkarnation der Navigationsleiste erfolgt durch die Darstellung einer Reihe von Schaltflächen (wxButton-Objekte), die wiederum mit wxBoxSizer.Add() zum Layout hinzugefügt werden. Der Wert 1 als zweiter Parameter sorgt dafür, dass die Schaltflächen vertikal streckbar sind. Der dritte Parameter bestimmt die Ausrichtung – in diesem Fall horizontal mittig.

Zeilen 164-165: Die Bereiche Kontaktansicht und Navigationsleiste werden zum äußeren Layout hinzugefügt. Durch die Angabe von wxEXPAND wird dem Sizer mitgeteilt, dass dieses Widget die maximal zur Verfügung stehende Breite benötigt. Das durch das Objekt rightsizer kontrollierte innere Layout hat eine feste Breite, die durch die Schaltflächen bestimmt wird.

Zeilen 166-167: Durch Aufruf von wxFrame.SetAutoLayout() wird erreicht, dass bei einer Größenveränderung des Anwendungsfensters automatisch wxWindow.Layout() aufgerufen wird und damit (rekursiv) eine Neuberechnung der Geometrie aller Elemente vorgenommen wird. Will man das Layout »von Hand« kontrollieren, muss man das Ereignis der Größenveränderung mit einer Callback-Methode verbinden und dann die Größe und Position aller Kindfenster reorganisieren. Durch Aufruf von SetSizer() wird dem wxFrame der zentrale Layoutmanager (in diesem Fall der äußere) bekannt gemacht.

Zeilen 168-169: wxSizer.Fit() sorgt für eine initiale Größen- und Positionsberechnung aller organisierten Elemente auf der Basis der jeweiligen minimal benötigten Werte. wxSizer.SetSizeHints() macht die berechnete minimale Größe dem angegebenen Fenster bekannt.

Zeilen 171-172: Mit wxNotebook.SetSelection() wird eine Seite der Karteireiterfläche ausgewählt und dargestellt. Der doppelte Aufruf ist nötig, damit der Inhalt der gewünschten Seite wirklich dargestellt wird. Andernfalls wäre die Kontaktansicht erst sichtbar, wenn der Benutzer einen Karteireiter auswählt – dies scheint eine Fehlfunktion in der aktuellen Version von wxWindows zu sein.

Zeile 184: Die Initialisierungsmethode wird um einen Aufruf der globalen Funktion wxInitAllImageHandlers() ergänzt. Dadurch werden in wxWindows alle verfügbaren Bildverarbeitungsroutinen installiert.

Abbildung 6.5 zeigt die Anwendung in Schritt 2. Man sieht dabei einen Tool Tip, der angezeigt wird, während der Mauscursor über der Schaltfläche "Öffnen" ruht. Außerdem wird der längere Hilfetext auf der Statusleiste angezeigt.

> **Wichtig**
>
> Um möglichst einfach Erweiterungen vornehmen zu können, ist die Funktionalität zum Laden und Speichern von Bildern nicht direkt in die Klasse wxBitmap eingebaut, sondern in beliebig vielen, von wxBitmapHandler abgeleiteten Klassen. wxWindows kommt mit einer Menge von statischen Verarbeitern (z.B. BMP, ICO, XBM, XPM). Weitere Verarbeitungsklassen können dynamisch zu wxBitmap hinzugefügt werden. Durch die Konstruktion eines eigenen Verarbeiters lassen sich auch proprietäre Formate verarbeiten, ohne alle Anwendungen auf die Benutzung anderer Klassen umzustellen zu müssen.

Man kann nun Menüaktionen aufrufen, die von den in der Anwendungsklasse Anwendung realisierten Methoden verarbeitet werden. Da jedoch einiges an notwendiger Funktionalität noch nicht implementiert, führt die Auswahl der entsprechenden Methoden (noch) zu Laufzeitfehlern.

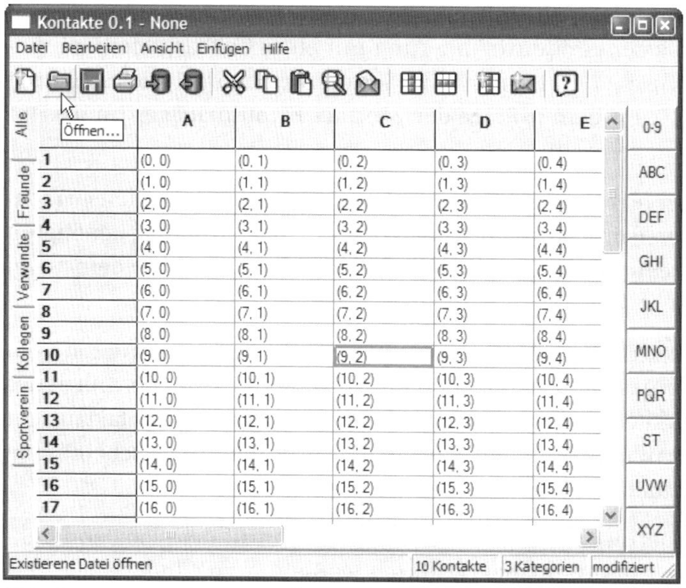

Abb. 6.5: wxWindows-Kontaktverwaltung Schritt 2

6.3.3 Schritt 3 – Laden & Speichern

Die von der Benutzeroberfläche unabhängige Kernfunktionalität zum Laden, Speichern, Importieren und Exportieren von Kontaktdatenbanken ist in der Anwendungsklasse im Bereich Dokumentenmanagement (siehe Kapitel 3) bereits enthalten – ebenso wie die vom GUI-Toolkit unabhängige Logik zum Aufruf des Dateidialoges. In diesem Schritt müssen also lediglich die Dialoge entworfen werden, die den entsprechenden aufrufenden Methoden den Dateinamen zurückgegeben.

Zur Erinnerung: Es wird erwartet, dass im Modul wxDialoge eine Klasse DateiDialog implementiert ist, die die folgenden zwei Methoden hat:

- getOpenContactsFilename(Typ) soll den Dialog zum Laden (bzw. Importieren) einer Datei anzeigen und den für die Auswahl der Dateien akzeptierten Typ festlegen. Wird kein Typ übergeben, soll standardmäßig der Dateityp "Kontaktdatenbank (*.kdb)" benutzt werden.
- getSaveContactsFilename(Typ) soll den Dialog zum Speichern (bzw. Exportieren) einer Datei anzeigen und den für die Auswahl der Dateien akzeptierten Typ festlegen. Wird kein Typ übergeben, soll auch hier standardmäßig der Dateityp "Kontaktdatenbank (*.kdb)" benutzt werden.

Als funktionale Randbedingung gilt bei letzterer Methode zusätzlich, dass ein schon existierender Dateiname nur dann übergeben werden soll, wenn der Benutzer eine dementsprechende Nachfrage explizit mit "Ok" beantwortet hat.

Die Implementierung des Dateidialogs ist sehr kurz, da wxWindows über komfortable Klassen für die Kapselung der Standarddialoge zum Laden und Speichern verfügt. Listing 6.4 zeigt die Realisierung der Klasse DateiDialog im Modul wxDialoge.

```
1  from wxPython.wx import *
2  import re
3
4  class DateiDialog( wxFileDialog ):
5      "Repräsentiert einen Datei-öffnen oder Datei-speichern-als-Dialog"
6
7      def __init__( self ):
8          "Konstruieren und initialisieren"
9          wxFileDialog.__init__( self, None, message = "Datei auswählen" )
10         self.SetWildcard( "Kontaktdatenbank (*.kdb)|*.kdb" )
11
12     def getOpenContactsFilename( self, t = "" ):
13         "Einen Dateinamen zum Lesen holen"
14         self.SetStyle( wxOPEN|wxHIDE_READONLY|wxCHANGE_DIR )
15         return self._doIt( t )
16
17     def getSaveContactsFilename( self, t = "" ):
18         "Einen Dateinamen zum Schreiben holen"
19         self.SetStyle( wxSAVE|wxOVERWRITE_PROMPT|wxCHANGE_DIR )
20         return self._doIt( t )
21
22     def _doIt( self, type ):
23         "Den Dialog ausführen und das Ergebnis zurückgeben"
24         if len(type) > 1:
```

```
25          try:
26              l,r = re.compile( "\(.*\)$" ).search( type ).span()
27          except:
28              pass
29          self.SetWildcard( type + "|" + type[l:r] )
30      result = self.ShowModal()
31      if result == wxID_CANCEL: return None
32      else: return self.GetFilename()
```

Listing 6.4: Klasse DateiDialog im Modul wxDialoge

Zeile 2: Das Modul für die Verarbeitung von regulären Ausdrücken re wird in einer Hilfsfunktion benötigt.

Zeile 4: Der Dialog wird von der wxWindows-Standarddialogklasse wxFileDialog abgeleitet.

Zeilen 7-10: Im Konstruktor wird zunächst die Basisklasse konstruiert – dabei wird der Dialog als Hauptfenster (parent=None) erzeugt und als Titel der Text "Datei auswählen" festgelegt. Mit der in wxFileDialog implementierten Methode SetWildcard() wird der erlaubte Dateityp der auszuwählenden Datei festgelegt. Dieser Typ erscheint dann auch später im Dialog. In wxWindows muss dieser Typ als Tupel, bestehend aus Zeichenketten im Format "Beschreibung | Filter", übergeben werden.

Zeilen 12-20: In den Methoden getOpenContactsFilename() respektive getSaveContactsFilename() wird der jeweilige Stil des Dialogs festgelegt und die Kontrolle an die Hilfsfunktion _doIt() übergeben. Die von der Klasse wxFileDialog definierten Fensterstile sind in Tabelle 6.5 erläutert.

Fensterstil	Beschreibung
wxOPEN	Dialog ist ein Dialog zum Öffnen
wxSAVE	Dialog ist ein Dialog zum Speichern
wxHIDE_READONLY	Verbirgt das Kontrollelement "Nur lesbar öffnen" (nur mit wxOPEN kombinierbar)
wxOVERWRITE_PROMPT	Erfordert vom Anwender eine Bestätigung, falls eine existierende Datei ausgewählt wurde (nur mit wxSAVE kombinierbar)
wxMULTIPLE	Erlaubt die Auswahl mehrerer Dateien (nur mit wxOPEN kombinierbar)
wxCHANGE_DIR	Wechselt das aktuelle Arbeitsverzeichnis des Programms in das vom Anwender gewählte Verzeichnis

Tabelle 6.6: Fensterstile von wxFileDialog

Die Kontaktverwaltung

Zeilen 24-29: Innerhalb der Methode _doIt() wird zunächst überprüft, ob als Parameter type etwas übergeben wurde. Wenn ja, muss die textuelle Beschreibung des Dateityps in das von wxFileDialog geforderte Format überführt werden. Ist in der Beschreibung des Formats ein geklammerter Abschnitt, wird dieser zusätzlich zu dem Trennsymbol "|" an die Beschreibung angehängt. Der reguläre Ausdruck "\(.*\)$" entspricht genau einem geklammerten Abschnitt vor dem Zeilenende.

Zeilen 30-32: Der Aufruf von wxFileDialog.ShowModal() zeigt den Dialog an und kehrt erst zurück, wenn der Benutzer den Dialog mit "Ok" (Rückgabewert wxID_OK) oder "Abbrechen" (Rückgabewert wxID_CANCEL) beendet hat. An den Aufrufer wird dann der mit dem Dialog ausgewählte Dateiname (wird ermittelt durch wxFileDialog.GetFilename()) respektive None zurückgeliefert.

Um von der Anwendungsklasse Anwendung aus die Benutzung der Klasse DateiDialog zu ermöglichen, muss noch folgende Ergänzung im import-Bereich der Anwendung für Schritt3.py vorgenommen werden:

```
import wxDialoge
Anwendung.Dialoge = wxDialoge
```

Abbildung 6.6 zeigt die Anwendung in Schritt 3 mit einem geöffneten DATEI|SPEICHERN-Dialog und dem eingebauten Warnungsfenster bei versuchtem Überschreiben einer bereits existierenden Datei.

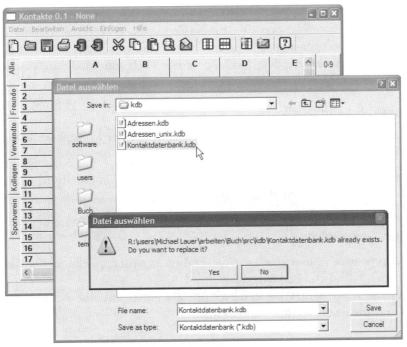

Abb. 6.6: wxWindows-Kontaktverwaltung Schritt 3

6.3.4 Schritt 4 – Kontaktansicht

Mit der Vervollkommnung von Schritt 3 ist es nun möglich, Kontaktdatenbanken einzuladen und zu speichern – angezeigt werden die eingeladenen Kontakte jedoch noch nicht.

Als nächstes muss daher die zentrale Kontaktansicht erstellt werden. Dazu wird zunächst ein Teil des in Schritt 2 erstellten provisorischen Arbeitsbereiches verändert. Im vorletzten Schritt wurde als Kontaktansicht ein Objekt der Klasse wxGrid erzeugt. Für die endgültige Kontaktansicht reicht das Standardverhalten der wxGrid nicht – die zusätzliche Funktionalität wird in der von wxGrid abgeleiteten Klasse KontaktAnsicht implementiert. Diese Klasse wird vom Modul wxFenster bereitgestellt. Gegenüber Schritt3.py entfallen daher die Zeilen 140 bis 145:

```
140     ### Kontaktansicht
141     self.KontaktAnsicht = wxGrid( self, 3000, style = wxNO_BORDER )
142     self.KontaktAnsicht.CreateGrid( 50, 10 )
143     for x in xrange( 0, 50 ):
144         for y in xrange( 0, 10 ):
145             self.KontaktAnsicht.SetCellValue( x, y, "(%s, %s)" % (x,y) )
```

Sie werden durch die folgende Zeile ersetzt:

```
140 self.KontaktAnsicht = wxFenster.KontaktAnsicht( self, "detail" )
```

Damit die Hauptfensterklasse auf die neue Klasse KontaktAnsicht zugreifen kann, wird der Importbereich von Schritt3.py um die Zeile import wxFenster erweitert. Der Aufruf von from wxPython.grid import * kann wegfallen, da auf die Klassen, Methoden und Konstanten aus dem Modul grid nur noch vom Modul wxFenster aus benötigt werden.

Anforderungen & Schnittstelle

Wie in obigem Aufruf zu sehen, erwartet der Konstruktor der Klasse KontaktAnsicht zwei Parameter:

- parent enthält eine Referenz auf das Elternobjekt (also das Hauptfenster)
- viewMode beschreibt die anfänglich darzustellende Ansicht

Für die wxWindows-Version der Anwendung sollen folgende zwei Arten der Darstellung unterstützt werden:

- Überblick (viewMode = "overview") – in dieser Ansicht wird pro Zelle ein Kontakt mit Vorname, Name und Bild dargestellt.
- Detail (viewMode = "detail") – in dieser Ansicht entspricht eine Zeile einem Kontakt und alle Felder werden dargestellt.

Da auch nach der Konstruktion der Kontaktansicht der Ansichtsmodus noch verändert werden können soll[1], muss eine separate Methode dafür bereitgestellt werden. Diese Methode muss ebenfalls berücksichtigen, dass nicht immer alle Kontakte zu sehen sein sollen – vielmehr sollen Kontakte in Abhängigkeit der gerade ausgewählten Kategorie dargestellt werden. Dafür wird die Methode changeView() bereitgestellt.

Zusätzlich zur Konstruktion und zur Initialisierung der Ansicht muss die Ansichtsklasse in diesem Schritt nur unterstützen, dass Kontakte hinzugefügt werden. Dazu wird die Methode insertContact() bereitgestellt.

Als letztes muss eine Methode bereitgestellt werden, die die Ansicht aktualisiert, sobald sich etwas an der Datenbasis ändert. Diese Methode stellt die (einzige) Schnittstelle zum Hauptfenster dar: updateContacts().

Implementierung

```
 1 from wxPython.wx import *
 2 from wxPython.grid import *
 3
 4 class KontaktAnsicht( wxGrid ):
 5    "Kapselt eine Tabelle mit Kontakten"
 6
 7    ID = 3000
 8    headers = [(0,"Bild"), (1,"Anrede"), (2,"Vorname"),
 9               (3,"Name"), (4,"Strasse"), (5,"PLZ"),
10               (6,"Stadt"), (7,"Telefon"),
11               (8,"E-Mail"), (9,"Kategorie")]
12
13    def __init__( self, parent, viewMode = "detail", name = "Test" ):
14        "Konstruieren und Initialisieren"
15        wxGrid.__init__( self, parent, self.ID, style = wxNO_BORDER )
16        self.iconRenderer = IconRenderer()
17        self.changeViewMode( viewMode )
18        self.mainWindow = parent
19        self.CreateGrid( 0, 10 )
20        self.DisableDragColSize()
21        self.DisableDragRowSize()
22        self.EnableEditing(0)
23        self.SetMargins( 0, 0 )
24        font = wxFont(8,wxROMAN,wxNORMAL,wxNORMAL,0,"Tahoma")
25        self.SetLabelFont( font )
26        self.SetColLabelSize( 20 )
```

---

[1] ... man könnte das Fenster bei einem Ansichtenwechsel natürlich zerstören und neu erstellen, das würde durch das automatische Geometriemanagement aber zu unschönem Geflacker führen. Besser ist es daher, die Ansicht »in-place« zu ändern.

```python
27      self.SetRowLabelSize( 30 )
28      self.SetDefaultCellAlignment( wxRIGHT, wxCENTER)
29      self.SetRowLabelAlignment( wxCENTER, wxCENTER)
30      self.SetColLabelAlignment( wxCENTER, wxCENTER)
31      self.SetDefaultRenderer( self.iconRenderer )
32
33   def changeViewMode( self, viewMode, category = "Alle" ):
34      "Ansichtmodus ändern und Ansicht neu aufbauen"
35      self.mCategory = category
36      self.mViewMode = viewMode
37      self.ClearGrid()
38      self.position = -1, 9
39
40      if self.mViewMode == "detail":
41         self.SetSelectionMode( wxGrid.wxGridSelectRows )
42         for col, header in self.headers:
43            self.SetColLabelValue( col, header )
44      else:
45         self.SetSelectionMode( wxGrid.wxGridSelectCells )
46         for col in xrange( 0, 10 ):
47            self.SetColLabelValue( col, `col+1` )
48
49   def updateView( self, how, what ):
50      "Ansicht aktualisieren"
51      print "updateView: ", how, what
52      self.BeginBatch()
53      if how == "addContact":
54         self.insertContact( what )
55      elif how == "allContacts":
56         for contact in what:
57            self.insertContact( contact )
58      elif how == "changeView":
59         self.changeViewMode( what, self.mCategory )
60         self.updateView( "allContacts", self.mainWindow.app.contacts )
61      elif how == "updateView":
62         self.changeViewMode( self.mViewMode, what )
63         self.updateView( "allContacts", self.mainWindow.app.contacts )
64      self.AutoSize()
65      self.EndBatch()
66
67   def insertContact( self, contact ):
68      "Kontakt zur Ansicht hinzufügen"
69      if self.mCategory != "Alle":
70         if self.mCategory != contact.getValue( "Kategorie" ):
71            return
72
```

Die Kontaktverwaltung

```
73      if self.mViewMode == "detail":
74          self.AppendRows()
75          row = self.GetNumberRows()-1
76          for col, header in self.headers:
77              if header != "Bild":
78                  self.SetCellValue( row, col, contact.getValue( header ) )
79              else:
80                  self.SetCellValue( row, col, contact.getValue( header )+"|" )
81      else:
82          row, col = self.position
83          if col == 9:
84              self.AppendRows()
85              row += 1
86              col = 0
87          else:
88              col += 1
89          self.position = row, col
90          self.SetCellValue( row, col, "%s|%s %s"% (
91                              contact.getValue( "Bild" ),
92                              contact.getValue( "Vorname" ),
93                              contact.getValue( "Name" ) ) )
```

Listing 6.5: Klasse KontaktAnsicht im Modul wxFenster

Zeile 8: Die Spaltenbeschriftungen für die Detail-Ansicht werden als Liste von Zweitupel mit Position und Text erzeugt.

Zeile 16: Das Zeichnen einer Zelle in einem wxGrid wird in wxWindows von einer speziellen Zellendarstellungsklasse (abgeleitet von wxGridCellRenderer) übernommen. wxWindows enthält Darstellungsklassen für Text, boolesche Werte, ganze Zahlen und Fließkommazahlen. Für diese Anwendung ist jedoch das Anzeigen eines Bildes in einer Zelle vorgesehen. Um dies realisieren zu können, muss eine eigene Darstellungsklasse (IconRenderer) entwickelt werden (siehe unten).

Zeile 18: ChangeViewMode() setzt weitere Parameter, die nicht nur zur Konstruktionszeit, sondern bei jeder Änderung des Ansichtsmodus verändert werden müssen.

Zeilen 20-30: Im Konstruktor wird ein Objekt der Klasse wxGrid erzeugt und dessen Verhalten durch den Aufruf der folgenden Funktionen angepasst:

- CreateGrid(row,col) – erzeugt die Tabelle[1] mit row Zeilen und col Spalten.

---

[1] wxWindows unterscheidet zwischen der Tabellenansicht und den in der Ansicht enthaltenen Daten. Die Standardtabelle verarbeitet Zellen mit Text und enthält keinerlei Eigenintelligenz – für andere Anwendungen müsste man eine Tabellenklasse von wxGridTableBase ableiten und spezialisieren.

- `DisableDragColSize()` – verhindert ein Verändern der Spaltenbreite durch den Benutzer (die Größe der Spalten soll sich automatisch nach dem Inhalt richten).
- `DisableDragRowSize()` – verhindert ein Verändern der Zeilenhöhe durch den Benutzer (die Höhe der Zeilen soll sich automatisch nach dem Inhalt richten).
- `EnableEditing(0)` – verhindert, dass Zellen editiert werden können.
- `SetMargins(0,0)` – setzt den Zellenrand auf die Dicke von 0 Pixeln.
- `SetLabelFont()` – setzt den Zeichensatz der Spalten- und Zeilenbeschriftungen. Dazu wird die Kapselung eines Zeichensatzes mit der Klasse `wxFont` benutzt.
- `SetColLabelSize()` – setzt die Höhe der Spaltenbeschriftung fest.
- `SetRowLabelSize()` – setzt die Breite der Zeilenbeschriftung fest.
- `SetDefaultCellAlignment()` – setzt die Ausrichtung des Zelleninhalts.
- `SetRowLabelAlignment()` – setzt die Ausrichtung der Zeilenbeschriftung.
- `SetColLabelAlignment()` – setzt die Ausrichtung der Spaltenbeschriftung.

Zeile 31: Damit alle Zellen die neu entwickelte Darstellungsklasse verwenden, wird `SetDefaultCellRenderer()` aufgerufen[1].

Zeilen 33-36: Innerhalb der Methode `ChangeViewMode()` werden die zwei Parameter `viewMode` und `category` für den späteren Zugriff gespeichert.

Zeile 37: Mit `wxGrid.ClearGrid()` wird die gesamte Tabelle gelöscht.

Zeilen 40-43: Im Detailmodus sollen (später) nur ganze Zeilen ausgewählt werden können. Der Aufruf von `wxGrid.SetSelectionMode()` mit der Klassenkonstante `wxGrid.wxGridSelectRows` bewirkt dies. Die Spaltenbeschriftungen werden in Abhängigkeit von der vorher definierten Liste (`self.headers`) gesetzt.

Zeilen 44-47: Im Übersichtsmodus sollen einzelne Zellen ausgewählt werden können. Die Spaltenbeschriftungen sollen dann mit dem Wert 1 beginnend durchnummeriert werden.

Zeilen 49-65: `updateView()` ist die zentrale Aktualisierungsmethode der Klasse KontaktAnsicht. Wenn sich die in der Anwendungsklasse verwaltete Datenbasis ändert, wird diese Methode mit entsprechenden Parametern aufgerufen. Für die in Schritt 5 implementierte Version dieser Methode muss auf die folgenden Nachrichten reagiert werden:

- "addContact" – zum Hinzufügen eines Kontakts (ruft die interne Methode `insertContact()` auf).
- "allContacts" – zum Hinzufügen aller Kontakte (ruft die interne Methode `insertContact()` mehrfach auf).
- "changeView" – zur Veränderung des Ansichtsmodus (ruft die interne Methode `changeViewMode()` auf).

---

[1] ... an sich unterstützt wxWindows das Setzen von Darstellern pro Zelle – dies funktionierte in der vorliegenden Version jedoch nicht zuverlässig, also wurde ein Darsteller entworfen, der sowohl Zellen mit Bild als auch ohne Bild zeichnen kann.

- "updateView" – zur Veränderung der dargestellten Kategorie (ruft die interne Methode changeViewMode() auf).

Zeilen 52+65: Bei der Durchführung der Methode updateView() kann es vorkommen, dass sich die Darstellung der Kontaktansicht erheblich ändert und damit ein großer Teil der Tabelle neu gezeichnet werden muss: Bei der Verarbeitung der Nachricht "allContacts" beispielsweise werden viele neue Kontakte zur Ansicht hinzugefügt. Um in diesem Fall das ständige Neuzeichnen der Tabelle während dieser Operation zu verhindern, bietet die Klasse wxGrid die Methoden BeginBatch() und EndBatch() an.

- wxGrid.BeginBatch() teilt dem Objekt mit, dass eine Menge von Aktualisierungen folgen wird und das Neuzeichnen des Fensters in dieser Zeit unnötig ist.
- wxGrid.EndBatch() teilt dem Objekt mit, dass die Aktualisierungen beendet sind und das Fenster neu gezeichnet werden kann.

Durch Aufrufen von BeginBatch() in Zeile 52 und EndBatch() in Zeile 65 wird die Aktualisierung der KontaktAnsicht sowohl schneller (da ein unnötiges Neuzeichnen verhindert wird) als auch ohne störendes Flackern durchgeführt.

Zeile 64: Nach dem Hinzufügen oder Verändern (später auch Entfernen) von Kontakten kann es nötig sein, die Spaltenbreite oder die Zeilenhöhe zu verändern. Dies wird durch wxGrid.AutoSize() überprüft und im Bedarfsfall erledigt.

Zeilen 67-90: Innerhalb insertContact() wird ein Kontakt zur Ansicht hinzugefügt. Dabei muss zwischen den Ansichtsmodi "detail" und "overview" unterschieden werden.

Zeilen 69-70: Es wird überprüft, ob die Kategorie des übergebenen Kontakts auch mit der aktuell angezeigten Kategorie übereinstimmt. Falls nicht, wird der Kontakt nicht zur Ansicht hinzugefügt.

Zeilen 73-80: Im Detailmodus entspricht ein Kontakt einer Zeile. Durch Aufruf der in der Klasse wxGrid implementierten Methode AppendRows() wird eine neue Zeile zur Tabelle hinzugefügt. Durch Iterieren über die im Attribut self.headers gespeicherten Spaltenkennungen werden die jeweiligen Parameter zur Tabelle hinzugefügt. wxGridSetCellValue(row,col,value) setzt dabei den Wert value an die Zelle in Zeile row und Spalte col. Bei dem Text für die Spalte "Bild" muss ein Sonderzeichen eingefügt werden – der Grund dafür liegt in unserem speziellen Zellendarsteller verborgen und wird noch näher erläutert.

Zeilen 81-93: Im Übersichtsmodus entspricht ein Kontakt einer Zelle. Da eine neue Zeile nur dann zur Tabelle hinzugefügt werden muss, wenn die letzte Zeile »voll« ist, wird die zuletzt gespeicherte Position überprüft. Bei einem Spaltenwert von 9 muss eine neue Zeile angefangen werden und der neue Spaltenwert beträgt 0. Bei einem anderen Spaltenwert kann ein Kontakt noch zur letzten Zeile hinzugefügt werden – die Spaltenzahl wird also um eins erhöht.

Mit `SetCellValue()` wird wieder der Text der betreffenden Zelle gesetzt. Im Übersichtsmodus besteht dieser Text aus Vorname und Name des entsprechenden Kontakts. Da in diesem Modus allerdings zusätzlich noch ein Bild angezeigt werden soll, muss der Dateiname dieses Bildes auch in dem Zellentext eincodiert werden. Unsere spezielle Zellendarstellungsklasse muss diesen Dateinamen später wieder extrahieren. Der Dateiname wird vom Namen des Kontakts durch einen senkrechten Strich ("|") getrennt. Dieses Zeichen bietet sich an, da es nicht zu den gültigen Zeichen eines Namens gehört[1].

Nun zur Implementierung der besonderen Darstellungsklasse für die Zellen, die in Listing 6.6 zu sehen ist. Eine Klasse für einen Zellendarsteller muss von der wxPython-Basisklasse der Zellendarsteller `wxPyGridCellRenderer`[2] abgeleitet werden. wxWindows erwartet, dass ein Zellendarsteller neben dem Konstruktor die folgenden drei Methoden implementiert:

1. `Draw()` – zeichnet eine gewählte Zelle.
2. `GetBestSize()` – gibt die erwartete optimale Größe der Zelle zurück.
3. `Clone()` – gibt eine Kopie der Darstellungsklasse zurück[3].

```
 95 class IconRenderer(wxPyGridCellRenderer):
 96   "Kapselt einen benutzerdefinierten Cell Renderer"
 97
 98   def __init__(self):
 99     "Konstruieren"
100     wxPyGridCellRenderer.__init__(self)
101
102   def Draw(self, grid, attr, dc, rect, row, col, isSelected):
103     "Die Zelle zeichnen"
104     dc.SetBackgroundMode( wxSOLID )
105     if isSelected:
106       dc.SetBrush( wxBrush( wxLIGHT_GREY, wxSOLID ) )
107     else:
108       dc.SetBrush( wxBrush( wxWHITE, wxSOLID ) )
109     dc.SetPen( wxTRANSPARENT_PEN)
110     dc.DrawRectangle( rect.x, rect.y, rect.width, rect.height )
111     dc.SetBackgroundMode(wxTRANSPARENT)
```

---

1 Es könnte sein, dass dennoch jemand einen senkrechten Strich in den Namen oder den Vornamen einfügt. Dadurch würde zur Laufzeit ein Fehler entstehen. In einem kommerziellen Programm müsste dies abgefangen werden – der Einfachheit halber wurde aber hier auf diese zusätzliche Überprüfung verzichtet.

2 Die originale wxWindows-Klasse heißt hier `wxGridCellRenderer`, in wxPython muss man aufgrund der C++-virtuellen Methoden wieder eine separate Klasse benutzen (siehe dazu auch Abschnitt 6.2.2).

3 Da die Operationen in einem Zellendarstellungsobjekt schnell ablaufen müssen, ist hiermit Raum für eventuelle Zellen- (und damit Klassen-) übergreifende Optimierungen, wie z.B. Zwischenspeicherung, gegeben.

```
112      w, h = 0, 0
113      icon = ""
114      text = grid.GetCellValue( row, col )
115      if "|" in text:
116         icon, text = text.split( "|" )
117      if icon != "":
118         bitmap = wxBitmap( icon, wxBITMAP_TYPE_PNG )
119         w, h = bitmap.GetWidth(), bitmap.GetHeight()
120         dc.DrawBitmap( bitmap, rect.x+4, rect.y+2, 0 )
121
122      dc.SetFont( attr.GetFont() )
123      dc.SetPen( wxBLACK_PEN )
124      dc.SetTextForeground( wxBLACK )
125      dc.DrawText( text, rect.x+4+w+2, rect.y-4+rect.height/2 )
126
127   def GetBestSize(self, grid, attr, dc, row, col):
128      "Die Abmessungen der Zelle zurückgeben"
129      w, h = 0, 0
130      icon = ""
131      text = grid.GetCellValue( row, col )
132      if "|" in text:
133         icon, text = text.split( "|" )
134      if icon != "":
135         bitmap = wxBitmap( icon, wxBITMAP_TYPE_PNG )
136         w, h = bitmap.GetWidth(), bitmap.GetHeight()
137
138      dc.SetFont( attr.GetFont() )
139      wt, ht = dc.GetTextExtent( text )
140      if ht > h: h = ht
141      return wxSize( w+wt, h )
142
143   def Clone(self):
144      "Eine Kopie erstellen"
145      return IconRenderer()
```

Listing 6.6: Klasse IconRenderer im Modul wxFenster

Zeilen 102-125: Die Methode wxGridRenderer.Draw() ist dafür verantwortlich, den Inhalt einer Zelle darzustellen. Draw() bekommt vom Aufrufer die folgenden sieben Parameter übergeben:

- grid – ist eine Referenz auf das wxGrid-Objekt, das den Aufruf abgesetzt hat.
- attr – ist eine Referenz auf ein wxGridCellAttr-Objekt, das eine Menge von Zellattributen repräsentiert.
- dc – ist eine Referenz auf das wxDC-Objekt, das die Zeichenfläche repräsentiert.

- `rect` – enthält das zum Gerätekontext gehörende Rechteck, innerhalb dessen gezeichnet werden darf.
- `row` – enthält die Zeile, in der sich die zu zeichnende Zelle befindet.
- `col` – enthält die Spalte, in der sich die zu zeichnende Zelle befindet.
- `isSelected` – ist ein Wahrheitswert, der angibt, ob die zu zeichnende Zelle zurzeit ausgewählt ist.

Zeilen 104-111: Zuerst wird die Zeichenfläche »gelöscht«, in diesem Fall also vollständig mit einem weißen bzw. hellgrauen Pinsel übermalt. Mit `wxDC.SetBackGroundMode()` wird der Verknüpfungsmodus mit dem Hintergrund der Zeichenfläche angegeben – `wxSOLID` bedeutet hier, dass alle Punkte *direkt* auf die Zeichenfläche gemalt werden.

Zeilen 105-108: Je nach Auswahlstatus wird die Zelle weiß (nicht ausgewählt) oder hellgrau (ausgewählt) gezeichnet. In wxWindows wird ein Zellendarsteller auch nach dem Ändern einer Auswahl aufgerufen, da er dafür verantwortlich ist, dass der Benutzer eine visuelle Rückkopplung über die zurzeit ausgewählte Zelle bekommt. Dies geschieht meistens dadurch, dass der Zellenhintergrund in einer von nicht ausgewählten Zellen abweichenden (hier hellgrauen) Farbe gezeichnet wird.

Mit der in `wxDC` implementierten Methode `SetBrush()` wird ein neuer Pinsel für die Zeichenfläche ausgewählt. Der als Parameter übergebene Pinsel ist ein Objekt der Klasse `wxBrush`. Der Konstruktor von `wxBrush` erwartet die zwei Parameter `color` und `style`. Der Parameter `color` spezifiziert die Farbe[1] und `style` die Art des Pinsels. Die für den Pinselstil zulässigen Konstanten sind in Tabelle 6.6 abgebildet.

Konstante	Beschreibung
wxTRANSPARENT	Transparent
wxSOLID	Gefüllt
wxBDIAGONAL_HATCH	Rückwärtig diagonal gestreift
wxCROSSDIAG_HATCH	Diagonal gestreift
wxFDIAGONAL_HATCH	Vorwärts diagonal gestreift
wxCROSS_HATCH	Kreuzweise gestreift
wxHORIZONTAL_HATCH	Horizontal gestreift
wxVERTICAL_HATCH	Vertikal gestreift

Tabelle 6.7: Stilkonstanten für wxBRUSH

---

[1] ... in wxWindows kann eine Farben entweder (benutzerdefiniert) als `wxColour`-Objekt oder als (vordefinierte) Farbkonstante spezifiziert werden.

Zeilen 109-110: Mit wxDC.SetPen() wird ein für die Umrandung gezeichneter Elemente verwendeter Stift (hier transparent) definiert. Die in der Klasse wxDC implementierte Methode DrawRectangle() zeichnet ein Rechteck und erwartet dazu die Übergabe der Koordinate für die linke obere Ecke sowie die Breite und die Höhe.

Zeilen 111-125: Je nach Inhalt der Zelle wird hier ein Bild und ein Text oder nur ein Text auf die Zeichenfläche gebracht.

Zeile 114: Der Textinhalt der Zelle wird durch einen Aufruf von wxGrid.GetCellValue() ermittelt.

Zeile 115-116: Falls sich ein senkrechter Strich im Textinhalt der Zelle befindet (siehe Erläuterung von InsertContact() in Listing 6.6, wird der Dateiname des anzuzeigenden Bildes vom zu zeichnenden Text getrennt.

Zeilen 117-120: Falls ein Dateiname angegeben wurde, wird eine wxBitmap erzeugt, die das entsprechende Bild enthält. Mit wxBitmap.GetWidth() sowie wxBitmap.GetHeight() werden die Breite und Höhe des Bildes ermittelt, damit eventuell vorhandener Text rechts davon angezeigt werden kann. Der Aufruf von wxDC.DrawBitmap() zeichnet ein Objekt der Klasse wxBitmap an einer gewählten Koordinate. Der als vierter Parameter übergebene Wahrheitswert bestimmt, ob im Bild vorhandene Transparenzinformationen ausgewertet werden sollen.

Zeilen 122-125: Hier wird der darzustellende Text gezeichnet. Dazu wird mit wxDC.SetFont() der in den Zellenattributen voreingestellte Zeichensatz bestimmt, mit wxDC.SetPen() eine Stiftfarbe und mit wxDC.SetTextForeground() eine Textfarbe ausgewählt. Die in der Klasse wxDC implementierte Methode DrawText() zeichnet eine Zeichenkette an die angegebenen Koordinaten. Der Text wird hierbei an der linken oberen Ecke des den Text umgebenden Rechtecks ausgerichtet. Um einen Text präziser zu positionieren, kann man durch die Methode wxDC.GetTextExtend() die Dimensionen des den Text umgebenden Rechtecks ermitteln.

Zeilen 127-141: GetBestSize() wird aufgerufen, wenn die Layout-Funktionen des wxGrid eine Neuausrichtung vornehmen wollen (also z.B. innerhalb der Methode wxGrid.AutoSize()). Es soll hierbei die optimale Größe für den zu zeichnenden Inhalt ermittelt und zurückgegeben werden. Für unsere Darstellungsklasse ergibt sich diese Größe aus der Höhe und Breite des Bildes und des darzustellenden Textes. Wie oben angedeutet, wird hier die Methode wxDC.GetTextExtent() verwendet, um die Größe des Textfeldes zu ermitteln. Da diese Größe abhängig von den Gerätekontext-Parametern (z.B. des Zeichensatzes) ist, müssen also, wie in der Zeichenroutine selbst, diese Parameter vorher gesetzt werden.

Zeilen 139-141: Horizontal addieren sich die Größen des Bildes und des Textes (da der Text rechts vom Bild dargestellt wird), vertikal ist nur der größere Wert relevant.

Kapitel 6
wxWindows

Zeilen 143-145: Clone() wird aufgerufen, wenn ein weiterer Zellendarsteller benötigt wird. Hier wird einfach ein neues Objekt unserer Zellendarstellerklasse erzeugt.

> **Wichtig**
>
> Die vorliegende Version der Klasse für die Zellendarstellung ist sehr ineffizient. Jedes Mal, wenn ein Kontakt gezeichnet werden muss, werden zwei (eines innerhalb GetBestSize() und eines innerhalb Draw()) neue wxBitmap-Objekte erzeugt. Diese öffnen die Datei, die das Bild hält und lesen die Bilddaten ein. Bei einer in der Übersichtsansicht dargestellten Kontaktdatenbank mit vielen Kontakten wird so eine große Last auf der Festplatte erzeugt. Je nach verwendetem Betriebssystem ist dies unter Umständen kein großes Problem, da die virtuellen Dateisysteme einmal gelesene Dateien im Hauptspeicher zwischenspeichern (zumindest so lange genug Hauptspeicher vorhanden ist).
>
> Dennoch wäre es besser, hier Optimierungen vorzunehmen. Eine mögliche Strategie wäre, bei der ersten Operation den Namen jeder geöffneten Bilddatei und das dazugehörige wxBitmap-Objekt in einem statischen Dictionary in der Darstellerklasse zu speichern und bei jeder erneuten Zeichen- oder Größenmess-Operation die relevanten Daten aus dem Dictionary auszulesen. Die Implementierung dieser Strategie sei als Übungsaufgabe empfohlen.

Abbildung 6.7 zeigt die Anwendung in Schritt 4 mit einer Kontaktdatenbank im Detailmodus.

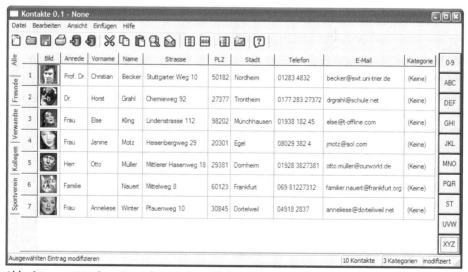

Abb. 6.7: wxWindows-Kontaktverwaltung Schritt 4

Während der Übersichtsmodus zwar schon implementiert ist, gibt es allerdings noch keine Möglichkeit, ihn von der Benutzeroberfläche aus zu aktivieren. Dazu müssen noch einige Veränderungen und Ergänzungen in Schritt4.py vorgenommen werden:

1. Die in der Anwendungsklasse nur als Schnittstelle implementierten Callback-Methoden miViewOverview() und miViewDetail() müssen in der abgeleiteten Klasse wxKontaktAnwendung überschrieben werden:

```
def miViewOverview( self ):
   self.mainWindow.updateView( "changeView", "over
view" )

def miViewDetail( self ):
   self.mainWindow.updateView( "changeView", "detail" )
```

Bisher wurden die Menüaktionen ANSICHT|ÜBERBLICK und ANSICHT|DETAIL als »normale« (also als durch Druck auszulösende) Aktionen definiert. Im Konstruktoraufruf eines wxMenuItem kann man durch Übergabe des Schlüsselwortparameters toggle und einem Wahrheitswert bestimmen, ob die Menüaktion an- und ausschaltbar ist. Für die Werkzeugleiste geschieht dies innerhalb der Methode Add-Tool(), hier jedoch mit dem Schlüsselwortparameter isToggle.

6.3.5 Schritt 5 – Hinzufügen & Ändern

In diesem Schritt soll der Dialog zum Hinzufügen respektive Ändern von Kontakten erstellt werden.

Für die wxWindows-Version der Kontaktverwaltung wird der Dialog nicht auf herkömmliche Weise »ausprogrammiert«. Stattdessen wird ein graphischer UI-Builder dazu verwendet. Für wxWindows existieren einige Werkzeuge, mit denen man das Layout und die Elemente von Dialogen und zum Teil sogar ganzen Anwendungen graphisch erstellen kann. Das leistungsfähigste Werkzeug ist der wxDesigner [WWW:WXDESIGNER].

Der wxDesigner unterstützt folgende drei Varianten, um von der graphischen Repräsentation in eine für die Anwendung verwertbare Version zu kommen:

1. Beschreibung der erstellten Strukturen in XML-Dateien.
2. Beschreibung der erstellten Strukturen in wxWindows Ressourcendateien (.wxr).
3. Erstellung von Python-, Perl- oder C++-Quelltext.

Für den Kontaktdialog wird in dieser Anwendung die dritte Variante verwendet. Dazu wird zunächst der wxDesigner gestartet. Abbildung 6.8 zeigt den wxDesigner mit einem neu angelegten Projekt.

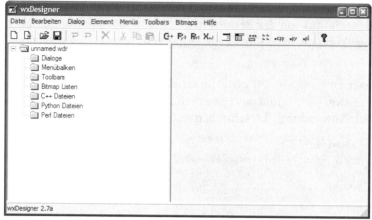

Abb. 6.8: wxDesigner nach Anlegen eines neuen Projekts

Das Hauptfenster des wxDesigner ist zweigeteilt. Zur Linken sieht man eine Übersicht aller Elemente des aktuellen Projekts in einer Baumstruktur. Zur Rechten (nach Anlegen eines neuen Projekts noch leer) wird das jeweils ausgewählte Element detailliert dargestellt. Nach Auswahl von DIALOG|DIALOG HINZUFÜGEN öffnet sich ein Fenster, in dem nach einem Funktionsnamen für den Dialog gefragt wird. Wir nennen die Dialog-Funktion `createKontaktDialog`. Abbildung 6.9 zeigt den wxDesigner nach Hinzufügen des Dialogs.

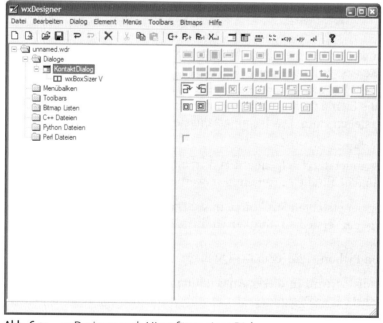

Abb. 6.9: wxDesigner nach Hinzufügen eines Dialogs

Auf der rechten Seite des Hauptfenster sind eine Reihe von Schaltflächen zu sehen, mit denen neue Elemente zum Dialog hinzugefügt werden können sowie die Eigenschaften bestehender Elemente verändert werden können. Standardmäßig ist nach dem Erzeugen eines neuen Dialogs als einziges Element der Geometriemanager wxBoxSizer (in der vertikalen Ausführung) erstellt.

Das Layout auf der äußersten Ebene soll vertikal dreizeilig sein. In der ersten Zeile Elemente für die Daten des Kontakts, in der mittleren Zeile ein Trennelement und in der dritten Zeile die Schaltflächen "Ok" bzw. "Abbrechen" zum Beenden des Dialogs.

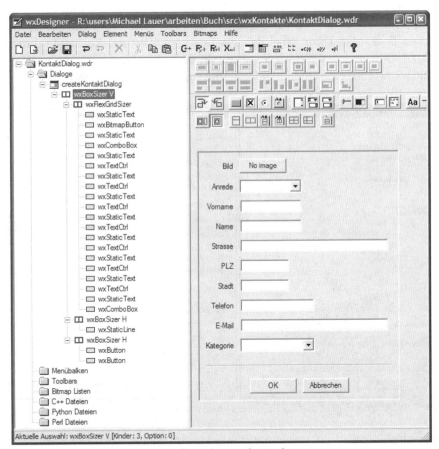

Abb. 6.10: wxDesigner nach Vervollständigung des Dialogs

Da die für die Daten eines Kontakts gedachten Elemente des Kontaktdialogs wiederum zweispaltig angeordnet werden sollen, bietet sich der wxGridSizer als Geometriemanager an. Die Spalten werden jedoch unterschiedliche Breite benötigen (da die Beschriftungen weniger breit als die eigentlichen Eingabefelder sind) – der wxFlexGridSizer ist somit die bessere Wahl. Die einzelnen Elemente werden dann durch Klick auf die entsprechende Schaltfläche erzeugt. Abbildung 6.10 zeigt das Projekt nach Anlegen aller Kontrollelemente sowie der Änderung einiger Eigenschaften, wie z.B. der Breite und Beschriftung.

Mit dem wxDesigner lassen sich nahezu alle Eigenschaften eines Kontrollelements bequem und effizient (vor allem, ohne eine einzige Zeile Quelltext schreiben zu müssen) verändern. Abbildung 6.11 zeigt dies am Beispiel des Kombinationsfeldes, das zur Eingabe der Anrede eines Kontakts dient. Die Menge der Zeichenketten, die die Auswahl des Kombinationsfeldes bilden, können wie abgebildet direkt über den Eigenschaftsdialog eingegeben werden.

Eine wichtige Einstellung ist die ID eines Elements – man kann hier eine symbolische Konstante definieren, über die sich das Element später vom Quellcode aus ansprechen lässt. Man kann dabei den gewünschten Wert der Konstante direkt bestimmen. Gibt man als Wert -1 an, ermittelt der wxDesigner (wie von wxWindows selbst gewohnt) eine eindeutige Zahl und weist sie der Konstanten zu.

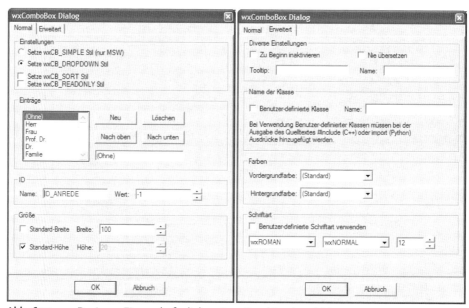

Abb. 6.11: wxDesigner-Eigenschaftsdialog eines Kombinationsfeld

Nachdem alle Einstellungen vorgenommen sind, wird die Projektdatei gespeichert[1] und aus der Beschreibung des Dialogs Python-Quelltext erzeugt. Der vom wxDesigner erzeugte Quelltext ist auszugsweise in Listing 6.7 zu sehen.

---

[1] Der wxDesigner verwendet hier ein proprietäres Binärformat. Dies ist allerdings keine Grund zur Sorge, da auch die Möglichkeit zur Speicherung in XML besteht.

> **Vorsicht**
>
> Der beim Schreiben dieses Buches verwendete wxDesigner in Version 2.7a unterstützte offenbar noch keine bebilderten Schaltflächen (wxBitmapButton) im Python-Quelltext und erzeugte stattdessen ein Objekt der Klasse wxButton. Daher muss der Befehl (im Listing mit dem Kommentar "Vorsicht!" versehen) item3=wxButton(parent,ID_BILD,"No image",wxDefaultPosition,wxDefaultSize) gegen den Befehl item3=wxBitmapButton(parent,ID_BILD,wxEmptyBitmap(50,20,16)) ausgetauscht werden. Die hier gemachten Änderungen sind natürlich nur bis zum Überschreiben der Datei durch den wxDesigner gültig.

```python
#----------------------------------------------------------------------
# Python source generated by wxDesigner from file: KontaktDialog.wdr
# Do not modify this file, all changes will be lost!
#----------------------------------------------------------------------

# Include wxWindows' modules
from wxPython.wx import *

# Window functions

ID_TEXT = 10000
ID_BILD = 10001
ID_ANREDE = 10002
ID_VORNAME = 10003
ID_NAME = 10004
ID_STRASSE = 10005
ID_PLZ = 10006
ID_STADT = 10007
ID_TEXTCTRL = 10008
ID_TELEFON = 10009
ID_EMAIL = 10010
ID_KATEGORIE = 10011
ID_COMBO = 10012
ID_LINE = 10013
ID_OK = 10014
ID_CANCEL = 10015

def createKontaktDialog( parent, call_fit = true, set_sizer = true ):
    item0 = wxBoxSizer( wxVERTICAL )

    item1 = wxFlexGridSizer( 0, 2, 0, 0 )
    item1.AddGrowableCol( 1 )
```

```
    item2 = wxStaticText( parent, ID_TEXT, "Bild", wxDefaultPosition, wxDefaultSize, 0 )
    item1.AddWindow( item2, 0, wxALIGN_RIGHT|wxALIGN_CENTER_VERTICAL|wxALL, 5 )

    item3 = wxButton( parent, ID_BILD, "No image", wxDefaultPosition, wxDefaultSize )
    #Vorsicht!
    item1.AddWindow( item3, 0, wxALIGN_CENTER_VERTICAL|wxALL, 5 )

    item4 = wxStaticText( parent, ID_TEXT, "Anrede", wxDefaultPosition, wxDefaultSize, 0 )
    item1.AddWindow( item4, 0, wxALIGN_RIGHT|wxALIGN_CENTER_VERTICAL|wxALL, 5 )

    item5 = wxComboBox( parent, ID_ANREDE, "", wxDefaultPosition, wxSize(100,-1),
       ["(Ohne)","Herr","Frau","Prof. Dr.","Dr.","Familie"] , wxCB_DROPDOWN )
    item1.AddWindow( item5, 0, wxALIGN_CENTER_VERTICAL|wxALL, 5 )

    item6 = wxStaticText( parent, ID_TEXT, "Vorname", wxDefaultPosition, wxDefaultSize, 0 )
    item1.AddWindow( item6, 0, wxALIGN_RIGHT|wxALIGN_CENTER_VERTICAL|wxALL, 5 )

    item7 = wxTextCtrl( parent, ID_VORNAME, "", wxDefaultPosition, wxDefaultSize, 0 )
    item1.AddWindow( item7, 0, wxALIGN_CENTER_VERTICAL|wxALL, 5 )

[...]
    item20 = wxStaticText( parent, ID_KATEGORIE, "Kategorie", wxDefaultPosition,
                    wxDefaultSize, 0 )
    item1.AddWindow( item20, 0, wxALIGN_RIGHT|wxALIGN_CENTER_VERTICAL|wxALL, 5 )

    item21 = wxComboBox( parent, ID_COMBO, "", wxDefaultPosition, wxSize(120,-1),
       ["ComboItem"] , wxCB_DROPDOWN )
    item1.AddWindow( item21, 0, wxALIGN_CENTER_VERTICAL|wxALL, 5 )

    item0.AddSizer( item1, 0, wxALL, 5 )

    item22 = wxBoxSizer( wxHORIZONTAL )

    item23 = wxStaticLine( parent, ID_LINE, wxDefaultPosition, wxSize(300,-1), wxLI_HORIZONTAL )

    item22.AddWindow( item23, 0, wxALIGN_CENTRE|wxALL, 5 )

    item0.AddSizer( item22, 0, wxALIGN_CENTRE|wxALL, 5 )

    item24 = wxBoxSizer( wxHORIZONTAL )

    item25 = wxButton( parent, ID_OK, "OK", wxDefaultPosition, wxDefaultSize, 0 )
    item25.SetDefault()
    item24.AddWindow( item25, 0, wxALIGN_CENTRE|wxALL, 5 )

    item26 = wxButton( parent, ID_CANCEL, "Abbrechen", wxDefaultPosition, wxDefaultSize, 0 )
```

```
    item24.AddWindow( item26, 0, wxALIGN_CENTRE|wxALL, 5 )

    item0.AddSizer( item24, 0, wxALIGN_CENTRE|wxALL, 5 )

    if set_sizer == true:
        parent.SetAutoLayout( true )
        parent.SetSizer( item0 )
        if call_fit == true:
            item0.Fit( parent )
            item0.SetSizeHints( parent )

    return item0

# Menubar functions

# Toolbar functions

# Bitmap functions


# End of generated file
```

Listing 6.7: KontaktDialog_wdr.py (Auszug)

Nun zur Konstruktion der eigentlichen Dialogklasse. Die in der Anwendungsklasse implementierten Methoden (z.B. `miEditModify()`) erwarten einen Dialog mit Namen `KontaktDialog`, der im Modul `wxDialoge` definiert ist und über einen Konstruktor mit den drei Parametern `data`, `categories` und `type` verfügt:

1. `data` – ist eine Menge von Schlüssel/Wert-Paaren. Beim Aufruf des Menüeintrags EINFÜGEN|KONTAKT wird in diesem Parameter ein leeres Dictionary übergeben. Beim Aufruf des Menüeintrags BEARBEITEN|MODIFIZIEREN werden in diesem Parameter die Daten des zu modifizierenden Eintrags an den Dialog übergeben, damit sie in den entsprechenden Feldern dargestellt werden können.
2. `categories` – ist eine Liste von Kategorien, die der Anwendung momentan bekannt sind.
3. `type` – ist ein Wahrheitswert, der den Typ des Dialogs angibt. Eine 0 bedeutet, dass der Dialog über EINFÜGEN|KONTAKT aufgerufen wurde. Eine 1 bedeutet, dass der Dialog über BEARBEITEN|MODIFIZIEREN aufgerufen wurde.

Nach dem Aufruf des Konstruktors wird der Dialog durch `exec_loop()` gestartet, diese Methode muss den Eintritt in die Ereignisverarbeitung implementieren. Da außerdem der `KontaktDialog` ein modaler Dialog sein soll, muss der Aufruf blockieren, bis der Anwender eine der Schaltflächen "Ok" oder "Abbrechen" betätigt. Die

Rückgabe von exec_loop() soll ein Wahrheitswert sein. Eine Rückgabe von 1 bedeutet dabei, dass der Dialog durch "Ok" beendet wurde – analog dazu bedeutet die Rückgabe von 0, dass der Dialog mit "Abbrechen" beendet wurde.

Listing 6.8 zeigt die Implementierung der Klasse KontaktDialog in der Datei wxDialoge.py:

```
35  from KontaktDialog_wdr import *
36
37  class KontaktDialog( wxDialog ):
38      "Repräsentiert den Kontakt-Ändern-und-Hinzufügen-Dialog"
39
40      fields = { "Anrede":ID_ANREDE, "Vorname":ID_VORNAME, "Name":ID_NAME,
41                 "Strasse":ID_STRASSE, "PLZ":ID_PLZ, "Stadt":ID_STADT,
42                 "E-Mail":ID_EMAIL, "Telefon":ID_TELEFON,
43                 "Kategorie":ID_KATEGORIE, "Bild":ID_BILD }
44
45      def __init__( self, data, categories = ["(Keine)"], type = 0 ):
46          "Konstruieren und initialisieren"
47          self.data = data
48          self.categories = categories
49          self.categories.remove( "Alle" )
50          self.categories.append( "(Keine)" )
51          if type:
52              title = "Kontakt hinzufügen"
53          else:
54              title = "Kontakt modifizieren"
55          wxDialog.__init__( self, None, -1, title )
56          createKontaktDialog( self )
57          comboKategorie = self.FindWindowById( ID_KATEGORIE )
58          for category in self.categories:
59              comboKategorie.Append( category )
60
61          if not type:
62              for field in data.keys():
63                  if field != "Bild":
64                      widget = self.FindWindowById( self.fields[field] )
65                      if widget:
66                          widget.SetValue( data[field] )
67                      else:
68                          self._setBild( data.get( "Bild", "" ) )
69
70          EVT_BUTTON( self, ID_OK, self.OnOK )
71          EVT_BUTTON( self, ID_CANCEL, self.OnCancel )
72          EVT_BUTTON( self, ID_BILD, self.OnBild )
73
```

Die Kontaktverwaltung

```
74    def exec_loop( self ):
75        "Den Dialog anzeigen"
76        return self.ShowModal()
77
78    def OnBild( self, event ):
79        fd = wxFileDialog( None, message = "Bild auswählen" )
80        fd.SetStyle( wxOPEN )
81        fd.SetWildcard( "PNG-Bild (*.png)|*.png" )
82        fd.SetDirectory( os.getcwd() )
83        result = fd.ShowModal()
84        if result == wxID_OK:
85            self._setBild( fd.GetPath() )
86
87    def _setBild( self, filename ):
88        if filename != "":
89            self.data["Bild"] = filename
90            bitmap = wxBitmap( filename, wxBITMAP_TYPE_PNG )
91            window = self.FindWindowById( ID_BILD )
92            window.SetBitmapLabel( bitmap )
93            window.SetLabel( filename )
94            window.SetClientSize( wxSize( bitmap.GetWidth(),
                                           bitmap.GetHeight() ) )
95            window.Layout()
96
97    def OnOK( self, event ):
98        for field in self.fields.keys():
99            if field != "Bild":
100               self.data[field] = self.FindWindowById( self.fields[field] )
                                                          .GetValue()
101           else:
102               self.data["Bild"] = self.FindWindowById( ID_BILD ).GetLabel()
103       self.EndModal( 1 )
104
105   def OnCancel( self, event ):
106       self.EndModal( 0 )
```

Listing 6.8: Klasse KontaktDialog im Modul wxDialoge

Zeile 35: Die durch den wxDesigner erzeugte Dialogfunktion wird in den Namensraum des Moduls importiert.

Zeilen 40-43: Das Dictionary im Attribut `fields` hält die Zuordnung von Kontaktparametern zu Eingabefeldern im Dialog. Dabei kommen die vorher mit dem wxDesigner eingegebenen ID-Konstanten zum Einsatz.

Zeilen 45-73: Der `KontaktDialog` wird von der wxWindows-Basisklasse für Dialoge `wxDialog` abgeleitet. Im Konstruktor des Dialogs werden die weiteren Elemente des

Dialogs erzeugt, (unter Umständen) mit Inhalten gefüllt und die Schaltflächen-Ereignisse an Callback-Methoden gebunden.

Zeilen 47-50: Im Attribut data werden die Kontaktdaten gespeichert, im Attribut categories die Kategorien. Die Pseudokategorie "Alle" soll nicht im Dialog auftauchen, die Pseudokategorie "(Keine)" aber auf jeden Fall.

Zeilen 51-54: Je nach Typ des Dialogs (HINZUFÜGEN|KONTAKT bzw. BEARBEITEN|KONTAKT MODIFIZIEREN) wird der Titel des Dialogs durch den Aufruf von wxWindow.SetCaption() gesetzt.

Zeile 56: Die vom wxDesigner erzeugte Dialogfunktion wird aufgerufen. Durch die Übergabe der Objektidentität (self) als ersten Parameter werden alle Elemente als Kindfenster des KontaktDialog-Objekts erzeugt.

Zeilen 57-59: Die Auswahlmöglichkeiten des Kombinationsfeldes "Anrede" sind statisch und konnten daher bei der Kreation des Dialogs mit dem wxDesigner festgelegt werden. Im Gegensatz dazu ist die Menge der Optionen für das Kombinationsfeld "Kategorie" jedoch variabel. Daher müssen diese Auswahlmöglichkeiten zur Laufzeit nach dem Erstellen des Kombinationsfeldes hinzugefügt werden. Die in der Klasse wxComboBox implementierte Methode Append() fügt eine Auswahlmöglichkeit zu einem Kombinationsfeld hinzu. Um diese Methode aufrufen zu können, ist eine Referenz auf das wxComboBox-Objekt vonnöten. Mit der Kenntnis der ID lässt sich diese Referenz durch einen Aufruf von wxWindow.FindWindowById()[1] ermitteln.

Zeilen 61-69: Falls der Dialog ein Änderungsdialog ist, müssen die dem Konstruktor übergebenen Kontaktdaten den entsprechenden Dialogelementen zur Darstellung mitgeteilt werden. Wie schon beim Kombinationsfeld dient der Aufruf von FindWindowById() dazu, um von der ID auf die Referenz des Objekts zu kommen. Mit dem Aufruf von der sowohl in wxTextCtrl() als auch in wxComboBox implementierten Methode SetValue() wird der Inhalt des entsprechenden Kontrollelements gesetzt. Dabei wird durch die im Dictionary data enthaltenen Felder iteriert und die im Attribut fields enthaltene Zuordnung von Kontaktparametertyp zu ID des Kontrollelements verwendet. Da das für die Anzeige (und Auswahl) des zum Kontakt gehörigen Bildes ein wxBitmapButton ist, der keine Methode SetValue() anbietet, ist für dieses Feld eine Sonderbehandlung vorgesehen. Diese wird in der internen Methode _setBild() durchgeführt.

Zeilen 70-72: Die Ereignisbindungen der drei im Dialog vorhandenen Buttons mit den in der Dialogklasse implementierten Callback-Methoden werden durchgeführt.

---

[1] ... eine Segnung der mit wxPython 2.3.0 begonnenen Strategie des OOR (Original Object Return). In den Versionen vor 2.3.0 musste hier eine potenziell gefährliche Typkonvertierung mit wxPyTypeCast() (siehe Abschnitt 6.2.4) vorgenommen werden.

Zeilen 74-76: In exec_loop() wird die Ereignisverarbeitung des Dialogs durch den Aufruf von wxDialog.ShowModal() gestartet. Dieser Aufruf kehrt erst dann zurück, wenn innerhalb der Ereignisverarbeitung die Methode wxDialog.EndModal() aufgerufen wird. Der von der Methode ShowModal() zurückgelieferte Wert wird dann an den Aufrufer von exec_loop() weitergeleitet.

Zeilen 78-85: Die Methode OnBild() wird aufgerufen, wenn die Schaltfläche neben der Beschriftung "Bild" gedrückt wird. Um ein (neues) Bild auszuwählen, wird hier der Standarddialog zur Auswahl einer Datei aufgerufen. Als Dateityp wird "*.png" festgelegt[1]. Das Erzeugen und Verknüpfen der Datei mit der Schaltfläche wird in der nachfolgend besprochenen internen Methode _setBild() durchgeführt.

Zeilen 87-93: In _setBild() wird ausgehend vom übergebenen Dateinamen ein wxBitmap-Objekt erzeugt und dieses mit dem wxBitmapButton-Objekt durch Aufruf der Methode SetBitmapLabel() verknüpft. Um zusätzlich noch die Information des Dateinamens in dem wxBitmapButton-Objekt zu speichern, wird SetLabel() aufgerufen. Ist das in SetBitmapLabel() übergebene Bild darstellbar, wird diese Beschriftung aber nicht angezeigt.

Zeilen 94-95: SetClientSize() teilt der Schaltfläche die neue Größe mit, die sich aus der Größe des Bildes ergibt. Durch den Aufruf von wxWindow.Layout() wird diese Veränderung auch dargestellt.

Zeilen 97-102: Die Methode OnOK() wird aufgerufen, wenn der Benutzer die mit "Ok" beschriftete Schaltfläche betätigt. Hier müssen die in den Kontrollelementen vorhandenen Daten wieder ausgelesen und gespeichert werden. Dazu wird über die Schlüssel im Attribut fields iteriert. Die Elemente wxTextCtrl und wxComboBox implementieren die Methode GetValue(), um den Inhalt auszulesen. Für das wxBitmapButton-Objekt ist allerdings die Methode GetLabel() zu verwenden.

Zeile 103: Der Aufruf von wxDialog.EndModal() teilt der Ereignisverarbeitung mit, sich zu beenden und aus wxDialog.ShowModal() mit dem übergebenen Ergebniswert zurückzukehren. Der Ergebniswert 1 indiziert hier die »erfolgreiche« Beendigung des Dialogs.

Zeile 105: OnCancel() wird beim Druck auf die Schaltfläche "Abbrechen" aufgerufen. Die Übergabe des Werts 0 an wxDialog.EndModal() indiziert den Abbruch des Dialogs.

Das Hinzufügen von neuen Kontakten ist jetzt möglich – um einen Kontakt zu verändern, fehlen jedoch noch Methoden, um einen Kontakt überhaupt auswählen zu können. Dazu erwartet die Anwendungsklasse in miEditModify(), dass die Hauptfensterklasse eine Methode getSelected() implementiert, die den Namen und den

---

[1] Leider erkennt wxWindows den Dateityp nicht automatisch. Der Einfachheit halber wurde hier auf die Unterstützung mehrerer Formate verzichtet – dies lässt sich aber leicht durch Hinzufügen weiterer Dateitypen und wxBitmap-Konstanten nachholen.

Vornamen des zurzeit ausgewählten Kontakts (oder None) zurückgibt. Dies erfordert folgende Erweiterung in Schritt5.py, in der der Aufruf an die Ansichtsklasse delegiert wird:

```
176   def getSelected( self ):
177       return self.KontaktAnsicht.getSelected()
```

Die grundsätzliche Auswahlmöglichkeit eines Kontakts durch Klicken auf eine Zelle wird der Klasse wxGrid überlassen, die diese Funktionalität schon anbietet. Damit die in der Klasse KontaktAnsicht zu implementierende Methode getSelected() den aktuell ausgewählten Kontakt zurückgeben kann, muss allerdings über diese Auswahl Buch geführt werden. Dazu wird folgender Aufruf zum Konstruktor der KontaktAnsicht hinzugefügt:

```
32    EVT_GRID_SELECT_CELL( self, self.OnSelectCell )
```

Das Ereignis einer Zellenauswahl wird dadurch mit der Callback-Methode OnSelectCell() verbunden, die innerhalb wxFenster.py wie folgt implementiert ist:

```
98    def OnSelectCell( self, event ):
99        "Auf die Auswahl einer Zelle reagieren"
100       self.selection = event.GetRow(), event.GetCol()
```

OnSelectCell() bekommt ein Ereignisobjekt der Klasse wxGridSelectCellEvent übergeben, das die Methoden GetRow() und GetCol() implementiert. Im Attribut selection werden dann die Zeile und Spalte der ausgewählten Zelle gespeichert.

Die Methode getSelected() muss dann nur den an dieser Zelle stehenden Kontakt ermitteln. Dies geschieht in Abhängigkeit des gewählten Ansichtsmodus:

```
102   def getSelected( self ):
103       "Den ausgewählten Kontakt mit Vorname & Name zurückgeben"
104       row, col = self.selection
105       if self.mViewMode == "detail":
106           name = "%s %s" % ( self.GetCellValue( row, 2 ),
107                             self.GetCellValue( row, 3 ) )
108       else:
109           icon, name = self.GetCellValue( row, col ).split( "|" )
110       return name
```

Im Detailmodus ergibt sich der Name aus dem Inhalt der Spalten 2 und 3. Im Übersichtsmodus ergibt sich der Name direkt aus dem Inhalt der ausgewählten Zelle, wobei jedoch der Dateiname des dazugehörigen Bildes (siehe die Erläuterung des Zellendarstellers) vor der Rückgabe entfernt werden muss.

Abbildung 6.12 zeigt die Anwendung in Schritt 5 mit einem geöffneten KontaktDialog nach Auswahl der Menüaktion HINZUFÜGEN|KONTAKT.

Die Kontaktverwaltung

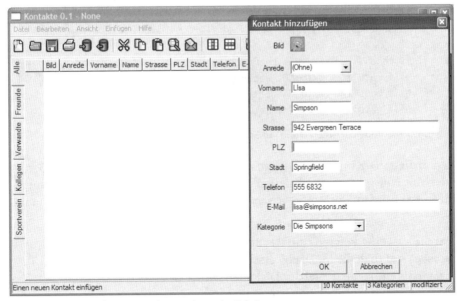

Abb. 6.12: wxWindows-Kontaktverwaltung in Schritt 5

Da es nun möglich ist, Kontakte hinzuzufügen und zu verändern, ist es an der Zeit, die von der Anwendungsklasse definierte Schnittstelle userInteraction() zu implementieren. Zur Erinnerung: userInteraction() wird aufgerufen, falls eine einfache Benutzeraktion, z.B. die Bestätigung des Abbruchs der Anwendung bei der Existenz noch nicht gesicherter Daten, gewünscht wird. Listing 6.9 zeigt die Implementierung dieser Methode in Schritt5.py:

```
209    def userInteraction( self, type, contents, question ):
210        if type == "YesNoCancel":
211            style = wxYES_NO|wxYES_DEFAULT|wxCANCEL|wxICON_QUESTION
212        elif type == "Information":
213            style = wxOK|wxICON_INFORMATION
214        elif type == "Error":
215            style = wxOK|wxICON_ERROR
216        elif type == "Input":
217            entryDialog = wxTextEntryDialog( self.mainWindow, question,
                                              contents )
218            result = entryDialog.ShowModal()
219            if result == wxID_OK:
220                entryDialog.Destroy()
221                return entryDialog.GetValue()
222            else:
223                return None
224
225        messageBox = wxMessageDialog( self.mainWindow, question, contents,
                                         style )
```

```
226     result = messageBox.ShowModal()
227     messageBox.Destroy()
228
229     if result == wxID_YES: return 1
230     elif result == wxID_NO: return 0
231     elif result == wxID_CANCEL: return 2
232     elif result == wxID_OK: Return
```

Listing 6.9: Methode userInteraction() in Schritt5.py

Zeilen 210-215: Die Interaktionstypen "YesNoCancel", "Information" und "Error" werden mit Hilfe des standardisierten Nachrichtendialogs wxMessageDialog durchgeführt. Der Konstruktor von wxMessageDialog erwartet die folgenden vier Parameter:

1. parent – ist eine Referenz auf das übergeordnete Fenster.
2. message – enthält die im Dialog erscheinende Nachricht.
3. caption – enthält den Titel des Dialogfensters.
4. style – ist eine Kombination von Stilkonstanten.

Die Stilkonstanten werden in Abhängigkeit des Interaktionstyps gesetzt. Die von der Klasse wxMessageDialog verarbeiteten Stilkonstanten sind in Tabelle 6.7 erläutert.

Stilkonstante	Bedeutung
wxOK	Zeigt die Schaltfläche "Ok"
wxCANCEL	Zeigt die Schaltfläche "Abbrechen"
wxYES_NO	Zeigt die Schaltflächen "Ja" und "Nein"
wxYES_DEFAULT	Macht die Schaltfläche "Ja" zur Voreinstellung (nur mit wxYES_NO verwendbar)
wxNO_DEFAULT	Macht die Schaltfläche "Nein" zur Voreinstellung (nur mit wxYES_NO verwendbar)
wxCENTRE	Zentriert die im Dialog dargestellte Nachricht (nicht unter Windows-Betriebssystemen)
wxICON_EXCLAMATION	Zeigt das Bild eines Ausrufezeichens
wxICON_HAND	Zeigt ein Fehlerbild (veraltet)
wxICON_ERROR	Zeigt ein Fehlerbild
wxICON_QUESTION	Zeigt das Bild eines Fragezeichens
wxICON_INFORMATION	Zeigt ein Informationsbild

Tabelle 6.8: Stilkonstanten für wxMessageDialog

Zeilen 216-223: Für die Durchführung des Interaktionstyps "Input" wird der Standarddialog zum Eingeben eines einzeiligen Texts wxTextEntryDialog verwendet.

Zeilen 229-232: Der Rückgabewert wird in Abhängigkeit von der zum Beenden des Dialogs benutzen Schaltfläche ermittelt. Im Gegensatz zu GUI-Toolkits, die die Schaltflächen durchnumerieren, benutzt wxWindows Konstanten benutzt, die hier auf die vom Aufrufer erwarteten Werte abgebildet werden.

6.3.6 Schritt 6 – Zwischenablage

Die Erweiterungen in diesem Schritt führen zu einer Zwischenablage. Durch Auswahl der entsprechenden Menüaktionen soll es nun möglich sein, Elemente auszuwählen, auszuschneiden, zu kopieren und wieder einzufügen.

Auswählen

Die hier implementierte Zwischenablage gilt nur innerhalb einer Anwendung und ist daher ein Attribut der Anwendungsklasse Anwendung. Die innerhalb der Anwendungsklasse implementierte Methode miEditCut() sowie miEditCopy() erwarten wie die in Schritt 5 angesprochene Methode miEditModify() ebenfalls, dass die Hauptfensterklasse eine Methode namens getSelected() implementiert, die den Vornamen und den Namen des derzeit ausgewählten Kontakt (oder None) zurückliefert. In der wxWindows-Version der Kontaktverwaltung ist dies schon im letzten Schritt geschehen.

In Schritt 5 haben wir die grundlegende Auswahl-Funktionalität durch Klick auf eine Zelle noch dem standardmäßig in die Klasse wxGrid eingebauten Verhalten überlassen. Durch das Abfangen des EVT_GRID_SELECT_CELL()-Ereignis kommt dieses Standardverhalten jedoch (zum Teil) nicht mehr zur Ausführung. In der vorliegenden Version von wxPython (2.3.2) funktionierte im Übersichtsmodus die visuelle Rückkopplung des Auswählens eines Kontakts nicht mehr. Dies ist wahrscheinlich ein noch zu behebender Fehler in wxPython respektive wxWindows, den wir mit folgender Modifikation von OnSelectCell() umgehen:

```
100    def OnSelectCell( self, event ):
101        "Auf die Auswahl einer Zelle reagieren"
102        row, col = event.GetRow(), event.GetCol()
103        self.selection = row, col
104        if self.mViewMode == "detail":
105            self.SelectRow( row )
106        else:
107            self.SelectBlock( row, col, row, col )
```

Hier wird nun die Klasse wxGrid durch den expliziten Aufruf von wxGrid.SelectRow() respektive wxGrid.SelectBlock() zur Auswahl der angeklickten Zeile (bzw. Zelle im Übersichtsmodus) veranlasst.

Kopieren und Ausschneiden

Bei Auswahl der Menüaktion BEARBEITEN|AUSSCHNEIDEN muss der ausgewählte Kontakt aus der Ansicht gelöscht werden. Dazu sendet die in der Anwendungsklasse definierte Methode `removeContactByName()` die Nachricht "delContact" über das Hauptfenster an die `KontaktAnsicht`. Mit folgenden Zeilen wird die Nachrichtenverarbeitung in dieser Klasse um die neue Nachricht erweitert:

```
67    elif how == "delContact":
68        self.deleteContact( what )
```

Das Löschen eines Kontakts aus der Ansicht wird in `deleteContact()` durchgeführt. Da der Methode `deleteContact()` der Name des zu löschenden Kontakts übergeben wird, könnte man z.B. in einer Methode namens `findContact()` je nach Ansichtsart die zu dem Namen gehörige Zelle respektive Zeile ermitteln.

Für die wxWindows-Version dieser Kontaktverwaltung implementieren wir jedoch eine Variante, die sich auf die (durchaus vernünftige) Annahme stützt, dass zwischen dem Zeitpunkt der Auswahl der BEARBEITEN-Menüaktion und dem Zeitpunkt der Verarbeitung durch die Methode `deleteContact()` keine Veränderung der Auswahl stattfinden kann. Die Position des zuletzt ausgewählten Kontakts muss also immer noch im Attribut `selection` zu finden sein:

```
119   def deleteContact( self, contact ):
120       row, col = self.selection
121       if self.mViewMode == "detail":
122           self.DeleteRows( row )
123       else:
124           self.SetCellValue( row, col, "" )
125       self.SelectBlock( -1, -1, -1, -1 )
```

Befindet sich die Kontaktansicht im Detailmodus, wird die zu dem Kontakt gehörende Zeile durch Aufruf von `wxGrid.DeleteRows()` gelöscht. Dadurch rücken alle folgenden Zeilen eine Zeile nach oben. Befindet sich die Kontaktansicht im Übersichtsmodus, wird nur die zu dem Kontakt gehörige Zelle gelöscht.

Einfügen

Das Einfügen eines Kontakts aus der Zwischenablage geschieht der Einfachheit halber stets am unteren Ende der Ansicht. Dazu wird die gleiche Methode wie beim Einfügen über die Menüaktion EINFÜGEN|KONTAKT verwendet. Abbildung 6.13 zeigt die Anwendung in Schritt 6 mit einem ausgewählten Kontakt in der Detailansicht. Die Zelle, in der sich der Mauscursor befindet, wurde angeklickt – der Rest der Zeile wurde durch obige Implementierung ausgewählt.

Die Kontaktverwaltung

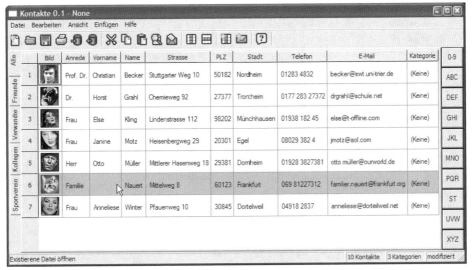

Abb. 6.13: wxWindows-Kontaktverwaltung Schritt 6

6.3.7 Schritt 7 – Suchen

In diesem Schritt wird der Dialog zum Suchen einer Menge von Kontakten erstellt. Dieser nichtmodale Dialog soll grundsätzlich zweispaltig aufgebaut sein: Links soll die Eingabe der Suchkriterien durch beschriftete Eingabefelder (bzw. Kombinationsfelder) möglich sein – rechts sollen die gefundenen Kontakte in einer Liste angezeigt werden.

Zu jedem Suchkriterium kommt eine Auswahlschaltfläche hinzu, mit der die Berücksichtigung für die Suche bestimmt wird. Die Schaltflächen "Aktualisieren" und "Abbrechen" sollen den Dialog veranlassen, die Ergebnismenge zu aktualisieren respektive den Dialog zu schließen.

Wie schon bei der Erstellung des KontaktDialog in Schritt 5 wird auch das Grundgerüst des Dialogs zum Suchen mit dem UI-Builder wxDesigner aufgebaut – die Konstruktion erfolgt analog. Abbildung 6.14 zeigt den wxDesigner nach Hinzufügen aller für diesen Dialog erforderlichen Kontrollelemente.

Kapitel 6
wxWindows

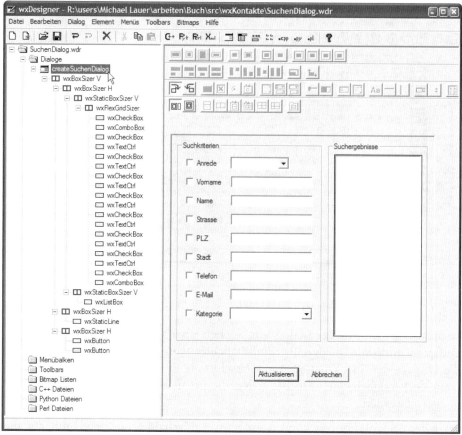

Abb. 6.14: wxDesigner mit fertigem SuchenDialog

Der wxDesigner ist (noch) ein *reiner* UI-Builder – was bedeutet, dass mit ihm nur das Layout der Kontrollelemente und ihr *grundlegendes* Verhalten[1] festgelegt werden kann. Interaktionen zwischen den Kontrollelementen müssen nachträglich ausprogrammiert werden. Für den SuchenDialog sind folgende Interaktionen vorgesehen:

1. Das Ein- bzw. Ausschalten einer CheckBox ändert die Verfügbarkeit des benachbarten Kontrollelements.
2. Nach einem Klick auf die mit "Aktualisieren" beschriftete Schaltfläche wird die Ergebnisliste mit Einträgen gefüllt.
3. Ein Klick auf ein Element in der Ergebnisliste veranlasst die Auswahl des entsprechenden Eintrags in der KontaktAnsicht.

---

[1] ... genauer gesagt, alle Parameter, die nur das Kontrollelement selbst betreffen.

Listing 6.10 enthält die Implementierung der Klasse SuchenDialog in der Datei wxDialoge.py:

```python
108 from SuchenDialog_wdr import *
109
110 class SuchenDialog( wxDialog ):
111     "Repräsentiert den Kontakte-Suchen-Dialog"
112
113     fields = { "Anrede":ID_ANREDE, "Vorname":ID_VORNAME,
114                "Name":ID_NAME, "Strasse":ID_STRASSE,
115                "PLZ":ID_PLZ, "Stadt":ID_STADT,
116                "E-Mail":ID_EMAIL, "Telefon":ID_TELEFON,
117                "Kategorie":ID_KATEGORIE }
118
119     checks = { ID_CHECK_ANREDE: ID_ANREDE, ID_CHECK_VORNAME:ID_VORNAME,
120                ID_CHECK_NAME:ID_NAME, ID_CHECK_STRASSE:ID_STRASSE,
121                ID_CHECK_PLZ:ID_PLZ, ID_CHECK_STADT:ID_STADT,
122                ID_CHECK_EMAIL:ID_EMAIL, ID_CHECK_TELEFON:ID_TELEFON,
123                ID_CHECK_KATEGORIE:ID_KATEGORIE }
124
125     def __init__( self, categories, app ):
126         "Konstruieren und initialisieren"
127         self.app = app
128         categories.remove( "Alle" )
129         wxDialog.__init__( self, None, -1, title = "Kontakte suchen",
130                     style = wxDIALOG_MODELESS|wxDEFAULT_DIALOG_STYLE )
131         createSuchenDialog( self )
132         comboKategorie = self.FindWindowById( ID_KATEGORIE )
133         for category in categories:
134             comboKategorie.Append( category )
135
136         for check in self.checks.keys():
137             self.FindWindowById( self.checks[check] ).Enable( 0 )
138             EVT_CHECKBOX( self, check, self.OnCheckBox )
139
140         EVT_BUTTON( self, ID_AKTUALISIEREN, self.OnAktualisieren )
141         EVT_BUTTON( self, ID_CANCEL, self.OnCancel )
142
143     def OnCheckBox( self, event ):
144         "Auf Klick einer CheckBox reagieren"
145         checkbox = self.FindWindowById( event.GetId() )
146         destwindow = self.FindWindowById( self.checks[ event.GetId() ] )
147         destwindow.Enable( checkbox.GetValue() )
148
149     def OnAktualisieren( self, event ):
150         "Ergebnisliste aktualisieren"
```

```
151        data = {}
152        for field in self.fields.keys():
153            window = self.FindWindowById( self.fields[field] )
154            if window.IsEnabled():
155                data[field] = window.GetValue()
156        results = self.app.findContactByData( data )
157        listbox = self.FindWindowById( ID_ERGEBNISSE )
158        listbox.Clear()
159        for result in results:
160            listbox.Append( str( result ) )
161
162    def OnCancel( self, event ):
163        "Den Dialog verbergen"
164        self.Show( 0 )
```

Listing 6.10: Klasse SuchenDialog in Modul wxDialoge

Zeile 108: Die vom wxDesigner erzeugte Dialogfunktion createSuchenDialog() im Modul SuchenDialog_wdr wird in den Namensraum des Moduls wxDialoge importiert.

> **Vorsicht**
>
> Genau wie in der Datei KontaktDialog_wdr.py werden auch in der Datei SuchenDialog_wdr.py die Konstanten (z.B. ID_KATEGORIE) festgelegt. Die Zuordnung der Konstanten zu Werten erfolgt dabei wie im wxDesigner angegeben – entweder automatisch oder manuell. Importiert man die vom wxDesigner erzeugte Datei wie in Listing 6.10 mit "from SuchenDialog_wdr.py import *", kann es zum Überschreiben von bereits definierten Konstanten kommen, falls diese in anderen Dialogen schon einmal benutzt worden sind. Um diesen Fehlerfall zu vermeiden[a], importiert man die Dateien entweder qualifiziert (import SuchenDialog_wdr.py), achtet darauf, in allen Dialogen unterschiedliche Konstanten zu verwenden oder kommentiert die Konstantenzuweisung in allen – bis auf eine – vom wxDesigner erzeugten Dateien aus.
>
> a) ... Ihr Autor hat diesen Fehler für Sie gemacht und dafür mehrere Stunden mit nutzlosem Debugging verbracht.

Zeilen 113-124: Das Attribut fields bestimmt die Zuordnung von Suchkriterien zu Kontrollelement-IDs der Eingabefelder. Das Attribut checks bestimmt die Zuordnung zwischen einem Eingabefeld und dem dazugehörigen Steuerungsfelder.

Zeilen 125-141: Im Konstruktor werden die Kontrollelemente des Dialogs konstruiert und initialisiert sowie die Ereignisse der zwei Schaltflächen und der Ergebnis-Listbox an Callback-Methoden gebunden.

Zeile 127: Da der Dialog von der Anwendungsklasse aus konstruiert wird und für eine Funktion eine Referenz auf diese Anwendungsklasse benötigt wird, wird diese Referenz im Attribut app für den späteren Zugriff gespeichert.

Zeile 128: Nach der Pseudokategorie "Alle" soll nicht gesucht werden können.

Zeile 129: Der Konstruktor der Basisklasse für Dialoge wxDialog wird hier mit den gewünschten Parametern für Elternobjekt, ID, Titel und Fensterstil aufgerufen. Da dieser Dialog nichtmodal sein soll, muss die Stilkonstante wxDIALOG_MODELESS übergeben werden. Nichtmodale Dialoge haben in wxWindows nicht automatisch eine Titelzeile und einen Rahmen – daher wird hier zusätzlich die kombinierte Konstante wxDEFAULT_DIALOG_STYLE benutzt.

Zeile 131: createSuchenDialog() wurde automatisch vom wxDesigner erstellt. In dieser Funktion werden alle Kindfenster des Dialogs erstellt.

Zeilen 132-134: Die dem Konstruktor der Klasse SuchenDialog übergebenen Kategorien werden zu dem betreffenden Kombinationsfeld hinzugefügt.

Zeilen 136-138: Da die Steuerungsfelder standardmäßig nicht eingeschaltet sind, müssen die korrespondierenden Eingabefelder ausgeschaltet werden. Zur Erinnerung: Eine eingeschaltete CheckBox aktiviert ein Suchkriterium und damit ein Eingabefeld (bzw. ein Kombinationsfeld bei den Kriterien "Anrede" und "Kategorie"). Die in der Klasse wxWindow implementierte Methode Enable() macht je nach Parameter ein Fenster verfügbar bzw. nicht verfügbar.

Zeile 138: Da das Anklicken einer CheckBox ein Eingabefeld ein- bzw. ausschalten soll, muss auf dieses Ereignis reagiert werden. Eine Möglichkeit wäre, für jede dieser Steuerungsfelder eine eigene Callback-Methode zu schreiben. Da die Callback-Methoden jedoch im Wesentlichen immer die gleiche Aufgabe haben, wäre dies sehr ineffizient. Besser ist es, nur eine Callback-Methode für alle Steuerungsfelder anzugeben. Dazu gibt es in wxWindows eigentlich die Funktion EVT_COMMAND_RANGE(), die eine Callback-Methode »auf einmal« mit einer ganzen Reihe von Kontrollelementen verbindet. Diese Reihe wird als Intervall von Fenster-IDs angegeben. Da bei der Konstruktion des Dialogs mit dem wxDesigner jedoch eine automatische ID-Vergabe veranlasst wurde, steht diese Option nicht zur Wahl. Mit dem mehrfachen Aufruf von EVT_CHECKBOX() kann aber durchaus die gleiche Funktionalität erreicht werden, indem immer dieselbe Callback-Methode als Ziel angegeben wird. Innerhalb der Callback-Methode muss dann weiter differenziert werden.

Zeilen 140-141: Die Ereignisse der Schaltflächen "Aktualisieren" und "Abbrechen" werden mit den Callback-Methoden OnAktualisieren() respektive OnCancel() verknüpft.

Zeilen 143-145: Die Callback-Methode OnCheckBox() wird aufgerufen, wenn der Benutzer ein Steuerungselement durch Klicken an- oder ausschaltet. Durch den Aufruf von wxEvent.GetID() lässt sich die ID des Kontrollelements ermitteln, von dem das Ereignis gesendet wurde. Ein nachfolgender Aufruf von wxWindow.Find-WindowById() ermittelt aus dieser ID eine Referenz auf das dazugehörige Objekt.

Zeilen 146-147: Das zu steuernde Kontrollelement wird auf die gleiche Weise und mithilfe des Dictionary-Attributs checks bestimmt. Die in wxCheckBox implementierte Methode GetValue() gibt den Status des Elements als Wahrheitswert zurück, der dann wiederum als Parameter für wxWindow.Enable() dient, mit dem der Status des zu steuernden Kontrollelement neu festgelegt wird.

Zeilen 149-160: Die Callback-Methode OnAktualisieren() wird aufgerufen, wenn der Benutzer auf die Schaltfläche "Aktualisieren" drückt. Hier werden nun die relevanten Suchkriterien durch eine Iteration über alle Felder ermittelt und aus diesen dann die Ergebnismenge gebildet.

Zeilen 152-155: Ob ein Suchkriterium relevant ist, hängt vom Status des Steuerungselements ab, der in Zeile 154 durch einen Aufruf von wxWindow.IsEnabled() überprüft wird. Im positiven Fall wird der Inhalt des Eingabefeldes im Dictionary data gespeichert.

Zeile 156: Die zu den relevanten Suchkriterien passenden Kontakte werden durch die im Bereich des Kontaktmanagements implementierte Methode der Anwendungsklasse findContactByData() ermittelt[1].

Zeilen 157-160: Die Listbox, die die Ergebnisse aufnehmen soll, wird durch einen Aufruf von wxListBox.Clear() gelöscht – danach werden die Ergebnisse jeweils mit wxListBox.Append() hinzugefügt.

Zeilen 162-164: Die Callback-Methode OnCancel() wird beim Druck auf die Schaltfläche "Abbrechen" gerufen. In einem nichtmodalen Dialog bedeutet dies jedoch nicht die Zerstörung, sondern nur das Verbergen bis zum nächsten Aufruf. Daher wird hier wxDialog.Show(0) aufgerufen.

In diesem Zusammenhang muss die Implementierung der Menüaktionsmethode miEditFind() vorgestellt werden, die noch als einzige verbleibende Menüaktionsmethode nicht in der Basisklasse Anwendung, sondern in der davon abgeleiteten Klasse wxKontaktverwaltung realisiert ist. In Schritt7.py sieht diese wie folgt aus:

```
241    def miEditFind( self ):
242        if self.findDialog:
243            self.findDialog.Show( 1 )
244        else:
245            self.findDialog = wxDialoge.SuchenDialog( self.categories, self )
246            EVT_LISTBOX( self.findDialog, wxDialoge.ID_ERGEBNISSE, self.main
                          Window.OnResultSelected )
247            self.findDialog.Show( 1 )
```

---

1 ... dies ist einer der seltenen Fälle, in denen eine GUI-Klasse eine Methode der Anwendungsklasse rufen darf.

Dazu muss noch der Befehl `self.findDialog=None` im Konstruktor der Anwendungsklasse eingefügt werden.

Zeilen 242-243: Falls der Dialog schon existiert, wird er (erneut) angezeigt.

Zeilen 244-247: Falls der Dialog noch nicht existiert, wird er konstruiert und angezeigt. Außerdem wird das Ereignis `EVT_LISTBOX()` an die im Hauptfensterobjekt implementierten Callback-Methode `OnResultSelected()` gebunden:

```
178    def OnResultSelected( self, event ):
179        result = event.GetEventObject().GetStringSelection()
180        category = self.app.findContactByName( result ).getValue( "Kategorie" )
181        if category == "(Keine)": category == "Alle"
182        self.updateView( "selectCategory", category )
183        self.updateView( "selectContact", result )
```

Immer wenn auf einen Eintrag in der Ergebnisliste des SuchenDialog geklickt wird, wird die Kategorie des ausgewählten Eintrags ermittelt und eine Nachricht "selectCategory" an die Kontaktansicht geschickt, damit die entsprechende Kategorie auch angezeigt wird. Danach wird durch Senden der Nachricht "selectContact" sichergestellt, dass der entsprechende Kontakt dargestellt und ausgewählt wird. Daraus ergibt sich folgende Erweiterung in der Klasse `KontaktAnsicht`:

```
130    def selectContact( self, contact ):
131        "Einen Kontakt anzeigen und auswählen"
132        if self.mViewMode == "detail":
133            for row in xrange( 0, self.GetNumberRows() ):
134                if contact == self.GetCellValue( row, 2 )+" "+self.GetCellValue( row, 3 ):
135                    self.MakeCellVisible( row, 2 )
136                    self.SelectRow( row )
137                    return
138        else:
139            for row in xrange( 0, self.GetNumberCols() ):
140                for col in xrange( 0, self.GetNumberCols() ):
141                    icon, name = self.GetCellValue( row, col ).split( "|" )
142                    if contact == name:
143                        self.MakeCellVisible( row, col )
144                        self.SelectBlock( row, col, row, col )
145                        return
```

Zeilen 132-137: Falls der Detailmodus aktiv ist, wird über alle Zeilen der Tabelle iteriert, bis der betreffende Kontakt gefunden ist. Durch den Aufruf von `wxGrid.MakeCellVisible()` wird erreicht, dass die Zeile, in der sich der Kontakt befindet, sichtbar ist. Dazu wird unter Umständen die Tabelle verschoben. Der Aufruf von `SelectRow()` gibt visuelles Feedback über den ausgewählten Kontakt.

Zeilen 139-145: Falls der Übersichtsmodus aktiv ist, muss über alle Zeilen und alle Spalten der Tabelle iteriert werden. Statt der ganzen Zeile muss hier nur die betreffende Zelle ausgewählt werden. Zusammen mit der Ergänzung von

```
69      elif how == "selectContact":
70          self.selectContact( what )
```

zur Methode `KontaktAnsicht.updateView()` wird Schritt 7 komplettiert. Abbildung 6.15 zeigt die Kontaktverwaltung mit dem sichtbaren Dialog zum Suchen. Hier wurde nach allen Kontakten gesucht, die die Anrede "Frau" enthalten. Wie zu sehen ist, wurde einer der gefundenen Kontakte durch einen Klick in die `ListBox` automatisch in der Kontaktansicht aktiviert.

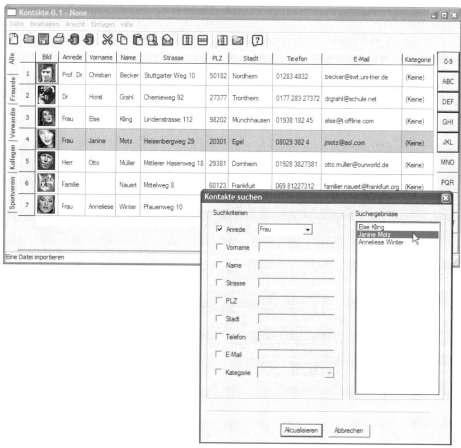

Abb. 6.15: wxWindows-Kontaktverwaltung Schritt 7

6.3.8 Schritt 8 – Drucken

In diesem Schritt wird die Funktionalität zum Drucken einer Kontaktdatenbank realisiert. Wie in Abschnitt 6.2.10 erläutert, bietet wxWindows ein komplettes Rahmenwerk zum Ausdrucken an.

Während die Benutzung des Rahmenwerks das Drucken generell erleichtert, ist es jedoch immer noch sehr aufwendig, den Inhalt größerer bzw. komplexerer Widgets (z.B. des hier verwendeten wxGrid) auszudrucken. Die Python-Bindungen für wxWindows (wxPython) kommen daher mit einem zusätzlichen, das Drucken erheblich vereinfachenden Modul. In dem Modul wxPython.lib.printout befinden sich z.B. eine Klasse für das Drucken von Tabellen, die von uns für das Drucken einer Kontaktdatenbank benutzt wird.

Beginnen wir mit der Implementierung der Menüaktionen. Die wxWindows-Version der Kontaktverwaltung soll über folgenden Menüaktionen verfügen:

1. DATEI|DRUCKEN (ist bereits in der Basisklasse Anwendung als miFilePrint() implementiert).
2. DATEI|DRUCKVORSCHAU (muss in wxKontaktAnwendung als Methode miFilePrintPreview() implementiert werden).
3. DATEI|SEITE EINRICHTEN (muss in wxKontaktAnwendung als Methode miFilePrintSetup() implementiert werden).

Die letzten beiden Menüaktionen werden zur Datenstruktur der Menüaktionen in der Klasse wxHautpfenster hinzugefügt:

```
35    ( MENU, "Druckvorschau öffnen...", "",
36      "Druckvorschau...", 900, "miFilePrintPreview" ),
37    ( MENU, "Druckerseite einrichten...", "",
38      "Seite einrichten...", 901, "miFilePrintSetup" ),
```

Die dazugehörigen Callback-Methoden werden zur Klasse wxKontaktAnwendung hinzugefügt:

```
260   def miFilePrintPreview( self ):
261       self.mainWindow.printPreview( self.contacts )
262
263   def miFilePrintSetup( self ):
264       printerDialog = wxPrintDialog( self.mainWindow )
265       printerDialog.GetPrintDialogData().SetPrintData( self.printData )
266       printerDialog.GetPrintDialogData().SetSetupDialog( 1 )
267       printerDialog.ShowModal()
268       self.printData = printerDialog.GetPrintDialogData().GetPrintData()
269       printerDialog.Destroy()
```

Zeile 261: Die Druckvorschau wird an die Hauptfenstermethode printPreview() delegiert.

Kapitel 6
wxWindows

Zeilen 264-265: Der Standarddialog zur Einrichtung der Druckerseite wxPrintDialog wird erzeugt und mit einem Datensatz – gekapselt durch ein im Attribut printData gespeichertes Objekt der Klasse wxPrintDialogData – versehen.

Zeile 266: Die Klasse wxPrintDialog kapselt sowohl den Dialog zum Einrichten einer Druckerseite als auch den Dialog zum Auswählen eines Druckers und eines Dokumentenbereichs. Durch den Aufruf von wxPrintDialog.SetSetupDialog(1) wird der Dialog als Einrichtungsdialog der Druckerseite konfiguriert.

Zeilen 267-269: Der modale Dialog wird durch ShowModal() angezeigt. Nach dem Schließen des Dialogs wird der nun eventuell modifizierte Datensatz wieder im Attribut printData gespeichert und der Dialog zerstört.

Zur Erinnerung: Die Basisklasse der Kontaktverwaltung Anwendung reagiert auf die Auswahl von DATEI|DRUCKEN mit einem Aufruf von

```
self.mainWindow.printDocument( contacts )
```

Diese und die Methode zum Aufrufen der Druckvorschau sind wie folgt in der Hauptfensterklasse in Schritt8.py implementiert:

```
189   def printPreview( self, contacts ):
190      self.KontaktAnsicht.updateView( "printPreview", contacts )
191
192   def printDocument( self, contacts ):
193      self.KontaktAnsicht.updateView( "printIt", contacts )
```

Diese Aufrufe werden also durch Senden der Nachrichten "printPreview" respektive "printIt" an die Klasse KontaktAnsicht delegiert, die auf diese wiederum in den Methoden printPreview() und printIt() reagiert:

```
152   def printPreview( self, contacts ):
153      self._preparePrintout( contacts ).Preview()
154
155   def printIt( self, contacts ):
156      self._preparePrintout( contacts ).Print()
157
158   def _preparePrintout( self, contacts ):
159      printout = PrintTable( self.mainWindow )
160      printout.SetLandscape()
161      printout.SetHeader( "Kontaktdatenbank: %s"
                            % self.mainWindow.app.doctitle,
162              align=wxALIGN_LEFT, indent = 2,
163              colour = wxNamedColour( "BLUE" ) )
164      printout.SetHeader( "Gedruckt am: ", type = "Date & Time",
165              align=wxALIGN_RIGHT, indent = -2,
166              colour = wxNamedColour( "BLUE" ) )
167      printout.SetFooter( "Seite #", type ="Num",
```

```
168                   colour = wxNamedColour( "RED" ) )
169         printout.SetFooter( "Date: ", type = "Date",
170                   align=wxALIGN_RIGHT, indent = -2,
171                   colour = wxNamedColour( "RED" ) )
172         printout.left_margin = 0.5
173
174         printout.data = []
175         printout.left_margin = 0.5
176
177         if self.mViewMode == "detail":
178            printout.set_column = [0.5, 1.0, 1.0,
179                        1.8, 0.8, 1.0,
180                        1.0, 1.5, 1.0]
181            fields = ["Anrede", "Vorname", "Name",
182                   "Strasse", "PLZ", "Stadt",
183                   "Telefon", "E-Mail", "Kategorie" ]
184            printout.label = fields
185            for contact in contacts:
186               value = []
187               for field in fields:
188                  value.append( contact.getValue( field )
189               printout.data.append( value )
190         else:
191            printout.set_column = [1.0, 1.0, 1.0, 1.0, 1.0,
192                        1.0, 1.0, 1.0, 1.0, 1.0]
193            printout.label = list( " "*10 )
194            num = 0
195            value = []
196            for i in xrange( 0, len( contacts ) ):
197               value.append( str( contacts[i] ) )
198               num += 1
199               if num == 10:
200                  num = 0
201                  printout.data.append( value )
202                  value = []
203            if num != 0:
204               while len( value ) < 10:
205                  value.append( "" )
206               printout.data.append( value )
207            printout.data.append( list(" "*10) )
208         return printout
```

Listing 6.11: Methoden zum Ausdrucken in der Klasse KontaktAnsicht

Zeilen 152-156: Die Methoden printPreview() und printIt() delegieren an die interne Hilfsmethode _preparePrintout(), die ein Objekt zurückgibt, welches die Methoden Preview() und Print() realisiert, die dann letztlich die Druckvorschau bzw. den Druckvorgang starten.

Zeile 159: Die schon erwähnte Klasse PrintTable aus dem Modul wxPython.lib.printout wird zum Ausdrucken und zur Druckvorschau benutzt.

Zeilen 160-175: Die Klasse PrintTable bietet eine Reihe von Methoden und Attributen an, die den durchzuführenden Vorgang spezialisieren:

- SetLandscape() – schaltet den Papiermodus auf Landschaftsmodus um.
- SetHeader() –bestimmt einen benutzerdefinierten Text, der an den Anfang jeder Seite geschrieben wird. Dabei gibt es gewisse vordefinierte Texttypen, wie z.B. das Datum des Ausdrucks oder die Seitenanzahl.
- SetFooter() – arbeitet wie SetHeader() mit dem Unterschied, dass der Text an den unteren Seitenrand geschrieben wird.
- data – enthält die Daten der auszugebenden Tabelle (dazu gleich mehr).
- left_margin – enthält den linken Seitenrand.
- set_column – enthält eine Liste der Spaltengrößen.
- label – enthält eine Liste der Spaltenbeschriftungen.

Es gibt noch eine Reihe weiterer interessanter Methoden und Felder, die dem Quelltext des Moduls wxPython.lib.printout entnommen werden können.

Zeilen 177-190: Je nach Ansichtsmodus werden die Daten der Tabelle gefüllt. Im Detailmodus werden die bekannten Spaltenbeschriftungen gesetzt, über die Menge der auszudruckenden Kontakte iteriert und deren Daten in das Attribut data geschrieben. Dieses Attribut besteht aus einer Liste von Listen, wobei jeder inneren Liste eine Zeile der Tabelle zugeordnet ist. Aus der Anzahl der Elemente der äußeren Liste werden automatisch die Größe des Dokuments und damit die Anzahl der zu bedruckenden Seiten errechnet.

Zeilen 190-207: Im Übersichtsmodus wird ebenfalls über die Kontakte iteriert. Da eine Zeile aus zehn Einträgen bestehen soll, ist hier etwas Logik notwendig, um die letzte Zeile komplett auszufüllen. Zeile 207 umgeht einen Fehler in wxPython 2.3.2. Wird nur eine Zeile an Daten für die Tabelle übergeben, wird die Tabelle überhaupt nicht dargestellt. Das Anfügen einer Zeile mit Leerzeichen behebt dieses Problem.

Zeile 208: Das PrintTable-Objekt wird an den Aufrufer zurückgegeben, damit die Methoden PrintPreview() respektive Print() auf dem eben konfigurierten Objekt ausgeführt werden können.

Das Hinzufügen der Zeilen

```
72      elif how == "printPreview":
73          self.printPreview( what )
74      elif how == "printIt":
75          self.printIt( what )
```

zur Methode `KontaktAnsicht.updateView()` komplettiert den Schritt 8. Abbildung 6.16 zeigt die Kontaktverwaltung nach der Auswahl von DATEI|DRUCKVORSCHAU mit einer Kontaktdatenbank im Detailmodus. Die Abbildung 6.17 zeigt die Druckvorschau einer anderen Kontaktdatenbank im Übersichtsmodus.

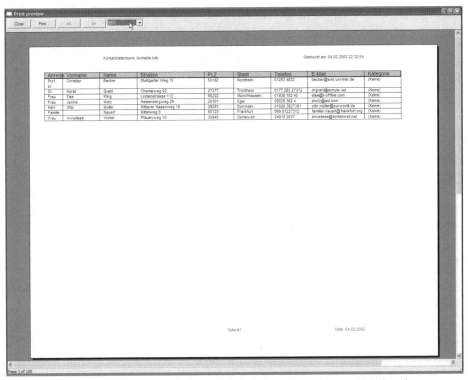

Abb. 6.16: wxWindows-Kontaktverwaltung Schritt 8 (Druckvorschau im Detailmodus)

Kapitel 6
wxWindows

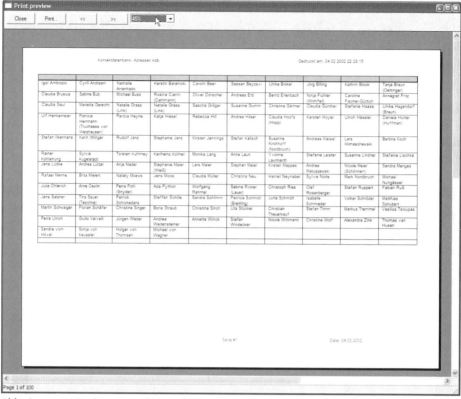

Abb. 6.17: wxWindows-Kontaktverwaltung Schritt 8 (Druckvorschau im Übersichtsmodus)

6.3.9 Schritt 9 – Feinschliff

Mit der Komplettierung von Schritt 8 ist die Kernfunktionalität dieser Anwendung implementiert. Es stehen noch einige kleinere Punkte an, darunter:

- Navigation über die Kategorieleiste
- Navigation über die Schaltflächen
- Aktualisierung der UI-Elemente

Die Implementierungen der Navigationsleisten sind im Modul wxFenster in Form der Klassen KategorieLeiste und NavigationsLeiste enthalten. Die Realisierung dieser Klassen führt keine neuen Techniken ein und wird hier daher nicht besprochen. Als letzter wichtiger Schritt soll aber noch die Aktualisierung der Oberflächenelemente erläutert werden. Als Oberflächenelemente gelten insbesondere die Elemente, die den Zustand der Anwendung visualisieren, z.B. die Schaltflächen in der Werkzeugleiste oder die Indikatoren in der Statusleiste.

In nahezu allen Anwendungen sind je nach Zustand der Anwendung nicht immer alle Aktionen durchführbar. Damit der Benutzer nicht ausprobieren muss, was möglich ist und was nicht, visualisiert eine gute Benutzeroberfläche die Verfügbarkeit einer Aktion. In wxWindows können nahezu alle Kontrollelemente über die Methode wxWindow.SetEnabled() ein- bzw. ausgeschaltet werden.

Es gibt grundsätzlich zwei Möglichkeiten, die besprochenen Oberflächenelemente zu aktualisieren:

1. Eine Aktualisierung nach Bedarf und direkt nach Änderung des Zustands der Anwendung.
2. Die regelmäßige Aktualisierung innerhalb einer Timer- oder Leerlaufmethode.

In der wxWindows-Version der Kontaktverwaltung wurden beide Ansätze verfolgt: Die auf der Statusleiste befindlichen Indikatoren werden direkt nach der Änderung der Anzahl der Kontakte, der Anzahl der Kategorien oder des Modifikationsstatus verändert. Dies ist zentral lösbar, da bei jeder dieser Änderungen auch schon die Klasse KontaktAnsicht durch die Hauptfenstermethode updateView() informiert wird. Dadurch müssen in dieser Methode nur noch die Indikatoren neu gesetzt werden:

```
180    self.statusBar.SetStatusText( "%d Kontakte" %
                                     len( self.app.contacts ), 1 )
181    self.statusBar.SetStatusText( "%d Kategorien" %
                                     ( len( self.app.categories ) -2 ), 2 )
182    if self.app.modified:
183        self.statusBar.SetStatusText( "modifiziert", 3 )
184    else:
185        self.statusBar.SetStatusText( "---------", 3 )
```

Die Aktionsschaltflächen werden auf die zweite Art aktualisiert. Dazu gibt es in wxWindows das Pseudoereignis wxUpdateUIEvent. Verknüpft man dieses Ereignis mit einer Callback-Methode, wird diese Methode immer dann gerufen wenn die Anwendung »Zeit« zum Aktualisieren der betreffenden Elemente hat[1] oder die Elemente kurz vor dem Erscheinen sind und »sowieso« neu gezeichnet werden müssen.

Es gibt nun wieder viele Möglichkeiten, Callback-Methoden solcherart zu implementieren. Für diese Anwendung wurde nur eine Callback-Methode vorgesehen, die in Abhängigkeit von Name der Menüaktionsmethode und ID des Kontrollelements arbeitet. Zunächst müssen die Pseudoereignisse mit der Callback-Methode verknüpft werden. Dies kann zur Erzeugungszeit der Menüaktionen wie folgt in Schritt9.py passieren:

```
130 EVT_UPDATE_UI( self, id, lambda ev, self=self, m=cbName, item=item,
                   id=id: self.OnUpdateUI( m,item,id ) )
```

---

[1] ... dies ist die bevorzugte Strategie bei ständig sichtbaren Elementen wie z.B. den Schaltflächen auf einer Werkzeugleiste.

Im Normalfall erhält die Callback-Methode nur eine Referenz auf das betreffende wxUpdateUIEvent. Um die Bearbeitung der Nachrichten zu vereinfachen und zu vereinheitlichen, werden dieser Methode zusätzliche Parameter übergeben. Da die Verknüpfungsfunktion EVT_UPDATE_UI() wie alle anderen Funktionen dieser Art nur die Referenz auf eine Methode mit einem Parameter erwartet, kommt hier wieder eine lambda-Funktion (pro Menüaktion) zum Einsatz. Die eigentliche Callback-Methode OnUpdateUI() ist in Listing 6.12 dargestellt.

```
205    def EnableBoth( self, item, id, value ):
206        item.Enable( value )
207        self.toolBar.EnableTool( id, value )
208
209    def EnableAndToggle( self, item, id, value, check ):
210        item.Enable( value )
211        item.Check( check )
212        self.toolBar.EnableTool( id, value )
213        self.toolBar.ToggleTool( id, check )
214
215    def OnUpdateUI( self, name, item, id ):
216        hasContacts = 0
217        hasItem = 0
218        hasClipboard = 0
219        hasDoc = ( self.app.doctitle != None )
220        if hasDoc:
221            hasContacts = ( len( self.app.contacts ) > 0 )
222            if hasContacts:
223                hasItem = ( self.getSelected() != None )
224                if hasItem:
225                    hasClipboard = ( self.app.clipboard != None )
226
227        if name == "miFileNew": self.EnableBoth( item, id, 1 )
228        elif name == "miFileOpen": self.EnableBoth( item, id, 1 )
229        elif name == "miFileSave": self.EnableBoth( item, id, hasContacts )
230        elif name == "miFileSaveAs": item.Enable( hasContacts )
231        elif name == "miFileImport": self.EnableBoth( item, id, 1 )
232        elif name == "miFileExport": self.EnableBoth( item, id, hasContacts )
233        elif name == "miFilePrintSetup": item.Enable( 1 )
234        elif name == "miFilePrint": self.EnableBoth( item, id, hasDoc )
235        elif name == "miFilePrintPreview": item.Enable( hasDoc )
236        elif name == "miFileClose": item.Enable( hasDoc )
237        elif name == "miFileExit": item.Enable( 1 )
238
239        elif name == "miEditFind": self.EnableBoth( item, id, hasContacts )
240        elif name == "miEditCut": self.EnableBoth( item, id, hasItem )
241        elif name == "miEditCopy": self.EnableBoth( item, id, hasItem )
242        elif name == "miEditModify": self.EnableBoth( item, id, hasItem )
```

```
243        elif name == "miEditPaste": self.EnableBoth( item, id, hasClipboard )
244
245        elif name == "miInsertContact": self.EnableBoth( item, id, hasDoc )
246        elif name == "miInsertCategory": self.EnableBoth( item, id, hasDoc )
247
248        elif name == "miViewOverview": self.EnableAndToggle( item, id,
                hasDoc, self.KontaktAnsicht.mViewMode == "overview" )
249        elif name == "miViewDetail": self.EnableAndToggle( item, id,
                hasDoc, self.KontaktAnsicht.mViewMode == "detail" )
250
251        elif name == "miHelpAbout": item.Enable( 1 )
252
253        if hasDoc:
254            title = self.app.doctitle[self.app.doctitle.rfind("/")+1:]
255            self.SetTitle( "%s %s - %s" % ( self.app.apptitle,
                                            self.app.appversion, title ) )
```

Listing 6.12: Methode OnUpdateUI() in Schritt9.py

OnUpdateUI() benutzt die zwei Hilfsfunktionen EnableBoth() sowie EnableToggle().

Zeilen 205-207: EnableBoth() bekommt als Parameter eine Referenz auf das zu aktualisierende wxMenuItem, dessen numerische ID sowie den zu setzenden Status als Wahrheitswert. Die in der Klasse wxMenuItem implementierte Methode Enable() macht ein Menüereignis verfügbar bzw. nicht verfügbar. Die in der Klasse wxToolBar implementierte Methode EnableTool() erledigt dies für eine Werkzeugschaltfläche.

Zeilen 209-213: Die Methode EnableAndToggle() ist für die sich gegenseitig ausschließenden Menüaktionen ANSICHT|ÜBERSICHT und ANSICHT|DETAIL zuständig. Neben den obigen Parametern für die Verfügbarkeit muss hier zusätzlich der aktuelle Einschaltstatus übergeben und aktualisiert werden. Die Methode wxMenuItem.Check() setzt diesen für einen in der Menüleiste befindlichen Menüpunkt, die Methode wxToolBar.ToggleTool() setzt diesen für eine Schaltfläche auf der Werkzeugleiste.

Zeilen 215-225: Die Verfügbarkeit der Menüaktionen wird im Wesentlichen durch die vier Wahrheitswerte hasDoc, hasContacts, hasItem und hasClipboard bestimmt.

- hasDoc – ist wahr, falls ein Dokument eingeladen ist.
- hasContacts – ist wahr, falls mindestens ein Kontakt in der Kontaktdatenbank vorhanden ist.
- hasItem – ist wahr, falls der Benutzer einen Kontakt mittels Mausklick ausgewählt hat.
- hasClipboard – ist wahr, falls der Benutzer über BEARBEITEN|AUSSCHNEIDEN oder BEARBEITEN|KOPIEREN einen Kontakt in die Zwischenablage befördert hat.

Zeilen 226-251: Alle Menüaktionen werden in Abhängigkeit der obigen vier Parameter durch den Aufruf der entsprechenden Hilfsfunktionen aktualisiert.

Zeilen 253-255: Da der Aufruf von OnUpdateUI() nur stattfindet, wenn sich die Anwendung im Ruhezustand befindet, ist dies eine »passende Gelegenheit«, um auch die Titelleiste der Anwendung zu aktualisieren.

Abbildung 6.18 zeigt die Kontaktverwaltung in Schritt 9 vor dem Laden einer Kontaktdatenbank. Es sind nur diejenigen Menüaktionen verfügbar, die ohne eingeladenes Dokument sinnvoll sind: DATEI|NEU, DATEI|ÖFFNEN, DATEI|IMPORTIEREN und HILFE|ÜBER.

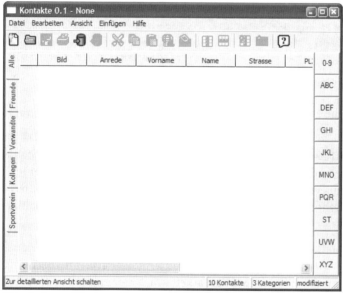

Abb. 6.18: wxWindows-Kontaktverwaltung Schritt 9 (ohne Kontaktdatenbank)

In Abbildung 6.19 sieht man die Anwendung nach dem Laden einer Kontaktdatenbank. Es sind alle Menüaktionen verfügbar, außer denen, die einen ausgewählten Kontakt benötigen: BEARBEITEN|AUSSCHNEIDEN, BEARBEITEN|KOPIEREN, BEARBEITEN|MODIFIZIEREN. Die Menüaktion BEARBEITEN|EINFÜGEN ist ebenfalls nicht verfügbar, da noch kein Kontakt in die Zwischenablage kopiert wurde.

Die Kontaktverwaltung

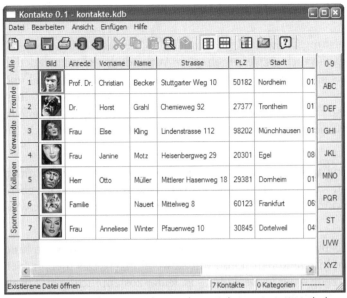

Abb. 6.19: wxWindows-Kontaktverwaltung Schritt 9 (mit Kontaktdatenbank)

Abbildung 6.20 zeigt das Stadium der Anwendung, nachdem sowohl ein Kontakt ausgewählt als auch dieser Kontakt in die Zwischenablage kopiert wurde. Wie zu sehen ist, sind in diesem Zustand der Anwendung alle Menüaktionen anwählbar.

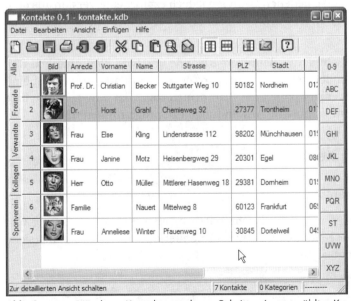

Abb. 6.20: wxWindows-Kontaktverwaltung Schritt 9 (ausgewählter Kontakt)

6.4 Zusammenfassung & Ausblick

wxWindows ist eine leistungsfähige und sehr umfangreiche Klassenbibliothek, die sowohl als GUI-Toolkit wie auch als weitergehendes Anwendungsrahmenwerk dienen kann. Dabei ist insbesondere die MVC-Unterstützung sehr weitreichend und durchdacht. In einigen Bereichen allerdings bedeutet die große Flexibilität einen gewissen Mehraufwand für Entwickler, so z.B. die Möglichkeit, eigene Zellendarsteller in der Tabellenansicht wxGrid, ohne jedoch einen Standarddarsteller z.B. für Bilder anzubieten.

Der sehr große Umfang an Klassen und Methoden bedeutet natürlich auch einen gewissen Lernaufwand – die mitgelieferten Beispielprogramme sind jedoch ebenfalls zahlreich und dokumentieren viele Aspekte der Programmierung mit wxWindows.

Auf wxWindows aufbauend, existieren einige Entwicklungsumgebungen und Werkzeuge für die graphische Konstruktion von Anwendungen. Das meiner Meinung nach beste Werkzeug – der wxDesigner – ist leider kostenpflichtig zu erwerben, an Open-Source-Lösungen wird jedoch auch noch gearbeitet.

Die während der Entwicklung der Kontaktverwaltung verwendete wxWindows-Version (2.3.2) lässt leider in einigen wesentlichen Bereichen die nötige Stabilität vermissen – auch gibt es zum Teil undokumentierte Seiteneffekte in den Python-Bindungen, die manchmal zusätzlichen Code zum Umgehen dieser Fehler notwendig machen[1]. Da hier aus verschiedenen Gründen jedoch explizit eine Version aus dem Entwicklungszweig verwendet wurde, sollte man daraus keine Schlüsse für den stabilen Zweig ziehen.

wxWindows hat eine sehr aktive Benutzergemeinde und wird kontinuierlich weiterentwickelt. Insbesondere ist es dank der großen Zahl an Portierungen auf einigen exotischen bzw. weniger populären Plattformen sogar das einzige verfügbare Werkzeug, um effizient graphische Anwendungen zu programmieren.

6.5 Referenzmaterial

6.5.1 Klassenhierarchie

Aus Übersichtsgründen sind einige sehr selten benutze Klassen in Listing 6.13 nicht abgebildet – diese sind jedoch im kommentierte Klassenverzeichnis (siehe nächster Abschnitt) enthalten.

```
wxArray
wxArrayString
```

---

[1] ... wobei nicht immer klar ist, ob der Fehler nun in wxWindows oder in wxPython liegt.

```
wxBusyCursor
wxBusyInfo
wxClassInfo
wxClientBase
+--wxDDEClient (auch von wxObject)
wxCondition
wxConfigBase
wxCriticalSection
wxDataInputStream
wxDataOutputStream
wxExpr
wxFile
wxFileType
wxLog
wxMsgCatalog
wxMutex
wxObject
+--wxAcceleratorTable
+--wxApp
+--wxAutomationObject
+--wxBitmapHandler
+--wxClipboard
+--wxClipboardClient
+--wxColour
+--wxColourDatabase
+--wxCommand
+--wxCommandProcessor
+--wxDatabase
+--wxDataObject
|  +--wxBitmapDataObject
|  +--wxDataObjectSimple
|  +--wxDataObjectComposite
+--wxDate
+--wxDC
|  +--wxClientDC
|  +--wxMemoryDC
|  +--wxMetaFileDC
|  +--wxPaintDC
|  +--wxPostScriptDC
|  +--wxPrinterDC
|  +--wxScreenDC
+--wxDDEConnection
+--wxDebugContext
+--wxDocManager
+--wxDocTemplate
```

```
+--wxDropSource
+--wxDropTarget
|  +--wxFileDropTarget
|  +--wxTextDropTarget
+--wxEvent
|  +--wxActivateEvent
|  +--wxCloseEvent
|  +--wxCommandEvent
|  +--wxEraseEvent
|  +--wxFocusEvent
|  +--wxIdleEvent
|  +--wxInitDialogEvent
|  +--wxKeyEvent
|  +--wxListEvent
|  +--wxMenuEvent
|  +--wxMouseEvent
|  +--wxMoveEvent
|  +--wxPaintEvent
|  +--wxScrollEvent
|  +--wxSizeEvent
|  +--wxSysColourChangedEvent
|  +--wxTreeEvent
|  +--wxUpdateUIEvent
+--wxEvtHandler
|  +--wxDocument
|  +--wxMenu
|  +--wxMenuBar
|  +--wxView
|  +--wxWindow
|  |  +--wxControl
|  |  |  +--wxButton
|  |  |  |  +--wxBitmapButton
|  |  |  +--wxCheckBox
|  |  |  +--wxChoice
|  |  |  +--wxComboBox
|  |  |  +--wxGauge
|  |  |  +--wxGroupBox
|  |  |  +--wxListBox
|  |  |  |  +--wxCheckListBox
|  |  |  +--wxListCtrl
|  |  |  +--wxNotebook
|  |  |  +--wxRadioBox
|  |  |  +--wxRadioButton
|  |  |  +--wxScrollBar
|  |  |  +--wxSlider
```

```
|   |   |   +--wxSpinButton
|   |   |   +--wxStaticBitmap
|   |   |   +--wxStaticBox
|   |   |   +--wxStaticText
|   |   |   +--wxTabCtrl
|   |   |   +--wxTextCtrl
|   |   |   +--wxTreeCtrl
|   |   +--wxFrame
|   |   |   +--wxMDIChildFrame
|   |   |   +--wxMDIParentFrame
|   |   |   +--wxMiniFrame
|   |   +--wxMDIClientWindow
|   |   +--wxPanel
|   |   |   +--wxDialog
|   |   |   |   +--wxColourDialog
|   |   |   |   +--wxDirDialog
|   |   |   |   +--wxFileDialog
|   |   |   |   +--wxFontDialog
|   |   |   |   +--wxMessageDialog
|   |   |   |   +--wxMultipleChoiceDialog
|   |   |   |   +--wxPageSetupDialog
|   |   |   |   +--wxPrintDialog
|   |   |   |   +--wxSingleChoiceDialog
|   |   |   |   +--wxTextEntryDialog
|   |   |   +--wxGrid
|   |   +--wxScrolledWindow
|   |   +--wxSplitterWindow
|   |   +--wxStatusBar
+--wxFileHistory
+--wxFileSystem
+--wxFileSystemHandler
+--wxGDIObject
|   +--wxBitmap
|   |   +--wxCursor
|   |   +--wxIcon
|   +--wxBrush
|   +--wxFont
|   +--wxPalette
|   +--wxPen
+--wxHashTable
+--wxHelpControllerBase
+--wxImageList
+--wxIndividualLayoutConstraint
+--wxJoystick
+--wxLayoutConstraints
```

```
    +--wxList
    |   +--wxExprDatabase
    |   +--wxPathList
    |   +--wxStringList
    +--wxMask
    +--wxMenuItem
    +--wxMetaFile
    +--wxModule
    +--wxNode
    +--wxPoint
    +--wxPrinter
    +--wxPrintout
    +--wxPrintPreview
    +--wxRealPoint
    +--wxRecordSet
    +--wxRect
    +--wxRegion
    +--wxSize
    +--wxSizer
    |   +--wxBoxSizer
    +--wxString
    +--wxSystemSettings
    +--wxTaskBarIcon
    +--wxTime
    +--wxTimer
    +--wxToolBarBase
    |   +--wxToolBar
    |   +--wxToolBar95
    |   +--wxToolBarMSW
    |   +--wxToolBarSimple
    +--wxValidator
    |   +--wxGenericValidator
    |   +--wxTextValidator
    +--wxWave
wxServerBase
+--wxDDEServer (auch von wxObject)
wxStreamBase
+--wxInputStream
|   +--wxFileInputStream
|   |   +--wxFileStream (auch von wxFileOutputStream)
|   +--wxFilterInputStream
|       +--wxBufferedInputStream
+--wxOutputStream
    +--wxFileOutputStream
    |   +--wxFileStream (auch von wxFileInputStream)
```

```
   +--wxFilterOutputStream
      +--wxBufferedOutputStream
wxThread
```

Listing 6.13: wxWindows-Klassenhierarchie

6.5.2 Kommentiertes Klassenverzeichnis

Klasse	Repräsentiert
wxAcceleratorEntry	Einen Eintrag in der Tabelle der Beschleunigertasten
wxAcceleratorTable	Eine Abbildungstabelle von Beschleunigertasten und Methoden
wxActivateEvent	Ein Aktivierungsereignis
wxApp	Das zentrale Anwendungsobjekt
wxArray	Ein Datenfeld
wxArrayString	Ein aus Zeichenketten bestehendes Datenfeld
wxAutomationObject	Ein Automationsobjekt
wxBitmap	Ein Bitmap-Bild
wxBitmapButton	Eine Schaltfläche mit Bild
wxBitmapDataObject	Die Daten eines Bildobjekts
wxBitmapHandler	Ein Bildformatverarbeitungsobjekt
wxBoxSizer	Einen reihenbasierten Geometriemanager
wxBrush	Einen Zeichenpinsel für Flächen
wxBrushList	Eine Liste von Flächen-Zeichenpinseln
wxBufferedInputStream	Einen gepufferten Eingabestrom
wxBufferedOutputStream	Einen gepufferten Ausgabestrom
wxBusyCursor	Einen Maus-Cursor während einer langen Operation
wxBusyInfo	Daten einer langen Operation
wxButton	Eine Schaltfläche
wxCalculateLayoutEvent	Ein Geometrieereignis
wxCalendarCtrl	Ein Kalender-Kontrollelement
wxCalendarDateAttr	Ein Datum
wxCalendarEvent	Ein Datumsereignis
wxCaret	Einen Textcursor
wxCheckBox	Ein an-/abgewähltes Kontrollelement
wxCheckListBox	Eine Liste bestehend aus wxCheckBox-Objekten

Tabelle 6.9: Kommentiertes Klassenverzeichnis von wxWindows

Klasse	Repräsentiert
wxChoice	Eine Auswahl
wxClassInfo	Eine Klasseninformation
wxClientDC	Einen Gerätekontext in einem Fenster
wxClipboard	Die Zwischenablage
wxCloseEvent	Ein "Schließen"-Ereignis
wxCmdLineParser	Einen Kommandozeilenparser
wxColour	Eine Farbe
wxColourData	Daten einer Farbe
wxColourDatabase	Die Farbdatenbank
wxColourDialog	Den Standarddialog zum Aussuchen einer Farbe
wxComboBox	Ein Kombinationsfeld
wxCommand	Ein Befehl
wxCommandEvent	Ein Befehlsereignis
wxCommandProcessor	Einen Befehlsverarbeitungsobjekt
wxCondition	Eine nebenläufige Variable
wxConfigBase	Die Basisklasse für Konfigurationsdateien
wxContextHelp	Die Kontexthilfe
wxContextHelpButton	Die Kontexthilfe-Schaltfläche
wxControl	Die Basisklasse für Kontrollelemente
wxCountingOutputStream	Einen Ausgabestrom mit Zähler
wxCriticalSection	Einen nebenläufigen kritischen Abschnitt
wxCriticalSectionLocker	Hilfsklasse für obige Klasse
wxCSConv	Eine Konvertierungsklasse für Unicode
wxCursor	Einen Cursor
wxCustomDataObject	Ein benutzerdefiniertes Drag & Drop-Datenobjekt
wxDatabase	Eine Datenbank
wxDataFormat	Das Datenformat eines Drag & Drop-Datenobjekt
wxDataObjectComposite	Ein zusammengesetztes Drag & Drop-Datenobjektes
wxDataObjectSimple	Ein einfaches Drag & Drop-Datenobjekt
wxDataInputStream	Einen Eingabestrom für generische Daten
wxDataObject	Basisklasse für Drag & Drop-Datenobjekte
wxDataOutputStream	Einen Ausgabestrom für generische Daten
wxDate	Ein Datum

Tabelle 6.9: Kommentiertes Klassenverzeichnis von wxWindows (Forts.)

Klasse	Repräsentiert
wxDateSpan	Ein Datumsintervall
wxDateTime	Ein Datum und eine Zeit
wxDb	Eine Verbindung zu einer ODBC-Datenbank
wxDbColDataPtr	Daten der folgenden Klasse
wxDbColDef	Eine Spalte
wxDbColFor	Einen Iterator für die Spalte
wxDbColInf	Informationen über eine Spalte
wxDbConnectInf	Informationen über die ODBC-Verbindung
wxDbIdxDef	Informationen über den Index der Tabelle
wxDbInf	Informationen über die verbundene ODBC-Datenbank
wxDbTable	Den Zugriff auf eine ODBC-Datenbank-Tabelle
wxDbTableInf	Informationen über die Tabelle
wxDC	Die Basisklasse für Gerätekontexte
wxDCClipper	Einen Gerätekontext mit Clipping-Algorithmus
wxDDEClient	Einen DDE-Client
wxDDEConnection	Eine DDE-Verbindung
wxDDEServer	Einen DDE-Server
wxDebugContext	Einen Debug-Kontext
wxDebugStreamBuf	Einen Debugging-Ausgabestrom
wxDialog	Die Basisklasse für Dialogfenster
wxDialUpEvent	Ein Ereignis des wxDialUpManager
wxDialUpManager	Die (Einwahl-)Verbindung zum Netz
wxDir	Ein Verzeichnis
wxDirDialog	Den Standarddialog zum Aussuchen eines Verzeichnisses
wxDirTraverser	Ein Traversierungsobjekt für Verzeichnisse
wxDllLoader	Eine dynamische Bibliothek
wxDocChildFrame	Ein SDI-Dokumentenansichtsfenster
wxDocManager	Einen Dokumentenmanager
wxDocMDIChildFrame	Ein MDI-Dokumentenansichtsfenster
wxDocMDIParentFrame	Ein MDI-Rahmenfenster
wxDocParentFrame	Ein SDI-Rahmenfenster
wxDocTemplate	Eine MVC-Dokument-Schablone
wxDocument	Ein MVC-Dokument

Tabelle 6.9: Kommentiertes Klassenverzeichnis von wxWindows (Forts.)

Klasse	Repräsentiert
wxDragImage	Das Bild während einer Drag & Drop-Operation
wxDropFilesEvent	Ein Drag & Drop-Ereignis
wxDropSource	Eine Drag & Drop- Quelle
wxDropTarget	Ein Drag & Drop- Ziel
wxDynamicLibrary	Eine dynamische nachladbare Bibliothek
wxEncodingConverter	Einen Konverter für Zeichensätze
wxEraseEvent	Ein Löschungsereignis
wxEvent	Die Basisklasse für Ereignisse
wxEvtHandler	Einen Ereignisverarbeitungs-Objekt
wxExpr	Einen Prolog-ähnlichen Ausdruck
wxExprDatabase	Eine Datenbank von wxExpr-Objekten
wxFFile	Eine höher abstrahierte Low/Level-Dateien
wxFFileInputStream	Einen Eingabestrom aus einem wxFFile-Objekt
wxFFileOutputStream	Einen Eingabestrom in ein wxFFile-Objekt
wxFFileStream	Die Basisklasse für Datenströme mit wxFile-Objekten
wxFile	Low/Level-Dateien
wxFileInputStream	Einen Eingabestrom aus einer Datei
wxFileOutputStream	Einen Ausgabestrom in eine Datei
wxFileStream	Die Basisklasse für Datenströme mit Dateien
wxFileDataObject	Die Daten eines wxFile-Objekts
wxFileDialog	Den Standarddialog zum Auswählen einer Datei
wxFileDropTarget	Eine Datei als Drag & Drop- Ziel
wxFileHistory	Eine Liste zuletzt benutzter Dateien
wxFileName	Name und Attribute einer Datei
wxFileSystem	Ein virtuelles Dateisystem
wxFileSystemHandler	Einen Dateiverarbeiter in einem virtuellen Dateisystem
wxFileType	Einen Dateityp
wxFilterInputStream	Einen gefilterte Eingabestrom
wxFilterOutputStream	Einen gefilterten Ausgabestrom
wxFindDialogEvent	Ein Ereignis des Standarddialogs zum Suchen von Text
wxFindReplaceData	Daten des folgenden Dialogs

Tabelle 6.9: Kommentiertes Klassenverzeichnis von wxWindows (Forts.)

Klasse	Repräsentiert
wxFindReplaceDialog	Den Standarddialog zum Suchen und Ersetzen von Text
wxFlexGridSizer	Einen flexiblen tabellenbasierten Geometriemanager
wxFocusEvent	Ein Fokus-Ereignis
wxFont	Einen Zeichensatz
wxFontData	Die Daten eine Zeichensatzes
wxFontDialog	Den Standarddialog zum Auswählen eines Zeichensatzes
wxFontEnumerator	Einen Zeichensatz-Aufzähler
wxFontList	Eine Liste aus Zeichensätzen
wxFontMapper	Ein Zeichensatz-Abbildungsobjekt
wxFrame	Ein Rahmenfenster
wxFSFile	Eine Datei im virtuellen Dateisystem
wxFTP	Das File-Transfer-Protocol (im Internet)
wxGauge	Ein Fortschrittsanzeige
wxGDIObject	Ein GDI-Objekt (nur unter Windows)
wxGenericDirCtrl	Die Basisklasse eines Verzeichniskontrollelements
wxGenericValidator	Ein generischer Wert-Überprüfer
wxGLCanvas	Eine (beschleunigte) 3D-Zeichenfläche
wxGrid	Eine Tabellenansicht
wxGridCellAttr	Attribute einer Zelle
wxGridCellBoolEditor	Einen Zelleneditor für boolesche Variablen
wxGridCellChoiceEditor	Einen Zelleneditor für ein Auswahlfeld
wxGridCellEditor	Die Basisklasse für Zelleneditoren
wxGridCellFloatEditor	Einen Zelleneditor für Fließkommazahlen
wxGridCellNumberEditor	Einen Zelleneditor für ganze Zahlen
wxGridCellTextEditor	Einen Zelleneditor für Zeichenketten
wxGridEditorCreatedEvent	Ein "Editor wurde erzeugt"-Ereignis
wxGridEvent	Ein generisches Tabellen-Ereignis
wxGridRangeSelectEvent	Ein Zellen-Selektions-Ereignis
wxGridSizeEvent	Ein "Zellengröße wurde verändert"-Ereignis
wxGridCellBoolRenderer	Einen Zellendarsteller für boolesche Variablen
wxGridCellFloatRenderer	Einen Zellendarsteller für Fließkommazahlen
wxGridCellNumberRenderer	Einen Zellendarsteller für ganze Zahlen

Tabelle 6.9: Kommentiertes Klassenverzeichnis von wxWindows (Forts.)

Klasse	Repräsentiert
wxGridCellRenderer	Die Basisklasse für Zellendarsteller
wxGridCellStringRenderer	Einen Zellendarsteller für Zeichenketten
wxGridTableBase	Basisklasse des Tabellenobjekts
wxGridSizer	Geometriemanagement in Tabellenform
wxHashTable	Eine Schlüssel/Wert-Tabelle mit schnellem Zugriff
wxHelpController	Die Basisklasse für Hilfe-Manager
wxHelpControllerHelpProvider	Eine kontextsensitive Hilfequelle
wxHelpEvent	Ein Hilfe-Ereignis
wxHelpProvider	Eine Hilfequelle
wxHtmlCell	Eine HTML-Zelle
wxHtmlColourCell	Eine farbige HTML-Zelle
wxHtmlContainerCell	Eine Container-Zelle
wxHtmlDCRenderer	Einen HTML-Darsteller auf einem Gerätekontext
wxHtmlEasyPrinting	Einen einfachen HTML-Ausdruck
wxHtmlFilter	Einen HTML-Filter
wxHtmlHelpController	Eine Manager für HTML-Hilfe
wxHtmlHelpData	Daten der HTML-Hilfe
wxHtmlHelpFrame	Ein HTML-Hilfe-Rahmenfenster
wxHtmlLinkInfo	Informationen über einen HTML Link
wxHtmlParser	Einen HTML Parser
wxHtmlPrintout	Einen HTML Ausdruck
wxHtmlTag	Ein HTML-Tag
wxHtmlTagHandler	Ein Verarbeiter für ein HTML-Tag
wxHtmlTagsModule	Ein Verarbeitungsmodul
wxHtmlWidgetCell	Ein HTML-Zellenfenster
wxHtmlWindow	Ein HTML-Fenster
wxHtmlWinParser	Ein Parser für die Klasse wxHTMLWindow
wxHtmlWinTagHandler	Ein Verarbeiter für wxHTMLWindow-Klassen
wxHTTP	Das Hypertext-Transfer-Protokol
wxIcon	Ein Icon
wxIconizeEvent	Ein Minimierungs-Ereignis
wxIdleEvent	Ein Leerlauf-Ereignis
wxImage	Ein bearbeitbares Bild
wxImageHandler	Ein Formatverarbeiter für bearbeitbare Bilder

Tabelle 6.9: Kommentiertes Klassenverzeichnis von wxWindows (Forts.)

Referenzmaterial

Klasse	Repräsentiert
wxImageList	Eine Liste aus bearbeitbaren Bildern
wxIndividualLayoutConstraint	Geometrieeinschränkung
wxInitDialogEvent	Ein "Dialog-initialisieren"-Ereignis
wxInputStream	Die Basisklasse für Eingabeströme
wxIPV4address	Eine Internet-Adresse (IPv4)
wxJoystick	Einen Joystick
wxJoystickEvent	Ein Joystick-Ereignis
wxKeyEvent	Ein Tastatur-Ereignis
wxLayoutAlgorithm	Einen Layout-Algorithmus
wxLayoutConstraints	Eine Layout-Einschränkung
wxList	Eine Listendatenstruktur
wxListBox	Ein Listbox-Fenster
wxListCtrl	Eine Listen-Kontrollelement
wxListEvent	Ein Ereignis in obiger Klasse
wxLocale	Lokalisationseinstellungen
wxLog	Ein Debug-Log-Objekt
wxLogChain	Eine Kette aus Log-Objekten
wxLogGui	Ein graphisches Log-Objekt
wxLogNull	Ein Dummy-Log-Objekt
wxLogPassThrough	Einen Log-Filter
wxLogStderr	Einen Log auf die Standardfehlerausgabe
wxLogStream	Einen Datenstrom von Log-Daten
wxLogTextCtrl	Ein Logtext-Kontrollelement
wxLogWindow	Ein Log-Fenster
wxLongLong	Einen langen Integer-Wert
wxMask	Eine Bildmaske
wxMaximizeEvent	Ein Maximierungs-Ereignis
wxMBConv	Die Basisklasse für Multibyte-Text-Konvertierer
wxMBConvFile	Eine Multibyte-Datei
wxMBConvUTF7	Ein UTF7-Multibyte-Konvertierer
wxMBConvUTF8	Ein UTF8-Multibyte-Konvertierer
wxMDIChildFrame	Die nutzbare Fläche eines MDI-Kindfensters
wxMDIClientWindow	Ein MDI-Kindfenster
wxMDIParentFrame	Ein MDI-Rahmenfenster

Tabelle 6.9: Kommentiertes Klassenverzeichnis von wxWindows (Forts.)

Klasse	Repräsentiert
wxMemoryDC	Einen Gerätekontext im Speicher
wxMemoryFSHandler	Ein Verarbeiter für eine Speicherabbild-Datei
wxMemoryInputStream	Einen Eingabestrom im Speicher
wxMemoryOutputStream	Einen Ausgabestrom im Speicher
wxMenu	Ein Popup-Menü
wxMenuBar	Eine Menüleiste
wxMenuEvent	Ein Menü-Ereignis
wxMenuItem	Einen Menüeintrag
wxMessageDialog	Eine einfacher Nachrichten-Dialog
wxMetafile	Eine Metadatei
wxMetafileDC	Einen Gerätekontext einer Metadatei
wxMimeTypesManager	Die Verwaltung von MIME-Typen
wxMiniFrame	Ein Rahmenfenster mit kleiner Titelleiste
wxModule	Ein Modul
wxMouseEvent	Ein Maus-Ereignis
wxMoveEvent	Ein Bewegungs-Ereignis
wxMultipleChoiceDialog	Einen Dialog zum Auswählen einer von mehreren Antworten
wxMutex	Eine nebenläufige Kontrollvariable
wxMutexLocker	Hilfsklasse für obige Klasse
wxNode	Ein Knoten in einer Liste
wxNotebook	Ein Karteireiter-Fenster
wxNotebookEvent	Das Ereignis "Karteireiter wurde ausgewählt"
wxNotebookSizer	Den Geometriemanager für Karteireiter-Fenster
wxNotifyEvent	Ein unterdrückbares Notifikationsereignis
wxObject	Die Basisklasse für ein **wxWindows**-Objekt
wxObjectRefData	Objektreferenzdaten
wxOutputStream	Die Basisklasse für Ausgabeströme
wxPageSetupDialog	Den Standarddialog für die Einrichtung der Druckerseite
wxPageSetupDialogData	Die Daten des obigen Dialogs
wxPaintDC	Einen 2D-Gerätekontext
wxPaintEvent	Ein Zeichen-Ereignis
wxPalette	Eine Farbpalette
wxPanel	Ein Gruppierungskontrollelement

Tabelle 6.9: Kommentiertes Klassenverzeichnis von wxWindows (Forts.)

Klasse	Repräsentiert
wxPanelTabView	Eine Gruppierungskontrollelement mit Karteireitern
wxPathList	Eine Liste von Pfaden
wxPen	Einen Zeichenstift
wxPenList	Eine Liste von Zeichenstiften
wxPlotCurve	Eine 2D-Plotterkurve
wxPlotWindow	Ein Fenster für 2D-Plots
wxPoint	Einen Punkt
wxPostScriptDC	Einen Gerätekontext für Postskript-Dateien
wxPreviewCanvas	Ein Vorschaubereich
wxPreviewControlBar	Eine Vorschau-Kontrollleiste
wxPreviewFrame	Ein Vorschau-Fenster
wxPrintData	Informationen über das auszudruckende Dokument
wxPrintDialog	Den Standarddialog zum Ausdrucken
wxPrintDialogData	Die Daten des obigen Dialogs
wxPrinter	Einen Drucker
wxPrinterDC	Einen Gerätekontext für einen Drucker
wxPrintout	Einen Ausdruck
wxPrintPreview	Eine Druckvorschau
wxPrivateDropTarget	Ein privates Drag & Drop- Ziel
wxProcess	Einen Prozess
wxProcessEvent	Ein Prozess-Ereignis
wxProgressDialog	Einen Dialog mit einer Fortschrittsanzeige
wxProtocol	Die Basisklasse für ein Protokoll
wxQuantize	Quantisierung oder Farbreduzierung
wxQueryLayoutInfoEvent	Ein "Wie sieht das Layout aus?"-Ereignis
wxRadioBox	Ein Gruppierung aus Radio-Schaltflächen
wxRadioButton	Eine Radio-Schaltfläche
wxRealPoint	Einen Plotterpunkt
wxRect	Die Koordinates eines Rechtecks
wxRegEx	Einen regulären Ausdruck
wxRegion	Eine simple oder komplexe Region in einem Fenster oder Gerätekontext
wxRegionIterator	Einen Iterator für komplexe Regionen

Tabelle 6.9: Kommentiertes Klassenverzeichnis von wxWindows (Forts.)

Klasse	Repräsentiert
wxSashEvent	Ein Ereignis in folgender Klasse
wxSashLayoutWindow	Ein Fenster mit einem dynamischen Teilungslayout
wxSashWindow	Ein horizontal und vertikal teilbares Fenster
wxScreenDC	Einen Gerätekontext für den Bildeschirm
wxScrollBar	Eine Bildlaufleiste
wxScrolledWindow	Ein Fenster mit Bildlaufleiste
wxScrollWinEvent	Ein Ereignis in obiger Klasse
wxScrollEvent	Ein Ereignis in einem Fenster mit Bildlaufleiste
wxSimpleHelpProvider	Eine einfache Hilfe-Quelle
wxSingleChoiceDialog	Einen einfachen Auswahldialog
wxSingleInstanceChecker	Die Überprüfung der Anzahl der Anwendungsinstanzen
wxSize	Eine zweidimensionale Größe
wxSizeEvent	Ein Größen-Ereignis
wxSizer	Die Basisklasse für Geometriemanager
wxSlider	Ein Fader-Kontrollelement
wxSockAddress	Eine Socketadresse
wxSocketBase	Basisklasse für Sockets
wxSocketClient	Einen Socket-Client
wxSocketEvent	Ein Socket-Ereignis
wxSocketInputStream	Einen Socket-Eingabestrom
wxSocketOutputStream	Einen Socket-Ausgabestrom
wxSocketServer	Einen Socket-Server
wxSpinButton	Eine Auf/Ab-Schaltfläche
wxSpinCtrl	Ein Auf/Ab-Kontrollelement
wxSpinEvent	Ein Ereignis in obiger Klasse
wxSplashScreen	Einen Startbildeschirm
wxSplitterEvent	Ein Ereignis in nachfolgender Klasse
wxSplitterWindow	Ein teilbares Fenster
wxStaticBitmap	Ein statisches Bild
wxStaticBox	Ein umrahmendes Kontrollelement
wxStaticBoxSizer	Ein umrahmendes Kontrollelement mit Geometriemanager
wxStaticLine	Eine statische Linie

Tabelle 6.9: Kommentiertes Klassenverzeichnis von wxWindows (Forts.)

Klasse	Repräsentiert
wxStaticText	Ein statischer Text
wxStatusBar	Eine Statuszeile
wxStopWatch	Eine Stoppuhr
wxStreamBase	Die Basisklasse für Datenströme
wxStreamBuffer	Einen Puffer für Datenströme
wxStreamToTextRedirector	Einen Konverter für Datenströme nach wxTextCtrl-Objekten
wxString	Eine Zeichenkette
wxStringBuffer	Den Puffer einer Zeichenkette
wxStringList	Eine Liste mit Zeichenketten
wxStringTokenizer	Eine Verarbeitungsklasse für Gruppen von Zeichenketten
wxSysColourChangedEvent	Das Ereignis "Systemfarben wurden geändert"
wxSystemOptions	Systemoptionen
wxSystemSettings	Systemeinstellungen
wxTaskBarIcon	Ein Icon auf der Taskleiste
wxTCPClient	Einen TCP-Client
wxTCPConnection	Eine TCP-Verbindung
wxTCPServer	Einen TCP-Server
wxTempFile	Eine temporäre Datei
wxTextAttr	Textattribute
wxTextCtrl	Ein Text-Kontrollelement
wxTextDataObject	Eine Text Datenobjekt
wxTextDropTarget	Eine Drag & Drop- Quelle für Text
wxTextEntryDialog	Einen Texteingabe-Dialog
wxTextFile	Eine Textdatei
wxTextInputStream	Einen Eingabestrom für Texte
wxTextOutputStream	Einen Ausgabestrom für Texte
wxTextValidator	Einen Zeichenketten-Überprüfer
wxThread	Einen leichtgewichtigen Prozess
wxTime	Eine Zeitpunkt
wxTimer	Einen Timer
wxTimerEvent	Ein "Timer ist abgelaufen"-Ereignis
wxTimeSpan	Eine Zeitspanne
wxTipProvider	Eine Tool Tip Quelle

Tabelle 6.9: Kommentiertes Klassenverzeichnis von wxWindows (Forts.)

Klasse	Repräsentiert
wxTipWindow	Ein Tool Tip Fenster
wxToggleButton	Einen Toggle-Schaltfläche
wxToolBar	Eine Werkzeugleiste
wxToolTip	Ein kleines Popup-Textfenster
wxTreeCtrl	Ein Baum-Kontrollelement
wxTreeEvent	Ein Ereignis obiger Klasse
wxTreeItemData	Die Daten eines Baum-Kontrollelements
wxTreeLayout	Das Layout eines Baum-Kontrollelements
wxTreeLayoutStored	Persistentes Layout ähnlich obiger Klasse
wxUpdateUIEvent	Das "UI aktualisieren"-Pseudoereignis
wxURL	Einen Uniform Resource Locator
wxValidator	Die Basisklasse eines Wert-Überprüfers
wxVariant	Ein variables Datenelement
wxVariantData	Die Daten eines variablen Datenelement
wxView	Eine MVC-Ansicht
wxWave	Einen Klangwellenform
wxWindow	Die Basisklasse eines Fensters
wxWindowDC	Einen Gerätekontext für ein Fenster
wxWindowDisabler	Eine Hilfsklasse für eine längere – anwendungsmodale – Aktion
wxWizard	Einen Assistentendialog
wxWizardEvent	Ein Assistentendialog-Ereignis
wxWizardPage	Eine Seite eines Assistentendialogs
wxWizardPageSimple	Eine einfache Seite eines Assistentendialogs
wxXmlResource	Eine XML Ressource
wxXmlResourceHandler	Einen Verarbeiter für XML Ressourcen
wxZipInputStream	Einen ZIP-komprimierten Eingabestrom
wxZlibInputStream	Einen zlib-komprimierten Eingabestrom
wxZlibOutputStream	Einen zlib-komprimierten Ausgabestrom

Tabelle 6.9: Kommentiertes Klassenverzeichnis von wxWindows (Forts.)

Kapitel 7
GTK+

7.1 Ursprung

Im August 1995 arbeiteten die beiden Studenten Spencer Kimball und Peter Mattis an einem Semesterprojekt[1] an der Berkeley-Universität in Kalifornien. Da sie mit der Implementierung eines Compilers in der Programmiersprache Scheme nicht so recht vorankamen, entschieden sie sich, ein Alternativprojekt anzugehen: Ein pixelorientiertes Graphikprogramm. Keiner von ihnen hatte Erfahrung mit Graphikprogrammierung, aber es schien ein spannendes Projekt zu sein.

Ungefähr sechs Monate später – im Februar 1996 – erschien eine frühe Beta-Version (0.54) des *GIMP* (*General Image Manipulation Program*) getauften Programms, die im Internet frei verfügbar gemacht. Viele im kreativen Bereich tätige Anwender erkannten sehr schnell das enorme Potenzial von GIMP: Trotz seines noch prototypischen Status waren im GIMP schon einige sehr interessante Konzepte implementiert, darunter z.B. ein intelligentes Scherenkonzept zum Freistellen von Objekten und ein Plugin-System, mit dem Entwickler ihre eigenen Filter schreiben konnten, ohne in den Quellcode des Hauptprogramms eingreifen zu müssen.

Ebenso wie viele Anwender wurden nach der Veröffentlichung von GIMP auch schnell viele Entwickler auf das Projekt aufmerksam, die fortan aktiv an der Weiterentwicklung mitwirkten.

Eine der Probleme mit GIMP war allerdings seine Abhängigkeit vom Motif-Toolkit (vgl. Abschnitt 8.4.3). Dieses zu dieser Zeit im UNIX-Bereich weit verbreitete GUI-Toolkit war für Entwickler sehr teuer und machte die Distribution von GIMP schwierig, da auch die Laufzeit-Bibliotheken käuflich erworben werden mussten.

Im Frühjahr 1996 entschied man sich daher für die Entwicklung eines eigenen GUI-Toolkits, welches im Juli 1996 zusammen mit der Version 0.60 von GIMP erschien. Das mit dieser Version vom GIMP kommende GUI-Toolkit bestand aus zwei Teilen, dem *GDK* (*GIMP Drawing Kit*) und dem *GTK* (*GIMP Tool Kit*). Während das GDK die systemnahen Zeichenroutinen realisierte, enthielt das GTK die Fenster- und Kontrollelemente.

Diese Entkopplung von der GUI-Bibliothek Motif sorgte für einen großen Schub in der Popularität des GIMP. In den folgenden Monaten trieben daher viele weitere

---

[1] ... es handelte sich übrigens um den Kurs in *Programmiersprachen und Compilerbau* CS164 bei Professor Fateman – dieser Kurs wird noch immer angeboten: http://inst.eecs.berkeley.edu/~cs164/

freie Programmierer die Entwicklung sowohl des eigentlichen Zeichenprogramms als auch die Entwicklung des GIMP Toolkits zügig voran. Im Februar 1997 erschien zusammen mit der Version 0.99 von GIMP eine verbesserte Version des GIMP Toolkits. Von dieser Version an, wurde es GTK+ genannt, da beide Teile GDK und GTK nun enthalten waren.

Ungefähr zur gleichen Zeit entwickelten Miguel de Icaza und Frederico Mena eine auf UNIX-Komponentenarchitektur[1] für GUI-Anwendungen mit dem Namen *GNOME* (*GNU Network Object Model Environment*). Frederico Mana arbeitete zu dieser Zeit als Koordinator des GIMP-Projekts und kam auf die Idee, statt des damals noch favorisierten Tk (vgl. Kapitel 4) das C-basierte GIMP Toolkit als GUI-Bibliothek zu verwenden.

Durch den großen Erfolg der auf der (zu dieser Zeit noch) nicht frei verfügbaren GUI-Bibliothek Qt (vgl. Kapitel 5) basierenden Desktop-Umgebung *KDE* (*Kool Desktop Enviroment*) entschied sich das GNOME-Team, das eigene Projekt zu einer kompletten und nur aus freier Software bestehenden Desktop-Umgebung zu erweitern. Als GUI-Toolkit entschied man sich für das freie GTK+, das damit zu einer Schlüsseltechnologie für GNOME wurde.

Trotz seiner großen Bedeutung für das GNOME-Projekt wird GTK+ weiterhin als separate Bibliothek entwickelt, um möglichst flexibel eingesetzt zu werden. Während diese Zeilen geschrieben werden, ist die Version 2.0 – als nahezu komplette Neuentwicklung – von GTK+ bereits erschienen. Dieses Kapitel bezieht sich daher nicht mehr auf die mittlerweile veraltete GTK+-Version 1.2.

Es existieren verschiedene Ansätze, GTK+ auf andere Plattformen zu portieren. Die Windows-Portierungen von GTK+ sind in einem fortgeschrittenen Stadium – mit dem Erscheinen von GTK+ 2.1 wird erwartet, dass die Windows-Portierung auf einem vergleichbaren Stand wie die Versionen für das X-Window System und das Linux Framebuffer-System. Portierungen von GTK+ 1.2 für MacOS und BeOS wurden begonnen, aber leider in einem frühen Stadium auch schon wieder beendet.

Die Python-Bindungen für GTK+ sind im Wesentlichen dem auch an dem GTK+-Kern mitarbeitenden James Henstridge zu verdanken, der diese mit der Hilfe von freien Programmierern kontinuierlich und aktiv weiterentwickelt.

---

[1] Diese Komponentenarchitektur wurde später unter dem Namen *Bonobo* ein Teil von GNOME

7.2 Überblick

7.2.1 Struktur

GTK+ ist ein in C geschriebenes objektorientiertes[1] GUI-Toolkit. Es besteht aus den folgenden Bibliotheken:

- *GLib* – stellt eine Menge von strukturierten Datentypen zur Verfügung und implementiert ein objektorientiertes Typsystem.
- *GDK* – abstrahiert die Fensterzeichenfunktionen auf unterer Ebene.
- *Pango* – konstruiert und stellt Zeichen in internationalen Zeichensätzen dar.
- *ATK* – implementiert Funktionen für die besondere Bedienung.
- *GTK* – enthält Widgets für die Programmierung graphischer Oberflächen.
- *Glade* (optional) – enthält Funktionalität, um anhand einer XML-Beschreibung eine graphische Oberflächen aufzubauen.

Während in früheren Versionen von GTK+ das Objektsystem durch die zentrale Wurzelklasse Object implementiert wurde, ist diese Funktionalität seit GTK+ 2 in der Bibliothek GLib enthalten. Als eine Konsequenz daraus ist die noch immer in GTK+ vorhandene Klasse Object von dieser neuen Wurzelklasse GObject abgeleitet. Die Klasse GObject implementiert neben dem Typ- und Objektsystem für GTK+ auch ein Speicherverwaltungssystem, das auf Referenzzählung (vgl. Abschnitt 1.6.5) basiert.

Als Python-Programmierer wird man meistens direkt von der Klasse Object Gebrauch machen. Die wichtigsten Methoden dieser Klasse sind:

- connect() – verbindet ein Signal mit einem Callback (siehe unten).
- destroy() – ruft die für die Zerstörung des Objekts verantwortliche Funktion auf.
- emit() – veranlasst das Senden eines Signals (siehe unten).
- disconnect() – löst eine mit connect() erzielte Verbindung (siehe unten).
- get_data() – gibt den Wert eines benutzerdefinierten Attributs zurück.
- get_property() – gibt den Wert eines Eigenschaftattributs zurück.
- set_data() – setzt den neuen Wert eines benutzerdefinierten Attributs.
- set_property() – setzt den neuen Wert eines Eigenschaftattributs.
- Viele von Object abgeleitete Klassen definieren einen Satz eigener Attribute, mit denen sich das Verhalten der instanziierten Objekte jederzeit ändern lässt. Benutzerdefinierte Attribute gestatten das Verknüpfen von beliebigen Referenzen mit einem von Object abgeleiteten Objekt. Beispielsweise könnte man in einem

---

[1] Dies mag vielleicht verwundern – es ist jedoch tatsächlich so, dass die Entwickler von GTK+ ein objektorientiertes System aufgebaut haben. C unterstützt die Objektorientierung zwar nicht durch Sprachelemente, verhindert aber auch nicht die Anwendung dieses Programmierparadigmas.

`Label` (ein Beschriftungsfenster) immer eine Referenz auf die dargestellte Instanz speichern.
- GTK+ hat eine sehr feingranulare Objekthierarchie – wo immer sich die Duplizierung einer Funktionalität anbahnte, wurde diese in einer zusätzlichen Oberklasse vereint.

7.2.2 Ereignisverarbeitung

GTK+ verfügt über ein leistungsfähiges System zur Verarbeitung von Ereignissen. Da in einem GUI-Toolkit ein Ereignis im Allgemeinen ein durch den Benutzer ausgelöstes und vom Betriebssystem bzw. der Benutzungsoberfläche generiertes Element ist, dies in GTK+ jedoch nicht zutreffen muss, wird ein Ereignis in GTK+ *Signal* genannt.

Zur Verbindung von Signalen mit Callbacks gibt es die folgenden Möglichkeiten:

- `connect(Signal,Callback,[*args])` – verbindet ein `Signal` mit einem `Callback`. Werden hier zusätzliche Argumente übergeben, werden diese beim Aufruf des Callbacks automatisch mit übergeben.
- `connect_after(Signal,Callback,[*args])` – wie oben, jedoch wird hier garantiert, dass der Callback erst nach der Ausführung aller standardmäßig vorhandenen Callbacks aufgerufen wird.
- `connect_object(Signal,Funktion,Objekt,[*args])` – verbindet ein `Signal` mit einem Callback, der als `Funktion` eines bestimmten `Objekts` angegeben wird. Auch hier sind optional beliebig viele Argumente möglich, die dem Callback dann übergeben werden.
- `connect_object_after(Signal,Funktion,Objekt,[*args])` – wie oben, jedoch wird garantiert, dass der Callback erst nach der Ausführung aller standardmäßig vorhandenen Callbacks aufgerufen wird.

> **Wichtig**
>
> Im Gegensatz zu anderen Toolkits ist die Abarbeitungsreihenfolge der Callbacks in GTK+ festgelegt. Wenn mit einem Signal mehrere Callbacks, z.B. in der Reihenfolge [A, B, C] verbunden wurden, werden beim Auslösen des Signals die Callbacks auch in dieser Reihenfolge [A, B, C] abgearbeitet. Mit dieser Gewissheit können bestimmte komplexe Interaktionen ohne umständliche Aktualisierung zusätzlicher Zustandsinformationen durchgeführt werden.

Von Zeit zu Zeit kann es nötig sein, das Senden eines Signals nicht nur durch den Benutzer veranlasst zu ermöglichen, sondern programmatisch zu generieren. Dies kann mit der Methode `emit()` geschehen:

- `emit(Objekt,Signal)` – veranlasst ein Objekt dazu, ein bestimmtes Signal zu senden und damit alle mit dem Signal assoziierten Callback-Methoden bzw. -Funktionen zu rufen.

Es gibt natürlich auch die Möglichkeit, die Verbindung eines Signals mit einem Callback wieder zu lösen. Dazu verwendet man die Methode `disconnect()`:

- `disconnect(ID)` – löst die Verbindung, die durch ID spezifiziert wird. Eine Verbindungs-Identifikation wird nach jedem Aufruf einer `connect()`-Methode zurückgeliefert.

Alle genannten Methoden sind in der Klasse `Object` implementiert – daher müssen auch alle am System der Signalverarbeitung teilnehmenden Klassen von `Object` abgeleitet werden.

Eine Besonderheit der Ereignisverarbeitung in GTK+ ist die Erweiterbarkeit: In GTK+ ist man nicht nur auf die vordefinierten Signale festgelegt, sondern es ist möglich, neue Signale zu definieren, die sich genau wie die vordefinierten verhalten. Auch diese Eigenschaft wird durch die Python-Bindung PyGTK von Python aus nutzbar.

7.2.3 Python-Bindung

PyGTK

PyGTK [WWW:PYGTK], die Python-Bindung an GTK+ ist eine zum einem großen Teil handgeschriebene Bibliothek, die aus mehreren Erweiterungsmodulen besteht. Im Einzelnen sind dies die folgenden Module:

- `gobject` – implementiert das Objektsystem und die Signalverarbeitung. Methoden aus diesem Modul müssen z.B. benutzt werden, falls benutzerdefinierte Signale verwendet werden.
- `pango` – kapselt Zeichensätze und deren Beschreibungen und implementiert Methoden, um Text zu konstruieren.
- `gtk` – enthält die Fensterklassen.
- `gtk.gdk` – bietet Zugriff auf systemnahe Zeichenflächen.
- `gtk.glade` (optional) – konstruiert eine Oberfläche anhand einer XML-Datei und verbindet automatisch Signale mit Callback-Methoden bzw. Funktionen.
- `atk` – implementiert Klassen und Methoden für den behindertengerechten Zugriff auf spezielle Eingabe- und Ausgabegeräte wie z.B. *ScreenReader* oder *ScreenMagnifier*.

> **Wichtig**
>
> Der Aufbau, die Struktur und die Mehrzahl aller Aufrufe in den Python-Bindungen haben sich in PyGTK 2 im Vergleich zu früheren Versionen sehr stark geändert. Programme für ältere PyGTK-Versionen sind unter PyGTK 2 nicht mehr lauffähig und zum Teil nur mit hohem Aufwand zu portieren, da auch GTK+ 2 selbst nicht mehr Quelltextkompatibel zu GTK 1.x ist.

Von GTK+ zu PyGTK

Da zurzeit keine explizite Dokumentation für PyGTK existiert, muss man in vielen Fällen die GTK+-Referenz zurate ziehen. Die Abbildung der C-Aufrufe in Python-Aufrufe ist jedoch nicht allzu schwierig. Tabelle 7.1 zeigt hierzu zwei Beispiele.

C	Python
`GtkButton* button = gtk_button_new();`	`button = gtk.Button()`
`gtk_button_set_label(button,"Hallo");`	`button.set_label("Hallo")`

Tabelle 7.1: Abbildung zwischen GTK+-Aufrufen in C und Python

1. In C wird ein neues GTK+-Objekt durch den Aufruf einer korrespondierende Funktion, die den Suffix new hat, erzeugt. Sowohl dieser Suffix als auch der Präfix aller GTK+-Funktionen gtk fällt in Python weg.
2. Statt C-Funktionen in einem flachen Namensraum sind in Python alle zu einem GTK+-Objekt gehörende Funktionen als Methoden im Namensraum des jeweiligen Objekts implementiert. Daher fällt die Übergabe der Objektreferenz in Python weg.

Abstrakte Basisklassen

Eine für Python-Programmierer ungewohnte Eigenschaft von PyGTK ist die Benutzung abstrakter Basisklassen (vgl. Abschnitt 1.3.8). Die im Modul gtk definierte Fensterklasse Widget beispielsweise ist eine solche abstrakte Basisklasse. Versucht man ein Objekt der Klasse Widget zu instanziieren, wird ein Laufzeitfehler erzeugt:

```
>>> import gtk
>>> widget = gtk.Widget()
Traceback (most recent call last):
  File "<stdin>", line 1, in ?
NotImplementedError: Widget is an abstract Widget
```

Konventionen

PyGTK wurde mit einigen Namenskonventionen entwickelt, die man in eigenen Programmen berücksichtigen sollte:

1. Alle Klassennamen beginnen mit einem Großbuchstaben und weiteren Kleinbuchstaben. Jedes Wort wird wieder mit einem neuen Großbuchstaben begonnen, z.B. `SeperatorMenuItem`.
2. Methodennamen bestehen nur aus Kleinbuchstaben, einzelne Worte werden mit Unterstrichen voneinander getrennt, z.B. `set_shadow_type()`.
3. Konstanten sind im direkt im Modul `gtk` definiert und bestehen nur aus Großbuchstaben – einzelne Worte werden mit Unterstrichen voneinander getrennt, z.B. `STOCK_FIND_AND_REPLACE`.
4. Boolesche Wahrheitswerte sind als Konstanten `TRUE` und `FALSE` im Modul `gtk` definiert.
5. Signale bestehen nur aus Kleinbuchstaben, einzelne Worte werden mit einem Bindestrich voneinander getrennt, z.B. `"selection-request-event"`.

Fehlerbehandlung

Eine der Besonderheiten von PyGTK ist die leistungsfähige Typüberprüfung zur Laufzeit, die in das `TypeError`-Konzept von Python eingebunden wurde. Hierzu folgendes Beispiel im interaktiven Python-Modus beim Rufen der Methode `Window.set_title()`, die als ersten (und einzigen) Parameter eine Zeichenkette erwartet:

```
>>> import gtk
>>> w = gtk.Window()
>>> w.set_title( 100 )
Traceback (most recent call last):
  File "<stdin>", line 1 in ?
TypeError: GtkWindow.set_title() argument 1 must be string, not int
```

7.2.4 Fensterklassen

Die Basisklasse aller Fensterklassen ist `Widget`. Die abstrakte Klasse `Widget` enthält die notwendige Funktionalität zum

- Anzeigen und Verbergen
- Verwalten von Beschleunigertasten
- Berechnen der minimal notwendigen Größe
- Aktivieren und Deaktivieren
- Verarbeiten von Farbpaletten
- Zeichnen des Inhalts anhand vordefinierter Stile
- Zeichnen des Inhalts durch die Bibliothek Pango

Direkt von `Widget` abgeleitet sind die Klassen `Misc` und `Container`. `Misc` ist die abstrakte Basisklasse für Widgets, deren Inhalt eine Ausrichtung und einen Abstand von den Rändern des Widgets haben kann. Die abstrakte Klasse `Container` gehört zum leistungsfähigen Containerkonzept in GTK+. Von der Klasse `Container` abgeleitete Klassen sind dazu in der Lage beliebig viele Kindfenster aufzunehmen und zu positionieren. Die abgeleitete Klasse `Bin` stellt eine weitere Spezialisierung dar, da von `Bin` abgeleitete Klassen nur genau ein Kindfenster aufnehmen können.

Die wichtigsten Methoden der Klasse Container sind:

- `add()` – fügt ein Kindfenster zum Container hinzu.
- `get_children()` – gibt eine Liste aller Kindfenster zurück.
- `get_border_width()` – gibt die Rahmenbreite des Containers zurück.
- `remove()` – entfernt ein Kindfenster vom Container.
- `set_border_width()` – setzt die Rahmenbreite des Containers.
- `set_focus_chain()` – legt eine Fokusreihenfolge (bei der Weiterschaltung mit `Tab`) für die Kindfenster fest.

Die Klasse `Bin` reimplementiert die meisten dieser Methoden – zur öffentlichen Schnittstelle kommt hier lediglich die Methode `get_child()` hinzu, die das (einzige) Kindfenster zurückliefert.

Zwei besonders interessante, von `Bin` abgeleitete Klassen sind `EventBox` und `HandleBox`. Ein Objekt der Klasse `EventBox` ist ein *Signalempfänger* für sein Kindfenster. Aus Gründen der Effizienz hat man sich in GTK+ dafür entschieden, nicht jedes GTK+ Fensterobjekt als vollwertiges Systemfenster beim Fenstersystem zu registrieren[1]. Einige Fensterklassen, z.B. `Label`, `Arrow`, und `Image` sind daher also nur Elemente, die in dem Bereich ihres Elternfensters zeichnen. Elemente dieser Art können allerdings keine Ereignisse vom Fenstersystem empfangen. Sollte dies nötig sein, kann eine `EventBox` als umgebender Container benutzt werden.

Eine `HandleBox` stellt seinem Kindfenster eine Möglichkeit und einen Bereich zum An- und Abdocken bereit. Dies ist insbesondere für Menü- und Werkzeugleisten von Vorteil, da mit dockbaren Leisten eine Anpassung der Benutzungsoberfläche möglich ist. In Abschnitt 7.3.2 wird näher auf diese Klasse eingegangen.

Eine sehr zentrale Fensterklasse ist die von `Bin` abgeleitete Klasse `Window` für Haupt- bzw. Anwendungsfenster in GTK+. Objekte dieser Klasse haben einen Rahmen, eine Titelleiste und ein zugeordnetes Symbol. `Window` implementiert dabei die für eine Hauptfensterklasse notwendige Funktionalität. Die wesentlichen Methoden sind:

- `deiconify()` – versetzt ein zu einem Symbol verkleinertes Fenster in den Normalzustand zurück.
- `iconify()` – versetzt das Fenster in einen ikonisierten Status.
- `maximize()` – maximiert das Fenster.
- `resize()` – verändert die Größe des Fensters.
- `set_default_size()` – schlägt dem Window Manager eine Fenstergröße vor.

---

[1] Eine durchaus verständliche Entscheidung, da in vielen Fenstersystemen jedes zusätzliche Fenster einen gewissen Aufwand an Verwaltungsspeicher- und Zeit benötigt. Sehr viele *echte* Fenster können jedes Fenstersystem enorm verlangsamen.

- `set_modal()` – legt fest, ob das Fenster modal ist (z.B. für modale Dialoge).
- `set_resizable()` – legt fest, ob und wie die Größe des Fensters vom Benutzer verändert werden darf.
- `set_title()` – setzt den Fenstertitel.
- `unmaximize()` – macht die Operation `maximize()` rückgängig.

Trotz der umfangreichen Menge an Fensterklassen und Kontrollelementen (die am häufigsten verwendeten sind in Tabelle 7.2 dargestellt) kann es vorkommen, dass man ein Fenster nicht aus vordefinierten Elementen zusammenstellen will, sondern es komplett neu entwickeln möchte – z.B. als Kontrollelement für einen speziellen Zweck. Dies kann mit der von `Widget` abgeleiteten Klasse `DrawingArea` geschehen. Ein Objekt der Klasse `DrawingArea` gestattet direkten Zugriff auf den *Graphikkontext* des Fensters. Jedes Fenster in GTK+ enthält einen Graphikkontext, der eine zweidimensionale Zeichenfläche repräsentiert, auf die mit bestimmten Methoden gezeichnet werden kann. Dabei können nicht nur geometrische Primitive (Linien, Rechtecke, Kreise, Polygonzüge) sondern z.B. auch Glyphen, d.h. Textbestandteile (mit Hilfe der Pango-Bibliothek) gezeichnet werden.

`DrawingArea` setzt direkt auf den systemnahen Klassen des GDK an, so dass das Zeichnen eigener Kontrollelemente sehr performant ist. Um eine flackerfreie Ausgabe zu garantieren, implementiert das GDK für eine `DrawingArea` die aus Spielen oder graphischen Demonstrationen bekannte Zwischenspeichertechnik *Double Buffering*.[1]

Klasse	Beschreibung
Arrow	Ein Pfeil
Button	Eine Schaltfläche
Calendar	Ein Fenster zum Auswählen eines Datums
CheckButton	Eine an/-abwählbare Schaltfläche
Combo	Eine Kombinationsschaltfläche
Entry	Ein Eingabefeld
HScale	Ein horizontaler Slider
HScrollbar	Ein horizontale Bildlaufleiste
Notebook	Ein Karteireiterfenster
OptionMenu	Eine Optionsschaltfläche
ProgressBar	Eine Fortschrittsanzeige

Tabelle 7.2: GTK+ Klassen für Kontrollelemente

---

1 Double Buffering bedeutet im Wesentlichen, dass alle Zeichenbefehle zunächst in einem nicht sichtbaren Speicherbereich ausgeführt werden. Nachdem dies erledigt ist, wird die gesamte Zeichenfläche »in einem Rutsch« über die alte Zeichenfläche kopiert. Dadurch ist ein Flackern so gut wie ausgeschlossen.

Klasse	Beschreibung
RadioButton	Eine Schaltfläche in einer exklusiven Gruppe
SpinButton	Eine Schaltfläche, mit der ein Wert erhöht oder erniedrigt werden kann
ToggleButton	Eine Schaltfläche, die bei Anklicken zwischen den Modi "eingedrückt" und "nicht eingedrückt" wechselt
TreeView	Die Ansicht (MVC) eine Baum- oder Listenstruktur
VScale	Ein vertikaler Slider
VScrollbar	Eine vertikale Bildlaufleiste

Tabelle 7.2: GTK+ Klassen für Kontrollelemente (Forts.)

Stile

Der Veränderung des Look & Feel durch Ableiten von Klassen steht in GTK+ eine wesentlich einfachere Möglichkeit gegenüber – die so genannte *Ressourcendatei*. Führt man zu Beginn einer Anwendung den Aufruf rc_parse(Dateiname) aus, analysiert GTK+ den Inhalt der spezifizierten Datei und setzt die dort angegebenen Stile.

Ein Stil besteht im Wesentlichen aus einer Menge von Zuweisungen im Format Direktive[Kennung]=Wert, wobei der Typ des Werts abhängig von der Direktive ist. Einige wichtige Direktiven sind:

- fg – setzt die Vordergrundfarbe eines Widgets.
- bg – setzt die Hintergrundfarbe eines Widgets.
- bg_pixmap – setzt ein gekacheltes Bild als Hintergrund eines Widgets.
- font – setzen einen Zeichensatz für ein Widget.

Die mit einer Direktive verbundenen Kennungen geben den Status eines Widgets an, z.B.:

- NORMAL – der normale Zustand eines nicht aktivierten Widgets.
- PRELIGHT – nicht aktiviert, jedoch mit Mauscursor im Bereich des Widgets.
- ACTIVE – aktiv bzw. eingedrückt.
- INSENSITIVE – nicht verfügbar.
- SELECTED – zur Zeit ausgewählt.

Mit der Anweisung style definiert man eine Menge der obigen Zuweisungen als Stil. Durch Angabe eines schon bekannten Stils ist es dabei möglich, einen Stil als Ausgangspunkt zu nehmen und nur einige Parameter zu verändern.

Die Anweisungen widget bzw. widget_class setzen einen Stil für ein bestimmtes (namentlich gekennzeichnetes) Widget bzw. eine Klasse von Widgets. Listing 7.1 zeigt ein Beispiel für eine GTK+ Ressourcendatei.

```
# pixmap_path - gibt eine Liste von Bildpfaden an
pixmap_path
```

```
"/usr/include/X11R6/pixmaps:/home/imain/pixmaps"

# Ein Stil namens "window"
style "window"
{
  bg_pixmap[NORMAL] = "warning.xpm"
}

# Ein Stil namens "scale"
style "scale"
{
  # Vordergrundfarbe im Normalzustand = "rot" (Format: R, G, B)
  fg[NORMAL] = { 1.0, 0, 0 }

  # Hintergrundbild wird vom Elternfenster übernommen
  bg_pixmap[NORMAL] = "<parent>"
}

# Ein Stil, der viele Zustände eines Schalters verändert
style "button"
{
  fg[PRELIGHT] = { 0, 1.0, 1.0 }
  bg[PRELIGHT] = { 0, 0, 1.0 }
  bg[ACTIVE] = { 1.0, 0, 0 }
  fg[ACTIVE] = { 0, 1.0, 0 }
  bg[NORMAL] = { 1.0, 1.0, 0 }
  fg[NORMAL] = { .99, 0, .99 }
  bg[INSENSITIVE] = { 1.0, 1.0, 1.0 }
  fg[INSENSITIVE] = { 1.0, 0, 1.0 }
}

# Ein Stil namens "main_button" - abgeleitet vom Stil
"button"
style "main_button" = "button"
{
  font = "-adobe-helvetica-medium-r-normal--*-100-*-*-*-*-*-*"
  bg[PRELIGHT] = { 0.75, 0, 0 }
}

style "toggle_button" = "button"
{
  fg[NORMAL] = { 1.0, 0, 0 }
  fg[ACTIVE] = { 1.0, 0, 0 }
  bg_pixmap[NORMAL] = "<parent>"
}
```

```
style "text"
{
  bg_pixmap[NORMAL] = "marble.xpm"
  fg[NORMAL] = { 1.0, 1.0, 1.0 }
}

style "ruler"
{
  font = "-adobe-helvetica-medium-r-normal--*-80-*-*-*-*-*-*"
}

# Abbildung von GTK+ Widgetklasse auf in dieser Datei verwendete Stile
widget_class "GtkWindow" style "window"
widget_class "GtkDialog" style "window"
widget_class "GtkFileSelection" style "window"
widget_class "*Gtk*Scale" style "scale"
widget_class "*GtkCheckButton*" style "toggle_button"
widget_class "*GtkRadioButton*" style "toggle_button"
widget_class "*GtkButton*" style "button"
widget_class "*Ruler" style "ruler"
widget_class "*GtkText" style "text"

# Setzen des Stils "main_button" für alle Kindfenster von "main window"
widget "main window.*GtkButton*" style "main_button"
```

Listing 7.1: GTK+ Ressourcendatei

7.2.5 Geometriemanagement

GTK+ unterstützt viele Arten von Geometriemanagement. Die jeweiligen Layoutmanager sind dabei als Fensterklassen ausgelegt, die von Container abgeleitet sind. Tabelle 7.3 zeigt die wichtigsten Fensterklassen in GTK+, die das Layout ihrer Kindfenster kontrollieren.

Klasse	Beschreibung
Alignment	Kontrolliert die Ausrichtung und Größe eines Kindfensters
AspectFrame	Beschränkt die Größe seines Kindfenster anhand einer Proportion
HBox	Richtet alle Kindfenster horizontal nacheinander aus
VBox	Richtet alle Kindfenster vertikal nacheinander aus
HButtonBox	Wie HBox, spezialisiert für eine Menge von Schaltflächen
VButtonBox	Wie VBox, spezialisiert für eine Menge von Schaltflächen
HPaned	Arrangiert zwei Kindfenster mit einer horizontalen Verschiebeleiste

Tabelle 7.3: GTK+ Klassen für Geometriemanagement

Klasse	Beschreibung
VPaned	Arrangiert zwei Kindfenster mit einer vertikalen Verschiebeleiste
Layout	Unendlich große logische Fläche für die Anordnung von Kindfenstern oder das Zeichnen eigener Kontrollelemente
Notebook	Ordnet Kindfenster in Seiten an, die über einen Kartereiter ausgewählt werden können
Table	Platziert Kindfenster in einer Tabelle

Tabelle 7.3: GTK+ Klassen für Geometriemanagement (Forts.)

Je nach Layoutmanager gibt es zur Platzierung der Kindfenster verschiedene Methoden mit unterschiedlichen Parametern. Während ein Kindfenster child in einer HBox oder VBox einfach durch HBox.pack_start(child) ohne weitere Parameter positioniert werden kann, verlangt das Hinzufügen zu einer Table schon die Spezifizierung von acht zusätzlichen Parametern.

7.2.6 Anwendungsrahmen

GTK+ ist grundsätzlich ein reines GUI-Toolkit, es ist daher keine dezidierte Anwendungsklasse vorgesehen. Dennoch sind in GTK+ eine Reihe von Klassen enthalten, die von ihren Funktionalitäten her dem Anwendungsrahmen zugeordnet werden können – diese Klassen sind in Tabelle 7.4 abgebildet.

Klasse	Beschreibung
AccelGroup	Eine Tabelle von Beschleunigertasten
AccelLabel	Eine Beschriftung mit einer Beschleunigertaste
CheckMenuItem	Ein an/-abwählbarer Menüeintrag
ImageMenuItem	Ein Menüeintrag mit einem Bild
ItemFactory	Die Erzeugerklasse für Menüs und Menüeinträge
Menu	Ein Popup-Menü
MenuBar	Eine Menüleiste für Popup-Menüs
MenuItem	Die Basisklasse für Menüeinträge
MenuShell	Die Basisklasse für Popup-Menüs und Menüleisten
RadioMenuItem	Ein RadioButton als Menüeintrag
SeparatorMenuItem	Ein Separator als Menüeintrag
Statusbar	Eine Statusleiste
TearoffMenuItem	Einen Menüeintrag zum Abreißen eines Popup-Menüs
Toolbar	Eine Werkzeugleiste

Tabelle 7.4: GTK+ Klassen für den Anwendungsrahmen

Klasse	Beschreibung
Tooltips	Eine Ballonhilfe
Window	Haupt- oder Anwendungsfenster

Tabelle 7.4: GTK+ Klassen für den Anwendungsrahmen (Forts.)

Da es in GTK+ keine dezidierte Anwendungsklasse gibt, konstruiert man ein Anwendungsfenster und fügt Menüleisten, Werkzeugleisten und Statusleisten über einen Geometriemanager hinzu.

Zur Erzeugung von Menüleisten und Menüeinträgen gibt es in GTK+ zwei Möglichkeiten, die sich in ihrem Komfort und ihrer Abstraktionsebene unterscheiden.

1. Manuelle Erzeugung.
2. Halbautomatische Erzeugung.

Bei der manuellen Erzeugung erzeugt man ein Objekt der Klasse MenuBar und fügt zu diesem ein oder mehrere Objekte vom Typ MenuItem hinzu, die wiederum mit Submenüs versehen werden können. Spezielle Menüeinträge können mit von MenuItem abgeleiteten Klasse wie ImageMenuItem oder RadioMenuItem erzeugt werden. Um die Menüeinträge noch mit Beschleunigertasten und Callback-Methoden zu verbinden, müsste man für jeden Eintrag einen connect()-Aufruf absetzen.

Demgegenüber steht die halbautomatische Erzeugung, die sich größtenteils auf die Klasse ItemFactory stützt. Die Methode ItemFactory.create_items() erzeugt ein vollständiges Menü mit allen Menüeinträgen anhand einer Liste von Tupeln, in denen die Menüeinträge samt Beschleunigertasten und Callback-Methoden spezifiziert sind.

Werkzeugleisten bzw. Statusleisten werden in GTK+ durch die Klassen Toolbar bzw. Statusbar repräsentiert. Beide Leistentypen können – da sie von der Klasse Container abgeleitet sind – beliebig viele verschiedene Kindfenster beinhalten.

Eine Besonderheit von GTK+ ist das Konzept der Standardelemente[1], die so genannten *Stock Items*: GTK+ kennt eine Reihe vordefinierter standardisierter Elemente, z.B. Bilder, Texte, Beschleunigertasten und Schaltflächen. Diese Standardelemente sind vor allem zur Benutzung in Menüleisten, Werkzeugleisten und Dialogboxen gedacht. Darüber hinaus sorgen sie für ein konsistentes Aussehen aller GTK+ Applikationen. Dies ist gerade unter dem in dieser Hinsicht sehr *flexiblen*[2] X-Window System ein willkommener Schritt in die richtige Richtung. Abbildung 7.1 zeigt alle in GTK+ vorhandenen Stock Items mit ihren Identifikationskonstanten, Beschriftungen und Beschleunigertasten.

---

[1] ... ein weiterer wesentlicher Unterschied zu GTK+ 1.x – Standardelemente wurden damals nur von den zusätzlichen GNOME Bibliotheken angeboten.

[2] ... ich gebe zu, dies ist etwas euphemistisch ausgedrückt...

Überblick

Macro	Label	Accel	ID
GTK_STOCK_ADD	_Add		gtk-add
GTK_STOCK_APPLY	_Anwenden		gtk-apply
GTK_STOCK_BOLD	_Fett		gtk-bold
GTK_STOCK_CANCEL	_Abbrechen		gtk-cancel
GTK_STOCK_CDROM	_CD-Rom		gtk-cdrom
GTK_STOCK_CLEAR	_Löschen		gtk-clear
GTK_STOCK_CLOSE	_Schließen	<Control>w	gtk-close
GTK_STOCK_CONVERT	_Convert		gtk-convert
GTK_STOCK_COPY	_Kopieren	<Control>c	gtk-copy
GTK_STOCK_CUT	_Ausschneiden	<Control>x	gtk-cut
GTK_STOCK_DELETE	_Delete		gtk-delete
GTK_STOCK_DIALOG_ERROR	Fehler		gtk-dialog-error
GTK_STOCK_DIALOG_INFO	Informationen		gtk-dialog-info
GTK_STOCK_DIALOG_QUESTION	Frage		gtk-dialog-question
GTK_STOCK_DIALOG_WARNING	Warnung		gtk-dialog-warning
GTK_STOCK_DND			gtk-dnd
GTK_STOCK_DND_MULTIPLE			gtk-dnd-multiple
GTK_STOCK_EXECUTE	_Execute		gtk-execute
GTK_STOCK_FIND	_Suchen	<Control>f	gtk-find
GTK_STOCK_FIND_AND_REPLACE	Suchen und _Ersetzen	<Control>r	gtk-find-and-replace
GTK_STOCK_FLOPPY	_Floppy		gtk-floppy
GTK_STOCK_GO_BACK	_Zurück		gtk-go-back
GTK_STOCK_GO_DOWN	_Down		gtk-go-down
GTK_STOCK_GO_FORWARD	_Vor		gtk-go-forward
GTK_STOCK_GO_UP	_Up		gtk-go-up
GTK_STOCK_GOTO_BOTTOM	_Bottom		gtk-goto-bottom
GTK_STOCK_GOTO_FIRST	_First		gtk-goto-first
GTK_STOCK_GOTO_LAST	_Last		gtk-goto-last
GTK_STOCK_GOTO_TOP	_Top		gtk-goto-top
GTK_STOCK_HELP	_Hilfe	<Control>h	gtk-help
GTK_STOCK_HOME	_Heim		gtk-home
GTK_STOCK_INDEX	_Index		gtk-index
GTK_STOCK_ITALIC	_Kursiv		gtk-italic
GTK_STOCK_JUMP_TO	_Jump to		gtk-jump-to
GTK_STOCK_JUSTIFY_CENTER	_Zentrieren		gtk-justify-center
GTK_STOCK_JUSTIFY_FILL	_Blocksatz		gtk-justify-fill
GTK_STOCK_JUSTIFY_LEFT	_Links		gtk-justify-left
GTK_STOCK_JUSTIFY_RIGHT	_Rechts		gtk-justify-right
GTK_STOCK_MISSING_IMAGE			gtk-missing-image
GTK_STOCK_NEW	_Neu	<Control>n	gtk-new
GTK_STOCK_NO	_Nein		gtk-no
GTK_STOCK_OK	_OK		gtk-ok
GTK_STOCK_OPEN	_Öffnen	<Control>o	gtk-open
GTK_STOCK_PASTE	_Einfügen	<Control>v	gtk-paste
GTK_STOCK_PREFERENCES	_Vorlieben		gtk-preferences
GTK_STOCK_PRINT	_Drucken		gtk-print
GTK_STOCK_PRINT_PREVIEW	_Druckvorschau		gtk-print-preview
GTK_STOCK_PROPERTIES	_Eigenschaften		gtk-properties
GTK_STOCK_QUIT	_Beenden	<Control>q	gtk-quit
GTK_STOCK_REDO	_Wiederholen		gtk-redo
GTK_STOCK_REFRESH	_Refresh		gtk-refresh
GTK_STOCK_REMOVE	_Remove		gtk-remove
GTK_STOCK_REVERT_TO_SAVED	_Zurücksetzen		gtk-revert-to-saved
GTK_STOCK_SAVE	_Speichern	<Control>s	gtk-save
GTK_STOCK_SAVE_AS	Speichern _unter		gtk-save-as
GTK_STOCK_SELECT_COLOR	_Color		gtk-select-color
GTK_STOCK_SELECT_FONT	_Font		gtk-select-font
GTK_STOCK_SORT_ASCENDING	_Ascending		gtk-sort-ascending
GTK_STOCK_SORT_DESCENDING	_Descending		gtk-sort-descending
GTK_STOCK_SPELL_CHECK	_Rechtschreibprüfung		gtk-spell-check
GTK_STOCK_STOP	_Stopp		gtk-stop
GTK_STOCK_STRIKETHROUGH	_Durchstreichen		gtk-strikethrough
GTK_STOCK_UNDELETE	_Undelete		gtk-undelete
GTK_STOCK_UNDERLINE	_Unterstreichen		gtk-underline
GTK_STOCK_UNDO	_Rückgängig		gtk-undo
GTK_STOCK_YES	_Ja		gtk-yes
GTK_STOCK_ZOOM_100	Zoom _100%		gtk-zoom-100
GTK_STOCK_ZOOM_FIT	_Passend zoomen		gtk-zoom-fit
GTK_STOCK_ZOOM_IN	_Heranzoomen		gtk-zoom-in
GTK_STOCK_ZOOM_OUT	_Wegzoomen		gtk-zoom-out

Abb. 7.1: Standardisierte Elemente in GTK+

Wie nahezu alle Elemente in GTK+ sind auch die standardisierten Elemente durch Installation weiterer Themenpakete austauschbar.

7.2.7 Dialoge

GTK+ hat Unterstützung für drei Arten von Dialogen:

- Einfache Dialoge
- Standardisierte Dialoge
- Benutzerdefinierte Dialoge

Alle Dialogklassen von GTK+ sind in Tabelle 7.5 dargestellt.

Klasse	Beschreibung
Dialog	Die Basisklasse aller Dialogklassen
ColorSelectionDialog	Ein Standarddialog für die Auswahl einer Farbe
FileSelection	Ein Standarddialog für ein Auswahl einer oder mehrerer Dateien
FontSelection	Ein Standarddialog für die Auswahl eines Zeichensatzes
MessageDialog	Ein einfacher Dialog für die Anzeige eines Bildes, eines Texts und bis zu zwei Schaltflächen
InputDialog	Ein X-Window Systemdialog für alternative Eingabesysteme

Tabelle 7.5: GTK+ Klassen für Dialoge

Die Klasse Dialog ist die Basisklasse sowohl der benutzerdefinierten, als auch der einfachen und standardisierten Dialoge in GTK+. Alle von der Klasse Dialog abgeleiteten Dialoge können in ihrem Aussehen und Verhalten verändert werden. Dies geschieht durch die Übergabe einer oder mehrere der folgenden Optionen:

1. DIALOG_MODAL – konstruiert den Dialog als modalen Dialog.
2. DIALOG_DESTROY_WITH_PARENT – bestimmt, ob der Dialog bei Zerstörung seines Elternfensters mit zerstört werden soll.
3. DIALOG_NO_SEPARATOR – verhindert die Trennlinie zwischen dem Eingabebereich (oben) und dem Schaltflächenbereich (unten).

Der MessageDialog ist ein klassischer einfacher Multiple-Choice-Eingabedialog, mit dem vom Benutzer eine Antwort erfragt oder auch nur eine Bestätigung (z.B. "Ungespeicherte Änderungen – Wollen Sie die Anwendung wirklich verlassen?") gefordert werden kann.

Die Klassen ColorSelectionDialog, FileSelection und FontSelection repräsentieren die auf vielen Plattformen existierenden Standarddialoge. GTK+ setzt hier auf ein konsistentes Look & Feel (vgl. Abschnitt 2.4.2), was bedeutet, dass die Dialoge auf jeder Plattform gleich aussehen.

Der durch die Klasse `InputDialog` repräsentierte Dialog für alternative Eingabesysteme hat insofern einen Sonderstatus, als das er nur unter dem X-Window System lauffähig ist und eine Portierung auf andere Systeme derzeit nicht geplant ist.

Ähnlich wie Menü- und Werkzeugleisten partizipieren auch Dialoge am System der standardisierten Elemente in GTK+, beispielsweise durch die Verwendung der so genannten *Stock Buttons*.

7.2.8 Internationalisierung

GTK+ ist für internationalisierte und lokalisierte Anwendungen gut vorbereitet. Alle Funktionen und Methoden in GTK+, die Zeichenketten erwarten oder verarbeiten, gestatten die Verwendung von Unicode.

Ein Großteil der Unterstützung für die Internationalisierung ist in der GTK+ Bibliothek Pango enthalten. Pango kann die unidirektionalen, bidirektionalen und komplexen Zeichensätze für nahezu aller Sprachen dieser Welt anzeigen. Abbildung 7.2 zeigt ein Fenster aus einem Demonstrationsprogramm für GTK+, in dem die Textbereiche von Pango erzeugt werden.

Abb. 7.2: Internationaler Text mit Pango

7.2.9 Drucken

GTK+ enthält keine Unterstützung zum Drucken. Dies ist eine Designentscheidung des GTK+ Teams, das damit auf weitere, zum GNOME Projekt gehörende, Bibliotheken verweist.

7.3 Die Kontaktverwaltung

7.3.1 Schritt 1 – Hallo Welt

Eine minimale Anwendung in GTK+ besteht aus der Instanziierung eines Objekts der Hauptfensterklasse Window.

```python
#!/usr/bin/python

import sys
sys.path.append("..")

import Anwendung
import gtk

class gtkKontaktAnwendung( Anwendung.Anwendung ):
    "Repräsentiert die Anwendungsklasse"

    def initialize( self ):
        "Initialisieren"
        self.mainWindow = gtk.Window()
        self.mainWindow.set_title( "%s %s - %s" %
            ( self.apptitle, self.appversion, self.doctitle ) )
        self.mainWindow.show_all()
        self.mainWindow.connect( "destroy", self.quit )

    def run( self ):
        "Ereignisverarbeitung starten"
        gtk.main()

    def quit( self, window = None ):
        "Ereignisverarbeitung abbrechen"
        gtk.main_quit()

if __name__ == "__main__":
    applikation = gtkKontaktAnwendung()
    applikation.start()
```

Listing 7.2:   Schritt1a.py

Zeile 7: Alle Methoden und Klassen befinden sich im Modul gtk.

Zeile 9: Die Klasse gtkKontaktAnwendung wird direkt und nur von der Basisklasse Anwendung abgeleitet, da GTK+ nicht über eine Anwendungsklasse verfügt.

Zeile 14: Das Hauptfenster wird als Objekt der Klasse Window instanziiert. Der Konstruktor von Window erwartet als Parameter den Typ des zu erzeugenden Fensters. Die gültigen Fenstertypen sind als folgende Konstanten im Modul gtk definiert:

- WINDOW_TOPLEVEL – erzeugt ein von Window Manager verwaltetes Hauptfenster, welches standardmäßig über einen Fensterrahmen verfügt (es ist möglich, Window.set_decorated(bool) zu rufen, um diesen nachträglich auszuschalten).
- WINDOW_POPUP – erzeugt ein Fenster, das vom Window Manager ignoriert wird, d.h. das Fenster ist standardmäßig rahmenlos, empfängt keine Ereignisse und kann nicht vergrößert, verkleinert oder verschoben werden.

Wird dem Konstruktor kein Fenstertyp angegeben, wird ein Fenster vom Typ WINDOW_TOPLEVEL erzeugt.

Zeile 15: Der Fenstertitel wird mit Window.set_title() gesetzt – hier werden die in der Basisklasse definierten Attribute apptitle, appversion und doctitle benutzt.

Zeile 17: Um das Fenster anzuzeigen, muss entweder Window.show() oder Window.show_all() aufgerufen werden. Während show() nur das Fensterobjekt selbst anzeigt, ruft show_all() implizit show() auf allen Kindfenstern auf.

Zeile 18: Durch den Aufruf von connect() wird das Signal "destroy" mit der Callback-Methode quit() verbunden. Das Signal "destroy" wird vom Window Manager gesendet, falls ein Benutzer das Anwendungsfenster durch ihn schließen möchte.

Zeile 22: Durch den Aufruf von der im Modul gtk definierten Funktion main() wird die Ereignisverarbeitung gestartet. Die Anwendung befindet sich danach in der Hauptschleife, die nur durch den Aufruf von main_quit() (innerhalb einer Callback-Methode) beendet werden kann.

Zeile 24: Die Callback-Methode quit() muss gegenüber der in der Basisklasse definierten Methode quit() um einen Default-Parameter ergänzt werden, da in GTK+ ein Callback immer eine Referenz auf den Sender des Signals als Parameter übergeben bekommt.

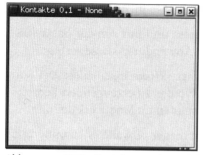

Abb. 7.3: GTK+ Kontaktverwaltung Schritt 1a

Abbildung 7.3 zeigt das Hauptfenster nach Aufruf von Schritt1a.py. Außer dem kontrollierten Schließen durch Window Manager ist noch keine Interaktion mit der Anwendung möglich. Im nächsten Schritt wird daher eine Schaltfläche zum Hauptfenster hinzugefügt, die ihre Beschriftung durch Anklicken wechselt. Ein weiterer Klick auf die Schaltfläche soll die Anwendung beenden. Der dazugehörige Quelltext ist in Listing 7.2 dargestellt.

```python
 1 #!/usr/bin/python
 2
 3 import sys
 4 sys.path.append("..")
 5
 6 import Anwendung
 7 import gtk
 8
 9 class gtkHauptfenster( gtk.Window ):
10     "Repräsentiert das Hauptfenster"
11
12     def __init__( self ):
13         gtk.Window.__init__( self )
14         self.resize( 200, 100 )
15         self.button = gtk.Button( "Hallo" )
16         self.add( self.button )
17         self.button.show()
18         self.connID = self.button.connect( "clicked", self.on_button_press )
19
20     def on_button_press( self, window ):
21         self.button.set_label( "Welt!" )
22         self.button.disconnect( self.connID )
23         self.button.connect( "clicked", lambda w:gtk.main_quit() )
24
25 class gtkKontaktAnwendung( Anwendung.Anwendung ):
26     "Repräsentiert die Anwendungsklasse"
27
```

```
28    def initialize( self ):
29        "Initialisieren"
30        self.mainWindow = gtkHauptfenster()
31        self.mainWindow.set_title( "%s %s - %s" %
32            ( self.apptitle, self.appversion, self.doctitle ) )
33        self.mainWindow.show_all()
34        self.mainWindow.connect( "destroy", self.quit )
35
36    def run( self ):
37        "Ereignisverarbeitung starten"
38        gtk.main()
39
40    def quit( self, window = None ):
41        "Ereignisverarbeitung abbrechen"
42        gtk.main_quit()
43
44 if __name__ == "__main__":
45    applikation = gtkKontaktAnwendung()
46    applikation.start()
```

Listing 7.3: Schritt1b.py

Zeile 9: Um die Anwendung für die weiteren Schritte vorzubereiten, wird hier – wie in objektorientierten Programmen üblich – eine eigene Klasse für das Hauptfenster kreiert.

Zeile 13: Da in Python die Konstruktoren der Basisklassen nicht implizit gerufen werden, muss dies hier explizit geschehen.

Zeile 14: Außer durch eine Benutzeraktion kann die Größe eines Fensters auch programmatisch geändert werden – dazu gibt es die Methode Window.resize().

Zeile 15: Die Schaltfläche wird als Objekt der Klasse Button erzeugt. Der Konstruktor eines Button nimmt als optionalen Parameter eine Zeichenkette, die die gewünschte Beschriftung darstellt.

Wichtig

In der GTK+ Klassenhierarchie ist Button von der Klasse Bin (und damit auch von Container) abgeleitet, d.h. ein Schaltfläche vom Typ Button kann ein *beliebiges* Kindfenster enthalten. Übergibt man dem Konstruktor eines Button eine Zeichenkette, wird automatisch ein Kindfenster vom Typ Label erstellt. Das gleiche Verhalten würde auch durch die Befehlssequenz b=Button(); b.add(Label("Beschriftung")) erzielt.

Zeile 16: Die Schaltfläche button wird durch den Aufruf der Methode add() als Kindfenster zum Hauptfenster hinzugefügt. Auch die Klasse Window ist von der Klasse Bin abgeleitet, so dass man mit add() nur genau ein Kindfenster hinzufügen kann. Sollen mehrere Kindfenster hinzugefügt werden, muss man als direktes Kindfenster des Hauptfensters eine Container-Klasse verwenden.

Zeile 18: Das von einem Button gesendete Signal "clicked" wird mit der Callback-Methode on_button_press() verbunden. Da diese Verbindung beim ersten Aufruf des Callbacks gelöst werden soll, muss deren Identifikationsnummer gespeichert werden.

Zeilen 20-23: Die Methode on_button_press() wird aufgerufen, wenn ein Benutzer die Schaltfläche zum ersten Mal anklickt.

Zeile 21: Durch den Aufruf der in der Klasse Button implementierten Methode set_label() wird die Beschriftung der Schaltfläche verändert (im Wesentlichen wird dieser Aufruf an die Methode set_text() des automatisch erzeugten Labels delegiert).

Zeilen 22-23: Um beim nächsten Anklicken der Schaltfläche eine abweichende Reaktion zu erzielen, wird die erste Signalverbindung durch den Aufruf von disconnect() gelöst und mit connect() eine neue Verbindung hergestellt. Als die Anwendung schließende Callback-Methode soll hier direkt die im Modul gtk definierte Methode main_quit() verwendet werden. Da diese aber keine Parameter erwartet, muss eine lambda-Funktion zwischengeschaltet werden, die den von GTK+ standardmäßigen gelieferten Callback-Parameter einfach ignoriert und direkt main_quit() aufruft.

Abbildung 7.4 zeigt die Anwendung nach Aufrufen von Schritt1b.py.

Abb. 7.4: GTK+ Kontaktverwaltung Schritt 1b

7.3.2 Schritt 2 – Layout

In diesem Schritt wird das grundlegende Layout der Anwendung erstellt. Dazu gehören die Menüleiste, die Werkzeugleiste, der Arbeitsbereich und die Statusleiste. Der Arbeitsbereich besteht wiederum aus eine Kategorieleiste, der eigentlichen Kontaktansicht und einer Navigationsleiste.

Für die GTK+ Version der Kontaktverwaltung sollen die aus modernen Anwendungen bekannte dockbare Menü-, Werkzeug- und Navigationsleisten realisiert werden. Dies ist durch die Verfügbarkeit der Klasse HandleBox sehr einfach möglich. Dazu wird anstelle der jeweiligen Leiste eine von HandleBox abgeleitete Klasse instanziiert, die als einziges Kindfenster die Leiste hat. Um nicht für jeden Typ von Leiste eine eigene Klasse zu implementieren, wurde die folgende Klasse Dockable generisch und wiederverwendbar realisiert:

```
1  import gtk
2  import types
3
4  class Dockable( gtk.HandleBox ):
5      "Repräsentiert eine andockbare Werkzeugleiste"
6
7      _meth = ["set_style"]
8
9      def __init__( self, Class ):
10         gtk.HandleBox.__init__( self )
11
12         if type( Class ) == types.TypeType:
13             self.__dict__["_child"] = Class()
14         else:
15             self.__dict__["_child"] = Class
16         self.add( self._child )
17         for meth in self._meth:
18             self.__dict__[meth] = getattr( self._child, meth )
19
20     def __getattr__( self, attr ):
21         return getattr( self._child, attr )
```

Listing 7.4: Klasse Dockable in Modul Dockable

Zeilen 1-2: Neben dem Modul gtk benötigen wir für diese Klasse das Standardmodul types, in dem alle in Python bekannte Typkonstanten definiert sind. Ein Aufruf der Pythonfunktion type(element) gibt den Typ einer Variable zurück. Um anhand dieses Rückgabewerts Entscheidungen treffen zu können, sind alle in Python vorkommenden Typen als Konstanten im Modul type definiert.

Zeile 7: Hier wird eine Liste von Methoden der Oberklasse (HandleBox) angegeben, die *nicht* von der Oberklasse, sondern vom Kindfenster eines Dockable ausgeführt werden sollen. Dazu gleich weitere Erläuterungen.

Zeilen 9-12: Der Konstruktor eines Dockable-Objekts erwartet einen Parameter, der entweder die Klasse des zu erzeugenden Kindfensters oder ein bereits erzeugtes Kindfensterobjekt repräsentiert. Abhängig vom Typ des Parameters muss dann entweder ein Objekt des übergebenen Typs konstruiert werden oder das übergebene Objekt als Kindfenster gespeichert werden. Zur Typermittlung wird die schon erwähnte Funktion `type` benutzt. Die Typkonstante `TypeType` steht hier für den »Typen-Typ«, also z.B. die Definition einer Klasse.

Zeilen 13-15: Je nach übergebenen Parameter wird im Attribut `_child` ein Objekt der Kindfensterklasse gespeichert.

> **Wichtig**
>
> In Python haben Instanzen einer Klasse ein Verzeichnis, in dem alle Namen und Werte ihrer Attribute enthalten sind. Dies ist das spezielle Dictionary mit dem Namen `__dict__`. Bei dem Zugriff auf ein Objektattribut sucht Python in diesem Verzeichnis nach dem Namen des Attributs. Ist es nicht enthalten, wird das Attributverzeichnis der Klasse und nötigenfalls noch in den Verzeichnissen der Oberklassen nachgeschaut. Ist das gewünschte Attribut in allen Verzeichnissen nicht enthalten, wird ein `AttributError` ausgelöst.
>
> Dieses Verhalten kann durch die Implementierung der speziellen Methode `__getattr__` verändert werden. Die Methode `__getattr__` wird gerufen, falls ein Attribut nach dem Durchsuchen aller Attributverzeichnisse nicht gefunden wird. Damit hat man – wie hier benutzt – die Möglichkeit, sehr einfach Stellvertreterobjekte zu erstellen.
>
> Es ist zu beachten, dass in der Methode `__getattr__` nur auf tatsächlich existierende Attribute zugegriffen wird – ansonsten würde nämlich automatisch erneut die Methode `__getattr__` gerufen, was zu einer Rekursion ohne Abbruchbedingung führen kann.
>
> Der Aufruf der Methode `__getattr__` im Fall eines nicht existierenden Attributs kann jedoch auch verhindert werden, in dem man direkt auf das Attributverzeichnis `__dict__` eines Objekts zugreift.

Zeile 16: Das erzeugte (oder übergebene) Kindfensterobjekt wird durch den Aufruf der in der Klasse Container implementierten Methode `add()` zum `HandleBox`-Objekt hinzugefügt.

Zeilen 17-18: Bei dem Entwurf der Klasse `Dockable` wurde gefordert, dass überall dort, wo ein Objekt der jeweiligen Kindfensterklasse eingesetzt werden kann, auch das jeweilige das Kindfenster umgebende `Dockable`-Objekt verwendet werden kann. Aufgrund der Semantik der `__getattr__`-Methode (Aufruf nur, falls das Objekt im Namensraum *nicht* existiert) gibt es hierbei jedoch ein Problem, wenn in der Kindfensterklasse Methoden gerufen werden sollen, die auch von der umgebenden Klasse implementiert werden. Damit in diesen Fällen auch die Methoden der Kindfensterklasse gerufen werden, *verbiegen* wir für diese speziellen Methoden die Referenzen des `Dockable`-Objekts auf die analogen Methoden des Kindfensterobjekts.

Zeilen 20-21: Die schon erläuterte Methode __getattr__ gibt hier durch Aufruf der Pythonfunktion getattr eine Attributreferenz auf das Kindfensterobjekt zurück. Existiert das gewünschte Attribut auch im Kindfensterobjekt nicht, wird von der getattr-Methode None zurückgeliefert, was durch die Rückgabe an den Aufrufer der __getattr__-Methode dann in einem AttributError mündet.

Durch die obige generische Implementierung der Klasse Dockable ist es möglich, in der GTK+ Version der Kontaktverwaltung andockbare Menüleisten, Werkzeugleisten und Navigationsleisten zu erhalten. Wie bei allen anderen Widgets setzt GTK+ auch bei den Menüleisten konsequent auf konsistentes Look & Feel – zum Zeichnen der entsprechenden Fenster werden hier keine der jeweiligen Plattform eigenen, sondern ausschließlich aus GTK+ stammende Widgets verwendet.

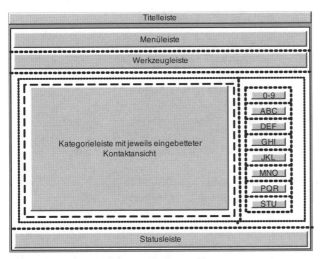

Abb. 7.5: GTK+ Hauptfensterlayout

Nun zur Realisierung des Hauptfensters: In Abbildung 7.5 ist eine Skizze des geplanten Layouts abgebildet, das durch den Einsatz eines vierzeiligen Tabellenlayouts (für die Leisten und den Arbeitsbereich als ganzes) mit einem verschachtelten horizontalen Boxlayout (für den Arbeitsbereich) realisiert werden soll.

Listing 7.5 zeigt die Umsetzung dieses Layouts im Quelltext der Kontaktverwaltung in Schritt 2.

```
1  #!/usr/bin/python
2
3  import sys
4  sys.path.append("..")
5
6  import Anwendung
7  from gtk import *
```

```
 8 from Dockable import Dockable
 9
10 MENU = 0
11 BOTH = 1
12
13 class gtkHauptfenster( Window ):
14    "Repräsentiert das Hauptfenster"
15
16
17
18    fileMenu = [
19      ( BOTH, u"Neue Datei erstellen", STOCK_NEW,
20      u"/Datei/_Neu", "<StockItem>", "miFileNew" ),
21      ( BOTH, u"Existierene Datei öffnen", STOCK_OPEN,
22      u"/Datei/_Öffnen...", "<StockItem>", "miFileOpen" ),
23      ( MENU, u"Existierende Datei schließen", STOCK_CLOSE,
24      u"/Datei/Schließen", "<StockItem>", "miFileClose" ),
25      None,
26      ( BOTH, u"Aktuelle Datei speichern", STOCK_SAVE,
27      u"/Datei/_Speichern", "<StockItem>", "miFileSave" ),
28      ( MENU, u"Aktuelle Datei unter einem anderen Namen speichern",
           STOCK_SAVE_AS,
29      u"/Datei/Speichern _unter...", "<StockItem>", "miFileSaveAs" ),
30      None,
31      ( BOTH, u"Aktuelle Datei ausdrucken", STOCK_PRINT,
32      u"/Datei/_Drucken...", "<StockItem>", "miFilePrint" ),
33      None,
34      ( BOTH, u"Eine Datei importieren", STOCK_ADD,
35      u"/Datei/_Importieren...", "<StockItem>", "miFileImport" ),
36      ( BOTH, u"Aktuelle Datei exportieren", STOCK_REMOVE,
37      u"/Datei/_Exportieren...", "<StockItem>", "miFileExport" ),
38      None,
39      ( MENU, u"Die Anwendung beenden", STOCK_QUIT,
40      u"/Datei/_Beenden", "<StockItem>", "miFileExit" )
41      ]
42
43    editMenu = [
44      ( BOTH, u"Auswahl in die Zwischenablage ausschneiden", STOCK_CUT,
45      u"/Bearbeiten/_Ausschneiden", "<StockItem>", "miEditCut" ),
46      ( BOTH, u"Auswahl in die Zwischenablage kopieren", STOCK_COPY,
47      u"/Bearbeiten/_Kopieren", "<StockItem>", "miEditCopy" ),
48      ( BOTH, u"Inhalt der Zwischenablage einfügen", STOCK_PASTE,
49      u"/Bearbeiten/_Einfügen", "<StockItem>", "miEditPaste" ),
50      None,
51      ( BOTH, u"Nach einem Eintrag suchen", STOCK_FIND,
52      u"/Bearbeiten/_Suchen...", "<StockItem>", "miEditFind" ),
```

```
53          None,
54          ( BOTH, u"Ausgewählten Eintrag modifizieren",
                STOCK_FIND_AND_REPLACE,
55            u"/Bearbeiten/_Modifizieren...", "<StockItem>", "miEditModify" )
56          ]
57
58      insertMenu = [
59          ( BOTH, u"Eine neue Kategorie einfügen", STOCK_INDEX,
60            u"/Einfügen/Kate_gorie...", "<StockItem>", "miInsertCategory" ),
61          ( BOTH, u"Einen neuen Kontakt einfügen", STOCK_CONVERT,
62            u"/Einfügen/_Kontakt...", "<StockItem>", "miInsertContact" )
63          ]
64
65      helpMenu = [
66          ( BOTH, u"Zeigt Programminformationen an", STOCK_HELP,
67            u"/Hilfe/_Über...", "<StockItem>", "miHelpAbout" )
68          ]
69
70      allMenus = [ ( u"/_Datei", fileMenu ),
71                   ( u"/_Bearbeiten", editMenu ),
72                   ( u"/_Einfügen", insertMenu ),
73                   ( u"/_Hilfe", helpMenu ) ]
74
75      def __init__( self, app ):
76          "Konstruieren und Initialisieren"
77          Window.__init__( self )
78          self.app = app
79
80          layout = Table( 1, 4, FALSE )
81          self.add( layout )
82
83          self.createMenuActions( layout )
84          self.createWorkspace( layout )
85          self.createStatusbar( layout )
86
87      def createMenuActions( self, layout ):
88          "Menüleiste und Werkzeugleiste erstellen"
89          self.toolBar = Dockable( Toolbar )
90          self.toolBar.set_style( TOOLBAR_ICONS )
91          self.toolBar.set_icon_size( ICON_SIZE_SMALL_TOOLBAR )
92
93          accelerators = AccelGroup()
94          self.add_accel_group( accelerators )
95          f = ItemFactory( MenuBar, "<main>", accelerators )
96
97          for name, menu in self.allMenus:
```

```
 98
 99            f.create_items( ((name, None, None, 0, "<Branch>"),), self )
100         for entry in menu:
101            if entry:
102                both, lh, icon, text, typ, cbname = entry
103                cb = getattr( self.app, cbname )
104                f.create_items( ((text, None, lambda w,a,b,cb=cb:cb(),
105                                   0, typ, icon),), self )
105                if both==BOTH and icon != "":
106                    self.toolBar.insert_stock( icon, lh, None, lambda
                                                        b,w,cb=cb:cb(), self, -1 )
107            else:
108                f.create_items( ((text, None, None, 0,
                                   "<Separator>"),), self)
109         self.toolBar.append_space()
110      layout.attach( Dockable( f.get_widget( "<main>" ) ),
111                  0, 1, 0, 1, EXPAND|FILL, 0, 0, 0 )
112      layout.attach( self.toolBar,
113                  0, 1, 1, 2, EXPAND|FILL, 0, 0, 0 )
114
115   def createWorkspace( self, layout ):
116      "Arbeitsbereich erstellen"
117      workspace = HBox( FALSE, 0 )
118
119      self.KontaktAnsicht = ScrolledWindow()
120      self.KontaktAnsicht.set_shadow_type( SHADOW_ETCHED_IN )
121
122      catbar = Notebook()
123      catbar.set_tab_pos( POS_LEFT )
124      for text in ["Alle", "Freunde", "Verwandte", "Kollegen"]:
125         catbar.append_page( self.KontaktAnsicht, Label( text ) )
126
127      navibar = Dockable( VButtonBox )
128      for text in ["0-9","ABC","DEF","HIJ","KLM","NOP","QR","STU",
                    "VW","XYZ"]:
129         navibar.pack_start( Button( text ) )
130
131      workspace.pack_start( catbar, TRUE, TRUE )
132      workspace.pack_start( navibar, FALSE, FALSE )
133
134      layout.attach( workspace, 0, 1, 2, 3,
135                  EXPAND|FILL, EXPAND|FILL, 0, 0 )
136
137   def createStatusbar( self, layout ):
138      self.statusBar = Statusbar()
139      self.statusBar.set_has_resize_grip( FALSE )
140      self.labels = {}
```

```
141        pr = self.labels["progress"] = ProgressBar()
142        pr.set_size_request( 15, 10 )
143        l1 = self.labels["modified"] = Label( "MOD" )
144        l2 = self.labels["kategorien"] = Label( "3 Kat." )
145        l3 = self.labels["kontakte"] = Label( "6 Kontakte" )
146        for label in l1, l2, l3: label.set_padding( 2, 0 )
147        for label in l1, l2, l3, pr:
148            frame = Frame()
149            frame.set_shadow_type( SHADOW_IN )
150            frame.add( label )
151            self.statusBar.pack_end( frame, FALSE, FALSE )
152
153        layout.attach( self.statusBar, 0, 1, 3, 4,
154                       EXPAND|FILL, 0, 0, 0 )
155
156 class gtkKontaktAnwendung( Anwendung.Anwendung ):
157     "Repräsentiert die Anwendungsklasse"
158
159     def initialize( self ):
160         "Initialisieren"
161         self.mainWindow = gtkHauptfenster( self )
162         self.mainWindow.set_title( "%s %s - %s" %
163             ( self.apptitle, self.appversion, self.doctitle ) )
164         self.mainWindow.show_all()
165         self.mainWindow.connect( "destroy", self.aboutToQuit )
166
167     def run( self ):
168         "Ereignisverarbeitung starten"
169         main()
170
171     def aboutToQuit( self, window = None ):
172         self.miFileExit()
173
174     def quit( self, window = None ):
175         "Ereignisverarbeitung abbrechen"
176         main_quit()
177
178 if __name__ == "__main__":
179     applikation = gtkKontaktAnwendung()
180     applikation.start()
```

Listing 7.5: Schritt2.py

Zeilen 18-73: Um die automatische Erstellung einer ganzen Reihe von Menüeinträgen zu ermöglichen, sind diese in einer Datenstruktur gespeichert. Jedes Menü besteht dabei aus einer Menge von Sechstupel oder None (falls eine Trennlinie zur

Gruppierung einer Menge von Einträgen eingefügt werden soll). Die einzelnen Parameter der Sechstupel werden später erläutert.

Zeilen 75-85: Im Konstruktor wird das äußere Tabellenlayout durch die Instanziierung eines Geometriemanager-Objekts vom Typ Table begonnen. Der Konstruktor eines Table-Objekts erwartet als Parameter die Zeilenanzahl, Spaltenanzahl sowie einen Wahrheitswert, der bestimmt, ob alle Zellen die gleiche Größe bekommen sollen. In unserem Fall besteht das äußere Layout aus vier Zeilen, die jeweils unterschiedlichen Platzbedarf haben.

Zeilen 87-113: In der Methode createMenuActions() werden die Menüaktionen zu einer Menüleiste und (eventuell) zu einer Werkzeugleiste hinzugefügt.

Zeilen 89-91: Die Werkzeugleiste wird als Objekt der Klasse Dockable (siehe oben) mit der Kindfensterklasse Toolbar erstellt. Durch den Aufruf von Toolbar.set_style() sowie Toolbar.set_icon_size() wird festgelegt, dass die Werkzeugleiste nur Bilder (TOOLBAR_ICONS) kleiner Größe (ICON_SIZE_TOOLBAR_SMALL) enthalten soll.

Zeilen 93-94: Ein Objekt der Klasse AccelGroup kapselt eine Tabelle von Beschleunigertasten, die durch den Aufruf von Window.add_accel_group() mit dem Hauptfensterobjekt assoziiert wird. Durch die Benutzung der Klasse ItemFactory wird die Beschleunigertabelle automatisch mit den Standardelementen gefüllt – weitere Beschleunigertasten können manuell hinzugefügt werden.

Zeile 95: Die Klasse ItemFactory wird zur Erzeugung der Menüaktionen instanziiert. Der Konstruktor erwartet drei Parameter. Der erste Parameter bestimmt die zu verwendende Menüleistenklasse[1] (hier die GTK+ Klasse für Menüleisten Menubar), den Pfad des Menüobjekts ("<main>" steht immer für die Wurzel einer Menüleiste) und eine Beschleunigertastentabelle (die schon erwähnten Standardelemente beinhalten für einige Standard-Menüeinträge auch Standard-Beschleunigertasten).

Zeilen 97-113: Zur Erstellung der Menüaktionen werden zwei verschachtelte Schleifen benutzt. In der äußeren Schleife wird über alle Popup-Menüs iteriert – diese sind als Tupel (Name, Menüdatenstruktur) im Attribut allMenus gespeichert.

Zeile 99: Durch den Aufruf von create_items() mit dem Parameter "<Branch>" wird ein Popup-Menü erzeugt. ItemFactory.create_items() erwartet immer eine Sequenz von Fünf- oder Sechstupel, die die Menüeinträge spezifizieren – dies gilt für Popup-Menüs, Submenüs und auch einzelne Menüeinträge. Jedes Tupel besteht dabei aus den folgenden Parametern:

- Pfad – gibt den Namen des Eintrags als Pfad beginnend mit der Wurzel ("/") an. Ein Submenü wird ebenfalls durch einen Schrägstrich gekennzeichnet. Gibt

---

[1] Mit ItemFactory können auch Popup-Menüs unabhängig von einer Menüleiste erzeugt werden – z.B. als Kontextmenüs.

man einen Unterstrich vor einem Buchstaben an, wird der jeweilige Buchstabe als Abkürzungstaste für den Eintrag vereinbart.

- Beschleunigertaste – gibt die dem Eintrag zuzuordnende Beschleunigertaste an. Dies ist nur sinnvoll, wenn auch ein Callback spezifiziert wurde.
- Callback – gibt die Funktion oder die Methode an, die bei Auswahl des Eintrags gerufen wird. Eine Callback-Methode für einen Menüeintrag muss vier Parameter akzeptieren. In unserer Anwendung werden diese nicht genutzt, weshalb hier eine lambda-Funktion zum Einsatz kommt.
- Parameter – spezifiziert einen benutzerdefinierten Wert, der dem Callback als Parameter übergeben wird. Mit diesem Wert kann man den ursächlichen Menüeintrag eindeutig identifizieren kann, falls man mehrere Einträge an einen Callback gebunden hat.
- Typ – gibt den Typ des Menüeintrags an. Die hierfür zur Wahl stehenden Elemente sind in Tabelle 7.6
- Bild (optional) – gibt die ID des Standardsymbols (nur beim Typ "<StockItem>") oder die Daten eines eigenen Symbols (nur beim Typ "<ImageItem>") für den Menüeintrag an.

Typ	Beschreibung
<Title>	Ein (nicht aktivierbarer) Titel
<Item>	Ein einfacher Menüeintrag
<ImageItem>	Ein Menüeintrag mit einem (eigenen) Bild
<StockItem>	Ein Menüeintrag mit einem Standardbild
<CheckItem>	Ein an-/abwählbarer Menüeintrag
<ToggleItem>	Ein abwechselnd an/-abgewählter Menüeintrag
<RadioItem>	Ein Menüeintrag in einer exklusiven Gruppe
Pfad	Wie <RadioItem>, jedoch für alle weiteren Einträge
<Separator>	Ein nicht auswählbarer Eintrag mit Trennsymbol
<Tearoff>	Ein Menüeintrag zum *Abreißen* des Popup-Menüs
<Branch>	Ein Submenü
<LastBranch>	Ein rechtsbündig ausgerichtetes Submenü

Tabelle 7.6: GTK+ Typen für Menüeinträge

Zeilen 100-108: In der inneren Schleife wird über alle Einträge eines Popup-Menüs iteriert.

Zeilen 102-103: Nachdem die Elemente eines Tupels entpackt werden, wird mit der Python-Funktion getattr[1] eine Referenz auf die Callback-Methode des jeweiligen Menüeintrags ermittelt.

Zeile 104: Mit der Methode `create_items()` wird ein Eintrag zum Popup-Menü hinzugefügt. Die Zwischenschaltung einer `lambda`-Funktion ist hier notwendig, da die in der Basisklasse Anwendung implementierten Callbacks keine Parameter akzeptieren.

Zeilen 105-106: Falls durch die Spezifikation der Konstante `BOTH` im Tupel einer Menüaktion indiziert wurde, dass diese Aktion auch zur Werkzeugleiste hinzugefügt werden soll, geschieht dies durch den Aufruf von `Toolbar.insert_stock()`. Es existieren noch andere Methoden, um Schaltflächen zu einer Werkzeugleiste hinzuzufügen – `insert.stock()` wird hier verwendet, da wir nur standardisierte Elemente benutzen. Die Methode `insert_stock()` erwartet die Parameter ID (des Elements), Hilfetext (für den Tool Tip), zusätzlicher Hilfetext, Callback-Methode, benutzerdefinierte Parameter für die Callback-Methode und die Position für die Schaltfläche (-1 bedeutet *nach dem Letzten* der bisher hinzugefügten Werkzeuge). Aus dem gleichen Grund wie bei den Menüaktionen muss auch hier eine `lambda`-Funktion vor den Aufruf der Callback-Methode geschaltet werden.

Zeilen 107-108: Falls kein Sechstupel, sondern das Element `None` als Aktion spezifiziert wurde, wird eine Trennlinie erzeugt. Auch dies geschieht wieder mit der Methode `ItemFactory.create_items()`.

Zeile 109: Zur optischen Gruppierung werden auch auf der Werkzeugleiste die Schaltflächen eines Popup-Menüs mit einer Trennlinie abgegrenzt.

Zeilen 110-113: Die Menüleiste und die Werkzeugleiste werden zum Layout hinzugefügt. Dazu wird die Methode `Table.attach()` verwendet, die die folgenden Parameter erwartet:

- Eine Referenz auf das hinzuzufügende Fensterobjekt
- Die Zellenpositionen, die das Fenster einnehmen soll:
  - Erste Spalte (linker Rand)
  - Letzte Spalte (rechter Rand)
  - Erste Zeile (oberer Rand)
  - Letzte Zeile (unterer Rand)
- Horizontale Ausrichtungsparameter
- Vertikale Ausrichtungsparameter
- Horizontaler Zusatzabstand
- Vertikaler Zusatzabstand

Durch die Spezifikation der horizontalen Ausrichtungskonstanten `EXPAND` und `FILL` wird erreicht, dass beide Leisten den gesamten zur Verfügung stehenden horizontalen Platz in der Zelle verwenden.

---

[1] Wollte man `getattr` hier nicht benutzen, müsste man die Referenzen der Callback-Funktionen direkt in die Menüstruktur einbinden – dies funktioniert zunächst aber nicht über verschiedene Moduldateien hinweg. Die Benutzung von `getattr` ist daher wesentlich eleganter.

Die Kontaktverwaltung

> **Wichtig**
>
> In der vorgestellten Implementierung von createMenuActions() wird für jeden Menüeintrag ein Aufruf der Fabrikmethode create_items() abgesetzt. Wie jedoch in Abschnitt 7.2.6 angesprochen, kann ein einziger Aufruf genügen, um eine ganze Menüleiste mit allen Popup-Menüs, Submenüs und einzelnen Menüeinträgen zu erzeugen. Diese Strategie wurde hier aus folgendem Grund verworfen: In der Datenstruktur für create_items() sind keine Menü-Hilfetexte (von uns als Tool Tips für die Werkzeugliste verwendet) vorgesehen. Um die entsprechenden Aktionen auf der Werkzeugleiste zu erzeugen, müsste man also eine zusätzliche (redundante) Datenstruktur entwerfen, die diese Einträge enthält und durch die in einer Schleife iteriert wird. Daher ist es sinnvoller, diese Daten in einer einzigen Struktur zu speichern und für jeden Menüeintrag einzeln die Methode create_items() aufzurufen.

Zeilen 115-135: Die Methode createWorkspace() erzeugt den Arbeitsbereich in der mittleren Zeile des äußeren Layouts.

Zeile 117: Zum Geometriemanagement der drei[1] Elemente Kategorieleiste, Kontaktansicht und Navigationsleiste wird eine HBox verwendet.

Zeilen 119-125: Die Kontaktansicht und die Kategorieleiste werden hier vorläufig als ScrolledWindow bzw. Notebook erzeugt. In Schritt 4 werden diese Elemente in einer einzigen spezialisierten Klasse vereint.

Zeilen 119-120: Ein ScrolledWindow ist ein von Bin abgeleitetes Containerobjekt, das ein Fenster ausschnittsweise darstellen kann. Mit der in der Basisklasse Frame implementierten Methode set_shadow_type() wird der Typ des dekorativen Rahmens festgelegt.

Zeilen 122-125: Als Kategorieleiste wird ein Objekt der Klasse Notebook verwendet. Die Klasse für Karteireiterfenster Notebook ist ebenfalls eine Containerklasse, die die Kindfenster schichtenartig verwaltet – welches Kindfenster sichtbar sein soll, kann hier direkt durch den Benutzer gesteuert werden.

Zeilen 127-129: Die Navigationsleiste wird vorerst als Dockable-Objekt mit der Kindfensterklasse VButtonBox erzeugt.

Zeilen 131-135: Die Fenster im Arbeitsbereich werden durch den Aufruf von HBox.pack_start() im inneren Layout angeordnet und mit Table.attach() zum äußeren Layout hinzugefügt.

Zeilen 137-154: In der Methode createStatusBar() wird die Statusleiste mit ihren Indikatoren erstellt.

---

[1] Streng genommen werden hier nur zwei Elemente angeordnet, da die Kategorieleiste im Stil eines Karteireiterdialogs die Kontaktansicht *enthält*.

Zeilen 138-139: Die Statusleiste wird als Objekt der Klasse Statusbar instanziiert. Mit dem Aufruf von Statusbar.set_grip_size() kann man bestimmen, ob die (ursprünglich aus der Windows-Welt stammende) Größenbox am rechten Rand der Statusleiste angezeigt werden soll. Die vorliegende Version von GTK+ (2.0.0) hat ein Problem mit dem Geometriemanagement der Statusleiste, wenn eine Größenbox mit mehreren Indikatoren zusammen angezeigt werden sollen – daher wird sie hier ausgeschaltet.

Zeilen 140-151: Als Indikatoren für die Statusleiste sind neben der Nachrichtenzeile noch vier weitere Felder vorgesehen:

1. Ein Fortschrittsanzeiger (für den initialen Aufbau der der Kontaktansicht bei einer neu eingeladenen Kontaktdatenbank).
2. Die Anzahl der Kontakte in der Kontaktdatenbank.
3. Die Anzahl der verwendeten Kategorien.
4. Der Modifikationsstatus, d.h. ob ungespeicherte Änderungen existieren.

Zeilen 143-151: Da die Klasse Statusbar eine Containerklasse ist, die von HBox abgeleitet ist, können wir die Methode pack_end() benutzen, um zusätzliche Indikatoren hinzuzufügen. Die zusätzlichen Indikatoren werden dabei als Beschriftungen (Label) bzw. eine Fortschrittsanzeige (ProgressBar) in jeweils ein dekoriertes Rahmenfenster (Frame) gepackt.

Zeile 142: Da die Fortschrittsanzeige nicht ständig verwendet wird, legen wir eine kleine Breite fest. Bei ihrer Verwendung würde diese Anzeige dann vergrößert werden.

Zeile 152: Die Statusleiste wird schließlich zum äußeren Layout des Hauptfensters hinzugefügt.

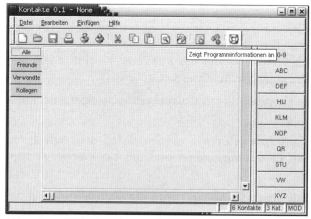

Abb. 7.6: GTK+ Kontaktverwaltung Schritt 2 (Standardlayout)

Abbildung 7.6 zeigt das Hauptfenster der Kontaktverwaltung in Schritt 2. Dabei ist das Standardlayout mit angedockten Leisten abgebildet. Über der Werkzeugleiste ist der Tool Tip zur Menüaktion HILFE|ÜBER zu sehen.

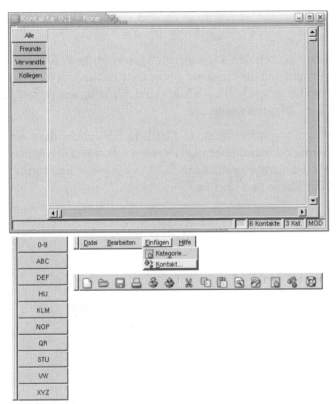

Abb. 7.7: GTK+ Kontaktverwaltung Schritt 2 (Benutzerdefiniertes Layout)

Abbildung 7.7 zeigt ein vom Benutzer modifiziertes Fensterlayout, was durch das Abdocken von Menü-, Werkzeug- und Navigationsleiste erreicht wurde. Nach dem Abdocken sind die Leisten als eigenständige Hauptfenster auf dem gesamten Desktop-Bereich verschiebbar.

7.3.3 Schritt 3 – Laden & Speichern

Die von der Benutzeroberfläche unabhängige Kernfunktionalität zum Laden, Speichern, Importieren und Exportieren von Kontaktdatenbanken ist in der Anwendungsklasse im Bereich Dokumentenmanagement (siehe Kapitel 3) bereits enthalten – ebenso wie die vom GUI-Toolkit unabhängige Logik zum Aufruf des Dateidialoges. In diesem Schritt müssen also lediglich die Dialoge entworfen werden, die den entsprechenden aufrufenden Methoden den Dateinamen zurückgegeben.

Kapitel 7
GTK+

Zur Erinnerung: Es wird erwartet, dass im Modul gtkDialoge eine Klasse DateiDialog implementiert ist, die die folgenden zwei Methoden hat:

1. getOpenContactsFilename(Typ) soll den Dialog zum Laden (bzw. Importieren) einer Datei anzeigen und den für die Auswahl der Dateien akzeptierten Typ festlegen. Wird kein Typ übergeben, soll standardmäßig der Dateityp "Kontaktdatenbank (*.kdb)" benutzt werden.
2. getSaveContactsFilename(Typ) soll den Dialog zum Speichern (bzw. Exportieren) einer Datei anzeigen und den für die Auswahl der Dateien akzeptierten Typ festlegen. Wird kein Typ übergeben, soll auch hier standardmäßig der Dateityp "Kontaktdatenbank (*.kdb)" benutzt werden.

Als funktionale Randbedingung gilt bei letzterer Methode zusätzlich, dass ein schon existierender Dateiname nur dann übergeben werden soll, wenn der Benutzer eine dementsprechende Nachfrage explizit mit "Ok" beantwortet hat. Listing 7.6 zeigt die Realisierung der Klasse DateiDialog.

```
 1 from gtk import *
 2 import os.path
 3
 4 class DateiDialog:
 5     "Repräsentiert einen Datei-öffnen oder Datei-speichern-als-Dialog"
 6
 7     def getOpenContactsFilename( self, types = "Kontaktdatenbank (*.kdb)" ):
 8         "Einen Dateinamen zum Lesen holen"
 9         self.dialog = FileSelection( "Kontaktdatenbank öffnen" )
10         self.dialog.complete( "*.kdb" )
11         if self.dialog.run() == RESPONSE_OK:
12             return self.dialog.get_filename()
13
14     def getSaveContactsFilename( self, types = "Kontaktdatenbank (*.kdb)" ):
15         "Einen Dateinamen zum Schreiben holen"
16         self.dialog = FileSelection( "Kontaktdatenbank speichern" )
17         while 1:
18             if self.dialog.run() != RESPONSE_OK:
19                 return None
20             filename = self.dialog.get_filename()
21             if not os.path.exists( filename ): return filename
22             mbox = MessageDialog( type=MESSAGE_WARNING,
                                     buttons=BUTTONS_YES_NO,
                                     message_format= u"Die Datei '%s'
                                     existiert bereits. Überschreiben?"
                                     % filename )
23             result = mbox.run()
24             mbox.hide()
25             mbox.destroy()
26             if result == RESPONSE_YES: return filename
```

```
27
28    def __del__( self ):
29        self.dialog.hide()
30        self.dialog.destroy()
```

Listing 7.6: Klasse DateiDialog im Modul gtkDialoge

Zeile 4: Die Klasse `DateiDialog` aggregiert die eigentlichen Dialoge und ist deswegen als Basisklasse ausgelegt.

Zeile 9: Ein Objekt der Dialogklasse wird instanziiert. Der Konstruktor des Standarddialogs zum Auswählen einer Datei erwartet als einzigen Parameter einen Fenstertitel für das Dialogfenster, in dem der Dialog erscheint.

Zeile 10: Durch den Aufruf der Methode `FileSelection.complete(Muster)` wird der Dialog dazu veranlasst, in der Dateiliste nach einer Übereinstimmung mit dem übergebenen Muster zu suchen. Ist ein passender Dateiname im Verzeichnis enthalten, wird dieser in das Eingabefeld übernommen.

Zeile 11: Die Methode `Dialog.run()` lässt den Dialog modal erscheinen und kehrt erst zurück, wenn der Dialog durch einen Klick auf eine der Schaltflächen "Ok" bzw. "Abbrechen" beendet wird. Beim Klick auf "Ok" wird die im Modul gtk definierte Konstante RESPONSE_OK zurückgegeben, beim Klick auf "Abbrechen" die Konstante RESPONSE_CANCEL.

Zeile 12: Der ausgewählte Dateiname wird durch die Methode `FileSelection.get_filename()` ermittelt und an den Aufrufer der Methode `getOpenContactsFilename()` zurückgegeben.

Zeilen 17-26: Um sicherzustellen, dass eine Datei nicht unabsichtlich überschrieben wird, kann die Schleife bei Auswahl einer existierenden Datei nur nach expliziter Bestätigung verlassen werden.

Zeile 21: Die im Standardmodul `os.path` definierte Funktion `exists()` gibt einen Wahrheitswert zurück, der indiziert, ob eine Datei mit dem übergebenen Namen bereits existiert.

Zeilen 22-23: Die explizite Bestätigung wird durch eine Standardnachrichtenbox erfragt. Die Benutzung dieser Nachrichtenboxen wird im nächsten Schritt ausführlich erläutert.

Zeilen 28-30: Im Gegensatz zu vielen anderen GUI-Toolkits werden Dialoge in GTK+ beim Klick auf eine der *Bestätigungsschaltflächen* nicht automatisch verborgen oder gelöscht. Um dies zu erreichen, werden im Destruktor der Klasse `DateiDialog` die Methode `Window.hide()` sowie `Window.destroy()` aufgerufen, die ein Fenster verbergen bzw. zerstören.

Abbildung 7.8 zeigt die Kontaktverwaltung in Schritt 3 nach dem Aufruf der Menüaktion DATEI|SPEICHERN ALS. Da hier ein existierender Dateiname zum Speichern ausgewählt wurde, ist die – die Bestätigung abwartende – Nachrichtenbox ebenfalls zu sehen.

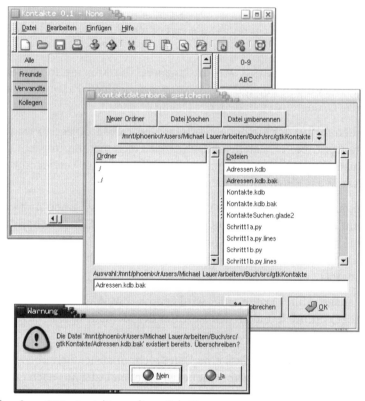

Abb. 7.8: GTK+ Kontaktverwaltung Schritt 3

7.3.4 Schritt 4 – Kontaktansicht

In diesem Schritt wird die eigentliche Ansicht der Kontakte ausprogrammiert. Für die GTK+ Version der Kontaktverwaltung ist die Benutzung des (in GTK+ 2 neu hinzugekommen) Widgets TreeView vorgesehen.

TreeView

Das TreeView-Widget ermöglicht die Darstellung von Baum-, Tabellen- oder Listenstrukturen. Als Besonderheit wurde in Zusammenhang mit diesem Widget gemäß dem MVC-Paradigma (vgl. Abschnitt 1.5.1) die Trennung von Dokumentenmodell (Daten) und Dokumentenansicht implementiert. Dies spiegelt sich in folgender Klassenaufteilung wieder:

- Datenmodell: Die Klasse TreeModel ist repräsentiert ein generisches und flexibles Datenmodell. Zur Vereinfachung existieren jedoch noch zwei zusätzliche Datenmodell-Klassen: Die Klasse TreeStore ist für die spezielle Verwaltung von Daten zuständig, die eine hierarchische Baumstruktur haben, die Klasse ListStore für Daten in einer Tabellen- oder Listenform.
- Ansichtsklassen: Die Klasse TreeView implementiert die Ansicht als Container für eine Menge von Zellen, die in Spalten organisiert sind. Eine Spalte wird dabei von der Klasse TreeViewColumn repräsentiert. Zur Darstellung der Zellen ist eine erweiterbare Klassenhierarchie entstanden – die datenspezifischen Zellendarsteller. Dazu gehört die Basisklasse CellRenderer, sowie die davon abgeleiteten Klassen
    - CellRendererPixbuf (für Bilder)
    - CellRendererText (für Text)
    - CellRendererToggle (für an-/ausschaltbare Schaltflächen, wie z.B. die Klasse Checkbutton)
    - CellEditable (für eine *inplace*[1] editierbare Zelle)
- Hilfsklassen: Des Weiteren gibt es noch Klassen für vorsortierte Daten (z.B. TreeSortable und TreeModelSort), Klassen für die Unterstützung für Drag & Drop Operationen (z.B. TreeDragSource und TreeDragDest) und Iteratoren für die Navigation im Datenmodell (z.B. TreeIter).

Notebook

Die Implementierung der Kategorieleiste wird im Wesentlichen von der GTK+ Klasse Notebook unterstützt. Diese Klasse für Karteireiter ist als Container für mehrere Kindfenster ausgelegt, von denen immer nur eines sichtbar ist.

Für die GTK+ Version der Kontaktverwaltung wird hier im Vergleich zu den GUI-Toolkit Kapitel 4 bis 6 eine deutlich abweichende Strategie verfolgt: In den vorherigen Kapiteln existierte pro Anwendung genau eine Kontaktansicht, deren Datenbasis als Reaktion auf die Auswahl einer Kategorie dementsprechend verändert wurde. In dieser Anwendung existieren genau so viele Kontaktansichten wie Kategorien, so dass Veränderungen der Datenbasis immer an alle Ansichten weitergeleitet werden. Die tatsächliche Umschaltung der Ansichten kann daher vollständig dem Notebook-Objekt überlassen werden.

Tabelle

Als einzige Ansichtsform wird in der GTK+ Kontaktverwaltung die Detailansicht implementiert. Eine zusätzliche Implementierung der Übersichtsanwendung aufgrund der höheren Komplexität dieser Variante den Rahmen der effizient vorstellbaren Quellcode-Dateien sprengen.

---

[1] ... d.h. direkt im jeweiligen Widget und nicht etwa über einen separaten Dialog oder ähnliches.

Die Detailansicht ist hier als zehnspaltige Tabelle aufgebaut, wobei in der ersten Spalte jeweils ein Bild darstellbar sein soll. Die für die Darstellung der Kontaktansicht verantwortlichen Klassen Kategorien und KontaktAnsicht sind im Modul gtkFenster implementiert, so dass zunächst gegenüber Schritt3.py die Zeilen

```
121      self.KontaktAnsicht = ScrolledWindow()
122      self.KontaktAnsicht.set_shadow_type( SHADOW_ETCHED_IN )
123
124      catbar = Notebook()
125      catbar.set_tab_pos( POS_LEFT )
126      for text in ["Alle", "Freunde", "Verwandte", "Kollegen"]:
127          catbar.append_page( self.KontaktAnsicht, Label( text ) )
```

wegfallen und durch folgende Zeile ersetzt werden:

```
121      self.Kategorien = gtkFenster.Kategorien()
```

Damit die Hauptfensterklasse auf die neue Klasse Kategorien zugreifen kann, wird der Importbereich von Schritt3.py um die Anweisung import gtkFenster erweitert.

Implementierung

Zunächst zur Klasse Kategorien, die in Listing 7.7 dargestellt ist.

```
 4  class Kategorien( Notebook ):
 5      "Repräsentiert die Kategorieleiste"
 6
 7      def __init__( self ):
 8          "Konstruieren und Initialisieren"
 9          Notebook.__init__( self )
10          self.set_tab_pos( POS_LEFT )
11          self.pages = {}
12          self.addCategory( "Alle" )
13
14      def addCategory( self, category ):
15          "Eine Kategorie hinzufügen"
16          if category == "(Keine)": return
17          page = KontaktAnsicht( category )
18          self.append_page( page, Label( category ) )
19          self.pages[category] = page
20          page.show_all()
21
22      def allCategories( self, categories ):
23          "Alle Kategorien auf einmal hinzufügen"
24          self.hide_all()
25          for page in self.pages.values():
26              page.destroy()
27              del( page )
```

```
28          for category in categories:
29              self.addCategory( category )
30          self.set_current_page( 0 )
31          self.show_all()
32
33      def updateView( self, how, what ):
34          "Auf Aktualisierungsnachrichten reagieren"
35          if how == "allCategories":
36              self.allCategories( what )
37          elif how == "addCategory":
38              self.addCategory( what )
39          else:
40              for page in self.pages.values():
41                  page.updateView( how, what )
```

Listing 7.7: Klasse Kategorien im Modul gtkFenster

Zeilen 7-10: Im Konstruktor wird nach dem Konstruktoraufruf der Basisklasse durch einen Aufruf der in der Klasse Notebook implementierten Methode set_tab_pos() die Darstellung der Karteireiter am linken Rand des Kindfensters festgelegt.

Zeilen 11-12: Das Attribut pages hält die Referenzen auf die Kindfensterobjekte vom (noch vorzustellenden) Typ KontaktAnsicht. Durch den Aufruf der im Folgenden erläuterten Methode addCategory() wird eine Karteikarte für die Pseudokategorie "Alle" erzeugt.

Zeilen 14-20: Die Methode addCategory() wird gerufen, wenn eine neue Kategorie hinzugefügt werden soll. Zunächst wird überprüft, ob es sich um die (zu ignorierende) Pseudokategorie "(Keine)" handelt. Ist dies nicht der Fall, wird ein neues Objekt der Klasse KontaktAnsicht erzeugt. Durch den Aufruf der Methode Widget.show_all() wird das neue Ansichtsfenster mit all seinen Kindfensters angezeigt.

Zeilen 22-31: Die Methode allCategories() wird gerufen, falls alle Kategorien auf einmal hinzugefügt werden sollen. Da dies nur nach dem Laden einer neuen Kontaktdatenbank geschehen kann, müssen zunächst alle bereits existierenden Karteikarten bzw. Ansichtsfenster gelöscht werden. Um Flackern zu vermeiden wird zwischen den Aktualisierungen hide_all() bzw. show_all() aufgerufen.

Zeilen 33-41: Die Methode updateView() stellt die einzige Schnittstelle zum Hauptfenster dar. Die Hauptfensterklasse ruft updateView() der Kategorieleiste bei Veränderungen der Kategoriemenge oder um Nachrichten über die Aktualisierung der Datenbasis an die Kontaktansichten zu propagieren.

Zeilen 35-38: Die Nachrichten "allCategories" sowie "addCategory" werden direkt von der Kategorieleiste in den bereits erläuterten Methoden verarbeitet.

Zeilen 39-41: Alle anderen Nachrichten werden an alle existierenden Kontaktansichten weitergeleitet.

> **Wichtig**
>
> Dies ist ein recht ineffizientes Design, da – von der Pseudokategorie "Alle" abgesehen – die Kategorien disjunkt sind. Bei einer Anzahl von n Kategorien und m weiterzuleitenden Nachrichten werden hier *(n+1)*m* Aufrufe statt nur *2*m* notwendigen abgesetzt. Würde man in der Methode updateView() die Kategorie des betreffenden Kontakts überprüfen, könnte man die Nachricht direkt an die daran interessierte Kontaktansicht weiterleiten. Dazu wäre es aber nötig, die Nachrichten zu parsen. In Schritt 8 – Suchen – wird diese Strategie (jedoch aus einem anderen als dem hier motivierten Grund) implementiert.

Nun zur Implementierung der Klasse KontaktAnsicht, die ebenso im Modul gtkFenster enthalten ist.

```
43 class KontaktAnsicht( ScrolledWindow ):
44     """Repräsentiert die Kontaktansicht"""
45
46     fields = [ "Bild","Anrede","Vorname","Name",
47              "Strasse","PLZ","Stadt","Telefon",
48              "E-Mail","Kategorie" ]
49
50     def __init__( self, category ):
51         "Konstruieren und Initialisieren"
52         ScrolledWindow.__init__( self )
53
54         self.category = category
55
56         self.set_shadow_type( SHADOW_ETCHED_IN )
57         self.set_border_width( 1 )
58         self.set_policy( POLICY_AUTOMATIC, POLICY_AUTOMATIC )
59         self.model = ListStore( gobject.TYPE_OBJECT,
60                                 gobject.TYPE_STRING,
61                                 gobject.TYPE_STRING,
62                                 gobject.TYPE_STRING,
63                                 gobject.TYPE_STRING,
64                                 gobject.TYPE_STRING,
65                                 gobject.TYPE_STRING,
66                                 gobject.TYPE_STRING,
67                                 gobject.TYPE_STRING,
68                                 gobject.TYPE_STRING )
69
```

```
70      self.view = TreeView( self.model )
71      self.view.set_rules_hint( TRUE )
72      self.view.set_reorderable( TRUE )
73      self.view.set_headers_clickable( TRUE )
74      self.view.set_enable_search( TRUE )
75      self.view.set_search_column( 3 )
76      self.add( self.view )
77
78      for i in xrange( len( self.fields ) ):
79          if i == 0:
80              renderer = CellRendererPixbuf()
81              column = TreeViewColumn( self.fields[i], renderer, pixbuf=i )
82          else:
83              renderer = CellRendererText()
84              column = TreeViewColumn( self.fields[i], renderer, text=i )
85          column.set_reorderable( 1 )
86          if i != 0: column.set_sort_column_id( i )
87          if i == 3: column.set_sort_indicator( TRUE )
88          self.view.append_column( column )
89
90  def updateView( self, how, what ):
91      "Die Kontaktansicht aktualisieren"
92      if how == "allContacts":
93          for contact in what:
94              self.addContact( contact )
95      elif how == "addContact":
96          self.addContact( what )
97
98  def addContact( self, contact ):
99      "Einen Kontakt hinzufügen"
100     category = contact.getValue( "Kategorie" )
101     if not (self.category == "Alle" or category == self.category):
102         return
103     iterator = self.model.append()
104     if contact.getValue( "Bild" ) != "":
105         value = 0, gdk.pixbuf_new_from_file( contact.getValue( "Bild" ) )
106     else:
107         value = ()
108     for i in xrange( 1, len( self.fields ) ):
109         value += i,
110         value += contact.getValue( self.fields[ i ] ),
111     apply( self.model.set, (iterator,)+value )
112     self.view.columns_autosize()
```

Listing 7.8: Klasse KontaktAnsicht im Modul gtkFenster

Zeile 43: Die Klasse `KontaktAnsicht` ist von der GTK+ Klasse `ScrolledWindow` abgeleitet, die eine mit Bildlaufleisten verschiebbare Ansicht ihres Kindfensters ermöglicht. Dies ist insbesondere dann von Vorteil, wenn der Inhalt des Fensters größer als der zur Verfügung stehende Bildschirmbereich ist.

Zeilen 46-48: Wie schon erwähnt, zeigt die Kontaktansicht eine zeilenweise Detaildarstellung der Kontakte an. Im Klassenattribut `fields` sind die Beschriftungen der Spalten gespeichert.

Zeilen 50-88: Im Konstruktor von `KontaktAnsicht` wird das Datenmodell der Listenstruktur initialisiert und die Parameter für die Datenansicht gesetzt.

Zeilen 56-58: Das Aussehen des Containerfensters wird konfiguriert. Mit einem Aufruf von `ScrolledWindow.set_policy()` kann die Sichtbarkeit der beiden Bildlaufleisten festgelegt werden. Der Parameter `POLICY_AUTOMATIC` bestimmt hier, dass die Bildlaufleisten nur dann erscheinen, wenn der Inhalt des Fensters tatsächlich größer als der darstellbare Bereich ist. Will man die Bildlaufleisten permanent oder nie darstellen, müsste man hier `POLICY_ALWAYS` bzw. `POLICY_NEVER` übergeben.

Zeilen 59-68: Das Datenmodell wird konstruiert. Da die Daten eine tabellarische Struktur haben, benutzen wir zur Verwaltung ein Objekt der Klasse `ListStore`. Der Konstruktor von `ListStore` bekommt ein Tupel übergeben, welches die Datentypen der in den Spalten darzustellenden Inhalte bestimmt. Diese Datentypen müssen als Konstanten übergeben werden, die im (zu GTK+ gehörenden) Modul `gobject` definiert sind.

Da in der ersten Spalte ein Bild (als Objekt vom Typ `Pixmap`) dargestellt werden soll und dazu das jeweilige `Pixmap`-Objekt im Datenmodell gespeichert wird, muss hier als erster Parameter die Konstante `TYPE_OBJECT` übergeben werden. In den restlichen neun Spalten sollen Zeichenketten stehen, die direkt im Datenmodell eingetragen werden – hier ist also jeweils `TYPE_STRING` anzugeben.

Zeilen 70-75: Die Ansichtsklasse wird konstruiert und parametrisiert. Der Konstruktor der Ansichtsklasse erwartet eine Referenz auf das Datenmodell. Jede weitere Veränderung des Datenmodells wirkt sich automatisch auf alle mit dem Datenmodell assoziierten Ansichten aus.

> **Wichtig**
>
> Es ist recht einfach möglich, die aus der Realisierung mit den anderen GUI-Toolkits bekannte Trennung in eine Übersichtsansicht und eine Detailansicht in GTK+ durch die Konstruktion von zwei Ansichtsklassen, die auf das gleiche Datenmodell zugreifen, zu erreichen. Dies sei als Übungsaufgabe empfohlen.

Die in GTK+ implementierte Ansichtsklasse TreeView ist ein sehr flexibles Widget, mit vielen Methoden, um die Ansicht optimal auf den eigenen Bedarf abzustimmen. Zur Konfiguration werden hier einige dieser Methoden verwendet. Im Einzelnen sind dies:

- set_rules_hint() – bestimmt, ob untereinander dargestellte Zeilen abwechselnd eingefärbt werden sollen, was sich der besseren Übersicht halber besonders für eine Listen- oder Tabellenstruktur anbietet.
- set_reorderable() – legt fest, ob eine Umordnung der Zeilen durch den Benutzer ermöglicht werden soll.
- set_headers_clickable() – ermöglicht das Anklicken einer Spaltenbeschriftung, um damit das Sortierkriterium bzw. die -reihenfolge zu verändern.
- set_enable_search() – bestimmt, ob das Suchen von Elementen (bzw. die Navigation durch die Ansicht) über Tastendrücke möglich ist.
- set_search_column() – legt die Spalte fest, nach der eine Listenansicht sortiert werden soll.

Zeile 76: Die eigentliche Ansicht wird zur Containerklasse KontaktAnsicht hinzugefügt.

Zeilen 78-88: Das Ansichtsobjekt wird mit Spalten versehen. Dazu wird über alle Spaltenbeschriftungen iteriert.

Zeilen 81-84: Für jede Spalte muss ein Zellendarsteller angegeben werden. Für die erste Spalte (die ein Bild enthalten soll) ist dies ein Zellendarsteller vom Typ CellRendererPixbuf, für alle weiteren Spalte ein Zellendarsteller vom Typ CellRendererText. Eine Spalte entspricht einem Objekt der Klasse TreeViewColumn, dessen Konstruktor den Index der Spalte, den Zellendarsteller und mehrere weitere Konfigurationsparameter erwartet. Durch die Übergabe der Schlüsselwortargumente pixbuf=i bzw. text=i wird hier die Spalte (im Datenmodell) angegeben, aus der darzustellenden Daten ausgelesen werden sollen.

Zeile 85: Ein TreeView-Objekt unterstützt das Verschieben und Umordnen der Spalten einer Ansicht. Diese kann feingranular pro Spalte erlaubt bzw. verboten werden. Dies geschieht durch den Aufruf der Methode TreeViewColumn.set_reorderable().

Zeile 86: Ein Aufruf der in der Klasse TreeViewColumn definierten Methode set_sort_column_id() legt einen numerischen Index fest. Implizit wird dadurch das Sortieren der Spalte erlaubt.

Zeile 87: Mit TreeViewColumn.set_sort_indicator() kann man festlegen, ob eine Spalte den Sortierungsindikator (ein je nach Reihenfolge auf- oder abwärts zeigender Pfeil neben der Spaltenbeschriftung) darstellen kann. In der Kontaktansicht soll standardmäßig nach Spalte 3 (Name) sortiert werden.

Zeile 88: TreeView.append_column() fügt das Spaltenobjekt zur Ansicht hinzu.

Zeilen 90-96: Die Methode `updateView()` wird von der Klasse `Kategorien` gerufen, um Veränderungen an der Datenbasis zu signalisieren. Diese müssen dem Datenmodell mitgeteilt werden. Für die Komplettierung dieses Schrittes ist nur die Verarbeitung der folgenden zwei Nachrichten nötig:

- "allContacts" – alle Kontakte haben sich geändert.
- "addContact" – ein Kontakt wurde hinzugefügt.

Weitere Nachrichten werden in den nächsten Schritten implementiert.

Zeilen 98-109: Die Methode `addContact()` wird von `updateView()` aufgerufen, um einen neuen Kontakt zum Datenmodell hinzuzufügen.

Zeilen 100-102: Falls der hinzuzufügende Kontakt nicht zur Kategorie der aktuellen Ansicht gehört, wird der Aufruf ignoriert.

Zeile 103: Mehrere Methoden der Klasse `ListStore` geben einen Iterator zurück, mit dem man Zugriff auf eine Position im Datenmodell erlangt. Die Methode `ListStore.append()` gibt einen Iterator auf das Ende der Datenbasis zurück – mit diesem können neue Elemente hinzugefügt werden.

Zeilen 104-111: Die Daten für einen Eintrag sind der Methode `ListStore.set()` als Tupel von Tupeln (Spaltenindex, Daten) zu übergeben. Die einzelnen Tupeln werden erst erzeugt und dann über die Pythonfunktion `apply()` an die Methode `ListStore.set()` gegeben.

Zeilen 104-107: In Spalte 0 soll das `Pixbuf`-Objekt eingetragen werden – dazu wird die im Modul `gtk.gdk` definierte Methode `pixbuf_new_from_file()` aufgerufen, die zu einem Dateinamen, der auf ein verarbeitbares Bild verweist, ein `Pixbuf`-Objekt zurückgibt. Existiert zu dem aktuellen Eintrag kein Bild wird für Spalte 0 kein Wert angegeben.

> **Wichtig**
>
> GTK+ verwendet ein modulares System aus Verarbeitern für Bildformate, die so genannten *Pixbuf-Lader*. Standardmäßig enthält GTK+ Lader für die Formate TIFF, JPEG und PNG. Es ist möglich, die Menge der Lader zu erweitern, ohne GTK+ komplett neu kompilieren zu müssen.

Zeilen 108-110: Die Daten für die restlichen Spalten werden aus dem hinzuzufügenden Kontakt ausgelesen.

Zeile 112: Die Ansicht kann die Spaltenbreite automatisch anhand des Inhalts ausrichten – dazu ist die Methode `TreeView.columns_autosize()` aufzurufen.

Die Kontaktverwaltung

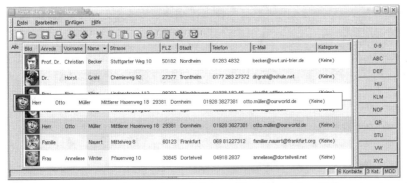

Abb. 7.9: GTK+ Kontaktverwaltung Schritt 4 (Eine Kategorie + Zeilenumordnung)

Abbildung 7.9 zeigt die Kontaktverwaltung in Schritt 4, nachdem eine nur aus einer Kategorie bestehende Kontaktdatenbank eingeladen wurde. Die Abbildung ist während einer Umordnungsaktion einer Zeile aufgenommen.

In der folgenden Abbildung 7.10 ist die gleiche Kontaktdatenbank während einer Umordnungsaktion einer Spalte zu sehen.

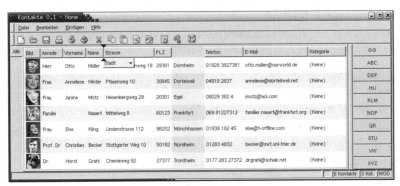

Abb. 7.10: GTK+ Kontaktverwaltung Schritt 4 (Eine Kategorie + Spaltenumordnung)

In Abbildung 7.11 wurde schließlich eine Kontaktdatenbank mit mehreren Kategorien eingeladen, sowie die Kategorie "Verein" durch einen Klick auf den entsprechenden Karteireiter ausgewählt.

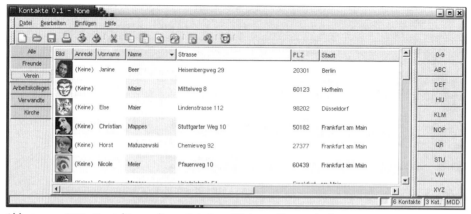

Abb. 7.11: GTK+ Kontaktverwaltung Schritt 4 (Mehrere Kategorien)

7.3.5 Schritt 5 – Hinzufügen & Ändern

Neue Kontakte sollen mit einem graphischen Dialog zu einer bestehenden Kontaktdatenbank hinzugefügt werden können. Der gleiche Dialog soll auch für das Ändern eines bestehenden Kontakts verwendet werden. Die Implementierung der GUI-Toolkit unabhängigen Methode Anwendung.miInsertContact() erwartet, dass dieser Dialog ein Objekt der Klasse KontaktDialog ist und mit den drei Parametern data, categories und modify konstruiert wird:

1. data – eine Menge von Schlüssel/Wert-Paaren. Beim Aufruf des Menüeintrags EINFÜGEN|KONTAKT wird in diesem Parameter ein leeres Dictionary übergeben. Beim Aufruf des Menüeintrags BEARBEITEN|MODIFIZIEREN werden in diesem Parameter die Daten des zu modifizierenden Eintrags an den Dialog übergeben, damit diese in den entsprechenden Feldern dargestellt werden können.
2. categories – eine Liste von Kategorien, die der Anwendung momentan bekannt sind.
3. modify – ein Wahrheitswert, der den Typ des Dialogs angibt. Eine 0 bedeutet, dass der Dialog über EINFÜGEN|KONTAKT aufgerufen wurde. Eine 1 bedeutet, dass der Dialog über BEARBEITEN|MODIFIZIEREN aufgerufen wurde.

Nach dem Aufruf des Konstruktors wird der Dialog durch exec_loop() gestartet – daher muss in dieser Methode die Ereignisverarbeitung implementiert werden. Da außerdem der KontaktDialog ein modaler Dialog sein soll, muss der Aufruf blockieren, bis der Anwender eine der Schaltflächen "Ok" bzw. "Abbrechen" betätigt. Die Rückgabe von exec_loop() soll ein Wahrheitswert sein. Eine Rückgabe von 1 bzw. 0 bedeutet dabei, dass der Dialog durch die Auswahl von "Ok" respektive "Abbrechen" beendet wurde.

Abbildung 7.12 verdeutlicht das für diesen Dialog geplante zweispaltige Layout.

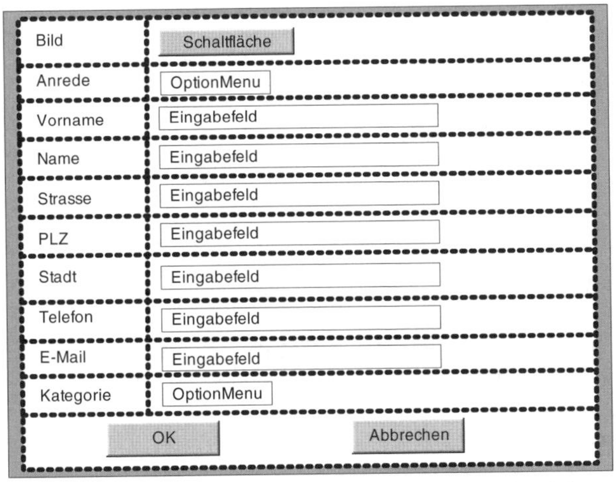

Die Kontaktverwaltung

Bild	Schaltfläche
Anrede	OptionMenu
Vorname	Eingabefeld
Name	Eingabefeld
Strasse	Eingabefeld
PLZ	Eingabefeld
Stadt	Eingabefeld
Telefon	Eingabefeld
E-Mail	Eingabefeld
Kategorie	OptionMenu

OK   Abbrechen

Abb. 7.12: GTK+ Layout für Kontakte hinzufügen/modifizieren

Wie in der Layoutskizze zu sehen, sollen die Felder untereinander angeordnet werden. Die Beschriftungen und die Eingabefelder selbst sollen dabei jeweils linksbündig sein. Die Felder für Vorname, Name, Strasse, PLZ, Stadt, Telefon und E-Mail sind dabei jeweils einzeilige editierbare Textfelder, die Felder für Anrede und Kategorie sind Kombinationsfelder, da nur die Auswahl aus einer Menge von vorgegebenen Optionen gestattet ist. Das Bild-Feld besteht aus einer Schaltfläche, die nach Anklicken einen Datei-Dialog öffnet, mit dem das entsprechende Bild ausgewählt wird.

Die Implementierung des Dialogs KontaktDialog im Modul gtkDialoge ist in Listing 7.9 zu sehen:

```
32  class KontaktDialog( Dialog ):
33      "Repräsentiert den Kontakt-hinzufügen und -modifizieren Dialog"
34
35      def __init__( self, data, categories, type ):
36          self.fields = [ "Bild", "Anrede", "Vorname", "Name",
37                          "Strasse", "PLZ", "Stadt", "Telefon",
38                          "E-Mail", "Kategorie" ]
39          self.widgets = {}
40          self.data = data
41          if not "(Keine)" in categories: categories.insert( 0, "(Keine)" )
42          if "Alle" in categories: categories.remove( "Alle" )
43          self.items_anrede = ["(Keine)","Herr","Frau","Dr.","Prof. Dr.",
                                 "Familie"]
44
45          if type != 0:
46              title = u"Kontakt hinzufügen"
47          else:
```

```
48              title = u"Kontakt modifizieren"
49          Dialog.__init__( self, title, None, DIALOG_MODAL,
50                  ( STOCK_OK, RESPONSE_OK,
51                    STOCK_CANCEL, RESPONSE_CANCEL ) )
52
53          xpad, ypad = 4, 2
54          table = Table( 10, 2, FALSE )
55
56          self.image = Image()
57          button = Button()
58          if type == 0 and "Bild" in data and data["Bild"] != "":
59              self.image.set_from_file( data["Bild"] )
60              button.add( self.image )
61          else:
62              button.add( Label( "Kein Bild" ) )
63          button.connect( "clicked", self.onButtonClicked )
64
65          table.attach( self.create_label( "Bild" ), 0, 1, 0, 1,
66                  FILL|EXPAND, 0, xpad, ypad )
67          table.attach( button, 1, 2, 0, 1,
68                  FILL|EXPAND, 0, xpad, ypad )
69
70          table.attach( self.create_label( "Anrede" ), 0, 1, 1, 2,
71                  FILL|EXPAND, 0, xpad, ypad )
72          om = self.create_option_menu( self.items_anrede )
73          table.attach( om, 1, 2, 1, 2,
74                  FILL|EXPAND, 0, xpad, ypad )
75          self.widgets["Anrede"] = om
76          if type == 0:
77              om.set_history( self.items_anrede.index( data["Anrede"] ) )
78
79          for i in xrange( 2, len( self.fields )-1 ):
80              table.attach( self.create_label( self.fields[i] ),
81                      0, 1, i, i+1, FILL|EXPAND, 0, xpad, ypad )
82              self.widgets[self.fields[i]] = Entry()
83              table.attach( self.widgets[self.fields[i]],
84                      1, 2, i, i+1, FILL|EXPAND, 0, xpad, ypad )
85              if self.fields[i] in data:
86                  self.widgets[self.fields[i]].set_text( data[self.fields[i]] )
87
88          self.items_catego = categories
89          table.attach( self.create_label( "Kategorie" ), 0, 1, 9, 10,
90                  FILL|EXPAND, 0, xpad, ypad )
91          om = self.create_option_menu( categories )
92          table.attach( om, 1, 2, 9, 10,
```

```
93                        FILL|EXPAND, 0, xpad, ypad )
94         self.widgets["Kategorie"] = om
95         if type == 0:
96             om.set_history( self.items_catego.index( data["Kategorie"] ) )
97
98         self.vbox.pack_start( table )
99         self.show_all()
100
101    def create_label( self, value ):
102         label = Label( value )
103         label.set_alignment( 0.0, 0.5 )
104         return label
105
106    def create_option_menu( self, values ):
107         menu = Menu()
108         group = None
109         for text in values:
110             item = RadioMenuItem( group, text )
111             menu.add( item )
112             item.show()
113             group = item
114         optionmenu = OptionMenu()
115         optionmenu.set_menu( menu )
116         return optionmenu
117
118    def onButtonClicked( self, widget ):
119         self.dialog = FileSelection( "Bild auswählen" )
120         self.dialog.complete( "*.png" )
121         if self.dialog.run() == RESPONSE_OK:
122             self.image.set_from_file( self.dialog.get_filename() )
123             self.data["Bild"] = self.dialog.get_filename()
124         self.dialog.destroy()
125
126    def exec_loop( self ):
127         result = Dialog.run( self )
128         if result == RESPONSE_CANCEL:
129             self.destroy()
130             return None
131         else:
132             for key in self.widgets:
133                 if key == "Anrede":
134                     print self.widgets[key].get_history()
135                     self.data[key] = self.items_anrede[self.widgets[key]
                                                                    .get_history()]
136                 elif key == "Kategorie":
```

```
137                self.data[key] = self.items_catego[self.widgets[key].
                                                             get_history()]
138            else:
139                self.data[key] = self.widgets[key].get_text()
140        self.destroy()
141        return 1
```

Listing 7.9: Klasse KontaktDialog im Modul gtkDialoge

Zeile 32: Die Klasse `KontaktDialog` ist von der GTK+ Basisklasse für Dialoge `Dialog` abgeleitet.

Zeilen 36-38: Die Beschriftungen der Eingabefelder bzw. Optionsmenüs werden im Attribut `fields` gespeichert.

Zeile 39: Das Attribut `widgets` wird Referenzen auf die Eingabefelder aufnehmen, damit die eingegebenen Daten nach dem Beenden des Dialogs wieder ausgelesen werden können.

Zeile 41-42: Die Pseudokategorie "(Keine)" soll in der Menge der auswählbaren Kategorien enthalten, die Pseudokategorie "Alle" jedoch nicht.

Zeile 43: Die Einträge für das Optionsmenü "Anrede" sind festgelegt und werden im Attribut `items_anrede` gespeichert.

Zeilen 45-48: Je nach gewünschtem Typ des Dialogs (EINFÜGEN|KONTAKT oder BEARBEITEN|MODIFIZIEREN) wird ein entsprechender Titel gesetzt.

Zeile 49: Der Konstruktor der Basisklasse wird gerufen. Der standardmäßige GTK+ Dialog verfügt über zwei vertikal angeordnete Felder, auf die durch die Attribute `vbox` bzw. `action_area` zugegriffen werden kann. Die beiden Felder sind durch ein Objekt vom Typ `HSeparator`, also eine horizontale Trennlinie, voneinander abgetrennt. Mit `vbox` (ein Containerobjekt vom Typ `VBox`) greift man auf den oberen Bereich des Dialogs zu, in dem die Kontrollelemente erzeugt werden sollen. Im Bereich `action_area` (ein Containerobjekt vom Typ `HBox`) können die Schaltflächen zur Beendigung des Dialogs erzeugt werden.

Dem Konstruktor der Klasse Dialog können verschiedene Parameter übergeben werden, die das Standardverhalten bzw. -aussehen bestimmen. Der Parameter `DIALOG_MODAL` sorgt für die Erzeugung eines modalen Dialogs. Mit dem sich anschließenden Tupel kann eine Menge von Standardschaltflächen im Bereich der `action_area` automatisch erzeugt werden.

Zeilen 54-98: Um ein, wie in Abbildung 7.12 abgebildetes, zweispaltiges Layout mit zehn Zeilen umzusetzen, werden alle Kontrollelemente als Kindfenster eines Containerfensters vom Typ `Table` erzeugt.

Zeilen 56-62: In der obersten Zeile soll neben der Beschriftung "Bild" eine Schaltfläche erstellt werden, die das zum Kontakt gehörende Bild oder alternativ die Beschriftung "Kein Bild" enthalten soll. Das Bild kann später durch einen Klick auf die Schaltfläche verändert werden und wird daher im Attribut image gespeichert.

Zeilen 58-60: Falls der Dialog durch BEARBEITEN|MODIFIZIEREN ausgelöst wurde, muss zur Schaltfläche (die durch die Ableitung von Bin als Containerklasse für ein Kindfenster dienen kann) ein Bild hinzugefügt werden. Dazu wird ein Objekt vom Typ Image erzeugt. Die in der Klasse Image definierte Methode set_from_file() erzeugt ein Bild anhand der in einer Datei vorhandenen Daten. Mit add() wird dann das Bild zur Schaltfläche hinzugefügt.

Zeilen 61-62: Wurde der Dialog durch HINZUFÜGEN|KONTAKT ausgelöst oder ist im zu modifizierenden Kontakt kein Dateiname für ein Bild angegeben, wird die Beschriftung (Label) "Kein Bild" mit add() zur Schaltfläche hinzugefügt.

Zeile 63: Die Callback-Methode onButtonClicked() soll aufgerufen werden, wenn der Benutzer die Schaltfläche anklickt.

Zeilen 65-68: Die Beschriftung sowie die Schaltfläche werden durch den Aufruf von Table.attach() zur Containerklasse hinzugefügt. Zum Erzeugen der Beschriftung wird dabei die Hilfsmethode create_label() verwendet, die im Folgenden noch erläutert wird.

Zeilen 70-75: Zum Auswählen der "Anrede" für den Kontakt wird neben der Beschriftung ein Optionsmenü (vom Typ OptionMenu) erzeugt. Dazu wird die Hilfsmethode create_option_menu() verwendet, die im Folgenden noch erläutert wird.

Zeilen 76-77: Wurde der Dialog durch BEARBEITEN|MODIFIZIEREN ausgelöst, muss die betreffende Option für die "Anrede" gesetzt werden. Dies geschieht durch den Aufruf von OptionMenu.set_history(index).

Zeilen 79-86: Die restlichen Felder (außer dem Feld "Kategorie") können in einer Schleife erzeugt werden, da es sich hier ausnahmslos um einzeilige Texteingabefelder vom Typ Entry handelt.

Zeilen 85-86: Ist im Attribut data ein Feld schon vorhanden, ist der Dialog ein den Kontakt modifizierender – daher wird mit Entry.set_text() das entsprechende Eingabefeld gefüllt.

Zeilen 88-96: Wie in den Zeilen 70-77 wird hier das Optionsmenü für die "Kategorie" des Kontakts erstellt. Da die zulässigen Werte für die Kategorie nicht statisch sind, werden diese direkt aus dem vom Aufrufer übergebenen Attribut categories ausgelesen. Modifiziert der Dialog einen Kontakt, wird auch hier die entsprechende Auswahl gesetzt.

Zeilen 98-99: Die erzeugten Elemente werden zum Dialogbereich vbox hinzugefügt und durch einen Aufruf von Widget.show_all() zum Anzeigen freigegeben[1].

Zeilen 101-104: Die Methode create_label() wird vom Konstruktor gerufen, wenn eine Beschriftung erzeugt werden soll. Durch den Aufruf von Label.set_alignment() erzielt man eine horizontal linksbündige und vertikal mittige Ausrichtung.

Zeilen 106-116: Die Methode create_option_menu() wird vom Konstruktor aufgerufen, wenn ein Optionsmenü erzeugt werden soll. Hier ist zu sehen, wie man ein Menü »per Hand«, d.h. nicht durch die Benutzung der Klasse ItemFactory erzeugen kann. Zunächst wird ein Objekt der Klasse Menu erzeugt, welches danach mit Einträgen vom Typ RadioMenuItem gefüllt wird, die zum Menu hinzugefügt werden. Zuletzt wird das eigentliche OptionMenu-Widget erzeugt und mit einem Aufruf von OptionMenu.set_menu() das korrespondierende Popup-Menü gesetzt.

Zeilen 118-124: Die Callback-Methode onButtonClicked() wird gerufen, wenn der Benutzer auf die Schaltfläche neben der Beschriftung "Bild" klickt. Ähnlich wie in Schritt 3 (Abschnitt 7.3.3) wird hier der Standarddialog zum Auswählen einer Datei (FileSelectionDialog) erzeugt und dargestellt. Falls ein gültiger Dateiname übergeben wurde, wird das in der Schaltfläche dargestellte Bild dementsprechend verändert.

Zeilen 126-141: In der Methode exec_loop() wird der Dialog zunächst dargestellt. Die modale Ereignisverarbeitung erfolgt in einer lokalen Hauptschleife durch den Aufruf von Dialog.run(). Falls der Abbruch der Ereignisverarbeitung mit der Schaltfläche "Ok" erfolgte, werden die eingegebenen Daten aus den Kontrollelementen ausgelesen und im Attribut data gespeichert. Die Optionsmenüs für "Anrede" und "Kategorie" benötigen hier eine Sonderbehandlung, da man nicht direkt an den Text der ausgewählten Option kommt – dieser muss über den auf die Liste der möglichen Optionen bezogenen Index ermittelt werden.

Nach dem Zerstören des Dialogs durch den Aufruf von Widget.destroy() wird dem Aufrufer ein positiver Wahrheitswert zurückgegeben. Dieser symbolisiert die Gültigkeit der im Attribut data gespeicherten Daten. Wurde die Ereignisverarbeitung durch den Klick auf "Abbrechen" beendet, wird in Zeile 130 der Wert None an den Aufrufer zurückgegeben.

Abbildung 7.13 zeigt die Kontaktverwaltung in Schritt 5 mit einem geöffneten KontaktDialog, der durch die Menüaktion HINZUFÜGEN|KONTAKT ausgelöst wurde.

---

[1] Im Gegensatz zu einem *normalen* Fenster werden die Kontrollelemente eines modalen Dialogs erst nach dem Aufruf von Dialog.run() dargestellt.

> **Vorsicht**
>
> Es ist sehr wichtig, den Dialog erst dann zu zerstören, *nachdem* die Werte aus den entsprechenden Kontrollelementen ausgelesen wurden. Während ein Objekt der Klasse Entry den Wert auch nach der Zerstörung des korrespondierenden Fensterelements hält, ist dies beispielsweise bei einem OptionMenu nicht der Fall. Ruft man OptionMenu.get_history() nach dem Zerstören des Dialogs auf, bekommt man unabhängig von der tatsächlichen Auswahl den Wert -1 zurückgeliefert.

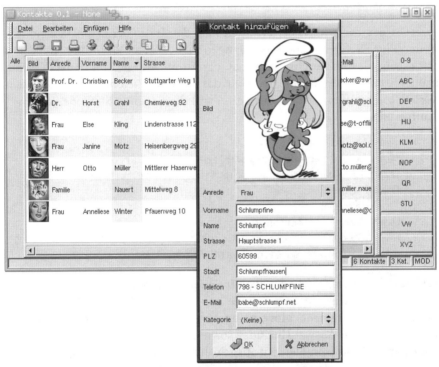

Abb. 7.13: GTK+ Kontaktverwaltung Schritt 5 (Kontakt hinzufügen)

Das Hinzufügen neuer Kontakte ist nun möglich – es fehlen jedoch noch einige Methoden, um auch das Verändern eines bestehenden Kontakts zu ermöglichen: Die in der Basisklasse Anwendung befindliche Methode miEditModify() erwartet, dass die Hauptfensterklasse eine Methode namens getSelected() implementiert, die den Vornamen und den Namen des aktuell ausgewählten Kontakts zurückliefert. Diese Methode wird wie folgt in Schritt5.py an die Klasse Kategorien delegiert:

```
156    def getSelected( self ):
157        return self.Kategorien.getSelected()
```

In der Klasse Kategorien muss die Methode getSelected() zunächst die aktuell ausgewählte Kategorie ermitteln, damit der Aufruf an das entsprechende Objekt der Klasse KontaktAnsicht weitergeleitet wird. Wir fügen daher folgende Zeilen zur Klasse Kategorien hinzu:

```
43    def getSelected( self ):
44        "Den aktuell ausgewählten Kontakt zurückgeben"
45        pagenum = self.get_current_page()
46        pagewidget = self.get_nth_page( pagenum )
47        pagetext = self.get_tab_label_text( pagewidget )
48        return self.pages[pagetext].getSelected()
```

Mit Notebook.get_current_page() ermittelt man den Index der aktuell ausgewählten Seite. Eine Referenz auf das dazugehörige Widget bekommt man mit get_nth_page(), dessen Beschriftung man dann mit get_tab_label_text() ermitteln kann. Mit dieser Beschriftung kann auf das passende Zielobjekt der Klasse KontaktAnsicht zugegriffen werden, auf dem dann die folgende Methode getSelected() aufgerufen:

```
118   def getSelected( self ):
119       "Vorname und Name des ausgewählten Kontakts zurückgeben"
120       selection = self.view.get_selection().get_selected()
121       if not selection:
122           return None
123       model, iter = selection
124       return "%s %s" % ( self.model.get_value( iter, 2 ),
125                          self.model.get_value( iter, 3 ) )
```

Zeile 118-122: Zu jedem Objekt des Typs TreeView gehört ein Selektionsobjekt vom Typ TreeSelection, das die Schnittstelle zur aktuellen Auswahl Die Methode TreeSelection.get_selected() gibt ein Tupel bestehend aus einer Referenz auf die Ansicht, in der sich die Auswahl befindet, sowie einen Iterator für die ausgewählten Elemente zurück. Falls kein Element ausgewählt ist, wird None zurückgeliefert.

Zeilen 123-125: Mit dem Iterator wird der im Datenmodell vorhandene Inhalt der Spalten 2 (Vorname) und 3 (Name) ermittelt und an den Aufrufer zurückgegeben.

Nach dem Beenden des modifizierenden Dialogs mit "OK" wird über die Methode updateView() die Nachricht "updateContact" an die Kontaktansicht gesendet. Durch das Hinzufügen von

```
101   elif how == "updateContact":
102       self.updateContact( what[0], what[1] )
```

wird diese Nachricht in der Methode KontaktAnsicht.updateContact() mit den Parametern (Alter Kontakt, Neuer Kontakt) bearbeitet. Der Einfachheit halber wird hier auf die direkte Editierung des zu modifizierenden Kontakts verzichtet. Statt dessen wird der zu modifizierende Kontakt gelöscht und ein neuer Kontakt hinzugefügt:

```
134    def updateContact( self, old, new ):
135        "Einen Kontakt modifizieren"
136        oldcategory = old.getValue( "Kategorie" )
137        newcategory = new.getValue( "Kategorie" )
138        if self.category == "Alle" or oldcategory == self.category:
139            self.delContact( old )
140        if self.category == "Alle" or newcategory == self.category:
141            self.addContact( new )
142        self.model.set_sort_column_id( 3, SORT_ASCENDING )
```

Zeilen 136-137: Die Kategorie von dem zu löschendem und dem hinzuzufügenden Kontakt werden ermittelt.

Zeilen 138-139: Falls die Kategorie des zu löschenden Kontakts gleich der aktuellen Kategorie (bzw. die aktuelle Kategorie eine Pseudokategorie) ist, wird der Kontakt tatsächlich gelöscht. Die hier verwendete Methode delContact() wird in Schritt 6 vorgestellt.

Zeilen 140-142: Falls die Kategorie des neuen Kontakts gleich der aktuellen (oder die aktuelle Kategorie etwa eine Pseudokategorie) ist, wird der Kontakt tatsächlich hinzugefügt. Anschließend wird durch einen Aufruf der in der Klasse TreeSortable definierten Methode set_sort_column_id() die Tabelle neu sortiert.

> **Wichtig**
>
> Diese Implementierung berücksichtigt durch das von der Klasse Kategorien ausgelöste Senden der Nachricht "updateContact" an *alle* Kategorien auch die Veränderung der Kategorie eines Kontakts. In diesem Fall wird der Kontakt in der Ansicht der alten Kategorie (sowie der Pseudokategorie "Alle") gelöscht und in der Ansicht der neuen Kategorie (sowie der Pseudokategorie "Alle") hinzugefügt. Dies funktioniert insbesondere auch dann, wenn als alte oder neue Kategorie die Pseudokategorie "(Keine)" angegeben wurde.

Abbildung 7.14 zeigt die Kontaktverwaltung mit einem ausgewählten Eintrag und dem durch BEARBEITEN|MODIFIZIEREN ausgelösten KontaktDialog.

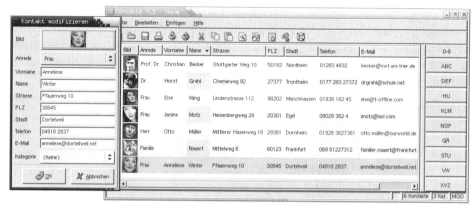

Abb. 7.14: GTK+ Kontaktverwaltung Schritt 5 (Kontakt modifizieren)

Nachdem es nun möglich ist, Kontakte zu verändern und neue Kontakte hinzuzufügen, bietet es sich an, die von der Anwendungsklasse benötigte Methode userInteraction() zu implementieren. Diese Methode wird vom in der Basisklasse Anwendung realisierten Dokumentenmanagement z.B. dann aufgerufen, wenn der Benutzer die Anwendung schließen möchte, obwohl ungespeicherte Modifikationen existieren. Zu diesem Zweck können (zum Teil) die in Abschnitt 7.2.7 erwähnten einfachen Dialoge verwendet werden. Listing 7.10 zeigt die Methode userInteraction() in der Klasse gtkKontaktAnwendung in Schritt5.py:

```
184   def userInteraction( self, typ, title, question ):
185       "Eine einfache Benutzeraktion durchführen"
186       if typ == "Input":
187           dialog = gtkDialoge.SimpleInputDialog( self.mainWindow, title,
                                                     question )
188           return dialog.run()
189       elif typ == "Information":
190           typ, btn = MESSAGE_INFO, BUTTONS_OK
191       elif typ == "YesNoCancel":
192           typ, btn = MESSAGE_QUESTION, BUTTONS_YES_NO
193       elif typ == "Error":
194           typ, btn = MESSAGE_ERROR, BUTTONS_OK
195       dialog = MessageDialog( self.mainWindow,
196           DIALOG_MODAL, typ, btn, question )
197       result = dialog.run()
198       dialog.destroy()
199       return [ RESPONSE_NO, RESPONSE_YES ].index( result )
```

Listing 7.10: Methode userInteraction() in Klasse gtkKontaktAnwendung

Zeilen 186-188: Ein einfacher Dialog zur Eingabe eines einzeiligen Texts ist nicht Bestandteil von GTK+ und daher eine Eigenentwicklung – die Implementierung ist in Listing 7.11.

Zeilen 189-194: Je nach Typ des darzustellenden Dialogs werden die Dialog-Parameter gesetzt.

Zeilen 195-198: Das Objekt der Klasse MessageDialog repräsentiert einen einfachen (und wahlweise modalen) Nachrichtendialog. Wie alle Dialoge in GTK+ ist auch dieser Dialog von der Basisklasse Dialog abgeleitet und verfügt so über die run()- und destroy()-Methoden.

Zeile 199: Die in der Basisklasse vorhandenen Methoden erwarten als Rückgabe den Wert 0 für die Auswahl der Schaltfläche "Nein" (bzw. "Ok") und den Wert 1 für die Auswahl der Schaltfläche "Ja".

```
144 class SimpleInputDialog( Dialog ):
145     "Repräsentiert einen einfachen Eingabedialog"
146
147     def __init__( self, parent, title, question ):
148         Dialog.__init__( self, title, parent, DIALOG_MODAL,
149                         ( STOCK_OK, RESPONSE_OK,
150                           STOCK_CANCEL, RESPONSE_CANCEL ) )
151
152         hbox = HBox( FALSE, 8 )
153         hbox.set_border_width( 8 )
154         stock = image_new_from_stock( STOCK_DIALOG_QUESTION,
155                         ICON_SIZE_DIALOG)
156         label = Label( question )
157         hbox.pack_start( stock, FALSE, FALSE, 0 )
158         hbox.pack_start( label, FALSE, FALSE, 0 )
159         self.entry = Entry()
160         self.set_focus_child( self.entry )
161         self.vbox.pack_start( hbox, FALSE, FALSE, 0 )
162         self.vbox.pack_start( self.entry, FALSE, FALSE, 0 )
163         self.show_all()
164
165     def run( self ):
166         result = Dialog.run( self )
167         self.destroy()
168         if result == RESPONSE_CANCEL:
169             return ""
170         else:
171             return self.entry.get_text()
```

Listing 7.11: Klasse SimpleInputDialog in Modul gtkDialoge

Die Dialogklasse SimpleInputDialog ist eine wiederverwendbare Klasse. Das Aussehen dieses modalen Dialogs ist in Abbildung 7.15 dargestellt.

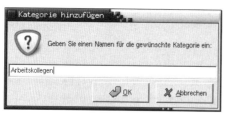

Abb. 7.15: Dialog für eine einfache Benutzereingabe

7.3.6 Schritt 6 – Zwischenablage

Die Erweiterungen der Kontaktverwaltung in diesem Schritt realisieren eine Zwischenablage. Durch die Auswahl der entsprechenden Menüaktionen soll es nun möglich sein, nach der Auswahl eines Elements dieses auszuschneiden oder zu kopieren und wieder einzufügen.

Auswählen

Die hier implementierte Zwischenablage gilt nur innerhalb einer Anwendung und ist daher ein Attribut der Anwendungsklasse Anwendung. Die innerhalb der Anwendungsklasse implementierte Methode miEditCut() sowie miEditCopy() erwarten wie die in Schritt 5 angesprochene Methode miEditModify() ebenfalls, dass die Hauptfensterklasse eine Methode namens getSelected() implementiert, die den Vornamen und den Namen des derzeit ausgewählten Kontakts (oder None) zurückliefert. In der GTK+ Version der Kontaktverwaltung ist dies, wie beschrieben, schon im letzten Schritt geschehen.

Kopieren und Ausschneiden

Bei Auswahl der Menüaktion BEARBEITEN|AUSSCHNEIDEN muss der ausgewählte Kontakt aus der Ansicht gelöscht werden. Dazu sendet die in der Anwendungsklasse definierte Methode removeContactByName() die Nachricht "delContact" über das Hauptfenster an die KontaktAnsicht. Mit folgenden Zeilen wird die Nachrichtenverarbeitung innerhalb der Methode updateView() dieser Klasse um die neue Nachricht erweitert:

```
103   elif how == "delContact":
104       self.delContact( what )
```

Das Löschen eines Kontakts aus der Ansicht wird in delContact() durchgeführt. Da der Methode delContact() der Name des zu löschenden Kontakts übergeben wird, muss zunächst ein zum Datenmodell gehörender Iterator auf diesen Kontakt ermittelt werden. Anschließend kann der Kontakt aus dem Datenmodell gelöscht werden. Es wäre natürlich denkbar (und einfacher), den Iterator direkt aus der Selektion zu entnehmen, hier soll jedoch gezeigt werden, wie man anhand bestimmter Daten auf einen Iterator kommt. In der Methode delContact() wird dies wie folgt gelöst:

```
144    def delContact( self, contact ):
145        "Einen Kontakt löschen"
146        iter = self.model.get_iter_root()
147        while "%s %s" % ( self.model.get_value( iter, 2 ),
148                          self.model.get_value( iter, 3 ) ) \
149            != unicode( contact ):
150            self.model.iter_next( iter )
151        self.model.remove( iter )
```

Zeile 146: Die Methode TreeModel.get_iter_root() liefert einen Iterator auf die Wurzel bzw. das erste Element der Baum- bzw. Listenstruktur zurück.

Zeilen 147-150: Der Iterator wird solange weitergeschaltet (durch den Aufruf von TreeModel.iter_next()), bis der entsprechende Kontakt (durch Vornamen und Namen identifiziert) gefunden ist.

Zeile 151: Der Aufruf von TreeModel.remove() löscht das zu dem Iterator gehörende Datum aus dem Datenmodell. Die Ansicht wird hier automatisch angepasst.

Einfügen

Das Einfügen eines Kontakts aus der Zwischenablage geschieht der Einfachheit halber stets am unteren Ende der Ansicht. Dazu wird die gleiche Methode wie beim Einfügen über die Menüaktion EINFÜGEN|KONTAKT verwendet, da dies keine weiteren Schritte erfordert.

7.3.7 Schritt 7 – Suchen

Der in Schritt 5 erzeugte Dialog zum Einfügen und Modifizieren von Kontakten ist noch recht einfach – dennoch ist die Implementierung mit einer großen Menge an Quelltext verbunden. Wesentlich intuitiver und effizienter kann dies mit einem graphischen Werkzeug geschehen.

Glade

Für GTK+ existieren einige UI-Builder mit verschiedenen Schwerpunkten. Am ausgereiftesten ist jedoch das hauptsächlich von Damon Chaplin und Martijn van Beers entwickelte *Glade* [WWW:GLADE]. Im Folgenden wird daher die schrittweise Entwicklung des Dialogs zum Suchen einer Menge von Kontakten unter der Benutzung von Glade beschrieben.

Abbildung 7.16 zeigt die nach dem Starten von Glade geöffneten Fenster.

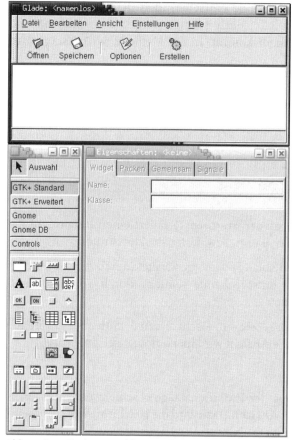

Abb. 7.16: Glade UI-Builder (Nach dem Starten)

Neben dem oben zu sehenden Hauptfenster befinden sich unten (links) der Baukasten und (rechts) das Eigenschaftsfenster. Neben dem obligatorischen Dateimanagement gibt es im Hauptfenster die Menüaktion "Optionen", mit der sich projektweite Einstellungen machen lassen. Abgesehen von Daten wie Projektname und -verzeichnis sind diese jedoch für Python-Programmierer nicht von Interesse.

Der Baukasten ist als Karteireiterfenster mit Werkzeugen realisiert, die den zur Verfügung stehenden Oberflächenelementen entsprechen. Glade ist mit eigenen Widgets erweiterbar – in der Standarddistribution kommt Glade unter anderem mit optionaler Unterstützung für die Widgets des GNOME-Projekts.

Im kontextsensitiven Eigenschaftsfenster werden die Eigenschaften des gerade bearbeiteten Oberflächenelements angezeigt und sind manipulierbar. Viele Eigenschaften von Objekten, die man im Quelltext mit separaten Aufrufen setzen muss, können hier graphisch verändert werden.

Zum Einfügen und Löschen sowie zur Kontrolle von Aussehen und Verhalten der Elemente ist das Vorschaufenster zuständig. Dieses vierte Glade-Fenster ist in Abbildung 7.17 rechts oben zu sehen.

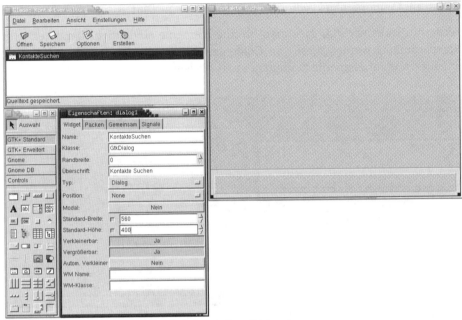

Abb. 7.17: Glade UI-Builder (Nach Anlegen eines Dialogs)

Hier wurde soeben ein neues Projekt mit dem Namen "Kontaktverwaltung" angelegt. Als erstes Element wurde dafür eine Dialogbox mit dem Namen KontakteSuchen erzeugt, deren Eigenschaften ebenfalls sichtbar sind. Der im Vorschaufenster schraffiert dargestellte Bereich ist die so genannte *Client Area*, d.h. der Bereich, der mit weiteren Elementen gefüllt werden kann.

Bevor die Konstruktion des Dialogs weitergeführt wird, einige Worte zum funktionalen und visuellen Aufbau. Dieser sollte wie auch schon bei der »manuellen« Erstellung mittels Quelltext natürlich feststehen, *bevor* mit dem graphischen Werkzeug gearbeitet wird.

Für die GTK+ Version der Kontaktverwaltung soll der Dialog zum Suchen von Kontakten über eine vertikale Zweiteilung mit Dekorationsrahmen verfügen. Links soll die Eingabe der Suchkriterien durch beschriftete Eingabefelder (bzw. Kombinationsfelder) möglich sein – rechts sollen die gefundenen Kontakte in einer Liste angezeigt werden. Es soll möglich sein, mit einem Checkbutton ein Suchkriterium ein- bzw. auszuschalten. Die Schaltflächen "Aktualisieren" und "Abbrechen" sollen den Dialog veranlassen, die Ergebnismenge zu aktualisieren respektive den Dialog zu schließen.

Nun werden Schritt für Schritt die Elemente des Dialogs hinzugefügt. Man muss hierbei darauf achten, dass Glade das Container-Prinzip von GTK+ umsetzt (schließlich sind die Widgets Objekte der GTK+ Klassen) – will man also beispielsweise im unteren Bereich des Dialogfensters zwei Schaltflächen anbringen, muss vorher ein Containerobjekt wie z.B. eine HBox oder eine HButtonBox erzeugt werden.

Weiterhin ist es wichtig, dass man für alle Elemente eindeutige Namen erstellt. Standardmäßig werden diese von Glade gewählt – will man jedoch später vom Quelltext aus auf Elemente zugreifen, muss der jeweilige Name bekannt sein.

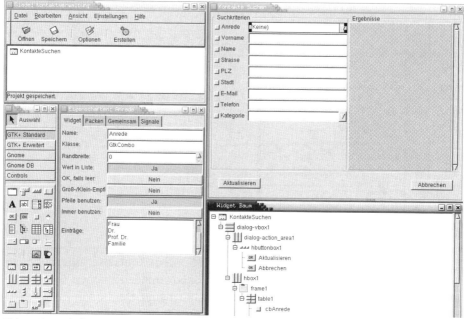

Abb. 7.18: Glade UI-Builder (Nach Anlegen aller Elemente)

Abbildung 7.18 zeigt Glade nach dem Erstellen fast aller für den Dialog vorgesehenen Oberflächenelemente. Rechts unten im Bild ist ein weiterer Fenstertyp von Glade dargestellt – die Baumstruktur. In diesem Fenster sind die Vater-Kind-Beziehungen aller Fenster dargestellt. Neben rein anzeigender Funktion eignet sich dieses Fenster auch zum Navigieren in umfangreichen Fensterhierarchien.

Im rechten Teil des Vorschaufensters ist noch ein schraffierter Bereich zu sehen: Um zu erläutern, wie man die mit Glade erstellten Oberflächen programmatisch bzw. dynamisch verändern kann, werden die Widgets für die Ergebnisliste erst zur Laufzeit[1] erstellt.

---

[1] ... streng genommen wird auch das mit Glade erzeugte Oberflächendesign erst zur Laufzeit erzeugt, aber dazu später mehr.

Die Kontaktverwaltung

Das Zusammenstellen von Widgets ist jedoch nur der erste Schritt bei der Konstruktion mit Glade. Wie in ereignisgesteuerten Programmen üblich, ist der nächste Schritt nach dem Erzeugen von Fensterelementen das Verbinden von Callbacks mit Ereignissen bzw. Signalen. Auch hier bietet Glade Unterstützung.

Wie in Abbildung 7.19 dargestellt, kann man für ein Widget die Signale angeben, die mit Callbacks verbunden werden sollen. Hierzu kann man die folgenden vier Parameter bestimmen, wobei für Python-Programmierer nur die ersten beiden von Interesse sind:

1. Signal – der Name des Signals, das mit dem Callback verbunden werden soll, z.B. "delete_event". Die Menge der möglichen Signale wird in einer speziellen Dialogbox dargestellt.
2. Handler – der Name der Callback-Methode oder -Funktion, die mit dem obigen Signal verbunden werden soll, z.B. "on_delete_event". Glade schlägt hier einen Namen vor, der der Konvention entspricht – er kann aber auch verändert werden.
3. Daten – zusätzliche Daten, die als weitere Argumente beim Aufruf des Callback mit übergeben werden sollen.
4. Objekt – eine Referenz auf das mit dem Signal zusammenhängende Objekt.

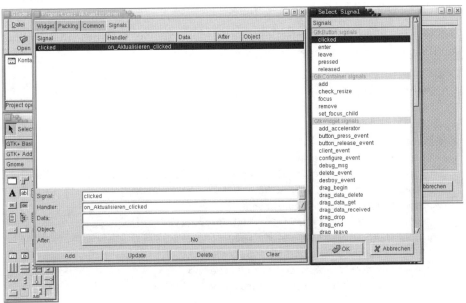

Abb. 7.19: Glade UI-Builder (Verknüpfen von Signalen mit Handlern)

Da für den Dialog zum Suchen einer Menge von Kontakten die Suchkriterien über die speziellen Schaltflächen ein-/ bzw. ausgeschaltet werden sollen, bestimmen wir Signale und Callbacks für jeden Checkbutton.

Nach der Verknüpfung von Signalen mit den Schaltflächen "Aktualisieren" und "Abbrechen" wird die Datei gespeichert und Glade beendet.

> **Wichtig**
>
> Mit Glade können nicht nur, wie hier gezeigt, Dialoge entworfen werden. Auch Anwendungsfenster, Menüleisten, Werkzeugleisten, und viele weitere Oberflächenarten sind möglich. Eine der bemerkenswertesten Eigenschaften von Glade ist die Erweiterbarkeit. Module, die einem bestimmten Standardformat genügen, können in Glade eingeladen werden und damit eine Menge von benutzerdefinierten Widgets zur Verfügung stellen, die genau so komfortabel wie die eingebauten Widgets bearbeitet werden können.

libglade

Um die mit Glade erstellten Oberflächen in Programme umzuwandeln bzw. von Programmen aus zu benutzen, gibt es mehrere Möglichkeiten. Glade ist in ein *Frontend* und mehrere *Backends* aufgeteilt. Das Frontend dient, wie im obigen Abschnitt beschrieben, dazu, die Oberflächenelemente anzuordnen und deren Eigenschaften festzulegen. Das Backend dient dazu, aus der Beschreibung der Oberfläche Quelltextdateien zu generieren.

Listing 7.12 zeigt (auszugsweise) die von Glade[1] erzeugte XML-Beschreibung für den Dialog zum Suchen einer Menge von Kontakten:

```xml
<?xml version="1.0" standalone="no"?> <!--*- mode: xml -*-->
<!DOCTYPE glade-interface SYSTEM "glade-2.0.dtd" >

<glade-interface>
  <widget class="GtkDialog" id="KontakteSuchen">
    <property name="border_width">5</property>
    <property name="title" translatable="yes">Kontakte Suchen</property>
    <property name="type">GTK_WINDOW_DIALOG</property>
    <property name="modal">no</property>
    <property name="default_width">560</property>
    <property name="default_height">400</property>
    <property name="allow_shrink">yes</property>
    <property name="allow_grow">yes</property>
    <property name="visible">yes</property>
```

---

[1] Die stabile Version von Glade arbeitet zur Zeit nur mit GTK+ 1.x. Im CVS des GNOME Projekts existiert allerdings eine frühe Version von Glade für das auf GTK+ 2 basierende GNOME-2. Da die Bibliothek libglade jedoch schon in Version 2 vorliegt, müssen mit Glade erstellte XML-Beschreibungen zur Zeit noch mit dem mit libglade-2 mitgelieferten Skript `libglade-convert` konvertiert werden. Die finale Version von Glade-2 wird nach dem Erscheinen von Gnome-2 etwa im Spätsommer 2002 verfügbar sein.

```xml
<property name="window-position">GTK_WIN_POS_NONE</property>

<child internal-child="vbox">
  <widget class="GtkVBox" id="dialog-vbox1">
    <property name="homogeneous">no</property>
    <property name="spacing">0</property>
    <property name="visible">yes</property>

    <child internal-child="action_area">
      <widget class="GtkHButtonBox" id="dialog-action_area1">
        <property name="border_width">10</property>
        <property name="homogeneous">yes</property>
        <property name="spacing">5</property>
        <property name="visible">yes</property>

        <child>
          <widget class="GtkHButtonBox" id="hbuttonbox1">
            <property name="layout_style">GTK_BUTTONBOX_DEFAULT_STYLE</property>
            <property name="spacing">30</property>
            <property name="visible">yes</property>

            <child>
              <widget class="GtkButton" id="Aktualisieren">
                <property name="can_default">yes</property>
                <property name="can_focus">yes</property>
                <property name="label" translatable="yes">Aktualisieren</property>
                <property name="relief">GTK_RELIEF_NORMAL</property>
                <property name="visible">yes</property>
              </widget>
            </child>

            <child>
[... Weitere Widgets ...]
              <widget class="GtkButton" id="Abbrechen">
                <property name="can_default">yes</property>
                <property name="can_focus">yes</property>
                <property name="label" translatable="yes">Abbrechen</property>
                <property name="relief">GTK_RELIEF_NORMAL</property>
                <property name="visible">yes</property>
              </widget>
            </child>
          </widget>
```

```xml
          <packing>
            <property name="padding">0</property>
            <property name="expand">yes</property>
            <property name="fill">yes</property>
          </packing>
        </child>
      </widget>
      <packing>
        <property name="padding">0</property>
        <property name="expand">no</property>
        <property name="fill">yes</property>
        <property name="pack_type">GTK_PACK_END</property>
      </packing>
    </packing>
</child>

<child>
  <widget class="GtkHBox" id="hbox1">
    <property name="homogeneous">no</property>
    <property name="spacing">0</property>
    <property name="visible">yes</property>

    <child>
      <widget class="GtkFrame" id="frame1">
        <property name="label" translatable="yes"> Suchkriterien </property>
        <property name="label_xalign">0</property>
        <property name="shadow">GTK_SHADOW_ETCHED_IN</property>
        <property name="visible">yes</property>

        <child>
          <widget class="GtkTable" id="table1">
            <property name="border_width">10</property>
            <property name="homogeneous">no</property>
            <property name="row_spacing">0</property>
            <property name="column_spacing">0</property>
            <property name="n-rows">9</property>
            <property name="n-columns">2</property>
            <property name="visible">yes</property>

            <child>
              <widget class="GtkCheckButton" id="cbVorname">
                <property name="can_focus">yes</property>
                <property name="label" translatable="yes">Vorname</property>
                <property name="active">no</property>
                <property name="draw_indicator">yes</property>
```

```xml
                <property name="visible">yes</property>
            </widget>
            <packing>
              <property name="left_attach">0</property>
              <property name="right_attach">1</property>
              <property name="top_attach">1</property>
              <property name="bottom_attach">2</property>
              <property name="x_padding">0</property>
              <property name="y_padding">0</property>
              <property name="x_options">fill</property>
              <property name="y_options"></property>
            </packing>
          </child>

[... Weitere GtkCheckButton ...]

          <child>
            <widget class="GtkEntry" id="Vorname">
              <property name="can_focus">yes</property>
              <property name="editable">yes</property>
              <property name="text" translatable="yes"></property>
              <property name="max-length">0</property>
              <property name="visibility">yes</property>
              <property name="visible">yes</property>
            </widget>
            <packing>
              <property name="left_attach">1</property>
              <property name="right_attach">2</property>
              <property name="top_attach">1</property>
              <property name="bottom_attach">2</property>
              <property name="x_padding">0</property>
              <property name="y_padding">0</property>
              <property name="x_options">expand|fill</property>
              <property name="y_options"></property>
            </packing>
          </child>

[...]

          <child internal-child="vscrollbar">
            <widget class="GtkVScrollbar" id="convertwidget20">
              <property name="update_policy">GTK_UPDATE_CONTINUOUS</property>
              <property name="visible">yes</property>
            </widget>
          </child>
```

```xml
                </widget>
              </child>
            </widget>
            <packing>
              <property name="padding">0</property>
              <property name="expand">yes</property>
              <property name="fill">yes</property>
            </packing>
          </child>
        </widget>
        <packing>
          <property name="padding">0</property>
          <property name="expand">yes</property>
          <property name="fill">yes</property>
        </packing>
      </child>
    </widget>
  </child>
</widget>
</glade-interface>
```

Listing 7.12: Von Glade erzeugte XML-Beschreibung des Dialogs KontakteSuchen

Wie GTK+ selbst wurde auch Glade ursprünglich für die Benutzung mit der Programmiersprache C entworfen. Mittlerweile kommt Glade mit Backends für die Sprachen C++, Ada 95, Perl und Eiffel.

Um aus der XML-Beschreibung der Oberfläche ein Python-Modul zu machen, wurde 1999 der *Glade Python Code Generator* [WWW:GLC] entwickelt. Kurze Zeit später hatte James Henstridge (der auch für PyGTK sowie gnome-python, die Python-Bindung an GNOME, verantwortlich ist) die Idee, eine Bibliothek zu entwerfen, die dies zur Laufzeit leisten kann.

Mit der Bibliothek *libglade* ist es daher möglich, die von Glade erzeugten XML-Dateien einzulesen und daraus eine Fensterhierarchie zu erstellen. Die Python-Bindung an libglade ist ein optionaler Bestandteil von PyGTK, dessen Funktionalität durch die im Modul glade implementierte Klasse XML zur Verfügung gestellt wird.

Die wichtigsten Methoden von glade.XML sind:

- XML(Dateiname,Wurzel) – konstruiert den Baum von Fenstern, der in der glade-Datei mit dem Namen Dateiname enthalten ist. Durch die Übergabe eines Wurzelwidgets kann nur ein Teilbaum konstruiert werden. Dadurch ist es möglich, in nur einer Projektdatei beliebig viele Menüs, Dialoge, Anwendungsfenster etc. zu haben.

- `signal_connect(Handler,Callback)` – verbindet einen Python-Callback mit einem in Glade angegebenen Handler.
- `signal_autoconnect()` – verbindet automatisch alle im aktuellen Python-Modul vorhandenen Callback-Methoden oder -Funktionen mit Signalen.
- `get_widget(Name)` – liefert eine Referenz auf das mit `Name` bezeichnete Widget zurück.

Nun zur eigentlichen Implementierung der Klasse `SuchenDialog` im Modul `gtkDialoge`:

```
174  class SuchenDialog:
175      "Repräsentiert den Kontakte-Suchen Dialog"
176
177      fields = [ "Anrede", "Vorname", "Name", "Strasse",
178                 "PLZ", "Stadt", "E-Mail", "Telefon", "Kategorie" ]
179      callbacks = [ "on_Abbrechen_clicked",
180                    "on_Aktualisieren_clicked" ]
181
182      def __init__( self, categories, app, callback ):
183          self.categories = categories
184          self.app = app
185          self.callback = callback
186
187          self.dialog = glade.XML( "KontakteSuchen.glade2" )
188
189          for callback in self.callbacks:
190              self.dialog.signal_connect( callback, getattr( self, callback ) )
191
192          for field in self.fields:
193              self.dialog.get_widget( "cb%s" % field ).connect( "toggled",
                     self.on_Check_toggled )
194              self.dialog.get_widget( field ).set_sensitive( FALSE )
195
196          self.dialog.get_widget( "Kategorie" ).set_popdown_strings(
                             categories )
197
198      def show( self ):
199          self.dialog.get_widget( "KontakteSuchen" ).show()
200
201      def on_Check_toggled( self, checkbox ):
202          sensitive = checkbox.get_active()
203          self.dialog.get_widget( checkbox.get_name()[2:] )
                             .set_sensitive( sensitive )
204
205      def on_Abbrechen_clicked( self, widget ):
206          self.dialog.get_widget( "KontakteSuchen" ).hide()
207
```

```
208     def on_Aktualisieren_clicked( self, widget ):
209         data = {}
210         for field in self.fields:
211             widget = self.dialog.get_widget( field )
212             if widget.get_property( "sensitive" ) == TRUE:
213                 if field in [ "Anrede", "Kategorie" ]:
214                     data[field] = widget.entry.get_text()
215                 else:
216                     data[field] = widget.get_text()
217
218         results = self.app.findContactByData( data )
219
220         container = self.dialog.get_widget( "Ergebnisse" )
221         for child in container.children():
222             container.remove( child )
223         for result in results:
224             button = Button( unicode( result ) )
225             button.connect( "clicked", self.on_Button_clicked )
226             container.pack_start( button )
227         container.show_all()
228
229     def on_Button_clicked( self, button ):
230         self.callback( button.get_label() )
```

Listing 7.13: Klasse SuchenDialog im Modul gtkDialoge

Zeile 174: Da die Klasse SuchenDialog das Modul gtk.glade benutzt, um den Dialog darzustellen, muss hier nicht von der GTK+ Basisklasse für Dialoge Dialog abgeleitet werden.

Zeilen 177-178: Im Attribut fields werden die Namen der Eingabefelder (bzw. Kombinationsfelder) gespeichert, die in Glade an die entsprechenden Widgets vergeben wurden.

Zeilen 179-180: Im Attribut callbacks sind die mit Signalen der Schaltflächen zu verknüpfenden Callback-Methoden gespeichert.

Zeilen 182-196: Im Konstruktor wird der Dialog dargestellt. Als Parameter werden die Liste der Kategorien, eine Referenz auf die Anwendung sowie eine Callback-Methode erwartet. Die Callback-Methode wird aufgerufen werden, wenn der Benutzer auf eine Schaltfläche in der Ergebnisliste klickt.

Zeile 187: Ein Objekt der Klasse XML wird erzeugt. Diese erzeugt alle in der angegebenen XML-Datei enthaltenen Fensterelemente und kapselt den weiteren Zugriff auf diese.

> **Wichtig**
>
> Standardmäßig erzeugt libglade die gesamte in der Datei beschriebene Baumstruktur von Oberflächenelementen. Da eine Glade-Datei wesentlich mehr als nur einen Dialog enthalten kann, spezifiziert man normalerweise den zu erzeugenden Teilbaum durch die Angabe des Namens des Wurzelelements. In unserem Beispiel ist nur der Dialog zum Suchen einer Menge von Kontakten in der Glade-Datei enthalten – die Konstruktion des gesamten Widget-Baums ist also erforderlich.

Zeilen 189-190: Mit der Methode XML.signal_connect() kann man einen Signalhandler (dieser wurde in Glade namentlich bestimmt) mit einer Callback-Methode verbinden. Durch die Benutzung namentlich entsprechender Callback-Methode kann hier dank der in Python enthaltenen Introspektionsfunktion getattr() auf die Angabe der dazugehörigen Callback-Methode verzichtet werden – sie wird zur Laufzeit[1] ermittelt.

Zeilen 192-194: In dieser Schleife wird das Ein- und Ausschalten der den Suchkriterien entsprechenden Eingabefelder durch die dazugehörigen Schaltflächen ermöglicht. Dazu wird über alle Suchkriterien iteriert.

Zeile 193: Die Methode XML.get_widget() gibt eine Referenz auf ein im Teilbaum befindliches Oberflächenelement zurück. Das Checkbutton-Signal "toggled" wird mit der Callback-Methode on_Check_toggled() verbunden. Da in GTK+ die meisten Callback-Methoden mit einer Referenz auf das erzeugende Widget aufgerufen werden, kann hier auf eine weitere Differenzierung (z.B. durch eine zwischengeschaltete lambda-Funktion) verzichtet werden.

Zeile 194: Die Checkbutton-Schaltflächen sind in Glade als nicht aktiviert erstellt worden. Daher sollten auch die Eingabefelder zunächst inaktiv sein. Dies kann durch den Aufruf der in der Klasse Widget definierten Methode set_sensitive() geschehen.

Zeile 196: Während die Elemente des Kombinationsfelds "Anrede" statisch sind (und daher schon in Glade ausgefüllt werden konnten), müssen die Elemente des Kombinationsfelds "Kategorie" direkt aus der Liste der Kategorien erstellt werden. Dazu dient die Methode Combo.set_popdown_strings().

Zeile 198: Die Methode show() wird von der Anwendungsklasse gtkAnwendung gerufen, wenn das (erneute) Anzeigen des Dialogs gewünscht wird.

---

[1] Die Methode XML.signal_autoconnect() würde in diesem Fall nichts ersparen, sondern im Gegenteil wieder die explizite Nennung der Callback-Methoden erfordern. In kompilierten Sprachen ist signal_autoconnect() von weitaus größerem Nutzen.

Zeilen 201-203: Die Callback-Methode on_Check_toggled() wird gerufen, wenn der Status einer der Schaltflächen für die zu verwendenden Suchkriterien verändert wurde. Die Verfügbarkeit des korrespondierenden Eingabefelds soll dann abhängig von diesem Status sein. Da die Schaltflächen in Glade mit ähnlichen Namen wie die Eingabefelder beschriftet wurden (unter Verwendung des Präfixes "cb"), kann dies einfach durch die Hintereinanderschaltung der Methoden XML.get_widget() sowie Widget.set_sensitive() geschehen.

Zeilen 205-206: Die Callback-Methode on_Abbrechen_clicked() wird gerufen, wenn der Benutzer auf die Schaltfläche "Abbrechen" klickt. Der Dialog zum Suchen einer Menge von Kontakten ist ein nichtmodaler Dialog ist und wird hier daher verborgen statt zerstört.

Zeilen 208-227: Die Callback-Methode on_Aktualisieren_clicked() wird gerufen, wenn der Benutzer auf die Schaltfläche "Aktualisieren" klickt. In der Ergebnisliste sollen nun Schaltfläche für jeden der gefundenen Kontakte eingefügt werden.

Zeilen 209-216: Die Inhalte der Eingabefelder werden in das Dictionary data eingelesen. Dabei werden nur verfügbare (d.h. für die Suche als relevant gekennzeichnete) Eingabefelder beachtet. Die Verfügbarkeit lässt sich durch Abfragen der Eigenschaft "sensitive" ermitteln[1]. Die den Feldern "Anrede" und "Kategorie" zugeordneten Kombinationsfelder erfahren hier eine Sonderbehandlung, da sie nicht über direkt über eine Methode zum Auslesen des aktuellen Inhalts verfügen. Statt dessen wird auf das in dem jeweiligen Kombinationsfeld eingebetteten Eingabefeld zugegriffen – dies geschieht über das Attribut entry.

Zeile 218: Die in der Basisklasse Anwendung im Bereich des Kontaktmanagements definierte Methode findContactByData() gibt eine Liste aller zu den Suchkriterien »passenden« Kontakte zurück.

Zeilen 220-222: Die aus früheren Aufrufen von on_Aktualisieren_clicked() stammenden Ergebnisse (respektive die jeweiligen Schaltflächen) werden gelöscht.

Zeilen 223-227: Für jeden der ermittelten Kontakte wird eine separate Schaltfläche in der Ergebnisliste untergebracht. Da die Ergebnisliste eine VBox ist, geschieht dies mit pack_start(). Damit auf das Anklicken einer Ergebnisschaltfläche reagiert wird, verbinden wir das Signal "clicked" mit der Callback-Methode on_Button_clicked().

Zeilen 229-230: Die Callback-Methode on_Button_clicked() wird gerufen, wenn der Benutzer auf eine Schaltfläche innerhalb der Ergebnisliste klickt. Die bei der Konstruktion der Klasse SuchenDialog übergebene Callback-Methode wird hier mit der Identifikation (Vorname und Name) des Kontakts gerufen.

---

[1] Dies ist der erste Fall in der Kontaktverwaltung, wo tatsächlich einmal get_property() benutzt werden muss, weil es keine korrespondierende Methode get_sensitive() gibt.

Es fehlt nun noch die Vorstellung der in der Hauptfensterklasse angesiedelten eben erwähnten Callback-Methode. Dies wird die folgende Methode onResultSelected() in Schritt7.py leisten:

```
159    def onResultSelected( self, result ):
160        self.Kategorien.updateView( "makeVisible", result )
```

Hier wird die an die Klasse Kategorien die Nachricht "makeVisible" gesendet. Mit der Erweiterung von

```
39     elif how == "makeVisible":
40         self.set_current_page( 0 )
41         self.pages["Alle"].updateView( how, what )
```

im Modul gtkFenster wird zunächst erreicht, dass die Kontaktansicht für die Pseudokategorie "Alle" dargestellt wird und dann der Aufruf an das dazugehörige Objekt vom Typ KontaktAnsicht weiter delegiert. In der Klasse KontaktAnsicht müssen dazu folgende Erweiterungen vorgenommen werden:

```
111    elif how == "makeVisible":
112        self.makeVisible( what )
```

Die Bearbeitung der Nachricht "makeVisible" findet in der gleichnamigen Methode statt:

```
158    def makeVisible( self, contact ):
159        "Einen Kontakt sichtbar darstellen und auswählen"
160        iter = self.model.get_iter_root()
170        while "%s %s" % ( self.model.get_value( iter, 2 ),
171                          self.model.get_value( iter, 3 ) ) \
172           != unicode( contact ):
173            self.model.iter_next( iter )
174        self.view.get_selection().select_iter( iter )
```

Wie schon in der in Schritt 6 besprochenen Methode delContact() wird auch hier ein Iterator auf den betreffenden Kontakt ermittelt. In Zeile 174 wird durch den Aufruf von TreeSelection.get_selection() das Auswählen[1] des zum Iterator gehörigen Kontakts veranlasst.

Der Dialog zum Suchen einer Menge von Kontakten wird durch die Menüaktion BEARBEITEN|SUCHEN aktiviert. Die dafür notwendige Callback-Methode miEditFind ist als einzige Methode nicht in der Basisklasse Anwendung implementiert muss daher noch wie folgt in Schritt7.py zur Klasse gtkKontaktAnwendung hinzugefügt werden:

---

[1] Es ist mir mit der vorliegenden Version von GTK+ 2 nicht gelungen, das automatische Anzeigen des programmatisch ausgewählten Kontakts zu ermöglichen. Auch die Dokumentation hüllt sich in diesem Punkt leider in Schweigen.

Kapitel 7
GTK+

```
205    def miEditFind( self ):
206        "Auf Bearbeiten-->Suchen reagieren"
207        if self.findDialog:
208            self.findDialog.show()
209        else:
210            self.findDialog = gtkDialoge.SuchenDialog( self.categories,
                                                         self, self.mainWin-
                                                         dow.onResultSelec-
                                                         ted )
211            self.findDialog.show()
```

Als nichtmodaler Dialog soll der Dialog zum Suchen nur bei der erstmaligen Verwendung konstruiert werden. Jeder weitere Aufruf von miEditFind() ruft die schon erläuterte Methode SuchenDialog.show() auf, die den schon existierenden Dialog erneut sichtbar macht.

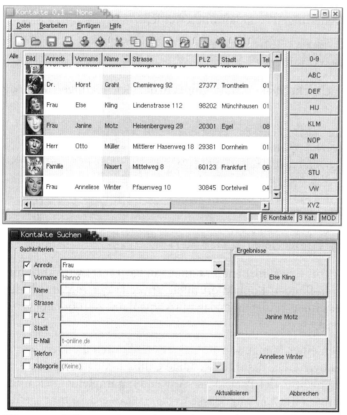

Abb. 7.20: GTK+ Kontaktverwaltung Schritt 7

Abbildung 7.20 zeigt die Kontaktverwaltung in Schritt 7 mit einem geöffneten Dialog zum Suchen. Es wurde hier nach allen Kontakten mit der Anrede "Frau" gesucht – einer der Kontakte wurde durch Auswählen des Eintrages in der Ergebnisliste automatisch in der Kontaktansicht dargestellt.

7.3.8 Schritt 8 – Drucken

Wie in Abschnitt 7.2.9 angesprochen, gehört die Unterstützung zum Drucken von Dokumenten nicht zu den Zielen des GTK+ Teams – dieser Schritt entfällt daher für die GTK+ Version der Kontaktverwaltung.

7.3.9 Schritt 9 – Feinschliff

Mit der Komplettierung von Schritt 7 ist die Kernfunktionalität der GTK+ Version dieser Anwendung implementiert. Es stehen noch einige kleinere Punkte an, darunter:

- Benutzung des Fortschrittsanzeigers bei länger dauernden Operationen
- Navigation über die andockbare Schaltflächenleiste
- Aktualisierung der UI-Elemente

In diesem Schritt soll hier nur noch die Aktualisierung der Oberflächenelemente erläutert werden. Als Oberflächenelemente der Anwendung gelten hier insbesondere die Elemente, die den Zustand der Anwendung permanent visualisieren, d.h. die Schaltflächen in der Werkzeugleiste und die Indikatoren in der Statusleiste.

In nahezu allen Anwendungen sind je nach Zustand der Anwendung nicht immer alle Aktionen durchführbar. Damit der Benutzer nicht ausprobieren muss, was möglich ist und was nicht, visualisiert eine gute Benutzeroberfläche die Verfügbarkeit einer Aktion. Auch das GUI-Toolkit GTK+ unterstützt dies. Wie schon in der Implementierung der Klasse `SuchenDialog` erwähnt, können in GTK+ alle von Widget abgeleiteten Kontrollelemente über den Aufruf der Methode `set_sensitive()` ein- bzw. ausgeschaltet werden.

Es gibt grundsätzlich zwei Möglichkeiten, die besprochenen Oberflächenelemente zu aktualisieren:

1. Eine Aktualisierung nach Bedarf und direkt nach Änderung des Zustands der Anwendung.
2. Die regelmäßige Aktualisierung innerhalb einer Timer- oder Leerlaufmethode.

In dieser Version der Kontaktverwaltung werden beide Ansätze verfolgt: Die auf der Statusleiste befindlichen Indikatoren werden direkt nach der Änderung der Anzahl der Kontakte, der Anzahl der Kategorien oder des Modifikationsstatus verändert. Dies ist sinnvoll, da zentral lösbar: Bei jeder dieser Änderungen wird auch schon die Klasse `Kategorien` durch die Hauptfenstermethode `updateView()` informiert. Es müssen in dieser Methode also zusätzlich noch die Indikatoren aktualisiert werden. Dies wird durch folgende Modifikation der Methode `updateView()` in `Schritt9.py` erreicht:

```
153    def updateView( self, how, what ):
154        self.Kategorien.updateView( how, what )
155        if self.app.modified: label = "MOD"
156        else: label = "---"
157        self.labels["modified"].set_text( label )
158        self.labels["kategorien"].set_text( "%d Kat."
                                               % (len(self.app.categories)-1) )
159        self.labels["kontakte"].set_text( "%d Kontakte"
                                             % len(self.app.contacts) )
```

Die Aktionsschaltflächen werden auf die zweite Art aktualisiert. In GTK+ werden beide Varianten – sowohl über Timermethoden, als auch mit Leerlaufmethoden – unterstützt:

1. Die im Modul gtk definierte Funktion timeout_add(Intervall,Callback) veranlasst das periodische Rufen einer Callback-Methode oder -Funktion. Die Frequenz wird mit dem Parameter Intervall in Millisekunden angegeben.
2. Die ebenfalls im Modul gtk definierte Funktion idle_add(Callback) registriert eine Callback-Funktion oder -Methode, die immer dann gerufen werden soll, wenn in der GTK+ Hauptschleife keine zu verarbeitenden Ereignisse anliegen.

Für die GTK+ Version der Kontaktverwaltung wird die erstere Variante verwendet, um die Schaltflächenelemente auf der Werkzeugleiste sowie die Menüeinträge zu aktualisieren. Dazu sind mehrere Änderungen an der Methode createMenuActions() gegenüber Schritt8.py notwendig. Listing 7.14 zeigt die Methode createMenuActions() in der Fassung von Schritt9.py.

```
 89    def createMenuActions( self, layout ):
 90        "Menüleiste und Werkzeugleiste erstellen"
 91        self.toolBar = Dockable( Toolbar )
 92        self.toolBar.set_style( TOOLBAR_ICONS )
 93        self.toolBar.set_icon_size( ICON_SIZE_SMALL_TOOLBAR )
 94
 95        accelerators = AccelGroup()
 96        self.add_accel_group( accelerators )
 97        f = ItemFactory( MenuBar, "<main>", accelerators )
 98
 99        tools = []
100        menus = {}
101
102        for name, menu in self.allMenus:
103            f.create_items( ((name, None, None, 0, "<Branch>"),), self )
104            for entry in menu:
105                if entry:
106                    both, lh, icon, text, typ, cbname = entry
107                    cb = getattr( self.app, cbname )
```

```
108              f.create_items( ((text, None, lambda w,a,b,cb=cb:cb(),
                                   0, typ, icon),), self )
109              menus[cbname] = f.get_widget( "<main>%s"
                                       % text.replace( "_", "" ) )
110              if both==BOTH and icon != "":
111                  self.toolBar.insert_stock( icon, lh, None, lambda
                                     b,w,cb=cb:cb(), self, -1 )
112                  tools.append( cbname )
113           else:
114              f.create_items( ((text, None, None, 0,
                                    "<Separator>"),), self)
115          self.toolBar.append_space()
116          layout.attach( Dockable( f.get_widget( "<main>" ) ),
117                  0, 1, 0, 1, EXPAND|FILL, 0, 0, 0 )
118          layout.attach( self.toolBar,
119                  0, 1, 1, 2, EXPAND|FILL, 0, 0, 0 )
120
121          self.menuitems = menus
122          self.toolitems = {}
123          toolbuttons = self.toolBar.children()[0].children()
124          for i in xrange( 0, len( tools ) ):
125              self.toolitems[tools[i]] = toolbuttons[i]
```

Listing 7.14: Methode createMenuActions() in Schritt9.py

Zeilen 99-100: Um die Methode `set_sensitive()` auf einem Menüeintrag bzw. einer Werkzeugleistenschaltfläche aufrufen zu können, werden in die Dictionaries `menuitems` bzw. `toolitems` später Referenzen auf die jeweiligen Widgets gepackt, die dann durch den Schlüssel des jeweiligen Menüaktionsnamens (z.B. `"miEditCopy"`) abgerufen werden können.

Zeile 109: Mit der Methode `ItemFactory.get_widget()` bekommt man das zu einem Menüpfad gehörende Fensterelement. Die in der Menüdatenstruktur notwendigen Kennzeichnungen für die Beschleunigertasten ("_") gehören nicht zum Menüpfad und müssen daher vorher entfernt werden.

Zeile 112: Für die Werkzeugleistenschaltflächen gibt es keine solche Methode `get_widget()`. Man muss sich daher mit einem Trick behelfen. Zunächst merkt man sich die Reihenfolge der auf der Werkzeugleiste vorkommenden Menüaktionsnamen in einer Liste.

Zeilen 116-120: Um dann an die Widgets zu den Werkzeugschaltflächen zu kommen, wird die Methode `Container.children()`[1] verwendet. Durch eine Iteration

---

[1] Die zusätzliche Indirektion über `children()[0]` ist nötig, da die Leiste als Kindfenster in der von uns entwickelten Containerklasse `Dockable` eingebettet sind.

über alle Kindfenster (deswegen die vorherige Speicherung der Reihenfolge) kann die Zuordnung von Menüaktionsname zu Fensterelement schließlich erfolgen.

Das Aktivieren oder Deaktivieren einer Menüaktion wird innerhalb der Hauptfensterklasse gtkHauptfenster in der Methode updateActionStatus() erledigt:

```
176    def updateActionStatus( self, action, status ):
177        "Den Status einer Aktion aktualisieren"
178        self.menuitems[action].set_sensitive( status )
179        self.toolitems[action].set_sensitive( status )
```

In der Methode setActionStatus() wird die Verfügbarkeitslogik implementiert:

```
181    def setActionStatus( self ):
182        "Aktionsstatus aktualisieren"
183        self.updateActionStatus( "miFileNew", 1 )
184        self.updateActionStatus( "miFileOpen", 1 )
185        self.updateActionStatus( "miFileImport", 1 )
186        self.updateActionStatus( "miHelpAbout", 1 )
187
188        if self.getSelected(): self.updateActionStatus( "miEditModify", 1 )
189        else: self.updateActionStatus( "miEditModify", 0 )
190
191        if self.app.doctitle:
192            if self.app.modified > 0:
193                self.updateActionStatus( "miFileSave", 1 )
194            else:
195                self.updateActionStatus( "miFileSave", 0 )
196            self.updateActionStatus( "miFileExport", 1 )
197            if len( self.app.contacts ) > 0:
198                self.updateActionStatus( "miFilePrint", 1 )
199                self.updateActionStatus( "miEditCut", 1 )
200                self.updateActionStatus( "miEditCopy", 1 )
201                self.updateActionStatus( "miEditFind", 1 )
202                if self.app.clipboard:
203                    self.updateActionStatus( "miEditPaste", 1 )
204                else:
205                    self.updateActionStatus( "miEditPaste", 0 )
206            else:
207                self.updateActionStatus( "miFilePrint", 0 )
208                self.updateActionStatus( "miEditCut", 0 )
209                self.updateActionStatus( "miEditCopy", 0 )
210                self.updateActionStatus( "miEditPaste", 0 )
211                self.updateActionStatus( "miEditFind", 0 )
212            self.updateActionStatus( "miInsertContact", 1 )
213            self.updateActionStatus( "miInsertCategory", 1 )
214            self.updateActionStatus( "miInsertContact", 1 )
```

```
215              self.updateActionStatus( "miInsertCategory", 1 )
216
217              title = self.app.doctitle[self.app.doctitle.rfind("/")+1:]
218              self.title( "%s %s - %s" % ( self.app.apptitle,
                                              self.app.appversion, title ) )
219         else:
220              self.updateActionStatus( "miEditCut", 0 )
221              self.updateActionStatus( "miEditCopy", 0 )
222              self.updateActionStatus( "miEditPaste", 0 )
223              self.updateActionStatus( "miEditFind", 0 )
224              self.updateActionStatus( "miFileSave", 0 )
225              self.updateActionStatus( "miInsertContact", 0 )
226              self.updateActionStatus( "miInsertCategory", 0 )
227              self.updateActionStatus( "miFilePrint", 0 )
228              self.updateActionStatus( "miFileExport", 0 )
229              self.updateActionStatus( "miInsertContact", 0 )
230              self.updateActionStatus( "miInsertCategory", 0 )
231              self.title( "%s %s - Keine Datei geladen" % ( self.app.app-
title, self.app.appversion ) )
```

Listing 7.15: Methode setActionStatus() in Schritt9.py

Der jeweilige Status wird direkt aus den in der Anwendungsklasse untergebrachten Variablen ausgelesen und dann der oben beschriebenen Methode updateActionStatus() übergeben.

Es fehlt nun noch der periodische Aufruf der Methode setActionStatus(). Dieser erfolgt in der Timermethode onTimeout(), die ebenfalls in der Hauptfensterklasse implementiert ist. In Schritt9.py geschieht dies mit den Zeilen

```
233    def onTimeout( self ):
234         self.setActionStatus()
235         return TRUE
```

Die Timermethode muss den Wahrheitswert TRUE zurückgeben, um zu indizieren, dass sie nach dem Verstreichen einer weiteren Zeitperiode erneut aufgerufen werden soll. Damit der Kreislauf gestartet wird, fügen wir die folgende Zeile zum Konstruktor der Klasse gtkKontaktAnwendung hinzu:

```
248         timeout_add( 130, self.mainWindow.onTimeout )
```

Abbildung 7.21 zeigt die Kontaktverwaltung in Schritt 9 – direkt nach dem Start der Anwendung. Man sieht auf der Werkzeugleiste und im geöffneten Dateimenü deutlich, dass die meisten Aktionsschaltflächen als *nicht verfügbar* gekennzeichnet sind.

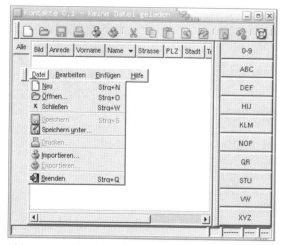

Abb. 7.21: GTK+ Kontaktverwaltung Schritt 9 (ohne Kontaktdatenbank)

Lädt man eine Kontaktdatenbank ein, sind weitere Menüaktionen möglich – deshalb werden automatisch die entsprechenden Aktionsschaltflächen auf der Werkzeugleiste als *verfügbar* gekennzeichnet. In Abbildung 7.22 ist dies deutlich zu sehen – ebenso wie die automatisch erfolgte Aktualisierung der Indikatoren auf der Statusleiste und der angepassten Titelleiste.

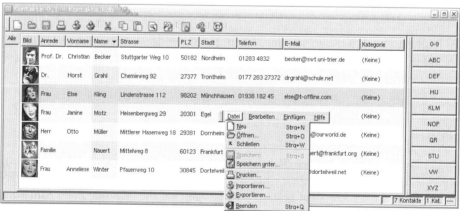

Abb. 7.22: GTK+ Kontaktverwaltung Schritt 9 (mit Kontaktdatenbank)

7.4 Zusammenfassung & Ausblick

GTK+ ist ein vielfältiges, modernes und sehr gut aussehendes GUI-Toolkit. In der Version 2 sind einige wichtige konzeptionelle Veränderungen wie z.B. die schrittweise Umsetzung des MVC-Paradigmas hinzugekommen.

GTK+ brilliert insbesondere aufgrund der durchdachten Basistechnologie, die die Einbindung von Erweiterungen wie Pango und Atk möglich macht. Für spätere Versionen ist die Integration von Anwendungskomponenten angedacht, die zurzeit noch unabhängig von GTK+ in den GNOME User Interface Bibliotheken entwickelt werden.

Mit Glade existiert ein flexibler UI-Builder, der sich nicht nur auf graphische sondern zum Teil auch auf die funktionale Unterstützung bezieht. Leider ist der Entwicklungsstand von GTK+ auf Betriebssystemen außerhalb der UNIX/Linux-Welt noch nicht auf dem Stand der Hauptplattform – dies ist jedoch für die kommenden Versionen 2.x geplant.

7.5 Referenzmaterial

7.5.1 Klassenhierarchie

Das zur Bibliothek GLib gehörende zentrale Wurzelobjekt gobject ist der Übersicht halber nicht abgebildet – von Python aus wird gobject nahezu nie relevant sein. Aus dem gleichen Grund werden auch die Bibliotheken Atk und Pango nicht in der folgenden Hierarchie abgebildet.

```
AccelGroup
Object
 +--Widget
 |   +--Misc
 |   |   +--Label
 |   |   |   +--AccelLabel
 |   |   |   +--TipsQuery
 |   |   +--Arrow
 |   |   +--Image
 |   |   +--Pixmap
 |   +--Container
 |   |   +--Bin
 |   |   |   +--Alignment
 |   |   |   +--Frame
 |   |   |   |   +--AspectFrame
 |   |   |   +--Button
 |   |   |   |   +--ToggleButton
 |   |   |   |   |   +--CheckButton
 |   |   |   |   |       +--RadioButton
 |   |   |   +--OptionMenu
 |   |   +--Item
 |   |   |   +--MenuItem
 |   |   |   |   +--CheckMenuItem
 |   |   |   |   |   +--RadioMenuItem
```

```
|   |   |   |   |   +--ImageMenuItem
|   |   |   |   |   +--SeparatorMenuItem
|   |   |   |   |   +--TearoffMenuItem
|   |   |   |   +--ListItem
|   |   |   |   +--TreeItem
|   |   |   +--Window
|   |   |   |   +--Dialog
|   |   |   |   |   +--ColorSelectionDialog
|   |   |   |   |   +--FileSelection
|   |   |   |   |   +--FontSelectionDialog
|   |   |   |   |   +--InputDialog
|   |   |   |   |   +--MessageDialog
|   |   |   |   +--Plug
|   |   |   +--EventBox
|   |   |   +--HandleBox
|   |   |   +--ScrolledWindow
|   |   |   +--Viewport
|   |   +--Box
|   |   |   +--ButtonBox
|   |   |   |   +--HButtonBox
|   |   |   |   +--VButtonBox
|   |   |   +--VBox
|   |   |   |   +--ColorSelection
|   |   |   |   +--FontSelection
|   |   |   |   +--GammaCurve
|   |   |   +--HBox
|   |   |       +--Combo
|   |   |       +--Statusbar
|   |   +--CList
|   |   |   +--CTree
|   |   +--Fixed
|   |   +--Paned
|   |   |   +--HPaned
|   |   |   +--VPaned
|   |   +--Layout
|   |   +--List
|   |   +--MenuShell
|   |   |   +--MenuBar
|   |   |   +--Menu
|   |   +--Notebook
|   |   +--Socket
|   |   +--Table
|   |   +--TextView
|   |   +--Toolbar
|   |   +--Tree
```

```
|   |     +--TreeView
|   +--Calendar
|   +--DrawingArea
|   |   +--Curve
|   +--Entry
|   |   +--SpinButton
|   +--Ruler
|   |   +--HRuler
|   |   +--VRuler
|   +--Range
|   |   +--Scale
|   |       +--HScale
|   |       +--VScale
|   |   +--Scrollbar
|   |       +--HScrollbar
|   |       +--VScrollbar
|   +--Separator
|   |   +--HSeparator
|   |   +--VSeparator
|   +--Invisible
|   +--OldEditable
|   |   +--Text
|   +--Preview
|   +--Progress
|       +--ProgressBar
+--Adjustment
+--CellRenderer
|   +--CellRendererPixbuf
|   +--CellRendererText
|   +--CellRendererToggle
+--ItemFactory
+--Tooltips
+--TreeViewColumn
IconFactory
IMContext
 +--IMContextSimple
 +--IMMulticontext
ListStore
RcStyle
Settings
SizeGroup
Style
TextBuffer
TextChildAnchor
TextMark
```

```
TextTag
TextTagTable
TreeModelSort
TreeSelection
TreeStore
WindowGroup
```

7.5.2 Kommentiertes Klassenverzeichnis

Klasse	Repräsentiert
AccelGroup	Eine Tabelle von Beschleunigertasten
AccelLabel	Eine Beschriftung mit einer Beschleunigertaste
Adjustment	Die Daten (MVC) eines begrenzt veränderbaren Werts
Alignment	Einen Container, der die Ausrichtung und die Größe seines Kindfensters kontrolliert
Arrow	Einen Pfeil
AspectFrame	Einen Container, der die Größe seines Kindfensters proportional kontrolliert
Bin	Die Basisklasse für Container mit nur einem Kindfester
Box	Die Basisklasse für Container, die mehrere Kindfenster in einem rechteckigen Bereich hintereinander anordnen
Button	Eine Schaltfläche
ButtonBox	Die Basisklasse für Container, die Schaltflächen hintereinander anordnen
CList	Ein Fenster zum Darstellen von Listenstrukturen (*veraltet*)
CTree	Ein Fenster zum Darstellen von Baumstrukturen (*veraltet*)
Calendar	Ein Fenster zum Auswählen eines Datums
CellRenderer	Die Basisklasse für Zellendarsteller, die in einem TreeView zum Einsatz kommen
CellRendererPixbuf	Ein Zellendarsteller für Bilder
CellRendererText	Ein Zellendarsteller für Text
CellRendererToggle	Ein Zellendarsteller für ein an- oder abwählbares Kontrollelement
CheckButton	Eine an/-abwählbare Schaltfläche
CheckMenuItem	Ein an/-abwählbarer Menüeintrag
ColorSelection	Ein Fenster zum Auswählen einer Farbe
ColorSelectionDialog	Den Standarddialog zum Auswählen einer Farbe
Combo	Eine Kombinationsschaltfläche

Tabelle 7.7: Kommentiertes Klassenverzeichnis für PyGTK

Klasse	Repräsentiert
Container	Die Basisklasse für Container, d.h. für Rahmenfenster, die Kindfenster enthalten können
Curve	Ein Fenster, um eine Kurve mit mehreren Stützpunkten editieren zu können
Dialog	Die Basisklasse für Dialogfenster
DrawingArea	Ein Fenster mit einer Zeichenfläche (z.B. zur Kompletten Eigenentwicklung eines Widgets)
Entry	Ein Eingabefeld
EventBox	Ein Ereignisse empfangendes Fenster (zur Einbettung von nicht beim Betriebssystem registrierten Fenstern)
FileSelection	Den Standarddialog zum Auswählen einer Datei
Fixed	Einen Geometriemanager für absolute Positionierung
FontSelection	Ein Fenster, um einen Zeichensatz auszuwählen
FontSelectionDialog	Den Standarddialog zum Auswählen eines Zeichensatzes
Frame	Ein dekoriertes Rahmenfenster
GammaCurve	Ein Fenster, um eine Gamma-Kurve editieren zu können
GenericTreeModel	PyGTK-spezifische Hilfsklasse für TreeModel
HBox	Einen Container, der Kindfenster horizontal hintereinander anordnet
HButtonBox	Einen Container, der Schaltflächen horizontal hintereinander anordnet
HPaned	Ein horizontal geteiltes Fenster
HRuler	Ein horizontales Lineal
HScale	Einen horizontalen Slider
HScrollbar	Eine horizontale Bildlaufleiste
HSeparator	Ein horizontales Trennsymbol
HandleBox	Ein Rahmenfenster, in dem Kindfenster angedockt werden können (*Dock*)
IMContext	Die Basisklasse für Eingabekontexte
IMContextSimple	Einen einfachen Eingabekontext
IMMulticontext	Einen mehrfachen Eingabekontext
IconFactory	Eine Fabrikklasse zur komfortablen Erstellung von Menühierarchien
Image	Ein Fenster, das ein Bild darstellen kann
ImageMenuItem	Ein Menüeintrag mit einem Bild
InputDialog	Einen Dialog für XInput-Werte (*nicht portabel*)

Tabelle 7.7: Kommentiertes Klassenverzeichnis für PyGTK (Forts.)

Klasse	Repräsentiert
Invisible	Interne Klasse für unsichtbare (z.B. gruppierende) Fenster
Item	Die Basisklasse für Elemente in Menü-, Listen oder Baumstrukturen
ItemFactory	Die Erzeugerklasse für Menüs und Menüeinträge
Label	Eine Beschriftung
Layout	Ein Fenster mit einer Zeichenfläche, die größer als die angezeigte sein kann (zum Einbetten in ein ScrolledWindow)
List	Ein Container für eine Liste auswählbarer Elemente (*veraltet*)
ListItem	Ein Element in einem List-Objekt (*veraltet*)
ListStore	Die Daten (MVC) für eine Listenstruktur
Menu	Ein Popup-Menü
MenuBar	Eine Menüleiste für Popup-Menüs
MenuItem	Die Basisklasse für Menüeinträge
MenuShell	Die Basisklasse für Popup-Menüs und Menüleisten
MessageDialog	Einen Standarddialog mit einem Bild und mehreren Schaltflächen
Misc	Die Basisklasse für Fenster mit Ausrichtung und Positionierung des Inhaltes
Notebook	Ein Karteireiterfenster
Object	Die Basisklasse aller Objekte in GTK+
OldEditable	Die Basisklasse für editierbare Fenster (*veraltet*)
OptionMenu	Eine Optionsschaltfläche
Paned	Die Basisklasse für geteilte Fenster
Pixmap	Ein Fenster, das ein Bild darstellt (*veraltet*)
Plug	Ein Hauptfenster, das in einem anderen Prozess eingebettet werden kann (in Zusammenhang mit der Klasse Socket)
Preview	Ein Fenster, um die Komponenten eine Farbe darzustellen (*veraltet*)
Progress	Die Basisklasse für Fortschrittsanzeiger (*veraltet*)
ProgressBar	Eine Fortschrittsanzeige
RadioButton	Eine Schaltfläche in einer exklusiven Gruppe
RadioMenuItem	Einen RadioButton als Menüeintrag
Range	Ein Fenster zur Ansicht (MVC) und Manipulation eines begrenzt veränderbaren Werts
RcStyle	Eine Menge von Stilressourcen

Tabelle 7.7: Kommentiertes Klassenverzeichnis für PyGTK (Forts.)

Klasse	Repräsentiert
Ruler	Die Basisklasse für Lineale
Scale	Die Basisklasse für Slider
Scrollbar	Die Basisklasse für Bildlaufleisten
ScrolledWindow	Ein Fenster, das seinen Inhalt über Bildlaufleisten verschieben kann
Separator	Die Basisklasse für Trennsymbole
SeparatorMenuItem	Ein Separator als Menüeintrag
Settings	Eine Klasse für Fenster übergreifende Einstellungen
SizeGroup	Eine Gruppierung für eine Reihe von Fenstern, die die gleiche Größe haben sollen
Socket	Container für ein von einem anderen Prozess eingebettetes Fenster (in Zusammenhang mit der Klasse Plug)
SpinButton	Eine Schaltfläche, mit der ein Wert erhöht oder erniedrigt werden kann
Statusbar	Eine Statusleiste
Style	Eine Menge von Attributen, die den Fensterstil festlegen
Table	Einen tabellenorientierten Geometriemanager
TearoffMenuItem	Einen Menüeintrag zum Abreißen eines Popup-Menüs
TextBuffer	Die Daten (MVC) einer Textstruktur
TextChildAnchor	Eine Hilfsklasse für die Arbeit mit dem TextView
TextMark	Eine persistente Markierung in einem TextBuffer
TextTag	Eine Textklassifizierung in einem TextBuffer
TextTagTable	Eine Sammlung von TextTag-Elementen
TextView	Die Ansicht (MVC) einer Textstruktur
ToggleButton	Eine Schaltfläche, die bei Anklicken zwischen den Modi "eingedrückt" und "nicht eingedrückt" wechselt
Toolbar	Eine Werkzeugleiste
Tooltips	Eine Ballonhilfe
TreeModelSort	Die Schnittstelle eines sortierten Datenmodells
TreeSelection	Die Auswahl in einer Baum- oder Listenstruktur
TreeStore	Die Daten (MVC) einer Baumstruktur
TreeView	Die Ansicht (MVC) eine Baum- oder Listenstruktur
TreeViewColumn	Eine Spalte in einem TreeView-Objekt
VBox	Einen Container, der Kindfenster vertikal hintereinander anordnet

Tabelle 7.7: Kommentiertes Klassenverzeichnis für PyGTK (Forts.)

Klasse	Repräsentiert
VButtonBox	Einen Container, der Schaltflächen vertikal hintereinander andordnet
VPaned	Ein vertikal geteiltes Fenster
Vruler	Ein vertikales Lineal
Vscale	Ein vertikaler Slider
Vscrollbar	Eine vertikale Bildlaufleiste
Vseparator	Ein vertikales Trennsymbol
Viewport	Den Sichtpunkt eines nicht vollständig sichtbaren Fensters (wird von ScrolledWindow verwendet)
Widget	Die Basisklasse aller Fensterobjekte
Window	Ein Anwendungs- bzw. Hauptfenster
WindowGroup	Eine logische Gruppe von Fenstern

Tabelle 7.7: Kommentiertes Klassenverzeichnis für PyGTK (Forts.)

Kapitel 8
Weitere GUI-Toolkits für Python

In diesem Kapitel werden weitere GUI-Toolkit-Optionen für Python kurz vorgestellt. Die meisten der hier angesprochenen GUI-Toolkits sind aus verschiedenen Gründen nicht zur Entwicklung einer Oberfläche für die in Kapitel 3 vorgestellte Anwendung geeignet.

8.1 Toolkits ohne »aktuelle Bindung«

Die folgenden beiden GUI-Toolkits waren bei der Konzeption dieses Buches aufgrund ihres Funktionsumfangs eigentlich für eine ausführliche Besprechung vorgesehen. Während die Weiterentwicklung der Toolkits selbst auch gut voran geht, werden die Python-Bindungen jedoch schon seit einer Weile nicht mehr aktualisiert. Sollte sich neue Entwickler zur Weiterentwicklung dieser Bindungen finden, werden diese Bibliotheken in der nächsten Auflage dieses Buches selbstverständlich ausführlich vorgestellt.

8.1.1 FLTK

FLTK – das *Fast Light Toolkit* – ist ein unter LGPL stehendes plattformunabhängiges GUI-Toolkit. Zur Zeit läuft es auf den Plattformen UNIX, Linux, MacOS und Windows. Das Entwicklungsziel von FLTK ist es, besonders schnell, modular und leichtgewichtig zu sein. Dieses Ziel scheinen die Entwickler trotz der Verwendung von C++ erreicht zu haben: Als Beispiel wird angeführt, dass ein statisch an die FLTK-Bibliothek gebundenes Hallo-Welt-Programm lediglich 97 Kilobyte groß sei.

FLTK kommt standardmäßig mit dem graphischen UI-Builder *FLUID – FL User Interface Designer*, mit dem man komfortabel Dialoge und Hauptfenster konstruieren kann. Trotz seiner Größe verfügt FLTK über eine stattliche Anzahl an Widgets, darunter auch ein hoch entwickeltes Tabellenwidget und ein Editor für strukturierten Text.

Leider sind die derzeitig verfügbaren Python-Bindungen an FLTK auf einem sehr alten Stand. Auf eine diesbezügliche Nachfrage hin, äußerte der Entwickler Gideon May, dass er auf eine stabilere API-Version des momentan sehr zügig entwickelten FLTK-2 Zweigs wartet. Da statt der alten, mit SWIG entwickelten Bindungen, damit auch eine Neuentwicklung der Python-Bindungen einher geht, dürfte dies noch einige Zeit benötigen.

Kapitel 8
Weitere GUI-Toolkits für Python

Aufgrund dieser Entwicklungen hat es derzeit nur wenig Sinn, die Python-Programmierung mit FLTK-1 zu erläutern. Man darf hier aber gespannt in die Zukunft blicken. Weitere Informationen sind hoffentlich in Kürze [WWW:PYFLTK] zu entnehmen.

8.1.2 FOX

FOX ist ein in C++ entwickeltes GUI-Toolkit, welches sich als besonderes Entwicklungsziel die Plattformunabhängigkeit auserkoren hat. Zurzeit lässt sich ein mit FOX geschriebenes Programm auf nahezu allen wichtigen UNIX-Dialekten, Linux und allen Windows-Plattformen kompilieren.

FOX kommt mit sehr vielen Klassen für die Programmierung graphischer Oberflächen und legt Wert auf die Möglichkeit zur einfachen und konsistenten Erweiterung. Eine Besonderheit ist das durchgängige angewandte Konzept der *Verbindung* von Widgets für die Entwicklung von wiederverwendbaren GUI-Komponenten.

Die Python-Bindung an FOX (FXPy) ist leider auf dem Stand einer mittlerweile veralteten Version von FOX und wurden seit August 2001 nicht mehr weiterentwickelt. Auch sind die mit SWIG entwickelten Python-Bindungen so stark auf die jeweilige FOX-Version abgestimmt, dass es nicht möglich ist, sie mit jüngeren Versionen von FOX zu verwenden. Ebenso hat der (einzige) Entwickler von FXPy im Januar 2002 veröffentlicht, dass er das Projekt in andere Hände legen möchte.

Sollte sich diesbezüglich jemand finden lassen, würde das GUI-Toolkit FOX aufgrund seines großen Potenzials auf jeden Fall auch wieder interessant für Python-Programmierer werden. Weitergehende Informationen sind [WWW:FXPY] zu entnehmen.

8.2 Toolkits für Windows

Die folgenden GUI-Toolkits sind nur unter Windows-Betriebssystemen verfügbar, bieten dort aber die Benutzung aller proprietären Schnittstellen an.

8.2.1 Pythonwin/MFC

Pythonwin ist ein von Mark Hammond entwickeltes Paket für die Unterstützung von in Python geschriebenen Programmen, die das Windows-API verwenden können.

Neben einem komfortablen Editor enthält Pythonwin eine Python-Bindung an die *Microsoft Foundation Classes*, eine von Microsoft in C++ entwickelte Klassenbibliothek zur Unterstützung der Anwendungsentwicklung unter Windows. Die Microsoft Foundation Classes enthalten sehr viele eng mit der Windows-Oberfläche verknüpften Fensterklassen, darunter z.B. Standardkontrollelemente, Karteireiterdialoge, Werkzeug- und Statusleisten, Taskleisten, und vieles mehr.

Schließlich enthält Pythonwin auch noch die direkte Unterstützung für Aufrufe des nativen Win32-API. Damit ist es möglich, auf Windows-Funktionalität zugreifen zu können, die sonst nur in systemnah geschriebenen Programmen verfügbar ist – beispielsweise kann man mit Pythonwin Klienten und Dienste für das verteilte Microsoft-Objektmodell *DCOM*[1] entwickeln oder sogar native *Windows NT Services* implementieren.

Pythonwin wird aktiv weiterentwickelt – die jeweils aktuelle Version ist im Quelltext und als Binärpaket von [WWW:PYTHONWIN] zu beziehen.

8.2.2 DynWin

DynWin – eine *dynamische GUI Klassenbibliothek für Python und Win32* – ist ein GUI-Toolkit mit einer kompletten Sprachbindung an das Win32-API. Laut der Homepage des Entwicklers basiert es auf dem MVC-Paradigma und hat als besondere Entwicklungsziele die hohe Flexibilität und einfache Erweiterbarkeit. Leider lässt die Dokumentation und allgemeine Reife sehr zu wünschen übrig – es war mir beispielsweise nicht möglich, ein einfaches Demoprogramm auszuprobieren, da das Erweiterungsmodul bei jedem Start des Pakets den Python-Interpreter zum Absturz brachte.

Die letzte verfügbare Version von DynWin ist als Binärpaket für Python 2.1 kompiliert von [WWW:DYNWIN] zu beziehen.

8.3 Toolkits für X-Window

Die *Python X-Library* ist ein Paket von Modulen, die die systemnahen Schnittstellen des X-Window Systems kapseln. Mit dieser Bibliothek entwickelte Anwendungen sind sehr schnell und benötigen keine zusätzlichen Toolkits. Wer sich für die Implementierung von nicht-portablen nativen X-Window Anwendungen interessiert, dem sei diese Bibliothek empfohlen. Weitere Informationen sind unter [WWW:PYTHONXLIB] erhältlich.

8.4 Veraltete GUI-Toolkits

Die folgenden GUI-Toolkits werden nicht mehr weiterentwickelt – dennoch finden sich zum Teil immer noch sehr interessante Ansätze in den Konzepten, weshalb die Beschäftigung mit ihnen lohnend sein kann.

---

[1] Auch als unter dem Namen ActiveX bekannt.

8.4.1 STDWIN

STDWIN steht für *Standard Window Interface* – eine plattformunabhängige fensterorientierte Schnittstelle – und war das erste für Python verfügbare GUI-Toolkit[1].

STDWIN war für UNIX-, Windows und Mac-Plattformen verfügbar, wird aber nicht mehr weiterentwickelt und ist seit Python 1.6 auch nicht mehr Bestandteil der Python-Distribution.

Die von STDWIN definierten Objekte und Funktionen sind dem Report CR-R8817 des Amsterdamer *Zentrum für Mathematik und Informatik* zu entnehmen. Die letzte für Python verfügbare Version ist Bestandteil der Python 1.5.2 Distribution.

8.4.2 Wafe

Wafe – Widget Athena Front End – ist ein Paket von Gustaf Neumann und Stefan Nusser, das eine symbolische, auf der Manipulation von Zeichenketten basierende, Schnittstelle zu den in der Frühzeit des X-Window Systems entwickelten Fensterelementen *Athena Widgets* anbietet.

Zu Wafe-Bibliothek entstand 1994 eine Python-Bindung namens *wafepython* – sowohl diese als auch Wafe selbst sind mittlerweile jedoch nur noch von historischem Interesse. Weitere Informationen können [WWW:WAFE] entnommen werden.

8.4.3 Motif

Das GUI-Toolkit *Motif* gehört zu den »Pionieren« der GUI-Toolkits. Ende der 1980er Jahre schlossen sich mehrere UNIX-Hersteller zusammen und gründeten das *Open Software Foundation (OSF)* Konsortium, um einen Standard für die Programmierung graphischer Oberflächen zu schaffen.

Motif definierte viele Jahre lang den Standard für das Look & Feel von Anwendungen unter dem X-Window System. Jüngere GUI-Toolkits sowie andere Plattformen haben sich in vielen Punkten von der exzellenten Grundlagenforschung der OSF inspirieren lassen.

Der größte Nachteil von Motif waren die horrenden Lizenzgebühren, die die OSF sowohl für Entwicklungssysteme als auch für Laufzeitumgebungen verlangte. Schon bald entwickelten findige Programmierer daher eine Quelltext- und zum Teil binärkompatible Bibliothek namens *Lesstif* [WWW:LESSTIF], die eine Untermenge der Motif-Funktionalität implementiert.

---

1 ... eigentlich war es aufgrund der doch stark eingeschränkten Funktionalität eher ein Prototyp eines GUI-Toolkits.

Aufgrund stagnierender Absatzzahlen und der Entwicklung von hochqualitativen freien GUI-Toolkits hat sich die OSF im Jahre 2000 entschlossen, Motif freizugeben. Unter dem Namen Open Motif wird dies zur Zeit – jedoch mit mäßigem Interesse seitens Entwickler und Anwender – weiterentwickelt.

Für Motif existiert eine Python-Bindung von Sjoerd Mullender, die so genannte *Python X Extension*. Die letzte Version dieser Bindung kann als Quelltext von [WWW:MOTIF] bezogen werden. Aufgrund des Zeitstempels von August 1998 ist anzunehmen, dass hier nicht mehr weiterentwickelt wird.

8.4.4 WPY

WPY ist eine von den Microsoft Foundation Classes inspirierte Bibliothek, die ein Plattformen übergreifendes Rahmenwerk für Anwendungen zur Verfügung stellt. Es wurde hierfür eine Teilmenge der MFC-Funktionalität implementiert. Unter Windows greift WPY direkt auf die MFC zu, unter Unix werden die Klassen mit Tk emuliert.

Im Unterschied zu den Microsoft Foundation Classes implementiert WPY ein höher abstrahiertes Graphiksystem. Anstatt bei jeder Verdeckung und erneuter Sichtbarkeit den Inhalt eines Widgets neu zeichnen zu müssen (wie bei MFC üblich), implementiert WPY einen optionalen Zwischenspeicher für ein Fenster – damit wird man von »der Pflicht neu zu zeichnen« befreit.

Eine weitere Komponente von WPY ist die Bindung an das *Netscape Plugin API*. Damit ist es möglich, Python-Programme zu schreiben, die in einem Fenster des Netscape WWW Browser ablaufen.

WPY wird nicht mehr weiterentwickelt – es ist im Quelltext von [WWW:WPY] zu beziehen.

8.4.5 Amulet

Amulet ist eine freie plattformunabhängige Bibliothek zur Programmierung (nicht nur) graphischer Anwendungen, die von einer GUI-Gruppe am *Institut für die Mensch-Maschine-Interaktion der Carnegie Mellon Universität* entwickelt wurde. Amulet kommt mit einer kleinen aber flexiblen Menge von Fensterklassen sowie integrierter Unterstützung für Animation, Erkennung von Gesten und einem UNDO-fähigen Kommando-Prozessor.

Amulet wurde drei Hauptversionen lang weiterentwickelt, bis im Jahre 1998 das Institut keinen weiteren Geldgeber mehr fand. Die Kerngruppe der Entwickler machte sich daraufhin selbständig und führte das Open-Source-Projekt in ihrer Freizeit unter dem Namen *OpenAmulet* fort.

1999 entstand die erste Version einer Python-Bindung an OpenAmulet. Sowohl die Python-Bindungen als auch OpenAmulet selbst werden jedoch seit Mai 2000 nicht mehr weiterentwickelt.

8.4.6 XForms

XForms ist eine Anfang 1990er Jahre von T.C.Zhao und Mark Overmars entwickelte GUI-Bibliothek für das X-Window-System. Die wesentlichen Entwicklungsziele der Bibliothek waren die intuitive und einfache Benutzung, ein minimaler Umfang, die kostenfreie Verfügbarkeit und die Bündelung mit einem Werkzeug zur schnellen Entwicklung graphischer Oberflächen.

XForms verfügt über ein wenige, aber ausreichend viele Elemente, um eine Anwendung mit einer graphischen Oberfläche auszustatten. XForms wurde und wird daher noch in vielen Projekten, wie z.B. dem herausragenden Textverarbeitungssystem LyX [WWW:LYX], benutzt.

Die von Roberto Alsina entwickelten Python-Bindungen an XForms werden seit 1997 leider nicht mehr gewartet.

Nach einer mehrjährigen Entwicklungspause wird jedoch die bisher nur binär verfügbare Bibliothek noch in diesem Jahr unter die GPL gestellt und als Open-Source-Projekt weiterentwickelt. Weitere Informationen sind [WWW:XFORMS] zu entnehmen.

8.5 Toolkits mit besonderen Ansätzen

Hier werden Pakete mit speziellen Ansätzen vorgestellt, um bestimmte Graphiksysteme oder -Bibliotheken für Python nutzbar zu machen.

8.5.1 JPI/AWT

Das *JPI – Java Python Interface* – ist eine Schnittstelle zwischen den Programmiersprachen JAVA und Python. JPI erlaubt die Manipulation von Java-Objekten zur Laufzeit eines Python-Programms. Dadurch ist es insbesondere möglich, das JAVA-eigene GUI-Toolkit *AWT – Abstract Windowing Toolkit* – zur Programmierung graphischer Benutzeroberflächen zu verwenden.

An dem Projekt JPI wird nicht mehr gearbeitet. Der alternative Python-Interpreter Jython (wird im folgenden Abschnitt erläutert) bietet ebenfalls eine solche Schnittstelle und darüber hinaus weit mehr.

Informationen über das mittlerweile stillgelegte JPI-Projekt sind [WWW:JPI] zu entnehmen.

8.5.2 Jython/Swing

Jython[1] ist eine Implementierung des C-basierten Python-Interpreters in JAVA. Jython besteht aus einem Compiler, der einen Python-Quelltext in den JAVA-Bytecode transformiert. Der resultierende Bytecode kann dann direkt in jeder JAVA virtuellen Maschine (JVM) ausgeführt werden.

Diese Umsetzung in JAVA-Bytecode ermöglicht einem Python-Programm die direkte Benutzung von in JAVA geschriebenen Paketen. Eines der Entwicklungsziele von Jython ist die maximal mögliche Kompatibilität zu CPython[2] - daher können die äquivalenten Jython-Versionen von Python auch immer erst später veröffentlich werden.

Neben der Benutzung des AWT kann man in Jython auch das umfangreichere und höher abstrahierte GUI-Toolkit Swing benutzen. Weitere Informationen gibt es unter [WWW:JYTHON].

8.5.3 OpenGL

OpenGL ist primär eine Bibliothek zur Erstellung von interaktiven animierten 3D-Oberflächen, man kann jedoch auch in nur zwei Dimensionen damit arbeiten. Bei der Python-Bindung an OpenGL wurde besonderen Wert auf die Interoperabilität mit anderen GUI-Toolkits gelegt – so ist es z.B. möglich, ein OpenGL-Widget in ein Tk-, wxWindows-, FOX- oder Qt-Programm einzubinden.

Sowohl OpenGL wie auch die Python-Bindungen PyOpenGL werden aktiv weiterentwickelt. Die jeweils aktuelle Version von PyOpenGL ist im Quelltext von [WWW:PYOPENGL] zu beziehen.

8.5.4 Framebuffer

Neben dem in der UNIX-Welt verbreiteten X-Window-System gibt es neuerdings auch Bibliotheken, die auf dem *Framebuffer*-System aufsetzen. Ein Framebuffer ist im Wesentlichen die direkte Abbildung des auf der Graphikkarte befindlichen Speichers in den Adressraum eines Programms. Die Benutzung eines Framebuffers ist insbesondere dort sinnvoll, wo X-Window zu groß oder zu langsam ist oder die Netzwerktransparenz des X-Window Systems nicht benötigt wird.

Von einigen GUI-Toolkits gibt es »Ableger«, die für Framebuffer-Systeme gedacht sind. Diese lassen sich in ihrem Funktionsumfang meistens selbst zusammenstellen, so dass man möglichst schlanke und effiziente Bibliotheken erhalten kann.

---

[1] Jython ist der Nachfolger von JPython. JPython ist ein registriertes Warenzeichen des damaligen Sponsors CRNI – daher musste der Nachfolger einen anderen Namen tragen.

[2] ... der Buchstabe C dient hier zur Identifikation des jeweiligen »Python-Dialekts«.

Hier sind zum Beispiel die GUI-Toolkits Qt/E [WWW:QT] oder GTK+/Fb [WWW:GTK] zu erwähnen.

Es gibt jedoch auch sehr interessante speziell für den Framebuffer entwickelte GUI-Toolkits. Leider ist die Entwicklung dieser Bibliotheken noch sehr »im Fluss« und an die Verfügbarkeit von Python-Bindungen ist vorerst noch nicht zu denken.

8.5.5 PyGame

PyGame ist ein Paket von Modulen für die Programmierung von Spielen mit graphischer Oberfläche. Das primäre Entwicklungsziel ist es, graphisch aufwendige und performante Spiele in reinem Python schreiben zu können.

PyGame setzt wiederum auf der der *SDL* [WWW:SDL] auf. Die SDL (*Simple DirectMedia Layer*[1]) ist eine plattformunabhängige Bibliothek, die einen effizienten Zugriff auf Systeme anbietet, die über einen Framebuffer verfügen.

PyGame wird aktiv entwickelt und ist unter [WWW:PYGAME] zu beziehen.

8.6 Meta-Toolkits

Während ein GUI-Toolkit in den meisten geschichteten Systemen die oberste Abstraktionsschicht repräsentiert und eine weitere Abstraktion wenig sinnvoll scheint, sind im Python-Umfeld dennoch einige sehr interessante *übergeordnete* Toolkits entstanden. Man nennt diese Toolkits *Meta-Toolkits*.

8.6.1 AnyGUI

AnyGUI ist ein sehr komfortables und hoch abstrahiertes Meta-Toolkit für Python, das eine einheitliche Schnittstelle zu mehreren Toolkits anbietet. AnyGUI unterstützt das MVC-Paradigma für die Funktionalität des Anwendungsrahmens.

Eine mit AnyGUI entwickelte Anwendung kann auf jedem System verwendet werden, das über eines der von AnyGUI benutzbaren Basis-Toolkits verfügt.

Um die intuitive Programmierung mit AnyGUI zu verdeutlichen, hier das obligatorische Hallo-Welt-Programm, zu dem wohl keine weiteren Erläuterungen nötig sind:

```
from anygui import *

window = Window()
button = Button()
button.txt = "Hallo Welt!"
app = Application()
```

---

[1] ... nicht nur dem Namen nach mit *DirectX* verwandt.

```
app.add( win )
app.run()
```

Als Besonderheit ist auch die Unterstützung von im Textmodus arbeitenden Toolkits (wie z.B. curses oder auch dynamisches HTML) enthalten bzw. geplant. Eine Liste aller von AnyGUI aus nutzbaren sowie zukünftig geplanten Basis-Toolkits ist in Tabelle 8.1 dargestellt.

Basis-Toolkit	Status
Bethon (BeOS nativ)	Bereits implementiert
Java Swing	Bereits implementiert
PythonWin	Bereits implementiert
PyGTK 1	Bereits implementiert
Tkinter	Bereits implementiert
wxPython	Bereits implementiert
PyQt	Bereits implementiert
curses	Bereits implementiert
DHTML	Geplant
PyFLTK	Geplant
PyUI	Geplant

Tabelle 8.1: Von AnyGUI verwendbare Basis-Toolkits

Zurzeit ist AnyGUI in der Version 0.1.1 verfügbar – es wird noch einige Zeit dauern, bis die angebotene Funktionalität von AnyGUI mit anderen GUI-Toolkits vergleichbar ist. Da AnyGUI aber sehr aktiv weiterentwickelt wird, sollte man es sich auf jeden Fall anschauen. Weitere Informationen sind [WWW:ANYGUI] zu entnehmen.

8.6.2 PyCard

PyCard ist ein als Anwendungsrahmen gedachtes Toolkit für Python, das optimiert ist auf die besonders einfache und effiziente Entwicklung von Anwendungen, die auf graphischen Dialogen (hier Karten) basieren.

PyCard wurde von dem von Apple entwickelten *HyperCard* [WWW:HYPERCARD] inspiriert. HyperCard organisiert die Interaktion mit dem Benutzer mit einem Stapel von Karten, durch die er einfach navigieren kann.

PyCard nutzt wxWindows (vgl. Kapitel 6) als Basis-Toolkit und kann daher nur auf Systemen eingesetzt werden, auf denen wxWindows installiert ist. PyCard ist in einem noch recht frühen Stadium, wird aber aktiv weiterentwickelt – Informationen über den aktuellen Status sind auf [WWW:PYCARD] verfügbar.

8.7 Zusammenfassung

Die in den Kapitel 4 bis 7 ausführlich besprochenen GUI-Toolkits sind die zurzeit am weitesten entwickelten GUI-Toolkits für Python. Neben den momentan leider nicht (mehr) interessanten Toolkits FLTK und FOX sind neue Bibliotheken wie AnyGUI und PyCard auf dem Weg, zusätzliche Alternativen für die Entwicklung von Anwendungen mit graphischen Oberflächen zu werden. Sowohl für Windows-Betriebssysteme als auch für das X-Window System gibt es darüber hinaus spezielle GUI-Toolkits, die Zugriff auf proprietäre oder nicht-portable Schnittstellen gestatten. Weitere Toolkits wie PyGame oder PyOpenGL sind nichts für den »Normalfall« einer graphischen Anwendung, brillieren aber in ihren jeweiligen Nischen.

Kapitel 9
Vergleichen und Auswählen

Um aus der Anzahl verfügbarer GUI-Toolkits eines auszuwählen, muss man zunächst genau die Anforderungen an das zu verwendende GUI-Toolkit spezifizieren.

Ein mögliches Set an Kriterien wird in den nächsten Abschnitten vorgestellt. Diese Kriterien liegen dann der abschließenden Bewertung der in den Kapiteln 4-8 besprochenen GUI-Toolkits zugrunde.

9.1 Funktionale Kriterien

9.1.1 Zielplattformen

Eine der Gründe, sich für ein nicht natives, also auf der jeweiligen Zielplattform inhärent vorhandenes GUI-Toolkit zu entscheiden, ist der Wunsch nach Plattformunabhängigkeit bzw. nach mehreren Zielplattformen.

Python selbst ist auf sehr vielen Plattformen verfügbar – Tabelle _9.1 zeigt eine Liste der bekanntesten. Die Verfügbarkeit eines bestimmten GUI-Toolkits auf der gewünschten Zielplattform ist jedoch noch kein Garant, dass auch das für die Anwendungsprogrammierung nötige Python-Erweiterungsmodul für diese Zielplattform erhältlich ist.

Linux	Solaris	FreeBSD	BSDI	DEC Unix	DEC Ultrix
AIX	HP/UX	Minix	SCO Unix	UnixWare	SunOS 4
QNX	BeOS	Cray T3E	Irix	OS/2	Monterey
Reliant	Mac OS X	Cygwin	EPOC	Mac OS 9	Darwin

Tabelle 9.1: Python Zielplattformen

9.1.2 Widget-Set

Das zur Verfügung stehende Widget-Set ist ein wesentliches Kriterium für die Auswahl eines GUI-Toolkits. Die Schnittmenge aller GUI-Toolkits besteht lediglich aus einem einfachen Fenstertyp sowie einer Menge von Kontrollelementen wie Schaltflächen, Bildlaufleisten, Menüs und Beschriftungen. Für einige Anwendungen kann das Maß der Unterstützung zur Entwicklung eigener Kontrollelemente ein wichtiges Kriterium sein.

9.1.3 Bildverarbeitung

In vielen graphischen Anwendungen ist es notwendig, Bilder einzulesen und unter Umständen nachträglich zu bearbeiten. GUI-Toolkits unterscheiden sich hier in der Anzahl der unterstützten Bildformate sowie der Fähigkeit nachträgliche Bearbeitungen, wie z.B. Drehung, Skalierung oder kompliziertere Filter anzuwenden. Die Erweiterbarkeit um neue Bildformate ist ebenfalls ein Kriterium.

9.1.4 Ereignisverarbeitung

Jedes GUI-Toolkit verfügt über eine Möglichkeit zur Verbindung von Ereignissen mit Programmteilen – Unterschiede gibt es hinsichtlich der Beschreibungsmöglichkeiten und der Granularität von Ereignissen. Für bestimmte Anwendungen kann es wesentlich sein, neue Ereignisse zu definieren oder etwa das Ereignisverarbeitungssystem auch für interne – nicht zum GUI-Toolkit gehörende – Programmteile zu benutzen.

9.1.5 Asynchronität und Parallelität

Soll während der Ereignisverarbeitung – die in allen Fällen in einer Hauptschleife abläuft – noch weitere Aktionen asynchron bzw. parallel ablaufen, ist es nötig, dass das GUI-Toolkit Unterstützung für asynchrone oder parallele Abläufe bietet.

Für bestimmte Klassen von Anwendungen (z.B. Netzwerkprogramme) ist es nötig, mit leichtgewichtigen Prozessen zu arbeiten. Ein wesentliches Kriterium hierbei ist die *Thread-Sicherheit*. Ein GUI-Toolkit ist sicher bezüglich mehrerer Threads, falls Funktionen und Methoden des GUI-Toolkits von allen Threads parallel gerufen werden können. Viele GUI-Toolkits sind nicht threadsicher und erlauben das Rufen ihrer Methoden nur vom Haupt-Thread aus.

Selbst thread-sichere GUI-Toolkit lösen jedoch nicht das Grundproblem, dass für die sichere Verwendung von Multithreading *alle* beteiligten Bibliotheken threadsicher sein müssen.

9.1.6 Geometriemanagement

Eine Hauptaufgabe eines GUI-Toolkits ist die automatische und flexible Platzierung von Fenster in übergeordneten Fenstern. Die Verfügbarkeit leistungsfähiger und ausreichend parametrisierbarer Layoutmanager kann ein Auswahlkriterium sein.

9.1.7 Anwendungsrahmen

Die Unterstützung für Anwendungsorientierte Funktionalität unterscheidet sich bei GUI-Toolkits. Auch schon in kleinen Projekten kann die Berücksichtigung strukturierter Aufteilungen, wie z.B. des Model-View-Controller Paradigma (vgl.

Abschnitt 1.5.1) die Entwicklung und Wartung der Programme verbessern. In großen Projekten ist dies ein absolut notwendiges Kriterium.

9.1.8 Internationalisierung & Lokalisierung

Durch die Verbreitung des Internets ist auch für kleine Produkte die Internationalisierung und Lokalisierung wichtig. GUI-Toolkits können hier nicht nur wesentliche Erleichterung bringen – die Verfügbarkeit beispielsweise eines internationalisierungsfähigen Textfensters ist ein wesentliches Kriterium.

9.1.9 Drucken

In mit Dokumenten arbeitenden Anwendungen ist das Drucken von Dokumenten sehr wichtig. Gerade bei plattformunabhängigen GUI-Toolkits kann diese Unterstützung ein wichtiges Auswahlkriterium sein.

9.1.10 Standardisierte Elemente

Standardisierte Elemente homogenisieren das Aussehen und die Bedienung mehrerer Anwendungen auf einer Plattform. Darüber hinaus beschleunigt die Verfügbarkeit solcher Elemente den Entwicklungszyklus.

9.1.11 Werkzeuge

Neben der eigentlichen Bibliothek für Oberflächenelemente liefern viele GUI-Toolkits weitere mächtige Werkzeuge mit, z.B. zur Internationalisierung und Lokalisierung, Dokumentation oder graphischen Erstellung von Dialogen. Die Verfügbarkeit eines UI-Builder, der auch die funktionale Verbindung von Komponenten erlaubt, kann für viele Anwendungen ein sehr wichtiges Kriterium sein.

9.1.12 Besonderheiten

Spezielle Anwendungen erfordern spezielle Unterstützung. 3D-Anwendungen oder Spiele benötigen GUI-Toolkits mit darauf abgestimmter Funktionalität. Im Zusammenhang mit anderen Sprachen als Python kann es wichtig sein, dass ein GUI-Toolkit zusätzliche Dienste, wie z.B. Anbindung an Netzwerke, Datenbanken oder ähnliches liefert.

9.2 Nichtfunktionale Kriterien

9.2.1 Look & Feel

Die Hauptdomäne von GUI-Toolkits ist die Interaktion mit dem Benutzer. Gerade in kommerziellen Produkten kann das Aussehen und Verhalten der Oberflächenelemente ein wichtiges Kriterium für den Erfolg einer Anwendung sein. Moderne Oberflächen erlauben das Austauschen des Look & Feel durch Stile oder Themen – dies ist hauptsächlich die Aufgabe des verwendeten GUI-Toolkits und stellt daher ein weiteres Kriterium dar.

9.2.2 Lizenzierung

Nicht nur für nichtkommerzielle Entwickler ist die Lizenzierung eines GUI-Toolkits ein wesentlicher Faktor. Für kommerzielle Entwickler kann von der Lizenz insbesondere im Fall der Einstellung der Weiterentwicklung einer Bibliothek das Überleben eines darauf aufbauenden Projekts abhängen.

9.2.3 Dokumentation

Eine umfangreiche und verständliche Dokumentation ist für die Benutzung jeder Bibliothek wichtig – dies gilt insbesondere auch für GUI-Toolkits, die oft sehr umfangreiche Bibliotheken enthalten.

9.2.4 Benutzergemeinde & Support

Für nichtkommerzielle Entwickler ist das Vorhandensein einer großen Benutzergemeinde wichtig. Kommerzielle Softwarehäuser bestehen aus entwicklungstechnischen Sicherheitsaspekten oft auf Supportverträge.

9.2.5 Weiterentwicklung

Ein wesentlicher Punkt bei der Verwendung aller Bibliotheken ist deren gesicherte Weiterentwicklung und in wie weit Benutzer des GUI-Toolkits darauf Einfluss nehmen können. Dies hängt oft eng mit der Lizenzierung zusammen.

9.3 Tk, Qt, wxWindows & GTK+

Die folgenden Tabellen zeigen die in den Kapiteln 4 bis 7 ausführlich besprochenen GUI-Toolkits im direkten Vergleich. Es ist zu beachten, dass dieser, auf den bei der Programmierung der Kontaktverwaltung gewonnenen Erfahrungen basierender, Vergleich natürlich zugleich höchst subjektiv als auch nur eine Momentaufnahme darstellt.

Wir beginnen zunächst mit einem zusammenfassenden Vergleich der im obigen beschriebenen Kriterien und werden danach einige besondere Kriterien herausgreifen, um feingranularer zu Vergleichen.

Zur Legende: Das Abschneiden bezüglich eines Kriteriums wird in einigen Tabellen mit folgender Symbolik beschrieben:

Symbol	Bedeutung
-	schlecht (nicht vorhanden)
0	minimal (vorhanden)
+	gut (reichhaltig)
++	sehr gut (luxuriös)

Tabelle 9.2: Legende

9.3.1 Allgemeine Kriterien

Tabelle 9.3 zeigt einen Vergleich der Eignung der Toolkits bezogen auf die jeweiligen Kriterien.

Kriterium	Tk	Qt	wxWin	GTK+
Zielplattformen	++	++	++	+
Stabilität	++	+	0	+
Fensterklassen	0	++	+	++
Dialogklassen	+	++	++	+
Ereignisverarbeitung	0	++	+	++
Asynchronität / Parallelität	+	+	+	++
Anwendungsrahmen	-	++	++	++
Geometriemanagement	++	++	+	++
Internationalisierung	-	++	++	++
Drucken	0	0	++	-
Standardisierte Elemente	-	-	-	+
Werkzeuge	-	++	+	+
Besonderheiten	-	+	+	+
Lizenzierung	++	+	++	++
Dokumentation	+	++	-	0
Support	+	++	++	++
Weiterentwicklung	0	++	+	++

Tabelle 9.3: Vergleich der allgemeinen Kriterien

9.3.2 Ereignisverarbeitung

Tk bildet größtenteils die auf den nativen Plattformen vorhandene Signalisierung von Ereignissen auf die vom X-Window-System bekannten *Events* ab. GTK+ und wxWindows erweitern das System, indem hier eigene Ereignisse definiert werden können. Qt brilliert hier aufgrund eines durchgängigen Systems zur Verbindung von beliebigen Komponenten, das auch ohne die graphische Bennutzeroberfläche sinnvoll und effizient benutzt werden kann.

9.3.3 Asynchronität und Parallelität

Alle ausführlich besprochenen GUI-Toolkits verfügen über die Unterstützung für asynchrone Prozesse. Thread-Sicherheit ist zur Zeit noch ein Problem einiger Toolkits, woran jedoch unter Hochdruck gearbeitet wird. In Qt, GTK+ und wxWindows wird dies durch spezielle Klassen oder Funktionen gelöst, die das Sperren der internen Strukturen beinhalten. Der von Tk benutzte tcl-Interpreter selbst ist ebenfalls threadsicher.

9.3.4 Fensterklassen

Tabelle 9.4 zeigt einen Vergleich der in den besprochenen GUI-Toolkits vorhandenen Fensterklassen.

Typ	Tk	Qt	wxWin	GTK+
Rahmenfenster	0	+	+	+
Menüs	+	+	+	+
Werkzeugleisten	-	+	+	+
Statusleisten	-	+	+	++
Beschriftungen	++	+	+	+
Schaltflächen	+	+	+	+
Editierfelder	+	+	+	+
Kombinationsfelder	+	+	+	+
Drehfelder	-	+	+	+
Bildlaufleisten	+	+	+	+
Schieberegler	-	+	+	+
Fortschrittsanzeigen	-	++	+	++
Bäume	-	+	+	++
Tabellen	-	++	++	++
Strukturierter Text	++	+	+	++
Karteireiter	-	+	+	+
Lineale	-	-	-	+
Kurven	-	-	-	+
2D-Zeichenfläche	++	++	+	+
3D-Zeichenfläche	-	-	-	-

Tabelle 9.4: Vergleich der Fensterklassen

Typ	Tk	Qt	wxWin	GTK+
Animation	-	+	-	-
Druckvorschau	-	-	++	-

Tabelle 9.4: Vergleich der Fensterklassen (Forts.)

9.3.5 Layout-Manager

Tabelle 9.5 zeigt einen Vergleich der Layoutmanager. Während die Layoutmanager in Tk, Qt und GTK+ größtenteils mit einem auf dem Konzept des Kindfenster basierenden Containersystem arbeiten, wird dies in wxWindows anders gehandhabt. WxWindows setzt hier auf ein grundsätzlich flexibleres, aber oft unnötig kompliziertes System.

Typ	Tk	Qt	wxWin	GTK+
Absolute Positionierung	+	+	0	+
Horizontale/Vertikale Box	0	+	0	+
Tabelle	+	+	0	++
Einschränkungen	++	0	-	0

Tabelle 9.5: Vergleich der Layoutmanager

9.3.6 Dialogklassen

Tabelle 9.6 zeigt einen Vergleich der Klassen für Dialoge. In Tk muss man leider viele der in anderen GUI-Toolkits vorhandenen Dialoge nachbauen. Qt brilliert hier mit der Möglichkeit, die standardisierten Dialoge benutzerdefiniert zu erweitern. In GTK+ profitieren Dialoge vom System der standardisierten Elemente. Nur wxWindows verfügt über ein leistungsfähiges Dialogfenster für die Druckvorschau.

Typ	Tk	Qt	wxWin	GTK+
Dateiauswahl	+	++	+	0
Farbauswahl	+	++	+	++
Zeichensatzauswahl	+	++	+	+
Druckerauswahl	-	0	+	-
Seiteneinrichtung	-	-	+	-
Druckvorschau	-	-	++	-
Nachrichten	+	+	++	++
Texteingabe	+	+	+	-

Tabelle 9.6: Vergleich der Dialogklassen

Typ	Tk	Qt	wxWin	GTK+
Karteireiter	-	+	+	+
Assistenten	-	+	+	-
Benutzerdefinierte	+	++	++	++

Tabelle 9.6: Vergleich der Dialogklassen (Forts.)

9.3.7 Anwendungsrahmen

Tabelle 9.7 zeigt einen Vergleich der Klassen für die zum Anwendungsrahmen gehörige Funktionalität. Außer Tk unterstützen alle anderen GUI-Toolkits die strukturierte Trennung von Datenmodell und Ansicht nach dem MVC-Paradigma – jedoch durchaus mit variierendem Umfang bzw. variierender Konsequenz.

Typ	Tk	Qt	wxWin	GTK+
Anwendungsklasse	-	+	++	-
Menüs	+	+	+	+
Werkzeugleisten	-	+	+	+
Statusleisten	-	+	+	++
Konfigurationsoptionen	-	0	+	0
Drag & Drop	0	+	++	+
Nachrichtenaustausch	-	-	+	+
GUI-Prozesse einbetten	-	-	-	++
Umsetzung von MVC	-	+	++	+

Tabelle 9.7: Vergleich des Anwendungsrahmen

9.3.8 Werkzeuge

Unter den ausführlich besprochenen GUI-Toolkits ist im Bereich mitgelieferter Werkzeuge Qt hervorzuheben, dass mit dem leistungsfähigen Qt Designer und dem Qt Linguist kommt. Der Qt Designer gestattet als einziger UI-Builder die graphische Verbindung von Signalen mit Slots (d.h. internen Callback-Methoden) – der Qt Linguist ist ein Werkzeug zur Unterstützung von Internationalisierung und Lokalisierung. Für wxWindows und GTK+ existieren ebenfalls UI-Builder.

9.3.9 Look & Feel

Alle GUI-Toolkits lassen ihr Aussehen umfangreich konfigurieren, wobei dies in Tk nur über Konfigurationsdateien möglich ist. Qt, wxWindows und GTK+ verfügen über ein Themenkonzept, mit dem das Aussehen der Elemente zur Laufzeit umfangreich verändert werden kann. Auf den einschlägigen Webseiten, wie z.B.

[WWW:THEMES] und [WWW:SKINS] sind sehr viele derartige Themen bzw. Stilpakete verfügbar.

9.3.10 Dokumentation

Tk und wxWindows verfügen über umfangreiche Dokumentationen, die jedoch hauptsächlich für tcl (Tk) bzw. C++ (wxWindows)-Programmierer gedacht ist. Die Dokumentation für GTK+ ist zurzeit noch mangelhaft – vieles kann nur durch Ausprobieren ermittelt werden. Qt hat die vorbildlichste Dokumentation. Neben einem umfangreichen Hyperlink basierten System sind sehr viele Beispielprogramme und themenspezifische Einführungen verfügbar. Obwohl die Dokumentation für C++ gedacht ist, lässt sich die Syntax aufgrund der hervorragenden Python-Bindung sehr leicht auch PyQt abbilden.

9.3.11 Lizenzierung

Die Lizenzierungsaspekte der Bibliotheken sind zum Teil sehr komplex und oft Anlass zu heftigen Diskussionen. Insbesondere Qt wird je nach Nutzergruppe unter verschiedenen Lizenzen veröffentlich. Da abhängig von der GUI-Toolkit Version von Zeit zu Zeit außerdem eine Änderung oder der Wechsel der Lizenz vorkommt, muss hier auf die entsprechenden WWW-Präsenzen [WWW:QT], [WWW:TK], [WWW:WXWINDOWS] und [WWW:GTK] verwiesen werden.

9.4 Zusammenfassung

Mit allen der ausführlich besprochenen GUI-Toolkits lassen sich sehr effizient graphische Oberflächen erstellen. Vielfach haben die GUI-Toolkits jedoch unterschiedliche Schwerpunkte.

Tk ist am ehesten als GUI-Toolkit der »alten Schule«, d.h. ohne spezielle Anwendungsfunktionalität, zu sehen. Dafür ist es sehr flexibel konfigurierbar und auf den meisten Plattformen verfügbar.

Qt und wxWindows sind als allumfassende Rahmenwerke für die Programmierung plattformunabhängiger Anwendungen positioniert – wobei Qt nicht nur wesentlich weiter verbreitet ist, sondern meiner Meinung nach auch über eine softwaretechnisch bessere Basis verfügt.[1]

GTK+ hat in der Version 2 enorm aufgeholt – sowohl softwaretechnisch als auch im Bereich Look & Feel – und ist vor allem unter Linux eine sehr gute Wahl, wenn es lediglich um GUI-Funktionalität geht.

---

[1] ... was durchaus auch daran liegen kann, dass Trolltech mit Qt Geld verdient bzw. verdienen muss.

Kapitel 10
Ergonomie

Ergon, griech.: das Werk, die Mühe

Nomos, griech.: das Gesetz, die Lehre

10.1 Begriff & Historie

Nach dem Duden ist *Ergonomie* die »Wissenschaft von den Leistungsmöglichkeiten und -grenzen des arbeitenden Menschen sowie der besten wechselseitigen Anpassung zwischen dem Menschen und seinen Arbeitsbedingungen«.

Als ursprünglicher Wortschöpfer wird im Allgemeinen der polnische Naturwissenschaftler Wojciech Jastrezbowski (1799-1882) angesehen, der diesen Begriff in der 1857 erschienen Schrift »Grundriss der Ergonomie oder Lehre von der Arbeit, gestützt auf die aus der Naturgeschichte geschöpfte Wahrheit« geprägt hat.

Größere Verbreitung fand der Begriff Ergonomie durch die 1949 von dem englischen Physiologen Murrell veröffentlichten Schrift »Ergonomie – der Mensch in seiner Arbeitsumgebung«. In dieser Veröffentlichung, die zur Gründung der englischen *Ergonomics Research Society* [WWW:ERGONOMICS] führte, wird hauptsächlich darauf eingegangen, wie man konkrete Angaben und Vorschläge für die technische Auslegung von Werkzeugen, Geräten und Maschinen macht, die optimal von Menschen bedienbar sind.

Seit 1957 wird von der Ergonomics Research Society die Zeitschrift *ERGONOMICS* herausgegeben, die als multidisziplinäres Journal regelmäßig Artikel über alle Forschungsaspekte und -Gebiete der Ergonomie veröffentlicht.

Seit einigen Jahren sehen sich Krankenkassen mit einer Welle von durch unergonomische Computerarbeitsplätze hervorgerufenen Krankheitsbildern konfrontiert. *RSI* (*Repetetive Strain Injury*), die durch die unzählige Wiederholung von Tastatur- oder Mausklicks verursachte Schädigung des Arm- und Handapparates, ist nur eines davon.

Durch die weite Verbreitung von Bildschirmarbeitsplätzen in den letzten Jahren ist der Begriff der Ergonomie daher auch für Arbeitgeber wichtig geworden. 1990 hat die Europäische Gemeinschaft die »Richtlinie über die Mindestvorschriften bezüglich der Sicherheit und des Gesundheitsschutzes bei der Arbeit an Bildschirmgeräten« erlassen. Arbeitgeber, die nicht für die Einhaltung dieser Richtlinien sorgen, können juristisch belangt werden.

10.2 Hardware

Zum Bereich der Hardware-Ergonomie gehören Aspekte, die die Optimierung von Geräten an die physischen Eigenschaften des Menschen unterstützen. Dazu zählen unter anderem die folgenden Faktoren:

- Größe und Schnitt des Arbeitsplatzes
- Anordnung und Verfügbarkeit der Geräte
- Angenehme Benutzbarkeit der Interaktions- und Peripheriegeräte

Die Ergonomie für Computer-Hardware gehört zu den älteren Domänen der Ergonomie im Bereich der Datenverarbeitung, da sie sich direkt aus den Vorschlägen für die *die Physiologie des Menschen unterstützende Geräte* ableitet.

Leider ist gerade dieser Teilbereich lange Zeit kaum beachtet worden, da vor allem die technische Realisierbarkeit zu wünschen übrig ließ. Andererseits werden trotz in letzter Zeit immens gestiegenen technischen Möglichkeiten zwar höchst fragwürdige aber etablierte Mechanismen beibehalten.

Ein Beispiel: Das primäre Eingabegerät eines Computers ist (immer noch) die Tastatur. Deren Layout orientiert sich an der ergonomisch extrem problematischen Anordnung der klassischen Schreibmaschine. Allseits bekannt ist, dass der Grund deren unergonomischer Anordnungen der Tasten ein rein technischer war, dessen Notwendigkeit heutzutage längst passé ist. Dennoch arbeiten Millionen von Menschen immer noch mit einem Gerät, das Hände und Arme übermäßig strapaziert und für Verspannungen, Entzündungen und verdrehte Handgelenke verantwortlich ist.

Neuentwicklungen wie z.B. das *Microsoft Natural Keyboard Pro* (vgl. Abbildung 10.1) werden trotz der definitiv nachweisbaren ergonomischen Verbesserungen sowohl von der Industrie als auch von den Benutzern nur zögerlich angenommen.

Abb. 10.1: Die ergonomische Tastatur Microsoft Natural Keyboard Pro

10.3 Software

Zur Bereich der Software-Ergonomie gehören Aspekte, die die Optimierung von Programmen an die Arbeitsabläufe der Menschen unterstützen. Dazu zählen unter anderem folgende Faktoren:

- Interaktiver und selbst gesteuerter Ablauf
- Niedrige Antwortzeit
- Hohe Zuverlässigkeit
- Flexible und anpassbare Gestaltung der Dialoge
- Vollständige Information über den Kontext
- Hohe Fehlertoleranz
- Sinnvolle Verwendung von Metaphern
- Visualisierung der Aktionsrückkopplung
- Mehrstufiges Rückgängigmachen von Aktionen
- Verfügbarkeit und Zugriff auf das Hilfesystem
- Konsistenz der Benutzungsoberfläche
- Aufgabenorientiertes Format und Größe der angezeigten Informationen

Die Hauptgründe für ergonomisches Softwaredesign sind eine einfache Erlernbarkeit und eine möglichst hohe Effizienz beim Umgang mit der Software – daraus resultieren zufriedenere, kreativere und nicht zuletzt produktivere Benutzer.

Nichtergonomisch gestaltete Software dagegen kann zu erhöhten Belastungen für den Menschen führen. Die biologischen Wirkungen reichen dabei von Kopfschmerzen und Augenflimmern über Stress und Zeitdruck bis hin zu chronischen körperlichen Beschwerden.

Es gibt einen beachtlichen Umfang an weiterführender Literatur zu dem Thema Software-Ergonomie – eines der interessantesten Werke ist von dem amerikanischen Psychologen Ben Schneiderman (»User Interface Design« [SHN02]), der als Mitbegründer dieses Forschungsbereichs gilt.

10.4 Regeln, Standards & Normen

Wenn mehrere Menschen zusammenarbeiten, ist es sinnvoll, sich über die Vorgehensweise abzustimmen. In Firmen beispielsweise gibt es nicht nur informelle Vereinbarungen über bestimmte Abläufe, sondern auch formelle *Regeln*. Diese können auch durchaus Gegenstand von Arbeitsverträgen sein.

Um die Zusammenarbeit unterschiedlicher Produkte oder Abläufe zu garantieren, wird ein *Standard* formuliert und vorgeschlagen. Ob sich ein vorgeschlagener Standard als solcher durchsetzt, ist dabei von vielen Faktoren abhängig – die Marktmacht der den Standard veröffentlichen Gruppe bzw. Firma[1] ist dabei nur einer.

Mit der Vereinbarung und Formulierung von *Normen*[2] können Standards juristisch bindend verankert werden. In Deutschland sind ungefähr 80% aller technischen Details von Produkten und Verfahren in Normierungsdokumenten festgelegt. Das bekannteste nationale Normungsinstitut ist das *Deutsche Institut für Normung e.V. (DIN)*. Jeder in Deutschland lebende Mensch wird im Laufe seines Lebens mit unzähligen Werken des DIN konfrontiert – ein praktisches und unmittelbares Beispiel ist das Format des Buches (DIN A5), in dem sie gerade lesen.

So gut und sinnvoll Normen auch sein mögen, leider sind sie oft national oder gar regional begrenzt. Beispielsweise haben internationale Normen (z.B. ISO) in Deutschland keine verbindliche Gültigkeit. Innerhalb der europäischen Gemeinschaft jedoch, ist das DIN verpflichtet, Europanormen (EN) zu übernehmen.

Viele Firmen werben für ihre Produkte oder Produktionsabläufe mit so genannten Zertifizierungen, z.B. mit der ISO/DIN 9000, die den internationalen Konsens über die Standards bezüglich *guter Managementpraxis*[3] enthält. Eine solche Zertifizierung bietet jedoch nur eine Scheinsicherheit, da ISO-Zertifikate z.B. durchaus von unabhängigen (der ISO nicht bekannten) Zertifizierungsinstitutionen vergeben werden können. Die ISO selbst führt keine Zertifizierungen durch – sie definiert nur Standards.

Die nächsten Abschnitte beschreiben den Inhalt von einigen dieser Standards und Normen näher. Wir beginnen mit offiziellen *de jure* Standards und schließen dann mit proprietären *de facto* Standards.

10.4.1 Bildschirmarbeitsverordnung

Seit dem 1.5. 1998 gilt für die Gestaltung der Bildschirmarbeitsplätze die Bildschirmarbeitsverordnung, die die gesetzlichen Regelungen präzisiert. Die wesentlichen Punkte daraus sind:

- Bildschirmarbeit liegt vor, wenn durchschnittlich ununterbrochen mehr als zwei Stunden oder durchschnittlich mehr als drei Stunden der Tagesarbeitszeit mit Bildschirmarbeit verbracht wird.
- Zur Belastungsverringerung müssen nach fünfzig Minuten Bildschirmarbeit zehn Minuten Tätigkeitswechsel bzw. Pausen eingelegt werden.

---

[1] Denken wir hier alle an die gleiche Firma? ☺
[2] ... auch diese Tätigkeit – Normung genannt – ist wie folgt normiert: "Normung ist die planmäßige, durch die interessierten Kreise gemeinschaftlich durchgeführte Vereinheitlichung von materiellen und immateriellen Gegenständen zum Nutzen der Allgemeinheit." (DIN 820-1).
[3] Ein weiteres Problem vieler Standards besteht offensichtlich aus der natürlicher Sprache inhärenten Mehrdeutigkeit.

- Es besteht die Verpflichtung einer Augenuntersuchung vor der Aufnahme der Tätigkeit und in regelmäßigen Abständen während der Tätigkeit.
- Ergeben die genannten Untersuchungen die Notwendigkeit einer Sehhilfe, trägt der Arbeitgeber die Kosten.
- Es besteht die Unterweisungspflicht vor Aufnahme der Tätigkeit und bei wesentlichen organisatorischen Veränderungen des Arbeitsplatzes im Umgang mit dem Gerät und hinsichtlich der ergonomisch richtigen Einstellung und Anordnung der Arbeitsmittel.
- Arbeitnehmer sind darüber zu informieren, ob Bildschirmarbeit im Sinne des Gesetzes vorliegt, und über das Recht auf Untersuchungen und auf eine spezielle Sehhilfe im Bedarfsfall sowie über den Anspruch auf Pausen und Tätigkeitswechsel.

Aus dieser Verordnung lässt sich ableiten, dass rein zeitlich die private Nutzung eines Computers bei den meisten Menschen ebenfalls als Bildschirmarbeit gelten würde. Es liegt daher nahe, diese Regelungen auch für sich selbst zu beherzigen. Bezüglich der Einstellung eines privaten Arbeitsplatzes gibt es viele Hersteller, die gerne eine Beratung über ergonomische Fragen durchführen. Abbildung 10.2 zeigt den *Macromedia Flash* basierten Simulator ErgoDynamic [WWW:ERGODYNAMIC], mit dem man die Parameter eines ergonomischen Arbeitsplatzes anhand verschiedener Steh- und Sitzpositionen optimieren kann.

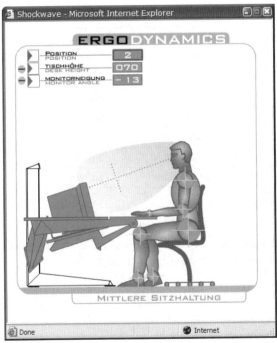

Abb. 10.2: Bildschirmarbeitsplatzsimulator ErgoDynamics (Quelle: www.ergodynamic.de)

10.4.2 DIN EN ISO 9241

Vor etwa 10 Jahren wurde eine Arbeitsgruppe ins Leben gerufen, deren Ziel es ist, das weltweit verfügbare Wissen zur ergonomischen Gestaltung von Software zu sammeln, zu bewerten und in einer Norm zu integrieren. Diese Norm bietet Hilfestellungen bei der Konzeption, Gestaltung und Bewertung von Bildschirmarbeitsplätzen und definiert Mindestforderungen für die ergonomische Gestaltung von Software. Tabelle 10.1 gibt einen Überblick über die aus 17 Teilen bestehende Norm.

Teil	Titel	Kategorie
9241-1	Allgemeine Einführung	
9241-2	Anforderungen an die Arbeitsaufgaben	Leitsatz
9241-3	Anforderungen an visuelle Anzeigen	Hardware
9241-4	Anforderungen an Tastaturen	Hardware
9241-5	Anforderungen an Arbeitsplatzgestaltung und Körperhaltung	Arbeitsumgebung
9241-6	Anforderungen an die Arbeitsumgebung	Arbeitsumgebung
9241-7	Anforderungen an visuelle Anzeigen bezüglich Reflexionen	Hardware
9241-8	Anforderungen an Farbdarstellungen	Hardware
9241-9	Anforderungen an Eingabegeräte außer Tastaturen	Hardware
9241-10	Grundsätze der Dialoggestaltung	Leitsatz / Software
9241-11	Anforderungen an die Gebrauchstauglichkeit	Leitsatz
9241-12	Informationsdarstellung	Software
9241-13	Benutzerführung	Software
9241-14	Dialogführung mittels Menüs	Software
9241-15	Dialogführung mittels Kommandosprachen	Software
9241-16	Dialogführung mittels direkter Manipulation	Software
9241-17	Dialogführung mittels Bildschirmformularen	Software

Tabelle 10.1: DIN EN ISO 9241

Ein bemerkenswerter Abschnitt der DIN EN ISO 9241 ist Teil 10, in dem die folgenden sieben Grundsätze der Dialoggestaltung[1] definiert sind:

---

[1] Hiermit ist nicht (nur) eine Dialogbox einer Benutzungsschnittstelle gemeint, sonder der Dialog als grundsätzliche Interaktionsform zwischen Mensch und Maschine.

1. *Aufgabenangemessenheit* – »Ein Dialog ist in dem Maße Aufgaben angemessen, wie er den Benutzer unterstützt, seine Arbeitsabläufe effektiv und effizient zu erledigen.«
2. *Selbstbeschreibungsfähigkeit* – »Ein Dialog ist in dem Maße selbstbeschreibungsfähig, wie jeder einzelne Dialogschritt durch Rückmeldung unmittelbar verständlich ist oder dem Benutzer erklärt wird, wenn er die entsprechende Information verlangt.«
3. *Steuerbarkeit* – »Ein Dialog ist in dem Maße steuerbar, wie der Anwender in der Lage ist, den gesamten Dialogablauf zu beeinflussen.«
4. *Erwartungskonformität* – »Ein Dialog ist in dem Maße erwartungskonform, wie er den Kenntnisse aus bisherigen Arbeitsabläufen, der Ausbildung und den Erfahrungen des Benutzers sowie allgemein anerkannten Konventionen entspricht.«
5. *Fehlerrobustheit* – »Ein Dialog ist in dem Maße fehlerrobust, wie das beabsichtigte Arbeitsergebnis trotz erkennbar fehlerhafter Eingaben mit minimalen oder ganz ohne Korrekturaufwand erreicht wird.«
6. *Individualisierbarkeit* – »Ein Dialog ist in dem Maße individualisierbar, wie er Anpassungen an individuelle Benutzerbelange und Benutzerfähigkeiten in Hinblick auf seine Arbeitsaufgabe zulässt.«
7. *Lernförderlichkeit* – »Ein Dialog ist in dem Maße lernförderlich, wie er dem Benutzer während des Erlernens Unterstützung und Anleitung gibt.«

Man muss sich darüber im Klaren sein, dass diese Norm Prinzipien definiert, die nicht notwendigerweise eine konkrete Handlungsabbildung ermöglichen. Jedoch sollte man sicherlich anhand dieser Grundsätze das grundsätzliche Interaktionsdesign seiner Entwicklungen verifizieren können.

10.4.3 Styleguides

Ein *Styleguide* beinhaltet (mehr oder weniger) exakte Richtlinien zur Gestaltung einer Benutzungsschnittstelle. Dies betrifft zum Beispiel die folgenden Punkte:

- Festlegung von Reihenfolge und Benennung von Menüpunkten
- Gestaltung von passiven oder aktiven Fensterelementen
- Verhalten von interaktiven Fensterelementen
- Zuordnung von Beschleunigertasten zu Menüaktionen
- Abbildungen von Menüaktionen auf Werkzeugleisten

Das Styleguide zu Windows 98 legt unter anderem fest, dass in einer dokumentenzentrischen Anwendung der erste Menüpunkt "DATEI" heißen muss, sowie dass in diesem Menü mindestens der Menüpunkt "BEENDEN" enthalten sein muss. Der letzte Menüpunkt muss ein Hilfemenü (mit "?" bezeichnet) sein und dieses soll wenigstens den Menüpunkt "ÜBER" enthalten.

Die Konformität zu den in einem Styleguide festgelegten Regeln sorgt für ein einheitliches Look & Feel – daher wurden und werden Styleguides für viele Betriebssysteme, Plattformen oder Desktop-Umgebungen entwickelt. Folgende Liste gibt einen kleinen Überblick über die Styleguides einiger Plattformen:

- Apple Computer, Inc. Macintosh Human Interface Guidelines. Reading, MA: Addison-Wesley Publishing Co., 1992. ISBN 0-201-62216-5
- Commodore-Amiga, Inc. Amiga User Interface Style Guide. Reading, Mass.: Addison-Wesley, 1991. ISBN 0-201-57757-7
- Hewlett-Packard, IBM, Sunsoft Inc. & USL. Common Desktop Environment: Functional Specification (Preliminary Draft). X/Open Company Ltd., 1993. ISBN 1-85912-001-6
- IBM. Object-Oriented Interface Design: IBM Common User Access Guidelines. Carmel, Indiana: Que, 1992. ISBN 1-56529-170-0
- Microsoft Corporation. The GUI Guide: International Terminology for the Windows Interface. Redmond, WA: Microsoft Press, 1993. ISBN 1-55615-538-7
- Microsoft Corporation. The Windows Interface: An Application Design Guide. Redmond, WA: Microsoft Press, 1992. ISBN 1-55615-384-8
- Open Software Foundation. OSF/Motif Style Guide. Englewood Cliffs, NJ: Prentice Hall, 1993. ISBN 0-13-643123-2
- NeXT Computer, Inc. NeXTSTEP User Interface Guidelines (Release 3). Reading, Mass.: Addison-Wesley Publishing, 1992. ISBN 0-201-63250-0
- Sun Microsystems, Inc. OPEN LOOK Graphical User Interface Application Style Guidelines. Reading, Mass.: Addison-Wesley, 1989. ISBN 0-201-52364-7

Die in einem Styleguide formulierten Regeln gehen eindeutig über ergonomische Normen hinaus – vielmehr wird durch ihre Einhaltung hauptsächlich erwartet, dass die Einarbeitungszeit für Benutzer neuer Anwendungen deutlich reduziert wird. Als durchaus gewünschter Seiteneffekt sieht eine Plattform mit optisch konsistenten Anwendungen aufgeräumter und professioneller aus[1].

Leider ist die Halbwertszeit solcher Styleguides mitunter sehr kurz. In letzter Zeit neigen immer mehr Softwarehersteller dazu, in ihren Produkten mit jeder neuen Version eine Komplettrenovierung bzw. Überarbeitung der Benutzeroberfläche durchzuführen. Da dies aus ergonomischen Gründen nicht sinnvoll sein kann, muss man daraus schließen, dass dies im Wesentlichen dazu dient, Innovation und Weiterentwicklung vorzutäuschen.

Während ein solches Gebaren in anderen Branchen (man stelle sich dies einmal in der Automobilindustrie vor) zu Aufständen und Boykott führen würde, wird dies in der DV-Industrie offenbar (immer noch) geduldet.

---

[1] Ein durchaus abschreckendes Beispiel bietet hier das ansonsten so gelungene X-Window-System in den Zeiten vor GNOME, KDE oder auch Motif.

10.5 Vorgehensweise

Trotz aller Normen, Standards und Regelungen ist noch keine einheitliche strukturierte Vorgehensweise bei der Gestaltung von Benutzungsoberflächen etabliert. Ein vernünftiger Ansatz scheint die Aufteilung des Gestaltungsprozesses in die folgenden vier Phasen zu sein:

1. Analyse
2. Inhaltliche Konzeption
3. Visuelle Umsetzung
4. Test und Verfeinerung

10.5.1 Analyse

In der Analysephase sollen die Aufgaben und Möglichkeiten der Benutzungsoberfläche spezifiziert werden. Ein wesentlicher Punkt bei der Analyse ist die korrekte Identifikation der Benutzer.

Sind die zukünftigen Benutzer nicht bekannt, muss herausgefunden werden, aus *welcher Art* von Nutzern die hauptsächliche Zielgruppe des Programms besteht könnte.

Benutzer sind Menschen, die sich voneinander unterscheiden – z.B. durch ihre Motivationen, Herangehensweisen und Erfahrungen. Ein Systemadministrator, der sich 40 Stunden die Woche mit der Wartung eines komplexen Netzwerks beschäftigt, geht sicherlich mit einer völlig andere Art und Weise an ein Programm heran als ein Privatanwender, der einmal im Jahr rechnergestützt sein Steuer erklärt. Zu diesen offenbaren Unterschieden gesellen sich weitere Faktoren wie mentale und kognitive Fähigkeiten, soziales Umfeld, Geduld und weitere Charaktereigenschaften.

Daraus folgt, dass die inhaltliche Konzeption und die visuelle Umsetzung einer Benutzungsoberfläche in Abhängigkeit von der Zusammensetzung und den spezifischen Eigenschaften der Zielgruppe unterschiedlich – unter Umständen sogar redundant – ausgeführt werden.

Weitere Punkte innerhalb der Analysephase umfassen die Ziele des Produkts, die mit der Benutzungsoberfläche durchführbaren Aufgaben sowie (nicht nur im Fall eines kommerziellen Produkts) eine vergleichende Analyse der Oberflächen von Konkurrenzprodukten.

10.5.2 Inhaltliche Konzeption

Die Hauptaufgabe der inhaltlichen Konzeption ist die Bestimmung der Informationen, die dem Benutzer präsentiert werden und die vom Benutzer erfragt werden sollen. Dies wird anhand der in der Analysephase ermittelten Ziele, Zielgruppen und Aufgaben durchgeführt.

10.5.3 Visuelle Umsetzung

In der Phase der visuellen Umsetzung steht die Bildung von Informationsblöcken und -Bereichen an. Dabei können zur Gruppierung durchaus unterschiedliche Strategien verwendet werden – meistens bieten sich jedoch logische, dem Datenfluss oder Arbeitsablauf angelehnte Gruppierungen an.

Weitere Entscheidungen betreffen die *Kodierungsart* (statisch oder dynamisch) sowie die zu verwendende Terminologie. Bei der visuellen Umsetzung muss nahezu immer ein Kompromiss neben Übersichtlichkeit (d.h. nur wenige, zentrale Elemente) und Zugriffszeit (d.h. möglichst wenige Bildschirmseiten) gefunden werden.

Wichtig ist hierbei unter anderem die *Millersche Regel*. Diese, nach dem Psychologen George Miller, benannte Regel besagt, dass das menschliche Kurzzeitgedächtnis dazu in der Lage ist, etwa 7 (je nach Alter und Training +/- 2) Elemente zu speichern.

10.5.4 Test und Verfeinerung

Ein wesentlicher Bestandteil sind möglichst früh durchzuführende Feldtests. Die durch die Tests gewonnenen Erkenntnisse müssen dabei wieder in die visuelle Umsetzung einfließen. Stellt man trotz wiederholter Verfeinerung keine Verbesserung einer unzureichenden Benutzungsoberfläche fest, ist offenbar die inhaltliche Konzeption oder sogar die Analysephase nicht sorgfältig genug durchgeführt worden und man muss den Konzeptionsprozess neu beginnen.

10.6 Gestaltungsaspekte

Nach all den mehr oder weniger theoretischen Regelungen, Normen und Standards wird nun näher auf einige praktische und zum Teil in eigenen Programmen direkt verwertbare Gestaltungsaspekte eingegangen. Viele dieser Aspekte basieren nicht unbedingt auf Styleguides oder sonstigen Festlegungen, sondern lassen sich auch mit einer Portion gesunden Menschenverstands entwickeln.

Eine anschauliche Liste mit vielen graphischen Darstellungen von Positiv- und Negativbeispielen der Oberflächengestaltung ist der Webseite *User Interface Hall of Shame* [WWW:UIHALL] zu entnehmen.

10.6.1 Metapher

Um das Erlernen von Neuem zu erleichtern, kann man versuchen, dieses an Bekanntem anzulehnen und so eine Art Analogie – eine *Metapher* – zu gestalten. Metaphern sind begriffliche oder symbolische Modelle, die es erlauben, vorhandenes Wissen über konkrete Dinge anzuwenden, um abstrakte bzw. neue Konzepte zu erlernen.

Graphische Benutzeroberflächen verwenden sehr viele Metaphern – die gebräuchlichsten sind hierbei die so genannten *Schreibtisch-* und *Fenstermetaphern*: Benutzer verwalten ihre Dokumente in Dateien, die in Ordnern – die wiederum Unterordner[1] enthalten können – organisiert sind. Um ein Dokument zu vernichten, *zieht* man sein Abbild auf das Symbol eines Papierkorbs und *lässt es dort fallen* – um es auszudrucken, verwendet man dazu das Symbol des Druckers. Die durch Anklicken und Halten einer Maustaste mit anschließendem Bewegen der Maus und schließlich dem Loslassen der Maustaste durchgeführte Aktion stützt sich auf die Metapher des *Anfassens*, *Verschiebens* und *Fallenlassens*. Einzelne Arbeitsabläufe oder auch Teile der Dokumente kann man dabei durch Fenster beobachten, deren Größe und Position veränderbar[2] sind.

Das grundsätzliche Problem beim Entwickeln graphischer Benutzeroberflächen ist es, »passende« und adäquate Metaphern für Elemente und Arbeitsabläufe zu finden. Symptomatisch für diese Problematik ist die inflationäre Verbreitung von Tool Tips für Werkzeugleisten. Diese dokumentieren, dass es zum Teil sehr schwierig[3] sein kann, eindeutige Aussagen in 16*16 bunte Bildpunkte zu legen.

10.6.2 Kontrollelemente

Einen wichtigen Einfluss auf die benutzerfreundliche Gestaltung von Oberflächen hat die Wahl probater Kontrollelemente. Es ist leider sehr einfach möglich, für eine Aufgabe das konzeptionell falsche Kontrollelement auszuwählen, obwohl ein »besser passendes« verfügbar wäre.

Betrachten wir beispielsweise die verschiedenen Arten von Schaltflächen. Moderne Oberflächen bieten oft mindestens die vier folgenden Typen von Schaltern an:

1. Pushbutton
2. Togglebutton
3. Radiobutton
4. Checkbutton

Die obigen Typen unterscheiden sich teilweise nur wenig im Aussehen, besitzen jedoch signifikant unterschiedliches Verhalten. Will man beispielsweise die Bestel-

---

[1] ... und hier verlässt die Metapher auch schon wieder den Pfad der Realität ...
[2] sic.
[3] ... oder vielleicht sogar fragwürdig?

lung einer Pizza mit verschiedenen wählbaren Belägen visualisieren, könnte man dies mit jedem dieser Elemente umsetzen. Nicht alle der in Abbildung 10.3 dargestellten Realisierungen sind jedoch sinnvoll.

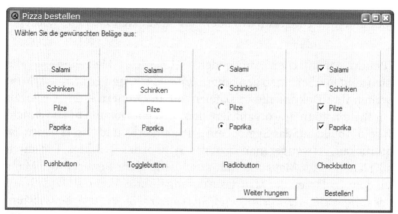

Abb. 10.3: Verschiedene Kontrollelemente, aber nur eine gute Lösung.

1. Schalter vom Typ Pushbutton werden dazu genutzt, um eine Aktion auszulösen. Da die Optik eines Pushbutton sich nur während des Anklickens (eingedrückter Zustand) verändert, müsste man sich jeden Klick merken – ob man nun schon Käse bestellt hat, wäre nicht sichtbar.
2. Schalter vom Typ Togglebutton hingegen halten den Zustand und ermöglichen daher das oben angesprochene – im nicht aktiven Zustand ist das Aussehen jedoch identisch zum dem des Pushbutton, so dass auch hier der Benutzer verwirrt werden könnte.
3. Schalter vom Typ Radiobutton visualisieren sehr schön die Auswahl *einer* von mehreren Optionen – sollen jedoch wie im dargestellten Fall mehrere Optionen gültig sein, greift die Metapher des Radioschalters (nur genau ein Sender kann »gleichzeitig« empfangen werden) nicht mehr. Die Verwendung eines Radiobutton in einem solchen Fall gegen alle Styleguides und insbesondere gegen das vom Benutzer erwartete Verhalten.
4. Die Schaltflächen vom Typ Checkbutton sind in diesem Fall die beste Option – sie verhalten sich wie Schalter vom Typ Togglebutton, es ist jedoch eindeutig, welcher der Beläge ausgewählt wurde und was das erneute Anklicken eines Schalters bewirkt.

10.6.3 Terminologie

Die Wortwahl für beschriftete Elemente hat einen Einfluss auf die Benutzbarkeit. Als Grundregel dient hier die Beachtung der potenziellen Zielgruppe – oft ist die Verwendung von Fachterminologie für die meisten Benutzer kontraproduktiv.

10.6.4 Steuerung

Zu den Benutzungspräferenzen von Anwendern zählt auch die Steuerungsvorliebe, z.B. hauptsächlich mit der Maus, hauptsächlich über die Tastatur oder abwechselnd bzw. gleichzeitig mit beiden Eingabegeräten. Um die optimale Bedienung der Anwendung unabhängig vom bevorzugten Eingabegerät sicherzustellen, muss die Steuerung aller Anwendungsfunktionen auch durch die ausschließliche Benutzung nur eines Eingabegeräts möglich sein

Für menügesteuerte Anwendungen bedeutet dies, Beschleunigertasten für alle Menüaktionen einzurichten, sowie keine Aktionen einzuführen, die nur über Tastenkombinationen abzurufen sind. In Dialogen ist es dazu wichtig, eine auf den Arbeitsablauf zugeschnittene Navigation, z.B. durch die kontinuierliche Weiterschaltung mit `Tab`, vorzusehen. Viele Anwender sind es gewohnt, mit `ESC` einen Dialog schließen zu können bzw. in verschachtelten Umgebungen eine Ebene nach oben zu navigieren.

10.6.5 Layout

Dem Layout kommt eine besonders große Bedeutung zu – da hier besonders viel »falsch gemacht« werden kann. Grundsätzlich sollte man Oberflächenelemente so anordnen, dass der visuelle Zugriff optimiert wird. Dies bedeutet in erster Linie die durchgängige Benutzung nur *eines* Layoutschemas und nicht etwa mehrerer durcheinander.

Wichtige Entscheidungskriterien für ein gelungenes Layout ergeben sich aus der zu verwendenden *Anzahl*, *Platzierung*, *Gruppierung* und *Größe* von Oberflächenelementen.

Anzahl

Die Anzahl der pro Dialog oder Bildschirmseite darzustellenden Elemente hängt im Wesentlichen von den Erfordernissen der Anwendung und der Zielgruppe ab. Während es für Anfänger die Bedienung sicher leichter macht, nur wenige zusammengehörende Elemente pro Dialog oder Bildschirmseite zu präsentieren, bestehen Profis unter Umständen darauf, alle verfügbaren Parameter auf einer Seite und damit im unmittelbaren Zugriff zu haben. Der – meistens sehr zeitaufwendige – Königsweg wäre hier ein adaptives oder vom Benutzer wählbares bzw. modifizierbares Layout.

Platzierung

Befinden sich mehrere zusammengehörende Elemente untereinander, sind linksbündig angeordnete Elemente wesentlich leichter wahrzunehmen als rechtsbündig angeordnete – unangenehmer sind hier nur noch zentrierte Elemente. Zentrierte Elemente sollten nur nebeneinander stehen – z.B. in Schaltflächen.

Die Erinnerungsleistung des Gehirns ist besonders auf Positionen optimiert. Benutzt man beispielsweise mit der Maus verschachtelte Menüs, wird man sich nach einer kurzen Weile die zurückzulegenden Wege merken können, um einen bestimmten Menüeintrag aufzurufen. Aus diesem Grund sind die als Innovation verkauften dynamischen Menüs in den neueren Versionen einer großen Büroanwendung absolut kontraproduktiv für regelmäßige Benutzer dieser Programme.

Im Normalfall bewegt sich das Auge des (europäischen) Betrachters von links nach rechts sowie von oben nach unten. Dies ist der Grund, warum beispielsweise die Schaltflächen "Ok" und "Abbrechen" eines Dialogs meist rechts unten angeordnet sind – und nicht etwa links oben oder in der Mitte. Diese Eigenschaft kann man in Dialogen benutzen, um die Reihenfolge von Kontrollelementen zu optimieren.

Gruppierung

Die optische Gruppierung von Elementen ist wichtig, um zusammengehörige Einstellungen zu identifizieren – dies kann z.B. durch einen beschrifteten dekorativen Rahmen erfolgen. Eine Einrückung von untereinander angeordneten Elementen kann sinnvoll sein, um Hierarchien zu symbolisieren. Wird dies benutzt, sollte die Einrückungstiefe jedoch unbedingt konsistent sein. Dies gilt insbesondere auch für die Größe von Elementen. Nicht bündig ausgerichtete oder ungleich große Elemente machen einen »unruhigen« visuellen Eindruck und behindern die optimale Wahrnehmung.

Größe

Die Größe von Elementen hat einen wesentlichen Einfluss auf die Benutzbarkeit einer graphischen Oberfläche. Kleine Kontrollelemente sind schwer zu treffen – befindet sich kein ausreichender »Sicherheitsabstand« zwischen benachbarten Kontrollelementen, ist es möglich, dass sich der Benutzer verklickt. Es sollte darauf geachtet werden, keine *aktionsinversen* Elemente nebeneinander zu positionieren. Unter diesem Aspekt analysiert, ist die in vielen neueren Window Managern verwendete direkt benachbarte Platzierung der beiden Schaltflächen "Maximieren" und "Schließen" nicht sehr ergonomisch – zu dem sind diese Elemente oft zu klein geraten.

Die Größe und Platzierung von Elementen ist weiterhin besonders bei Popup-Elementen zu berücksichtigen. Sich (teilweise) überlappende Fenster erzeugen einen Tiefeneindruck, der zur Indizierung der Wichtigkeit benutzt werden kann (Zuoberst liegende Elemente sollten zuerst bearbeitet werden). Erscheinen Popup-Fenster jedoch über Festern, auf deren Inhalt sie sich beziehen, geht Kontext verloren – in diesem Fall muss der Benutzer das Popup-Element erst verschieben, um sich über seine Bedeutung klar zu werden. Umso schlimmer, wenn es ein nicht verschiebbares Element ist.

Gutes Layout ist adaptiv und berücksichtigt internationalisierte bzw. lokalisierte Anwendungen. Die Breite eines Wortes und noch mehr eines ganzen Satzes unterscheidet sich je nach Sprache unter Umständen enorm. Um abgeschnittene Texte oder z.B. viel zu breite Schaltflächen zu vermeiden, ist es nötig, die Größe der Elemente dynamisch zu skalieren.

10.6.6 Menüs

Menüs gehören zu den ältesten und beliebtesten Kontrollelementen – fast jede Anwendung verfügt über mindestens ein Menü. Bei der Gestaltung von Menüs sind immer folgende Aspekte zu bedenken.

Einer der wichtigsten Aspekte ist die Anzahl und Tiefe der Menüs. Auch hier gilt die Millersche Regel: Mehr als etwa sieben Einträge pro Menü übersteigen das Kurzzeitgedächtnis und verlangsamen die Bedienung. Untersuchungen zeigen weiterhin, dass Menüs mit einer Verschachtelung von maximal zwei Ebenen die höchste Zugriffszeit besitzen.

Auch und gerade bei Popup-Menüs ist darüber hinaus die schon angesprochene sinnvolle Gruppierung und Anordnung der Elemente – hier Menüeinträge – wichtig. Neben einer grundsätzlich durch den Arbeitsfluss bestimmten Reihenfolge muss besonders auf die Konformität zu Standards bzw. Styleguides geachtet werden. Während Letzteres dem (neuen) Benutzer eine kurze Einarbeitungszeit ermöglicht, kann Ersteres für trainierte Benutzer wichtiger sein. Widersprechen sich diese Empfehlungen, muss hier ein sinnvoller Kompromiss gefunden werden.

Besonders bei Menüs ist die schon es wichtig, möglichst nur ein Wort pro Menüeintrag zu verwenden. Es sind hier kurze und eindeutige Begriffe zu bevorzugen. Ein beliebter Fehler ist es, in einem Submenü den Titel des übergeordneten Menüs zu wiederholen. In einem EINFÜGEN-Menü sollte niemals ein Eintrag namens KONTAKT EINFÜGEN vorhanden sein – die Verwendung von KONTAKT ist hier völlig ausreichend.

Es ist sinnvoll, zwischen Menüaktionen, die ohne weitere Informationen vom Benutzer zu erfragen und solchen, die eine Dialogbox öffnen, zu unterscheiden. Bezüglich der Typographie hat sich zur Signalisierung eines Menüeintrags der zweiten Art ein aus drei Punkten bestehendes Suffix ("...") eingeführt.

Für (aufgrund des Überraschungseffekts mittlerweile nur noch selten benutzte) *direkte* Menüeinträge, d.h. Menüeintrage auf einer Menüleiste, die kein Submenü, sondern eine Aktion auslösen, empfiehlt sich eine Kennzeichnung mit einem Ausrufezeichen ("!") als Suffix.

10.6.7 Schriftarten

Die zwei wichtigsten Differenzierungskriterien bei der Wahl einer Schriftart hängen mit dem geometrischen Aufbau der Zeichen sowie der Breitenverteilung der Zeichen zusammen. Man unterscheidet zwei Klassen von Schriften durch die Benutzung von *Serifen*. Serifen sind kleine Verzierungen an den Buchstaben. Die bekannteste Serifenschriftart ist "Times New Roman" – diese wird z.B. sehr häufig in Tageszeitungen verwendet. Eine hohe Auflösung vorausgesetzt, lässt sich Text mit Serifen effizienter wahrnehmen als Text ohne Serifen. Im Computerbereich hat man es jedoch mit Anzeigegeräten zu tun, deren Auflösungen um Größenordnungen schlechter sind als im die Printmedienbereich. Aus diesem Grund sind auf Computermonitoren serifenlose Schriften zu bevorzugen. Die bekanntesten serifenlosen Schriftarten sind "Helvetica" und "Arial".

Bei der Verteilung der Zeichenbreite unterscheidet man zwischen *proportionalen* und *nichtproportionalen* Schriftarten. In proportionalen Schriftarten hat jedes Zeichen seine individuelle Breite – z.B. der Buchstabe "i" ist wesentlich schmaler als der Buchstabe "W". In nichtproportionalen Schriftarten sind alle Zeichen gleich breit. Dies erleichtert z.B. die Einrückung von Text[1] oder die nötige visuelle Rückkopplung beim Ausfüllen von Feldern, die mit einer bestimmten Anzahl von Zeichen gefüllt werden müssen.

Ein weiterer zu beachtender Punkt ist die Wahl von Groß- oder Kleinbuchstaben. DIE ERFASSSUNG VON TEXT IN GROSSBUCHSTABEN IST UNGEFÄHR 20 PROZENT LANGSAMER ALS DIE ERFASSUNG VON GEMISCHTEM TEXT. Text mit ausschließlich großen Buchstaben wird außerdem als unangenehm »laut« empfunden und sollte daher nur zur Hervorhebung benutzt werden. die ausschließliche benutzung von kleinbuchstaben hemmt ebenfalls eine effiziente wahrnehmung des texts und sollte daher auch vermieden werden.

Die Benutzung von Schriftarten hängt eng mit der zu veranschlagenden Größe von Eingabefeldern und damit mit dem Layout zusammen. Auf Oberflächen, die die benutzerdefinierte Auswahl von Systemschriftarten gestatten, ist es wichtig, die Größe der Oberflächenelement von der Größe der gewählten Schriftart abhängig zu machen.

Die (vertikale) Größe einer Schriftart sollte abhängig von der vom Benutzer eingestellten Bildschirmauflösung sein. Eine 8 Punkte hohe Schriftart mag in einer alten Standard VGA-Auflösung von 640x480 Punkten gut lesbar sein, in der heutzutage modernen Standardauflösung von 1024x786 oder gar 1280x1024 ist dies definitiv nicht der Fall – damit ist eine Oberfläche unbenutzbar oder mindestens extrem unergonomisch.

---

[1] ... insbesondere von Quelltext – daher bevorzugen die meisten Programmierer bevorzugen nichtproportionale Schriften.

10.6.8 Farben

Farben sollten grundsätzlich sehr sparsam benutzt werden. Die gleichzeitige Benutzung vieler Farbtöne und Helligkeiten setzt die Wahrnehmungsleistung des Gehirns enorm herab – der Benutzer kann sich schwerer konzentrieren und hat größere Mühe beim Navigieren. Das absolute Negativbeispiel ist blinkender Text – dieser ist bezüglich der Wirkung am »lautesten« und sollte nur in Ausnahmefällen benutzt werden – z.B. dann, wenn eine absolut dringliche Nachricht oder eine Warnung kommuniziert werden soll.

Die sparsame Benutzung von Farben kann den Wahrnehmungsprozess positiv beeinflussen. In einer horizontal langen Tabelle beispielsweise kann es sinnvoll sein, untereinander liegende Zeilen in alternierenden Farben darzustellen – das Auge des Betrachters kann an den Kanten entlang wandern und so schneller feststellen, welche Zellen zu einer Zeile gehören.

Werden Farben benutzt, sollten diese ausreichend voneinander abweichen. Zu ähnliche Farben verwirren das Gehirn und verlangsamen wiederum die Navigation. Bezüglich der Anzahl der verwendbaren Farben sieht ein Richtwert aus der Wahrnehmungspsychologie die Benutzung von maximal sechs verschiedenen Farben pro Bildschirm vor.

Insbesondere bei der Darstellung von Text harmonieren nicht alle Farben miteinander. Es gibt Farbpaarungen, die aufgrund ihres niedrigen Kontrastes extrem schwer zu lesen sind, z.B. Gelb auf Weiß oder Rot bzw. Blau auf Schwarz. Ebenso sollte rein roter oder blauer Text vermieden werden – aufgrund physischer Eigenschaften der Retina sind Rot und Blau schwer zu fokussieren und erscheinen unscharf. Dieser Effekt tritt besonders bei der Kombination dieser beiden Farben auf. Im günstigsten Fall wird Rot und Blau als scheinbar dreidimensional wahrgenommen – für das Auge ist dies jedoch sehr anstrengend.

Auch Farbe kann als Metapher dienen – auch hier sollte jedoch unbedingt darauf geachtet werden, die dem Benutzer aus dem täglichen Leben bekannte Codierung zu verwenden. Will man beispielsweise eine Temperatur visualisieren, empfiehlt es sich, blaue Farbtöne für kältere und rote Farbtöne für wärmere Temperaturen zu verwenden. Soll der Status eines Systems farblich visualisiert werden, empfiehlt es sich z.B. auf die aus dem Verkehrsleben bekannte Ampelcodierung Rot, Gelb und Grün zu setzen.

Absolut zu vermeiden ist die Inversion bekannter Codierungen. Ein Virenscanner, der z.B. die Farbe Grün für eine festgestellte Infizierung benutzt, ist höchst fragwürdig. Zu beachten ist weiterhin, dass Farben in unterschiedlichen Kulturkreisen durchaus unterschiedliche Bedeutungen haben. Während im europäischen Raum Schwarz als die Farbe der Trauer und Weiß als die Farbe der Freude gilt ist dies im japanischen Raum gerade umgekehrt.

Farben sollten niemals die einzige Differenzierung zwischen Elementen sein. Neben rund zehn Prozent farbenblinder Männer sowie zwei Prozent farbenblinder Frauen sind sehbehinderte oder vollkommen blinde Menschen auf andere bzw. weitere Codierungen angewiesen.

10.6.9 Klänge

Die Benutzung von Klängen in graphischen Benutzeroberflächen ist eine relativ neue Idee. Obwohl sie mit Bedacht genutzt zur effizienteren Nutzung beitragen könnte, werden Klänge meistens zur Quittung vieler (wenn nicht gar aller) Oberflächenaktionen benutzt, so dass entweder eine Gewöhnung eintritt[1] oder sie der Benutzer aufgrund des »Nervfaktors« wieder ausschaltet.

10.7 Evaluation

Ein weiterer Schlüsselpunkt insbesondere bei der Wartung ergonomischer Benutzungsoberflächen ist die Evaluation bzw. Qualitätssicherung oder auch das so genannte *Usability Testing*. Es gibt hierbei informelle und formelle Techniken. Einige der wichtigsten Ansätze sind:

- Expertengutachten – Bei dieser Art Evaluation kommen extra dafür ausgebildete Spezialisten zum Einsatz, die die Ergonomie einer Benutzungsoberfläche gezielt anhand ihrer umfangreichen Kenntnisse überprüfen.
- Inspektion – Eine strukturierte Begutachtung aller Dialoge kann z.B. die Einhaltung von Styleguides und anderen Konventionen überprüfen.
- Fragebögen – Dieser und die folgenden Ansätze stützen sich auf Tests mit »realen« Benutzern. Sind standardisierte Fragebögen verfügbar, kann man z.B. unterschiedliche Revisionen einer Oberfläche durch statistische Auswertung vergleichen.
- Interview – Während oder nach der Benutzung einer Oberfläche durchgeführte Gespräche lassen oft mit nur wenig Aufwand gute Rückschlüsse über deren Benutzbarkeit zu.
- Videobeobachtungen – Die aufwendigsten, jedoch auch meist ertragreichsten, Ergebnisse kann man durch gefilmte Sitzungen einer (möglichst großen) Zahl von Benutzern erreichen.
- Logging – Eine Variante der Videobeobachtung setzt auf den Einsatz von speziellen Programme, die die am System durchgeführten Benutzeraktionen speichern und wieder abspielen können. Weitere Software kann statistische Auswertungen liefern und so z.B. selten benutzte Funktionen ermitteln.

---

[1] ... was die Benutzung eines Warnungsklangs für einen kritischen Programmzustand ad absurdum führt.

Ein Usability Test kann wichtige Rückkopplungen für die Entwickler ergeben, da diese aufgrund ihres Wissens um die internen Abläufe ihrer Programme zum Testen eher ungeeignet sind.

Die Verlässlichkeit von Usability Testing ist jedoch nicht unumstritten. In der Vergangenheit kam es immer wieder zu überraschenden Inkonsistenzen beim Vergleich von mit mehreren Kontrollgruppen erzielten Ergebnissen.

Schlussendlich ist die definitive Evaluation von Benutzeroberflächen nur durch die realen Benutzer möglich, die fünf oder mehr Tage die Woche mehrere Stunden am Tag mit einer Software arbeiten müssen. Entwickler und auch Management sollten auf deren geballte Erfahrung nicht verzichten und gemeldete Fehler und Kritik sehr ernst nehmen.

10.8 Zusammenfassung

Das Erstellen ergonomischer Hard- und Software ist ein komplizierter Prozess, in dem viele Wissensgebiete aufeinander treffen. Um das Design ergonomischer Benutzungsoberflächen zu vereinfachen, existieren Styleguides, strukturierte Prozesse und nicht zuletzt ausgiebige Testmöglichkeiten. Einer der wichtigsten Aspekte ist das möglichst frühe Einbeziehen der potenziellen Benutzer.

Anhang A
Anhang

A.1 Literatur

din98a:Deutsches Institut für Normung e.V (DIN). Bildschirmarbeitsplätze 1 (4. Auflage). 1998.

din98b:Deutsches Institut für Normung e.V (DIN). Bildschirmarbeitsplätze 2 (2. Auflage). 1998.

erler00:Dr. Thomas Erler. Das Einsteigerseminar UML. vmi-Buch. 2000.

ghjv96:Gamma, Helm, Johnson, Vlissides. Entwurfsmuster. Addison-Wesley. 1996.

kp88:Krasner, Pope. A Cookbook for Using the Model-View-Controller User Interface Paradigm in Smalltalk-80. Journal of Object-Oriented Programming, 1(3):26-49, 1988.

shn02:User Interface Design. vmi-Buch. 2002.

som01:Software Engineering, 6. Auflage. Pearson Studium. 2001.

uzak02:Martin Uzák. Das Einsteigerseminar Python 2.x. vmi-Buch. 2002.

www:anygui http://anygui.sourceforge.net

www:dynwin http://nightmare.com/~rushing/dynwin/index.html

www:ergodynamic http://www.ergodynamic.de

www:ergonomics http://www.ergonomics.org.uk

www:fxpy http://fxpy.sourceforge.net/

www:glade http://glade.gnome.org

www:glc http://glc.sourceforge.net/

www:gnome http://www.gnome.org

www:gtk http://www.gtk.org

www:uihall http://www.iarchitect.com

www:hypercard http://www.apple.com/hypercard

www:jpi http://www.ndim.edrc.cmu.edu/dougc/jpi/Home.html

www:jython http://www.jython.org

www:lesstif http://www.lesstif.org

www:motif http://www.cwi.nl/ftp/sjoerd/

www:pycard http://pythoncard.sourceforge.net
www:pyopengl http://pyopengl.sourceforge.net
www:pyfltk http://pyfltk.sourceforge.net
www.pygame http://www.pygame.org
www.pyqt http://www.riverbankcomputing.co.uk/pyqt/index.php
www:python http://www.python.org
www:pythonwin http://starship.python.net/crew/mhammond/
www:pythonware http://www.pythonware.com
www:pythonxlib http://python-xlib.sourceforge.net
www:qt http://www.trolltech.com
www:scriptics http://www.scriptics.com
www:sdl http://www.libsdl.org
www:sip http://www.riverbankcomputing.co.uk/sip/index.php
www:skins http://www.skinz.org
www:swig http://www.swig.org
www:themes http://www.themes.org
www:tk http://tcl.activestate.com/software/tcltk/8.3.html
www:wafe http://www.wu-wien.ac.at/wafe/wafe.html
www:wpy http://www.cwi.nl/ftp/python/wpy
www:wxpython http://www.wxpython.org
www:wxwindows http://www.wxwindows.org
www:xforms http://world.std.com/~xforms/

A.2 Inhalt der beiliegenden CD

A.2.1 Verzeichnisstruktur

Verzeichnis	Beschreibung
/Beispiele	Der Quelltext der Beispielprogramme
/Quellen	Die Python-Distribution sowie die besprochenen GUI-Toolkits im Quelltext zum selbst kompilieren
/rpm	Die Python-Distribution sowie die besprochenen GUI-Toolkits als Binärpakete im RPM-Format

Tabelle A.1: Verzeichnisstruktur der beiliegenden CD

Verzeichnis	Beschreibung
/Windows	Python und die GUI-Toolkits Tk, Qt und wxWindows als Installationsprogramme für Windows
/Windows/GTK+	GTK+ als ZIP-gepackte Binärpakete Windows

Tabelle A.1: Verzeichnisstruktur der beiliegenden CD (Forts.)

A.2.2 Quellpakete

Kategorie	Paket	Beschreibung
Python	Python-2.2.tgz	Python und Standardmodule
Tcl/Tk	tcl8.3.4.tar.gz	tcl-Interpreter
Tcl/Tk	tk8.3.4.tar.gz	GUI-Toolkit Tk (benötigt tcl)
wxWin	wxGTK-2.3.2.tar.gz	wxWindows für GTK+
wxWin	wxPython-2.3.2.1.tar.gz	wxPython-Erweiterungsmodul (benötigt wxWindows)
Qt	qt-x11-2.3.2.tar.gz	GUI-Toolkit Qt
Qt	sip-3.1.tar.gz	Bindungsgenerator SIP
Qt	PyQt-3.1-Qt-2.3.1.tar.gz	PyQt-Erweiterungsmodul (benötigt SIP und Qt)
GTK+	atk-1.0.0.tar.gz	Accessibility-Toolkit ATK
GTK+	glib-2.0.0.tar.gz	Basisbibliothek GLIB
GTK+	pango-1.0.0.tar.gz	Basisbibliothek Pango
GTK+	jpegsrc.v6b.tar.gz	Graphik-Bibliothek für JPEG-Format
GTK+	libpng-1.2.1.tar.gz	Graphik-Bibliothek für PNG-Format
GTK+	tiff-v3.5.5.tar.gz	Graphik-Bibliothek für TIFF-Format
GTK+	pkgconfig-0.12.0.tar.gz	Basisbibliothek PKG-CONFIG
GTK+	gtk+-2.0.0.tar.gz	GUI-Toolkit GTK+ (benötigt alle obigen GTK+-Pakete)
GTK+	pygtk-1.99.8.tar.gz	pyGTK-Erweiterungsmodul (benötigt GTK+)

Tabelle A.2: Quellpakete für UNIX, Linux und ähnliche Systeme

A.2.3 Binärpakete

Kategorie	Paket	Beschreibung
Python	python2-2.2.2.i386.rpm	Python und Standardmodule
Python	python2-docs-2.2-2.i386.rpm	Python Dokumentation
Python	python2-tools-2.2-2.i386.rpm	Python Hilfsprogramme
Tcl/Tk	tcl-8.3.4-3.i386.rpm	tcl-Interpreter
Tcl/Tk	tk-8.3.4-2.i386.rpm	GUI-Toolkit Tk (benötigt tcl)
Tcl/Tk	python2-tkinter-2.2-2.i386.rpm	Tkinter-Erweiterungsmodul
Qt	qt-2.3.1-1.i386.rpm	GUI-Toolkit Qt
Qt	sip-3.1-1.i586.rpm	Bindungsgenerator SIP
Qt	PyQt-3.1-1.i586.rpm	PyQt-Erweiterungsmodul (benötigt Qt und SIP)
GTK+	atk-1.0.0-1.i386.rpm	Accessibility-Toolkit ATK
GTK+	glib2-2.0.0-1.i386.rpm	Basisbibliothek GLIB
GTK+	pango-1.0.0-1.i386.rpm	Basisbibliothek Pango
GTK+	gtk2-2.0.0-2.i386.rpm	GUI-Toolkit GTK+ (benötigt alle obigen GTK+-Pakete)
wxWin	wxGTK-static-2.3.2-1.i386.rpm	GUI-Toolkit wxWindows
wxWin	wxPython-2.3.2.1-1-Py22.i386.rpm	wxPython-Erweiterungsmodul (benötigt wxGTK)

Tabelle A.3: Binärpakete für Linux

Kategorie	Paket	Beschreibung
Python	Python-2.2.exe	Python und Standardmodule
Tcl/Tk	Python-2.2.exe	Tcl-Interpreter
Tcl/Tk	Python-2.2.exe	GUI-Toolkit Tk
Tcl/Tk	Python-2.2.exe	Tkinter-Erweiterungsmodul
Qt	QtWin230-NonCommercial.exe	Qt
Qt	PyQt-3.1-Qt-NC.exe	PyQt-Erweiterungsmodul (benötigt Qt)
wxWin	wxPython-2.3.2.1-Py22.exe	wxWindows und wxPython
wxWin	wxPython-2.3.2-1.Py22-hybrid.exe	wxWindows und wxPython (mit Debugging-Informationen)

Tabelle A.4: Binärpakete für Windows

A.3 Installation

A.3.1 Windows

Die Installation unter Windows geschieht üblicherweise[1] durch den Aufruf eines Installationsprogramms, das schrittweise durch den Installationsprozess führt. Für die ordnungsgemäße Installation der GUI-Toolkit-Bindungen PyQt und wxPython ist den jeweiligen Installationsprogrammen der Zielpfad der Python-Installation mitzuteilen. GTK+ für Windows befindet sich noch in experimentellem Stadium – die dazugehörigen Binärpakete müssen zurzeit per Hand in die entsprechenden Verzeichnisse entpackt werden.

A.3.2 Linux

Die Installation unter Linux kann entweder mit Binärpaketen oder durch Kompilieren von Quellcodepaketen geschehen. Binärpakete liegen im *Red Hat Package Manager* (*RPM*) Format für Intel x86 kompatible Systeme vor und können vom Systemadministrator jeweils mit dem Befehl

```
rpm -Uvh <Paketname>
```

auf einem RPM-fähigen System (z.B. RedHat Linux, SUSE Linux und Mandrake Linux) installiert werden.

A.3.3 Unix

Auf Systemen mit einem C bzw. C++ Compiler kann der Quellcode meistens mit der folgenden Befehlssequenz kompiliert und installiert werden:

```
tar xzf Python-2.2.tgz
cd Python-2.2
./configure --prefix=<Installationspfad>
make
make install
```

Je nach Quellcodepaket sind dem Befehl `./configure` eventuell weitere Optionen zu übergeben, die durch den Aufruf von `./configure --help` angezeigt werden.

---

[1] Das Selbstkompilieren von Bibliotheken ist unter Windows nicht üblich und wird daher nicht beschrieben.

ISBN 3-8266-0833-x
www.mitp.de

Andrew Troelsen

C# und die .Net-Plattform

C# ist die geeignete Programmiersprache für die .NET-Plattform von Microsoft. In diesem Buch zeigt der Erfolgsautor Andrew Troelsen, wie Sie C# zur Entwicklung von jeder erdenklichen .NET-Applikation einsetzen können. Sie erfahren alles im Detail – von der Windows- bis zur Web-basierten Anwendung. Der Quellcode hierzu steht Ihnen im Internet zum Download zur Verfügung.

»C# und die .NET-Plattform« liefert Ihnen zu Beginn eine Einführung in C# und erläutert Ihnen dann die technischen und architektonischen Aspekte von .NET – lückenlos und umfassend.

Sie lernen den Einsatz von C# zur Programmierung von GUI-Applikationen einschließlich der umfassenden Darstellung von Windows Forms und GDI+.

Ebenso detailreich und professionell erfahren Sie, wie man mit C# und .NET Anwendungen fürs Web entwickelt, was es mit Web-Services auf sich hat und wie der Datenzugriff mit ADO.NET funktioniert. Da herkömmliche COM-Applikationen nach wie vor einen hohen Stellenwert bei der Entwicklung einnehmen, geht der Autor Andrew Troelsen auch ausführlich auf das Thema .NET/COM ein.

Mit Download-Möglichkeit des kompletten Source Codes im Buch bei www.apress.com.

Stichwortverzeichnis

Symbole
__cmp__ 92
__del__ siehe Destruktor
__dict__ 408
__getattr__ 408
__init__ siehe Konstruktor
__repr__ 92
_tkinter siehe Python-Bindung

A
Abkürzungstasten 60
Ablaufzeit 76
Accelerator Keys siehe Beschleunigertasten
AccelGroup 397
AccelLabel 397
addContact 106
after 134
after_cancel 135
after_idle 182
Aktion 205
Alignment 396
Amulet 479
Anforderungen
  funktionale 22
  nichtfunktionale 22
Anwendungen
  Dialoggesteuerte 21
  Ereignisgesteuerte 21
  Interaktive 21
Anwendungsrahmen
  allgemein 74
  GTK+ 397
  Qt 203
  Tk 124
  Vergleichskriterium 486
  wxWindows 297
AnyGUI 482
API siehe GUI-API
append 34
apply 166
Arrow 393

AspectFrame 396
Assistentendialog 68
ATK 387

B
Bearbeitungszeit 76
Benutzergemeinde 488
Beschleunigertasten 60
Beschriftung 64
Besonderheiten 487
Bildlaufleiste 156
Bildlaufleisten 63
Bildschirmarbeitsverordnung 498
Bildverarbeitung 486
Bin 392
bind 117
bind_all 117
bind_class 117
bindtags 117
BLT 186
Button 393

C
Calendar 393
Canvas 149, 177
CellEditable 423
CellRenderer 423
CellRendererPixbuf 423
CellRendererText 423
CellRendererToggle 423
CheckButton 393
CheckMenuItem 397
class 42
closeDocument 101
ColorSelectionDialog 400
Combo 393
config 127
Connect 289
connect 194, 388
connect_after 388
connect_object 388

connect_object_after 388
Container 391
Cursor 56

D
Damon Chaplin 445
def 36
Design
  Analyse 503
  Inhaltliche Konzeption 503
  Test und Verfeinerung 504
  Visuelle Umsetzung 504
  Vorgehensweise 503
Desktop-Umgebungen 55
Destroy 300
destroy 135
Destruktor 43
Dialog 125, 400
Dialoge
  allgemein 67
  GTK+ 400
  modal 67
  nichtmodal 67
  Qt 205
  standardisierte 69
  Tk 124
  wxWindows 298
Dictionary 36
DIN EN ISO 9241 500
Disconnect 289
disconnect 389
Dock 60
Dockable 407
Dokumentation 488
Dokumentationsstrings siehe Dokumentationszeichenketten
Dokumentationszeichenketten 45
Double Buffering 393
Drag & Drop 75
DrawingArea 393
Drucken

allgemein 77
GTK+ 402
Qt 208
Tk 126
Vergleichskriterium 487
wxWindows 301
DynWin 477

E
Ehefrauen 191
Eigentümer 199
Eingabefelder 62
Eirik Eng 191
emit 195, 389
Entpacken 35
Entry 393
Entwurfsmuster 28
   Model-View-Controller 29
Ereignisgesteuerte Programmierung
   Benutzer 22
   Callback-Funktionen 24
   Ereignisse 23
   Hauptschleife 24
   Kontrollelemente 23
Ereignisprozedur siehe Hauptschleife
Ereignisverarbeitung 56
   GTK+ 388
   Tk 115
   Vergleichskriterium 486
   wxWindows 289
Ergonomie 495
   Hardware 496
   Software 497
Erzeugungsmuster siehe Entwurfsmuster
Evaluation 512
Event 134
Event Dispatcher siehe Hauptschleife
Event Loop siehe Hauptschleife
EventBox 392
except 47
exec_loop 206
ExitMainLoop 307
exportDocument 101

F
Fakultät 49
Farben 511
Fehlerbehandlung 48
Fenster
   allgemein 57
Fensterklassen
   GTK+ 391
   Qt 200
   Tk 120
   wxWindows 294
FileSelection 400
filter 40
findContactByName 106
FindWindowById 342
flat 64
FLTK 475
FontSelection 400
Format-Strings 41
Fortschrittsanzeiger 63
FOX 476
Frame siehe Rahmen
Framebuffer 481
Frederico Mena 386
from ... import 46

G
Garbage Collection 39
GDK 385
Geometriemanagement
   GTK+ 396
   Qt 202
   Tk 124
   Vergleichskriterium 486
   wxWindows 296
Geometriemanager
   allgemein 65
getattr 220, 315, 415
getSelected 106
GIMP 385
Glade 445
GLib 387
GNOME 386
GNU gettext 300
Grid 114
groove 64
GTK 385
GUI-API 54
GUI-Toolkits 53
   Bestandteile 56

   Dokumentation 83
   Effizienz 82
   Einordnung 53
   Lizenzierung 83
   Look & Feel 79
   Plattformunabhängigkeit 77

H
Haavard Nord 191
HandleBox 392, 407
Hauptschleife 24
HBox 396
HButtonBox 396
Hide 300
hide_all 425
HPaned 396
HScale 393
HScrollbar 393

I
ICCCM 118
idle_add 462
if 32
ImageMenuItem 397
import 46
importDocument 101
ImportError 48, 187
index 169
InputDialog 400
insertCategory 106
insertContact 106
Interaktiver Modus 31
Inter-Client Communication Conventions Manual siehe ICCCM
interface 43
Internationalisierung
   allgemein 75
   GTK+ 401
   Qt 207
   Tk 126
   Vergleichskriterium 487
   wxWindows 300
ioStatus 99
ItemFactory 397–398

J
James Henstridge 386

John Ousterhout 113
JPI 480
Julian Smart 287
Jython 481

K
Karteireiterdialog 68
Klänge 512
Klassenhierarchie
  GTK+ 467
  Qt 268
  Tk 187
  wxWindows 368
Klassenverzeichnis
  GTK+ 470
  Qt 276
  Tk 188
  wxWindows 373
Konkatenation 35
Konstruktor 43
Kontaktverwaltung 85
  Anforderungen 86
  Anwendungslogik 89
  Benutzerinteraktion 101
  Dokumentenmanagement 97
  Funktionale Anforderungen 86
  GTK+ 402
  Identifizierung der Klassen 88
  Klasse Kontakt 91
  Kontaktmanagement 95
  Lebenszyklus 93
  Modul Anwendung 93
  Nichtfunktionale Anforderungen 87
  Präsentationslogik 91
  Qt 208
  Schnittstellen 89
  Tk 126
  wxWindows 302
Kontrollelemente
  allgemein 59
  Auswahl 505
Künstliche Intelligenz 26

L
Label siehe Beschriftung
lambda 40, 174
lastWindowClosed 210

Laufleisten 63
Layout 397, 507
  Anzahl 507
  Größe 508
  Gruppierung 508
  Platzierung 507
leichtgewichtige Prozesse siehe Threads
Leisten 60
libglade 450
libqtc 213
Listbox 149
ListStore 423
Lizenzierung 488
loadDocument 99
Lokalisierung 76
Look & Feel 487

M
main 403
main_quit 403
MainLoop 307
mainloop 128
map 40
Markus Holzem 287
Martijn van Beers 445
Matthias Kalle Dalheimer 191
MDI 66
Mehrfachvererbung 200
Menu 397
MenuBar 397
MenuItem 397
Menüs 509
MenuShell 397
MessageDialog 400
Metapher 505
miEditCopy 106
miEditCut 106
miEditFind 105
miEditModify 106
miFileExit 104
miFileExport 104
miFileImport 104
miFileNew 104
miFileOpen 104
miFilePrint 105
miFileSaveAs 105
Miguel de Icaza 386
Misc 114

Motif 478
Multithreading 76

N
Nachrichtenbox 67
Namensraum 43
new siehe Konstruktor
newDocument 99
Notebook 393, 397, 417

O
Object 387
Objektorientierter Entwurf 26
  Kapselung 27
  Klassen 26
  Objekte 27
  Polymorphie 28
  Vererbung 27
OnInit 303
OOP siehe Objektorientierter Entwurf
OOR 292
OpenGL 481
OptionMenu 393
Original Object Return siehe OOR

P
Pack 114
Paket 47
Pango 387, 401
Peter Mattis 385
Phil Thompson 191
Place 114
PMW 187
Popup-Menü 60
Positionsargumente 37
Postscript 177
printf 41
PrintTable 360
ProgressBar 393
PyCard 483
PyGame 482
PyGTK 389
PyQt 196
Python 31
  Abstrakte Klassen 45
  Anweisungsblock 32
  Argumente 37

Datentypen 33
Deklarationen 34
Dictionary 35
Dynamische Bindung 50
Einbetten 51
Einrückung 32–33
Erweitern 49
Fehlerbehandlung 47
Funktionen 36
Introspektion 45
Kapselung 43
Klassen 42
Module 46
Pakete 47
Polymorphie 43
Programmierparadigmen 40
Selektionskonstrukt 32
Sequenzen 33
Speicherverwaltung 39
Statische Bindung 50
Tupel 35
Vererbung 43
Zeichenketten 35, 41
Python X-Library 477
Python-Bindung 49
  GTK+ 389
  Tk 118
  wxWindows 291
Python-Erweiterungsmodul siehe Python-Bindung
Python-Prompt siehe Interaktiver Modus
Pythonwin 476
pyuic 245

Q
QAction 205
QActionGroup 231
QApplication 203
QBoxLayout 203
QCanvas 201
QCheckBox 201
QColorDialog 206
QComboBox 201
QDialog 206
QDragObject 203
QFileDialog 206
QFontDialog 206
QGLWidget 201
QGrid 202
QGridLayout 203
QHBox 202
QHBoxLayout 203
QIconView 201
QInputDialog 206
QLabel 220
QLayout 202
QLineEdit 201
QListBox 201
QMainWindow 203
QMenuBar 203
QMessageBox 206
QMultiLineEdit 201
QObject 192
QPaintDevice 201
QPainter 261
QPopupMenu 201, 203
QPrinter 208, 261
QProgressDialog 206
QPushButton 201, 214
QRadioButton 201
QScrollBar 201
QSizeGrip 203
QSlider 201
QSpinBox 201
QStatusBar 203, 220
QString 197
Qt Designer 245
QTabBar 201
QTabDialog 206–207
QTable 201, 221
QTextBrowser 202
QTextView 201
QToolBar 203
QTranslatorMessage 196
QueryDialog 125
QueryInteger 125
QueryString 125
quit 403
QVBox 202
QVBoxLayout 203
QWidget 200
QWizard 206
QWorkspace 203

R
RadioButton 394
Rahmen 64
raised 64
reduce 40
Referenzzählung 39
Reflection siehe Introspektion
removeContactByName 106
Repetetive Strain Injury siehe RSI
Ressourcendatei 394
ridge 64
RSI 495

S
saveDocument 99
scanf siehe printf
Schaltflächen 61
Schichtenmodell 53
Schlüsselwortargumente 37
Schriftarten 510
Scriptics 113
ScrolledWindow 417
SDI 66
self 42
SeparatorMenuItem 397
SetTopWindow 304
Show 300
show
  GTK+ 403
  Qt 206
show_all 425
Signal 193, 388
SimpleDialog 125
SimpleInputDialog 444
SIP 51, 196
sipThis 213
Skip 290
Skriptsprache siehe Python
Slot 193
Speicherlecks 199
Spencer Kimball 385
SpinButton 394
Splitter Windows 65
Standard Template Library siehe STL
Standardisierte Elemente 487
Statusbar 397, 418
STDWIN 478
Steuerung 507
Stile 394
STL 197
Stock Buttons 401

Stock Items 398
Strukturmuster siehe Entwurfsmuster
Styleguide 501
sunken 64
SWIG 51, 291
Swing 79, 481

T
Table 397, 414
Tcl 113
tearoff 143
TearoffMenuItem 397
Tempo 261
Terminologie 506
Testen 25
   automatisieren 25
Text 149
this siehe self
Threads 25
timeout_add 462
Timer- & Leerlaufprozesse 76
title 128
Tix 186
Tk 113
tkColorChooser 125
tkFileDialog 125
Tkinter siehe Python-Bindung
Tkinter3000 187
tkMessageBox 125
TkTable 186
ToggleButton 394
Tool Command Language siehe Tcl
Tool Tips 61
Toolbar 397
Toolkit siehe Tk
Tooltips 398
Toplevel 115
Transitivität 198
TreeModel 423
TreeModelSort 423
TreeSortable 423
TreeStore 423
TreeView 394, 422
TreeViewColumn 423
Trolltech 191
try 47

types 407
TypeType 408

U
UI-Builder 54
unbind 117
unbind_all 117
unbind_class 117
Unicode 126
update 184
Usability Testing siehe Evaluation
userInteraction 106
UTF-8 126

V
Validator 69
VBox 396
VButtonBox 396
Verhaltensmuster siehe Entwurfsmuster
VPaned 397
VScale 394
VScrollbar 394

W
Wafe 478
Weiterentwicklung 488
Werkzeuge 487
Werkzeugleisten 60
Widget 23, 391
Widget-Set 485
Window 392, 398
Wm 114
Wojciech Jastrezbowski 495
WPY 479
wxApp 297
wxBoxSizer 297
wxButton 296
wxCheckBox 296
wxComboBox 296
wxDesigner 333
wxDocument 298
wxFileDialog 320
wxFlexGridSizer 297
wxFrame 298
wxGetTranslation 301
wxGrid 296, 313
wxGridSizer 297
wxInitAllImageHandlers 317
wxListCtrl 296
wxMDIParentFrame 298
wxMenu 298
wxMenuBar 298, 314
wxMenuItem 298
wxNotebook 300
wxNotebookSizer 297
wxObject 289
wxPaintDC 295
wxPrinterDC 295
wxPySizer 297
wxPyTypeCast 292
wxRadioButton 296
wxScrollBar 296
wxSizer 297
wxSlider 296
wxSpinButton 296
wxStaticBoxSizer 297
wxStaticText 296
wxStatusBar 298, 314
wxTextCtrl 296
wxToggleButton 296
wxToolBar 298, 314
wxTreeCtrl 296
wxUpdateUIEvent 363
wxView 298
wxWindow 294

X
x_root 134
XForms 480
XML 55

Y
y_root 134

Z
Zellendarstellerklasse 150, 328, 423
Zielplattformen 485

sueddeutsche.de | bin schon informiert

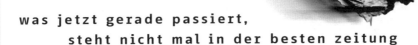

was jetzt gerade passiert,
  steht nicht mal in der besten zeitung

ständig aktuelle meldungen, umfassende hintergrundberichte und die sicherheit,
  schneller mehr zu erfahren : **www.sueddeutsche.de**